제6판

품질경영의 이해

김태웅

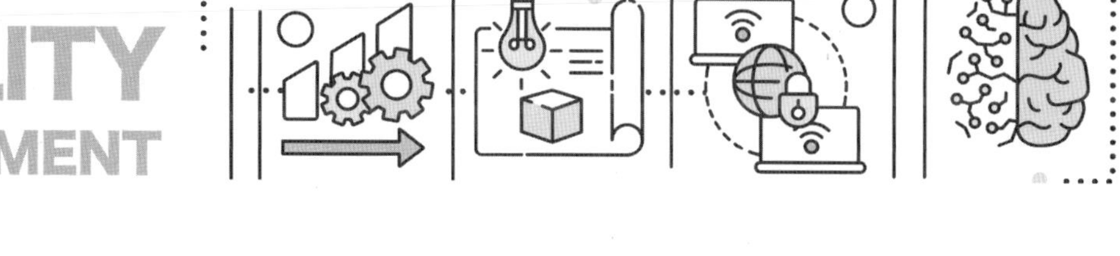

QUALITY
MANAGEMENT

신영사

머리말

품질은 최고경영자가 가장 중요하게 여기는 기업경영의 전략적 요소이다. 품질이 뒷받침되지 않은 제품이나 서비스는 존재할 수 없다. 그렇지만 품질만큼 개선하기 어려운 것도 없다. 지금까지 수없이 많은 품질경영기법이 개발된 것도 아마 이런 이유 때문일 것이다.

고객만족을 위한 최소한의 요건은 바로 품질에서 찾을 수 있다. 품질에 만족하는 소비자는 단지 서너 명에게만 이를 전달하지만, 품질에 만족하지 못한 소비자는 무려 20명 가까운 사람들에게 이야기한다고 한다. 물론 이런 이야기도 인터넷의 등장 이전의 일이다. 인터넷을 비롯한 다양한 커뮤니케이션 도구는 고객의 불만을 일시에 수백, 수천의 잠재적 고객에게 퍼뜨리는 역할을 하고 있다. 카카오톡이나 페이스북 또는 트위터 등과 같은 도구를 통한 정보의 공유와 확산은 이런 추세를 더욱 가속화하고 있다.

품질은 단지 최종 제품이나 서비스를 구매하는 고객에게만 중요한 것이 아니다. 고객과 직접적인 접촉이 없는 기업의 구성원들도 어떤 방식으로든 간에 품질경영에 참여한다. 예를 들어 학교에서 강의를 담당하지 않는 행정직원들은 교수와 학생들에게, 그리고 직원간에 무엇인가를 제공한다. 아무런 서비스도 제공하지 않는다면 그 사람은 그 자리에 있을 이유가 없을 것이다. 백화점에 근무하는 많은 직원들도 일부는 직접 고객들을 맞이하지만 또 다른 일부는 간접적인 방법을 통해 서비스를 제공한다. 다른 부서에 근무하고 있는 직원들에게 정보를 제공하는 서비스를 맡고 있는 사람도 있고, 웹을 통해 들어온 문의사항을 직접 답변해 주는 서비스를 제공하는 직원도 있다. 고객의 정의에는 회사 밖에 위치한 일반적인 의미의 고객도 있고, 같은 조직 안에 있으면서 내가 하는 일을 절실히 필요로 하는 고객이라면 타 부서의 동료도 포함될 수밖에 없다.

이제 품질경영은 조직구성원 모두의 책임이다. 1980~1990년대에 큰 관심을 모았던 현장 근로자 중심의 품질관리분임조 운동도 품질경영의 중요한 일부이며, 요즈음 많은 기업들이 도입하고 있는 식스시그마 운동도 품질경영의 핵심요소이다. 근무의욕 제고를 위한 다양한 동기유발 활동도 시도해야 하고, 프로세스 관리를 위한 통계적 기법의 학습도 필요하다.

본서는 이처럼 품질경영의 다양한 요소들을 짚어 보면서도, 품질경영을 처음 대하는 학부학생들의 입문서로 사용할 수 있도록 구조화했다. 본서의 전반부에서는 품질경영의 역사적 발전과정, 기본개념, 현대적 품질경영의 접근방법 등 비계량적인 내용을 주로 담고 있으며, 후반부에서는 기초통계이론을 시발점으로 하여 관리도기법, 샘플링검사법 등과 같은 다소 어려운 통계적 품질관리기법을 다루고 있다. 독자들의 필요에 따라 후반부의 통계적 품질관리기법은 선별하여 학습해도 무방할 것이다.

본서의 출판을 넉넉한 마음으로 허락해 주신 신영사 권영섭 사장님, 그리고 크고 작은 첨자와 수학기호 때문에 고생하신 편집부 여러분들께도 감사드린다.

2021년 6월

저자 씀

차 례

제 I 부 품질경영 입문

CHAPTER 1 품질경영의 의의와 범주

CHAPTER 2 서비스 품질경영

CHAPTER 3 품질비용

CHAPTER 4 프로세스 혁신과 식스시그마 경영

제Ⅱ부 품질경영의 구성요소와 기법

CHAPTER 5 설계품질의 관리

CHAPTER 6 적합품질의 관리

CHAPTER 7 조직구성원 참여를 통한 품질경영

CHAPTER 8 협력사 품질과 공급망관리

제Ⅲ부 통계적 기초이론

CHAPTER 9 통계자료의 요약과 확률분포 응용

CHAPTER 10 표본분포와 통계적 추정과정

제IV부 통계적 품질관리기법

CHAPTER 11 계량치관리도

CHAPTER 12 공정능력의 분석

CHAPTER 13 계수치관리도

CHAPTER 14 샘플링검사법

CHAPTER 15 신뢰도분석

PART

I

품질경영 입문

CHAPTER

1

품질경영의 의의와 범주

품질경영의 대상인 품질은 상품을 제공하는 기업이 정의하지 않는다. 품질은 소비자가 정의하는 매우 애매한 것이나 평가도 소비자가 하기 때문에 어쩔 수 없다. 상품을 디자인하고 생산 · 공급하는 기업은 소비자들이 생각하는 품질을 실제 관리가능한 나름대로의 용어로 전환하여 대비할 뿐이지, 최종적인 품질평가의 권리는 소비자에게 있다. 품질경영의 핵심은 소비자가 원하는 또는 소비자도 모르는 중요한 품질결정요소를 찾아내고, 이를 기업 내의 모든 조직구성원들이 각자의 부서에서 고민해야 하는 품질의 특성과 함께 협동하여 통합적으로 성취해내야 하는 품질특성들을 잘 구분하여 소비자의 기대를 넘어서는 품질의 상품과 서비스를 창출하는 데에 있다. 본장에서는 이처럼 정의하기 애매한 품질경영의 개념과 발전단계, 그리고 현대적 접근방법에 대해 알아보기로 한다.

01 품질과 품질경영의 의의

1. 경쟁환경의 변화와 품질혁신

많은 미래학자들은 대량생산시대는 가고 유연생산시대를 거쳐 매스커스터마이제이션(mass customization) 시대로 향해 가고 있다고 한다. 고객의 다양한 욕구와 필요를 충족시켜 주기 위해서는 신축성 있는 기업 시스템을 통해 다품종소량생산을 유지해야 하며 궁극적으로는 상품의 가짓수에 제한이 없는 매스커스터마이제이션에 돌입하게 된다. 매스커스터마이제이션이란 이전의 대량생산체제하에서처럼 신속히 그리고 값싸게 만들지만 고객의 요구사항을 철저히 반영한다는 데 차이가 있다. 즉 과거의 주문생산방식과 대량생산방식의 장점을 고루 취하는 방식을 말한다. 이 정도 되면 가격은 문제가 아니다. 필요한 것은 신속히 구입할 수 있으므로 소비자의 입장에서는 필요량 이상으로 구입할 필요가 없으며, 다양한 곳에서 유사한 상품을 구매할 수 있으므로 품질에 대해서도 점점 더 까다로워지고 있다.

조셉 파인(B. Joseph Pine II)은 시장동요가 심한 경영환경에서는 더 이상 대량생산체제가 효율성이 없으며 이에 대응하기 위해서는 매스커스터마이제이션 체제로 전환해야 한다고 주장하였다.

이런 변화의 원인으로 첫째, 고객기대치의 상승과 구매결정력의 강화를 들 수 있다. 고객의 취향이 더욱 개성화되어 각자 특화된 상품 및 서비스를 원하게 된 데다 구매정보에 대한 접근이 용이해진 것이다. 물론 지식수준 향상이 그 근본원인이 될 것이다. 고객들은 당연히 자신에게 특화된 상품을 선호할 것이다. 특히나 더 많은 시장에서 경쟁상품간의 기술적 차이를 찾아보기 어렵게 됨에 따라 각 제품에 부과되어 있는 고객서비스가 또 하나의 차별적 우위의 원천이 되어가고 있다. 고객서비스는 시간효용과 장소효용의 지속적인 제공으로 정의된다. 제품과 서비스는 필요한 시간과 장소에 고객의 손으로 들어가기 전에는 아무런 가치가 없다. 고객서비스에는 정시배송에서부터 판매 후 지원에 이르기까지 많은 측면이 존재한다. 기본적으로 고객서비스는 '사용가치'를 향상시키는 것이어야 한다. 즉, 핵심제품에 서비스라는 부가가치를 추가함으로써 고객의 눈에 더욱 값지고 차별화된 것으로 보여야 한다. 이와 같이 넓은 개념의 일류 서비스는 오직 긴밀히 통합된 품질경영전략을 통해서만 달성될 수 있다.

둘째, 시장의 글로벌화와 경쟁의 심화를 들 수 있다. 국제화에 따라 기업들이 해외 니치업체와의 경쟁이 불가피해진 한편, 고객은 상품선택의 폭이 넓어졌다. 과거처럼 '국산품 애용' 캠페인으로 소비자의 구매를 붙잡아둘 수 있었던 시절은 지나갔다. 앞으로는 고객에게 가치를 제공하는 기업만이 살아남게 될 것이다.

이처럼 시장환경이 상품중심에서 고객 및 시장 중심으로 변화함에 따라 생산체제뿐만 아니라 기술과 영업체제 전반이 엄청난 변화의 압력을 받고 있다. 새로운 업무 프로세스의 재구축이 요구되는 것도 이 때문이다. 여기서는 고객에게 특화된(customized) 상품을 만들 수 있도록 기획력을 강화하는 문제, 신상품의 시장선점 및 기회손실 극소화를 위한 상품의 조기개발 및 출하가 중요한 과제로 부각되고 있다. 〈표 1-1〉은 대량생산과 매스커스터마이제이션의 방식을 비교해 보여주고 있다.[1]

〈표 1-1〉 대량생산과 매스커스터마이제이션의 비교

	대량생산	매스커스터마이제이션
초 점	• 안정성과 통제를 통한 효율성의 제고	• 유연성과 빠른 대응을 통한 다양성과 고객화
목 표	• 거의 모든 사람들이 구매할 수 있도록 충분히 낮은 가격으로 상품과 서비스의 개발 · 생산 · 마케팅 · 유통	• 모든 사람들이 자신이 바라는 것을 정확히 찾을 수 있도록 충분한 다양성이 가미된 상품과 서비스의 개발 · 생산 · 마케팅
특 징	• 수요의 안정 • 대규모의 동질적 시장 • 낮은 단가, 질의 일관성, 표준화된 상품 • 긴 상품개발주기 • 긴 상품 라이프사이클	• 수요의 세분화 • 이질적인 니치마켓 • 낮은 단가, 높은 질, 고객화된 상품 • 짧은 상품개발주기 • 짧은 상품 라이프사이클

1) Pine, B.J. II and S. Davis, *Mass Customization : the New Frontier in Business Competition*, Harvard Business School Press, 1999, pp.90~110 참조.

다양한 소비자의 요구에 부응하는 상품을 신축성 있게 생산하기 위해서는 소비자의 니즈와 욕구를 정확히 파악할 수 있는 체계적인 방법을 갖추고 있어야 하는 것은 물론, 다른 제품이나 서비스에 관심을 가질 필요를 느끼지 못하도록 상품에 대한 충성도(loyalty)를 높일 수 있는 파격적인 품질을 제공할 수 있는 설계 · 생산 · 배달 · 애프터서비스 프로세스가 제대로 뒷받침해 주어야 한다. 즉 상품의 설계 · 생산 · 유통 등 전 과정에 걸친 품질의 수월성을 도모함으로써 소비자의 요구를 제대로 그리고 신속히 반영할 수 있어야 한다.

2. 품질혁신 주체로서의 소비자

인터넷은 짧은 역사에 비해 무서운 속도로 확산되어 우리 일상생활의 한 부분이 되어버렸다. 시간과 공간적인 제약을 뛰어넘어 수많은 소비자와 기업을 연결해 주는 인터넷은 기업경쟁의 환경을 송두리째 바꾸어 놓음과 동시에 기업에는 무궁무진한 사업기회를 제공하고 있다. 새로이 형성되는 사이버 공간상의 시장을 선점하기 위해 제품과 서비스를 인터넷을 통해 판매하는 전자상거래를 위한 벤처기업들이 생겨나고 기존의 전통적인 오프라인 기업들도 온라인으로 진출하고 있다.

그렇지만 인터넷의 무한한 잠재력이 기업에만 새로운 기회를 제공하는 것은 아니다. 기존에 소외되어 있던 소비자들을 상품과 서비스의 품질 및 유통, 그리고 혁신에 큰 영향을 미치는 이해관계자 집단으로 뭉치게 하는 기반을 제공하기도 한다. 지금 시장에는 그 어느 때보다도 많은 제품과 서비스가 쏟아져 나오고 있으며 또한 점점 더 다양한 경로를 통해 소비자에게 전달되고 있다. 명품점, 온라인 상점, 대형마트 등이 늘어나면서 저마다 독특한 수많은 제품과 서비스를 공급하고 있다. 이러한 상품 공급시스템의 변화와 더불어 소비자의 역할에도 큰 변화가 일어나고 있다. 이전까지 소비자가 고립된 존재였다면, 이제는 네트워크로 연결된 모습의 소비자이다. 지금까지 무지한 소비자를 가정했다면, 이제는 각종 정보에 해박한 소비자를 상정해야 한다. 수동적인 모습을 벗어나 적극적인 태도의 소비자가 탄생한 것이다. 이렇게 변화한 모습의 소비자는 이전과는 여러 측면에서 다르다.[2)]

- 정보획득 : 인터넷을 통해 다양하면서도 많은 양의 정보를 쉽게 획득할 수 있는 소비자들은 이런 정보에 기반한 현명한 결정을 내릴 수 있는 능력을 가지게 되었다. 오락산업, 금융산업, 의료산업 등에서 경험할 수 있듯이 네트워크로 연결된 수십만 명의 소비자가 집단적으로 행동하며 각종 산업의 전통적인 사업방식에 도전하고 있다. 온라인 게임, 모바일 콘텐츠, 스마트폰 등을 즐기는 사람들의 온라인 및 오프라인상에서의 커뮤니티 활동을 좋은 예로 들 수 있다. 이들은 커뮤니티 활동을 통해 새로운 상품과 서비스 품질에 대한 종합적 평가를 내리고 상호간에 궁금한 것에 대해 의견을 나누기도 한다.
- 글로벌 시각 : 소비자들은 웹을 통해 전 세계로부터 기업과 상품, 기술, 성능, 가격, 소비자 반응도 등의 정보를 얻을 수 있게 되었다. 이제는 전 세계 어디에서나 인터넷을 통해 가장 가지고 싶은 상품과 서비스를 찾아볼 수 있게 되었다. 지역에 따른 정보 접근의 격차가 아직 존재하지만 그 격차는 빠르게 좁혀지고 있으며, 이로 인해 경쟁의 양상도 급변하고 있다. 예를 들면, 소비자들이 지리적 경계를 뛰어넘어 상품의 종류, 가격, 성능을 비교하게 되면서, 다국적 기업들이 더 이상 지역마다 서로 다른 품질과 가격의 제품을 제공하기 어렵게 되었다.
- 네트워킹 : 인터넷의 폭발적인 보급과 다양한 커뮤니케이션 매체의 발달로 인하여 취향이나 취미 그리고 경험이 비슷한 사람끼리 모임을 만들고자 하는 자연스러운 욕구가 충족되고 있다. 소비자간의 커뮤니케이션은 더욱 손쉬워지고 그 범위도 급속히 확대되고 있다. '테마별 소비자 커뮤니티'에서는 지역이나 계층에 구애됨이 없이 자신의 아이디어와 느낌을 공유하고 있는데, 이런 활동이 기존의 시장을 뒤흔들며 새로운 시장 규칙에 영향을 미치고 있다. 소비자 커뮤니티는 회사로부터 완전히 독립되어 있기에 강력한 힘을 발휘할 수 있다. 이와 같은 소비자들의 네트워킹은 지금까지 일방적으로 전달되던 하향식 마케팅 커뮤니케이션을 뒤집어놓고 있다.
- 실험 : 소비자들이 인터넷을 활용하는 또 한 가지 방식은 상품 개발, 특히 디지털 상품의 개발과 실험이다. 모바일 콘텐츠, 온라인 게임, 소프트

---

2) Prahalad, C.K. and V. Ramaswamy, *The Future of Competition : Co-creating Unique Value with Customers*(김성수 역, 세종서적), Harvard Business School, 2004, pp.21∼25 참조.

웨어 등과 같은 디지털 제품에 대한 소비자의 의견 공유가 활발히 이루어지고 있으며, 취미생활을 하는 동호회를 통해서도 다양한 경험이 확산되고 있다. 소비자들은 바로 이런 네트워크를 통해 간접실험을 해 나갈 수 있게 되었다. 다양한 경험과 지식을 갖춘 여러 계층의 사람들이 모여들어 자신만의 기술과 정보, 흥미의 창고를 만들어 함께 그 경험을 공유하고 있다.

- 소비자운동 : 많은 경험과 지식을 공유하게 된 소비자들은 이전보다 더 현명한 선택을 하게 되었고, 함께 의견을 나누는 네트워크를 통해서 기업에 대해 좀더 적극적인 요구를 하게 되었다. 수백 개의 웹사이트들이 소비자운동의 중심지가 되어가고 있다. 이제는 품질에 불만을 가진 소비자들이 그저 주위의 지인들에게만 불평을 늘어놓는 것이 아니라 끝이 없는 사이버공간에 갖가지 불평과 불만, 그리고 심지어 근거 없는 험담까지 퍼뜨리고 있기 때문이다.

이러한 소비자 역할 변화가 몰고 온 궁극적인 결과는 무엇인가? 상품의 개발, 생산 프로세스의 개발, 마케팅 메시지의 개발, 유통 채널의 결정 등을 기업들이 더 이상 소비자와의 상호작용 없이 독단적으로 할 수 없게 되었다. 소

[그림 1-1] 기업과 소비자 간의 상호작용과 경험유형의 변화추이

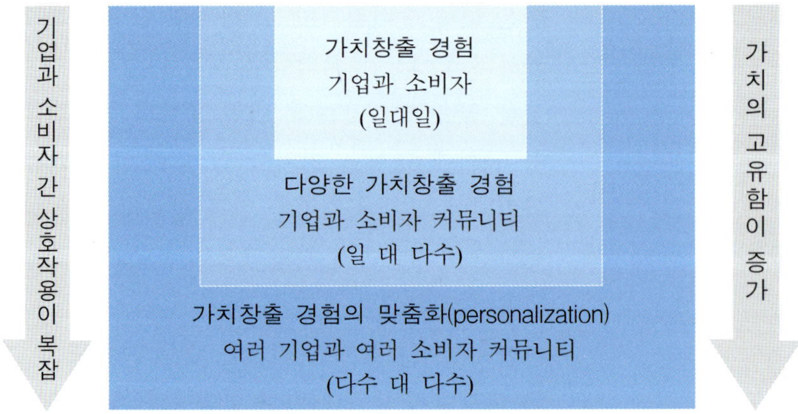

출처 : Prahalad and Ramaswamy, 앞의 책, p.27

비자들은 이제 비즈니스 시스템의 모든 영역에 걸쳐 영향력을 발휘하게 되었다. 새로운 매체로 무장하고 기존의 상품에 불만을 가진 소비자들은 [그림 1-1]에서와 같이 기업과의 적극적인 협력을 통해 함께 가치를 창출하기를 원한다. 이처럼 소비자들은 이전과는 다른 유형의 상호작용을 원하므로, 기업은 소비자들이 다양한 가치창출 경험을 즐길 수 있도록 새롭고도 유연한 '경험 네트워크(experience network)'를 구축해야 한다.

전통적 방식하에서 품질이란 기업이 제공하는 상품과 서비스에 의해 결정된다고 여긴 반면, 경험 네트워크 관점에서 품질은 소비자 자신의 경험을 공동구성하는 과정에서 결정된다고 본다. 기업 경영자는 소비자와 기업을 연결하는 다양한 상호작용 채널을 제공함으로써 품질과 가치혁신의 기회를 발견해 낼 수 있을 것이며, 이를 통해 새로운 경쟁력을 갖추는 계기를 마련할 수 있다. 특히 다양한 방식으로 상호작용하기를 원하는 여러 계층의 앞서 가는 소비자들을 대상으로 하는 '경험환경(experience environment)'을 구축하기 위해 노력한다면 더 많은 가능성을 발견할 수 있을 것이다.

3. 품질경영의 의의

기업의 모든 성과에 대한 최종적인 책임을 지는 최고경영자 입장에서 품질은 단순히 상품이나 서비스의 품질에 국한되지 않는다. 최고경영자가 주장하는 품질 또는 질은 경영의 품질이다. 기업성과에 영향을 미치는 모든 분야의 품질이 최고경영자가 관심을 가지는 품질경영의 대상이지, 그저 제품이 규격에 맞는지 정도를 체크하는 생산현장에서의 품질관리가 주된 관심사가 될 리가 없다. 디자인, 구매, 생산, 배송, 애프터서비스, 운영 등 모든 활동의 질이 품질경영의 목표이다.

이에 반해 현장에서 용접을 담당하는 기술자는 용접한 부위가 이음새가 전혀 나타나지 않을 정도로 매끄럽게 나타나야 품질이 확보된 것이다. 자동차 조립을 담당하는 작업자가 표준에 설정된 방법대로 매우 정확하게 조립함으로써 10년이 지나도 조립한 부품들이 풀려나가거나 조립부위가 마모되는 현상이 나타나지 않도록 하는 것이 바로 품질이다. 사무실에서 원자재 구매를 담당하는 직원은 현장에서 필요로 하는 품질의 자재를 필요한 시간에 필요한 만큼만을 생산현장에 공급할 수 있도록 관련된 모든 업무를 명확하고 효율적으로 추진하는 것이 바로 품질경영이다.

그렇지만 상품이나 서비스를 구매하는 소비자의 입장에서는 이런 생산자의 품질에 대한 관심사에 대해서는 전혀 신경을 쓰지 않는다. 멋진 디자인을 자랑하면서도 오래 쓸 수 있으며, 상대적으로 가격이 저렴하면서도 원하는 기일에 배달해 주며, 혹시라도 문제가 생기면 즉시 교환이나 반품을 해주기 원한다. 현장에서 용접을 담당하는 기술자이든 또는 자동차 조립을 담당하는 작업자이든 간에 회사에서 퇴근한 뒤에는 전혀 다른 차원의 품질을 이야기한다.

이처럼 일하는 사람은 누구나가 다 생산자이다. 그렇지만 한 사람이 상품과 서비스의 생산·공급과정을 전부 책임지지는 않는다. 품질을 결정짓는 요소나 프로세스 중 극히 일부만을 담당한다고 해서 본인이 책임지는 분야만이 품질의 전부는 아니다. 제조과정에서 결정되는 품질요소가 있으며, 디자인이나 운송과정에서 등장하는 품질요소도 있다. 상품을 구매하는 장소의 편의성으로 인해 소비자가 느끼는 품질요소가 또 다르다. 이처럼 품질은 일상적인 용어이면서도 정의하기가 쉽지 않다. 같은 상품에 대해서도 보는 사람에 따라 품질의 정의가 달라진다. 같은 회사 내에서 품질경영 관련 회의를 하면서도 서로 다른 의미의 품질을 염두에 두고 격론에 빠질 가능성도 있다. 이러한 혼란은 품질 개념의 어쩔 수 없는 변화과정을 생각해 보면 쉽게 해소될 수 있다.

초창기 품질관리의 핵심은 제품 및 생산과정에서의 불량품과 불량을 불러일으키는 요소를 제거하는 데에 있었다. 다양한 평가기법, 통계도구 및 문제해결기법을 동원하여 불량축소에 만전을 기하고자 했는데, 점차 불량의 개념이 확대됨에 따라 문제점을 불러일으킨 원인이 발생하는 영역이 넓어지게 되면서 품질관리는 기업 내의 여러 부서를 아우르는 품질경영으로 확대되었다. 결과적으로 품질은 상품의 품질뿐만 아니라 경영 프로세스 그 자체의 품질로 인식의 폭이 넓어지게 되었다.

경영자들은 고객들의 요구뿐만 아니라 잠재적인 욕구가 무엇인지를 파악하는 데도 많은 시간을 투자하고 있으며 고객들의 지속적인 관심을 끌기 위한 다양한 전략을 개발하는 데 고민하고 있다. 고객이 원하는 상품의 디자인과 그들이 원하는 가치를 파악하기 위한 다양한 방법을 개발하고 이를 실질적으로 상품화하기 위한 기업 내의 프로세스 확립, 이를 운영하는 조직구성원들의 동기유발과 역량의 제고 등 기업경영의 모든 부문이 함께 노력하지 않고서는 경쟁력 있는 품질의 확보가 불가능해져 가고 있다. 그만큼 경쟁이 심화되어 가고 있고 소비자들의 눈높이 역시 급속도로 상승하고 있다. 이 때문에 품질경영은 기업 내의 모든 부분을 아우르는 종합적 품질경영(Total Quality Management, TQM)으로 진화할 수밖에 없었다. 1980년대부터 품질경영은 TQM을 의미하는 것으로 인식되었으나, 이제 품질은 조직구성원 모두가 당연히 가장 우선으로 고려해야 하는 일상적인 요소로 인식되면서 TQM이란 말 자체가 사라져 가고 있다. 대신 식스시그마 운동이라는 보다 혁신적인 타이틀 아래 전사적인 품질경영이 주도되고 있다. 식스시그마 운동은 조직구성원 모두를 품질경영 전문가로 육성시키기 위한 움직임으로, 특별히 품질경영 전문가는 필요 없다는 의미이다. 누구나가 다 품질전문가이기 때문이다.

02 품질의 정의

품질의 정의는 정말 다양하다. 품질경영 전문가들마다 나름대로의 정의를 제시하고 있으며, 품질경영으로 이름을 떨치는 기업들에 관한 기사를 봐도 품질의 정의는 기업체 수만큼 다양하다. 앞에서 간략히 논의했듯이 같은 회사라도 하는 일에 따라 품질의 정의가 다르며, 상품을 구입하는 소비자의 정의는 더욱 다양하다.

품질경영의 대상인 품질은 기본적으로 상품을 제공하는 기업이 정의하는 품질은 아니다. 품질은 소비자가 정의하는 매우 애매한 것이나 평가도 소비자가 하기 때문에 어쩔 수 없다. 상품을 디자인하고 생산하여 공급하는 기업은 소비자들이 생각하는 품질을 실제 관리가능한 나름대로의 용어로 전환하여 대비할 뿐이지, 최종적인 품질평가의 권리는 소비자에게 있다. 결국 품질경영의 핵심은 소비자가 원하는 또는 소비자도 모르는 중요한 품질결정요소를 찾아내고, 이를 기업 내의 모든 조직구성원들이 각자의 부서에서 고민해야 하는 품질의 특성과 통합적으로 성취해내야 하는 품질특성들을 잘 구분하여 소비자의 기대를 넘어서는 품질의 상품과 서비스를 창출하는 데에 있다.

1. 품질의 세 가지 측면

이제 품질의 다양한 정의를 살펴보기로 하자. 품질의 정의는 쥬란(J.M. Juran)의 것을 대표적인 것으로 들 수 있는데, 쥬란은 품질을 "용도에 대한 적합성(fitness for use)"으로 정의함으로써 규격에의 일치여부와 소비자 만족도수준의 두 측면을 모두 포괄하고 있다.[3] 이 정의에서 "용도"란 최종적으로 소비자가 결정하게 되는 것으로 소비자의 필요, 요구, 기호 등을 토대로 하여 설정되는 성능, 기능, 신뢰도, 가격, 등급 등을 의미하며, "적합도"는 이 용도를 제품의 기술적 특성으로 구체적으로 표시해냈을 때의 일치여부를 나타낸다.

쥬란의 이 정의는 설계·디자인의 품질과 제조공정 내에서의 품질을 모두 포함하는 개념이다. 설계·디자인의 품질이란 단순히 등급의 의미뿐만 아니라 소비자의 만족을 이끌어내기 위한 설계상의 각종 요소들의 품질특성(즉 내구성, 신뢰성, 수리의 용이, 가격) 및 디자인을 포함한다. 다시 말해 불량의 원인이 제거된 완벽한 제품이라 하더라도 소비자가 요구하지 않는 제품은 시장가치가 전혀 없기 때문에 이와 같은 다양한 품질특성을 고려하지 않을 수 없다. 예를 들어 일본의 고급자동차 품질이 우수한 것은 비단 제조공정상의 우수성뿐만 아니라 설계 및 디자인 면에서의 우수성 때문이기도 하다.

1980년대 미국 산업의 품질경영 붐을 일으킨 데밍(W.E. Deming)도 품질의 구성요소로 설계품질, 적합품질, 판매 및 서비스 기능의 품질 등으로 정의함으로써 쥬란과 유사한 정의를 제시한 바 있다.

- 설계품질 : 제품의 설계단계에서 결정되는 품질특성으로 소비자의 요구와 기호, 소비자에게 부담시킬 가격, 그리고 생산시스템의 기술수준 등을 감안하여 결정된다. 설계품질을 결정한다는 것은 곧 제품의 기본적인 골격을 구체화하는 것으로 제품의 기술적인 특성, 기능, 수명, 성능, 신뢰도 등이 이 과정에서 고려된다. 설계 및 디자인 품질의 개선은 제조비용의 상승을 초래할 수 있으나 경쟁제품보다 높은 가격을 유지할 수 있음으로 인해 결과적으로는 기업에 이익을 가져다줄 수 있다. 또한 제품의 등급은 그대로 유지하지만 제조과정의 단순화를 위한 설계개선은

---

3) Gryna, F.M., *Quality Planning and Analysis : From Product Development through Use*, 4th ed., New York : McGraw-Hill, 2001.

전체적인 비용절감을 가능하게 해 준다.

- 적합품질 : 설계규격이나 품질규격에 일치하는 정도를 나타내는 것으로 통상적인 통계적 품질관리의 주관심사이다. 설계품질이 제대로 결정되어 있다 하더라도 제조공정의 제반여건이 이를 뒷받침하지 못한다면 생산되어 나오는 제품의 품질은 설계과정에서 결정한 품질특성에 미치지 못하게 된다. 적합품질은 생산공정의 기술적 능력, 작업자의 품질에 대한 태도, 설비의 보수 · 점검, 품질검사 시스템의 운영상태 등 여러 가지 요소에 의해 영향을 받게 되며 설계품질과 함께 다음에 언급할 사용품질의 수준을 결정짓는 품질개념이다. 그러나 적합품질이 완전하다 하여 반드시 성공적인 제품은 아니다. 소비자에게 인식되는 품질수준은 아무리 노력해 보았자 설계상의 품질을 뛰어넘을 수는 없기 때문이다. 다시 말해 아무리 적합품질이 우수하다 해도 디자인이나 기능상의 저급함을 극복할 수는 없기 때문이다.
- 판매 및 서비스 기능의 품질 : 이 품질은 소비자가 제품을 얼마나 손쉽게 구입할 수 있으며, 구입 후 애프터서비스를 어디서 어떻게 받을 수 있는가 등의 문제뿐만 아니라 실제 사용과정에서의 만족도까지를 포함한다. 신속한 애프터서비스는 경쟁력 제고에 큰 기여를 하겠지만 제품의 기대수명 동안은 아예 애프터서비스를 받으러 갈 필요가 없는 제품을 공급하는 것이 소비자에게는 훨씬 좋다.

이와 같은 세 가지 측면의 품질개선 효과는 [그림 1-2]에 잘 나타나 있다. 우선 설계품질과 적합품질의 개선이 이루어지면 생산현장에서의 불량률이 감소하여 재작업시간이 줄어들게 되고 생산에 소요되는 원자재투입량도 절감할 수 있다. 또한 불량품 비율이 줄어들게 되므로 작업자 1인당 양품의 생산량도 증가하게 되어 전체적인 노동 및 자본의 생산성이 향상된다. 이는 결국 보다 우수한 품질의 제품을 싼 가격으로 시장에 공급할 수 있어 시장점유율 및 이익의 확대로 이어진다. 이와 같이 지속적인 품질개선이 가능해지면 기업의 성장률이 증가하는 것은 물론 보다 많은 사람들에게 일자리를 제공할 수 있다.

품질경영이 설계 · 디자인품질, 적합품질, 그리고 판매 · 서비스 품질을 대상으로 한다는 것이 이해된다면 품질경영이 어떠한 방향으로 수행되어 나가야 하는가는 손쉽게 알 수 있다. 설계 · 디자인품질을 향상시키기 위해서는 신제

[그림 1-2] 품질개선으로 인한 효과

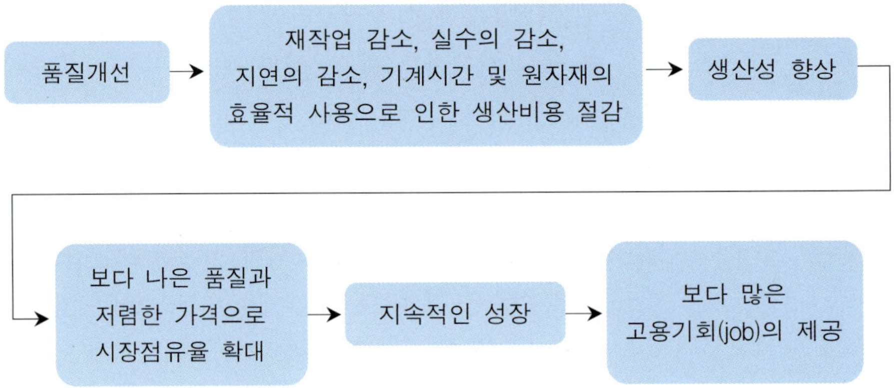

출처 : Deming, W.E., *Out of the Crisis*, Center for Advanced Engineering Study, MIT, 1986, p.3.

품의 기획, 디자인, 제품 설계, 시작 및 테스트로부터 부품의 외주, 구매, 생산준비, 양산설계 등에 이르기까지 각 단계별로 철저한 분석 및 평가가 이루어져야 할 것이며, 적합품질의 개선은 생산기술의 개선, 설비의 보수·유지, 원자재 및 부품의 품질검사, 공정의 통제 등이 효율적으로 이루어져야 가능할 것이다. 판매 및 애프터서비스 부서는 소비자가 불만스러워하는 제품의 특성, 전반적인 만족도, 경쟁제품과의 품질비교 등에 관한 자료를 수집·분석한 결과를 설계 및 생산 부서와 함께 협의함으로써 품질개선의 방향을 모색해야 한다.

다시 말해 설계·디자인품질의 향상은 비단 설계 및 디자인 부서뿐만 아니라 생산, 구매, 마케팅 부서 등과의 긴밀한 협조하에서나 가능하며 적합품질 역시 설계 및 기술 그리고 판매 및 서비스 부서의 도움 없이는 지속적인 개선이 어려워진다. 이렇게 볼 때 품질개선은 단지 품질관리 담당부서의 책임일 수만은 없다. 참고로 설계·디자인품질, 적합품질, 판매 및 서비스 품질의 상호보완적인 기능을 도시하면 [그림 1-3]과 같다. 이 그림에서 품질계획이란 신제품개발, 새로운 공정의 개발 등 앞으로의 품질개선활동을 최소의 노력으로 영위하기 위한 과정을 의미한다.

[그림 1-3] 품질의 세 가지 측면과 상호관계

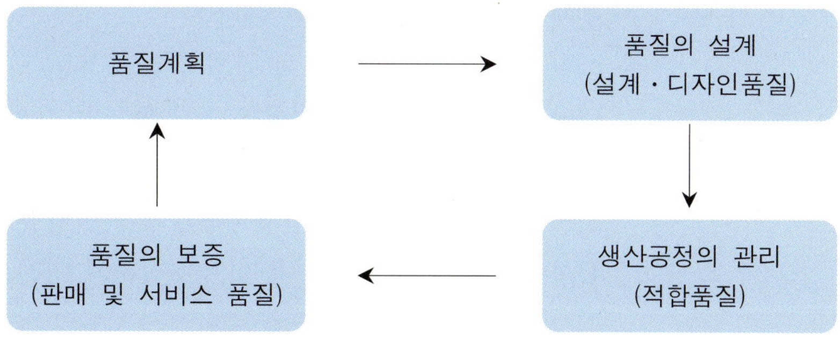

2. 가빈의 여덟 가지 품질특성

품질경영의 최종적인 목표가 고객만족에 있다면 기업은 고객이 어떻게 품질을 인지하고 있는지를 충분히 이해하고 있어야 한다. 고객의 만족도를 가장 잘 예측하는 요소는 고객이 실제 인지한 품질과 기대했던 품질 간의 격차이다. 인지된 품질이 기대에 못 미칠 때 발생하는 부정적인 격차는 고객을 불만족스럽게 한다. 격차가 없을 때 고객은 만족하며 긍정적인 격차가 발생해야만 고객을 감동시킬 수 있다. 이런 시각에서 가빈(D. Garvin)은 소비자가 생각하는 품질의 특성을 다음과 같이 여덟 가지 범주로 구분하고 전략적인 품질경영의 중요성을 강조하였다.[4]

- 성능(performance) : 성능은 제품의 가장 중요한 특성이다. 예를 들면 자동차의 경우에 성능은 가속, 조향, 속력 및 안락성 같은 특성을 포함한다. TV의 경우에 성능은 음향, 화질, 색상 및 수신력 같은 것이다. 성능은 일반적으로 측정가능한 속성들로 구성되어 있기 때문에 성능의 각 속성들에 대하여 객관적으로 평가함으로써 상표를 등급지우게 된다. 많은 제품이 그 용도에 따라서 품질에 대한 평가가 다르다. 따라서 성능의

4) Garvin, D., *Managing Quality : The Strategic and Competitive Edge,* The Free Press, 1988.

차이가 품질의 차이라고 할 수 있는지의 여부는 사용환경에 따른 선호도에 의존한다. 그러나 이 선호도는 기능에 따른 선호도이지 취미나 기호에 따른 선호도는 물론 아니다.

- 매력적인 특징(feature) : 이 품질특성은 성능과 비슷하기는 하나 소비자 입장에서는 구매시 큰 기대를 하지 않았던 특성일 수 있다. 제품이나 서비스에서 꼭 필요한 것은 아니나 있으면 편리한 특성으로 기본기능을 보충하는 역할을 하며 경쟁상품과의 차별성을 부각시켜줄 수 있다. 주특성인 성능과 부특성인 특징은 구별하기 어려운 경우가 많지만 객관적이고 측정가능한 속성을 갖는다.
- 신뢰성(reliability) : 이 특성은 한 제품이 특정기간 동안에 고장나지 않을 확률을 말한다. 신뢰성을 측정하는 가장 보편적인 것으로는 첫 고장이 나는 평균기간이다. 이 지표는 한 제품을 특정기간 동안 사용해 보아야 평가할 수 있는 것이기 때문에 즉시 소비되는 제품보다는 내구성 제품에 관련된 것이다. 신뢰성은 정지기간이나 유지보수비용이 크게 드는 소비자에게는 더욱 중요한 특성이다. 예를 들면 컴퓨터, 스마트폰과 같은 디지털 기기는 신뢰성이 가장 중요한 특성이다.
- 적합성(conformance) : 적합성은 제품설계나 제조특성이 이미 설정된 표준에 적합한지의 정도를 나타내는 품질특성이다. 이 특성은 대부분 쥬란과 같은 전문가가 만든 제품에 대한 전통적인 접근방법에 따른다. 모든 제품은 어떤 형태든 일정한 규격을 갖는다. 새로운 설계나 모형이 개발될 때에는 부품의 규격이나 원재료의 순도 등 일정한 표준을 설정하게 된다. 이들 규격은 목표 또는 중앙으로 나타내고 일정범위 내에서 허용된다. 적합성에 대한 이러한 접근방법은 허용범위 내에서 생산되는 것은 좋은 품질로 간주되기 때문에 허용범위 내에서 생산된 것이 적합한 것인지에는 별로 관심을 갖지 않게 된다. 즉 허용범위 내에서의 분산은 무시된다.
- 내구성(durability) : 제품수명의 한 척도인 내구성은 경제적 그리고 기술적인 측면이 있다. 기술적으로 내구성은 제품을 획득하고 사용하여 못쓰게 될 때까지의 사용기간으로 규정할 수 있다. 경제적으로는 현재 사용중인 제품을 계속 사용할 때 수리에 들어갈 기대비용(금액이나 불편함)과 신모델의 제품을 사서 사용할 때의 비용을 비교하게 된다. 이때 내구

성은 제품이 고장나서 계속 수리하는 것보다 새로 구입하는 것이 좋겠다고 생각될 때까지의 제품사용기간으로 규정하게 된다.

- 서비스 제공능력(serviceability) : 품질의 여섯 번째 특성은 서비스능력, 즉 수리의 신속성, 정중함, 능력 및 용이성이다. 소비자들은 제품의 고장에 대해서뿐만 아니라 서비스소요시간, 서비스약속을 지키는 적시성, 서비스요원과의 관계 및 문제해결을 하기 위한 서비스요구빈도와 수리실패 등에도 관심이 많다. 문제가 즉각적으로 해결되지 못하여 소비자들의 불평이 쌓이는 경우 회사의 불평처리가 소비자들이 제품의 품질을 평가하는 데 중요한 영향을 미친다. 서비스요구에 대한 응답은 평균 수리시간으로 측정되고 기술적 능력은 특정문제를 해결하기 위하여 몇 번 서비스를 반복했느냐로 반영된다. 대부분의 소비자들은 신속한 수리와 짧은 고장시간을 좋은 품질로 평가하기 때문에 서비스능력의 결정요인들 중 기술적 능력은 다른 요인들보다는 객관적이다.
- 심미감(aesthetic) : 품질특성 중 심미감은 가장 주관적이라고 할 수 있다. 이는 시각, 청각, 촉각, 맛, 향기가 어떠한가 하는 것으로 분명 개인적인 판단의 대상들이고 개인의 선택에 의한 것이다. 심미감은 자동차 업계에서 흔히 논의되는 감성품질과도 상당히 유사한 측면을 지닌다. 감성이란 외부로부터의 감각정보에 대해 직관적이고 반사적으로 나타나는 반응이라 할 수 있다. 감성이란 제품이나 환경으로부터 인식된 감각 및 정보 자극이 삶을 통해 축적되어온 개인의 경험에 반영되어 나타나는 느낌이므로 심미감이 높지 않고서는 감성품질도 높을 가능성이 낮다.
- 지각품질(perceived quality) : 소비자들은 제품의 속성에 대하여 완전한 정보를 갖고 있는 것은 아니다. 오히려 간접적인 척도가 상표들을 비교하는 유일한 기준인지도 모른다. 예를 들면 제품의 내구성은 거의 직접적으로 관측할 수가 없고 여러 가지의 유형적 내지는 무형적인 요소를 통해 추론할 수밖에 없다. 이런 경우 제품에 대한 이미지, 광고, 브랜드, 평판 등이 지각품질의 중요한 요소이다. 그 힘은 과거의 유추로부터 오기 때문이다. 오늘 제품의 품질은 어제의 품질과 비슷하고 신제품의 품질도 그 회사의 기존제품과 유사하다고 생각하는 경향이 있다.

3. 품질의 진부화와 카노 모형

카노(Kano) 품질모형은 일본의 품질경영학자 카노 노리아키가 1984년 제시한 이론으로, 동기(motivation)이론 중의 하나인 허즈버그(Herzberg)의 동기-위생이론과 흡사하다. 동기-위생이론은 일명 2요인이론(Two Factor Theory)이라고도 부르는데, 조직구성원이 직무를 수행하면서 만족 혹은 불만족을 느끼는 것은 서로 다른 차원의 요인이 작용하고 있기 때문이라고 한다. 허즈버그는 직무에 만족을 주는 요인을 동기요인(motivators), 불만을 주는 요인을 위생요인(hygiene factors)이라 하였는데, 동기요인이 충족되면 종업원들은 만족하게 되지만 동기요인이 충족되지 못하면 만족이 없어지게 된다. 반면, 위생요인이 충족되면 종업원들은 불만족이 없어지지만, 위생요인이 충족되지 못하면 불만족이 생기게 된다. 즉, 동기요인과 위생요인을 하나의 일직선상의 양 끝으로 보는 것이 아니라 서로 다른 직선상에서 상대적 개념으로 인간의 욕구를 파악하였다.

카노의 품질모형도 이와 유사한데, 카노는 품질의 속성을 매력적 품질, 일원적 품질, 당연적 품질, 무관심 품질, 역품질로 구분한 바 있다.[5)]

- 매력적 품질요소(Attractive Quality Element) : 고객이 미처 기대하지 못했거나 또는 기대수준을 넘어서는 품질요소로서 충족되면 상당한 만족을 제공하지만, 충족되지 않더라도 불만족과는 무관한 품질요소를 말한다. 매력적 품질요소는 유사한 서비스나 상품과의 차별성을 제공하고 고객감동의 원천이 될 수 있다. 다만 시간이 흘러감에 따라 매력적 품질요소는 소비자의 기대수준 상승과 함께 다음에 설명한 일원적 품질이나 당연적 품질요소로 그 위치가 떨어질 수도 있다. 예를 들어 스마트폰의 고급 카메라 기능은 5~6년 전만 해도 대단한 매력적 품질요소였겠지만, 이제는 당연히 갖추고 있어야 하는 기본적인 품질요소에 불과하다. 가빈이 제시한 품질특성 중 매력적인 특징(feature)과도 상당히 유사한 개념이라 할 수 있다.
- 일원적 품질요소(One-Dimensional Quality Element) : 충족되면 만족하고 충족되지 않으면 고객들의 불만을 일으키는 품질요소로서 가장 일반적인

5) Berger, C. 외, "Kano's Methods for Understanding Customer-defined Quality," *Center for Quality Management Journal*, Vol. 4, 1993, pp.3~36.

[그림 1-4] 카노의 품질모형

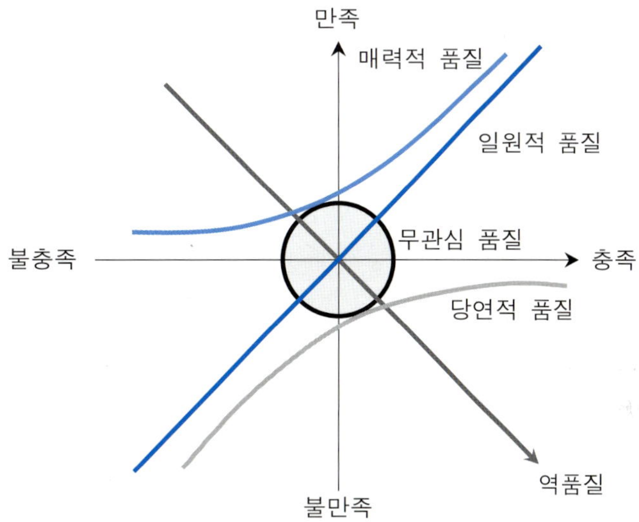

품질속성을 의미한다. 예를 들어 자동차의 연비는 높을수록 고객이 만족하며, 낮을수록 불만을 낳게 하는 품질요소이다. 콜센터의 대기시간, 직원의 친절도나 전문성 등도 일원적 품질요소에 해당할 것이다. 일원적 품질요소는 매력적 품질요소와 마찬가지로 소비자의 요구수준이 높아지게 되면 당연적 품질요소로 변할 수도 있다.

- 당연적 품질요소(Must-Be Quality Element) : 반드시 있어야만 만족하는 품질요소이기 때문에 충족되어도 별다른 만족감을 주지 못하지만, 충족되지 않으면 불만을 일으키는 품질요소이다. 예를 들어 카메라의 자동초점 기능이나 자동차의 오토(자동) 미션은 일반인에게는 당연적 품질요소로 받아들여지고 있다.
- 무관심 품질요소(Indifferent Quality Element) : 충족되건 충족되지 않건 간에 만족여부에 별다른 영향을 미치지 않는 품질요소를 의미한다. 예를 들어 기업 웹사이트 외에 추가로 제공하는 블로그나 웹사이트의 FAQ 기능 등은 대개 무관심 품질요소로 볼 수 있다.
- 역품질요소(Reverse Quality Element) : 충족되면 불만족을 일으키고 충족되지 못하면 만족되는 품질요소를 말한다. 서비스 공급자가 충족시키려

는 노력을 기울이지만 결과적으로 사용자는 불만족스럽다고 평가하는 품질요소도 있을 수 있기 때문에 역품질이라는 용어를 사용한다.

카노의 품질모형은 다양한 소비자 니즈의 우선순위를 정하는 데 도움을 준다. VOC(Voice Of Customer, 고객의 소리) 등을 통해 축적된 고객의 요구사항을 중요도별로 분류하고, 서로 상충되는 요구가 발생하는 경우 어느 품질속성에 해당하느냐에 따라 반영여부를 정할 수도 있다. 카노의 모형은 또한 제5장에서 논의할 품질기능전개(QFD)의 활용시 소비자 니즈의 중요성 평가에도 활용될 수 있으며, 시간이 흘러감에 따라 서비스 품질속성이 진부화될 수 있다는 점을 깨우치는 데에도 도움을 준다.

4. 품질과 여타 운영목표의 관계

최고경영자의 시각에서 보면 품질은 곧 경영 및 기업 운영 전체의 품질이지만, 상품 및 서비스를 제공하는 각 개별 활동부서에서 보면 품질은 스피드, 원가, 유연성 등의 전략적 요소와 동일 차원에서 논의된다. 품질과 이들 세 가지 요소들의 관계를 살펴보자.

- 스피드(lead time) : 생산부문의 또 하나의 목표인 시간단축은 제품이나 서비스의 공급에 소요되는 시간의 단축과 설계소요시간의 단축이라는 두 측면이 있다. 전자의 경우 생산공정의 단순화, 병목공정의 제거, 낭비의 제거 등을 통해 자재와 정보흐름의 속도를 높임으로써 가능하다. 신제품개발이나 설계변경에 걸리는 시간을 단축하기 위해서는 설계 · 디자인, 제조, 구매, 마케팅 등 여러 부문의 전문가들이 한 팀을 이루어 병렬식으로 개발에 참여해야 한다.
- 원가(cost) : 원가는 기본적으로 제품이나 서비스의 생산시설에 투입되는 설비투자비용과 이 시설을 운영하기 위해 필요한 비용을 포함한다. 생산부서의 목표가 원가의 최소화일 경우 대량생산을 가능하게 하는 자본집약적 생산구조를 선호한다. 그러나 이 경우 신제품의 도입이나 제품구조의 설계변경 또는 생산량의 조절과 같이 시장환경에 적절히 대응할

수 있는 신축성은 상실할 가능성이 높다. 생산원가의 절감이 최대목표인 기업에서는 보유설비를 가능한 한 오랫동안 사용 · 유지하고자 할 것이며 효율적인 생산을 도모하기 위해 재고를 줄이고 생산공정에서의 재작업이나 폐기물로 인한 비용절감에 주력하게 될 것이다.

- 유연성(flexibility) : 유연성을 핵심 목표로 삼을 수 있는데, 이 경우 생산량 조절측면에 있어서의 유연성과 제품설계면에서의 유연성 등 두 가지를 고려해 볼 수 있다. 시장이 급격히 변화하거나 주문량이 일정하지 않더라도 이러한 변화를 효율적으로 대처할 수 있는 능력을 갖추고 있거나 신제품개발 및 고객의 설계변경 요구 등을 쉽게 수용할 수 있을 때 생산부문의 신축성은 상당히 높다고 볼 수 있다.

물론 좋은 품질의 제품을 값싸게 소비자가 원하는 적절한 시간에 공급하며 소비자의 필요와 욕구가 바뀌면 즉시 이를 반영한 새로운 디자인의 제품을 내놓을 수 있으면 더 바랄 것이 없다. 보다 우수한 품질, 저렴한 생산원가, 신속한 공급 그리고 유연성 이 네 가지는 기업의 경쟁력을 결정짓는 대표적인 요소이다. 이 네 가지 목표를 한꺼번에 달성할 수 있는 혁신적 관리기술이나 노하우가 있다고 보기는 어렵다.

[그림 1-5] 품질, 시간, 원가, 유연성의 우선순위

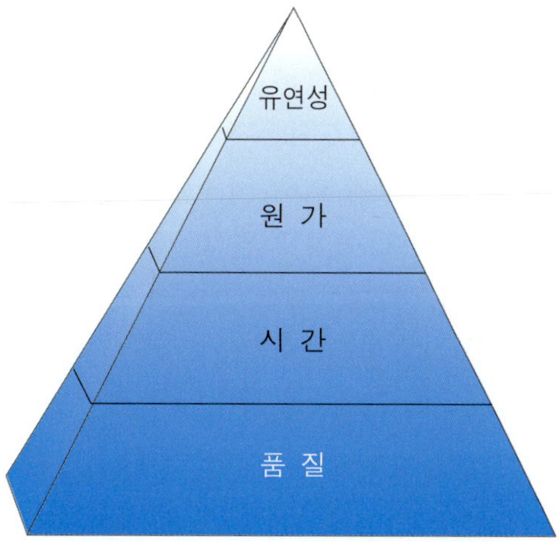

그렇다면 조직이 혁신과 개선을 계획하고자 할 때 품질, 시간, 원가, 유연성 등의 네 목표의 우선순위는 어떻게 설정해야 하는가? 일반적으로 품질은 [그림 1-5]에 제시되어 있듯이 모든 다른 부문의 개선의 토대가 되기 때문에 최우선목표이고 시간단축과 원가절감이 두 번째와 세 번째를 차지하며 유연성 향상은 가장 달성하기 어려운 장기적인 목표로 보고 있다.

즉 품질개선은 낭비의 제거, 불량품 비율의 하락, 재작업시간의 단축, 보증비용의 절감 등으로 이어지므로 시간단축과 원가절감의 긍정적인 효과를 가져온다. 생산소요시간과 설계개발시간의 단축은 생산성 향상을 가져오며 이는 곧 원가절감을 가져온다. 다시 말해 원가절감은 품질개선과 시간단축 노력의 부산물이라고도 볼 수 있다. 그러나 원가절감이나 시간단축이 반드시 품질개선으로 이어지지는 않는다. 제조조직의 유연성 역시 품질개선과 시간단축에 의해 어느 정도 향상되지만 생산설비에 대한 장기적인 투자와 연구개발노력을 필요로 한다.

03 품질경영의 발전단계

1. 품질경영의 정의

많은 경우 품질개선은 최고경영자 자신의 사고전환, 치열한 경쟁, 소비자의 강력한 요구 등에 의해 시작되곤 한다. 특히 시장환경의 변화에 의한 압력이 가장 큰 영향을 미치게 된다. 예를 들어 품질의 저하로 인해 시장점유율 및 매출액 감소, 이익의 하락, 파산으로 이어지는 현상을 감지하게 되면 품질개선에 대한 경각심을 높이지 않을 수 없게 된다. 또한 자동차부품제조회사와 같이 소비자인 자동차생산회사의 품질개선에 대한 강력한 요구에 의해 품질경영을 적극적으로 도모하는 경우도 있다.

한국표준협회 산하의 국가품질망 사이트에서는 품질경영을 “품질의 방침 · 목표 및 책임을 결정하고, 이들을 품질계획, 품질관리, 품질보증, 품질개선과 같은 수단에 의해 품질시스템 내에서 실행하는 전사적 관리기능에 관한 모든 활동"으로 정의하고 있으며, "조직구성원 모두를 최고경영자의 경영이념으로 무장하도록 하여 조직 전체가 하나의 시스템처럼 움직이게 함으로써 고객만족을 극대화하는 경영체제"로 평가하기도 한다.[6] 또한 파이겐바움은 품질경영을 보다 포괄적으로 정의한 종합적 품질관리의 개념을 내세우고 이를 "소비자가 만족할 수 있는 제품을 가장 경제적으로 생산 또는 서비스할 수 있도록 기업 내의 각 부서의 노력을 품질의 개발 · 유지 · 개선을 위해 조정 · 통합하고자 하는 효과적인 시스템"으로 정의하였으며 이를 위해 마케팅, 설계, 기술, 제조, 검사, 서비스 등의 전 부문, 위로는 사장, 밑으로는 현장의 작업자까지 포함하는 전 계층이 품질관리활동을 전개할 필요가 있다고 주장하였다.

품질경영을 어떻게 정의하든 간에 품질은 이제 조직구성원 모두가 관심을 가지고 적극적인 노력을 기울여야 하는 전략적 목표 중의 하나로서, 모두가 참여하는 종합적 경영활동(Total Quality Management, TQM)으로 인식되고 있다.

지금은 식스시그마 혁신운동으로 인해 그 개념이 다소 퇴색되었지만 TQM은 "최고경영자의 열의와 리더십을 기반으로 끊임없는 교육훈련과 참여의식에 의해 능력이 개발된 조직구성원이 합리적 · 과학적 관리방식을 활용하여 조직 내의 모든 절차를 표준화하고 지속적으로 개선하는 과정에서 종업원의 욕구를 충족시키고 이를 바탕으로 고객만족과 조직의 장기적 성장을 추구하는 경영시스템"으로 정의한다. TQM은 단순한 제도나 기법을 도입하고 적용하는 방식이 아니라 전 구성원의 가치와 신념의 변화를 전제로 하고 이를 통하여 업무를 수행하는 태도와 행동을 변화시켜 나아가는 기업문화의 창달을 이룩한다는 것이다.[7] 이와 같이 정의할 수 있는 TQM은 소비자의 니즈(needs)에서 시작하여 소비자만족의 극대화로 끝나며 다음과 같은 아이디어를 토대로 한다.

- **소비자로부터 시작한다.** 품질은 고객의 기대(expectation)로부터 결정된다. 그러므로 고객의 기대를 제대로 인식하고 이를 구체적으로 제품의 설계와 제조과정에 반영하는 것이 바로 TQM의 첫 단계이다. 품질기능전개나 컨커런트 엔지니어링 등과 같이 고객의 목소리를 제대로 그리고 신

6) http://www.q-korea.net 참조

7) Goetsch, David L. and Stanley B. Davis, *Quality Management for Organizational Excellence : Introduction to Total Quality*, 7th ed., NJ : Prentice Hall, 2012.

속히 파악하고 분석하는 데 효과적인 도구들을 적극 활용해야 한다.

- **품질을 측정하고 자료를 정리한다.** 품질개선을 아무리 외쳐 보았자 불량품이 줄어들지는 않는다. 불량품을 줄이고 고객만족을 높이기 위해서는 무엇보다도 어디에서, 왜, 얼마나 많은 불량품이 생기며 그 원인이 무엇인가를 제대로 조사해야 한다. 시의적절한 자료가 뒷받침하지 않는 품질관리는 오히려 불량품을 증가시킨다. 앞으로 논의할 품질경영의 일곱 가지 기본기법과 품질비용시스템은 이처럼 측정과 평가에 필수적인 원리들이다.
- **폭넓은 시각에서 품질을 바라보자.** 앞에서 품질은 설계품질, 적합품질, 판매 및 서비스 품질의 세 가지 측면이 있음을 살펴본 바 있다. 품질경영은 제품과 서비스의 설계까지를 포함하는 통합프로세스로 이해해야 한다.
- **문제가 발생하면 바로 발생근원에서 해결하도록 한다.** 개개인의 일이 중요하다는 생각과 아무도 대신 고쳐주거나 해주지 않는다는 사실을 인식시켜야 한다.
- **표준화는 바람직한 처리방법을 유지시키며 같은 문제가 재발하는 것을 막아준다.** 표준화가 잘 모르는 많은 사람들을 이끌어가기 위한 엄격한 룰은 아니다. 오히려 품질개선과 낭비제거의 촉진을 위한 기초가 된다.
- **실수를 미연에 방지할 수 있도록 작업과 작업환경을 설계한다.** 실수를 하려야 할 수 없도록 또 이것이 어려우면 실수를 즉시 탐지해낼 수 있도록 고객의 주문접수에서 박스포장까지의 모든 작업을 재설계한다면 품질은 거의 완벽에 가까울 것이다. 즉각적인 피드백은 실수, 문제, 비정상적인 현상이 발생했음을 그 발생의 뿌리에 즉시 전달하는 것이다. 문제가 빨리 발견될수록 그만큼 쉽게 해결할 수 있으며 문제의 심각성도 그만큼 줄어든다.

2. 품질경영의 발전단계

품질관리의 중요성이 부각되기 시작한 것은 20세기 중반 이후 전반적인 산업구조가 양산체제를 갖추기 시작한 직후라 할 수 있다. 그 이전에는 생산자 자신이 직접 품질을 책임지며 생산량 자체도 그다지 많지 않았기 때문에 체계적인 품질관리기법의 필요성을 그다지 느끼지 못했다. 파이겐바움은 구미산업계에서의 품질관리의 발전과정을 다음과 같이 6단계로 구분하여 설명하고 있다.

- 작업자에 의한 품질관리 : 제품생산을 담당하는 작업자 자신이 품질을 관리하고 통제한다는 의미로 19세기 말까지의 중세기 생산체제하에서의 품질관리의 형태라 할 수 있다. 이 시대의 품질은 곧 장인정신을 의미한다. 장인의 속성은 단지 자신의 제품에 정성을 들인다는 것 외에도 여러 가지가 있다. 마케팅, 생산관리, 품질관리, 제품과 제조공정의 개선과 혁신 등 모든 것을 다 맡아 한다는 것은 곧 이들 여러 기능들이 한 사람의 머릿속에서 통합되어 장인정신이라 하는 노하우로 나타난 것이다.
- 직장(職長)에 의한 품질관리 : 20세기에 접어들면서 공장의 규모가 커지고 제조공정의 분업화가 이루어짐에 따라 직장 또는 작업장책임자가 품질에 대한 책임을 지는 직장에 의한 품질관리시대가 도래하면서 장인정신으로 요약되는 통합적 사고방식은 차차 효율성에 그 자리를 양보하게 되었다.
- 검사중심의 품질관리 : 제1차 세계대전의 발발과 함께 생산시스템은 더욱 복잡해지고 한 사람의 직장이 많은 작업자들을 지휘 · 통제하게 됨에 따라 직장에 의한 품질관리가 거의 불가능해지게 되었으며 이에 따라 검사전문요원이 등장하게 되었다. 검사원 위주의 품질관리는 제2차 세계대전으로 인해 엄청난 물량의 전쟁물자가 소요되기 시작할 때까지 대부분의 대기업에서 채택한 품질관리체제였다. 한편 이 시기에 현재 사용되고 있는 많은 통계적 기법들이 개발되었는데, 1924년 슈하트(W. Shewhart)가 관리도의 개념을 제시하였으며, 1929년에는 벨 연구소의 닷지(H.F. Dodge)와 로우믹(H.G. Romig)이 샘플링검사이론을 발표하였다.
- 통계적 품질관리 : 제2차 세계대전과 함께 관리도와 샘플링이론을 이용한 통계적 기법이 점차 사용되기 시작하였으나 산업체와 정부기관들의 몰이해와 품질관리에 대한 적극성 결여로 그다지 괄목할 만한 성장을 보이지 못했다. 1950년 미국방성에 의해 Mil-Std-105A가 제정되고 1963년 Mil-Std-105D로 발전되어 전 세계에 퍼지게 되었으며, 1960년대 이후 파이겐바움이 종합적 품질관리의 개념을 제시하기는 하였으나 품질관리는 여전히 작업현장에서의 일로 간주되고 있었다.

- 종합적 품질경영 : 종합적 품질관리의 개념은 1950년 데밍과 1954년 쥬란의 일본에서의 품질관리교육을 기점으로 하여 일본에서 크게 발전하게 되었다. 일본은 파이겐바움의 종합적 품질관리에 전사적 참여라는 개념을 추가시켜 현재의 전사적 품질관리의 형태로 발전시켰으며, 일본 제품의 우수성으로 인해 품질관리는 곧 전사적 · 종합적 품질경영이어야 한다는 등식이 성립하게끔 유도하게 되었다. 1980년대 후반에 들어서서는 종합적 품질경영이 전략적인 경영활동의 일환으로 간주되면서 더욱 그 중요성이 강조되었다.
- 식스시그마 운동 : 식스시그마 운동은 최고경영자의 리더십 아래 시그마(σ)라는 통계척도를 사용하여 모든 프로세스의 품질수준을 정량적으로 평가 · 발전시키며 문제해결과정 및 전문가 양성 등의 효율적인 품질문화를 조성해가고자 하는 데에 주요 목적이 있다. 품질혁신과 고객만족을 달성하기 위해 전사적으로 실행하는 종합적인 기업의 경영전략이라고 정의할 수 있다. 식스시그마 경영은 '100만 개 중 3.4개의 불량품'을 목표로 한다. '99.99966%'라는 사실상의 '불량률 제로'를 지향할 때 품질비용을 극소화할 수 있다. 시그마는 통계에서 표준편차를 의미하며, 평균으로부터 식스시그마 사이에 포함되는 것은 모두 합격으로 처리할 수 있도록 품질을 높인다는 목표를 가진다. 이제 식스시그마 경영은 현장 품질개선이나 경영혁신의 차원을 넘어서 전사적 경영시스템으로 정착되고 있다.

3. 품질경영의 계층별 구분

상품과 서비스의 디자인 · 생산 · 판매를 담당하는 사람도 자사 상품 외의 다른 모든 상품이나 서비스를 구매할 때에는 소비자 또는 고객이 된다. 일정시점에서 모든 생산자는 소비자가 될 수밖에 없으며, 모든 소비자는 또한 생산자의 역할을 할 수밖에 없다. 이처럼 품질경영에서 가장 많이 등장하는 단어는 고객이다.

그렇지만 품질경영의 대상인 고객은 적당한 대가를 지불하고 상품과 서비스를 구입하는 고객에 한정된 개념이 아니다. 고객의 기대를 넘어서는 수준의 상품과 서비스를 공급함으로써 고객의 로열티와 충성도를 극대화하기 위해서는 고객이 원하는 가치를 지속적으로 제공할 수 있는 경쟁적 기반이 구축되어야 하는 것이 최종적 목표이지만, 이를 효과적으로 달성하기 위해서는 조직 내에 존재하는 내부고객도 고객범주에 포함되어야 한다.

예를 들어 학교에서 강의를 담당하지 않는 행정직원들은 교수와 학생들에게, 그리고 직원간에 무엇인가를 제공한다. 아무런 서비스도 제공하지 않는다면 그 사람은 그 자리에 있을 이유가 없었을 것이다. 백화점에 근무하는 많은 직원들도 일부는 직접 고객들을 맞이하지만 또 다른 일부는 간접적인 방법을 통해 서비스를 제공한다. 다른 부서에 근무하고 있는 직원들에게 정보를 제공하는 서비스를 맡고 있는 사람도 있고, 웹을 통해 들어온 문의사항을 직접 답변해 주는 서비스를 제공하는 직원도 있다.

항공사의 경우 비행기 정비사들은 지상 요원들과 조종사들이 비행기를 제시간에 이륙시킬 수 있도록 지원하며, 기내식 담당자들은 기내 승무원들이 탑승객들에게 질 좋은 식사와 편안함을 제공할 수 있도록 기내의 음식물 조달을 원활히 한다. 관리자들은 일선에서 일하는 사람들이 탑승객들에게 좋은 서비스를 제공할 수 있도록 그들을 도와줄 수 있는 일이라면 무엇이든 해야 한다. 이렇게 본다면 서비스를 필요로 하는 고객은 다음과 같이 두 유형으로 나누어 볼 수 있다.

- 외부고객 : 조직 밖에 위치하는 일반적인 의미의 고객이다. 은행의 경우 은행과 거래함으로써 서비스를 받는 모든 사람이 해당된다.
- 내부고객 : 조직 안에 위치하면서 서비스 제공자가 하는 일을 절실히 필요로 하는 고객을 말한다. 은행에서 신용정보를 담당하는 부서의 고객은 일선 지점에서 대출을 담당하는 직원이라 할 수 있다. 정확한 신용정보를 창출하는 서비스를 제공함으로써 일선 대출담당 직원은 신용도가 높은 외부고객에게 높은 수익을 낼 수 있는 대출을 해 줄 수 있다. 외부고객에게 제공하는 서비스는 일반적인 의미의 서비스이다. 그러나 내부고객에게 제공하는 서비스는 조직의 운영과정에서 창출되는 서비스이다. 즉 조직을 제대로 운영하기 위해서는 내부고객에 대한 서비스가 제때에 충실하게 이루어져야만 한다.

고객에 대한 이해가 충분하더라도 실질적으로 외부 및 내부 고객을 만족시켜 줄 만한 품질을 이끌어낼 방향감각이 명확하지 않으면 품질경영은 정말 어려운 과제이다. 조직 내의 분위기가 통합적 시각을 중시하지 않거나 일이 진행되는 프로세스가 이를 반영하지 않는다면 누구도 품질의 종합적인 측면을 책임지지 않는다.

품질경영의 핵심프로세스는 소비자가 원하는 또는 소비자도 모르는 중요한 품질결정요소를 찾아내고, 이를 기업 내의 모든 조직구성원들이 각자의 부서에서 고민해야 하는 분야와 함께 협동하여 통합적으로 성취해내야 하는 요소들을 잘 구분하여 이끌어 나가는 데에 있다. 기업의 품질경영은 [그림 1-6]과 같이 3개 분야로 구분해 볼 수 있다.[8] 이 중 첫 두 가지는 여러 부서의 이해관계를 조정 · 통합하고 전체를 이끌어가는 높은 차원의 품질경영이고, 세 번째 것은 개별 근무자가 부서 안에서 고심해야 할 사항들이다.

- 조직 차원의 품질경영 : 외부고객을 주된 대상으로 하는 다양한 활동을 전개한다. 예를 들어, 어느 상품과 서비스가 고객의 기대수준을 넘어서는지, 어떤 것들은 미진한지, 실제 의지는 있으나 시장에 나오지 않고 있는 것은? 불필요한 상품이나 서비스가 있는가?
- 프로세스 차원의 품질경영 : 부서별로 구분된 기능들을 아우르는 활동

[그림 1-6] 품질경영의 3차원

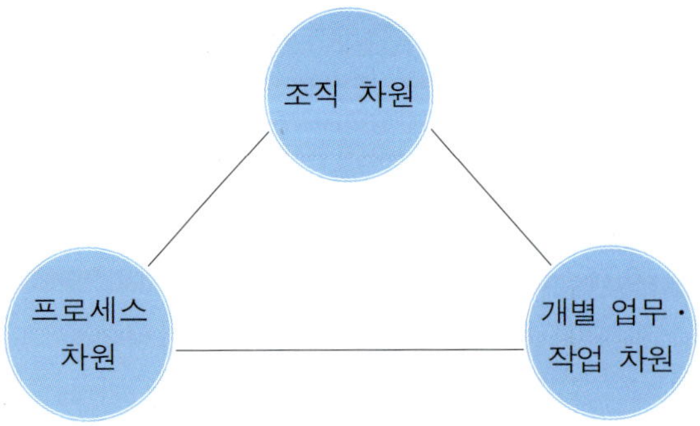

8) Evans, J.R. and W.M. Lindsay, *Managing for Quality and Performance Excellence*, 9th ed., South-Western, Cengage Publishing, 2014.

을 전개한다. 어떤 상품과 서비스가 외부고객에게 가장 중요한가? 어떤 프로세스가 이런 상품과 서비스를 창출해내고 있는가? 이런 프로세스에 투입되는 투입물 중 가장 핵심적인 것은? 어떤 프로세스가 조직 전체의 수월성에 막대한 영향을 미치는가? 내부고객은 누구이며 그들의 요구와 니즈는 무엇인가? 이런 일들은 여러 부서를 거쳐가므로 한두 사람의 노력만으로는 품질이 확보되기 어렵다. 전체를 보지 않으면 균형감각을 잃고 눈앞의 작은 개선이나 이득에만 쏠리고 만다. 고객에게 새로운 가치를 제공하는 상품이나 서비스를 선보이는 일, 기존 것이지만 불량을 줄이고 원가절감 그리고 생산성을 높이는 활동, 고객요구에 소요되는 시간을 줄이고 대응성을 높이는 모든 활동이 포함된다. 소위 지속적 개선과 조직 학습이 나타나는 차원이다.

- 개별 업무 · 작업 차원의 품질경영 : 조직 전체 및 중요 프로세스 차원에서 요구되는 중요 품질구성요소를 현실화하는 업무에서 정확성, 원가, 규격에의 일치여부, 변동성 등에 대한 표준을 얼마나 잘 지켜나가고 있는가에 대한 것이다. 고객(내, 외부)은 무엇을 원하는가, 이런 요구는 어떻게 측정하는가, 각 측정요인의 표준값은 얼마인가 등에 물음이 전제되어야 한다. 이런 업무들이 제대로 진행되기 위해서는 근무자에 대한 권한이양을 통해 실력을 발휘할 수 있는 기회를 제공하고 동기를 부여할 방법을 모색해야 한다. 팀워크는 또 하나의 중요한 요소이다. 현장에서의 문제를 스스로 해결하고 이를 하나의 표준으로 제시하는 분위기를 조성하고 독려하는 문화가 필요하다. 즉 참여가 일종의 조직문화가 될 수 있도록 경영층은 다양한 전략적 시도를 감행해야 한다.

04 품질경영과 ISO 인증

1. ISO 인증의 배경

1990년대 초반까지만 해도 세계 비즈니스계는 고객만족을 위한 TQM 시대였다. 이러한 비즈니스 패러다임에 부응하여 각 기업에서는 품질에 대한 관심으로서 품질경영시스템 구축과 품질경영전략을 추진하였다. 1987년 국제표준화기구(International Organization for Standardization, ISO)가 제정한 ISO 9000 시리즈는 이와 같이 품질에 대한 고객의 기대수준이 점차 높아져가는 추세에 부응하여 사용자의 요구조건을 만족시키려는 국제기구의 노력으로 출발하였다.

ISO 9000 시리즈는 국제표준화기구에서 제정한 품질경영시스템에 관한 국제규격으로, 고객에게 제공되는 제품이나 서비스실현체계가 규정된 요구사항을 만족하고 있음을 제3자 인증기관에서 객관적으로 평가하여 인증해 주는 제도이다. ISO 9000 시리즈의 제정목적은 각국별로 또는 산업별로 일치되어 있지 않은 품질시스템에 대한 요구사항을 통일시키기 위한 것이다. 여기서 품질시스템이란 품질경영을 실현하기 위해 필요로 하는 조직구조, 순서, 프로세스 및 경영자원을 의미하며, 누구에게나 동일한 품질의 제품과 서비스를 제공하기 위한 절차와 순서를 의미한다.

인증제도가 필요하게 된 이유는 구매자의 니즈 충족에 있다. 구매자는 자신이 구매하고자 하는 제품이나 서비스가 자신의 요구사항을 만족시키기를 바라고 있다. 따라서 구매자가 기업인 경우는 구매에 앞서 사양서 등에 자신의 요구사항을 공급자에게 제시하는 것이 일반적이다. 공급자는 이러한 요구사항을 만족시키는 제품이나 서비스를 제공하기 위하여 기업활동을 하고 있지만, 구매자로서는 자신의 요구가 생산품이나 서비스에 정확히 반영되도록 생산관리 조직이 구축되어 있고 생산활동이 이루어지도록 되어 있는지, 예를 들어 생산 도중에 확인할 수 없는 사항이 발생하지 않도록 적절히 보장되고 있는지, 혹은 납품 후 고장이나 문제를 일으키지 않도록 보장되어 있는지 등 염려되는 사항이 많게 마련이다.

따라서 구매자는 통상 이를 방지하기 위하여 공급자에 대하여 품질경영의 실시나 품질보증 활동을 요구하게 된다. 그러나 공급자로서는 거래하는 구매자가 다수인 경우가 대부분이므로 각 구매자가 상이한 품질경영시스템이나 품질보증 활동을 요구하게 되면 일일이 이에 대응하는 것이 쉽지 않을 것이다. 따라서 제3자인 품질경영시스템 인증기관이 구매자를 대신하여 국제적 통용기준이며 공통의 척도인 ISO 9000 시리즈 규격에 따라 공급자의 품질경영시스템이나 품질보증활동을 심사하여 인증해 주게 되면, 공급자로서는 중복심사로 인한 업무의 복잡성을 피하고 시간이나 경비 절약의 효과를 얻을 수 있을 뿐만 아니라 구매자에게도 객관적인 신뢰감을 주는 등 많은 이점이 돌아가게 되는 것이다.

이제 ISO 9000 시리즈의 탄생배경을 살펴보기로 하자. 원래 품질보증의 개념은 미국의 군용제품의 규격에서 시작하였다. 1970년대 들어서면서 영국, 미국, 독일, 프랑스, 캐나다 등이 독자적으로 품질보증규격을 정하기 시작했는데, 자국 내에서의 거래에는 문제가 없었지만 국제간의 거래에서는 각자의 규격을 고집하여 다소간의 문제점이 발생하게 되었다. 그 후 유럽시장의 통합으로 ISO 9000 시리즈가 비약적으로 발전하게 되었다. 1976년 영국의 주도하에 ISO의 품질보증에 관한 위원회가 설치되었으며 1984년 품질보증용어를 정의・해설한 ISO 8402가, 1987년 ISO 9000에서 9004까지 제정되었다. ISO 9000 시리즈는 2000년, 2008년, 2015년에 대폭 개정되어 현재까지 사용되고 있다.

ISO 9000 시리즈가 국제적으로 널리 보급되면서 여러 가지 전략적 개선효과가 발생했는데, 무엇보다도 품질보증에 대한 각국의 인식이 공통화되어 거래관계의 구축이 용이해졌으며 국제 입찰에서도 ISO 9000 시리즈의 취득이 기본요건이 되는 경우도 많아져, 국제경쟁력을 위한 기본도구로 도입되기 시작했다.

2. ISO 9000 시리즈의 구성

ISO 9000 시리즈는 〈표 1-2〉와 같이 크게 네 가지 세부규격을 포함하며 다음과 같은 일곱 가지 원칙을 기반으로 한다.[9]

---

9) https://asq.org/quality-resources/iso-9000
http://www.iso.org/iso/home/standards/management-standards/iso_9000.htm

〈표 1-2〉 ISO 9000 시리즈의 구성

규 격	내 용
ISO 9001 : 2015	품질경영시스템의 요구사항 제시
ISO 9000 : 2015	기본적인 개념과 용어의 설명
ISO 9004 : 2018	지속적인 성공을 달성하는 데 필요한 조직역량을 제고하는 데 도움을 줄 수 있는 가이드라인 제시
ISO 19011 : 2018	품질경영시스템의 감사를 위한 지침 제시

[그림 1-7] ISO 9000 품질경영의 원리

- 고객에의 초점(customer focus) : 기존 고객 및 미래 고객의 니즈를 이해하고 그들의 기대수준을 넘어서는 품질을 제공할 수 있도록 노력해야 한다. 고객과의 상호작용은 고객을 위한 더 큰 가치를 창출할 수 있는 기회를 제공한다.
- 리더십(leadership) : 조직의 목표와 방향을 일치시키고 조직구성원들이 조직 전체의 목표를 위해 몰입할 수 있는 환경과 분위기를 조성한다.

- 조직구성원의 참여(engagement of people) : 조직의 핵심은 사람이며, 모든 조직구성원들이 목표를 위해 적극적으로 참여하도록 유도한다. 조직구성원의 역량을 제고하고 이를 통해 과감한 권한이양을 시도함으로써 품질혁신을 위한 다양한 활동에 자발적으로 참여하도록 유도한다.
- 프로세스적 접근(process approach) : 기업의 모든 활동과 자원을 프로세스로 간주함으로써 보다 효율적인 경영을 모색한다.
- 지속적 개선(improvement) : 성과의 지속적 개선은 기업이 지향하는 영구한 목표이며 조직 내외의 환경변화에 대한 대응과 새로운 사업기회 창출의 전제조건이다.
- 사실에 근거한 의사결정(evidence-based decision making) : 적절한 자료와 정보의 분석을 의사결정의 근거로 설정함으로써 조직의 효과성을 극대화한다. 의사결정은 불확실성을 포용해야 하는 복잡한 과정이다. 인과관계를 명확히 하고 예상치 못한 결과를 이해하기 위해서도 데이터와 증빙자료 그리고 세밀한 분석을 통한 객관성과 신뢰성 확보가 요구된다.
- 상생을 도모하는 협력업체와의 관계(relationship management) : 고객을 위한 가치창출은 협력업체와의 상생적 협력관계를 기반으로 하므로 공급망관리(supply chain management)의 전략적 가치를 이해해야 한다. 공급망을 구성하는 다양한 파트너와 협력업체 간의 관계를 이해하고 정보공유, 인센티브 배분, 협업 등을 통한 공급망 전체의 품질혁신을 도모한다.

품질경영시스템의 요구사항을 포함하고 있는 ISO 9001 : 2015는 다음과 같은 핵심적 사항을 규정하고 있다. 첫째, 조직은 품질경영시스템과 그에 필요한 프로세스를 문서화하고 이를 실행하며 운영상태를 측정 · 분석함과 아울러 필요한 시정조치를 취함으로써 품질경영시스템의 효과성을 지속적으로 개선해야 한다. 둘째, 최고경영자는 품질경영시스템의 개발과 실행, 효과성 제고를 위한 품질전략의 수립, 목표설정, 경영과정 검토, 필요자원 확보, 법적 요구사항을 넘어서는 고객요구사항 충족의 중요성을 조직구성원 모두에게 전파해야 한다. 셋째, 품질경영시스템의 실행과 유지, 효과성 제고 그리고 고객요구사항 충족에 필요한 자원을 확보해야 한다. 넷째, 제품과 서비스 제공에 필요한 모든 프로세스를 포함하여 고객요구사항 파악, 제품의 설계 및 개발, 구매, 제품과 서비스의 인도와 같은 모든 활동을 규정한다. 마지막으로 제품의 적합성 확증,

〈표 1-3〉 **산업별 ISO 인증제도 예시**

ISO 인증 유형	해당 산업 및 업종
ISO/TS 29001	석유, 화학 및 천연가스 관련 기업
ISO 13485	의료기기 산업
ISO/IEC 90003	소프트웨어 엔지니어링
ISO/IEC 27001	정보 보안
ISO 22000	식품안전 관리
ISO 50001	에너지 관리
ISO 18091	지방자치단체

품질경영시스템의 적합성 보장 및 효과성 제고를 위한 모니터링, 측정, 분석 및 지속적 개선 프로세스를 계획·실행해야 한다.

ISO는 〈표 1-3〉에 예시한 바와 같이 ISO 9001을 기반으로 하는 다양한 인증 및 품질경영시스템을 개발하고 있다. ISO 인증 그 자체가 반드시 우수한 품질의 제품과 서비스 창출을 보증해 주지는 않는다. 그렇지만 ISO 인증시스템은 품질경영시스템을 처음 도입하고자 하는 기업에는 매우 우수하면서도 핵심적인 품질경영 관행을 전수해 주는 역할을 한다. 식스시그마 운동 등을 통해 이미 전사적으로 품질경영운동을 펼치는 기업은 ISO 인증 그 자체로 만족하지 못하겠지만, 별다른 품질보증 체제를 갖추고 있지 못한 기업에는 훌륭한 지침서가 될 수 있다. ISO 인증을 유지하기 위해서는 주기적으로 품질경영시스템을 평가받아야 한다는 점도 품질경영이 조직에 뿌리내리게 하는 데 큰 도움을 준다.

쉬어가기 데밍의 14포인트

데밍은 그의 저서 "*Out of Crisis*"에서 품질개선을 위한 열네 가지 포인트를 제시하였다. 데밍의 철학에 대해 간략히 소개한 바 있지만, 여기서는 품질개선의 원리로서의 데밍의 14포인트를 구체적으로 살펴보고자 한다.

- 제1포인트 : 경쟁력을 강화시키고 보다 많은 사람들에게 직장을 제공하기 위해서도 제품과 서비스의 개선을 목표로 설정하고 이 목표를 항구적으로 유지해야 한다. 다음 분기의 이익은 10년, 20년 뒤의 기업존속만큼 중요하지 않다는 것을 깨닫게 되면 기업의 존속과 종업원들의 직장보장을 위해 경쟁력 강화라는 목표를 설정하고 지속적으로 이를 유지하는 체제의 필요성을 인식하게 된다. 목표의 영속성(constancy of purpose)을 설정한다는 것은 곧 다음과 같은 사항에 대해 장기계획을 수립하고 이를 실현하기 위해 투자를 한다는 것을 의미한다. 또한 이러한 계획이 구체적인 제도(institution)로 가시화되지 않으면 중간관리층은 물론 그 누구도 그들 자신이 아무리 최선을 다한다 하더라도 그 효과에 대해서는 의문을 떨쳐버리기 어렵다.
- 제2포인트 : 새로운 철학을 채택해야 한다. 새로운 시대에 새로운 도전에 접하여 경영자는 그들의 책임을 배우고 변화를 위한 리더십을 발휘해야 한다. 지연과 실수는 비용을 증가시키며 이 같은 지연이나 사고에 대비한 또 다른 대안(alternative plans)은 비용을 증가시킬 뿐이다. 제대로 수행할 수 있는 오직 하나의 계획만이 경제성이 있을 뿐이다.
- 제3포인트 : 품질을 향상시키기 위해 검사에 의존하는 버릇을 타파해야 한다. 품질개선을 위해 100% 검사를 한다는 것은 비효과적이고 비용도 많이 들며 때늦은 감이 짙다. 검사를 통해서는 양품과 불량품을 확실히 구분해 내기도 힘들며, 검사 그 자체로서는 품질개선이 불가능하기 때문이다. 닷지(H.F. Dodge)의 주장처럼 "검사를 통해 제품에 품질을 집어넣을 수는 없다(You cannot inspect quality into a product)"는 말을 기억해야 한다.
- 제4포인트 : 단지 가격만으로 납품업체를 선정해서는 안 된다. 그 대신 총비용을 최소화하라. 어떤 품목이든 간에 단 하나의 납품업체와 거래하고 상호신뢰를 바탕으로 한 장기적인 관계를 모색하라. 오늘날과 같이 제품의 균일성(uniformity)과 신뢰도(reliability)가 높이 요구되는 경쟁의 시대에 원자재나 부품의 품질을 고려하지 않고 단순히 가격만을 의사결정의 기준으로 삼을 수는 없다. 품질에 대한 적절한 평가기준을 도입하지 않고 단순히 최저가격을 제시하는 이에게 발주를 하게 되면 품질이 떨어지는 것은 물론 결과적으로 생산비용은 증가하게 된다.
- 제5포인트 : 품질과 생산성 향상 그리고 이로 인한 원가절감을 위해 생산 및 서비스 시스템을 지속적으로 개선하라. 이 책을 통해 계속 나타나는 기본원리는 설계단계에서 품질이 확립되어야 한다는 것이며, 일단 설계가 완성되고 나면 품질개선의 기회는 이미 상실하고 만다는 것이다. 설계과정에서의 팀워크는 필수적인 것이며 소비자의 요구와 소비자가 제품을 사용하는 방법 등에 대해서도 이해를 더해야 한다.
- 제6포인트 : 직장 내의 훈련을 제도화하라. 교육훈련, 재교육에 투입되는 돈은 재무제표상에 자산으로 나타나지 않으며 기업의 고형자산을 증대시키지도 않는다. 그러나 인적자원보다 더 귀중한 자산은 없다.

- 제7포인트 : 리더십을 키워라. 감독(supervision)의 목적은 작업자, 기계설비 등이 보다 나은 일을 할 수 있도록 돕는 데에 있다. 관리자(management)의 임무는 감독이 아니라 지도(leadership)에 있다. 관리자는 품질개선의 근원이 되는 품질개선을 위한 의지와 이러한 의지를 제품설계 및 생산에 반영하기 위한 가정에 주력해야 한다. 단지 결과(작업표준, MBD, 규격에의 일치, 무결점 등)에만 신경을 쓰는 관리방식을 없애고 리더십으로 대치해야 한다.
- 제8포인트 : 두려움을 제거함으로써 모든 종업원이 기업을 위해 효과적으로 일을 할 수 있도록 하라.
- 제9포인트 : 각 부서간의 장벽을 타파하라. 앞으로 생산할 때 발생하는 문제나 생산이 완료된 후 소비자가 사용할 때 나타날 수 있는 문제를 제거하기 위해서 연구, 설계, 판매, 생산부문이 하나의 팀으로 노력해야 한다. 연구개발, 설계, 자재구매, 판매 등의 부서에 근무하는 사람들은 생산 및 조립과정에서 사용되는 자재의 종류와 그 규격에 대해 알 필요가 있다. 그렇지 못하면 제대로 그 목적에 일치하지도 않는 자재를 사용하고자 할 때 상당히 큰 손실을 볼 수도 있다.
- 제10포인트 : 무결점운동이라든가 생산성향상목표 등에 관한 슬로건, 플래카드, 훈계성 목표를 제거하라. 이러한 권고나 훈계는 적개심을 불러일으킬 뿐 별 효과가 없다. "첫 번에 제대로 하자." 의도는 좋으나, 생산에 투입되는 원자재가 불량하거나 또는 사용할 기계가 제대로 정비되어 있지 못하거나 또는 측정설비의 신뢰도가 떨어진다면 어떻게 첫 번에 제대로 생산할 수 있는가? "힘을 합쳐 보다 더 잘해보자." 그러나 문제가 발생했을 때 이를 해결하거나 도와줄 사람이 없다면 이 역시 우스갯말에 불과하다. "자신의 일에 자부심을 가지자." 이러한 슬로건이 등장하게 된 것은 일선 작업자들을 독려하면 품질의 개선, 생산성 향상, 무결점 등 무엇이든 바람직한 목표는 모두 달성할 수 있다는 것이다.
- 제11포인트 : (a) 작업장에서 작업량 표준 또는 작업할당량 등의 개념을 없애라. 그 대신 리더십을 부여하라. (b) 소위 MBO(management by objective)를 없애라. 숫자나 수치적 목표에 의한 관리를 하지 말고 리더십으로 대치하라. 구체적인 계획이나 방법이 제시되지 않는 관리계층의 단순한 재무적인 목표, 즉 내년의 품질보증비용을 10% 줄이자, 매출액을 10% 증가시키자, 생산성을 10% 향상시키자 등과 같은 목표 그 자체는 기업의 성장과 품질개선에 별 실익이 없다.
- 제12포인트 : (a) 각 작업자들이 기술자로서의 자부심을 빼앗는 장애물을 제거하라. 감독자의 책임은 단순한 숫자에서 품질로 바뀌어야 한다. (b) 마찬가지로 관리계층과 기술연구계층의 자부심을 빼앗는 연례적 평가제도나 MBO를 제거하라.
- 제13포인트 : 교육훈련 및 자기계발의 프로그램을 제도화하라. 교육 및 자기개선을 고무시켜야 한다. 조직이 필요로 하는 사람은 단지 좋은 사람이 아니다. 교육과 함께 점차 개선할 수 있는 사람을 필요로 한다.
- 제14포인트 : 모든 조직구성원이 변혁을 위해 노력해야 한다. 최고경영자는 조직의 변혁에 모든 노력을 기울여야 한다. 변혁과정을 유도하기 위해서는 지속적 품질개선이 가장 중요한 목표라는 것이 충분히 인식될 수 있는 새로운 조직환경을 창조하고자 하는 욕구가 밑바탕에 깔려 있어야 한다.

쉬어가기 2020년 기업이 주목해야 할 6가지 품질경영 트렌드

1. 디지털 생태계(Digitalized Ecosystems)

디지털은 품질경영의 환경변화에도 영향을 미치고 있다. 스마트공장, 플랫폼비즈니스, 네트워크경제 등은 디지털혁신의 다양한 단면들이다. 이러한 환경변화는 품질경영의 패러다임 전환을 부추긴다. 전문가들은 기존의 구획화된 기술인프라에서 벗어나 플랫폼 기반의 비즈니스모델로 혁신해 인간과 기술 사이를 이어주는 디지털 생태계를 구축해야 한다고 강조한다. 따라서 기업은 다양한 디지털 생태계를 살펴보고, 자사에 가장 적합한 디지털전략을 세워 적극적으로 참여하거나 스스로 생태계를 만들어가야 한다. 이를 기반으로 새로운 기술과 기존의 기술을 활용하고 자동화된 프로세스를 갖춤으로써 비즈니스를 지속적으로 성장시킬 수 있다.

2. 라스트핏 이코노미(Last Fit Economy)

고객의 최적화된 만족을 이끄는 품질경영을 위해 기업은 어떠한 점들을 고려해야 할까? 최근 소비자가 얻는 최종적인 만족을 최적화한다는 뜻의 '라스트핏 이코노미'가 등장했다. 말 그대로 소비자가 제품을 손에 넣는 마지막 접점까지 만족해야 '진정한 품질'을 실현할 수 있다는 것이다. 과거 소비자들은 제품의 품질, 가격 등을 기준으로 구매 우선순위를 정했다. 하지만 이제는 우선구매기준으로 '얼마나 신선하고 신속·정확하게 배달될 수 있느냐?'의 문제가 등장했다. 라스트핏은 세부적으로 고객의 '이동의 라스트핏', 구매나 경험의 모든 여정에서 대미를 만족스럽게 장식하는 '구매여정의 라스트핏'으로 나눌 수 있다. 이처럼 라스트핏 이코노미 시대에는 만족스러운 고객경험만 제공해 줄 수 있다면 경쟁력 있는 품질경영을 실현할 수 있다.

3. 페어플레이어(Goodness and Fairness)

공평하고 올바른 것에 대한 열망이 강해지고 있다. 고객은 물건을 구매할 때 상품 자체뿐만 아니라 그 브랜드의 올바른 '선한 영향력'을 중시한다. 이제 기업은 단순히 제품을 판매하는 것이 아니라 제품의 소비가 불러올 환경과 사회에 대한 영향력까지 고려해 품질을 실현해야 한다. 폴 새뮤얼슨은 소비자의 구매행위를 일종의 '화폐투표'와 같다고 설명한 바 있다. 마치 국민들이 선거를 통해 바람직한 정치사회를 구현하듯 소비자는 선한 기업이 생산하는 제품과 서비스를 반복적으로 구매함으로써 사회적 정의를 구현한다. 그동안 기업들은 품질 강화를 위해 성분, 디자인 등 제품차원의 차별화를 시도해 왔다면, 이제는 제품과 서비스를 판매할 때 발생하는 환경과 사회에 대한 영향력까지 고려해야 하는 시대가 됐다.

4. 스트리밍 라이프(The Streaming Life)

최근 소비자들은 삶의 모든 면에서 스트리밍 방식을 추구한다. 특히 스트리밍하듯 가볍지만 그 어느 때보다 풍부한 일상의 장면들을 채집하고 있는 현대인의 요구에 맞추기 위해서는 새로운 시장의 문법이 필요하다. 상품과 서비스가 한 번의 구매로 끝나지 않고 스트리밍되는 시대로 접어들면서 고객들에게 고객의 '구매여정' 전체를 관리하는 관계중심적 접근이 더욱 중요해질 전망이다. 전문가가 추천하는 와인을 매달 집에서 배송받고, 전문큐레이터가 추천하는 그림을 집에서 감상할 수 있다. 이러한 트렌드 배경에는 신인류로 등장한 밀레니얼

세대에 기인한다. 자신들의 소유욕을 채워 줄 소득이 충분하지 않아 소유하는 대신 합리적인 가격으로 얻을 수 있는 다양한 경험에 눈길을 돌린다.

5. 초개인화기술(Technology of Hyper-personalization)

앞으로의 품질경쟁력은 기업이 개별 소비자에게 얼마나 세심하게 맞출 수 있는지가 핵심이다. 안드레아스 와이겐드가 '포스트프라이버시경제'에서 한 말처럼 초개인화역량이 중요해지고 있다. 초개인화역량이란 제품과 서비스의 전체 제조과정에서 소비자의 데이터를 얼마나 갖고 있는가, 그 데이터를 얼마나 정교하게 분석하는가에 따라 기업과 소비자의 친밀한 상호작용을 현실적으로 가능하게 한다.

개인화의 미래는 데이터와 알고리즘을 통해 한 명의 개인을 더욱 자세하게 그려내는 데 달려 있다. 예전에는 단순한 고객 정보로만 고객 개인을 파악했다면 이제는 SNS, 디지털채널이 진화하면서 더욱 디테일하게 고객정보 수집이 가능해졌다. 확보된 데이터를 기반으로 원하는 니즈를 넘어 향후 필요한 상품을 예측해 실시간으로 소비자와 소통하는 수준으로 진화하는 중인 것이다.

초개인화기술이 실현되기 위해서는 3단계를 거치게 된다. 1단계는 모든 것의 데이터화 단계다. 이제는 GPS · 와이파이 · 모션센서 · SMS · 캘린더 등 다양한 데이터를 수집해 사용자의 생활패턴을 인식하고 필요한 정보를 추진할 수 있게 됐다. 특히 초개인화기술은 생산방식의 변화와 함께 움직인다. 모든 소비자에게 맞는 생산라인을 갖출 수 없으니, 생산라인에서의 모듈화를 통해 각각의 개인에 맞춘 생산시스템으로 전환이 필요한 시점이다. 2단계는 해당 데이터를 AI의 알고리즘을 통해 분석할 수 있어야 한다. 수집된 데이터를 기반으로 알고리즘을 적용해 사용자에게 최적화된 값을 찾는 것이다. 이를 통해 각 개인에게 최적화된 수요를 알아내고 제공하는 것이 기업의 품질향상에 중요한 전략으로 부상하고 있다. 3단계는 다양한 미디어를 통한 상호 커뮤니케이션단계다. 축적된 데이터와 이를 분석한 AI가 있다고 해도 고객과 소통할 수 있는 수단이 없다면 기술적 활용이 제한된다. 따라서 기업들은 데이터 수집, 알고리즘 개발을 넘어 품질경영의 범위를 고객과의 소통채널, 플랫폼 확대까지 넓혀가는 것이 중요하다.

6. 팬슈머(Fansumer)

팬슈머는 직접 투자와 제조 과정에 참여해 상품과 브랜드를 키워내는 소비자를 말한다. '내가 키웠다'는 뿌듯함에 적극적으로 구매하는 동시에 간섭과 견제도 하는 신종 소비자의 형태다. 소비자가 직접 투자, 제조, 기획함으로써 더는 주어진 선택에만 만족하지 않는 소비자의 특성을 보여준다. 소비자는 직접 생산과정에 참여해 즐거운 경험을 느끼는 생산자가 되는 것이다. 생산, 제조 과정에 소비자가 적극적으로 참여한다는 것은 품질경영의 새로운 접근방식이 필요함을 의미한다. 예를 들어, 팬슈머들은 인플루언서와 연예인에 대한 지지와 비판, 서포터 활동, 크라우드 펀딩 등의 방식으로 제품생산에 관여한다. '고객과 함께'가 아닌 '고객에 의해' 만들어지는 시장이다. 팬슈머의 자발적 참여는 기업 운영의 큰 자산이다. 무엇보다도 팬덤을 지속하기 위한 기업의 정교한 로열티 프로그램이 절실한 시점이다.

(https://m.blog.naver.com/PostView.nhn?blogId=ksagma&logNo=221913478552&categoryNo=48&proxyReferer=https:%2F%2Fwww.google.co.kr%2F, 한국표준협회, 품질경영지, 2020.4.20)

연습문제

CHAPTER 1

객관식

1 쥬란은 품질을 "용도에 대한 적합성(fitness for use)"으로 정의하고 있다. 이에 대한 설명으로 옳은 것은?

① 신제품의 기획, 설계에 대한 품질만을 강조한다.
② 통계적 공정관리를 통한 고객만족도 제고에 초점을 둔다.
③ 규격에의 일치여부와 소비자 만족도수준의 두 측면을 포함하고 있다.
④ 다기능팀을 중심으로 하는 현장에서의 품질경영을 주장한다.

2 생산공정의 단순화, 병목공정의 제거, 낭비의 제거 등의 활동은 다음 중 어떤 목표를 달성하는 데 가장 큰 기여를 한다고 볼 수 있는가?

① 리드타임의 축소
② 신축성의 제고
③ 설계 다양성의 확보
④ 고객니즈의 상품에의 반영

3 다음 중 품질에 관한 설명으로 옳은 것은?

ㄱ. 설계품질은 제품의 설계단계에서 결정되는 품질특성으로 소비자의 요구와 기호, 소비자 가격, 그리고 생산시스템의 기술수준 등을 감안하여 결정된다.
ㄴ. 설계품질 결정과정에서 제품의 기술적인 특성, 기능, 수명, 성능, 신뢰도 등이 구체적으로 고려되며 통계적 품질관리의 주관심대상이 된다.
ㄷ. 적합품질이란 설계규격에 일치하는 정도를 나타내는 것으로 생산공정의 기술적 능력, 작업자의 품질에 대한 태도, 설비의 보수 및 점검, 품질검사 시스템의 운영상태 등 여러 가지 요소에 의해 영향을 받게 된다.

① ㄱ, ㄴ
② ㄴ, ㄷ
③ ㄱ, ㄷ
④ ㄱ, ㄴ, ㄷ

4 다음 중 적합품질을 직접적으로 향상시키기 위한 활동으로 볼 수 없는 것은?

① 신제품의 기획, 설계의 재검토 ② 생산기술의 개선, 설비의 보수 및 유지
③ 원자재 및 부품의 품질검사 ④ 공정의 효율적 관리

5 다음 중 TQM의 구성요소에 포함되는 것은?

> ㄱ. 최고경영자의 열의와 리더십
> ㄴ. 끊임없는 교육훈련과 참여의식을 통한 능력개발
> ㄷ. 합리적·과학적 관리방식을 활용한 절차의 표준화

① ㄱ, ㄴ ② ㄴ, ㄷ
③ ㄱ, ㄷ ④ ㄱ, ㄴ, ㄷ

6 다음 중 소비자가 품질혁신의 원동력으로 변화된 이유로 보기 힘든 것은?

① 인터넷을 통해 다양하면서도 많은 양의 정보를 쉽게 획득할 수 있는 소비자들이 정보에 기반한 현명한 결정을 내릴 수 있는 능력을 가지게 되었다.
② 다양한 경험과 지식을 갖춘 여러 계층의 사람들이 모여들어 자신만의 기술과 정보, 흥미의 창고를 만들어 함께 그 경험을 공유하고자 하는 움직임이 일반화되고 있다.
③ 인터넷의 폭발적인 보급과 다양한 커뮤니케이션 매체의 발달로 인하여 취향이나 취미 그리고 경험이 비슷한 사람끼리의 모임 구축이 용이해졌다.
④ 많은 경험과 지식을 공유하게 된 소비자들이 이윤추구만을 앞세우는 기업에 대해 부정적인 태도를 가지게 되었기 때문이다.

7 다음 중 구매한 제품이 특정기간 동안에 고장나지 않을 확률, 또는 첫 고장이 나는 평균기간으로 평가될 수 있는 품질특성은 무엇인가?

① 성능(performance) ② 신뢰성(reliability)
③ 적합성(conformance) ④ 내구성(durability)

8 제품에 대한 이미지, 광고, 브랜드, 평판 등은 어떤 유형의 품질에 긍정적 영향을 미칠 것인가?

① 심미감(aesthetic) ② 신뢰성(reliability)
③ 지각품질(perceived quality) ④ 내구성(durability)

9 다음 중 카노(Kano) 품질모형의 품질요소에 해당하는 것은?

ㄱ. 당연적 품질	ㄴ. 무관심 품질	ㄷ. 대응품질

① ㄱ, ㄴ ② ㄴ, ㄷ
③ ㄱ, ㄷ ④ ㄱ, ㄴ, ㄷ

10 다음 중 카노가 제시한 품질 속성에서 반드시 있어야만 만족하는 품질요소이기 때문에 충족되어도 별다른 만족감을 주지 못하지만, 충족되지 않으면 불만을 일으키는 것은?

① 일원적 품질요소 ② 당연적 품질요소
③ 매력적 품질요소 ④ 역품질요소

11 카노의 품질모형에서 콜센터의 대기시간, 직원의 친절도나 전문성 등은 어떤 품질요소에 영향을 주는 요인인가?

① 일원적 품질요소 ② 당연적 품질요소
③ 매력적 품질요소 ④ 역품질요소

12 다음 조직의 목표 중 우선순위가 가장 낮은 것은?

① 품질 ② 스피드
③ 원가 ④ 유연성

13 다음 중 TQM 원리에 해당하는 것은?

ㄱ. 품질을 측정하고 자료를 정리한다.
ㄴ. 문제가 발생하면 발생근원에서 해결한다.
ㄷ. 표준화를 통해 같은 문제의 재발을 막는다.

① ㄱ, ㄴ ② ㄴ, ㄷ
③ ㄱ, ㄷ ④ ㄱ, ㄴ, ㄷ

14 다음 중 품질인증제도 도입의 기대효과로 보기 힘든 것은?

① 공급자에게 중복심사로 인한 업무의 복잡성을 피할 수 있게 해준다.
② 구매자에게 객관적인 신뢰감이 들게 한다.
③ 공급자 및 구매자 모두에게 시간과 경비 절약의 효과를 얻을 수 있게 해준다.
④ 새로운 상품이나 서비스의 설계 리드타임을 축소시켜 주어 원가절감에 기여한다.

15 ISO 시리즈 중 지속적인 성공을 달성하는 데 필요한 조직역량을 제고하는 데 도움을 줄 수 있는 가이드라인을 제시해 주는 것은?

① ISO 9001 : 2015　　② ISO 9000 : 2015
③ ISO 9004 : 2018　　④ ISO 19011 : 2018

16 다음 중 ISO 9000 시리즈의 일곱 가지 원칙에 해당하는 것은?

ㄱ. 프로세스적 접근(process approach) : 기업의 모든 활동과 자원을 프로세스로 간주함으로써 보다 효율적인 경영을 모색한다.
ㄴ. 지속적 개선(improvement) : 성과의 지속적 개선은 기업이 지향하는 영구한 목표이며 조직 내외의 환경변화에 대한 대응과 새로운 사업기회 창출의 전제조건이다.
ㄷ. 사실에 근거한 의사결정(evidence-based decision making) : 적절한 자료와 정보의 분석을 의사결정의 근거로 설정함으로써 조직의 효과성을 극대화한다.

① ㄱ, ㄴ　　② ㄴ, ㄷ
③ ㄱ, ㄷ　　④ ㄱ, ㄴ, ㄷ

❖ 객관식 정답

1. ③ 2. ① 3. ③ 4. ① 5. ④ 6. ④ 7. ② 8. ③ 9. ① 10. ② 11. ① 12. ④ 13. ④ 14. ④ 15. ③ 16. ④

CHAPTER

2

서비스 품질경영

서비스는 생산과 소비가 동시에 이루어지는 무형의 상품으로 보관이 불가능하다. 서비스를 제공하기 위해 필요한 시설, 서비스에 부수적으로 포함되는 상품 등은 그대로 있지만 이런 시설의 이용가능시간과 현장에서 서비스를 제공하는 종업원들의 근무시간은 보관이 불가능하다. 서비스에 유형의 요소가 포함될 수밖에 없다는 사실을 확장하면 서비스에 포함되어 있는 여러 요소를 분리하여 논의해 볼 수 있다. 우리들이 가격을 지불하고 받는 서비스 상품에는 서비스 패키지(service package)라고 부르는 여러 요소가 반영되어 있다. 서비스의 품질경영은 바로 이 서비스 패키지의 경영이다. 본장에서는 서비스의 기본적인 개념에서 출발하여 고객이 인식하는 서비스의 가치와 품질, 그리고 고객충성도를 높이기 위한 품질경영의 몇 가지 이슈를 살펴본다.

01 서비스의 구조와 유형

1. 서비스의 특성

서비스는 생산과 소비가 동시에 이루어지는 무형의 상품으로 보관이 불가능하다. 서비스를 제공하기 위해 필요한 시설, 서비스에 부수적으로 포함되는 상품 등은 그대로 있지만 이런 시설의 이용가능시간과 현장에서 서비스를 제공하는 종업원들의 근무시간은 보관이 불가능하다. 비행기의 빈 좌석, 병원의 빈 병실, 호텔의 빈 객실, 환자 없는 시간대의 의사 등이 좋은 예이다. 그 외에도 다음과 같은 서비스의 속성은 서비스 기업의 경영을 어렵게 한다.

- 서비스는 순간적 경험이며 재고로의 저장이 불가능하기 때문에 수요변화에 대한 완충장치를 도입하기 어렵다. 일단 생산된 서비스는 추후 사용의 목적으로 보관·저장할 수 없다. 생산과 소비 간에 중간 유통단계가 없어 연결기능이 미비하며 생산과 소비의 동시성은 서비스 수요와 공급 관리를 어렵게 한다. 따라서 충분한 수용능력을 갖추지 못한 서비스 기업은 고객의 대기시간을 늘려 서비스 질의 저하를 가져올 수 있다. 고객의 도착패턴도 불규칙하여 서비스 시설의 수용능력과 수요를 일치시키기도 어렵다.
- 서비스 질에 대한 일관성 유지가 쉽지 않다. 생산과 소비가 동시에 일어나며 고객과 종업원이 서로 접촉하면서 서비스를 제공하기 때문에 환경적인 변수들이 서비스 질에 영향을 미칠 가능성이 높다. 서비스를 제공하는 종업원들은 성격, 능력, 솜씨나 훈련 정도가 다양하기 때문에 동일한 서비스를 제공하더라도 차이가 날 수 있으며, 서비스 제공 당시의 상황에 따라 같은 종업원이 서비스를 제공하더라도 질에 차이가 날 수 있다. 이런 서비스 질의 가변성을 줄이기 위해서는 서비스 표준을 명확하게 설정하고 종업원에 대한 교육·훈련이 지속적으로 제공되어야 한다.
- 서비스 제공과정에 고객이 적극적으로 참여한다. 서비스의 생산과 소비가 동시에 일어나므로 고객과 서비스 창출을 담당하는 직원 간의 상호작용

및 접촉이 중대한 역할을 하며, 고객 입장에서는 서비스 상품이 거의 무형적이기 때문에 서비스 상품을 직원 등의 인적 요소와 결부시키려 한다. 서비스의 일관성을 위해 업무기준의 설정과 직원훈련이 중요하며, 높은 서비스 질 제공을 도모할 수 있는 동기를 유발시키기 위한 제도적 장치가 구비되어 있어야 한다.

- 서비스의 무형적 특성은 고객에게 서비스 질을 제대로 알리기 힘들게 한다. 제품을 구매하는 경우 고객은 구매 전에 그것을 볼 수도 있고 느끼거나 시험해 볼 수 있다. 그러나 서비스 상품의 경우 고객은 서비스 기업의 명성이나 브랜드에 의존할 수밖에 없다. 브랜드가 널리 알려진 서비스 기업은 입소문을 통해서 서비스 질을 간접적으로 홍보할 수 있지만 새로 창업한 서비스 기업의 경우 고객에게 알리는 것이 가장 큰 과제이다. 예를 들면 영화의 경우 극장이나 벽에 걸린 포스터를 통해 영화의 재미성을 홍보할 수 있고, 스포츠 경기의 경우 인기 있는 스타플레이어를 출전시켜 경기의 질을 간접적으로 보증할 수 있다. 한편 공공재의 성격을 띠는 통신서비스, 법률서비스, 회계세무서비스 등은 정부가 법률, 면허, 규제 등을 통해 서비스의 질을 어느 정도 보장해 준다.[1)]
- 서비스는 제품에 비해 상대적으로 좁은 시장을 대상으로 한다. 제조업에서는 제품이 제조업자에서부터 도매상·소매상으로 운반되지만, 서비스에서는 고객과 공급자가 직접 접촉해야만 서비스가 가능하다. 즉, 고객이 서비스 시설로 오든지, 혹은 서비스 공급자가 고객에게 가야 한다. 물론 인터넷의 급속한 확산으로 인터넷 주식거래나 사이버 교육과 같이 예외적인 서비스 산업도 있다. 레스토랑이나 호텔과 같이 고객이 서비스 시설을 직접 찾아가야 하는 경우, 서비스 시설의 수용능력은 해당지역의 특성에 의해 제한받을 수 있으며 이로 인해 규모의 경제를 통한 이익실현이 어려운 경우도 있다. 주유소에 편의점이 함께 있는 경우는 바로 이런 지역적 한계를 조금이나마 극복하고자 하는 전략의 일환이다.

1) 이런 무형성에 따른 문제점을 극복하기 위해서 서비스 기업들은 강력한 이미지를 구축하고, 종업원들로 하여금 고객들과 직접 접촉하도록 권장하며, 구매 후에도 고객들과 지속적인 커뮤니케이션을 갖도록 유도한다.

2. 서비스의 구조

서비스에 유형의 요소가 포함될 수밖에 없다는 사실을 확장하면 서비스에 포함되어 있는 여러 요소를 분리하여 논의해 볼 수 있다. 우리들이 가격을 지불하고 받는 서비스 상품에는 서비스 패키지(service package)라고 부르는 다음과 같은 여러 요소가 반영되어 있다.[2)]

- 서비스 지원시설(supporting facility) : 호텔이나 레스토랑, 병원에서 받는 서비스는 무형의 서비스이지만 호텔과 레스토랑 그 자체는 물적인 시설을 갖추고 있다. 이와 같은 서비스 시설, 즉 인프라가 갖추어지지 않는다면 고객만족의 서비스는 아예 불가능하다.
- 서비스에 포함되는 상품(facilitating goods) : 서비스 제공과정에서 소비되는 제품이나 자재를 말한다. 레스토랑에서는 음식, 약국이나 병원에서 약 또는 주사 등, 자동차 수리센터에는 수리용 부품이 있어야 서비스를 제공할 수 있다.
- 명시적 서비스(explicit services) : 가격을 지불하고 얻은 서비스에서 충족되는 직접적인 편익을 말한다. 우리는 바로 이 서비스를 위해 비용을 지출한다. 자동차 수리 서비스를 받았으면 차의 상태가 다시 좋아졌기를 바랄 것이며, 식당에서는 배가 불러야 하며, 영어회화학원을 등록했다면 영어회화를 잘할 수 있게 된 상태를 말한다.
- 묵시적 서비스(implicit services) : 심리적인 편익을 지칭하는 것으로, 예를 들어 최고급 호텔의 분위기, 명품 브랜드, 은행의 프라이비트 서비스 등을 들 수 있다. 묵시적 서비스의 수준은 고객을 접대하는 종업원들의 태도나 예절, 서비스 시설의 안전성, 편리성, 분위기, 서비스를 받기 위해 대기하는 시간, 서비스를 통해 느끼는 대우감 등의 정도를 통해 평가된다.

서비스는 바로 네 가지 요소들이 결합된 결정체이다. 서비스의 질을 개선하고 고객만족을 불러일으키기 위해서는 이 네 가지 요소에 대한 명확한 이해

---

2) Fitzsimmons, J.A. and M.J. Fitzsimmons, *Service Management : Operations, Strategy, Information Technology*, 7th ed., McGraw-Hill, 2010, pp.11~28. 참고로 이 책의 추후 개정판에서는 정보(information)를 서비스 패키지에 포함시켰으나, 이는 지극히 당연한 구성요소이므로 제외하고 논의하고자 한다.

〈표 2-1〉 서비스 패키지의 평가기준 예시

서비스 패키지의 구성요소	평가기준	평가기준의 예시
서비스 지원시설	입지	• 공공 교통시설은 이용가능한가? • 접근가능한 도심에 위치하고 있는가?
	실내장식	• 적절한 분위기가 조성되어 있는가? • 가구는 분위기에 어울리는가?
	기본설비	• 품질과 속도는 적절한가?
	건축적 적합성	• 주변 건물들과는 어울리는가? • 눈에 띌 만큼 독특한가?
	시설배치	• 교통흐름이 원만한가? • 적절한 대기장소가 있는가? • 불필요한 이동이 있는가?
서비스에 포함되는 상품	일관성	• 육수의 맛은 늘 한결같은가? • 고객이 원하는 맛을 유지하고 있는가?
	양	• 대 · 중 · 소 용량의 음료수를 자유롭게 선택할 수 있는가?
	선택	• 교체할 수 있는 부품이 다양한가? • 다양한 메뉴를 제공하고 있는가?
명시적 서비스	서비스 인력의 교육	• 자동차 정비공들은 국가자격증을 가지고 있는가? • 어느 정도까지 전문적인 자문이 가능한가? • 트레이너들은 자격증을 가지고 있는가?
	일관성	• 정시도착 · 출발하는가?
	포괄성	• 제공하는 서비스에 어떤 것들이 포함되는가? • 종합병원과 비교할 만한가?
	이용 가능성	• 24시간 자동인출이 가능한가? • 웹사이트가 있는가? • 무료 전화번호가 있는가?
묵시적 서비스	서비스 태도	• 친절한 항공기 승무원 • 레스토랑의 믿음직한 서비스 직원
	분위기	• 레스토랑의 장식 • 중세풍의 묵직한 느낌
	사회적 대우	• 잘 알려진 대학의 학위 • 스포츠 경기의 본부좌석
	좋은 느낌	• 큰 항공기 • 밝은 주차장
	안전감	• 중심지 사무실에서 자문하는 변호사 • 호텔의 이중 열쇠
	편리성	• 예약제 활용 • 무료 주차

가 뒷받침되어야 한다. 아무리 종업원들이 인사 잘하고 친절해 보았자, 음식맛이 좋지 않으면 다시 찾아오지 않을 것이다. 물론 아무리 음식맛이 좋아도 종업원들이 불친절하고 시설이 더러우면 이 역시 별로 좋은 인식을 가져다줄 수 없으며 고객들의 평가가 좋을 리도 없다. 참고로 〈표 2-1〉은 서비스 패키지의 평가기준을 예시한 것이다.[3)]

조직을 구성하는 구성원간에 주고받는 서비스도 마찬가지이다. 서비스 지원시설, 서비스에 포함되는 상품에 대한 명확한 정의, 그 과정에서 얻고자 하는 서비스의 특성 또는 편익, 서비스 제공과정에서 상대방이 느끼는 감정 또는 편안감 · 안정감 등이 서비스 질의 수준을 결정하고 조직분위기를 이끌어간다.

3. 서비스의 분류

(1) 제공되는 상품의 비중에 따른 분류

서비스 기업이 고객에게 제공하는 서비스 패키지의 상대적 구성비율을 감안한다면 100% 무형의 서비스는 별로 없다. 학교나 병원, 컨설팅 기업 등이 제공하는 서비스는 순수 서비스에 가깝다고 할 수 있지만, 레스토랑, 대형마트 등이 제공하는 서비스에는 유형적인 요소가 상당히 많이 포함되어 있으며, 바로 이 유형적인 요소의 질이 서비스 질을 좌우하는 경우도 많다. 현실적으로 100% 완전하게 무형적이거나 아니면 100% 순수하게 유형적인 제품은 거의 없다. 서비스는 제품에 비해 더 무형적이며 반대로 제품은 서비스에 비해 유형적인 요소가 많을 뿐이다.

쇼스택[4)]은 이러한 현상을 유형성 스펙트럼(tangibility spectrum)이라는 개념을 이용해서 설명하고 있다. 즉 [그림 2-1]에서 보듯이 제품과 서비스는 유형성이 우세한 한쪽 끝에서 무형성이 우세한 다른 한쪽까지의 스펙트럼을 이용해서 순위가 매겨질 수 있다는 것이다. 이처럼 서비스 기업의 유형이 분류기준에 따라 매우 다양하게 나뉠 수 있기 때문에 일률적으로 적용될 수 있는 운영원리를 구축하기는 쉽지 않다.

---

3) Fitzsimmons와 Fitzsimmons의 앞의 책 참조.

4) Shostack, G. Lynn, "Breaking Free from Product Marketing," *Journal of Marketing*, 41(April), 1977, p.77.

[그림 2-1] 서비스의 유형성 스펙트럼

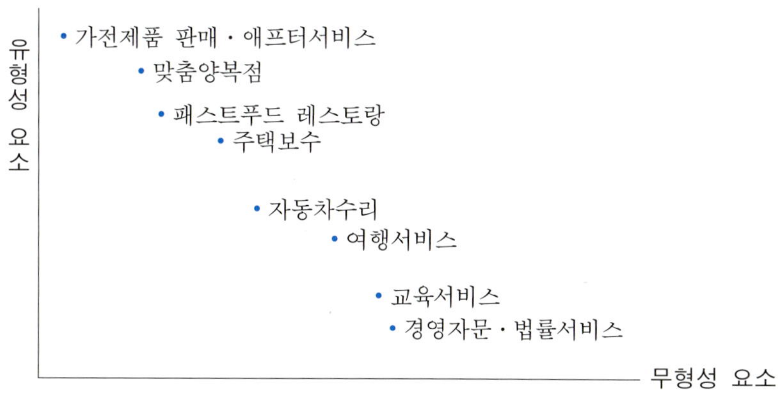

(2) 고객의 맞춤화 정도와 재량권 수준에 따른 분류

서비스의 맞춤화는 고객별로 서로 다른 니즈(needs)를 충족시켜 주는 정도를 말하며, 재량권은 조직구성원이 기업 내부에서 정해진 방침과 절차에 따라 수행하는 정도를 말한다. 서비스의 고객별 맞춤화 정도가 높고 재량권이 클수록 서비스 제공자의 관리능력, 교육과 훈련 등이 매우 중요하며, 서비스의 고객별 맞춤화 정도가 낮고 재량권이 작을수록 서비스 지원시설의 질과 자동화가 매우 중요하다. 어느 유형에 속하냐에 따라 서비스 운영의 포커스가 달라져야 한다. 〈표 2-2〉는 맞춤화 및 재량권 정도에 따른 서비스 분류를 보여준다.

〈표 2-2〉 맞춤화 및 재량권 정도에 따른 분류

		서비스의 고객별 맞춤화 정도	
		높 음	낮 음
고객욕구충족에 대한 서비스 제공자의 재량권	많 음	(예) 법률서비스, 의료서비스, 건축디자인, 부동산중개, 택시서비스, 미용원, 배관수리, 가정교사	(예) 대형강의실에서 강의, 예방의료 프로그램
	적 음	(예) 장거리 전화, 연극회원권, 정기승차권, 품질보증서에 따른 수리	(예) 대중교통, 영화관, 패스트푸드 레스토랑, 스포츠관람

(3) 고객과의 상호작용 · 맞춤화 정도와 노동집중도에 따른 분류

경영관리적인 측면에서 서비스는 상호작용(interaction)과 맞춤화(customization) 정도를 한 축으로 설정하고 종업원의 노동집중도를 또 하나의 축으로 하여 분류해 볼 수 있다. 기본적으로 서비스가 표준화되어 있으면 고객과의 상호작용이나 맞춤화 수준이 높지 않을 것이다. 예를 들어 항공사나 호텔, 물류서비스 등은 상호작용 · 맞춤화 정도가 낮고 집중도도 낮다. 이에 반해 병원, 법률서비스, 건축서비스 등은 고객과의 상호작용 · 맞춤화 정도가 높을 뿐만 아니라 종업원들의 근무집중도도 역시 매우 높은 서비스를 제공한다.

서비스 프로세스 매트릭스(service process matrix)는 이 두 축을 이용하여 서비스를 분류한 체계이다.[5] 〈표 2-3〉에 제시되어 있듯이 서비스 프로세스 매트릭스는 서비스를 서비스 공장(service factory), 서비스 전문점(service shop), 대량서비스(mass service), 전문가 서비스(professional service)로 구분한다.

서비스 공장은 표준화된 서비스를 자본집약적인 시설을 통해 제공하며, 서비스 전문점은 자본집약적인 시설을 필요로 하면서도 개별화된 서비스를 제공한다. 대량 서비스의 고객들은 매우 대중적인 서비스를 받기는 하지만 종업원들의 근무집중도는 매우 높다. 전문가 서비스는 해당분야 전문가들의 집중적인 서비스를 공급받는 경우를 의미한다.

같은 유형에 속하는 서비스 기업들은 운영관리적인 측면에서 유사한 의사결정 문제에 부딪힐 가능성이 높다. 예를 들어 서비스 공장은 테크놀로지의 발전상황을 주의 깊게 관찰하면서 경쟁력 있는 시설의 도입과 시설 가동률의 극

〈표 2-3〉 상호작용 · 맞춤화 및 노동집중도 정도에 따른 분류

		상호작용 · 맞춤화의 정도	
		낮 음	높 음
노동 집중도	낮 음	서비스 공장 : 항공사, 물류서비스, 호텔, 관광지, 체육시설	서비스 전문점 : 종합병원, 자동차 수리
	높 음	대량 서비스 : 도소매, 대형마트, 학교, 은행	전문가 서비스 : 개인병원, 변호사, 회계사, 건축가의 서비스

5) Schmenner, Roger W., "How Can Service Businesses Survive and Prosper?" *Sloan Management Review*, Vol. 27, No. 3, 1986, pp.25～27.

대화에 초점을 두어야 한다. 고객과의 상호작용이나 맞춤화 요구가 높은 서비스 전문점이나 전문가 서비스에서는 서비스 제공 인력의 핵심역량과 기술력을 높이고 고객과의 상호작용 과정에서 발생할 수 있는 여러 갈등요인을 미연에 방지하기 위한 다양한 교육·훈련이 필요할 것이다.

02 고객 시각에서 본 서비스 품질과 가치

1. 서비스 품질

서비스에 불만족하는 고객, 즉 서비스 품질이 시원치 않다고 평가하는 고객은 다시 찾아오지 않을 가능성이 높다. 모든 고객의 접촉 중 90%가 고객과 직접 대면하는 일선 직원들에게 연결된다. 서비스 조직은 종업원들이 고객들과 직접 문제를 해결할 수 있도록 일선 직원들을 훈련시킴으로써 고객만족을 증대시키고 불필요한 시간과 돈을 아낄 수 있다. 고객은 문제가 빨리 효과적으로 해결되기를 바라므로 직원들은 고객관계에서 일어날 수 있는 모든 넓은 영역의 상황을 다룰 수 있어야 한다.

그렇다면 근본적으로 이러한 불평과 불만이 발생하지 않도록 하기 위해서는 어떻게 서비스 품질을 정의하고 관리해야 하는가? 제품의 경우 직접 사용해 보고 품질이 시원치 않으면 반품이나 수리 또는 교환을 요구할 수 있지만, 순수서비스의 경우 품질에 대한 객관적인 평가를 내리기도 힘들고 반품도 불가능하다. 생산과 소비가 동시에 이루어져 반품할 수도 없기 때문이다.

서비스의 품질은 서비스 지원시설, 서비스에 포함되는 상품, 명시적 서비스, 묵시적 서비스 등의 품질에 의해 복합적으로 결정되지만 소비자의 입장에서는 이렇듯 요소별로 분리하여 품질을 느끼지 않는다. 서비스의 질을 이야기할 때 묵시적 서비스, 예를 들어 최고급호텔의 분위기, 일류대학의 브랜드이미지, 은행의 고객응대서비스 등을 들지만, 이것은 서비스 품질의 극히 일부에 불과하다. 서비스 품질의 평가는 다음과 같이 매우 복합적이다.

[그림 2-2] 서비스 품질의 평가요인

- 고객의 입장에서 서비스 품질을 평가한다는 것은 제품품질을 평가하는 것보다 훨씬 어렵다. 따라서 고객이 서비스 품질을 평가하는 기준을 판매자가 파악하기도 간단치 않다. 이를테면 의료서비스에 대한 고객평가는 자동차품질에 대한 평가보다는 한층 더 복합적이며 난해한 것이다.
- 고객은 서비스의 결과만을 가지고 평가하지는 않는다. 예를 들면 미용실에서 서비스받은 후의 머리모양만 가지고 미용실서비스를 평가하지 않는다. 서비스의 제공과정도 중요시한다.
- 서비스 품질의 평가에서 중요한 것은 평가기준을 고객이 정한다는 것이다. 고객만이 서비스 품질을 평가할 수 있으며 다른 어떠한 평가도 중요하지 않다. 서비스 품질의 평가는 [그림 2-2]에서와 같이 서비스에 대한 인식의 차이에 의해 결정된다. 실제 제공된 서비스에 대한 고객의 인지도가 고객이 가지고 있던 기대치를 초과하는 경우에만 고객은 훌륭한 서비스였다고 평가하게 되는 것이다. 따라서 실제 서비스의 내용에 비해 지나치게 과장하여 선전하는 것은 고객에게 실망만 줄 가능성이 크다.

이와 같이 무형적이며 확인이 어려운 서비스 품질의 결정요인을 찾아내기 위해 파라수라만(Parasuraman)과 제타말(Zeithaml) 그리고 베리(Berry)는 1985년에 SERVQUAL이라는 서비스품질측정방법을 제시했다.[6] 이들은 다양한 고객집단과의 인터뷰를 통해 다음과 같은 서비스 품질의 10개 차원을 발견했다.

- 신뢰성(서비스에 대한 성과와 믿음의 일관성) : 철저한 서비스의 제공, 약속된 서비스 시간의 준수 등
- 대응성(담당직원의 서비스 제공에 대한 의욕과 준비철저) : 서비스의 시의성, 고객에 대한 즉각적 응답, 신속한 서비스의 제공
- 능력(서비스 수행에 필요한 기술과 지식의 보유) : 담당직원과 지원인력의 지식과 기술, 서비스관련 연구개발능력
- 접근용이성(서비스 시설에의 접근가능성과 접촉용이성) : 전화를 통한 접근가능, 납득할 만한 대기시간, 서비스 제공시간대 및 시설접근의 편리성
- 정중함(고객담당직원의 정중, 사려, 친근감) : 고객재산에 대한 배려, 담당직원의 청결하고 정숙한 외모
- 의사소통(고객이 이해할 수 있는 방법으로 정보제공, 고객의사 경청) : 서비스의 내역 및 비용설명, 문제해결 보증
- 신용도(서비스 제공자의 진실성, 정직, 고객에게 최대한의 이익을 제공하겠다는

[그림 2-3] 서비스 품질의 구성요인

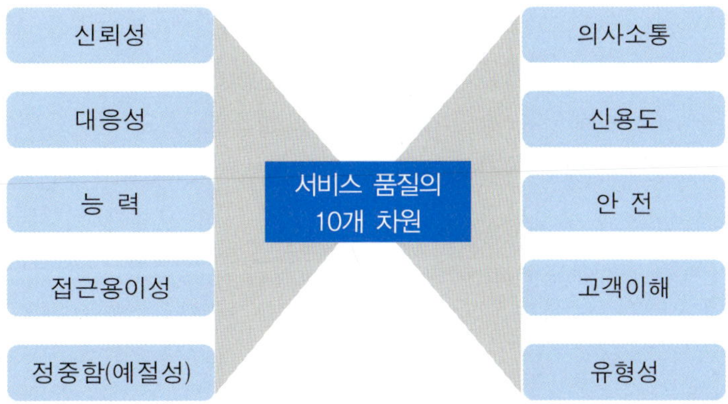

6) Fitzsimmons와 Fitzsimmons의 앞의 책 참조.

의지) : 브랜드, 서비스담당직원의 개인적 특성, 고객대응시 강매의 정도

- 안전성(위험이나 의심으로부터 자유, 불안감 해소) : 물리적 안전, 금전적 안전, 비밀의 보장
- 고객이해(고객과 욕구를 이해하려는 노력) : 고객의 구체적 요구사항, 개별적인 관심표명, 단골고객의 인지
- 유형성(서비스의 외형적 증거) : 서비스 지원시설, 서비스 담당직원의 외모, 서비스 제공에 사용되는 설비와 도구, 서비스받은 결과, 서비스 시설 내의 다른 고객들의 모습

이들 10개의 품질차원은 다시 실증적인 테스트를 거쳐 다음과 같은 5개의 중요 요인으로 축약되었다.

- 유형성 : 물적 시설, 장비, 인력, 의사소통자의 외양
- 신뢰성 : 약속된 서비스를 믿음직스럽고 정확하게 수행할 수 있는 능력
- 대응성 : 고객을 돕고 신속한 서비스를 제공하겠다는 의지
- 확신성 : 직원의 지식과 정중함 그리고 신뢰와 믿음을 전달할 능력
- 공감성 : 사려 깊고 개인적인 관심을 고객에게 보일 준비성

이들 3명의 학자의 연구에 따르면 고객의 서비스 품질 인지는 서비스를 받기 전의 기대수준과 실제 서비스를 받은 경험을 비교한 결과로 측정한다. 이처럼 서비스 품질의 인지는 서비스를 제공받은 결과로 나타나는 상태뿐만 아니라 서비스를 받는 과정 그 자체에서도 도출된다. 고객입장에서는 서비스가 수행되는 방법 또한 서비스 품질의 주요 결정요인이 된다. 예를 들어 음식맛이 다소 떨어지더라도 음식을 서빙하는 종업원이 친절하고 음식을 대접하는 매너가 좋으면 맛의 저급함을 다소나마 보완해 줄 수 있을 것이다. 반대로 아무리 음식맛이 우수하더라도 종업원이 불친절하고 식당이 불결하면 서비스 품질은 나쁘게 평가될 것이다. 참고로 〈표 2-4〉는 서비스 품질의 평가를 위한 설문항목을 예시한 것이다.

〈표 2-4〉 SERVQUAL(서비스 품질평가) 설문지의 예시

	절대 그렇지 않다						정말 그렇다
1. 우수한 ○○○ 회사는 현대적인 설비를 가지고 있을 것이다.	1	2	3	4	5	6	7
2. 우수한 ○○○ 회사의 물리적인 시설들은 눈에 잘 띌 것이다.	1	2	3	4	5	6	7
3. 우수한 ○○○ 회사의 종업원들은 단정한 외모를 가지고 있을 것이다.	1	2	3	4	5	6	7
4. 우수한 ○○○ 회사의 팸플릿 같은 서비스관련자료는 시각적으로 사람들의 흥미를 끌 것이다.	1	2	3	4	5	6	7
5. 우수한 ○○○ 회사는 그들이 어느 시기에 무엇을 하기로 약속했으면 반드시 그것을 지킬 것이다.	1	2	3	4	5	6	7
6. 우수한 ○○○ 회사의 고객이 어떤 문제를 겪고 있으면 그 문제를 해결하기 위해 진지한 관심을 가질 것이다.	1	2	3	4	5	6	7
7. 우수한 ○○○ 회사는 처음부터 제대로 된 서비스를 할 것이다.	1	2	3	4	5	6	7
8. 우수한 ○○○ 회사는 약속한 시간에 제대로 서비스를 할 것이다.	1	2	3	4	5	6	7
9. 우수한 ○○○ 회사는 실수를 용납하지 않을 것이다.	1	2	3	4	5	6	7
10. 우수한 ○○○ 회사의 종업원들은 고객에게 서비스를 할 정확한 시간을 말해 줄 것이다.	1	2	3	4	5	6	7
11. 우수한 ○○○ 회사는 고객에 대한 서비스를 고무할 것이다.	1	2	3	4	5	6	7
12. 우수한 ○○○ 회사의 종업원들은 항상 고객을 도울 준비를 하고 있을 것이다.	1	2	3	4	5	6	7
13. 우수한 ○○○ 회사의 종업원들은 너무 바빠 고객의 요구를 들을 시간이 없다는 식의 반응을 보이지 않을 것이다.	1	2	3	4	5	6	7
14. 우수한 ○○○ 회사의 종업원들의 행동은 고객에게 신뢰감을 심어줄 것이다.	1	2	3	4	5	6	7
15. 우수한 ○○○ 회사의 고객들은 그 회사와의 거래에서 안전감을 느낄 것이다.	1	2	3	4	5	6	7
16. 우수한 ○○○ 회사의 종업원들은 고객에게 항상 예의바르게 대할 것이다.	1	2	3	4	5	6	7
17. 우수한 ○○○ 회사의 종업원들은 고객의 질문에 대답할 충분한 지식을 가지고 있을 것이다.	1	2	3	4	5	6	7
18. 우수한 ○○○ 회사는 고객 개개인에게 관심을 기울일 것이다.	1	2	3	4	5	6	7
19. 우수한 ○○○ 회사는 고객이 편리한 시간에 회사와 접촉할 수 있도록 할 것이다.	1	2	3	4	5	6	7
20. 우수한 ○○○ 회사는 종업원들로 하여금 고객 개개인에게 주의를 기울이게 할 것이다.	1	2	3	4	5	6	7
21. 우수한 ○○○ 회사는 고객의 이익을 항상 고려할 것이다.	1	2	3	4	5	6	7
22. 우수한 ○○○ 회사 종업원들은 고객의 특별한 욕구들을 이해할 것이다.	1	2	3	4	5	6	7

2. 서비스 가치 방정식

서비스 기업의 성장과 발전은 서비스에 만족하는 고객들의 충성도(loyalty)에 의해 결정된다. 충성스러운 고객들의 반복적 구매는 안정적 성장을 가능하게 하고 이들을 통한 서비스 상품에 관한 구전효과는 새로운 고객 확보에 큰 도움을 준다. 고객만족을 이끌어내는 것은 매우 단순하다. 고객이 제공받은 서비스로부터 충분한 가치를 인식할 수 있을 때에만 고객만족이 가능하다. 헤스켓 등은 고객가치를 다음과 같이 정의하였다.7)

$$\text{가치} = \frac{\text{고객에게 제공된 결과물} + \text{서비스 프로세스 품질}}{\text{고객이 지불한 가격} + \text{서비스 획득 비용}}$$

이 식은 고객이 서비스를 통해 지각하는 가치는 고객이 서비스 구매를 위해 지불해야 하는 가격과 서비스를 획득하는 데 고객이 지불하는 기타 비용에 반비례하며, 고객을 위해 창출된 서비스의 결과물과 서비스 자체를 제공하기 위해 조직이 운영하고 있는 서비스 프로세스의 품질에 비례한다는 점을 잘 드러내고 있다. 일종의 고객 관점에서의 서비스의 가치 정의라 할 수 있다.

- 서비스의 결과물 : 고객이 구매하려는 것은 서비스를 통해 얻고자 하는 결과물이지 서비스 그 자체는 아니다. 자동차에 기름을 넣기 위해 주유소 가는 일을 즐겨할 사람은 거의 없을 것이다. 이런 일로 주유소에 가지 않을 다른 방법이 있다면 대부분 그렇게 했을 것이다. 그러나 그 결과물, 곧 편리한 자동차 운행이 가능하므로 성가심을 감수하는 것이다.
- 서비스 프로세스 품질 : 파라수라만과 제타말 그리고 베리가 제시했던 서비스 프로세스 품질의 10가지 차원이 고객 가치방정식의 분자에 위치한다.
- 서비스 획득비용 : 대부분의 고객들이나 서비스 제공자들은 가격 측면에서만 비용을 측정한다. 그렇지만 서비스를 받고자 하는 매장이 멀리 떨어져 있거나, 교통체증이 심해 그곳에 물리적으로 도달하는 데 상당

7) Heskett, James L., W. Earl Sasser, and Leonard A. Schlesinger, *The Service Profit Chain : How Leading Companies Link Profit and Growth to Loyalty, Satisfaction, and Value*(서비스경영연구회 역), 삼성경제연구소, 2000.

한 시간과 비용이 소요되는 경우 서비스 획득비용은 증가한다. 서비스 시설의 접근성과 편의성을 높이는 투자는 원가부담이 되지만 고객에게는 서비스 획득비용을 줄어들게 하여 고객에게 부수적인 가치를 제공해 준다.

이처럼 가격과 서비스 획득비용 간의 관계는 서비스 조직의 운영관리자들에게 매우 중요하다. 고객의 서비스 획득비용을 낮추기 위한 노력도 지속적으로 기울여야 하지만, 이에 부응하는 적절한 수준의 가격분석도 필요하다. 다만 서비스 획득비용을 낮추는 노력에 대한 가치가 과연 고객이 충분히 납득하여 가격인상에 대한 부담감을 줄일 수 있는가는 또 다른 문제라 할 수 있다.

3. 변덕스러운 고객의 충성도

복사기 제조업체인 제록스에서 실시했던 설문조사는 고객의 변덕스러움을 잘 나타내고 있는 증거로 볼 수 있다. 제록스사는 자사 제품을 구입한 고객들에게 만족도 설문조사를 실시하였다. 설문조사에서 4점을 준 고객과 5점을 준 고객들의 재구입의사를 비교해 본 결과 5점을 준 고객들은 4점에 응답한 고객들에 비해 무려 여섯 배나 높은 재구입의사를 밝혔다고 한다. 결과적으로 제록스사 제품에 대한 만족과 고객충성도(구입의사)의 상관관계는 일직선을 그리는 비례관계가 아니라 활모양을 나타낸 것으로 나타났다. 제록스의 목표에 견줘 볼 때 4점으로 응답한 고객들은 큰 가치가 없는 집단으로 판명되었다.[8)]

서비스의 종류와 특성에 따라 고객만족과 충성도 간에는 상당한 갭이 발생할 수 있다. [그림 2-4]는 X축을 만족도와 품질수준으로 설정하고, Y축을 충성도 또는 재구입의사 수준으로 놓고 두 변수간의 관계를 분석할 때 나타날 수 있는 결과를 그림으로 나타낸 것이다.

A는 만족도는 낮으나 상대적으로 충성도가 높은 서비스 유형을 나타내는 그래프이고, D는 만족도나 품질이 우수해도 충성도는 매우 낮은 경우를 나타내고 있다. 예를 들어 레스토랑이나 베이커리 같은 서비스 업종은 언제나 다른

8) 본 소절의 내용은 Heskett 등의 앞의 책을 주로 참조하였음.

[그림 2-4] 만족도와 충성도(재구입의사) 간의 관계 그래프

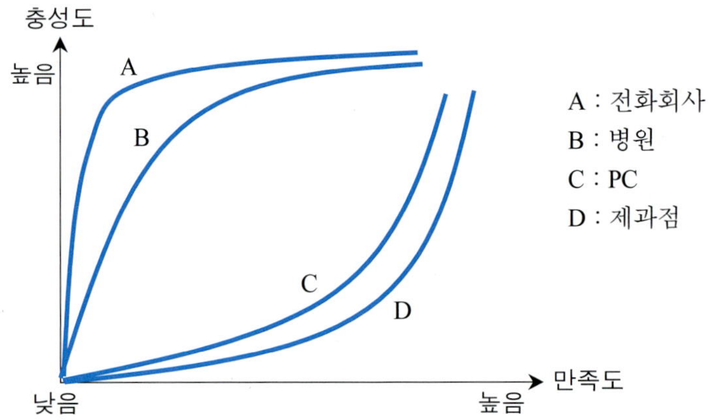

출처 : Jones, Thomas O., and W. Earl Sasser, Jr., "Why Satisfied Customers Defect," *Harvard Business Review*, September-October, 1995, p.91.

곳으로 이탈할 수 있는 여지가 있어 *D*와 같은 형태의 그래프를 나타낼 것이나, 5성급 호텔이나 유명대학처럼 브랜드 파워가 큰 영향을 미치는 경쟁환경에서는 그래프 *A*와 같이 만족도가 낮아도 충성도가 매우 높을 수밖에 없을 것이다.

*A*쪽에 가까운 그래프를 유지할 수 있는 기업은 *D*형태의 그래프에 해당하는 기업에 비해 상대적으로 영업활동이 편할 것이다. 독점이거나 대체재가 거의 없는 경우, 지배적인 브랜드 자산이 있는 경우, 서비스 교체비용이 아주 크거나 소프트웨어처럼 특허기술이 있는 경우에는 *A*쪽 그래프에 가까운 특성을 지닐 것이다. *D*쪽에 가까운 그래프를 *A*쪽으로 급박하게 이동시킬 수 있는 서비스의 가치를 창출할 수 있다면 경쟁은 거의 무시해도 될 것이다.

03 서비스 품질과 접점현장의 관리

1. 서비스 품질관리의 어려움

서비스 기업이 다양한 소비자의 요구에 부응하는 서비스를 신축성 있게 생산하기 위해서는, 소비자의 니즈와 욕구를 정확히 파악할 수 있는 체계적인 방법을 갖추고 있어야 하는 것은 물론 이를 구체적인 산출물인 서비스에 반영시킬 수 있는 서비스 창출 인프라가 뒷받침되고 있어야 하며 이를 제대로 운영할 수 있는 노하우도 습득하고 있어야 한다.

제조업의 경우 생산과 공급 과정을 분리시켜 평가하고 품질개선노력에 집중할 수 있으나, 서비스 조직은 고객과의 상호작용이 서비스 제공과정에 중요 요소로 등장하기 때문에 서비스를 제공하는 프로세스 전체의 구조와 매일매일의 운영에 관한 결정이 고객에게 미치는 영향을 체계적으로 고려하지 않고서는 품질경쟁력을 극대화하기 어렵다. 서비스 조직에서 프로세스(process)란 투입물을 산출물로 변환시키는 과정을 말한다. 제조업체에서의 생산 프로세스는 자재, 기술, 정보, 인력 등을 투입해서 물적인 생산시설에서 유형의 제품을 만들어내는 과정이다. 서비스 기업의 경우 서비스 생산 프로세스는 서비스의 대상에 따라 다음의 세 가지 유형을 생각해 볼 수 있다.[9]

- 고객에 대해 직접적인 서비스 제공 프로세스를 적용하여 무엇인가 변환된 결과물을 제공하는 경우가 있다. 비행기나 택시 등을 이용해 한 공간에서 다른 공간으로 이동을 보조하거나, 호텔이나 여행 서비스와 같이 즐거움을 제공하는 프로세스가 좋은 예이다.
- 고객의 소유물에 대해 서비스를 제공하는 경우도 있는데, 예를 들어 자동차 수리, 컴퓨터의 유지 · 보수, 세탁 서비스 등을 들 수 있다.
- 고객 관련 정보를 처리하는 프로세스도 있다. 고객의 신용카드 처리, 법률이나 재정자문 서비스 등과 같은 서비스는 고객이 필요로 하는 정보

9) Lovelock, Christopher H., "A Basic Toolkit for Service Managers," from *Managing Services : Marketing, Operations, and Human Resources*, complied by C.H. Lovelock, 2nd ed., Prentice Hall, 1992, pp.17～25.

를 제공하거나 필요한 정보관련 서비스를 대행해 주는 역할을 한다.

이처럼 서비스 창출 프로세스의 다양함은 효과적인 서비스 품질 창출을 어렵게 하며, 또한 다음과 같은 이유로 인해 체계적인 접근방법의 개발도 쉽지 않다.

- 서비스 프로세스의 여러 단계에서 일어나는 의사결정에 관련된 데이터를 구축하기 힘들고 이로 인해 많은 의사결정이 아무런 근거자료 없이 자의적으로 결정되는 경우가 많다. 특히 서비스 현장에서 고객과의 상호작용 과정에서 발생하는 데이터는 매우 중요하지만 생산과 소비가 동시에 일어나기 때문에 데이터를 모으기가 쉽지 않다.
- 생산 프로세스와는 달리 지금 어느 단계까지 일이 처리되고 있는지 명확히 알기 힘들다. 일의 처리단계에 대해 일일이 물어볼 수도 없기 때문에 적절한 정보공유가 필수적이다.
- 제조기업의 생산설비와는 달리 서비스 기업은 사람이 생산주체이다. 똑같은 일을 하는 사람이라도 개인에 따라 하는 방식에 약간의 차이가 있으며 대개의 경우 이를 지나치게 간섭하면 창조성이나 개인적인 자유를 침해한다고 거부감을 가질 수도 있다.

이 중 특히 마지막 요인은 서비스 제공과정에서의 접점관리의 중요성을 부각시킨다.

2. 서비스 접점현장의 관리

(1) 서비스 접점의 구조

서비스가 지닌 독특한 특징 중의 하나는 서비스 생산 프로세스에 고객이 능동적으로 참여한다는 것이다. 서비스 품질관리가 쉽지 않은 것도 바로 이 점에 기인한다. 서비스 현장에서 흔히 사용되는 용어 중의 하나로 결정적 순간 또는 진실의 순간(moment of truth, MOT)[10]이라는 말이 있다. 이 개념은 고객이 서비

[그림 2-5] 서비스 접점의 구조

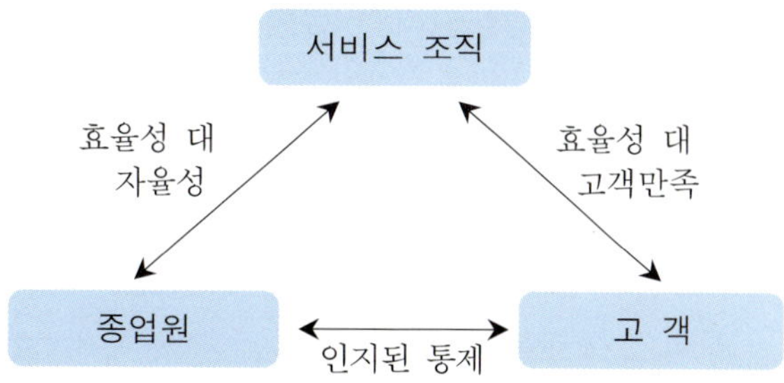

스 기업의 시설, 설비 또는 종업원 등 기업의 서비스를 처음 접촉하는 순간 서비스 품질에 대한 결정적 인식을 하게 된다는 의미이다. 서비스 성패를 결정짓는 진실의 순간이 고객만족으로 이어지기 위해서는 서비스 조직, 서비스 제공자로서의 종업원, 고객 간의 접점관리가 충실히 이루어져야 한다.

[그림 2-5]의 서비스 접점구조는 3자간의 상호작용 유형을 나타내고 있다.[11] 서비스 조직의 경영자는 이윤을 추구하고 시장에서 지속적으로 경쟁우위를 유지하기를 원한다. 당연히 효율적인 서비스 전달을 통한 비용절감을 추구한다. 이를 위해 서비스 전달과정에서의 변동을 줄이고 예측가능한 결과를 유지하기 위해, 경영자 측은 종업원에게 표준을 제시하고 규칙과 절차를 부과한다. 또한 고객에게 서비스를 제공할 때에도 자율권과 재량권을 제한하려는 경향이 있다. 이와 같은 규칙과 절차는 고객에게 불필요한 과다 서비스를 제공하는 것을 막는 역할도 한다.

한편, 고객과 종업원 간의 상호작용과정에서 서비스 제공자로서의 종업원이 고객요구를 충실히 들어주지 못하면 고객만족은 어려워진다. 종업원은 자신들의 업무를 효율적으로 관리하고 스트레스를 최소한으로 줄이기 위해 고객행동을 통제하기를 원한다. 고객 역시 서비스 접점에서 최대한의 혜택을 이끌어내기 위해 필요 이상의 요구를 할 수도 있다. 이처럼 서비스 조직, 조직구성

10) 어떤 일에 있어 가장 중요한 순간을 뜻하며, 스페인의 투우경기에서 사용되는 용어로서 투우사가 황소를 데리고 관중들에게 재미를 선사하다 마지막 순간에 칼을 들어 황소의 정수리를 찌르는 때를 의미한다.

11) Fitzsimmons, J.A., M. Fitzsimmons and S. Bordoloi, *Service Management : Operations, Strategy, Information Technology*, 8th ed., McGraw-Hill, 2013, p.95.

원, 고객 상호 간에는 늘 갈등의 요소가 존재한다.

(2) 서비스 접점관리의 유형과 종업원의 필요 역량

이 중에서도 고객과 종업원 간의 상호작용은 서비스 품질관리의 핵심과정이다. 고객과의 서비스 접점에서 발생하는 진실의 순간은 고객만족으로 이어지므로, 서비스 접점의 빈도와 지속기간, 그리고 상호작용의 밀도에 따라 적절한 서비스 역량을 갖추고 있어야 한다. 특히 고객이 서비스 프로세스로부터 받을 수 있는 만족감은 종업원과의 인적 만남, 서비스 시설과의 물리적 만남, 그리고 서비스를 획득하는 거래 그 자체를 통해 실현된다는 것을 종업원 모두에게 인식시키고 이에 걸맞은 서비스 역량을 갖추도록 유도해야 한다.

- 접점의 지속기간과 빈도 : 금융기관에서의 접점은 그 기간이 상대적으로 길면서 밀도도 높다. 이에 반해 대형마트는 쇼핑하는 동안 직원들과 평균적으로 20~30초 정도의 접점이 발생하며 몇 명의 서로 다른 직원과 상호작용이 일어난다. 소프트웨어 사용시 발생하는 문제 해결에는 3~4시간 이상의 접점이 필요할 수도 있다. 접점기간이 길고 그 빈도가 높을수록 일관성 있는 품질이 유지되어야 한다. 호텔 리셉션에서 고객이 호텔직원과 즐거운 접점을 경험했다면 호텔 레스토랑에서도 비슷하게 환영을 받아야 하며, 전체적으로 좋은 인상을 주기 위해서는 다른 직원으로부터도 환영을 받아야 한다.
- 상호작용의 밀도와 강도 : 서비스에서 직원과 고객의 만남이 길어져도 상호작용은 밀접하지 않을 수 있다. 몇 마디와 거래에 따른 간단한 조언과 정보만을 필요로 한 경우를 의미한다. 예를 들어 레스토랑을 생각해보자. 자리를 안내하는 호스트와의 상호작용은 "몇 분이십니까, 저를 따라오세요, 좋은 시간 되십시오" 등과 같이 간단할 수 있다. 고객과의 상호작용이 밀접하지 않은 경우에는 상대적으로 표준화되고 안정적인 고객대응책이 필요하다. 그러나 교육, 법률, 경영컨설팅과 같은 서비스에서는 고객과 매우 밀접한 상태에서 상호작용이 진행된다. 밀접한 상호작용이 요구되는 서비스에서는 한 번이든지 반복되든지 간에 독립적으로 서비스를 제공해야 하고 다양하고도 발생가능한 상황에 자율적으로

대응할 수 있는 역량이 필요하다. 상황에 맞는 적절하고도 독립적인 기능을 수행하지 못한다면 고객불만으로 이어질 것이다.

이와 같이 상호작용의 밀도와 기간이라는 두 가지 요소를 고려하면 서비스는 [그림 2-6]과 같이 크게 네 가지 유형의 접점관리를 생각해 볼 수 있다.12)

첫째, 개별화된 서비스는 종업원과의 접점이 짧고 거래빈도가 낮지만 상호작용의 밀도가 높은 유형의 서비스를 말한다. 자동차 수리, 인터넷 기술상담과 같은 경우에 요구되는 개별화된 서비스는 고객이 바로 자신만을 위해 준비된 서비스를 제공하는 것과 같은 느낌을 받게 된다. 개별화된 서비스를 제공하기 위해서는 고객 말을 경청하고 적절한 대응책을 제시할 수 있는 능력이 필요하다. 따라서 고객지원 담당자들은 고객의 문제를 경청하고 함께 풀고 가르치는 능력, 분석적 문제해결능력이나 의사소통기술과 같은 스킬을 체득하고 있어야 한다.

둘째, 친밀한 서비스는 고객요구에 대한 즉각적이고도 전문적인 서비스를 제공하는 법률, 교육 서비스에 해당된다. 상호작용을 통해 고객과의 관계를 발전시키고자 하는 노력을 보여야 한다. 고객의 욕구를 듣고 이해하고 예상할 줄

[그림 2-6] 접점관리의 유형

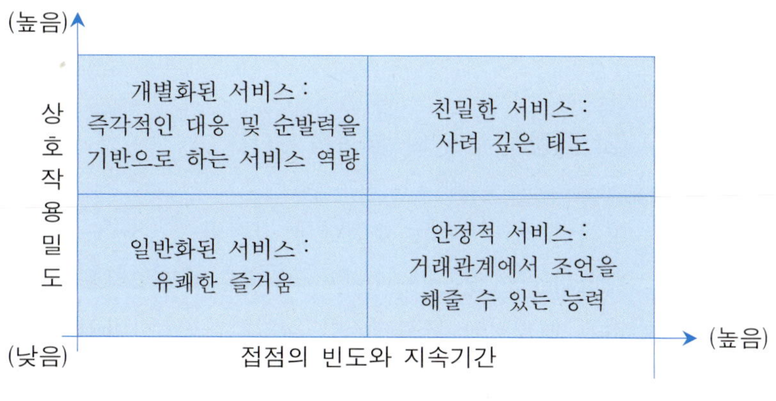

12) Horovitz, Jacques, *Seven Secrets of Service Strategy*, Financial Times/Prentice Hall, 2000(윤세남 역, 한올출판사, pp.141～149 참고).

알며, 공감대를 표현할 수 있는 사회성이 필요하다. 예를 들어, 경영자문과 같은 고급서비스를 제공하는 대형 컨설팅회사는 장기 프로젝트를 수행하므로 고객과의 상호작용은 절대적이다. 최고의 인재를 채용하고 심도 있는 교육훈련을 거쳐 현업에 투입한다. 훈련은 전문적 기술과 방법론, 의사소통의 기술에 대해 실시된다.

셋째, 일반화된 서비스는 패스트푸드 레스토랑, 안내창구, 대형마트에서 볼 수 있는 유형으로 고객과의 상호작용은 매우 짧고 피상적이다. 서비스나 고객에 대한 지식이 깊을 필요가 없기 때문에 숙련된 직원이 필요하지도 않다. 종업원과의 상호작용보다는 물리적 시설이나 거래 그 자체의 가치에 더욱 신경을 쓰는 고객들이 대부분이다. 물리적 시설과 자동화에 적절한 투자가 동반되는 경우 종업원과의 상호작용은 그 중요성이 덜해진다. 매력적이고 신속하게 대처하는 직원보다는 호화스러운 가구, 시설물, 청결한 화장실 등이 더 중요하다. 일반화된 서비스를 제공하는 서비스 기업은 지식을 표준화시키고 이 표준화된 프로세스를 따라 가도록 종업원들을 훈련시켜야 한다.

마지막으로, 안정된 서비스는 호텔, 고급 레스토랑, 초일류 놀이공원 등에서 기대하는 서비스이다. 장소와 시간에 관계없이 종업원의 일관성 있는 행동을 요구한다. 여러 단계의 서비스가 연결되는 부분에서 고객의 신뢰가 무너지는 것을 막아야 한다. 항상 안정되고 일관된 품질이 제공될 수 있어야 한다. 모든 직원들은 상품과 회사에 대한 지식을 갖고 있으며, 질문에 즉각 대답할 수 있어야 할 뿐만 아니라 그들에게 위임된 문제도 해결할 수 있어야 한다. 다양한 업무에 대한 훈련과 직무 확대 등을 통해 인적자원관리가 이루어져야 한다.

(3) 긍정적 MOT와 부정적 MOT

고객이 서비스받는 과정에서 진실의 순간(moment of truth, MOT)은 단 한 번만 나타나지는 않는다. 고객이 서비스 제공조직을 처음 접촉해서 서비스가 마무리될 때까지의 프로세스를 감안한다면, 서비스의 복잡성이나 고객에 대한 심각성 또는 중요도에 따라 여러 군데에서 MOT가 나타날 수 있다. 필요에 따라서는 서비스 제공 프로세스를 구성하는 여러 업무를 고객 입장에서 그려보고 이 과정에서 MOT에 해당하는 것이 있는지 분석해 볼 수도 있다. 이런 식의 도표를 MOT 사이클 차트라고 부르기도 한다. 특히 서비스 제공 프로세스를 여러 직원들이 분담하고 있는 경우에는 고객 입장에서 경험할 가능성이 많은 MOT를 분석해 보는 것도 의의가 있다.

〈표 2-5〉는 유럽의 은행에서 조사한 MOT 리스트를 정리한 것이다. 고객 입장에서 MOT를 느껴본 경험을 요약한 것인데, 긍정적 MOT는 '좋은 재정적 조언을 받은 경우'가 33%, '내 니즈에 딱 들어맞는 미래지향적인 제안을 받은 경우'가 13%, '창구직원이 능동적으로 내가 필요로 하는 사항을 언급하면서 신경써 준 경우'가 11%, '창구직원이 문제해결능력이 뛰어나고 유연하게 업무를 처리하는 경우'가 10%, '계좌를 새로 개설하는 것이 매우 쉽게 느껴진 경우'가 9% 등으로 나타났다. 부정적 MOT는 '좋은 재정적 조언을 받았지만, 나의 니즈나 필요와는 상관이 없는 경우'가 14%, '창구직원이 문제해결능력이 떨어지거나 유연하게 업무를 처리 못하는 경우'가 12%, '내 필요와는 무관한 금융상

〈표 2-5〉 은행고객이 경험한 MOT 사례 예시

긍정적 MOT

- 좋은 재정적 조언을 받은 경우 – 33%
- 내 니즈에 딱 들어맞는 미래지향적인 제안을 받은 경우 – 13%
- 창구직원이 능동적으로 내가 필요로 하는 사항을 언급하면서 신경써 준 경우 – 11%
- 창구직원이 문제해결능력이 뛰어나고 유연하게 업무를 처리하는 경우 – 10%
- 계좌를 새로 개설하는 것이 매우 쉽게 느껴진 경우 – 9%
- 수용할 만한 조건으로 대출을 받은 경우 – 6%
- 은행의 접근성이 좋은 경우 – 4%
- 수수료에 대해 정확한 정보를 제공하는 경우 – 4%

부정적 MOT

- 좋은 재정적 조언을 받았지만, 나의 니즈나 필요와는 상관이 없는 경우 – 14%
- 창구직원이 문제해결능력이 떨어지거나 유연하게 업무를 처리 못하는 경우 – 12%
- 내 필요와는 무관한 금융상품을 제안받았을 경우 – 11%
- 창구직원이 별로 친절하지 않고 내가 필요로 하는 것에 별로 신경쓰지 않는 경우 – 11%
- 은행이 가격변경에 대해 별다른 설명을 하지 않았던 경우 – 11%
- 수용가능한 대출상품이 없는 경우 – 10%
- 은행이 실수를 범하고도 이를 시정하는 데 시간이 많이 걸리는 경우 – 8%
- 은행의 접근성이 떨어지는 경우 – 5%
- 수수료에 대해 정확한 정보를 별로 제공하지 않는 경우 – 5%

출처 : http://www.mckinsey.com/insights/organization/the_moment_of_truth_in_customer_service

품을 제안받았을 경우'가 11%, '창구직원이 별로 친절하지 않고 내가 필요로 하는 것에 별로 신경쓰지 않는 경우'도 11%로 나타났다.

당연한 결과이겠지만 전체적으로 은행을 방문한 고객의 니즈를 제대로 파악하고 이에 대응했는가가 긍정적 MOT가 발생하는지 또는 부정적 MOT가 발생하는지를 결정한다. 금융기관 입장에서는 새로운 금융상품 판매가 중요하지만, 고객의 현 상황을 감안하지 못한 엉뚱한 이야기는 아무리 좋은 내용이 담긴 조언이나 상품이라도 별 가치를 창출하지 못한다는 의미로 해석해 볼 수 있다. 즉, 많은 은행지점들이 나름대로의 판매목표가 존재하는데 이를 달성하기 위한 푸시전략이 오히려 고객의 충성도를 저하시키는 결과를 초래한 것이다. 그만큼 고객들의 재정문제에 대한 지식과 경험이 풍부해서일 수도 있다.

통계적으로 보면 긍정적 MOT를 경험한 고객의 85% 이상이 거래은행의 가치를 더욱 높이 평가했고 해당은행을 통해 많은 투자를 했음이 드러났으며, 부정적 MOT를 경험한 고객의 70% 정도는 거래 및 투자 규모를 점차적으로 축소한 것으로 나타났다고 한다. 유럽은행의 경우 수익성 창출 측면에서 보면 긍정적 MOT를 경험한 고객과 긍·부정적 MOT를 모두 경험한 고객 간에는 약 20% 정도의 차이를 보인다고 한다.

04 서비스 대기시간의 축소

1. 핵심 서비스품질로서의 대기시간

서비스는 무형이고 보관이 불가능하므로 일반 제조기업처럼 생산능력에 대한 효율적인 계획수립과 관리가 어렵다. 서비스 지원시설, 서비스에 포함되는 상품 등은 그대로 있지만 이런 시설의 이용가능시간과 서비스 제공요원들의 근무시간은 보관이 불가능하다.

또 서비스 시설에 고객이 도착함과 동시에 서비스를 제공해야 하는 경우도 많아 고객요구에 대해 충분히 대응할 수 있는 여유시간이 짧으며, 고객의 도착패턴도 불규칙하여 서비스 시설의 수용능력과 수요를 균형 있게 조절하기도 어렵다. 이런 불규칙한 서비스 수요를 관리한다는 것은 매우 어렵다. 그렇지만 적절한 서비스 수요관리가 이루어지지 않으면 서비스 품질은 본원적 서비스 패키지의 품질과 관계없이 추락한다.

평균적으로는 서비스 시설과 서비스 제공요원이 충분하다 하더라도, 고객 수요가 같은 시간대에 일시에 몰려버리고 만다면 서비스 질에 있어 큰 문제가 발생한다. 그렇지만 다양한 인센티브를 통해 수요발생 패턴을 고르게 조정하고 기다리는 시간을 덜 지루하게 생각하도록 유도함으로써, 보다 적극적으로 서비스 수요를 관리하고 결과적으로 서비스 수용능력을 극대화할 수 있다.

〈표 2-6〉 **서비스 대기와 서비스 품질에 관한 중요 연구결과 요약**

• 서비스 제공자가 지연의 원인을 통제할 수 있다고 생각할수록 소비자들이 더 화를 내고 불확실해하며, 이것이 서비스 품질을 낮게 평가하는 원인으로 작용함.
• 대기시간에 대한 정보가 주어지는 경우 대기시간의 지각에는 영향을 미치지 못하지만 대기에 대한 부정적 감정을 완화시키는 효과가 있음을 발견
• 서비스 제공 전의 대기시간과 서비스 품질평가는 부의 관계에 있으며, 이 관계에서 대기에 대한 부정적 감정과 수용가능성이 매개적인 역할을 하고, 이러한 매개변수들에 대하여 대기비용, 대기시간에 대한 기대불일치, 거래중요도 등이 직접적인 연관을 맺고 있는 것으로 분석
• 대기환경의 매력도를 높이는 것이 실제 대기시간을 줄이는 것보다 대기에 대한 고객의 부정적 감정을 완화시키고 수용가능한 대기시간을 늘이는 데에 있어 더 효과적임.
• 대기시간과 실제 서비스 시간에 대한 서비스 제공자의 통제가능성과 대기원인의 지속성에 대한 연구에서, 통제가능성은 고객의 감정반응과 대기에 대한 수용가능성에 유의미한 영향을 미침으로써 간접적으로나마 서비스 품질평가 및 고객의 이탈의도에 영향을 미치나, 대기원인의 지속성 경우에는 감정반응과 수용가능성에 별다른 영향을 미치지 못한다고 주장
• 의료서비스의 경우 대기시간에 대한 서비스 제공자의 배려는 서비스 접점의 부정적 감정을 완화하고 수용가능성을 높이지만, 고객의 대기시간 활용은 부정적 감정과 수용가능성에 영향을 미치지 못한다고 분석
• 콜센터 대기고객의 경우 고객이 좋아하는 음악을 들려주는 것이 지각된 대기시간을 감소시키고 고객만족도를 높이는 효과가 있으나, 대기에 대한 정보제공은 아무런 영향을 미치지 못한다고 밝힘.

출처 : 조정은 · 김수욱, "서비스 대기관리 : 서비스 대기시간과 품질평가의 관계에 있어서 영향을 주는 요인들에 관한 연구," 경영학 연구, 36(7), 2007, pp.1785~1810.

서비스에서 시간관리의 중요성은 서비스 품질평가측정과 관련된 많은 연구에서 밝혀진 바 있다. 대기시간은 고객이 서비스 품질을 평가하는 데 있어 강력한 음의 요소인 부정적 감정과 강한 연관성을 가지고 있다. 또한 대기에 대한 수용가능성 역시 부정적 감정과 함께 서비스 품질평가에 있어 영향을 미치는 것으로 알려져 있다. 이 외에도 대기환경, 대기시간에 대한 기대불일치, 대기비용, 대기에 대한 서비스 제공자의 통제가능성, 대기원인의 지속성 등이 서비스 품질평가에 영향을 미친다는 것이 밝혀졌다. 주요 연구결과를 요약하면 〈표 2-6〉과 같다.

서비스 시설에서의 대기시간관리는 〈표 2-7〉에서와 같이 다양한 방법을 통해 이루어지는데, 서비스 수요의 발생패턴을 평활화하기 위한 조치, 서비스 시설의 공급능력 확대를 위한 단기적 조치, 서비스 프로세스 내에서 기다리는 고객에 대해 지루함을 줄여주기 위한 조치 등으로 나눌 수 있다. 이 중 서비스 수요의 발생패턴을 평활화하기 위한 조치에 대해서만 다음 소절에서 간략히 살펴보기로 한다.

〈표 2-7〉 서비스 시설에서의 대기시간관리

목 적	예 시
서비스 수요의 평활화	가격할인을 통한 비수기 수요 자극, 예약제도의 도입, 보완적 서비스의 제공, 자동화 시스템 도입
서비스 처리능력의 단기적 확대	고객참여도 증대, 셀프서비스 도입, 파트타이머 고용, 서비스 요원의 다기능화
서비스 대기시간의 심리적 축소	대기예정시간의 공시, 지루함을 예방하기 위한 시간 때우기용 서비스 개발, 공평한 대기라인

2. 서비스 수요의 평활화 방안

서비스 시설에 고객수요가 일시에 몰려들어 전체적인 서비스 시설의 가동률을 낮추는 폐해를 방지하기 위해서는, 다양한 인센티브를 통해 수요발생 패턴을 고르게 조정하고 기다리는 시간을 덜 지루하게 생각하도록 유도해야 한다. 우선 서비스 수요의 발생패턴을 다소라도 평활화할 수 있는 대처방안부터 살펴보면 다음과 같다.

- 수요가 몰리지 않는 시간대에 가격할인을 제공하여, 수요의 발생패턴을 평활화하고 유휴 서비스 시설의 가동률을 높인다. 가격차별화는 비수기에 낮은 가격을 책정함으로써 성수기의 수요를 비수기의 수요로 전환시키는 데 사용된다. 또한 고객들이 몰리는 성수기에는 상대적으로 높은 가격을 책정함으로써 수요를 억제하는 데 사용하기도 한다. 예를 들어 호텔이나 항공요금의 경우 비성수기나 주중에는 대폭적인 가격할인을 해주기도 한다. 또한 비수기 서비스 능력의 활용을 위해 기존의 수요성격과는 다른 수요군을 개발할 수도 있다. 예를 들어 비수기에는 리조트 호텔과 시설을 신입사원 연수용으로 사용하도록 판촉할 수도 있다. 이와 같은 서비스 수요의 이동유도전략은 수익을 창출할 수 있는 영업가능시간을 늘리며, 서비스 품질에도 긍정적인 효과를 미친다. 또한 고객구매가 감소된 것이 아니라 이동된 것이며 보다 안정된 상태에서 서비스를 제공할 수 있다는 이점도 있다. 물론 이와 같은 전략을 개발하기 위해서는 서비스 수요패턴에 대한 정확한 정보를 확보하고 있어야 한다.
- 예약제도를 도입하되 수요가 몰리지 않는 시간대로 예약을 한정한다. 병원이나 보건진료소와 같은 공공기관의 경우 수요가 많이 발생하지 않는 주중이나 주말 근처에 예약을 주로 받고 그 외의 기간에는 도착순으로 서비스를 제공하여 서비스 수요를 어느 정도 평활화할 수 있다. 예약제도는 수요를 바쁜 시기에서 한산한 시기로 전환시키는 역할을 하고, 서비스를 제공받고자 하는 고객들의 흐름을 완만하게 드러나도록 도와준다. 예약제도는 고객에 대해 접근성에 대한 편의를 제공함으로써 시설의 가동률을 높이는 효과를 가져올 수 있다.
- 보완적 서비스를 제공한다. 예를 들어 손님들이 몰려드는 시간대에 기다리는 손님들을 위해 잡지를 보거나 간단한 음료를 즐길 수 있는 공간을 제공한다. 영화관 같으면 편안한 의자를 제공하여 비디오게임이나 독서를 즐길 수 있도록 해 준다. 고급 음식점에서는 바를 설치하여 혼잡한 시간대에는 대기고객을 이곳으로 안내함으로써 음식점의 수익성을 도모함과 함께 시간에 쫓겨서 초조해하는 고객의 비위를 맞추는 효과도 거둘 수 있다. 병원의 경우 의사를 기다리는 환자에게 본인의 과거 병력을 기록하게 할 수 있고, 기다리는 동안 좋은 건강습관에 대한 출판물이나 비디오를 제공함으로써 대기시간을 보다 적극적으로 활용하도록 유도한다. 이와 같은

예들은 대기중인 고객을 사로잡기 위한 일종의 보완적 서비스들이다.

- **자동화 시스템을 도입하여 수요를 분산시킨다.** 은행의 자동화 기기나 학교의 무인증명서 발급시스템이 좋은 예이다. 인터넷 포털을 이용한 서류 처리, 의문사항 문의(Q&A)도 좋은 예라 할 수 있다. 또는 우편이나 인터넷 등으로 고객들에 대한 서비스를 제공할 수 있도록 정보화 · 자동화에 신경을 쓴다.
- **서비스 자체를 셀프서비스로 가능하도록 디자인한다.** 고객참여 증대전략의 가장 좋은 예는 음식을 나르고 식탁을 치우는 종업원을 없애버린 패스트푸드 음식점이다. 서비스의 공동생산자로서 고객은 제한된 메뉴를 보고 직접 주문을 낼 뿐만 아니라 식사 후에 식탁도 치운다. 설렁탕 전문점에서도 반찬이나 물, 수저 등은 고객 스스로 준비하도록 하여 리드타임을 대폭 축소하고 서비스 시설의 회전율을 높이고자 노력한다. 고객들은 당연히 이러한 도움의 대가로 빠른 서비스와 저렴한 가격을 기대한다. 이 경우 서비스 업체도 임금을 지불해야 할 서비스 인원의 수가 줄어들고, 서비스 프로세스에 고객이 생산자로 참여하게 되어 서비스 공급능력이 상당히 신축성 있게 변화할 수 있다는 이점이 있다. 물론 셀프서비스를 도입하면 서비스 질을 통제하기 힘든 상황이 발생하기도 한다. 곡물과 같은 농산물, 판매용 반찬 등과 같은 벌크(bulk)용 식품시장에서의 셀프서비스의 경우 벌크용 통에 들어 있는 상품이 오염되거나 상품을 흘려서 낭비가 발생할 수 있다.
- **조직구성원들의 능력과 기술을 개발하여 다양한 업무를 처리할 수 있도록 유도한다.** 다기능화(multi-functional)를 유도할 수 있는 인센티브를 제공함으로써 소비자의 수요발생 패턴에 대응하여 담당업무를 신속하게 조정할 수 있는 여력을 쌓는다. 예를 들어 슈퍼마켓의 계산대에 대기행렬이 길어지면 사무실 근무요원도 투입해서 대기하는 고객이 줄어들 때까지 계산업무를 하도록 요청할 수 있다. 반대로 대기하는 고객의 줄이 짧을 때에는 계산대를 닫고 상품진열작업이나 검사작업 등을 돕도록 유도할 수 있다. 이러한 접근방식은 단결심을 고취시키고 작업의 단조로움을 덜어주는 데 도움을 준다. 패스트푸드 음식점의 경우에도 다기능화된 종업원들을 활용하여 신축성 있게 서비스를 제공할 수 있다. 손님이 적을 때에는 적은 수의 근무자만으로 업무를 담당하게 하고, 바쁠 때에는

업무를 세분화하여 서비스 속도를 높인다. 심지어 최저가를 지향하는 미국의 항공사는 비행기 기장이 직접 비행기표를 받기도 하며, 간단한 음료수를 제공하기도 한다.

3. 대기행렬이론을 이용한 기다림의 분석

서비스 수용규모에 대한 전략적 계획이 수립되고 구체적인 레이아웃이 고객니즈에 맞게 설계되었다 하더라도, 서비스 시설의 단기적인 수용능력은 수요의 발생패턴에 따라 달라진다. 예약으로만 서비스를 제공한다면 서비스 수용능력은 100% 활용가능하고 고객들은 약속시간에 맞추어 오기 때문에 대기시간은 거의 무시할 만하다. 그러나 일반적인 서비스 시설의 경우 평균적인 서비스 수용능력이 수요보다 크더라도 시간대에 따라서는 대기행렬, 즉 기다리는 사람들이 생긴다. 단기적인 서비스 수용능력은 바로 이런 대기시간을 염두에 두고 결정해야 한다. 고객이 참을 수 있는 대기시간의 최대치를 미리 설정해 놓고 이를 충족시킬 수 있는 수용 최저능력을 계획하는 것이 바람직할 것이다.

대기행렬(waiting line 또는 queue)이론은 바로 이런 상황에 적절히 활용될 수 있다. 대기행렬은 서비스를 받고자 하는 고객을 즉시에 처리하지 못하기 때문에 발생한다. 대기행렬이론이란 서비스 시스템에서 발생하는 대기행렬 문제를 확률이론을 적용하여 분석하고자 하는 이론이다. 그러나 주어진 문제에 대한 최적해를 구하는 것이 목적이 아니라 서비스 시설의 규모와 고객의 도착률 등이 주어져 있을 때 평균대기시간, 서비스 설비 내의 고객수, 서비스 설비의 가동률 등과 같은 시스템의 행태를 파악하는 데 그 목적이 있다.

대기행렬 문제는 서비스 시설의 규모와 설계, 설비배치 등을 고려할 때 필연적으로 발생하게 되는데, 분석하고자 하는 시스템의 구조가 복잡해지면 대기행렬이론으로는 접근이 곤란하며 컴퓨터 시뮬레이션을 이용하는 경우가 많다. 더욱이 대기행렬이론에서 개발된 많은 모형은 모형의 개발과정에서 도입한 수학적 가정으로 인해 현실 문제와는 일치하지 않는 경우가 많다. 그러나 시뮬레이션 기법에 비해 시간과 비용이 적게 소요되므로 대기행렬 문제에 대한 개략적인 분석이 필요하거나, 빠른 시간 내에 문제를 파악하고자 하는 경우에 많이 이용된다.

대기행렬의 특성은 고객의 평균대기시간, 대기하고 있는 고객수의 평균값, 그리고 서비스 시설의 가동률 등을 통해 분석할 수 있다. 이와 같은 요소들을 분석하기 위해서는 고객의 도착패턴, 대기행렬의 구조와 형태 그리고 서비스 시설의 능력에 관한 자료가 구비되어 있어야 한다.

우선 서비스 제공시설이 하나이고 고객이 받는 서비스도 한 단계로 구성되는 경우를 생각해 보자. 고객의 평균대기시간과 대기하고 있는 고객의 수는 서비스 시설이 확충됨에 따라 감소하게 되나, 시설의 평균가동률을 향상시키기 위해서는 서비스 시설의 규모를 축소시켜야 하는데, 이는 다시 고객의 대기시간과 대기하고 있는 고객의 수를 증가시켜 또 다른 문제를 발생시키게 된다. 따라서 이들 서로 상충되는 두 가지 항목에 대해 비용계산이 가능하다면 총비용을 최소화하는 시스템의 구조를 결정할 수 있다.

구체적인 대기행렬 모형의 소개에 앞서 우선 대기행렬 시스템의 구조와 그 특성을 표시하는 변수들을 정의해 보자.

λ =단위시간당 평균도착률, 즉 단위시간당 도착하는 평균고객수
μ =단위시간당 평균서비스율, 즉 단위시간당 서비스를 제공할 수 있는 평균고객수
W_q =고객 1명이 대기행렬에서 기다리는 평균시간
L_q =대기행렬 내의 평균고객수
W_s =한 고객이 시스템(대기행렬 및 서비스 시설) 내에서 소비하는 시간
ρ =서비스 시설의 가동률

[그림 2-7] 대기행렬이론에서의 비용구조

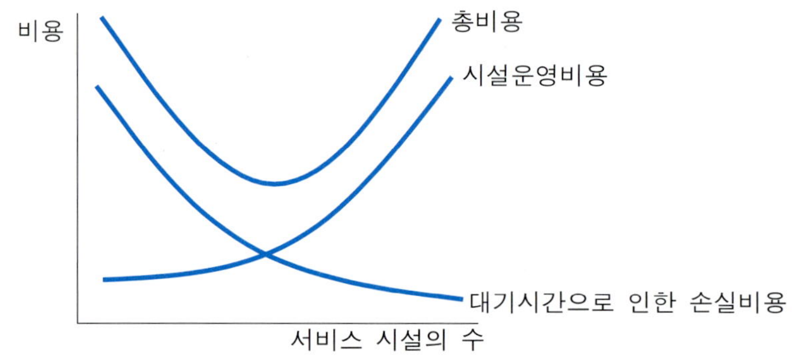

이 변수들 중 λ와 μ는 대기행렬 모형을 설정하는 데 필요한 것이며, 나머지 변수들의 값은 모형을 통해 도출하게 된다. 여기서 λ가 μ보다 큰 경우는 대기행렬에서 기다리는 고객의 수가 무한대로 계속 증가하게 되므로 분석할 필요조차 없다. 따라서 다음에 설명할 모형에서는 λ가 μ보다 작다는 가정을 전제로 한다. 도착한 순서대로 서비스를 제공하며, 서비스를 받기 전에는 서비스 시설을 이탈하지 않는다고 가정한다면 다음과 같은 공식이 성립한다.

- 서비스 시설의 평균가동률 : $\rho = \dfrac{\lambda}{\mu}$
- 대기행렬 내의 평균고객수 : $L_q = \dfrac{\lambda^2}{\mu(\mu - \lambda)}$
- 서비스를 받기 전에 대기하는 평균시간 : $W_q = \dfrac{\lambda}{\mu(\mu - \lambda)}$
- 서비스 시설에서 소비하는 평균시간 : $W_s = \dfrac{1}{\mu - \lambda}$

예제 2-1

한국글로벌검진센터는 외국 고객을 대상으로 건강검진을 실시하는 서비스를 제공하고 있다. 1시간에 평균 5명 정도의 고객이 센터에 도착하며 시간당 평균 6명의 고객에게 건강검진서비스를 제공할 수 있다. 즉시 서비스를 제공하지 못하면 대기실에서 다양한 무료 서비스를 제공하는데, 대략 고객 1명이 1시간을 대기하게 되면 인건비 등으로 50,000원 정도의 서비스 비용이 소요된다.

검진서비스 처리능력은 담당직원을 추가로 고용함으로써 어느 정도 증대시킬 수 있으나 최대 수용능력은 시간당 8명을 초과할 수 없다. 추가고용 및 그에 따른 처리능력을 대비해 보면 다음과 같다.

추가고용 인원수	0	5명	10명
수용능력	6명	7명	8명

한국글로벌검진센터의 당면한 문제는 몇 명을 고용하는 것이 총운영비용을 최소화할 수 있을 것인가이다. 여기서 추가고용시 1인당 1시간에 20,000원을 지급한다고 가정한다.

풀이

수용능력이 6명일 경우의 대기시간, 시설의 가동률, 대기행렬 내의 고객수 평균 등과 같은 주요 변수들의 값을 계산해 보면 다음과 같다.

$$\text{서비스받기 전 평균대기시간 } W_q = \frac{5}{6(6-5)} = 0.83$$

$$\text{검진센터에서 소비하는 평균시간 } W_s = \frac{1}{6-5} = 1.0$$

$$\text{대기실에서 기다리는 고객수 평균} = \frac{25}{6(6-5)} = 4.17$$

$$\text{검진센터의 평균가동률} = \frac{5}{6} = 0.83$$

시간당 수용능력이 7명, 8명일 경우까지를 포함한 시스템의 행태는 〈표 2-8〉에 요약되어 있다.

〈표 2-8〉 **수용능력 변화에 따른 시스템 행태**

수용능력	6명	7명	8명
고용인원수	0	5명	10명
평균대기시간(W_q)	0.83	0.36	0.21
대기실 내의 평균고객수(L_q)	4.17	1.79	1.04
검진센터의 평균가동률	0.83	0.71	0.63

이 표에서 알 수 있듯이 평균대기시간은 물론 센터 가동률도 수용능력이 확대됨에 따라 점차 저하되는 추세를 보이고 있다. 수용능력이 6명일 경우의 총비용을 계산해 보면 다음과 같다.

시간당 총비용 (수용능력=6명)
=(시간당 고객 도착수)×(평균대기시간)×(50,000원)+(추가고용인원수)×(시간당 임금)
=(5)(0.83)(50,000)+(0)(20,000)=207,500원

수용능력이 7명, 8명일 경우의 총비용도 같은 방법으로 계산할 수 있으며 그 결과는 다음과 같다.

시간당 총비용(수용능력 7명)=(5)(0.36)(50,000)+(5)(20,000)=190,000원
시간당 총비용(수용능력 8명)=(5)(0.21)(50,000)+(10)(20,000)=252,500원

따라서 추가고용비용과 대기비용만을 고려한다면 5명을 고용하여 수용능력을 시간당 7명으로 증가시키는 것이 최선의 방책이라 할 수 있다.

현실적으로 이처럼 단순한 경우는 그리 흔하지 않다. 서비스 시설도 둘 이상일 것이고 서비스 처리도 여러 단계를 거쳐간다. 서비스 시설을 두 대 이상

보유하거나 서비스 처리과정이 두 단계 이상을 거쳐가는 경우 대기행렬 모형은 매우 복잡해지고 시스템의 특성을 구하는 공식도 이해하기 힘들어진다. 이런 경우에는 경영과학용 소프트웨어를 이용하여 특성을 분석하는 것이 일반적인 방법이다.

쉬어가기 어떤 고객 경험을 디자인에 반영해야 하나?

서비스 디자인의 목적은 각 접점마다 긍정적인 고객 경험(Customer Experience)을 제공함으로써 고객의 서비스 만족도를 높이는 데 있다. 다만 문제가 되는 부분은 이 경험의 실체가 상당히 모호하다는 점이다. 눈에 보이는 상품은 만지고 보고 사용해 보면서 기능이나 디자인에 대해 어느 정도 통용될 수 있는 기준을 가지는 것이 가능하다. 그러나 경험은 말 그대로 개개인이 느껴서 존재하는 것으로, 실체가 없기 때문에 디자인하기가 어렵다. 때로는 최상의 경험을 제공했다고 생각했는데도 고객마다의 특수한 사정에 의해 그만한 효과가 나지 않을 가능성이 높다. 따라서 디자이너는 사용자의 유형을 구체적으로 정의하여 여러 경우의 수에 따라 서비스 상황을 연출해 보면서 더 나은 사용자 경험을 디자인하는 과정이 필수적이다. 때에 따라서는 고객 접점에서 어떠한 경험을 제공할 것인가에 대해 결론을 내리고 나서야 서비스 디자인이 구체화될 수 있다. 기업이 서비스 디자인을 통해 고객에게 제공하는 긍정적인 경험은 곧 서비스 상품의 경쟁력이 된다. 긍정적인 자극을 제공함으로써 자극에 대한 고객의 수용적인 태도를 유도하여 서비스 디자인의 효과를 배가한다.

1. 편리하고 스마트한 경험

귀찮고 불편한 작업을 대신하여 시간과 비용을 절약해 주는 편리함은 고객들에게 언제나 환영받는다. 최근에는 센서, 알고리즘 등을 이용해 마법과도 같은 편리함을 제공하기도 하는데, 이러한 스마트한 경험은 단숨에 기존의 방식을 구식으로 규정시키고, '멋지다'는 인상을 심어준다. 여기에 스마트한 경험을 제공함으로써 얻는 부수적인 효과도 무시할 수 없다. 한번 스마트한 경험을 하게 되면 좀처럼 이전의 방식으로 돌아가려고 하지 않는다. 더 스마트한 경험이 나타나지 않는 이상 계속해서 상품과 서비스를 이용하면서 스마트하지 못한 것들과 비교하면서 우월한 기분을 만끽한다. 고객 접점에서의 스마트함은 그 자체가 강력한 소구점(Appeal Point)이다.

아디다스(adidas.com)는 인텔IQ(iq.intel.com)과 함께 오프라인 매장에 인터랙티브 월을 설치했다. 터치 스크린 기반으로 매장에 전부 진열할 수 없는 총 8천 개의 제품을 3D 이미지로 제공한다. 아디다스에 의하면 고객의 쇼핑을 도와주는 인터랙티브 월로 인해 매출이 500% 증가했다고 한다. 네스트(nest.com)는 기존의 실내 온도조절 장치와는 전혀 다르다. 고객이 직접 에너지 소비량을 입력할 필요 없이 6가지의 센서에 의해 고객의 행동을 학습하는 알고리즘이 적용돼 있다. 그리고 다이얼로 된 인터페이스는 매우 직관적이다. 네스트 구매 후 약 1주일간 고객의 행동을 모니터링하고, 고객의 생활 습관에 따라 실내 온도를 알아서 조절한다. 기존의 유사 제품을 개선하려고 하지 않고 완전히 새롭게 설계한 제품이다.

2. 감성을 자극하는 감동적인 경험

사람들이 가지고 있는 감성을 자극하는 고객 경험은 상품이 가지는 상업성을 희석해 주는 효과가 있다. 감동적인 경험은 구매에 있어 계산적이고 이기적으로 행동하는 사람들의 마음을 누그러뜨리고, 너그럽고 배려하는 마음가짐을 갖도록 해준다. 그래서 감성을 자극하는 이야기에 사람들은 쉽게 감동한다. 영국의 광고대행사인 퍼플 퍼더(purplefeather.co.uk)의 유명한 유튜브 동영상, 말의 힘(The Power of Words)은 말 한 마디로 사람의 마음을 움직이는 장면을 보여준다. 처음에 "나는 장님입니다. 도와주세요"라는 문구가 쓰여 있을 때는 별 반응이 없던 사람들이 "아름다운 날입니다. 그러나 나는 그것을 볼 수 없습니다"로 바꾸자 너도나도 돈을 기부한다. 감동적인 경험은 무생물인 상품에 인간미를 더해 준다. 감성에 호소함으로써 기업과 상품에 대해 호의적인 태도를 이끌어 낸다. 착한 기업에 대한 고객들의 선호도가 높은 만큼 고난도의 기술이나 많은 비용을 들이지 않아도 구현가능한 감동적인 경험은 다른 어떤 고객 경험보다도 긍정적이다.

영국의 스무디 브랜드인 이노센트 드링크는 2003년부터 겨울마다 빅 니트(innocentdrinks.co.uk/bigknit) 캠페인을 개최해 왔다. 노인복지단체의 자원봉사자들이 손으로 뜨개질한 모자를 씌운 한정판 스무디가 팔릴 때마다 노인들을 위해 기부된다. 힘든 겨울을 보내고 있을지도 모를 노인들을 다시금 생각해 보는 훈훈한 캠페인이다.

꽃 배달 서비스인 1-800-플라워(1-800-flowers.com)는 페이스북을 통해 생일을 맞은 사람에게 꽃을 배달해 주는 서비스를 진행했다. 생일을 맞는 사람이 담벼락에 배너를 띄우면 친구들이 1달러로 선물하고 싶은 꽃과 메시지를 남긴다. 그리고 생일날에 친구들의 메시지가 담긴 꽃다발을 선물로 받는다.

3. 재미있고 신선한 경험

반드시 필요하거나 고객의 강력한 요구가 없더라도 기억에 남을 만한 인상적인 경험을 제공하는 것은 상품에 대한 호기심과 함께 구매 욕구를 불러일으킨다. 오히려 사람들은 일상에서는 쉽게 접할 수 없는 재미있고 신선한 경험에 이끌린다. 저렴하고 우수한 품질의 서비스를 제공하는 상품들이 많기 때문에 평범한 것에는 별 반응을 보이지 않는다. 때문에 서비스 디자인을 통해 고객 경험을 색다르게 디자인한 것일수록 서비스 경험의 성공가능성은 높아진다. 다소 엉뚱해도 사람들의 관심을 끌어모을 수 있는 재미있는 경험을 제공하여 입소문이 퍼져나가기 시작하면 성공이다. 고객의 내면 욕구를 자극하여 판타지를 실현시켜줌으로써 인상적인 고객 경험을 만들어낸다.

일본의 피처폰 공급사인 윌콤(willcom-inc.com)은 연인들을 위한 상품으로 마이크와 스피커가 내장된 필로우 폰 신규 가입자에게 베개를 선물했다. 스마트폰을 주로 사용하는 사람들에게 감성적인 경험을 주고자 디자인된 필로우 폰에는 밤늦게 오랫동안 연인과 통화하고 싶은 마음이 담겨 있다.

일본의 긴자와 하라주쿠의 갭 플래그십 매장에서는 페이스북 계정과 연결된 NFC 팔찌를 끼고 마음에 드는 코디네이션의 직원과 하이파이브하면 할인 쿠폰을 받는 써머 티 하이-터치 캠페인을 진행했다. 이것은 온라인과 오프라인을 연결해 주는 색다른 경험이다.

(손동범 · 채윤병, 메타트렌드미디어그룹의 디자인트렌드 연구보고서(한국디자인진흥원))

쉬어가기 한국 서비스 품질지수의 개념과 구조

한국표준협회와 서울대학교 경영연구소, 그리고 한국마케팅학회가 수차례에 걸쳐 수정 및 보완한 한국 서비스 품질지수는 본원적 서비스, 예상외 부가서비스, 신뢰성, 친절성, 적극지원성, 접근용이성, 물리적 환경의 7개의 측정 차원으로 구성되어 있다. 성과 본원적 서비스는 고객이 서비스를 통하여 얻고자 하는 기본적 욕구 충족 정도를 의미하며, 예상외 부가서비스(unexpected benefits)는 고객에게 경쟁 서비스와 대비되는 차별적 혜택과 부가적 서비스 제공과정을 의미한다. SERVQUAL모델의 5개 차원 22개 항목을 기초로 하여 국내 서비스산업의 특성에 적합하게 세부 측정항목을 재조정하여, 요인은 최종적으로 고객에게 전달되는 서비스 성과와 관련된 성과 차원 요인 4개, 서비스 제공과정에서 고객이 경험하는 것과 관련된 과정 차원 요인 4개로 분류하고 있다.

KS-SQI모델〈서비스 품질관리 시스템〉

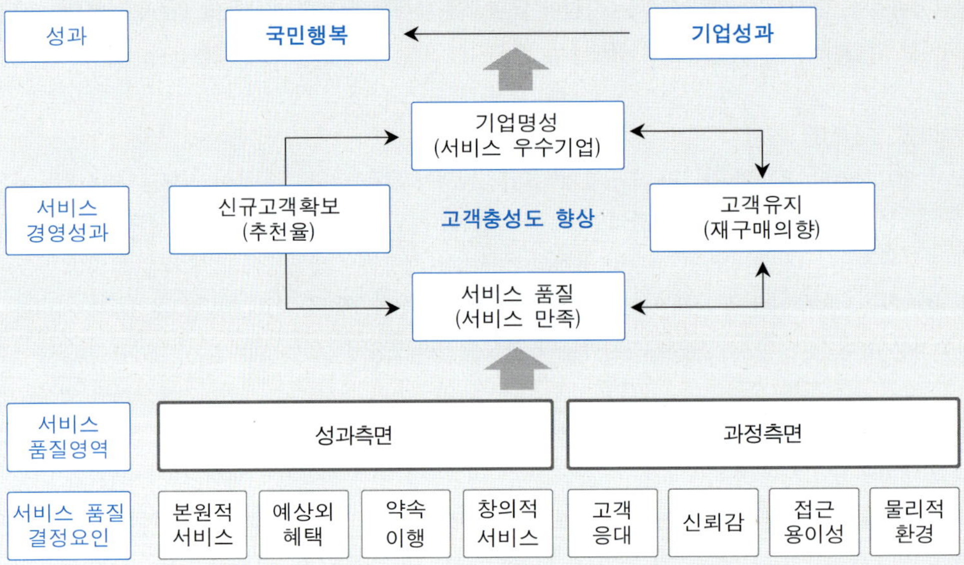

(http://ks-sqi.ksa.or.kr/ks-sqi/3366)

쉬어가기 4차 산업혁명 시대에 필요한 핵심 품질경영

지난 2016년 1월, 세계경제포럼에서 4차 산업혁명의 이해를 주제로 다룬 이후, 세계는 지금 4차 산업혁명 시대로의 변화에 분주하게 움직이고 있다. 4차 산업혁명은 산업, 경제, 사회, 문화적으로 혁명적인 변화를 이끄는 것은 물론 인류의 미래와 삶을 근본적으로 뒤바꿔 놓을 만큼 커다란 파괴력을 지니고 있기 때문이다. 4차 산업혁명 시대의 품질경영 활동은 어떻게 변화할 것인가? 또한 미래의 성공적인 구현을 위해 필요한 요소는 무엇일까?

1. 공정의 유연성 품질(Customization)

4차 산업혁명 시대의 스마트공장에서는 고객이 원하는 것을 원하는 만큼 생산할 수 있어야 한다. 좋은 사례로, 세이렌은 고객이 홈페이지에서 디자인과 색상, 무늬 등을 정하여 주문하면 자동으로 생산을 시작하여 비록 한 벌의 고객 주문이라도 3주 이내에 고객에게 전달될 수 있는 생산시스템을 구축한 곳이다. 공정의 유연성 품질은 4차 산업혁명 시대에 제품과 서비스가 결합해 새로운 가치를 창출하는 과정에서 시장과 고객에게 최적의 융합 품질을 제공하기 위한 기초 요소가 되어야 한다.

2. 기술의 정확성과 무결점 품질

고도로 정교한 과학기술 장치들의 도입 및 스마트공장의 가동으로 제품의 산포가 극소화되고, 정교한 검사기기를 활용한 전수검사 활성화로 불량률 제로의 가능성이 높아지고 있다. 각종 센서의 발달과 IT, IoT, 빅데이터 등의 발전으로 검사 속도가 빨라지고 불량품이 생산되는 순간 Automatic Line-stop 생산이 가능해진다. 이처럼 4차 산업혁명 시대에는 무결점 품질의 중요성이 더욱더 높아질 것이다.

3. 설비 예비보전 품질

4차 산업혁명 시대는 IoT를 통한 초연결 사회이다. 만물 인터넷으로 구현되는 초연결 사회에서는 연결된 기기나 설비 중 어느 하나라도 문제가 생기면, 시스템 설계자조차 전혀 예상하지 못한 위험성들이 대형사고로 이어질 수 있다. 이러한 사고를 미연에 방지하기 위해서는 설비 예비보전 품질 활동이 매우 활발해질 것으로 예상된다.

4. 빅데이터 품질

4차 산업혁명에서 가치 창출은 대량의 데이터와 정보를 교환함으로써 이루어진다. 센서 및 IoT 발달로 현장의 대량 데이터를 수집하고 축적, 유통하는 것이 가능해졌다. 이러한 데이터를 활용하여 인공지능으로 분석함으로써 지금까지 할 수 없었던 생산성 및 품질 향상을 실현할 수 있게 되었다. 불량의 원인 분석과 작업자의 최적 배치, 생산계획의 재검토 등 지금까지 사람이 해온 업무를 빅데이터와 딥러닝 같은 기술로 즉시 정확하게 분석하고 결과를 자동적으로 피드백할 수 있게 되었다. 과거 빅데이터는 천문, 항공, 우주정보 등 특정분야에 한정되었으나, 이제 우리의 일상생활까지 파급되어 전 분야로 확산되었다. 모바일 확산과 함께 커뮤니케이션 방식의 변화로 인하여 데이터 폭증에 대한 대응과 이에 대한 잠재된 유용한 정보를 찾아내는 기업은 새로운 사회적·경제적 가치를 창출할 수 있게 되었다.

5. 소프트웨어 품질

하드웨어 제품에 소프트웨어가 탑재되는 융·복합 시대에 진입하면서 소프트웨어가 차지하는 비중이 크게 늘어나고 있다. IT 기술이 발달할수록 우리 생활에는 더 많은 소프트웨어가 관여된다. 소프트웨어의 품질은 지속가능한 발전을 위해서도 필수적으로 품질의 우수성을 확보해야 할 4차 산업혁명 시대의 핵심 품질경영 요소이다. (홍성훈, https://blog.naver.com/PostView.nhn?blogId=ksagma&logNo=221960371500, 2020.1.21)

연습문제

CHAPTER 2

객관식

1 쇼스택은 제품과 서비스는 유형성이 우세한 한쪽 끝에서 무형성이 우세한 다른 한쪽으로 순위가 매겨질 수 있다고 주장한 바 있다. 이 개념을 무엇이라 하는가?

① 서비스 스펙트럼 ② 유형성 스펙트럼
③ 서비스 공급 스펙트럼 ④ 스펙트럼 그래프

2 다음 중 고객욕구충족에 대한 서비스 제공자의 재량권이 많지만 서비스의 고객별 맞춤화 정도는 상대적으로 낮은 서비스는?

① 대형강의실에서의 강의 ② 의료서비스
③ 패스트푸드 레스토랑 ④ 프로야구 관람

3 다음 중 고객과의 상호작용 · 맞춤화 정도가 높을 뿐만 아니라 종업원들의 근무집중도 역시 높은 서비스에 해당하지 않는 것은?

① 대학교 교육서비스 ② 법률서비스
③ 건축서비스 ④ 호텔서비스

4 다음 중 서비스 수요의 발생패턴을 평활화하기 위한 대처방안은?

ㄱ. 수요가 몰리지 않는 시간대에 가격할인을 제공한다.
ㄴ. 예약제도를 도입하되 수요가 몰리지 않는 시간대로 예약을 한정한다.
ㄷ. 서비스 자체를 셀프서비스로 가능하도록 디자인한다.

① ㄱ, ㄴ ② ㄴ, ㄷ
③ ㄱ, ㄷ ④ ㄱ, ㄴ, ㄷ

5 다음 그림에서 레스토랑이나 베이커리 같은 서비스 업종은 어떤 위치에 해당하는가?

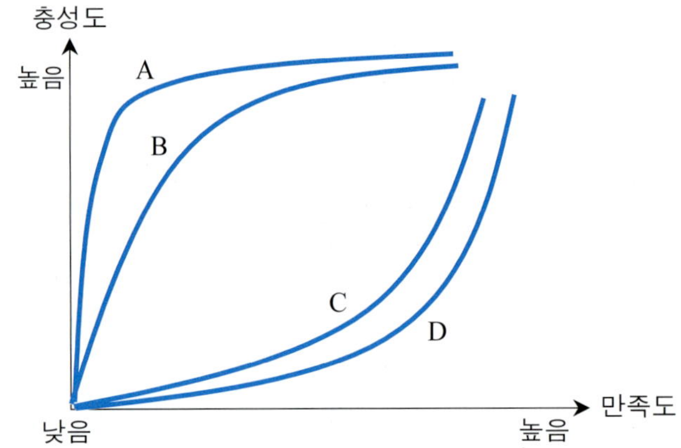

① A　　② B
③ C　　④ D

6 다음 중 서비스의 특성에 해당하지 않는 것은?

① 서비스는 순간적 경험이며 재고로의 저장이 불가능하기 때문에 수요변화에 대한 완충장치를 도입하기 어렵다.
② 서비스 시설에 고객이 도착함과 동시에 서비스를 제공해야 하는 경우도 많아 고객요구에 대한 대응시간에 여유가 없다.
③ 서비스 질에 대한 일관성 유지는 설비의 자동화를 통해 손쉽게 해결할 수 있다.
④ 생산과 소비 간에 중간 유통단계가 없어 연결기능이 미비하며 생산과 소비의 동시성은 서비스 수요와 공급 관리를 어렵게 한다.

7 다음 중 서비스 패키지(service package)에 포함되는 요소는?

ㄱ. 서비스 지원시설	ㄴ. 서비스의 가격	ㄷ. 명시적 서비스

① ㄱ, ㄴ　　② ㄴ, ㄷ
③ ㄱ, ㄷ　　④ ㄱ, ㄴ, ㄷ

8 서비스에 반영되는 요소 중 묵시적 서비스(implicit services)에 대한 설명으로 옳은 것은?

① 서비스 시설, 즉 눈으로 직접 확인할 수 있는 물적 시설을 말한다.
② 우리가 서비스에 대해 비용을 지불하는 직접적인 이유가 된다.
③ 심리적 편익을 지칭하는 것으로, 분위기나 네임브랜드, 은행의 프라이비트 서비스 등을 들 수 있다.
④ 예를 들면, 자동차 수리 후 차의 상태가 좋아졌기를 바라는 것, 식당에서는 배가 불러야 하는 것 등을 말한다.

9 건축디자인이나 부동산 중개와 같은 전문성을 띠는 서비스 기업의 경영에서 중시해야 하는 문제는?

① 서비스 지원시설 및 상품의 개선
② 고객에게 제공되는 서비스의 표준화 수준의 제고
③ 서비스 자동화를 통한 원가경쟁력 제고
④ 교육과 훈련을 통한 서비스 제공자의 역량 제고

10 서비스 프로세스 매트릭스에서 항공사는 어디에 속하는가?

① 서비스 공장　② 서비스 전문점
③ 대량서비스　④ 전문가 서비스

11 서비스 프로세스 매트릭스에서 대형마트나 중고등학교, 은행은 어디에 속하는가?

① 서비스 공장　② 서비스 전문점
③ 대량서비스　④ 전문가 서비스

12 서비스 경영에 대한 체계적 접근방법의 개발이 쉽지 않은 이유에 해당하는 것은?

ㄱ. 서비스 프로세스의 여러 단계에서 많은 의사결정이 근거자료 없이 자의적으로 결정되는 경우가 많기 때문이다.
ㄴ. 서비스 제공 프로세스의 구조는 변하지 않더라도 고객에 따라 다소간의 맞춤 서비스를 제공해야 하기 때문이다.
ㄷ. 조직구성원과 고객의 참여도가 높기 때문에 긍정적인 측면에서 프로세스에 대한 변화를 시도하더라도 상당한 주의와 준비과정을 필요로 하기 때문이다.

① ㄱ, ㄴ　② ㄴ, ㄷ
③ ㄱ, ㄷ　④ ㄱ, ㄴ, ㄷ

13 다음 중 파라수라만과 제타말 그리고 베리가 제시한 5개의 중요 품질요인 중 고객을 돕고 신속한 서비스를 제공하겠다는 의지에 해당하는 것은?

① 신뢰성 ② 대응성
③ 확신성 ④ 공감성

14 다음 중 헤스켓 등이 제시한 고객가치 방정식을 바르게 설명한 것은?

ㄱ. 고객가치는 서비스 프로세스 품질에 비례한다.
ㄴ. 고객가치는 서비스 획득비용에 반비례한다.
ㄷ. 고객가치는 고객이 지불한 가격에 반비례한다.

① ㄱ, ㄴ ② ㄴ, ㄷ
③ ㄱ, ㄷ ④ ㄱ, ㄴ, ㄷ

15 서비스를 받고자 하는 매장이 멀리 떨어져 있거나, 교통체증이 심해 그곳에 물리적으로 도달하는 데 상당한 시간과 비용이 소요된다면 이는 고객가치방정식에서 어떤 요소에 영향을 주는가?

① 서비스 프로세스 품질 ② 서비스 획득비용
③ 고객이 지불한 가격 ④ 서비스 프로세스의 결과물

16 다음 중 대기행렬 모형의 기본가정에 포함되어야 하는 것은?

ㄱ. 고객의 도착률보다 서비스율이 더 높다.
ㄴ. 도착한 순서대로 서비스를 제공한다.
ㄷ. 서비스 대기건수가 일정시간을 넘어서면 서비스를 포기한다.

① ㄱ, ㄴ ② ㄴ, ㄷ
③ ㄱ, ㄷ ④ ㄱ, ㄴ, ㄷ

17 다음 중 대기행렬이론에 관한 설명이 바르게 된 것은?

① 서비스 수요예측을 통해 대기시간을 분석하고자 하는 이론이다.
② 최소대기시간 달성을 위한 레이아웃 설계에 목적이 있다.
③ 고객의 평균대기시간, 대기하고 있는 고객수의 평균값 등을 도출할 수 있다.
④ 시설의 가동률 목표가 주어져야 적용이 가능하다.

18 인터넷상에서 대출서비스를 제공하는 한국얼리캐시서비스는 시간당 평균 8명의 고객에게 서비스를 제공할 수 있는 처리능력을 보유하고 있다. 만약 시간당 4명의 고객이 대출을 신청한다면 고객 1인당 평균대기시간은 얼마인가?

① 1/8시간 ② 1/3시간
③ 1/4시간 ④ 1/2시간

19 문제 18에서 대기행렬 내의 평균고객수는 얼마인가?

① 0.5명 ② 1명
③ 2명 ④ 3명

❖ 객관식 정답

1. ② 2. ① 3. ④ 4. ④ 5. ④ 6. ③ 7. ③ 8. ③ 9. ④ 10. ① 11. ③ 12. ④ 13. ② 14. ④ 15. ②
16. ① 17. ③ 18. ① 19. ①

CHAPTER

3

품질비용

불량품 또는 불량이 무료(free)일 수는 없다. 예를 들어 불량품 1개를 고치는 재작업이나 양품 1개를 제대로 만드는 작업에 소요되는 시간이 서로 같다면 결과적으로 불량품 1개는 곧 양품 2개의 생산에 소요되는 노무비용을 필요로 하는 셈이다. 만약 작업자 중 10%가 재작업에 투입된다면 이는 곧 20%의 노무비용이 불량품을 만들고 이를 고치는 데에 낭비하는 결과를 가져오게 된다. 더욱이 재작업비용은 불량으로 인해 발생하는 비용 중의 일부분일 뿐이다. 불량품은 또 다른 불량품을 낳고 또한 생산라인 전반에 걸쳐 생산성을 떨어뜨린다. 최종 작업장에서 아무리 검사를 열심히 해도 불량품은 공장을 빠져나가 소비자의 손에 들어가게 마련이다. 이처럼 불량으로 인한 문제의 심각성을 모든 조직원에게 인식시킬 수 있는 방법으로는 품질비용분석을 들 수 있다. 본장에서는 품질비용의 개념과 구조 그리고 이를 수집·분석하는 기본절차에 대해 살펴보고자 한다.

01 품질비용의 개념과 유형

품질비용은 미국 선도기업들의 성장에 주된 역할을 해온 개념으로 기본 개념은 간단하다. 무엇이든 제대로 하지 못하면 비용과 직결된다는 것이다. 일반적으로 고장으로 인한 사후수리비용이 고장을 미연에 방지하는 데 소요되는 비용보다 높게 마련이다. 예를 들어 컴퓨터칩 한 개의 원가는 얼마 안 되지만 컴퓨터 내부에서 고장이 나는 경우 수리비용은 원가의 몇십 배가 될 것이다. 문제는 이러한 사고방식을 모든 조직원에게 어떻게 인식시키느냐에 있다.

품질 분야의 세계적인 대가인 필립 크로스비는 품질비용을 '고객을 만족시키고 불량이 없는 제품을 만들기 위해 드는 모든 비용'으로 정의했다. 품질비용의 개념은 고객이 원하는 것이 무엇인지를 모든 조직원들이 피부로 느끼도록 해준다. 왜냐하면 고객을 만족시키지 못하면 얼마나 큰 손실인지를 비용으로 환산해서 보여주기 때문이다.

IBM은 문제점을 찾아내고 고치는 데 드는 비용을 계산했다. 고치는 데에는 처음에 문제를 해결할 때보다 비용이 10배나 더 든다는 것을 발견했다. 생산이나 서비스 디자인 단계, 즉 사전에 문제를 예방하는 비용과 고객에게 제품이나 서비스가 고객에게 도달되기 전에 문제를 발견하고 바로잡는 비용, 고객에게 이미 전달된 후에 문제를 해결할 때 드는 비용에는 큰 차이가 있다.

IBM사는 만일 사전에 문제를 예방하는 비용이 1이라고 하면 문제 발생 이후 그것을 찾아내 바로잡는 비용은 그것의 10배가 들고, 고객에게 이미 전달된 후 문제를 발견했을 때에는 그보다 100배의 비용이 든다는 사실을 발견했다. 다른 미국 대기업들도 이러한 품질과 비용의 관계를 면밀히 조사한 결과 IBM사의 사례는 오히려 양호한 경우이고 다른 기업의 경우는 그 격차가 더욱 컸음이 밝혀졌다. 만일 품질과 비용 관계에서 1 : 10 : 100과 다른 결과가 나왔다면, 즉 비용이 이렇게까지 크게 나오지 않았다면, 그것은 고객이 원하는 품질을 맞추지 못했을 때 발생할 수 있는 관련 비용들을 전부 포착하지 못했기 때문일 가능성이 크다. 대부분의 기업들이 품질 관련 원가는 대략 판매가의 4~5% 정도라고 과소평가하는 것이 현실이다. [그림 3-1]에서와 같이 겉으로 드러난 비용은 매출액의 4~5%이겠지만 눈에 보이지 않는 품질비용은 엄청난

[그림 3-1] 눈에 보이지 않는 품질비용의 규모

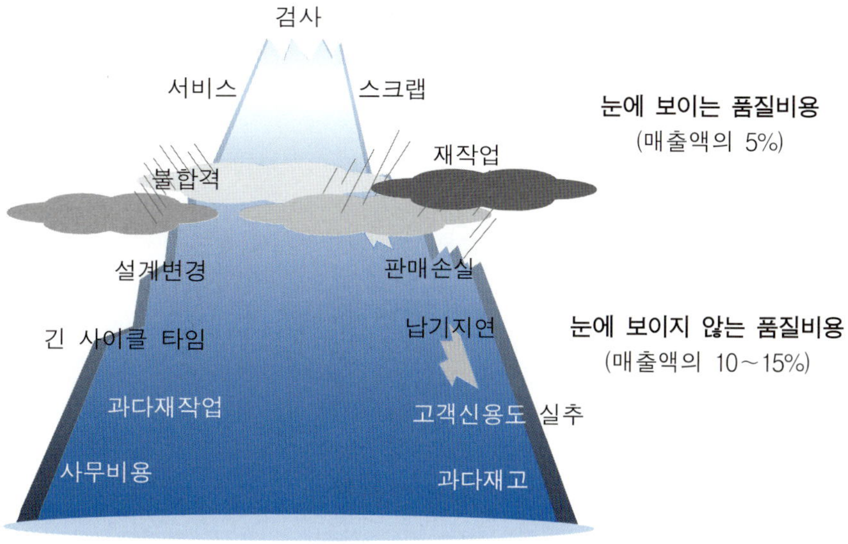

규모이다.

페더럴익스프레스사에도 1 : 10 : 100의 법칙이라는 것이 있다. 불량이 생길 때 이를 즉시 고치면 1의 비용이 들지만, 책임소재나 문책 등 여러 가지 이유로 이를 숨기고 불량품이 그대로 회사 문을 나가게 되면 이를 고치는 데 10의 비용이 들며, 만약 이것이 소비자의 손에 들어가 문제가 생기면 이를 시정하는 데 100의 비용이 든다는 것이다.

품질비용을 분석하는 것이 사업을 올바르게 운영하는 유용한 지침이 되는 것은 분명하다. 품질비용을 계산할 때에는 고객이 불만족하여 생기는 비용과 아예 떠나버리는 비용까지도 과소평가해서는 안 된다. 최고의 고객은 불평을 털어놓는 고객이다. 그냥 "좋다"라고 표현하는 고객은 아무 말도 하지 않고 그저 조용히 떠나는 고객이라고 보는 것이 옳다. 약 96%의 고객이 불평이 있어도 표현하지 않는 고객이다. 그래서 아무런 불평이 없다는 것을 '만족'이라고 착각했을 때, 다음에 발생하는 비용은 실로 엄청난 손실을 초래한다. 품질비용 개념의 요체를 이해하면 자발적인 비용절감을 유도할 수 있고 경쟁에 대항할 수 있는 자생의 힘을 발휘할 수 있다.

[그림 3-2] 품질비용의 유형

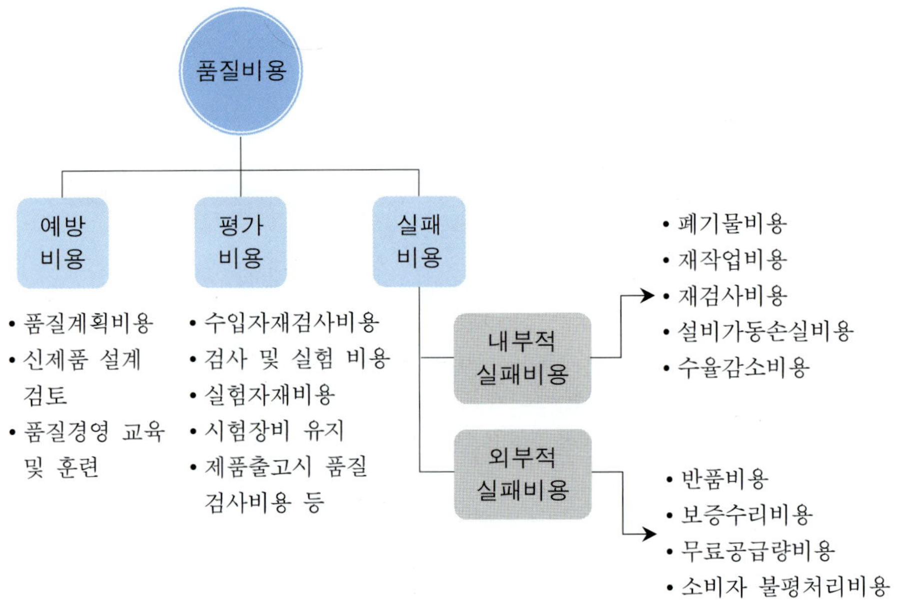

요약하면 품질비용은 [그림 3-2]에 제시된 바와 같이 제품의 규격 또는 설계규격이 설정되어 있을 경우 제품을 미리 설정된 규격에 맞추어 생산하고자 할 때 필요한 예방적인 품질관리비용과 생산된 제품이 설계규격에 미달될 때 발생할 수 있는 비용을 포함하는 개념이다. 우선 품질비용에 포함되는 구체적인 비용항목을 요약해 보면 다음과 같다.[1]

1. 실패비용

실패비용이란 생산된 제품의 품질이 설계규격에 미달하거나 소비자의 만족감을 충족시키지 못했을 때 발생하는 비용으로, 제조과정에서 발생하는 비용과 완제품이 소비자에게 인도된 후에 발생하는 비용으로 나누어 볼 수 있다. 전자

1) Campanella, Jack, *Principles of Quality Costs : Principles, Implementation, and Use*, 3rd ed., Milwaukee, Wis. : ASQ Quality Press, 1999.

는 내부적 실패비용(internal failure cost)이라고 하며 후자는 외부적 실패비용(external failure cost)이라 하는데, 우선 내부적 실패비용에 속하는 항목부터 살펴보기로 하자.

(1) 내부적 실패비용

- 재작업비용 : 불량품을 수리하거나 고쳐서 사용가능한 정품으로 만드는 데 소요되는 비용을 의미하나 불량의 원인을 제거하기 위해 추가적인 공정을 거칠 때 발생하는 비용도 이에 포함된다.
- 폐기물비용 : 불량품이 발생했으나 이를 경제적으로 수리하거나 사용하기 힘든 경우에 발생하는 비용으로 제품생산에 투입된 재료비 및 노무비 손실분으로 추정한다. 공정에 따라서는 기술적인 문제나 원자재 특성의 변동에 따라 피할 수 없는 폐기물이 발생하기도 한다. 이같이 피하기 힘든 폐기물로 인한 비용은 실패비용으로 간주해서는 안 되며, 충분히 방지할 수 있음에도 불구하고 불량으로 나타나는 경우에만 실패비용으로 간주해야 한다.
- 재평가 및 재검사 비용 : 재작업을 통해 수리한 제품을 다시 검사하거나 수리하는 데 드는 비용을 의미한다.
- 설비가동손실비용 : 제품의 불량으로 인해 설비를 사용하지 못하게 되는 경우에 발생하는 비용으로, 예를 들어 인쇄기에 종이가 끼여 이를 제거하기 위해 기계사용을 중단하는 경우 이 같은 유형의 비용이 발생한다.
- 수율(yield)의 감소 : 공정을 제대로 관리했을 때 기대되는 수율보다 낮은 수치의 수율이 나타날 때의 손실을 비용화한 것이다.

(2) 외부적 실패비용

앞에서 설명한 바와 같이 외적인 실패비용은 완제품이 소비자에게 인도된 후에 발생하는 비용으로 반품으로 인한 판매손실, 애프터서비스에 소요되는 비용, 품질보증에 따른 제반비용을 들 수 있다.

- 소비자 불평의 처리비용 : 제품이 제대로 만들어지지 않음으로 인해 나

타나는 소비자의 불평·불만을 들어주고 이를 처리하는 데 소요되는 비용을 의미한다.

- 반품에 따른 처리비용 : 제품의 품질에 만족하지 않은 소비자가 반품한 제품으로 인해 나타나는 손실로 직접적인 이익의 감소와 반품과 관련된 각종 처리비용이 이에 포함된다.
- 보증기간 내의 수리비용 : 품질보증기간 동안에 발생하는 각종 수리·보수에 소요되는 비용을 의미한다.
- 무료공급량비용(allowance) : 소비자에게 불량품이 섞여 있는 제품을 공급하는 경우 이를 보전하기 위해 추가적으로 공급하는 제품으로 인해 발생하는 비용과 제품의 등급을 하향조정할 때 발생하는 비용이 이에 속한다.

그 외에 계량적으로 평가하기 힘들지만 소비자의 불만으로 인한 매출액 손실 및 기업이미지 훼손으로 인한 비용도 외적인 실패비용에 속한다.

2. 평가비용

평가비용이란 시험제작한 모형의 평가, 원자재 및 부품의 품질검사, 생산공정의 통제, 완제품 검사 등 품질의 직접적인 통제 및 분석에 소요되는 비용으로 관리도나 샘플링검사 등의 통계적 품질관리기법의 적용 및 운용에 관계되는 항목이라 할 수 있다.

- 수입자재검사비용 : 외부로부터 구입한 또는 구입하고자 하는 자재를 직접 검사하거나 또는 간접적인 방법을 통해 품질을 유지하고자 할 때 소요되는 비용을 의미한다.
- 검사 및 실험 비용 : 제품이 완성되어 가는 과정에서 규격에 일치하는가 여부를 판단하기 위해 수행하는 각종 검사 및 실험 활동에 소요되는 비용을 의미한다. 또한 소비자에게 제품을 최종적으로 인도하기에 앞서 현장에서 수행하는 테스트비용도 이에 속한다.
- 실험설비의 보수·유지 비용 : 품질관리에 투입되는 각종 설비가 제기

능을 발휘할 수 있도록 보수·유지하는 데 소요되는 비용을 의미한다.

- 실험자재 및 서비스 비용 : 파괴검사에 소요되는 비용이나 X-레이 필름과 같은 각종 검사자재 및 에너지 비용이 이에 속한다.
- 제품출고시의 품질검사 : 소비자에게 제품을 출고하기에 앞서 보관중인 제품의 등급이 저하했는지 여부를 판단하는 데 소요되는 비용을 의미한다.

3. 예방비용

불량품의 발생을 미연에 방지하기 위해 투자하는 비용으로, 실패 및 평가 비용을 줄이기 위해 필요한 활동에 소요되는 비용을 의미한다. 예방비용은 품질경영시스템의 설계와 구축과정에서 나타나는 비용이므로 품질경영이라는 제목하에 나타나는 비용만이 포함되는 것은 아니다. 예를 들어 다른 여타의 교육 및 훈련프로그램에도 품질경영에 관계되는 부분이 있으면 해당부분의 비용을 예방비용으로 추가해야 한다.

- 품질계획의 수립 및 그 진행의 평가 비용 : 검사계획, 신뢰도설정계획, 품질정보시스템의 구축 및 보고서작성 그리고 각종 품질관리지침서의 작성 등 상당히 광범위한 품질관리활동에 소요되는 비용을 의미한다.
- 신제품 설계의 검토 및 심사 비용 : 새로운 제품의 설계와 디자인의 검토, 신제품생산에 필요한 공정의 설계검토와 같이 신제품생산에 앞서 필요한 각종 준비작업에 소요되는 비용을 말한다.
- 품질경영기법의 교육 및 훈련 비용 : 품질경영을 효율적으로 수행하기 위해 필요한 각종 교육·훈련프로그램의 준비 및 이의 실행에 소요되는 비용이 이에 속한다.
- 공정관리와 각종 인증(인가)을 위한 실험준비비용 : 용도의 적합성을 유지하기 위해 필요한 생산공정의 통제 및 분석에 소요되는 비용을 의미한다.
- 품질개선을 위한 프로젝트비용 : 품질관리분임조 활동 및 각종 품질관리지원 프로그램의 설계 및 운영에 소요되는 비용을 의미한다.

02 품질비용분석의 목적과 절차

1. 품질비용분석의 목적

품질비용분석의 목적은 간단히 말해 효율적인 품질개선시스템의 도입을 촉진시키고 개선을 통한 직접적인 성과측정에 있다고 볼 수 있다. 최고경영자의 품질보증이나 체계적인 품질경영시스템에 대한 관심이 결여된 것도 이처럼 품질비용에 관한 자료가 충분하지 못했기 때문이라 할 수 있다. 품질저하로 인한 직·간접 손실 및 품질개선으로 인한 직접적인 기대이익의 증가에 관한 정보를 제공하고 효과적인 품질개선시스템에 관한 제안을 한다면 종합적 품질경영은 손쉽게 시작될 수 있다. 즉 품질비용에 관한 자료수집 및 분석은 품질경영시스템의 도입 및 운영을 위한 전제조건의 역할을 할 수 있다.

이제 품질비용분석의 목적을 알아보기로 하자.

첫째, 품질비용은 기업경영의 성과측정기준으로 사용될 수 있다. 누구나 이해할 수 있는 용어로 서술함으로써 효과적인 관리를 위한 방향을 제시할 수 있다. 즉 금액으로 표시된 품질관리현황은 최고경영자의 관심을 집중시킬 수 있을 뿐만 아니라 품질은 품질관리부서뿐만 아니라 납품업자와 소비자를 포함하는 모든 조직구성원에 영향을 미칠 수 있는 사항이라는 사실을 인식시킬 수 있다.

둘째, 품질비용의 추세분석, 파레토분석을 통한 품질개선활동의 우선순위 설정 및 투자부문의 선택 등을 통해 기업 내의 자원을 합리적으로 배분할 수 있는 도구의 역할을 할 수 있다.

셋째, 품질비용의 계획과 관리방법으로 사용할 수 있다. 여기서 비용은 예산설정과 비용통제의 수단으로 쓰일 수 있다. 다만 회계적인 비용개념과 품질비용의 개념이 일치하기 어렵기 때문에 회계자료를 직접 사용할 수는 없다.

넷째, 기업 내부에서 동기유발수단으로 사용될 수 있다. 최고경영층은 비용의 절감이라면 상당한 관심을 갖게 마련이다. 단순한 불량률감소 등으로 표시하기보다는 불량률감소를 위한 비용과 이로 인한 이익증가분으로 분리하여 나타냄으로써 조직구성원의 관심을 유발시키기 쉽다. 예를 들어 폐기물 발생

현황 및 추이를 각 관련 작업장에 도표로 표시함으로써 품질에 대한 인식을 높일 수도 있다.

2. 품질비용자료의 분석절차

(1) 품질비용자료의 수집방법

불량에 관한 자료는 대개 제품별, 부품별, 공정별, 기간별, 작업장별, 공장별, 공급자별로 기록해야 하며 불량의 타입과 특성, 불량의 치명도 및 불량원인에 관한 자료도 수집해야 한다. 그뿐만 아니라 불량이나 고장으로 인한 비용과 그 원인 간의 관계를 제대로 나타내기 위해서는 이에 관계되는 예방 및 평가 비용에 관한 자료도 수집해야 한다.

품질비용을 얼마나 세부적인 항목으로 분류하여 추정하느냐는 품질비용 주사용자의 목적에 따라 달라지는데, 최고경영자계층은 대개 중요 그룹별로 품질비용을 알아보기를 원할 것이며 중간관리자나 각 부서에서는 각자의 관리 영역에 해당하는 비용과 비교대상이 되는 부서와의 상대적 평가내용을 상당히 구체적으로 알아보고자 할 것이다. 따라서 품질비용의 항목은 이들 사용자의 의견을 종합하여 결정해야 한다. 또한 각 부서에서 독자적으로 품질비용관계 자료를 준비할 경우 상당부분이 누락될 우려가 있으므로 중앙집중적인 자료수집장치를 확립하여 각 부서에서 제출한 자료를 검토할 수 있게 해야 한다.

(2) 품질비용자료의 분석과정

이제 간단한 사례를 통해 품질비용자료의 분석과정을 살펴보기로 하자. 〈표 3-1〉은 어느 출판 · 인쇄업체의 품질비용을 요약한 자료이다. 이 중 주목을 끄는 것은 총품질비용으로 18.05억원이 실패, 평가, 예방 비용으로 발생하고 있다는 점이다. 품질비용 중 가장 큰 비중을 차지하는 항목은 교정작업(7.09억원), 프레스기계의 가동중지비용(4.04억원), 인쇄과정의 오류(3.09억원) 등으로 이들 세 항목의 비중이 총품질비용의 78%를 차지하고 있음을 알 수 있다. 따라서 품질비용을 줄이기 위해서는 이들 항목에 대한 적극적인 개선활동이 전개되어

〈표 3-1〉 품질비용의 구성내역

• 실패비용(억원)		• 평가비용(억원)	
프레스기계의 가동중지비용	4.04	교정작업	7.09
인쇄과정의 오류	3.09	검사 및 확인	0.62
제본과정에서의 폐기물	0.74	소 계	7.71
플레이트 재작업	0.40	• 예방비용(억원)	
표지제작과정에서의 폐기물	0.56	품질개선프로젝트	0.80
고객의 항의로 인한 재작업	0.41	품질계획	0.30
소 계	9.24	소 계	1.10
		• 총품질비용(억원)	18.05

〈표 3-2〉 품질비용의 비율분석

항 목	연간손실(억원)	비율(%)	누적비율(%)
종이폐기물	5.56	61	61
고객의 클레임	1.22	14	75
odd lot	0.78	9	84
자재비용	0.67	7	91
검사비용	0.47	5	96
기계가동중지비용	0.37	4	100

야 한다. 한편 예방비용을 살펴보면 총품질비용의 6%에 불과하여 기본적으로 예방적 품질관리활동에 대한 추가적인 투자가 시급히 요구됨을 알 수 있다.[2)]

품질비용의 내역을 살펴보면 대개 소수의 항목으로 인한 비용이 총비용의 상당부분을 차지하게 마련이다. 예를 들어 〈표 3-2〉는 제지회사의 품질비용을 간단히 요약한 자료인데, 종이폐기물로 인한 품질비용이 5.56억원으로 전체의 61%를 차지하고 있음을 알 수 있다.

폐기물에 대한 추가적인 분석결과를 요약한 〈표 3-3〉을 참고하면 여섯 가지 타입의 종이폐기물이 4.48억원으로 총폐기물비용의 80%를 점하고 있음을 알 수 있었다. 이 예에서 소위 파레토원리(vital few, trivial many)가 적용됨을 알

2) 이 부분은 Juran, J.M. and F.M. Gryna, *Quality Planning and Analysis*, 2nd ed., McGraw-Hill(1980)의 2장을 주로 참조하였음. 관련 표 역시 같은 부분에서 발췌하였음.

〈표 3-3〉 폐기물에 대한 추가적인 분석

종이타입	폐기물손실(억원)	누적손실(억원)	비율(%)	누적비율(%)
A	1.32	1.32	24	24
B	0.96	2.28	17	41
C	0.72	3.00	13	54
D	0.68	3.68	12	66
E	0.47	4.15	8	74
F	0.33	4.48	6	80
나머지 47종	1.08	5.56	20	100
총 53종	5.56		100	

수 있으며 이에 따라 품질개선영역의 우선순위를 손쉽게 결정할 수 있다.

(3) 결과해석 및 보고

일단 품질비용에 관한 자료가 수집되면 그 중요성과 품질개선의 기회를 식별하고 최고경영자에게 보고하기 위해 자료의 분석과 요약을 필요로 한다. 최고경영관리계층에서 이 조사분석 결과를 받아들이게 되면 품질개선을 위한 예산 및 소요인원의 확보가 손쉬워진다. 보고서의 양식은 품질비용분석의 목적이 단순히 총비용의 수치만을 얻느냐 또는 지속적인 품질개선프로그램을 관리하느냐에 따라 달라지게 된다.

- 총계 : 대개의 경우 품질비용의 총액은 예상수준을 초과하는 것이 보통이다. 이는 최고경영자로 하여금 품질경영의 중요성을 깨우치고 즉각적인 조치를 취하지 않을 수 없게 하는 계기가 될 수 있다.
- 비교 : 품질비용 그 자체를 보고하는 것도 중요하지만 경영관리층의 이해를 돕기 위해 매출액이나 이익에 대비하여 나타내는 것이 효과적일 수 있다. 일반적인 방법으로는 기업 내부에서 가장 큰 관심을 두는 매출액에 대한 비율로 품질비용을 나타내는 것이며, 또 하나의 방법은 연간 순이익에 대한 비율로 나타내는 방법을 들 수 있다.
- 항목의 비교분석 : 예방 · 평가비용을 실패비용과 대비시켜 봄으로써 예

방적인 품질관리활동의 중요성을 부각시켜 볼 수 있다. 예방·평가활동의 중요성을 그리 크게 느끼지 못하는 상황에서는 실패비용을 예방·평가비용에 대비해 봄으로써 품질경영의 방향을 재조정할 수 있다. 예를 들어 실패비용이 예방·평가비용의 수십 배가 된다는 것을 보여주게 되면 예방·평가활동에 대한 시급한 투자가 요구됨을 조직구성원 전체에게 인식시킬 수 있다.

품질비용을 구성하는 각 항목의 비율은 업종이나 기업에 따라 상당히 큰 차이가 있지만 많은 경우 〈표 3-4〉와 같은 비율을 나타내게 된다.

〈표 3-4〉 **품질비용의 내역별 구성비율**

품질비용항목	비 율
내부적 실패비용	25 ~ 40%
외부적 실패비용	20 ~ 40%
평가비용	10 ~ 50%
예방비용	0.5 ~ 5%

3. 품질개선활동으로 인한 품질비용의 절감패턴

품질비용자료를 기초로 하여 지속적인 품질개선활동을 전개하게 되면 품질비용도 지속적으로 줄어들게 된다. 이제 〈표 3-5〉의 가상적인 자료를 이용하여

〈표 3-5〉 **품질비용구성의 변화패턴**

품질비용항목/단계	A	B	C	D
외부적 실패비용	20	3	2	1
내부적 실패비용	1	12	8	4
검사비용	1	3	2	1
공정관리비용	1	1	4	2
예방비용	1	1	1	2
계(억원)	24	20	17	10

각 단계를 간략히 살펴보기로 하자.

- 단계 A : 예방 및 평가 활동에 대한 투자부족으로 인해 외부적 실패비용이 극단적으로 높아지는 현상을 보이게 된다.
- 단계 B : 검사공정을 추가함으로써 소비자에게 제품이 공급된 후 나타나는 외부적 실패비용을 줄일 수는 있으나 검사로 인한 평가비용과 불량품교체비용이 급증하게 된다. 그러나 총품질비용은 단계 A의 경우보다는 줄어들게 된다.
- 단계 C : 통계적 공정관리기법을 도입함으로써 생산공정 그 자체의 통제가 가능해져 공정에서의 불량원인을 색출하여 제거할 수 있는 단계에 이르게 된다. 물론 평가비용은 증가하지만 총품질비용은 감소하게 된다.
- 단계 D : 이 단계에 이르면 예방적 품질관리활동에 더욱 주력하게 되어 각 항목별 비용이 감소되고 이에 따라 총품질비용도 감소하게 된다.

쉬어가기 품질비용에 관한 어느 전문가의 넋두리

대학원 시절 많은 논문들이 비용을 목적함수로, 최소화/최적화시키는 방향으로 쓰여 있었다. 원래 수학을 그다지 좋아하지 않는 내게 그나마 이해와 습득을 도울 수 있었던 점은 역시 돈과 관련 있어서 그런 것이었을까? 일명 Q-Cost라고도 불리는 품질비용에 대해서 얘기해 보자. 제조현장에서는 품질비용(Q-Cost)을 가지고서 여러 경영의 의사결정 활용도구로 사용된다고 배웠었다. 그러나 3년 동안 실망을 해왔는데, 역시나 이 좌절의 맛은 끝나지 않는 것인가?

• 품질비용의 측정목적

(1) 현장의 경영자에게 품질문제를 품질비용으로 이해시켜서 적절한 대책을 마련하게 한다.
(2) 품질의 문제가 어디에 있는지를 제시하여 현장의 관리자에게 효율적인 해결방안을 꾀하도록 한다.
(3) 현장의 경영자에게 품질비용의 절감목표를 설정하고 이를 위한 계획을 수립할 수 있도록 한다.
(4) 수립된 품질목표의 달성이 원활히 이루어지도록 한다.
(5) 기업경영자가 현장의 관리자로 하여금 야심적인 목표를 설정하도록 동기부여하고 아울러 목표를 달성할 수 있도록 도울 수 있게 한다.

• 품질비용의 이용방법(A.V. Feigenbaum)

(1) 품질비용은 측정(평가)기준으로 이용한다.
(2) 품질비용은 공정품의 해석기준으로 이용한다.
(3) 품질비용은 계획(시정조치프로그램)을 수립하는 기준으로 이용한다. 한정된 인력과 자원의 우선순위를 결정할 수 있다.
(4) 품질비용은 예산편성의 기초자료로 이용한다. 즉, 결정된 QC 프로그램을 달성하기 위한 경비를 예산화하는 지표가 된다.

어느 것 하나도 제대로 산출할 수 있는 것이 없었다. 사업부 조직의 단점으로 꼽는 사업단위의 감춰진, 숨겨진 실패비용은 죽어도 내놓지 않는 모습을 보고, 진짜 짱 자랑스러웠다. 국가대표 수비수도 그 정도까지는….

현재는 겨우 겨우 실패비용(F-Cost) 하나만을 가지고 사업단위별로 적용을 시켜놓았다. 일단 지금 다니고 있는 회사에서는 공정 중에 어떤 일이 벌어져도 품질보증팀에서는 파악하기 힘든 말도 안 되는 시츄에이션으로 인하여 완제품에 대한 실패비용 산출로 범위를 한정지어 놓았다.

제조업에서는 비용문제와 관련하여 영업팀, 생산팀에서 관리하는 경우가 많다. 이런 경우 품질비용을 산출하기 위해서는 유관부서의 협조 없이는 진행하기 힘들다. 허접한 ERP시스템과 PI(프로세스혁신, SAP 구축)에서 설비와 품질 파트를 생각지도 않는 회사에서는 하늘의 별따기라고 할 수 있다. 정말 이래서 품질팀은 사장 직속이어야 하는 거 아닌가 생각이 든다.

(http://hujubkang.tistory.com/entry/%ED%92%88%EC%A7%88%EB%B9%84%EC%9A%A9-Quality-Cost)

연습문제

CHAPTER 3

객관식

1 다음 중 품질비용의 구성요소에 대한 설명이 바르게 된 것은?

① 실패비용은 생산된 제품의 품질이 설계규격에 미달하거나 소비자의 만족감을 충족시키지 못했을 때 발생하는 비용이다.

② 실패비용은 내부적 실패비용, 외부적 실패비용, 그리고 고객불만족 실패비용으로 구분된다.

③ 예방비용은 시험제작한 모형의 평가, 원자재 및 부품의 품질검사, 생산공정의 통제, 완제품 검사 등 품질의 직접적인 통제 및 분석에 소요되는 비용이다.

④ 평가비용에는 신제품 설계의 검토 및 심사 비용, 품질경영기법의 교육 및 훈련 비용 등이 포함된다.

2 다음 중 페더럴익스프레스사에서 제안한 1 : 10 : 100의 법칙에 해당하는 것은?

ㄱ. 불량이 생길 때 이를 즉시 고치면 1의 비용이 소요된다.
ㄴ. 책임소재나 문책 등 여러 가지 이유로 이를 숨기고 불량품이 그대로 회사 문을 나가게 되면 이를 고치는 데 10의 비용이 소요된다.
ㄷ. 불량품이 소비자의 손에 들어가 문제가 생기면 이를 시정하는 데 100의 비용이 든다.

① ㄱ, ㄴ　　② ㄴ, ㄷ
③ ㄱ, ㄷ　　④ ㄱ, ㄴ, ㄷ

3 품질계획, 신제품 설계의 검토와 개선, 품질관리 교육, 품질관계 자료수집, 품질개선을 위한 공정연구, 외주업체의 교육 및 평가 등의 활동에 소요되는 품질비용은 무엇인가?

① 예방비용　　② 평가비용
③ 실패비용　　④ 품질기획비용

4 다음 중 외부적 실패비용에 해당하는 것은?

① 불량품 처리를 위한 재작업비용
② 반품으로 인한 판매손실, 판매 후 서비스에 소요되는 비용
③ 원자재 불량에 따른 설비고장 등으로 인해 발생하는 비용
④ 폐기물, 등외품 등으로 인한 손실

5 공정관리의 미비로 인한 설비가동손실비용이나 수율(yield)의 감소 등은 어떠한 품질비용항목에 해당하는가?

① 예방비용　② 평가비용
③ 내부적 실패비용　④ 외부적 실패비용

6 다음 중 품질비용분석의 목적에 해당하는 것은?

ㄱ. 기업경영의 성과측정기준으로 사용할 수 있다.
ㄴ. 책임소재나 문책 등 불량을 불러일으킨 원인제공 부서를 찾아내는 데 도움이 된다.
ㄷ. 품질개선활동의 우선순위 설정 및 투자부문의 선택 등을 통해 기업 내 자원을 합리적으로 배분할 수 있는 도구로 활용한다.

① ㄱ, ㄴ　② ㄴ, ㄷ
③ ㄱ, ㄷ　④ ㄱ, ㄴ, ㄷ

7 다음 중 품질비용 자료의 조사결과를 보고하는 방식으로 적절하지 못한 것은?

① 예방·평가비용을 실패비용과 대비시켜 봄으로써 예방적인 품질관리활동의 중요성을 부각시킨다.
② 품질비용을 구성하는 각 항목을 비율로 나타낸다.
③ 매출액이나 이익에 대비한 비율로 나타낸다.
④ 현금흐름과 대비하여 문제의 심각성을 부각시킨다.

8 다음은 어느 인쇄업체의 품질비용에 관한 자료이다. 이 중 실패비용과 평가비용은 각각 얼마인가?

	(단위 : 억원)
프레스기계의 가동중지비용	5.50
교정작업	7.70
인쇄과정의 오류	3.90
최종검사 및 확인	1.60
제본과정에서의 폐기물	2.80
플레이트 재작업	0.10
표지제작과정에서의 폐기물	0.90
품질개선프로젝트	0.50
고객의 항의로 인한 재작업	1.50
품질계획	0.60

① 실패비용=14.74, 평가비용=1.10
② 실패비용=14.74, 평가비용=9.30
③ 실패비용=9.30, 평가비용=14.74
④ 실패비용=9.30, 평가비용=1.10

✣ 객관식 정답

1. ① 2. ④ 3. ① 4. ② 5. ③ 6. ③ 7. ④ 8. ②

CHAPTER

4

프로세스 혁신과 식스시그마 경영

전통적인 기능별 조직하에서는 각자가 맡고 있는 업무가 자세하게 구분되어 있어 서로 간섭할 여지가 별로 없다. 서로에게 신경을 쓸 필요 없이 맡겨진 업무만 처리하면 된다. 그러나 한 사람 또는 한 부서에서 처리한 결과를 다른 부서로 넘겨주는 과정에서 문제가 생긴다. 처리과정에서 중대한 오류가 발생하더라도 즉시 발견되지 않을 수 있다. 과거 대부분의 조직은 기능적으로 조직되었고 이 같은 업무상의 상호독립성 확보는 생산성 극대화에 필수적인 것으로 생각하곤 했다. 지연현상이나 오류는 어쩔 수 없는 부작용 정도로 받아들였다. 그러나 경쟁이 심화되고 상품의 수명주기가 짧아짐에 따라 순차적으로 수행되는 활동에 따른 지연현상이나 오류는 더 이상 용납하기가 어렵다는 것을 알게 되었다. 대신 프로세스에 바탕을 둔 조직구조가 등장하게 되었다. 프로세스란 투입물을 제품이나 서비스 산출물로 전환시키기 위해 함께 연결된 일련의 부가가치 업무이다. 본장에서는 프로세스 개념을 기반으로 하는 품질경영의 절차와 이를 더욱 발전시킨 도구인 식스시그마 경영에 대해 알아본다.

01 프로세스 개념의 등장배경

1. 분업과 기능별 조직의 한계

일반적으로 조직의 구성원들은 자기가 몸담고 있는 분야나 담당업무에 대해서만큼은 전문가이지만 여타부문에 대해서는 잘 알지도 못하고, 또 알려고 하지도 않는다. 관리자들도 보통 자신이 책임지고 있는 부문의 성과를 높이는 데에만 관심을 두고 있으며, 반면에 전반적인 프로세스에 대해 주인의식을 갖거나 성과를 책임지는 사람은 많지 않다. 이러한 미시적인 업무처리방식의 근원은 1776년 애덤 스미스가 제시한 분업이론(the division of labor)에서 찾을 수 있다.

20세기초 미국과 유럽에서는 자동차, 가정용 전자제품, 새로운 식료품 등과 같이 이전에는 존재하지도 않았던 제품들이 개발됨에 따라 여기저기서 새로운 산업이 우후죽순처럼 일어났다. 더구나 제1차 세계대전이 발발하면서 기계, 비행기, 화학무기, 폭탄, 저장용 식품 등과 같은 전쟁수행용 품목의 개발과 생산이 급성장하였다. 전쟁이 끝난 뒤에도 이들 제품들을 생산하던 기업들은 생산능력을 소비재생산으로 전환하기 위한 연구개발노력에 집중하였다. 이처럼 급성장하는 시장을 목표로 하는 기업들에게는 생산량 극대화가 최고의 목표였다. 즉 경쟁력 있는 저렴한 가격에 가능한 한 많이 만들어 공급하는 것이 최대의 관심사였다.

이러한 대량생산의 원리는 애덤 스미스의 분업이론에 기초를 둔다. 애덤 스미스는 핀(pin)제조공정의 관찰을 통해 제조공정을 여러 개의 작은 작업으로 세분화시켜 각 개별작업을 나누어 담당하게 되면 생산성이 급증하게 된다는 사실을 발견하였다. 그 후 이 이론은 더욱 발전하여 작업의 세분화와 이 세분화된 작업의 기계화를 통해 제품품질의 변동을 없애고 관리통제를 손쉽게 하고자 하는 방향으로 초점이 맞추어졌다. 또한 18세기에 나타난 산업혁명에서는 대량생산을 가능하게 하는 기계의 출현으로 생산에서의 효율성 증대를 꾀할 수 있었다. 효율적으로 개량된 기계들이 노동력을 점차적으로 대체해감으로써 한 사람이 생산할 수 있는 양의 급격한 증가를 꾀할 수 있게 되었다.

노동의 분업과 산업혁명은 경제생활에서의 엄청난 변화를 초래하였다. 무엇보다도 중요한 변화는 대규모 공장에서 대량생산이 가능하게 되었다는 것이다. 이 변화는 경영자들에게 대규모 인적 및 물적 자원들을 어떻게 효과적으로 그리고 효율적으로 경영하는가의 문제들을 낳게 되었다. 대규모 공장의 경영 문제를 해결하기 위한 노력이 곧 이어졌으며, 이는 기업조직의 발달이라는 하나의 현상을 낳게 되었다.

이런 대량생산을 위주로 했던 전통적인 기업들은 대개 기능적 조직구조를 도입하였다. 식당의 경우 요리사, 그릇 닦는 사람, 바텐더 등으로 종업원을 구분하는 것은 그들이 수행하는 직무형태를 바탕으로 한 것이다. 또한 제조업체에서 회계, 재무, 판매, 생산, 기술분야 등으로 구분하는 것도 조직구성원이 수행할 직무를 바탕으로 한다. 애덤 스미스의 분업은 같은 일을 반복함으로써 노동자의 기술이 향상되고, 노동자가 작업을 전환하면서 낭비되는 시간을 줄이며, 한 가지 직무에 초점을 맞추기 때문에 기술습득이 쉽다는 장점이 있다.

기업의 규모가 작을 때에는 이렇게 기능별로 나누어 일을 처리하더라도 큰 혼란이 발생하지 않는다. 일의 진척상황이 한눈에 다 들어오기 때문이다. 사장이 고객을 만나 직접 주문을 받고 납품조건을 결정하고 주문서도 작성한다. 판매담당자도 급하면 밖에 나가 당장 작업할 사람을 구해오고 늦게 도착한 자재도 작업장 안으로 옮기는 것을 도와준다. 생산라인에 근무하는 작업자는 자신이 현재 맡고 있는 일 외에도 급하면 동료의 작업도 거들어주어 제시간에 모든 작업을 완수하게끔 한다. 이 제품을 사갈 최종고객이 누군지도 알며 자신이 불량품을 만들면 다음 작업장에 있는 자신의 친한 동료가 자기에게 와서 불량품의 생산을 슬며시 지적해줄 것이라는 것도 안다. 비록 훈련이나 교육은 충분히 받지 못하고 공정관리나 지속적 개선을 위한 기술이 떨어져도 서로서로 잘 연결되고 단합되어 있다.

그러나 기업의 규모가 커지게 되면 이 같은 연결의식은 쉽게 상실되며 같은 일을 하는 사람들끼리 무리를 이루어 집단이기주의를 표명하게 된다. 구매부서는 구입한 부품이 어떻게 언제 쓰이는지 상관하지 않고 가능한 한 싼 가격으로만 구입하고자 할 것이며, 일선작업부서는 생산성 증대를 위해 가장 만들기 쉬운 것들만 집중적으로 생산한다. 엔지니어링 부서는 밀려 있는 일감을 빨리 처리하기 위해 작업현장의 기술수준을 무시한 채 대략 제품의 규격과 공차를 결정하여 건네준다. 배송부서는 한 트럭분을 채우기 전까지는 출발하지 않으려 한다. 이런 식으로 각자 해야 할 일을 갈라 맡은 일만을 잘하면 모든 것이 잘된다는 생각은 버려야 한다.

이러한 부서간의 갈등과 이기주의를 없애기 위해서는 우선 자신의 고객, 자신이 속해 있는 부서의 고객, 자기 회사의 고객이 누구인지 먼저 파악해야 한다. 같은 회사에서 일한다고 하여 최고의 서비스를 제공해야 할 고객이 모두 같은 것은 아니다. 물론 기업의 여러 부문들이 유기적으로 통합되었다면 각자 맡은 바를 열심히 하면 된다. 각자 하는 일 자체가 이미 전체적으로 하나로 통합된 조직의 구성요소이기 때문이다. 통합이란 조직 내의 여러 부문의 의사결정이 기업 전체의 목표와 일관성을 가지며 부분적인 이해득실보다는 전체적인 득실을 먼저 감안하도록 이루어진다는 의미이다. 전체는 부분의 합보다 크다는 생각이 앞서야 한다. 전체를 관리하기 위해서는 각 구성요소를 연결하는 고리에 대한 이해가 뿌리박혀 있어야 한다. 한 부문의 의사결정은 반드시 다른 부문에도 영향을 미친다는 생각을 염두에 두고 자신이 속해 있는 부서의 이익을 위해서는 다른 부서를 희생시켜도 무방하다는 생각을 버려야 한다. 이제는 생산, 마케팅, 인사, 재무 등의 활동이 마치 한 사람이 하는 것처럼 통합되어야 한다.

2. 프로세스의 개념

전통적인 기능별 조직하에서는 각자가 맡고 있는 업무가 자세하게 구분되어 있어 서로 간섭할 여지가 별로 없다. 서로에게 신경을 쓸 필요 없이 맡겨진 업무만 처리하면 된다. 그러나 한 사람 또는 한 부서에서 처리한 결과를 다른 부서로 넘겨주는 과정에서 문제가 생긴다. 이 과정에서 지연현상과 오류가 발생할 여지가 크다. 예를 들어 새로운 제품디자인에서 전통적인 과정은 마케팅부서에서 고객의 요구에 대한 정보를 수집하고 이 정보는 R&D부서에 넘겨져 설계되고 설계에 부합되게 제조된 다음, 완제품은 판매부서로 넘어가고 마지막으로 고객서비스 부서는 제품을 구매한 고객에게 설치와 보증수리 같은 애프터서비스를 제공한다.

이와 같이 순차적으로 일이 처리되는 조직에서는 하나의 업무를 끝내는데 소요되는 시간을 가능한 한 최대로 확보하려는 경향이 있다. 또한 처리과정에서 중대한 오류가 발생하더라도 즉시 발견되지 않을 수 있다. 예를 들어

R&D부서에서 디자인을 했는데 제조부서에서 보니 제작할 수 없거나 매우 비용이 많이 든다고 가정하자. 순차적 접근에서는 이 문제는 한 단계가 끝나 다음 단계로 넘어갈 때까지는 발견되지 않는다. 따라서 문제가 발견되면 이전 단계로 되돌려 보내서 수정을 한 후 다시 다음 단계로 넘어와야 한다. 이러한 오류 수정횟수가 증가하면 신제품 생산에는 더 많은 지연이 발생한다. 게다가 작업의 수가 늘거나 작업간 상호독립성이 증가하면 잠재지연이 더욱 늘어난다.

과거 대부분의 조직은 기능적으로 조직되었고 이 같은 업무상의 상호독립성 확보는 생산성 극대화에 필수적인 것으로 생각하곤 했다. 지연현상이나 오류는 어쩔 수 없는 부작용 정도로 받아들였다. 그러나 경쟁이 심화되고 상품의

[그림 4-1] 기능별 조직에서 프로세스적 조직으로의 혁신적 전환

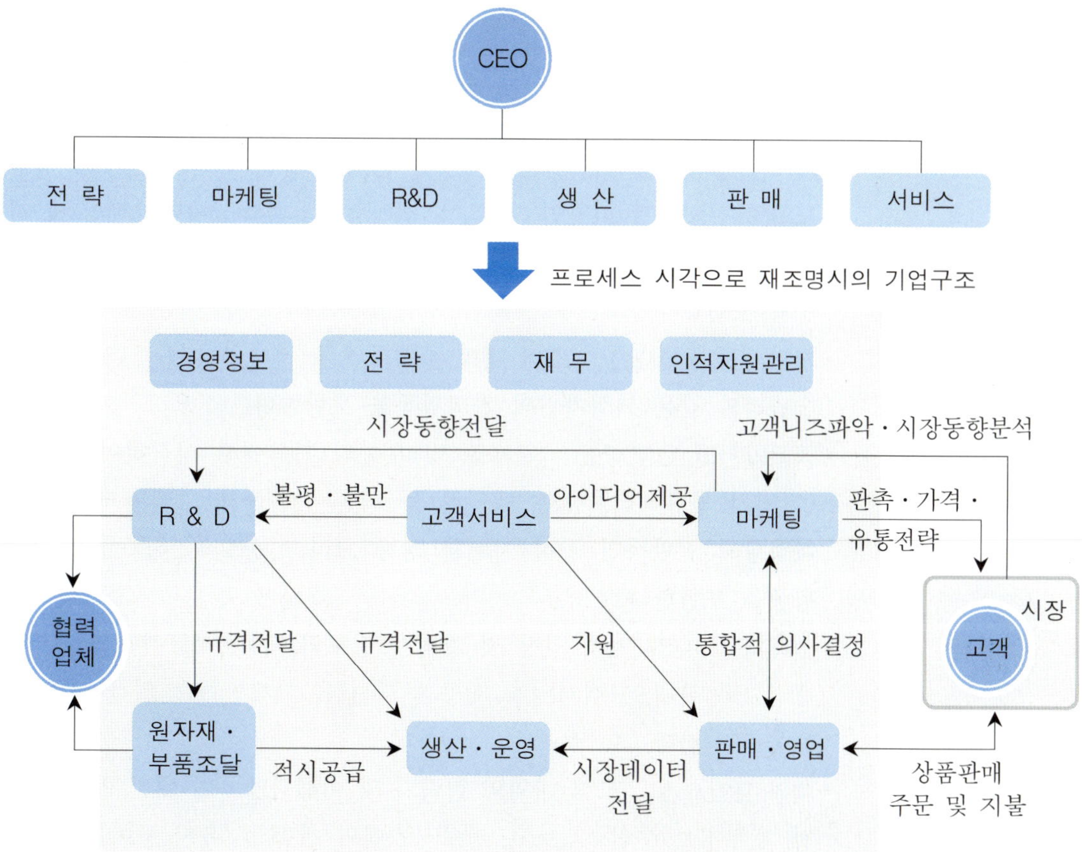

수명주기가 짧아짐에 따라 순차적으로 수행되는 활동에 따른 지연현상이나 오류는 더 이상 용납하기가 어렵다는 것을 알게 되었고 [그림 4-1]에 예시된 것과 같은 프로세스에 바탕을 둔 조직구조가 등장했다.

프로세스란 투입물을 제품이나 서비스 산출물로 전환시키기 위해 함께 연결된 일련의 부가가치 업무이다. 프로세스를 구성하는 요소로서 투입물(input)은 제품 또는 서비스를 만들어내는 데 필요한 정보, 자재, 자원으로 생산 프로세스의 출발점이며, 산출물(output)은 다른 개인 또는 집단에 제공하는 제품, 정보 또는 서비스로서 프로세스의 종착점(또는 결과)이다. 프로세스가 시작되고(투입물) 끝나는(산출물) 시점을 프로세스 경계(process boundaries)라고 한다. 프로세스의 평가는 프로세스가 산출물을 통해 창출해내는 시간, 품질, 코스트, 유연성 등과 같은 가치를 토대로 한다.

모든 기업조직은 마케팅, 재무, 생산, 회계, 경영정보 등 다양한 핵심기능을 수행한다. 그렇지만 프로세스 관점에서 보면 대개 다음과 같이 5개의 프로세스로 구성되어 있다.

- 디자인 및 신제품 개발 프로세스 : 신제품 개발과 관련된 모든 활동을 포함하는 것으로 디자인, 제품 및 생산공정의 설계, 사업타당성 및 시장성 분석, 테스트 마케팅 시도, 목표원가 및 출시가격 설정 등의 제반 활동을 포함한다.
- 자원관리 프로세스 : 조직 내의 물적자원, 인적자원의 수급 및 설비 · 기술관리와 같은 핵심자원의 관리활동을 포함한다.
- 공급망관리 프로세스 : 원재료 및 부품의 획득에서 시작하여 생산과정을 거쳐 물류센터, 창고, 대리점 등 최종 산출물을 고객에게 배달하는 과정상의 전반적인 물적 자재와 상품 그리고 정보의 흐름을 총괄하는 활동을 포함한다.
- 고객지원 프로세스 : 시장 및 소비자 정보의 획득, 목표시장의 선택, 제품광고와 판매, 고객서비스 제공 등과 같은 고객만족을 위한 전반적 활동을 포함한다.
- 지원 프로세스 : 조직 내외의 협력자 및 이해관계자에 대한 법적 지원과정, 재무정보 수집 및 보고, 정보시스템의 개발 및 유지 등이 그 예이다.

이런 프로세스들은 특정부서의 업무를 넘어서는 일들의 집합이다. 프로세스의 고객은 내부(즉, 조직 내 실체) 또는 외부(즉, 조직 외 실체)에 있을 수 있다. 예를 들면 기능조직에서 제조부서는 R&D부서의 내부고객이다. 반대로 제조부서에서 생산하는 제품을 실제 구매하는 조직 또는 개인은 외부고객이다. 유사 업무들을 하나로 묶어 그룹을 이룬 기능별 조직과는 대조적으로 많은 다른 활동들을 묶어 만든 프로세스 기반 조직에서는 전통적 경계를 초월한다. 예를 들면 많은 회사들이 주로 고객과 공급자를 자신의 제품개발팀에 참여시키는 것이 이익이 된다는 것을 잘 알고 있다. 고객을 참여시킴으로써 신상품이 그들의 요구에 부합하는가에 대하여 도움을 받고 공급업체를 의사결정과정에 포함시킴으로써 회사에서 고려하지 못한 전문적 의견을 제시하여 취사선택할 수 있다.

또한 전통적 기능조직에서 경영자는 하나의 기능적 활동에 대해 책임을 진다. 예를 들면 마케팅부서의 경영자는 마케팅에 대해서 책임을 지고, 공장의 경영자는 제조활동에 대해 책임을 진다. 그러나 아무도 사업과정 전반에 대한 책임을 지지 않는다. 프로세스 기반 조직에서는 각 프로세스를 책임질 책임자(process owner)가 있으며, 프로세스를 구성하는 첫 번째 활동에서 마지막 활동까지의 실행과 최종적인 성과에 대한 책임을 이들에게 맡긴다.

02 프로세스 관리에 필요한 도구

프로세스 관리를 하기 위해서는 조직 내의 프로세스를 구체적으로 식별해내야 한다. 즉, 프로세스가 무엇이고 어떤 활동·업무들로 구성되는지, 어떤 순서를 거쳐 일이 진행되는지 그리고 소요시간은 어느 정도 걸리는지에 대한 개략적인 정보가 필요하다. 프로세스의 디자인과 인식에 도움을 주는 도구들은 다음과 같다.

1. 흐름공정표

흐름공정표(flow process chart)는 다소 그 크기나 범위가 좁은 프로세스나 대형 프로세스의 일부분을 자세히 분석하는 데 도움을 준다. 프로세스를 구성하는 다양한 업무의 구조, 처리과정, 각 업무의 소요시간 등 기초자료를 수집하고, 각 단계별로 일과 관련정보의 흐름을 명확히 파악한다. 흐름공정표는 실질적인 서비스 창출 작업뿐만 아니라 서비스 프로세스에서 발생할 수 있는 이동(운반), 검사, 대기, 저장 등의 활동까지 기호를 이용하여 그림으로 나타냄으로써, 전체적인 서비스 제공과정과 각 세부 단계를 나타내고, 순서대로 여러 단계를 구조화시킨 그림이다. 해당 서비스의 모든 단계와 대안을 나타낸 일종의 상세한 지도라고 할 수 있다. 흐름공정표를 구성하는 활동 중의 일부에서는 정보의 처리, 고객과의 상호작용 그리고 중요한 의사결정 등이 이루어진다.

[그림 4-2]는 전형적인 흐름공정표의 예로 작업순서, 작업시간, 이동거리 등이 자세하게 수록되어 있다. 이런 도구를 이용하여 각 단계 또는 작업장이 포괄할 작업의 범위와 처리능력, 작업장간의 자재와 정보의 흐름, 병목공정의 위치 등을 분석함으로써 프로세스의 효율성을 높일 수 있다. 또한 한 작업장의 처리능력 변경이 프로세스 전체에 미치는 영향까지도 쉽게 알아볼 수 있다. 흐름공정표와 같은 표를 작성하는 목적은 새로운 서비스의 처리과정을 도식화하고 운영상태와 같은 작업의 흐름을 파악함으로써 생산성을 높이고 리드타임을 줄이는 데 있다. 따라서 흐름공정표를 개발하는 과정에서 다음과 같은 사항에 대한 분석과 논의가 이루어지는 것이 필요하다.

- 불필요한 처리과정은 없는가? 또는 단순화할 수 있는가? 고객에게 과잉친절을 베푸는 것은 아닌가?
- 서비스 구조를 재설계함으로써 소요시간을 단축할 수는 없는가? 또는 보다 낮은 수준의 기술을 투입하여 같은 결과를 얻을 수는 없는가?
- 레이아웃을 변경함으로써 이동시간을 줄일 수 없는가?
- 어떤 작업이 병목현상을 일으키는가? 어느 단계에서 시간이 가장 많이 지연되는가?
- 보다 나은 서비스 처리방법은 없는가? 자동화를 통해 수요를 분산시킬 여지는 없는가?

[그림 4-2] 새 책 정리과정을 나타낸 흐름공정표

부 품 이 름 :
공정의 정의 : 새로 구입한 책의 정리
작 성 자 : 이 길 동
날 짜 : 20XX년 9월 1일

요약	횟수
작업	5
운반	6
검사	1
지연	1
보관	1

						이동거리
1. 새 책을 밖에서 도서관으로 가져온다.	●	⇨	□	D	▽	
2. 대출 담당자 사무실로 이동한다.	○	➡	□	D	▽	12/4m
3. 현재 보유하고 있는 책과 중복되는가를 확인한다.	●	⇨	□	D	▽	
4. 도서목록 보관소로 이동한다.	○	➡	□	D	▽	9/3m
5. 도서색인 목록 작성처	●	⇨	□	D	▽	
5a. 목록번호가 아직 작성되지 않았으면 임시보관소로 간다.	○	➡	□	D	▽	8.5/8.5m
5b. 목록번호가 지정될 때까지 보관한다.	○	⇨	□	◗	▽	
5c. 목록번호 작성처로 이동한다.	○	➡	□	D	▽	6/7m
5d. 목록번호를 만든다.	●	⇨	□	D	▽	
6. 목록번호 확인처로 이동한다.	○	➡	□	D	▽	9/2.5m
7. 색인목록을 확인한다.	○	⇨	■	D	▽	
8. 도난방지를 위해 약품처리 작업장으로 이동한다.	○	➡	□	D	▽	6/3m
9. 도서에 도난방지 처리를 한다.	●	⇨	□	D	▽	
10. 서고에 정리할 때까지 보관한다.	○	⇨	□	D	▼	

기호	의미
●	작업
➡	이동 또는 운반
□	검사
D	지연
▽	보관

출처 : Evans, J.R., D.R. Anderson, D.J. Sweeney, and T.A. Williams, *Applied Production and Operations Management*, 2nd ed., West Publishing, 1999, p.228.

2. 서비스 청사진

서비스 품질 개선을 위한 도구로 쇼스택은 기존의 흐름공정도에 가시성 경계라는 개념을 추가한 [그림 4-3]과 같은 서비스 청사진(service blueprint)이라는 도구를 개발했다.[1] 가시성 경계(line of visibility)는 서비스 제공과정을 고객이 상호작용을 하면서 구체적인 서비스를 받는 과정(front office)과 고객이 볼 수 없는 준비과정(back office)으로 구분하고, 잠재적인 실수가능 포인트(fail point)의 확인

[그림 4-3] 서비스 청사진의 예시

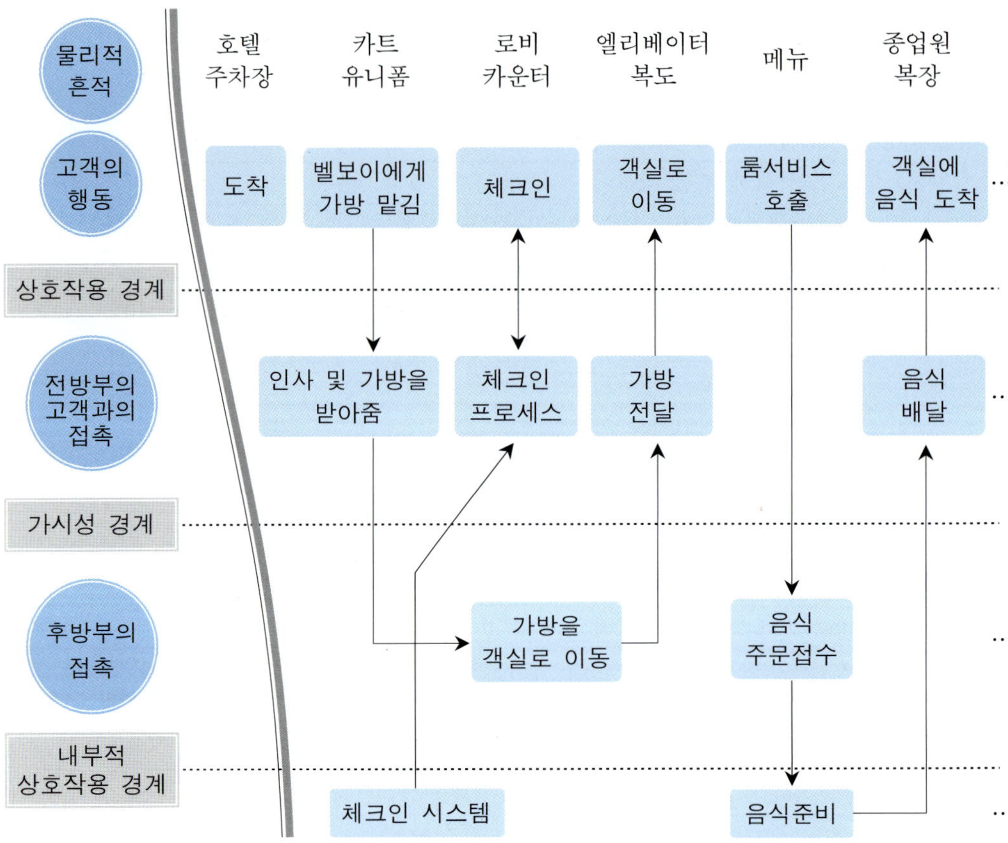

출처 : Fitzsimmons, J. and M. Fitzsimmons, *Service Management*, 4th ed., McGraw-Hill, 2004, p.76.

1) Shostack, G. Lynn, "Designing Services that Deliver," *Harvard Business Review*, Jan.-Feb. 1984, pp.133～139.

을 강조함으로써 흐름도의 용도를 확장하였다.

그 후 서비스 청사진의 개념은 더욱 세분화되어 고객의 행동(action), 전방부(onstage)의 직원 활동, 후방부(backstage)에서의 직원 활동, 지원 프로세스 등으로 구분되었다. 전방부의 직원 활동이란 고객의 면전에서 또는 고객과 함께 서비스를 창출하는 과정을 의미하고, 후방부에서의 직원 활동은 고객이 볼 수 없는 다양한 서비스 창출활동을 말한다.[2] 지원 프로세스는 고객과는 직접적인 관련이 없으나 서비스 제공자 또는 직원 상호간에 도움을 주는 과정이다.

서비스 질을 제고하기 위해서는 당연히 고객과의 접촉빈도가 높은 전방부 활동에 더 많은 주의를 기울여야 한다. 전방부 활동의 핵심자원은 인력이다. 따라서 전방부 현장에서의 신속하고도 효과적인 업무처리를 위해서는 지속적 재교육을 유도해야 하며, 서비스 질의 일관성을 위해 표준화된 업무처리기준도 구축해야 한다. 특히 고객접촉빈도가 높으므로 대인관계나 의사소통 기술에 대한 전사적 교육이 필요하다.

흐름공정표 또는 이와 유사한 성격의 서비스 공정의 흐름도가 완성되면 서비스 청사진의 개발은 그리 어렵지 않다. 다만 [그림 4-3]을 보면 가시성 경계 외에도 흐름공정표에서는 볼 수 없는 몇 가지 추가 항목이 있다. 상호작용 경계(line of interaction)의 상단부분은 고객이 주도하는 활동, 요구, 선택, 상호작용을 나타내고 있으며, 바로 그 밑부분은 고객과 서비스 조직이 직접 상호작용하는 과정으로 전방부 활동을 의미한다. 가시성 경계 하단의 상호작용은 후방부 활동 중 고객과 직접 접촉하지는 않으면서 고객에게 제공하는 서비스 활동을 보여주고 있으며, 내부적 상호작용 경계 하단의 활동은 조직구성원간의 내적인 상호작용 과정을 나타내고 있다.

이 그림의 상단으로 갈수록 고객과의 접촉도가 높고 잘못될 경우 서비스 질에 상당히 큰 영향을 미칠 우려가 있는 활동들이 모여 있다. 이와 반대로 하단으로 갈수록 고객이 직접 볼 수 없는 활동이 많고 자동화를 통해 충분한 처리능력을 갖출 수 있는 여지가 많으며 상대적으로 서비스 질의 변동성도 낮다. 따라서 하단에 위치한 활동들이 상단의 활동에 부정적인 영향을 미치지 않도록 상당한 주의와 노력을 기울여야 한다.

---

2) Zeithaml, V.A. and M.J. Bitner, *Services Marketing : Integrating Customer Focus Across the Firm*, 2nd ed., New York : McGraw-Hill, 2000, pp.206～207.

3. 프로세스 개선을 위한 일곱 가지 관리 · 계획수립용 도구

프로세스 개선을 위해 반드시 사용해야 하는 도구가 있을 수는 없다. 개선목표나 프로세스의 성격에 따라 적절한 방법과 도구를 택하면 된다. 생산 및 서비스 현장에서는 제6장에서 소개할 일곱 가지 QC기법이 흔히 사용되는데, 이를 본떠 관리계층에 개선목표 달성에 도움을 줄 수 있는 일곱 가지 관리 · 계획수립 도구(seven new management and planning tools 또는 seven MP tools라 부름)도 개발되었다. 1976년 일본의 과학기술자협회(Union of Japanese Scientists and Engineers, JUSE)에서 개발한 것으로[3] 주로 중장기적인 품질혁신 · 관리활동을 체계적으로 이어가기 위해 아이디어 수집, 계획수립, 의사소통, 세부대안의 도출 등 목표와 실행대안을 연계시키는 데 필요한 다양한 활동을 지원하는 데 도움을 준다.

(1) 친화도표

여러 개의 아이디어들을 상호간의 관계나 친화력(affinity)에 따라 정리함으로써 문제의 정의를 손쉽게 하고자 하는 데 쓰인다. 예를 들어 제품이나 서비스의 디자인을 담당하는 팀이 소비자의 요구나 니즈를 알고자 한다고 생각해 보자. 팀을 구성하는 각각의 멤버는 작은 파일카드에 나름대로 소비자의 니즈를 생각한 다음 기입하여 제출한다. 그 다음 아무런 말없이 이 카드들을 테이블 위에 얹어 놓고, 팀 멤버들이 이것들을 나름대로 몇 개의 그룹으로 분류한다. 즉 이것은 바로 서로 관계가 있다고 생각되는 아이디어들을 그룹으로 식별해내는 것이나 마찬가지다. 처음에는 아무런 관계나 연관이 없다고 생각되었던 아이디어들이 나름대로 패턴을 이루며 조직화될 수 있다. 이들 그룹들의 우선순위를 결정하고 이들 그룹 다음 단계로 가서 비슷한 과정을 반복한다. 브레인스토밍의 일종이라고 할 수 있다. 카드 대신에 포스트잇을 사용하여 벽에 붙이면서 하면 더 편할 것이다. 이 기법은 다음의 관계도표와 함께 사용하면 효과가 더 크다.

친화도표(Affinity Diagram)는 아이디어와 정보를 새로운 형태로 조직하여 문제를 더 나은 관점에서 다루려 하거나 겉으로 보기에는 서로 관련이 없어 보이

3) 이 내용은 http://asq.org/learn-about-quality/의 내용을 주로 참조하였음(2016년 12월 접속). 본절의 예시 그림 역시 관련 사이트의 자료를 보완하여 제시한 것임.

[그림 4-4] 친화도표의 예시

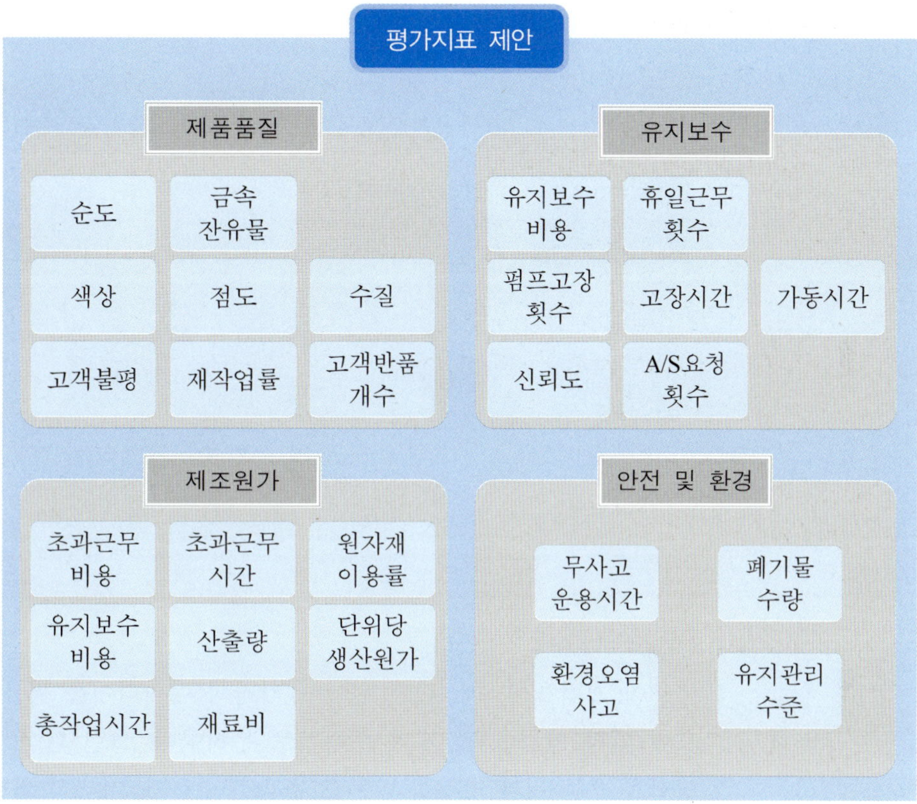

는 요인들 사이의 패턴을 찾고자 할 때 도움을 준다. 따라서 팀 또는 개인이 공정 개선이나 신제품 개발과 같은 어려운 문제의 해결을 위한 방향설정시 효과적으로 사용된다. [그림 4-4]는 평가지표 제안에 관한 친화도표 예시자료이다.

(2) 관계도표

관계도표(Relationship Diagram)는 원인과 결과의 관계를 나타내는 기법이다. 복잡한 상황에서 문제와 아이디어 간의 관계를 보여줌으로써 문제해결과정을 돕는 기법으로 인과관계를 찾아보는 데 도움을 준다. 특히 문제가 너무 복잡해서 서로 다른 생각들 사이의 관계를 기존의 추론방식으로는 이해하기 힘들 때 우선

[그림 4-5] 관계도표의 예시

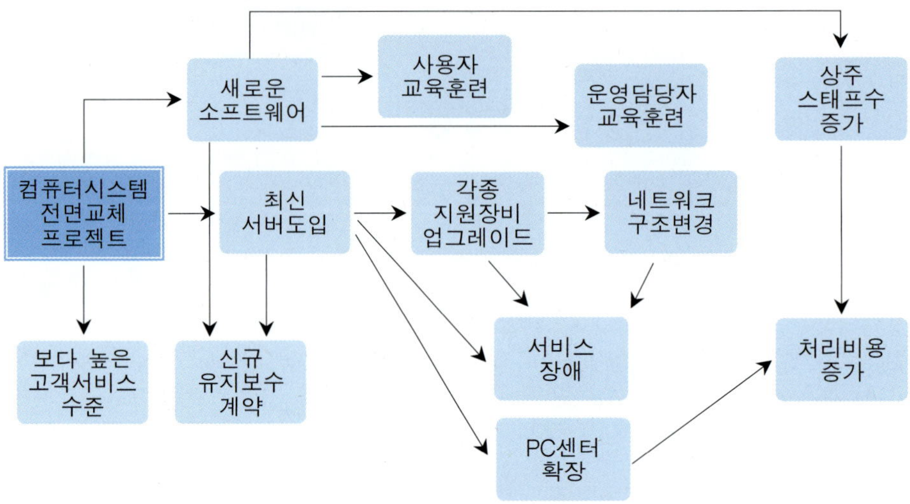

적으로 사용될 수 있다.

이 기법을 쓸 때, 팀은 원안에 각각의 아이디어를 써 넣고 서로간의 근접도에 따라 원들을 몇 개의 무더기로 분리한다. 그런 다음 화살표를 이용하여 영향을 주는 것과 영향을 받는 것들을 구별한다. 가급적 쌍방향 화살표는 사용하지 말고 어떤 항목이 원인 또는 영향을 많이 주는지를 결정하도록 해야 한다. 여러 개의 원들 중 화살표가 가장 많이 붙어 있는 것들부터 평가해 나간다. 나가는 방향의 화살표만 있는 원들은 바로 기본 또는 핵심적인 아이디어라고 할 수 있으며, 주로 안으로 들어오는 화살표가 많은 항목은 중요 결과를 나타낸다. 보통 15~50개 정도의 항목이나 생각이 관계도표 사용시 적당한 범위이다. 15개 이하는 관계도표가 필요하지 않고, 50개 이상은 관계도표가 너무 복잡해져서 다루기가 어렵다. [그림 4-5]는 사내 정보시스템의 교체 프로젝트를 위한 관계도표 예시자료이다.

(3) 계통도표

목적이나 목표를 달성하기 위해서 필요한 수단을 계통적으로 전개한 도표를 작성함으로써, 목적이나 목표를 달성하기 위한 최적의 수단을 추구해 나가는 데 사용되는 기법이다. 친화도표는 문제를 규명하고 연관도표는 그들의 상호 관계를 밝히는 데 이용되지만, 계통도표(Tree Diagram)는 이렇게 결정된 문제를 해결하기 위한 최적의 수단과 방법을 추구하는 데 이용된다. 예를 들어 신제품 개발에 있어서의 설계품질의 설정, 품질보증활동을 확실한 것이 되게 하기 위한 품질보증 내용의 결정, 기업 내의 여러 문제해결을 위한 아이디어의 전개 등에 효과적이다.

계통도표는 특정문제를 해결하기 위해 해야 할 일은 무엇인가를 먼저 탐색한다. 즉 달성해야 할 니즈가 무엇이며, 이것을 어떻게 달성할 것인가를 질문한다. 이 과정에서 새로 등장한 아이디어 각각을 하나의 문제를 구성하고, 다시 '어떻게'의 질문을 하고 이렇게 하면 원래 목적을 수행하는 데 도움이 될 것인가를 질문한다. [그림 4-6]은 학교 수월성 제고를 위한 계통도표 예시자료이다.

[그림 4-6] 계통도표의 예시

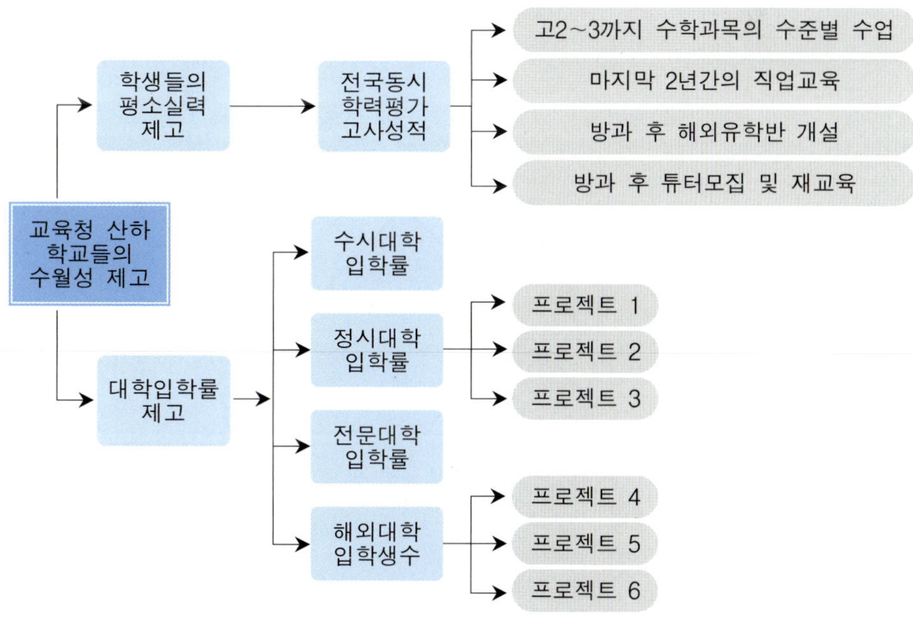

(4) 매트릭스 도표

매트릭스 도표(Matrix Diagram)는 문제가 되는 항목 중에 짝이 되는 요소를 찾아내어 행과 열로 배치하고, 그 교차점에 각 요소의 관련 유무나 연관정도를 표시하며, 이원적인 관계 속에서 문제의 소재나 형태를 탐색하고 착상의 포인트를 얻어 문제해결을 추진해 가는 기법이다. 아이디어나 활동, 책임, 기능 등에 존재하는 논리적 연관성을 그래프로 표시함으로써 문제의 소재나 문제해결의 착상을 얻기 위해 사용하는 도구이다. 설계품질 개선에 많이 사용되는 품질기능전개(quality function deployment)에서 무엇(what)과 어떻게(how)의 관계를 나타낼 때 많이 이용되는 도구이다. 매트릭스 도표는 그 형태에 따라 일반적인 표 형태의 매트릭스 도표 외에도 L형, T형, Y형, C형, X형 등 여러 종류가 용도에 따라 사용된다. [그림 4-7]과 [그림 4-8]은 Y형 및 T형 매트릭스 도표의 예시자료이다.

[그림 4-7] Y형 매트릭스 도표의 예시

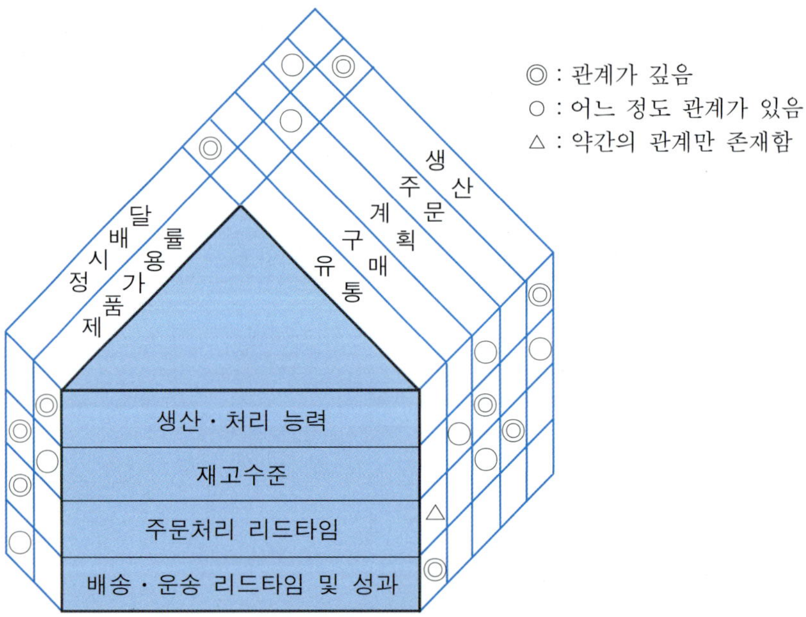

[그림 4-8] T형 매트릭스 도표의 예시

부산공장	●			○	
대구공장		●		●	○
인천공장	○	○	●		●
●: 대규모주문 ○: 소규모주문	상품 1	상품 2	상품 3	상품 4	상품 5
수요처 A		●		●	
수요처 B		○		○	●
수요처 C	○		○		○
수요처 D	●		○		

(5) 매트릭스 데이터 분석

매트릭스 데이터 분석(Matrix Data Analysis)은 매트릭스 차트에서 요소간의 관계가 수치적 자료로 얻어진 경우 서로간의 관련성을 보다 명확하게 계산하는 데 도움을 주는 기법이다. 수학적으로 복잡하기 때문에 이 도표 대신에 L형 매트릭스(L-shaped matrix)를 일곱 가지 관리 · 계획수립 도구에 넣기도 한다. L형 매

[그림 4-9] L형 매트릭스 도표의 예시

	수요처 D	수요처 M	수요처 R	수요처 T
순도(%)	> 99.2	> 99.2	> 99.4	> 99.0
금속성분 잔류량(ppm)	< 0.1	< 0.12	< 0.08	< 0.05
수분(ppm)				
색 상	무색	무색	무색	상관없음
트럭으로 수송가능	✓			✓
비행기로 수송요망		✓	✓	

트릭스는 최선의 대안을 구하기 위해 선택가능한 여러 대안을 매트릭스로 구성하고, 각 쌍별로 여러 평가지표를 토대로 비교하는 과정이다. [그림 4-9]는 L형 매트릭스의 예시자료이다.

(6) 화살도표

문제해결에 소요되는 시간을 추정하고 동시에 처리될 수 있는 작업들을 찾아내어 여유시간을 추정하는 데 쓰이는 기법으로, 프로젝트 분석에 사용되는 CPM/PERT 네트워크가 좋은 예이다. 주로 전체 프로젝트를 위한 최선의 스케줄, 잠재적인 스케줄링, 자원문제, 그 문제들의 해결책들을 계획하고 보여주기

〈표 4-1〉 자동창고시스템 도입 프로젝트의 구성요소

작업내용	작업시간 (단위 : 주)	선행작업
A : 자동창고시스템의 용량과 형태의 결정	4	없음
B : 자동창고시스템 제조업자로부터의 설비계획서 입수 및 제조업자의 결정	6	A
C : 자동창고시스템의 설비 배치(Layout)의 설계	8	B
D : 컴퓨터 Interface 시스템의 설계	10	B
E : 자동창고시스템의 도입 및 설치	4	C
F : 컴퓨터관리시스템의 설치	3	D, E
G : 창고관리자의 훈련	5	D, E
H : 자동창고시스템의 테스트	3	F, G

[그림 4-10] 자동창고시스템 도입 프로젝트의 화살도표

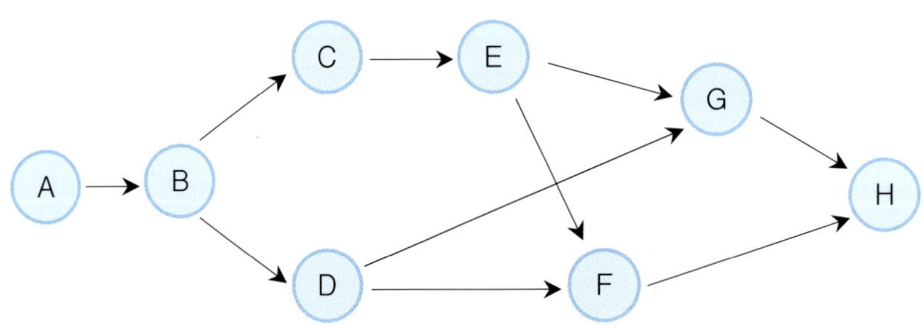

위해서 이용된다. 〈표 4-1〉은 자동창고시스템 도입 프로젝트를 구성하는 여러 작업들의 내용과 소요시간 및 선후관계를 요약한 것이고, [그림 4-10]은 이를 화살도표(Arrow Diagram)로 작성한 결과이다.

(7) 프로세스 결정프로그램 차트

프로세스 결정프로그램 차트(Process Decision Program Chart)는 계획안, 위험 그리고 위험에 대한 대응책을 간단히 나타낸 도표이다. 사태의 진전에 따라 생각할 수 있는 모든 결과를 예측하고, 그 하나하나가 가능한 한 바람직한 결과가 될 대안(계획안)을 구축하며 또한 문제의 진행과정 중에 예측하지 못했던 사태(위험)가 생겼을 때 그 시점에서 신속하게 관련정보를 수정, 작성(대응책 마련)하면서 결과를 바람직하게 이끌어 가고자 할 때 사용되는 방법이다.

03 혁신도구로서의 식스시그마 경영

1. 식스시그마 경영의 출현배경

식스시그마 경영은 미국의 모토로라에서 1987년에 시작한 혁신적인 품질개선을 목적으로 제시된 기업경영전략이다. 1980년대 중반 모토로라는 TQM을 바탕으로 방법론을 보다 정교화한 식스시그마 경영을 창안하였는데 당시 모토로라는 일본 경쟁기업에 비해 제품 불량률이 1,000배 높았으며 이를 시정하기 위해 연간 매출액의 5～10%를 품질비용으로 지출하고 있었다. 당시 CEO였던 로버트 갤빈은 "당해연도 품질비용을 절반으로 줄이라"는 목표를 제시하였고 이를 달성하기 위해 체계적 문제해결방법인 식스시그마가 첫선을 보이게 되었다. 모토로라의 식스시그마 경영은 사이클시간 단축, 불량 축소, 고객만족 등을 키워드로 선정하여 기존의 혁신방법과는 또 다른 경영이론을 제시하였다. 모토로라는 다음과 같은 '6시그마를 위한 6단계'라는 간단한 프로세스를 제정하여 이를 달성할 수 있었고, 조직 내 모든 사람들이 이를 활용하도록 했다.

- **당신의 제품은 무엇인가?** 당신이 하는 일을 정의하라. 그리고 그것을 적어보라. 그러면 아마 당신의 제품과 더욱 가까워질 것이고 해야 할 일이 명확해질 것이다.
- **당신의 업무는 누구를 위한 것인가?** 당신의 고객이 누구인지를 명확히 하라.
- **당신의 업무를 수행하는 데 무엇이 필요한가?** 당신 업무의 전체적인 그림을 그려보라. GE에서는 '단지 가시적으로 그려보는 것만으로도 30% 이상의 개선효과를 거둘 수 있었다'고 이야기하고 있다. 프로세스의 전 과정을 그려볼 때 세 가지 모습을 생각해 볼 수 있는데, [그림 4-11]에 도시되어 있는 바와 같이 「이럴 것이다」라고 상상하는 모습, 「진행되고」 있는 실제 모습, 마지막으로 「바람직한」 이상적인 모습 등이다. 대부분의 경우에는 업무매뉴얼에 규정된 것보다 훨씬 복잡한 모습을 하고 있다. 이것이 프로세스의 실제 모습이며 개선의 출발선이 된다.

[그림 4-11] 프로세스 흐름도의 세 가지 모습

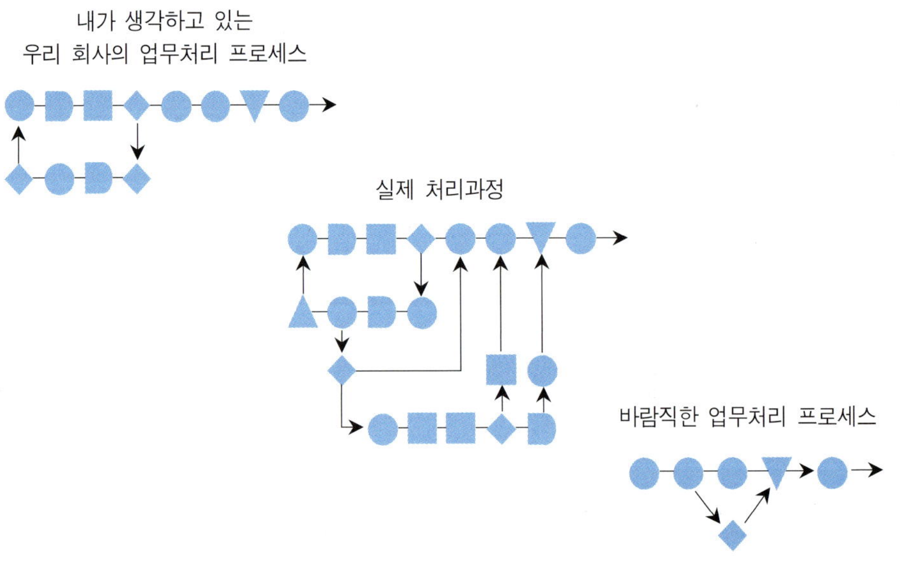

• **당신은 어떻게 작업을 수행하는가?** 행해져야 할 모든 작업들과 함께 현장 작업 수준에서 자신의 업무를 살펴보라.

• **당신은 그 업무를 어떻게 하면 더 잘할 수 있을까?** 프로세스에서 잘못된 점을 찾고 헛된 노력을 줄여라. 첫째, 각 단계에서 나타날 수 있는 오류의 종류를 구분하라. 둘째, 각 종류의 오류가 나타날 가능성을 줄이는 방법을 생각하라. 그리고 부가가치가 없거나 최적의 상태에 미치지 못하는 작업이나 행동을 과감히 제거하라.

• **목표 대비 실제 성과의 측정과 공표를 통해 지속적인 개선을 보증하라.** 지속적인 개선 속에서 나타나는 결과의 진척도를 보고하라. 이러한 진척도를 표시한 차트에 목표 대비 실제 불량 정도를 그래프로 표시하라.

식스시그마 경영이 세계적으로 주목을 받은 것은 GE가 1995년 도입한 이후이다. GE의 잭 웰치 회장이 앞장서서 주도하였으며, 특히 과거에 혁신활동이 미흡했던 서비스업과 연구개발 분야에도 식스시그마를 적용함으로써, GE캐피탈은 1998년 3억 달러의 추가 이익을 실현하였고 이를 계기로 GE 고유의 혁신운동과 결합되어 시너지효과가 나타나기 시작했다. 1995년 10월 전 부문에 식스시그마를 도입하여 경영품질을 혁신적으로 제고하고자 하였으며, 품질 평가의 기준을 기업 내부 관점에서 고객 관점으로 전환하고 모든 임원 및 관리자의 평가와 승진에 있어서 식스시그마 추진성과를 최우선적으로 고려하게 되었다. 참고로 GE의 식스시그마 경영의 핵심개념[4]은 다음과 같다.

• 핵심적 품질요소(critical to quality) : 고객이 가장 중요하게 여기는 요소들로 구성된다.

• 불량(defect) : 고객이 원하는 것을 충족시켜 주지 못하는 것을 불량으로 정의한다.

• 공정능력(process capability) : 상품과 서비스를 창출해내는 프로세스의 역량을 의미한다.

• 변동(variation) : 고객이 보고 느끼는 상품과 서비스 품질의 변동 정도를 의미한다.

---

4) http://www.ge.com/en/company/companyinfo/quality/whatis.htm 참고.

- 안정적 운영(stable operations) : 일관되고 예측가능한 프로세스를 확립함으로써 고객이 보고 느끼는 상품과 서비스 품질을 개선한다.
- 식스시그마 디자인(design for six sigma) : 고객의 니즈와 공정능력의 요구수준을 충족시킬 수 있도록 모든 것을 설계한다.

식스시그마 경영활동은 기존의 혁신활동들을 모두 통합한 개념으로 통용되고 있지만, 실질적으로는 통계적 품질관리를 기반으로 하여 현장의 무결함운동, 프로세스 혁신, 고객만족, 지식경영 등 각종 경영혁신 운동의 정신, 기법이 접목되어 만들어진 것이라 할 수 있다. 전통적 품질경영이 생산현장에서의 불량을 최소화하는 데 비해, 식스시그마 경영의 가장 큰 특징은 회사 내 전 부문에서 불량을 발생시키는 원인을 근본적으로 제거하는 것에 있다.

2. 식스시그마의 개념

식스시그마란 최고경영자의 리더십 아래 시그마(σ)라는 통계척도를 사용하여 모든 프로세스의 품질수준을 정량적으로 평가·발전시키고 문제해결과정 및 전문가양성 등의 효율적 품질문화를 조성해가며, 품질혁신과 고객만족을 달성하기 위해 전사적으로 실행하는 종합적인 기업의 경영전략이라고 정의할 수 있다. 식스시그마는 연구개발, 구매, 생산, 서비스 등 기업의 모든 부문의 경영품질을 통계적으로 판단할 수 있도록 기준을 제공해 주고 있어, 기업의 취약부서를 쉽게 파악할 수 있으며, 기업경영의 도구로서 사용하기 쉽다.

식스시그마 품질경영은 '1백만 개 중 3.4개의 불량품'을 목표로 한다. '99.99966%'라는 사실상의 '불량률 제로'를 지향할 때 품질비용을 극소화할 수 있다. 시그마(σ)는 표준편차라고 불리며 분포의 산포 정도를 나타낸다. 6σ는 '에러나 미스의 발생확률이 1백만분의 3.4회라는 수준을 의미한다. 통계용어에 불과한 6σ를 기업경영이 도달해야 할 '목표치'로서 파악하는 것이 식스시그마 기법의 출발점이다. 시그마 앞의 숫자는 불량률의 정도를 표시하는 것으로 숫자가 클수록 불량률이 그만큼 낮다. 참고로 항공사는 안전도면에서 6.5시그마, 그러나 짐처리에서는 3.5에서 4시그마 수준이다. 이에 비해 '6시그마'의 경우 제품을 100만 번 생산할 때 결함이나 불량건수가 3.4회 정도로 거의 불량제품

[그림 4-12] 시그마 개념의 예시('오자'가 나올 확률)

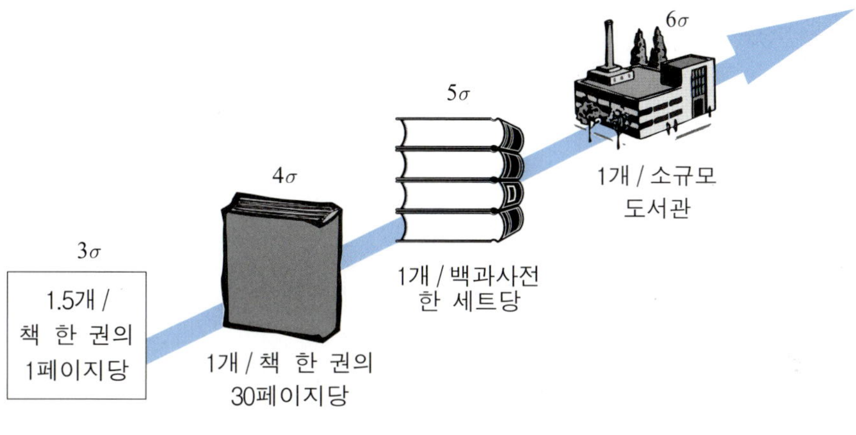

이 나오지 않는 것을 보여준다. 식스시그마 경영은 평균으로부터 6시그마 안에 드는 것은 모두 합격으로 처리할 수 있도록 품질을 높인다는 목표를 가진다. 경영기법으로서의 식스시그마 경영은 미스나 에러 발생률을 1백만분의 3.4 이하로 한다는 높은 수준의 목표를 설정하고 추진하는 전사적 활동이다.

3. 식스시그마 경영의 추진절차

식스시그마 경영은 다음과 같이 3단계로 추진된다.

- 1단계 : 핵심품질요소를 파악한다. 즉 고객 입장에서 기업의 경영활동을 재조명한다.
- 2단계 : 핵심프로세스를 도출한다. 핵심품질요소(Critical to Quality, CTQ)를 좌우하는 프로세스와 결함을 발생시키는 부분을 집중 탐색한다.
- 3단계 : 프로세스에 대한 측정, 분석, 개선 및 통제를 시도한다. 결함 원인을 찾고, 개선활동을 통해 원인을 제거한 뒤 지속적으로 통제한다.

업종이나 산업에 관계없이 이와 같은 과정을 거치는 식스시그마 경영의

[그림 4-13] 식스시그마의 절차

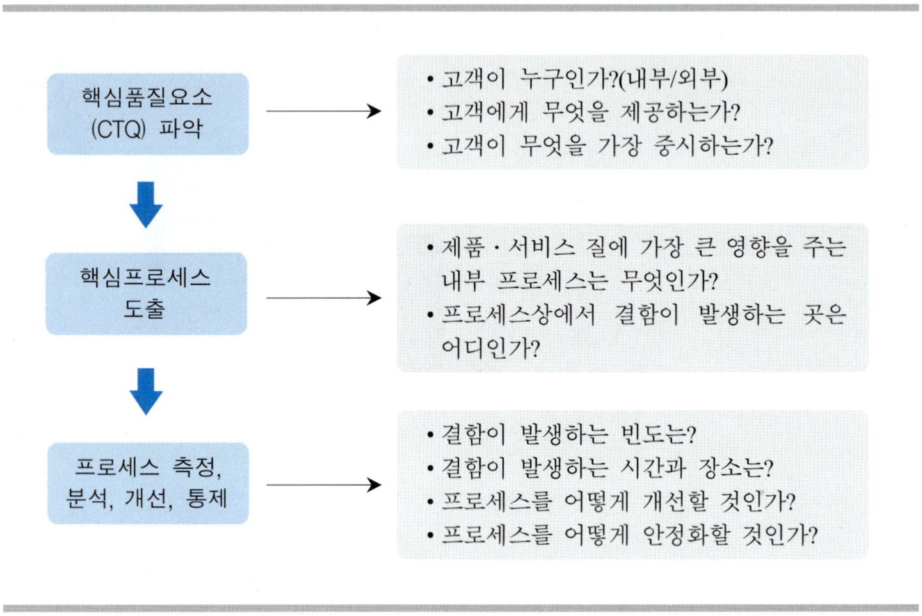

특징을 요약하면 다음과 같다.

첫째, **통계 데이터에 근거한 철저한 분석을 시도한다.** 식스시그마는 모든 결과를 통계적 데이터에 근거하여 처리한다. 과거의 품질관리기법이 엄밀한 방법론이 수반되지 못하여 구호적인 운동으로 끝나는 경우가 많았으나, 식스시그마 경영은 프로젝트를 수행하면서 통계적 방법을 기반으로 측정, 분석, 성과계산 등을 철저하게 계량화함으로써 객관적 타당성을 확보한다. 심지어 추진목표까지도 명확하게 계량화하므로 진도, 목표관리와 개선작업이 용이하다. 이 같은 특성 때문에 경영관리 수준이 낮거나 통계적 데이터를 축적, 분석할 수 없는 기업은 식스시그마 경영을 도입하기가 어렵다.

둘째, **고객만족에 초점을 둔다.** 식스시그마 경영은 고객 관점에서 품질에 영향을 미치는 핵심요소를 발견하고 이를 제거하는 데 핵심목표를 둔다. 과거에는 규격에 적합한 것을 품질로 인식했으나, 식스시그마 경영은 고객만족을 품질로 본다. 식스시그마 경영에서는 겉으로 드러난 문제뿐 아니라 잠재적 문제까지 개선과제에 포함시키며, 최종제품의 불량을 줄이는 것은 물론, 불량을 발생시키는 원인을 철저히 규명, 제거하여 궁극적으로 경영품질 전반을 향상시키고자 노력한다.

셋째, 개선 프로젝트의 비용절감 효과를 정밀하게 분석하고, 재무부서가 그것을 공식적으로 인정해 준다. 기존의 품질경영활동은 부서별로 발의한 과제가 대부분으로 투자 대비 효과분석이 미흡했는데, 식스시그마 추진결과가 재무적인 성과로 표시되므로 참여자들이 프로젝트의 가치를 충분히 인식한다.

넷째, 식스시그마 경영은 전문인력이 주도한다. 프로젝트 리더는 상당 수준의 전문가로서 철저한 전문교육과 현장경험을 통해 양성된다. 종래의 품질경영은 경영자가 추진자에게 일임하는 상향식 형태로 진행되어 현장종업원들의 분임조 활동과 제안에 치중하였는데 식스시그마 경영은 그 반대이다.

4. 식스시그마 경영하에서의 품질개선방법

식스시그마 경영에서 품질개선을 위한 작업은 [그림 4-14]에서와 같이 크게 5단계로 나누어 실시하는데, 'DMAIC'가 그것이다. 이는 정의(Define), 측정(Measure), 분석(Analyze), 개선(Improve), 통제(Control)의 첫 글자를 딴 것이다. 'DMAIC'는 개선대상이 될 프로세스 또는 프로젝트를 정의하고, 측정과 분석을 통해 프로세스나 제품 · 서비스의 문제점을 들춰낸 다음 문제해결방법을 찾아내고 실제로 개선작업을 실시한다. 마지막으로 이와 같은 과정을 제어 · 감시해 품질의 개선상태를 유지하도록 한다.[5]

(1) 정 의

품질혁신의 첫 단계로 CTQ에 영향을 주는 중요 프로세스를 발견하고 프로젝트 범위를 설정한다. 고객만족의 시각에서 모든 것을 이해하고자 노력하며, 특히 고객요구 및 니즈를 분석하여 우선순위를 설정한다. 이를 토대로 프로젝트의 범위와 일정을 정한다.

(2) 측 정

전 단계에서 선정한 프로세스를 대상으로 CTQ와 대비시켜 발생한 결함을 측

5) Chowdhury, S., *Design for Six Sigma : the Revolutionary Process for Achieving Extraordinary Profits*, Kaplan Publishing, 2005.

[그림 4-14] 식스시그마 경영의 DMAIC

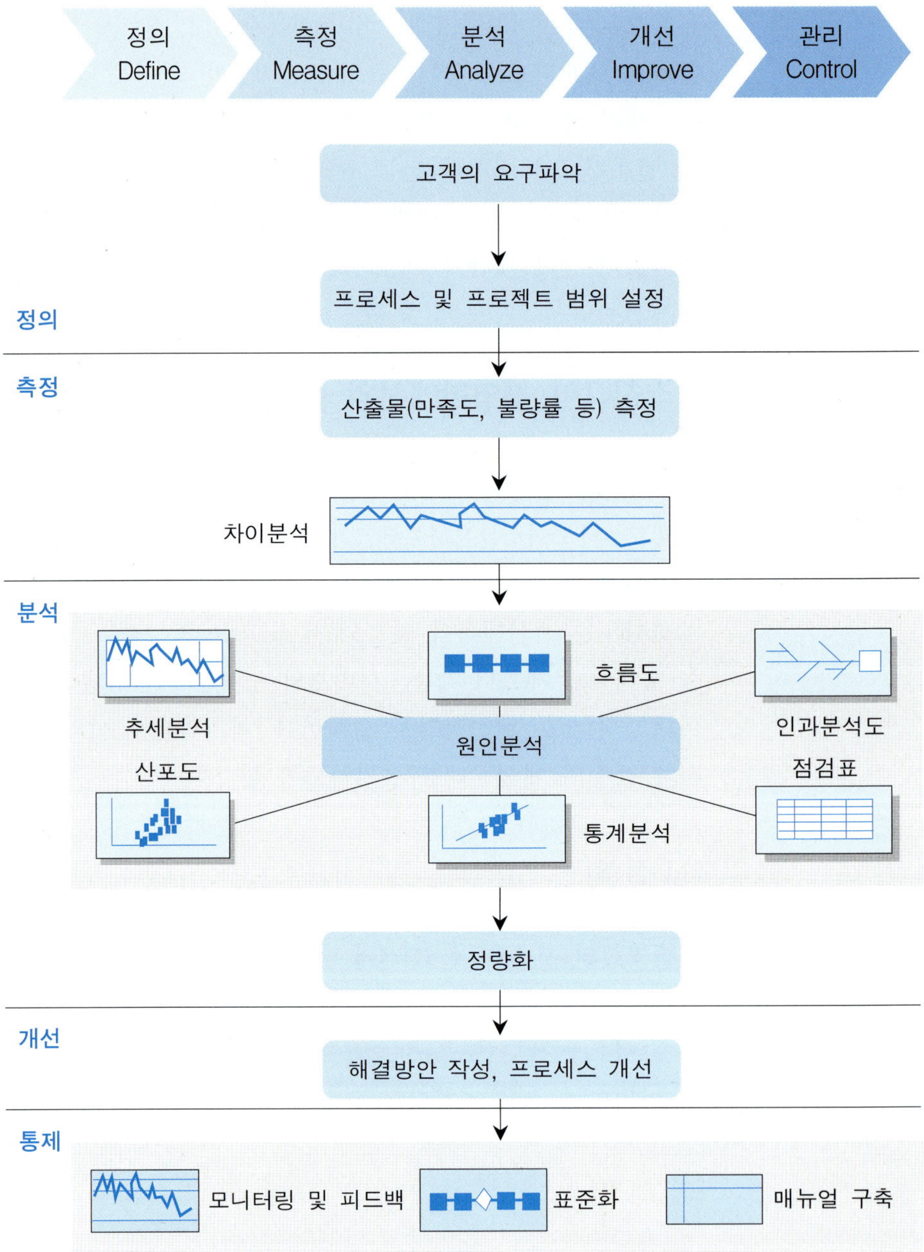

출처 : Chowdhury, S., *Design for Six Sigma : the Revolutionary Process for Achieving Extraordinary Profits*, Kaplan Publishing, 2005.

정한다. 이때 결함은 허용한계 외의 CTQ라고 정의한다. 다시 말하면 이 단계는 식스시그마 활동의 대상범위를 정의하는 데에서 시작한다고 볼 수 있다.

(3) 분 석

이 단계에서는 결함이 왜 발생하는가를 이해한다. 각 프로젝트의 우선순위를 매기기 위해서 파레토도와 같은 공통된 분석수단을 먼저 사용하고, 이어서 결함의 원인이 되는 주요 변수를 알아내기 위해서 좀더 복잡한 통계수단을 사용한다. 이 단계에서의 성과물은 프로세스의 불규칙한 산포에 영향을 많이 미치는 변수를 알아내는 것이다.

분석단계에서 가장 중요한 포인트는 앞으로 대응할 과제의 우선순위부여이다. 특정부문이나 일부현장에 대한 시점이 아니라 전체회사를 바라보는 사고방식이 요구된다. 이 과정에서는 통계적인 전문지식이 필요하다. 왜냐하면 문제 있는 프로세스를 분석하기 위해서는 측정결과인 수치해석이 필요하기 때문이다. 특히 요인과 요인 사이의 인과관계에 착안하여 복잡한 관련성을 정리·집약해서 문제를 단순화해야 한다.

(4) 개 선

이 단계에서는 주요 변수를 설정하고 그 변수가 CTQ에 미치는 영향을 수량화하고 주요 변수의 최대허용한계 영역을 설정한다. 평가시스템이 주요 변수의 불규칙한 산포를 측정할 수 있는지의 여부를 확인하고 허용한계영역 내에 불규칙한 산포가 들어가도록 프로세스를 변경한다.

(5) 통 제

프로젝트 수행에서는 성과를 올려도 그 상태로 방치되어 버리면 효과는 곧 사라져 버리고 만다. 지속적으로 변화하는 환경에 맞추어 개선결과가 조직 내의 표준으로 정착하도록 유도해야 한다.

쉬어가기 식스시그마 정신은 저성장 시대에도 여전히 유효

식스시그마는 1980년대부터 2000년대 초반까지 모토로라, 제너럴일렉트릭(GE) 등 세계적 기업이 앞다퉈 도입했던 경영기법이다. 데이터를 바탕으로 문제점을 찾아내고 개선해 제품의 품질을 향상시키는 것을 목적으로 한다. 하지만 요즘의 산업흐름과는 맞지 않는다는 지적이 있다. 나비 라드주(Radjou · 46) 영국 케임브리지대 저지경영대학원 교수는 최근 위클리비즈 인터뷰에서 "식스시그마는 단순히 제품을 대량생산할 때 적용할 수 있는 방법"이라며 "창의성과는 거리가 멀다"고 지적했다.

그러나 ASI(American Supplier Institute)의 수비르 초두리 회장의 생각은 달랐다. 전 세계적으로 100만부 이상 팔리고, 20개 언어로 번역된 세계적 베스트셀러 '식스시그마의 힘(The Power of Six Sigma)'의 저자인 그는 "많은 이가 기업이 성장하려면 대단한 기술을 개발하거나 훌륭한 인재를 데려오거나 다른 회사를 인수 · 합병(M&A)해야 한다고 생각한다"며 "하지만 좋은 기업은 동시에 실수를 줄이고 결점을 개선하는 데 많은 노력을 기울인다"고 강조했다. 스스로를 '품질 전도사'라고 말하는 방글라데시 출신 초두리 회장은 경영학계의 오스카상이라는 '싱커스(Thinkers) 50'에 세 차례(2011 · 2013 · 2015년) 이름을 올린 인물이다. 그는 "식스시그마의 핵심 정신은 말단직원도 할 수 있는 작은 혁신을 찾아내는 것"이라며 "최소한의 투자로 제품과 서비스의 전체적 품질을 높이는 식스시그마 정신은 저성장 시대에 여전히 유효하다"고 덧붙였다.

① 작은 문제를 해결하는 것은 최고의 투자

"많은 돈을 투자해 첨단기술을 개발해야만 혁신일까요. 투자한 만큼 앞으로 성과가 난다고 확신할 수 있나요. 저는 적은 비용으로 이룰 수 있는 '작은 혁신'에 집중하라고 말하고 싶습니다. 결점을 개선해 전체적 품질 향상을 목표로 하는 식스시그마는 작은 혁신을 위한 매우 유용한 도구입니다. 식스시그마 도입 이전에는 대다수 기업이 문제 발생 원인을 통째 제거했습니다. 하지만 식스시그마의 방법론을 적용하면 저렴한 비용으로 품질향상을 이룰 수 있습니다. 지난 2007년 크레파스로 유명한 미국 기업 크레욜라(Crayola)의 부사장이었던 피트 루지에로는 해외 출장 중 문구점에서 자사 제품을 구입했다가, 크레파스를 꺼낼 때 크레파스의 라벨이 자주 잘려 나간다는 것을 발견합니다. 크레욜라가 생산라인을 다시 만들었을까요. 아닙니다. 크레욜라는 크레용 생산과정을 면밀히 분석한 후, 라벨이 건조되는 과정에서 접착제가 고르게 발리지 않는 문제점을 발견했고, 이를 수정했습니다. 그 결과 크레욜라는 2008년에만 150만달러를 절감했습니다."

② 칭찬보다 불만을 관리하라

데이터를 분석해 문제점을 찾아내는 것이 생각만큼 쉽지 않을 것 같다는 비판이 있다.

"프로젝트 초기에는 데이터를 분석하는 것보다 데이터를 정리하는 데 더 많은 시간을 쏟아야 할 때도 있습니다. 하지만 일단 데이터가 구축되면, 문제점을 찾기가 더 수월해집니다. 비용도 더 줄일 수 있습니다. 다만 주의할 점이 있습니다. 특정가설을 세우고, 그 가설을 지지하는 데이터를 수집하거나 의도적으로 찾아서는 안 됩니다. 중요한 것은 데이터가 의미하는 것을 편견 없이 바라보는 것입니다. 그래야 정확히 문제를 진단할 수 있습니다. 덧붙이자면 많은 기업이 내부 문제 찾기에 소홀합니다. 반면 연구 · 개발(R&D)이나 마케팅에는 돈을 많이 투자하죠. 여기에 집중적으로 돈을 쓰는 것은 불합리한 일입니다. 제품이나 서비스에 만족한 고객 1명은 3명에게 소문을 내지만, 불만족한 고객 1명은 20명에게 불만을 말합니다. 가게에 손님이 들어오게 하는 데에도 신경을 써야 하지만, 가게에 들어온 사람을 관리하는 일 역시 중요합니다."

③ 작은 혁신은 기업 성장의 보완재

"첨단기술의 중요성과 M&A의 전략적 가치를 무시하는 것이 아닙니다. 제가 강조하고 싶은 것은 식스시그마도 이들과 충분히 함께 갈 수 있는 경영기법이라는 점입니다. M&A만 갖고 기업이 성장할 수 있을까요. 화려한 성장 전략 뒤에는 이를 뒷받침하는 작은 혁신들이 항상 존재합니다. 세계 최대 맥주 회사 'AB인베브'는 M&A를 통해 성장한 기업입니다. 버드와이저, 코로나, 스텔라 아르투아 등 전 세계 25개국에 200개에 달하는 브랜드를 갖고 있습니다. 그런데 한 공장에서 다양한 종류의 맥주를 생산하다 보니, 효율성이 떨어지는 문제가 생깁니다. 한 종류 맥주를 생산하다 다른 맥주를 생산하려면 기계가 잠시 멈춰야 하는데, 이 대기시간을 줄이는 것이 AB인베브의 과제였습니다. AB인베브는 생산라인에서 일하는 노동자의 사소한 행위까지도 일일이 시간을 재서 체크했습니다. 장갑을 끼는 동작까지 말이죠. 자동화가 가능한 부분은 자동화했습니다. 그리고 기계 휴식시간에 점검할 요소를 30쪽짜리 서류가 아닌 한 장짜리 페이퍼에 정리했습니다. 공장 바닥에는 LED(발광다이오드) 타이머를 설치해, 각 과정에서 필요한 시간을 초과하지 않도록 노동자들에게 끊임없이 주지시켰습니다. 그 결과 기계 전환에 필요한 시간이 34% 감소했습니다."

④ 시스템과 사람의 조합이 최고 솔루션

"서비스 산업에도 충분히 적용할 수 있습니다. 미국 위스콘신 래피드에 있는 리버뷰 병원 사례를 살펴볼까요. 이 병원은 미국 의료 당국에서 더 많은 인센티브를 받고자 고객만족도 개선에 착수합니다. 리버뷰 병원의 목표는 서비스에 대해 긍정적으로 답하는 고객 비율을 85%에서 91%로 높이는 것이었습니다. 과거에는 대다수 병원이 서비스 만족도를 높이려고 직원들을 단체로 교육하거나 뭔가 큰 규모의 투자를 해야 한다고 생각했습니다. 리버뷰 병원은 만족도 조사 항목을 분류했습니다. 그 결과 퇴원 안내와 관련한 만족도가 특히 낮은 것으로 나타났습니다. 리버뷰 병원은 퇴원한 환자들에게 제공되는 안내서의 어려운 용어를 쉽게 고치고, 그들이 지속적으로 통원 치료를 받을 수 있도록 집중 관리했습니다. 그 결과 목표를 초과 달성했습니다. 다만 제조업에서 쓰는 식스시그마와 서비스업에서 적용하는 식스시그마는 차이가 있습니다. 제조업에 적용할 수 있는 식스시그마 비중을 100%로 잡으면, 서비스업은 25% 정도입니다. 서비스업은 시스템으로 문제를 해결하는 데 한계가 있습니다. 가이드라인이 아무리 좋아도 직원이 제대로 실행하지 않으면, 결국 서비스 품질이 좋아질 수 없기 때문입니다."

⑤ 직원의 전문성을 키워라

"기업들이 흔히 저지르는 실수가 직원들을 여러 부서에 근무시키고, 다양한 업무에 적응할 수 있도록 여러 종류의 교육을 하는 것입니다. 개인마다 특성이 다르고, 역량이 제각각인데 이 방법이 과연 효율적일까요. 게다가 소비자는 빠른 정보 공유를 무기 삼아 더 좋은 서비스를 요구하고 있습니다. 세계적 금융기업 에드워드

존스는 이 문제를 어떻게 해결했을까요. 이 기업은 연금, 보험 등을 통해 개인투자자들의 퇴직 후 인생설계 서비스를 제공합니다. 재밌는 점은 기관투자자가 아닌 개인투자자만 상대하는데, 이메일 대신 전화로 고객불만을 듣는 서비스를 제공하고 있다는 것입니다. 하지만 개인고객이 크게 늘어나면서, 서비스 품질을 어떻게 유지하나 고민에 빠지게 됩니다. 그런데 분석해 보니, 직원에게 맞는 장점을 살려주고 직원 특성을 고려해 업무를 주는 것이 훨씬 효율적이고 고객만족도도 높은 것으로 조사됐습니다. 에드워드 존스는 직원 훈련 단계부터 직원의 특기를 집중적으로 키워주는 방향으로 전략을 짰습니다. 그리고 고객의 요구사항을 더 세분해 관련 업무에 능숙한 직원에게 연결해 주는 시스템을 만듭니다. 그 결과 개별 직원이 처리하는 전화상담 수가 10% 늘었고, 고객과 통화 후 필요한 서비스를 제공하는 데 걸리는 시간은 줄었습니다. 고객의 까다로운 요구에 응할 수 있는 직원의 전문성이 얼마나 중요한지, 그리고 그것을 뒷받침하는 시스템이 얼마나 필요한지를 보여주는 사례입니다."

⑥ 중간관리자에게 권한을 줘라

"기업이 가장 많이 하는 실수는 기업이 원하는 것을 고객도 원한다고 착각하는 것입니다. 제품과 서비스 품질 수준은 기업 내부 기준에 따라 결정되는 것이 아닙니다. 고객이 결정하는 것이죠. 특정 제품과 서비스는 고객이 요구하는 기준에 맞아야 합니다. 그래서 저는 조직의 리더나 임원들이 특정문제를 해결할 책임자가 될 필요는 없다고 봅니다. 고객 목소리를 듣는 직원들과 가장 가깝게 있는 중간관리자에게 권한을 주고 책임을 지도록 해주세요. 혁신은 말단직원들이 시작해야 합니다. 그래서 그들과 거리가 가까운 관리자가 필요한 것입니다. 중간관리자의 역할은 직원에게 세부 임무를 부여하는 것입니다. 적십자팀이 구조활동을 할 때를 떠올려 보세요. 구조팀 책임자는 어떤 사람에게는 담요를 가져오라고 말하고, 다른 사람에게는 전화로 현장 상황을 알리라고 지시합니다. 그렇게 하지 않으면 모두 다 그냥 현장에 서 있기만 합니다. 그리고 누가 무엇을 하고 있는지, 진행 상황이 어떤지 모든 조직원이 공유할 수 있도록 해야 합니다. 그래야 책임감이 생깁니다."

⑦ 리더의 역할은 영감을 주는 것

"직원들에게 영감을 줘야 합니다. 직원들의 마음가짐(mindset)을 바꾸는 것이 리더의 역할이죠. 20년 전에 삼성전자는 '소니를 따라잡겠다'는 목표 아래 직원들이 일사불란하게 움직였습니다. 현대차는 '타도 도요타'를 외쳤죠. 직원들을 일사불란하게 움직이도록 만들 수 있는 비전을 설정하는 것이 리더의 일입니다. 그리고 직원들에게 시간을 주세요. 마음가짐은 조직의 모든 구성원에게 영향을 주는 일종의 비전입니다. 절대로 하루아침에 만들어지지 않습니다."

(조선일보, 2016.5.7)

쉬어가기

휴맥스의 프로세스 혁신

벤처 1세대 기업으로 휴맥스는 1990년대 후반 고속성장을 거듭했지만 2000년대 초반 3,000억원대 매출액을 수년간 맴돌며 성장 정체에 부딪쳤다. 회사규모는 갑작스레 커졌지만 운영시스템의 효율성은 개선되지 않았고 하루에 많게는 9번이나 공장이 멈춰서는 등 곳곳에서 문제가 발생했다. 휴맥스는 이에 따라 혁신만 담당하는 조직을 별도로 설치, 품질개선과 SCM 혁신에 나섰다. 개발자마다 제각각이었던 제품개발 프로세스를 일원화하고 각 단계별로 품질관리를 실시했다. “일단 진행하고 나중에 문제가 되면 고치자”는 관행도 없앴다. 즉, 개발단계마다 갖춰야 할 요소를 100% 갖추지 못하면 다음 단계로 넘어가지 못하게 함으로써 ‘앞단 품질’ 확보에 주력했다. 특히 SCM 관련업무 프로세스를 기존 한 달 단위에서 1주일 단위로 바꿔 매주 생산계획과 실제 생산, 판매 실적을 점검하는 시스템을 구축했다. 이 같은 혁신활동 덕택에 휴맥스는 중견기업으로 도약하기 위한 성장통을 성공적으로 극복하고 현재 1조원대 매출액을 올리는 기업으로 발돋움했다.

하지만 몸집이 커진 것에 비해 내부 운영 수준은 사업 초창기 수준을 벗어나지 못했다. 자재 결품, 생산계획 변경, 생산 도중 불량 발생 등으로 하루에도 몇 번씩 공장이 멈춰 섰다. 자재를 잘못 발주해 재고과잉이 되기 다반사였다. 장부에 기록된 부품 재고는 1,000개인데 실제로는 100개밖에 없어 기계가 돌아가려는 찰나 생산계획을 바꾸는 일도 허다했다. 누가 무슨 일을 하고 있는지, 프로젝트의 진행상황은 어떤지, 제때 납품은 가능한지조차 알 수 없는 상황이 빈번하게 발생했다. 창업 초기에 가졌던 열정과 패기만으로는 조직을 운영하기 힘들 정도로 회사가 커졌지만 그에 걸맞은 내부 시스템을 체계화하지 못해 발생한 문제들이었다.

다행히 매출이 워낙 좋아 수십억원의 손실쯤은 쉽게 묻혔다. 혁신실을 설치한 이듬해인 2005년에 ‘마의 벽’인 3,000억원대 매출액을 돌파해 6,495억원의 매출액(연결재무제표 기준)을 올리기까지 했다. 하지만 이건 순전히 시장이 호황을 이뤘기 때문이었다. 내부 비효율은 이루 말할 수 없을 정도로 심해 당시 한 해 불용 재고로 버리는 돈만 100억원을 넘어서기도 했다. 매출로 비효율의 비용을 충당하며 영업이익을 깎아먹던 시절, 운영의 효율성을 어떻게 확보하느냐에 따라 장차 회사의 운명이 갈릴 것이라고 변대규 대표는 생각했다. 그가 혁신만 전담할 부서를 따로 설치한 배경이기도 했다.

• 있는 그대로 커뮤니케이션하기

혁신실이 설치되기 이전 휴맥스는 비효율이 심해 프로젝트를 제 날짜에 맞춰 끝내는 경우가 거의 없었다. 예를 들어 프로젝트 계획을 100일로 잡아놓으면 실제로는 170일이 지나서야 가까스로 끝이 났다. 개발일정이 지연돼 생산에 차질이 빚어지니 영업담당자들은 생산일정이 촉박할 것을 우려해 프로젝트 수주 후 납품기일을 일부러 당겨서 요구하는 일이 빈번했다. 가령 9개월 뒤에 납품하면 되는 계약건에 대해 7개월 후 납품해야 한다고 개발팀에 요구하는 식이었다. 그래야 9개월 뒤 납품이 가능했기 때문이다. 납기일뿐 아니라 주문수량에서도 서로 믿지 못하는 일이 비일비재했다. 영업팀은 실제보다 부풀려 보고하기 일쑤였고 애당초 정확한 수량이 아니라는 걸 아는 생산담당자는 영업팀이 넘겨준 주문수량에 임의의 숫자를 더하고 뺐다. 구매팀은 한술 더 떠 필요한 자재보다 더 많은 양을 주문했다. 자재가 부족해서 라인이 멈추는 것을 방지하려는 의도였다. 하지만 그 결과는 과잉재고로 이어졌을 뿐이다. 어느 한쪽에서 과잉이라는 건 다른 어딘가에선 자재가 부족하다는 걸 뜻한다. 실제로 부품 하나가 없어 공장 전체가 중단되는 일이 하루에도 몇 번씩 일어났다. 많게는 하루에 9번씩 공장이 서는 날도 있었다.

개발팀과 영업팀, 구매팀 등 각 부서들은 서로를 신뢰하지 못하는 지경에 이르렀다. 급기야 회사 초창기 멤버들끼리 모여 '진짜로(?) 정확한 정보'를 공유하는 '생구알마'라는 비공식 회의를 조직해 제대로 된 정보를 공유하는 어처구니없는 일까지 벌어졌다. 생구알마란 생산, 구매, R&D, 마케팅의 앞 글자를 따 온 것으로 4개 부서 핵심 실무자들이 일주일에 한 번씩 모여 실제 일정과 정확한 주문수량 정보를 공유하는 자리였다.

본사만 문제가 아니었다. 심지어 해외법인들간에도 투명한 정보 공유에 기초한 협력은커녕 블러핑을 기반으로 서로 속이고 경쟁하는 사례가 비일비재했다. 예를 들어, 법인끼리 주요 공용자재를 우선적으로 확보해 놓으려고 필요수량을 부풀려 얘기했다. 이 과정에서 법인들이 이야기하는 예상 매출 목표치는 늘어났고 실제 매출이 일어나는 시점이 다가오면 시장 여건 악화 등의 이유를 들어 목표치를 막판에 하향 수정하는 일들이 벌어졌다. 그 결과, 그 누구도 서로가 발표하는 숫자를 곧이곧대로 믿지 않는 상황이 됐다.

변대규 대표는 주간 단위로 업무를 점검하는 생판회의(S&OP)가 제대로 실행되려면 무엇보다 블러핑을 없애는 게 급선무라고 판단했다. 포커판에서나 자행되는 게 마땅할 부풀리기 커뮤니케이션 관행을 고치지 못하면 SCM이 제대로 돌아갈 수 없다고 판단했기 때문이다. 이에 따라 2007년말 모든 법인장을 본사로 불러들여 '블러핑 금지'를 역설했다. 또한 혁신실은 계획단계에서부터 부풀려 말하기 관행이 없어질 수 있도록 2008년 자체적인 플래닝 시스템을 개발하는 프로젝트를 주도했다. 플래닝 시스템은 각 법인마다 수요계획과 모델별 우선순위, 자재재고 상황, 자재입고계획, 각종 물류계획을 입력하면 1주일간의 생산계획을 자동으로 계산해 내는 프로그램이다. 이렇게 개개인의 주관이 반영된 '감퓨터'가 아니라 객관적인 '컴퓨터'가 생산관리계획에 대한 밑그림을 제시하게 함으로써 서로 믿고 신뢰할 수 있는 커뮤니케이션 기반을 구축했다.

• '월 단위'에서 '주 단위'로… 업무점검 속도를 4배로 높이다

'앞단 품질' 확보 못지않게 혁신실이 주안점을 뒀던 또 다른 목표가 있었다. 바로 업무의 '가시성' 확보였다. 스테이지별 사전 품질 체크 못지않게 중요한 건 매일매일 일이 얼마만큼 진행돼 가고 있는지를 한눈에 알 수 있어야만 SCM이 제대로 돌아간다고 판단했기 때문이다. 이를 위해 휴맥스는 2008년 하반기부터 생산계획과 실제 생산, 판매 실적을 1주일 단위로 점검하는 프로세스 혁신에 나섰다.

주 단위 프로세스는 한 달에 한 번씩 판매와 생산을 조율하던 기존 체계에 비해 무려 4배나 속도를 높이는 대대적인 개선 작업이었다. 즉, 모든 부서가 요일별 데드라인에 맞춰 1주일 단위로 업무를 상시 점검하도록 하는 게 목표였다. 예를 들어, 월요일엔 전 세계 각지의 11개 판매법인이 해당주간(차주부터 향후 16주간)의 예상수요정보 입력을 마쳐야 하고, 화요일엔 이 데이터를 기초로 본사 수요관리팀에서의 차주의 수요계획을 확정한다. 구매부문과 제조부문은 이 정보를 토대로 목요일까지 생산계획을 확정한다. 그러면 목요일과 금요일에 걸쳐 그게 연계된 자재이동계획 등 세부계획을 세워 실행에 옮긴다.

이렇게 요일별로 시간표를 정해놓은 이유는 생산시스템의 효율을 높이기 위해서였다. 이전에는 시장수요 변화에 유연하게 대응해야 한다는 취지하에 해외법인들이 본사 공장에 수시로 수요계획 변동을 요청했다. 하지만 11개 법인들이 일주일 내내 시도 때도 없이 생산 변경 요청을 하다 보니 전체 시스템의 효율은 떨어지게

됐다. 즉, 부분 최적화만 이뤄질 뿐 전체 최적화는 저해되는 결과를 낳고 있었던 것. 혁신실은 수요 변경 요청을 하더라도 일주일에 딱 하루에만 할 수 있도록 시스템을 설계했다. 이에 따라 생산 관련 부서는 일주일간 계획에 대한 변동 걱정 없이 정해진 목표달성을 위해 몰두할 수 있게 됐다.

변대규 대표를 포함해 판매, 생산, 구매 부서 담당자들은 주 단위 업무 프로세스에 맞춰 매주 한 번씩 S&OP 회의를 열고 장차 16주간의 자재 구매 및 물류, 생산 계획을 검토해 확정했다. 한 주가 끝나고 다음 주가 되면 이전 주에 세운 계획과 대비해 얼마나 목표를 준수했는지를 검토했다. 그리고 각 판매법인에서 새롭게 입력한 정보를 바탕으로 다시금 생산물량을 조율해 새로운 16주간의 계획을 확정 짓는 의사결정을 반복했다.

처음 혁신실에서 매주 계획과 실적을 점검하는 프로세스를 확립하겠다고 하자 "융통성이 너무 없는 것 아니냐" "회사가 경직돼 가고 있다" 등 내부 반발이 만만치 않았다. 어차피 매출 목표는 월말 기준으로 체크하고 고객사 역시 월 단위로 움직이는데 왜 굳이 일주일마다 재고관리를 해야 하냐며 불만이 컸다. 어차피 일주일이나 이주일 정도 지나면 없어질 재고이고 이번 주에 안 팔려도 월말이 되면 다 팔릴 텐데 주마다 일일이 매출과 재고, 자재 관리 상황을 파악해 보고하라는 건 업무 부담이 너무 커진다는 이유였다. 하지만 혁신실에선 SCM의 기본인 '정물일치'를 실현하려면 업무 사이클을 월 단위에서 주 단위로 바꿔서 4배 정도 빠르게 만들어야 한다고 강조했다. 이렇게 상시 점검 체계를 갖추다 보면 눈에 보이지 않는 정보와 화물의 흐름이 잘 드러나게 돼 전반적으로 업무의 가시성이 높아지고, 그 결과 장기적으로 회사의 생존능력을 높일 수 있게 된다는 점을 적극 설득해 나갔다.

• 달성률보다 중요한 건 준수율이다

혁신실은 또한 일련의 혁신활동 결과물을 평가하기 위해 KPI 지표 개선 작업에도 착수했다. 2008년 이전까지 휴맥스는 계획 대비 실제 달성 실적을 체크하는 '달성률'을 성과측정지표로 삼았다. 이때 관심을 두는 건 '총량'뿐으로 세부 모델별 실적은 체크하지 않았다. 즉, 모델 구분 없이 총 1만 대를 생산한다는 목표를 잡고 실제로 9,000대를 생산했다면 90%, 1만 1,000대를 생산했다면 110%가 각각 달성률이 된다.

하지만 이런 총량관리는 큰 의미가 없다는 게 혁신실의 판단이었다. 모델별로 얼마나 계획에 맞게 생산이 됐는지를 알아야 효율적인 SCM이 이뤄질 수 있기 때문이다. 똑같은 지역에 들어가는 셋톱박스라도 어떤 모델의 제품이냐에 따라 그에 필요한 부품과 자재는 각기 달라진다. 만약 A모델을 많이 생산해서 B모델의 부족량을 채웠다면 A모델에 들어간 자재는 어딘가 과잉이 있었다거나 기계를 놀릴 수 없어서 미리 생산했다는 뜻이다. 모델별로 구분해 따로 실적을 점검하지 않으면 생산관리의 효율성을 높이기란 불가능하다는 게 혁신실의 판단이었다. 이에 따라 총량이 아니라 세부 모델별로 실적을 계산하고 그 생산량에 맞춰 가중치를 두는 방식으로 성과측정지표를 개선했다.

혁신실은 또한 목표 대비 실적치를 단순히 대비시키는 '달성률'이 아니라 세분된 목표에 실적치가 얼마나 근접해 있는지를 따지는 '준수율'을 성과지표로 삼았다. 이는 초과생산한 물량도 거꾸로 깎는다는 뜻이었다. 예를 들어 600개를 계획했을 때 1,000개를 생산했다면 달성률은 167%가 되지만 준수율은 60%로 잡는 식이다. 이렇게 지표를 바꾼 것은 SCM의 핵심이 정해진 계획에 따라 차질 없이 실행되는 것이라고 판단했기 때문이다.

이렇게 성과지표를 바꿔놓고 보니 과거엔 보이지 않았던 문제점들이 보이기 시작했다. 2008년경 제품 총량을 기준으로 한 생산실적 달성률은 90% 이상으로, 심지어 100%를 초과할 때도 있었다. 하지만 모델별 실적을 따로 잡아 계획 대비 목표 달성의 정확도를 고려한 준수율을 따져 보니 고작 50% 수준에 불과했다. 새롭게 적용한 평가지표에 따라 실적을 재평가한 결과를 보자 굳이 번거롭게 KPI 지표를 바꿀 필요가 있겠냐고 불만을 갖고 있던 직원들의 목소리도 쏙 들어갔다. 모두들 '이 정도로 형편없을 줄을 몰랐다'며 문제의식을 공유했기 때문이다.

'총량' 중심 지표에 묻혀 수년간 간과했던 비효율은 모델별 준수율로 성과지표를 바꾸면서 서서히 사라져갔다. 계획은 무조건 크게 잡은 후 잘되면 좋고 안 되면 말자는 식의 태도가 없어지고 S&OP를 통해 1주일마다 계획을 상시 점검해 실행하는 프로세스가 자리를 잡아갔기 때문이다. 조직원들은 계획을 세우는 단계에서부터 신중을 기했고 실제 실행단계에서는 각 모델별로 목표한 바를 최대한 맞춰갈 수 있도록 노력했다. 그 결과 2012년 준수율은 90% 수준으로 2008년에 비해 2배 가까이 높아졌다. 재고비용과 물류비용도 크게 줄었다. 2008년에 비해 불용 재고는 2011년 기준으로 80%, 물류비용은 20%가 각각 줄어들었다. 반면 매출액은 2005년 6,000억원대, 2006년 7,000억원대, 2009년 8,000억원대를 넘어 2010년 1조원대까지 돌파함으로써 2000년대 초반 겪었던 매출액 정체 현상을 완전히 극복했다. 2011년엔 유럽 경기 불황과 일본 대지진 등의 여파로 수익성이 높은 유럽과 일본에서의 셋톱박스 판매가 부진을 겪으며 매출액이 1조원대 아래로 떨어지긴 했지만 이듬해 다시 회복했다.

휴맥스는 사업 초창기부터 해외시장을 적극 공략한 결과 1997년 이후 고속성장을 구가했다. 그러나 그것도 잠시뿐, 기업 성장에 걸맞은 역량과 인프라를 갖추지 못해 플램홀츠 교수가 지적한 성장통의 징후들을 앓았다. 무언가 잘못돼 가고 있다는 걸 누구나 인식하고 있었지만 "바쁘다"는 핑계로 다들 지나쳐 버렸다. 하루에 9번씩 공장이 멈춰 설 정도로 생산관리가 엉망이었지만 '시장 호황'의 우산 속에 숨어 당장의 매출액을 올리는 데 급급했다. 정말로 진실된 정보를 따로 공유하는 비공식 회의가 생겨났을 정도로 조직원간 불신의 골도 깊었다.

또한 휴맥스는 전반적인 업무 프로세스의 '가시성'을 높임으로써 혁신을 성공적으로 수행할 수 있었다. 현대 경영학의 아버지라 불리는 피터 드러커는 일찍이 "측정할 수 없는 것은 관리할 수 없다"고 말했다. 무언가를 제대로 측정하려면 일단 눈에 보여야 한다. 소프트웨어처럼 눈에 보이지 않는 것은 측정하기도, 관리하기도 쉽지 않다. 하지만 휴맥스는 인사 평가와 관계없는 동료들이 소프트웨어 소스 코드를 점검하는 방식 등을 통해 눈에 보이지 않는 부분까지도 효과적으로 관리할 수 있는 체계를 잡았다. 성과측정지표 역시 달성률이 아닌 준수율을 도입함으로써 이전에는 파악하기 힘들었던 세부 모델별 생산, 판매 실적을 한눈에 파악할 수 있도록 했다. 이는 결국 SCM의 진일보를 의미했고 이 같은 운영혁신의 결과 휴맥스는 벤처 1세대 기업 가운데 매우 드물게 창업한 지 21년 만에 매출액 1조원을 넘는 큰 성과를 이룩할 수 있었다.

(동아비즈니스리뷰, 2013년 8월호, 135호)

쉬어가기 AI로 품질혁신… LG전자 '빅식스시그마' 구축 – '100만개 제품 중 3~4개 불량'

LG전자가 업계 최초로 기존 '식스시그마'에 빅데이터와 인공지능(AI), 사물인터넷(IoT)을 접목한 '빅(Big)식스시그마' 프로젝트에 나선다. 식스시그마는 100만개 제품 중 3~4개 불량만을 허용하는 품질혁신 운동을 말한다. LG전자는 최근 산업 전반에 디지털화가 빠르게 진행되면서 기존 방법(식스시그마)에 한계가 있다는 판단에서 본질은 유지하면서 빅데이터, AI 등을 접목해 품질관리 수준을 획기적으로 개선·유지하기 위한 프로젝트에 착수했다.

전자업계 등에 따르면 최근 LG전자는 품질경영센터 산하에 '식스시그마팀'을 '빅식스시그마팀'으로 재편하고 4차 산업혁명 기술을 품질관리에 도입하기로 했다. 식스시그마팀은 품질개선, 설계 최적화, 통계적 공정관리 등을 통해 품질을 개선하는 업무를 수행해왔다. 아울러 LG전자는 식스시그마와 빅데이터 활용 역량을 함께 갖춘 빅식스시그마 전문가 육성 체계도 확대해 품질관리 전문가를 육성·확보한다는 구상이다. 식스시그마는 데이터를 활용해 기업이나 조직의 다양한 문제를 정의하고 현재 수준을 계량화한 뒤 문제 발생 원인을 분석하는 게 핵심이다.

LG전자는 앞서 1996년 국내 기업 최초로 식스시그마를 도입하면서 생산·품질·구매·개발 등 업무의 다양한 영역에서 이를 활용해왔다. 그러나 최근 들어 산업 전반에 걸쳐 디지털화가 빠르게 진행되면서 제품 관련 데이터 양과 변수가 늘어나 기존 식스시그마 방법을 그대로 적용하는 데 한계가 있다고 회사 측은 판단한 것으로 알려졌다. LG전자는 기존 식스시그마의 절차와 본질은 유지하면서 빅데이터, AI 등 디지털 기술을 접목해 품질 수준을 혁신적으로 높인다는 계획이다.

LG전자는 최근 TV 화면을 검수하는 영상판별 작업에 AI·빅데이터 분석 기법과 식스시그마를 접목해 적용했다. 기존 육안으로 평가하던 영상 판별은 데이터 수집 등에 한계가 있어 식스시그마를 적용하기가 쉽지 않았다. 이를 해결하기 위해 영상 판별에 AI를 도입하고 여기서 수집된 데이터를 바탕으로 식스시그마 기법을 적용해 정확도를 크게 높였다. LG전자 관계자는 "식스시그마를 성공적으로 정착시킨 경험과 역량을 토대로 빅식스시그마 활동을 통해 보다 완벽한 품질을 확보해 갈 것"이라고 강조했다. LG전자는 향후 필요한 데이터를 디지털화할 수 있는 체계를 구축해 나가며 정량화가 어려웠던 영역과 정교한 최적화가 어려웠던 분야에 빅식스시그마를 적극적으로 활용한다는 계획이다.

(매일경제, 2020.4.15)

연습문제

CHAPTER 4

객관식

1 다음 중 프로세스 관점에서 본 기업경영의 영역에 해당하는 것은?

> ㄱ. 디자인 및 신제품 개발 프로세스
> ㄴ. 공급망관리 프로세스
> ㄷ. 고객지원 프로세스

① ㄱ, ㄴ ② ㄴ, ㄷ
③ ㄱ, ㄷ ④ ㄱ, ㄴ, ㄷ

2 다음 중 프로세스에 대한 설명으로 바르지 않은 것은?

① 프로세스의 평가는 프로세스가 산출물을 통해 창출해내는 시간, 품질, 코스트, 유연성 등과 같은 가치를 토대로 한다.
② 프로세스가 시작되고 끝나는 시점을 프로세스 환경이라고 한다.
③ 프로세스를 구성하는 요소로서 투입물(input)은 제품 또는 서비스를 만들어내는 데 필요한 정보, 자재, 자원으로 프로세스의 출발점에 해당한다.
④ 프로세스란 투입물을 제품이나 서비스 산출물로 전환시키기 위해 함께 연결된 일련의 부가가치 업무이다.

3 서비스 청사진에서 고객이 주도하는 활동과 고객 및 서비스 조직이 직접 상호작용하는 과정을 구분하는 선을 무엇이라 하는가?

① 가시성 경계 ② 상호작용 경계
③ 고객관리선 ④ 내부적 상호작용 경계

4 다음 중 흐름공정표(flow process chart)의 특징에 해당하지 않는 것은?

① 실질적인 서비스 창출 작업뿐만 아니라 서비스 프로세스에서 발생할 수 있는 이동(운반), 검사, 대기, 저장 등의 활동까지 기호를 이용하여 그림으로 나타낸 것이다.

② 전체적인 서비스 제공과정과 각 세부 단계를 나타내고, 순서대로 여러 단계를 구조화시킨 그림이다.

③ 흐름공정표에는 각 작업의 처리비용, 시간당 서비스 제공능력, 수요 불확실성에 따른 대응방안 등이 포함된다.

④ 새로운 서비스의 처리과정을 도식화하고 운영상태와 같은 작업의 흐름을 파악함으로써 생산성을 높이고 리드타임을 줄이는 데 목적이 있다.

5 다음 중 흐름공정표 개발과정에서 논의가 이루어져야 하는 사항에 해당하는 것은?

ㄱ. 레이아웃을 변경함으로써 이동시간을 줄일 수 없는가? ㄴ. 어떤 작업이 병목현상을 일으키는가? 어느 단계에서 시간이 가장 많이 지연되는가? ㄷ. 고객 니즈는 어느 정도 충족시키고 있는가?

① ㄱ, ㄴ　　② ㄴ, ㄷ
③ ㄱ, ㄷ　　④ ㄱ, ㄴ, ㄷ

6 다음 중 서비스 청사진에 관한 설명으로 바른 것은?

① 서비스 청사진의 하단으로 갈수록 고객과의 접촉도가 높고 잘못될 경우 서비스 질에 상당히 큰 영향을 미칠 우려가 있는 활동들이 모여 있다.

② 서비스 청사진의 상단으로 갈수록 고객이 직접 볼 수 없는 활동이 많고 자동화를 통해 충분한 처리능력을 갖출 수 있는 여지가 많으며 상대적으로 서비스 질의 변동성도 낮다.

③ 가시성 경계 하단의 활동 중 후방부 접촉활동은 고객과 직접 접촉하지는 않으면서 고객에게 제공하는 서비스 활동을 보여준다.

④ 최하단의 지원 프로세스는 조직구성원과 최고경영층 간 내적 상호작용 과정을 나타낸다.

7 서비스 청사진은 다음 중 어떤 경우에 효용성을 제공할 수 있는가?

① 서비스 시설 내에서 고객의 동선 축소를 통해 서비스 생산성을 증대시키고자 할 때

② 서비스 고객의 불평과 불만을 체계적으로 분석하고자 할 때

③ 고객만족을 위해 서비스 시설 주변의 환경 개선 계획을 수립하고자 할 때

④ 호텔객실이나 국제선 항공좌석의 점유율을 제고하고자 하는 전략계획을 수립하고자 할 때

8 여러 개의 아이디어들을 상호간의 관계에 따라 정리함으로써 문제의 정의를 손쉽게 하고자 하는 데 쓰이는 도구는?

① 친화도표 ② 화살도표
③ 계통도표 ④ 매트릭스 도표

9 목적이나 목표를 달성하기 위해서 필요한 수단을 체계적으로 전개한 도표를 작성함으로써, 목표달성을 위한 최적 수단을 추구해 나가는 데 사용되는 기법은?

① 친화도표 ② 화살도표
③ 계통도표 ④ 매트릭스 도표

10 문제해결에 소요되는 시간을 추정하고 동시에 처리될 수 있는 작업들을 찾아내어 여유시간을 추정하는 데 쓰이는 기법으로 프로젝트 분석에서 흔히 사용되는 도구는 무엇인가?

① 친화도표 ② 화살도표
③ 계통도표 ④ 매트릭스 도표

11 다음 중 GE가 운영중인 식스시그마 경영의 핵심개념에 해당하지 않는 것은?

① critical to quality ② stable operations
③ process capability ④ concurrent engineering

12 다음 중 식스시그마 운동에 대한 설명으로 옳은 것은?

ㄱ. 통계적 기법보다는 자동화 시스템과 IT에의 투자를 강조한다.
ㄴ. 조직 전체가 달성해야 할 품질의 개선목표를 계량적으로 설정한 것이다.
ㄷ. 시그마는 편차를 의미하며, 시그마 앞의 숫자가 클수록 품질수준이 높다.

① ㄱ, ㄴ ② ㄴ, ㄷ
③ ㄱ, ㄷ ④ ㄱ, ㄴ, ㄷ

13 다음 중 식스시그마 경영 품질개선과정이 순서대로 열거된 것은?

① 정의 – 측정 – 분석 – 개선 – 통제
② 정의 – 측정 – 개선 – 통제 – 분석
③ 정의 – 분석 – 측정 – 개선 – 통제
④ 정의 – 통제 – 측정 – 분석 – 개선

14 다음 중 식스시그마 품질경영의 절차에서 핵심품질요소(CTQ) 파악과는 관련이 없는 항목은?

① 고객이 누구인가?(내부/외부)
② 고객에게 무엇을 제공하는가?
③ 제품・서비스 질에 가장 큰 영향을 주는 내부 프로세스는 무엇인가?
④ 고객이 무엇을 가장 중시하는가?

15 다음 중 DMAIC를 구성하는 단계 A에서 활용되는 기법에 해당하는 것은?

ㄱ. 산포도	ㄴ. 인과분석도	ㄷ. 점검표

① ㄱ, ㄴ　② ㄴ, ㄷ
③ ㄱ, ㄷ　④ ㄱ, ㄴ, ㄷ

16 식스시그마 경영의 추진과정에서 첫 번째 단계는?

① 핵심품질요소(CTQ)를 좌우하는 프로세스와 결함을 발생시키는 부분을 탐색한다.
② 고객만족에 결정적인 영향을 미치는 핵심품질요소를 파악한다.
③ 지속적인 프로세스 관리에 몰입한다.
④ 결함 원인을 찾는다.

✤ 객관식 정답

1. ④ 2. ② 3. ② 4. ③ 5. ① 6. ③ 7. ① 8. ① 9. ③ 10. ② 11. ④ 12. ② 13. ① 14. ③ 15. ④ 16. ②

PART

Ⅱ

품질경영의 구성요소와 기법

CHAPTER 5

설계품질의 관리

01 설계품질의 전략적 가치
02 설계품질의 혁신원리
03 가치분석
04 계량적 설계품질 개선기법

종합적 품질경영(TQM)에서 "종합적"이란 말을 제조공정만을 포괄하는 것으로 해석하여 작업장에서의 공정관리에 주력하는 경향이 있다. 그러나 종합적 품질경영은 제조공정뿐만 아니라 설계, 구매, 판매, 애프터서비스 등 많은 분야를 포괄하며, 특히 제품의 설계분야에 그 노력이 집중되어야만 효과를 기대할 수 있다. 본장에서는 품질개선방법으로 설계혁신의 중요성에 대해 간략히 살펴본 뒤, 품질기능전개, 다구치기법, FMEA와 FTA기법 등 품질개선에 필수적인 기법을 설명하고자 한다.

01 설계품질의 전략적 가치

1. 설계품질의 의의

기업이 지속적으로 성장, 발전하기 위해서는 신제품 개발활동을 소홀히 할 수 없다. 기존 제품라인에 새로운 품목을 추가하든, 새로운 시장에 침투하기 위해 기존제품과 전혀 다른 제품을 개발하든 간에, 무엇인가 새로운 제품을 시장에 소개하지 않고서는 경쟁에서 이겨나갈 수 없다.

제품개발과 설계에 있어 가장 중요한 점은 소비자의 욕구와 필요를 감안해야 한다는 것이다. 소비자가 원하지 않는 제품은 아무리 싸고 튼튼해도 가치가 없기 때문이다. 시장조사나 시험판매를 하는 이유도 바로 소비자의 취향을 파악하기 위해서이다. 따라서 소비자와 직접 접촉하는 마케팅부문의 역량은 우수한 제품의 개발에 큰 기여를 한다. 이처럼 물건을 구입하는 최종 소비자의 역할이 중요하다면 같은 조직 내의 소비자도 중요하다. 설계부문의 고객은 제조부문이고 외주를 주는 경우에는 협력업체도 설계부문의 고객이 된다.

제품설계를 담당하는 엔지니어들이 고객으로 생각해야 하는 제조부서의 생산기술이나 양산능력을 감안하지 않고 설계의 완성이라는 목표만을 지향한다면 설사 설계를 완성했다 하더라도 이는 단지 일시적인 설계중단에 불과하다. 제조공정의 설계와 양산능력 점검 등의 과정을 거치는 가운데 최초의 설계 내용은 거의 남아 있는 것이 없을 정도가 된다. 제품구조가 복잡하지 않은 경우에도 밀려 있는 일감을 빨리 처리하기 위해 작업현장의 기술수준을 알아볼 생각도 하지 않고 대략 제품의 규격과 공차를 결정하여 작업장에 건네주는 경우가 허다하다. 또 밖에서 손쉽게 구할 수 있는 부품을 쓸 수 있도록 설계하기보다는 무관심과 무지함으로 인해 만들기 어렵고 시간도 많이 걸리는 설계쪽으로 진전된다. 제품개선이라는 명목하에 설계변경과 엔지니어링수정을 하면서도 이에 관한 계획과 자료를 제조부서에 제때에 넘겨주지 않기도 한다.

이 모든 경우 설계·엔지니어링부서와 제조부서 사이를 수십 차례 왕복하고서야 최종적인 설계가 완성된다. 처음에 빨리 끝내고자 하는 노력은 결국 시간을 더 지체시키는 결과를 낳는다. 설사 생산에 들어갔다 하더라도 생산도중의 설계변경을 막을 수 없으며 이는 곧 기존부품의 폐기, 생산계획의 변경, 주문적체, 소비자 불만의 증가로 이어질 수밖에 없다. 특히 하나의 제품이 다수의 부품으로 구성되어 있을 때 부품 하나의 설계변경은 다른 부품의 설계에 큰 영향을 미칠 수 있다. 예를 들어 자동차와 같은 경우에 엔진, 문, 브레이크 등 여러 부문에서 수없이 많은 설계도면을 그리고 수정하는 작업이 이루어지고 있다. 이들 직업들은 서로 밀접히 관계하고 있으며 어느 한 부문에서의 설계변경은 다른 사람이 작업하는 부품설계에 큰 영향을 미친다. 만약 변경에 관한 자료가 제때에 전달되지 않거나 미리 의사소통이 되어 있지 않다면 이들 부품들은 서로 맞지 않아 나중에 큰 혼란과 손실을 초래할 가능성이 높다.

물론 자동차나 가전제품 같은 엄청난 자금과 인력을 투자해야 하는 대량생산 위주의 품목에만 설계부문과 제조부문의 통합적 노력이 필요한 것은 아니다. 이들 품목을 생산하는 기업들은 대개 대기업으로 연구부문, 설계부문, 기술부문, 제조부문 등이 각각 거대한 독립부서로 자리잡고 있어 부문별 이기주의의 폐해가 크기 때문에 자주 거론된다. 그러나 기업규모에 관계없이 설계의 역할이 혁신적으로 개혁되어야만 제조부문의 전체적 경쟁력을 강화할 수 있다. 설계를 반드시 제품기술이나 첨단제조기술의 개발과 연계시킬 필요는 없다. 조그마한 개선과제에서도 설계부문의 역할은 크다. 예를 들어 여러 개의 부품을 조립하여 생산하는 경우 부품의 결합위치가 정확하지 못하여 불량이 생기는 경우가 많다. 현장작업자들을 중심으로 조립방법에 대한 훈련을 하기보다는 한 방향으로만 조립되도록 부품의 설계를 고치는 것이 낫다. 회로에 납땜불량이 많이 생기면 납땜을 필요로 하지 않는 또는 납땜횟수를 줄일 수 있는 제품의 설계를 모색하는 것이 훨씬 저렴한 대처방안이다. 설계개선이 반드시 하이테크기술만을 요구하는 것은 아니다.

제품의 설계비용은 원가의 5%에 불과하지만 제조원가의 70% 정도를 결정짓는다고 한다. 따라서 제품의 설계개선이 이루어지지 않은 상태에서의 제조원가절감이란 제조부서에만 큰 짐을 지우는 극히 비효과적인 방법이다. 아이디어 창출에서 시제품 생산쪽으로 개발작업이 진행되어 갈수록 설계변경이나 아이디어 추가에 드는 비용이 급증하며 실제 수정할 수 있는 폭도 점점 더 좁아진다. 제품설계의 개선이 이루어지지 않으면 품질향상과 원가절감을 위한 노력은 곧 한계에 이르고 만다. 주어진 설비와 작업방법을 개선하여 열심히 일하는 것도 중요하지만 만들기 쉽고 불량품이 발생하기 어렵게 제품을 설계할 수 있다면 품질과 원가문제까지 같이 해결할 수 있다. 제품기술과 생산기술을 독자적으로 개발하지 않았다고 하더라도 개선의 여지는 무척 많다. 다만 문제는 어떻게 그런 노력과 활동을 통합하고 이끌어나갈 것이냐에 있다. 남의 기술을 도입하여 생산한다고 하여 아무런 수정이나 개선 없이 그저 가르쳐준 대로만 한다면 그 다음 차원의 기술이 개발되면 또다시 남의 것을 얻어올 수밖에 없다.

2. 설계 및 제품개발 리드타임 축소의 전략적 가치

가전제품과 같이 성숙기에 접어선 품목이나 고도의 엔지니어링 역량을 필요로 하는 주문형 제품들은 제조공정상의 스피드만으로는 경쟁우위를 지켜나갈 수 없다. 치열한 경쟁은 제품의 수명주기를 줄이고 진부화를 가속시켜 경쟁우위는 고객이 원하는 새로운 제품을 신속히 개발·공급하는 기업쪽으로 기울게 된다. 삼성전자, 휴렛팩커드, GE, 혼다, 도요타와 같은 기업들은 신제품개발을 통해 새로운 테크놀로지의 상업화에 전력투구하는 초우량기업일 뿐만 아니라 적시생산시스템을 통해 고품질, 저가의 제품을 시의적절하게 생산해내는 기업이기도 하다. 즉 제조부문과 설계부문의 역량에 있어 최선두를 달리고 있다. 기존의 생산시스템을 적시생산의 원리를 통해 체질개선을 이룩한 기업들은 이제 이 원리를 신제품개발과 설계공정에 적용하고자 노력하고 있다.

Smith와 Reinertsen은 마켓시계와 회사시계라는 개념을 이용하여 신제품개발의 중요성을 강조하였다. 마켓시계(market clock)란 충족시켜 주지 못한 고객니즈가 발생했을 때부터 초침이 움직이는 시계이고 회사시계(company clock)는 그 니즈를 인지하여 충족시키기 위한 첫 움직임을 시도했을 때부터 초침이 움직이는 시계라 정의하였다. 시간을 경쟁의 주요 축으로 삼는 기업일수록 이 두 시계의 시간차이를 줄이려는 노력을 더 많이 기울인다고 한다.

경쟁회사보다 빨리 신제품을 개발하여 시장에 소개하면 당연히 시장에서의 독점적인 위치로 인해 경쟁기업이 따라올 때까지 독점이익을 누릴 수 있다. 물론 가격도 높게 설정하여 개발비를 단기간 내에 회수할 수 있다. 이와 함께 제품개발 리드타임의 단축은 [그림 5-1]에서와 같이 경쟁기업보다 늦게 개발에 착수했지만 거의 같은 시기에 완제품 출시를 가능하게 해준다. 가령, 2년 정도 늦게 개발을 시작했다면 제품생산에 투입되는 자재, 기술, 설비가 모두 최고 2

[그림 5-1] 신제품개발 리드타임 축소의 전략적 효과

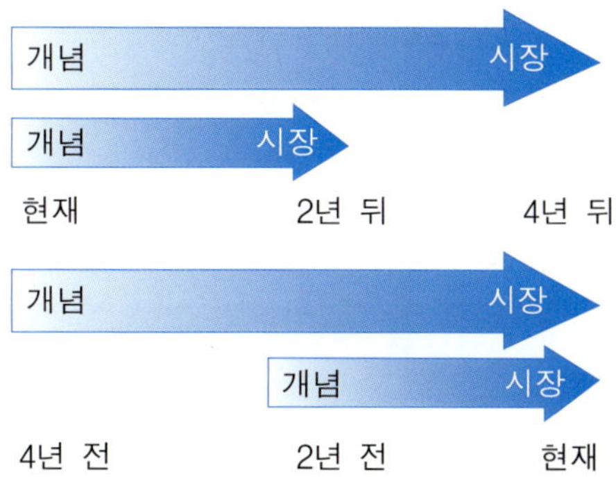

년 정도 앞선 것이 된다. 같은 제품을 더욱 우수한 설비와 기술로 생산이 가능하며 그만큼 짧은 시간 내에 개발을 완료하면 개발에 따른 간접비도 절감된다. 그뿐만 아니라 소비자의 수요와 욕구에 대한 예측도 최고 2년 정도 더 가까운 미래를 보고하게 되어 예측의 오류도 줄어든다.

신제품을 경쟁업체보다 신속히 개발하여 시장에 내놓을 수 있는 초우량기업들은 그렇지 못한 기업에 비해 근본적으로 다른 점이 많다. 이들 기업들은 생산라인의 신축성과 대응성을 증진시키는 데 적용하였던 원리들을 신제품설계와 양산설비준비과정에도 적용하였다. 신속한 제품개발과 양산준비를 할 수 있는 능력을 갖춘 우량기업의 개발조직은 시장변화에 신속히 대응할 수 있는 공장조직과 유사점이 많다. 우선 "로트의 크기"를 보면 개발주기가 짧고 신제품개발횟수는 높다. 신제품개발의 신속성을 자랑하는 조직은 신축성 있는 공장조직과 같다. 신제품개발에 필요한 모든 인적자원을 한곳에 모아 팀을 구성하도록 한다. 마케팅, 신제품설계, 엔지니어링, 제조 그리고 필요하다면 재무와 판매 부서의 전문가까지 팀에 참여시킨다.

다기능팀을 통한 신제품 개발주기의 단축은 경쟁의 주도권을 잡을 수 있는 절호의 기회이며 이전의 실패를 단시간 내에 만회할 수 있는 방법이다. 다음 절에서 살펴볼 컨커런트 엔지니어링, DFM, QFD와 같은 접근방법은 제품설계의 시작단계에서부터 협력업체와 소비자, 그리고 조직 내의 모든 부서를 참여시킴으로써 경쟁업체보다 신속히 신제품을 시장에 내놓을 수 있고 품질과 원가면에서도 엄청난 개선을 가져올 수 있다. 이런 새로운 경쟁전략은 기존의

시장세분화나 원가우위 전략보다 훨씬 더 효과적이고 지속적이다. 결과적으로 기업의 경쟁우위는 멋들어진 전략계획을 수립하는 것보다 남과 다른 운영방침을 정착하는 데에서 나온다.

02 설계품질의 혁신원리

1. 컨커런트 엔지니어링

전통적 제품개발방식은 대개 순차적(sequential) 또는 직렬식이었다. 즉 제품의 기획, 개발·설계, 생산준비, 제조 등의 업무가 부서별로 나뉘어 있어 한 부서의 업무가 끝난 뒤에야 그 다음 부서로 제품개발작업이 이어졌다. 즉 분업에 의한 효율화와 전문화를 추구한 결과가 바로 직렬식 제품개발방식이다.

이에 반해 컨커런트 엔지니어링은 병렬식 처리를 통한 개발시간의 단축을 목표로 한다. 컨커런트 엔지니어링은 제품의 품질과 성능을 결정하거나 여기에 영향을 미치는 여러 부서의 전문가들로 구성된 다기능팀(cross-functional team)을 통해 설계가 이루어지도록 한다. 다기능팀에는 제품디자인 엔지니어, 생산기술 엔지니어, 마케팅전문가, 구매전문가, 재무분석가 및 협력업체 기술진 등이 참여하도록 하여 부서간의 벽을 없애고 제품개발 및 생산에 관련된 모든 정보를 공유하도록 유도한다. 이러한 다기능팀은 설계담당 엔지니어들과 같이 일하고 나중에 시작품생산을 위한 미니생산라인도 구축하며 생산이 본궤도에 오를 때까지 계속 유지되고 설계변경까지도 책임진다. 판매전문가들도 소비자의 요구사항을 반영시키고 생산기술전문가는 어떤 설계가 작업시간을 단축할 수 있는지를 검토하며, 협력업체들 역시 신속한 생산 및 원가절감을 위한 다양한 의견을 개진한다.

컨커런트 엔지니어링은 [그림 5-2](a)와 같은 전통적인 직렬식 설계과정을 배제하고 대신 [그림 5-2](b)와 같이 제품개발과정을 구성하는 다양한 활동을 동시에 수행해 가도록 하는 설계의 통합화원리를 지향한다. 컨커런트 엔지니

[그림 5-2] 전통적 제품설계 방식과 컨커런트 엔지니어링 방식의 비교

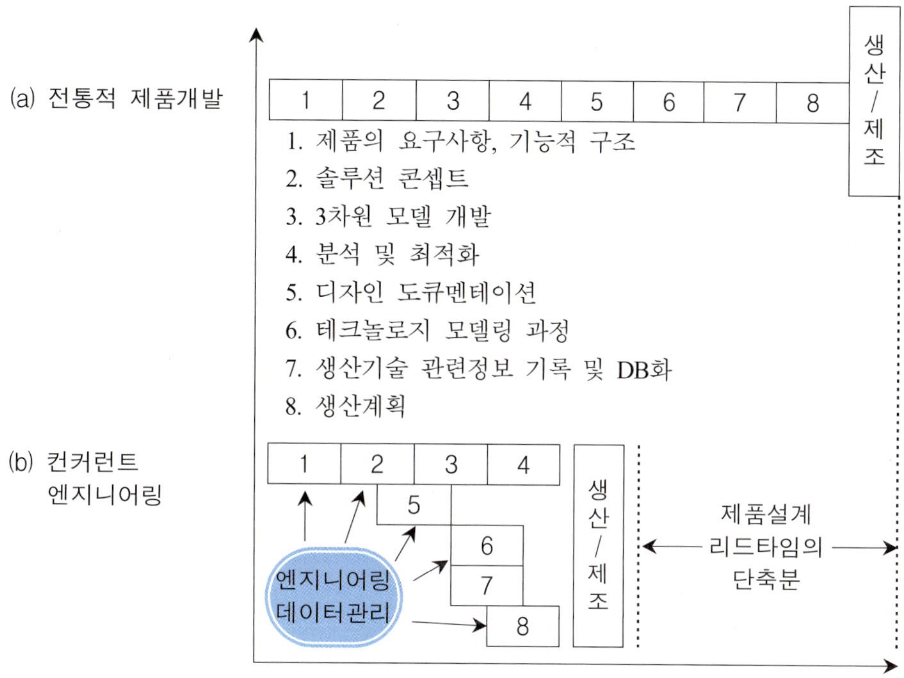

출처 : http://dx.doi.org/10.1016/S0924-0136(97)00345-2

어링은 제품개발비용의 30% 이상 절감, 제품개발시간의 60% 절감의 효과와 함께 혁신적 품질개선을 가능하게 한다. 이제 컨커런트 엔지니어링을 거의 모든 글로벌 일류기업에서 설계부문의 기본원리로 채택하고 있다. 예를 들어 삼성전자는 컨커런트 엔지니어링 원리에 설계-제조 프로세스의 완벽한 디지털화를 결합하여 제품설계의 효율성 극대화를 도모하고 있다. 디지털 렌더링 및 모형을 사용하여 실제 물리적 시제품 생산의 필요성을 줄이고 모든 관련 데이터를 전 세계적으로 공유함으로써 협력업체와의 협업이 향상되며, 엔지니어링 관련 설계변경 횟수도 대폭 줄일 수 있게 되었다. 그 결과 제품개발주기는 30% 단축되었고, 시제품 생산필요성은 30% 감소되었으며, 최초 생산라인 가동 시 오류는 50% 감소되어,[1] 휴대폰 금형 같은 경우 단 10일이면 완벽하게 양산

1) 이 내용은 지멘스의 http://www.plm.automation.siemens.com/ko_kr/의 탑재자료를 주로 참고하였다.

준비에 들어갈 수 있다고 한다.

컨커런트 엔지니어링의 중요성은 패스트 패션업체인 일본 유니클로의 혁신활동에서도 엿볼 수 있다. 2014년 영업이익률이 10% 이하로 떨어지자 유니클로는 본사 7층에 수요조사 · 디자인 · 개발 · 기획 · 마케팅 · 생산 · 판매영업 · IT 부문의 핵심인력 1,000여명을 집결시켰다고 한다.[2] 건물 7개 층에 나뉘어 일하던 인력을 한 층에 모아 제품의 실시간 기획 · 생산을 유도했다. 소비자의 수요 데이터가 생산 · 물류 부문에 실시간으로 공유되면서 일주일 단위였던 기획 · 생산 흐름이 하루 단위로 진화함으로써 신제품 출시 스피드가 높아져 꼭 필요한 제품만 만들어 재고를 줄일 수 있었다고 한다. 이처럼 상품설계의 통합화는 치열한 글로벌 시장에서 살아남기 위한 기업문화의 일부이다.

2. 생산을 쉽게 하기 위한 설계원리

설계와 생산의 통합원리는 DFM(Design for Manufacturability)을 통해 그 효과가 더욱 빛난다. DFM은 좀더 만들기 쉽도록 설계를 이끌어가는 디자인원리를 말한다. 이 개념은 1980년 미국 로드아일랜드대학의 제프리 부스로이드 교수가 "Design for Assembly"라는 연구논문을 발표함으로써 더욱 체계가 잡히게 되었다. DFM은 제조현장에서의 작업을 손쉽게 하기 위해 설계과정에서 감안해야 할 설계의 기본원리를 의미한다.

그 후 일본 히타치의 생산공학연구소는 부스로이드 교수의 세미나에 연구원들을 보내 그 나름대로의 DFM을 수립하였으며, GE는 히타치 것을 빌려 좀 더 개선한 후 영어로 교육자료를 개발하였다. 이제 DFM은 여러 다른 분야에 폭넓게 퍼져가고 있다. 예를 들어 손쉽게 페인트를 칠할 수 있도록 자재와 형태를 선택하는 원리를 의미하는 Design for Finish Quality, PCB조립에 관한 Design for PCB Assembly 등이 개발되었다. 이제 DFM은 서비스부문에까지 확장되는 실정이다.

DFM원리는 〈표 5-1〉에 몇 가지가 수록되어 있다. 이 같은 DFM 가이드라인은 상당히 상식적인 것으로 보여도 그리 널리 확산되지 못했다. 설계를 담당

---

2) 조선일보, 2017년 10월 6일 기사 참고.

〈표 5-1〉 DFM 가이드라인

- 파트의 가짓수를 최소화하라.
- 모듈러 디자인을 적극 감안하라.
- 한 파트가 여러 기능을 할 수 있도록 설계하라.
- 한 파트가 여러 용도에 쓰일 수 있도록 설계하라.
- Fabrication이 쉽도록 설계하라.
- 가급적 여러 개의 fastener나 connector를 쓰지 않도록 하라.
- 여러 방향으로 조립할 필요가 없도록 하라(즉 위에서 밑으로 조립할 수 있도록 설계).
- 조립하기 쉽게 설계하라.
- 취급하기 쉽게 설계하라.
- 조립방법을 평가하라.
- 조립공정에서 조정(adjustment)을 할 필요가 없도록 설계하라.

하는 고급엔지니어들은 제조나 운영적인 손쉬움을 염두에 두고 개발하기보다는 제품의 기능만을 생각하는 경향이 있으며, 더욱이 밖에서 구할 수 없는 아주 독특한 파트를 설계하는 것이 설계자의 능력과 일치한다고 생각하는 오류를 범하기 때문이다. 만들기 쉬운지 어려운지, 생산비가 많이 들지 적게 들지 그들의 소관은 아니라고 생각하는 한 DFM이 눈에 들어올 리가 없다. 이제 〈표 5-1〉에서 몇 가지만 살펴보기로 하자.

(1) 파트(part) 가짓수의 최소화

제품생산에 필요한 부속이나 부품의 가짓수를 줄이고 밖에서 손쉽게 구할 수 있는 부품의 사용비율을 높이면 제조원가는 당연히 줄어든다. 개별부속은 언젠가 완제품 속으로 끼어들어 간다. 따라서 부품이나 부속 수가 많을수록 조립에 소요되는 시간과 비용이 더 들 것이며, 이들 부품이나 부속의 구입과 관리를 위한 간접비용 역시 증가할 수밖에 없다. 즉 작업단계의 축소, 실수의 발생가능성 저하, 노동력 절감, 훈련의 용이, 작업매뉴얼 작성의 용이, 협력업체수의 감소, 각종 거래업무의 감소, 관리필요성의 저하 등의 효과가 자동적으로 수반된다. 따라서 부품수를 줄이면 직접적인 생산비용이 절감되는 것은 물론 간접비도 줄어든다.

부품수의 축소는 여러 개의 부품이 수행하던 기능을 하나의 부품이 대신할 수 있도록 설계변경하거나 같은 부품이라도 그 위치를 달리함으로써 기존에 쓰였던 부품이나 부속을 없앨 수 있도록 함으로써 가능하다. 물론 그렇다고 하여 간단한 구조를 가진 여러 개의 부품이나 부속을 구태여 하나의 복잡한 부품으로 전환시킬 필요는 없다.

(2) 조립작업의 단순화

조립작업의 경우 DFM 가이드라인은 특히 중요하다. 예를 들어 어느 중간조립품이 두 개의 파트와 이 둘을 하나로 조립하는 데 필요한 연결고리로 구성되어 있다고 생각해 보자. 설계팀은 다음의 세 가지를 생각해 봐야 한다.

- 이 두 파트 중 어느 하나가 움직이거나 회전하는 것인가?
- 이 둘 다 서로 다른 자재를 써서 만들어야 하는가?
- 이 둘 중 어느 하나는 나중에 서비스를 받기 위해 빼낼 필요가 있는가?

만약 이 물음에 대한 답이 아니오(No)면 이를 하나의 파트로 재설계할 필요가 있다. 파트의 가짓수를 줄이면 엄청난 원가절감을 기대할 수 있다. 또한 파트조립시 오직 한 방향으로만 조립이 되도록 한다든가 또는 용도에 따라 연결고리의 형태나 색상을 달리하여 실수를 방지하도록 할 수 있다.

(3) 모듈러 디자인과 플랫폼 관리

제조공정을 단순하게 유지하면서도 소비자들에게 다양한 제품을 제공할 수 있는 가장 손쉬운 방법은 기본설계를 확정해 놓고 고객의 요구에 따라 다양한 선택사양을 추가하는 것이다. 기계공구, 컴퓨터, 가구, 펌프 등은 선택사양을 이용하여 제품의 다양화를 꾀하는 품목들로 볼 수 있다. 소비자가 원하는 사양을 신속히 제공할 수 있다는 것은 큰 힘이 된다. 그러나 문제는 '얼마나 쉽게 선택사양을 추가할 수 있는가'이다. 한 제품에 추가할 수 있는 선택사양의 구조를 체계화함으로써 사양의 추가가 제조원가를 필요 이상으로 올리는 부작용을 막아야 한다. 모듈러 디자인(modular design)은 바로 이 선택사양의 체계화에 기여할 수 있는 디자인원리이다. 여러 개의 독립된 모듈로 하나의 제품을 구성할 수 있도록 제품을 설계하고 각각의 모듈은 독자적으로 조립·검사된다. 고객이 원하는 선택사양에 따라 최종조립·생산단계에서 제품의 일부가 되며, 어떤 제품에 장착되더라도 제품의 기능에는 문제를 불러일으키지 않는다. 결과적으로 소비자가 인식하는 제품의 종류는 모듈수에 따라 기하급수적으로 늘어난다.

[그림 5-3]은 모듈의 개념을 시각적으로 표시한 것이다. 제품의 상층부를 구성하는 맨 위의 모듈은 모두 두 가지 유형이 있으며 모듈의 끝부분이 구멍에 들어갈 수 있도록 뾰족하게 설계되어 있다.[3] 제품의 중층부를 구성하는 두 번째 모듈은 모두 네 가지 유형이 있으며 모듈 위 표면에 구멍이 나 있고 모듈 하단은 볼트처럼 생겨 다른 모듈과의 조립이 가능하다. 제품의 베이스 역할을 하는 세 번째 모듈은 두 가지 유형이 있으며 모두 상단에 구멍이 나 있어 볼트 형태의 모듈 결합이 가능하다.

이들 세 가지 모듈을 어떤 방식으로 결합·조립하든 기술적으로 문제가 없다면 생산가능한 최종 품목의 가짓수는 2×4×2=16가지가 된다. 이와 같이 제품을 설계하는 데 있어서 각 품목을 독립적으로 고려하는 대신 모듈러 디자인의 원리를 적용함으로써 소요부품의 가짓수를 줄일 수 있으며 생산공정도

[그림 5-3] 모듈러 디자인의 예시

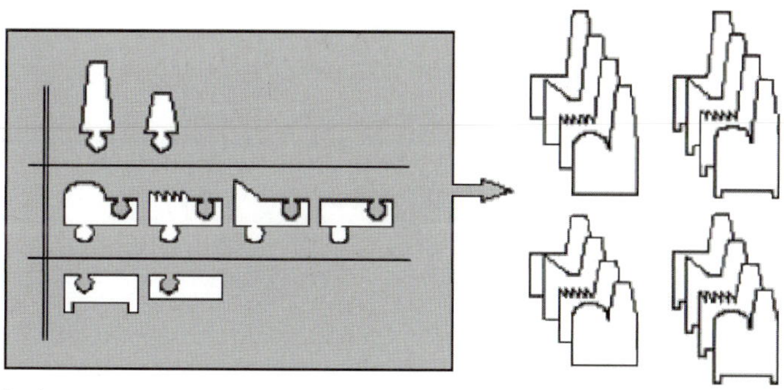

출처 : Jose, A. and M. Tollenaere(2005)

3) 이 예시자료는 다음 논문을 참고하였음. Jose, A. and M. Tollenaere, "Modular and platform methods for product family design: literature analysis," *Journal of Intelligent Manufacturing*, Vol. 16, Iss. 3, 2005, pp.371~390.

단순화시킬 수 있다. 물론 제품설계를 시작할 때부터 모듈러 디자인을 감안한다 하더라도 설계과정이 더 복잡하거나 어려워지지는 않는다.

모듈을 활용하는 설계원리에는 플랫폼(platform)이라는 개념도 자주 등장한다. 서로 다른 제품에 표준화된 동일 모듈을 사용하는 방식인데, 겉으로 보기에는 다른 제품으로 인식되지만 내부 구조를 살펴보면 같은 모듈을 사용하는 경우를 의미한다. [그림 5-4]에서와 같이 자동차 생산공정에서 흔히 적용되는 설계원리인데, 예를 들어 모두 네 가지 서로 다른 자동차가 조립라인에서 마무리되어 나오지만 현가장치(suspension system)는 모두 같은 모듈이다. 조립공정에서 일정단계까지는 모두 같은 모듈을 사용하며 이 단계를 지나야만 각 개별 자동차에 맞는 브레이크, 타이어, 쇼크 업소버(shock absorber) 등을 장착하게 된다.

생산 · 공급망관리 분야에서의 플랫폼은 소비자들이 볼 때에는 서로 다른 제품으로 인식하지만, 이들 제품에 특정부품, 치공구, 컴퓨터칩 등이 공통적으로 사용되며 생산 · 조립공정의 구조나 설비가 거의 유사한 경우를 의미한다. 예를 들어 자동차 모델 A와 B가 플랫폼을 공유한다는 것은 차체는 다르지만, 주행하는 데 필요한 많은 기계 및 전자장치는 같은 것을 사용한다는 의미이다. 이 경우 모델 A 생산을 위한 부품 디자인과 조립공정의 설계가 완료되었다면 모델 B를 위한 부품과 조립공정 개발비용은 상당히 절감된다. 플랫폼 기반의

[그림 5-4] **플랫폼의 예시**

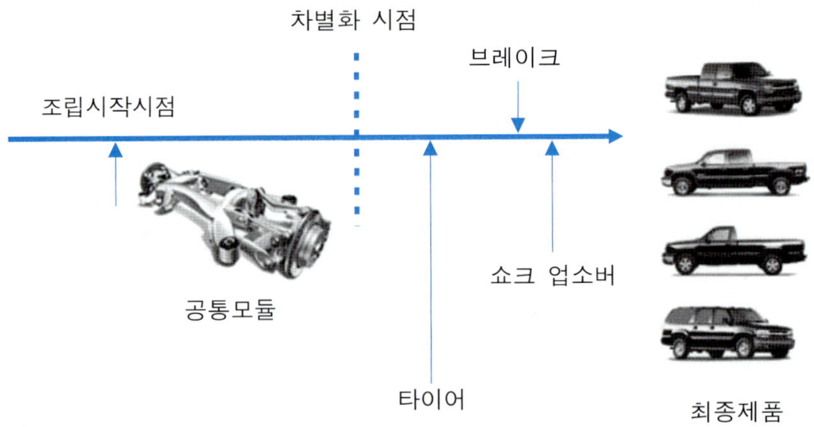

출처 : Jose, A. and M. Tollenaere(2005)

생산은 부품의 표준화를 넘어서 전체적인 조립 및 생산프로세스의 구조까지 공유한다는 의미이다.

(4) 순차적 추가가 가능한 선택사양

선택사양을 설계하는 경우에도 순차적으로 사양을 추가할 수 있도록 하는 것이 바람직하다. 즉 작업의 흐름을 중단하지 않고 자연스럽게 작업이 진행되면서 필요한 선택사양을 끼워 넣도록 해야 한다. 예를 들어 선택사양의 조립이 단순히 공구의 교체만으로도 신속히 이루어질 수 있고 별다른 추가작업을 하지 않아도 가능하다면 자연스러운 작업흐름을 그런대로 유지할 수 있다. 예를 들어 어느 선택사양을 추가하기 위해서는 제품의 일부를 뜯어내고 안쪽에 몇 개의 구멍을 뚫어야 한다고 생각해 보자. 필요할 때마다 구멍을 뚫기보다는 제작초기에 필요하든 안 하든 구멍을 뚫는 것이 바람직할 것이고, 다른 모든 선택사양의 조립에 대비하여 필요한 모든 구멍을 미리 뚫어놓는 것이 더 효율적일 것이다. 물론 가장 좋은 방법은 구멍을 뚫지 않고도 선택사양을 추가할 수 있도록 설계를 개선하는 것일 것이다.

이와 같은 선택사양설계전략은 모듈러 디자인과 함께 최소비용으로 상품 다양화를 요구하는 매스커스터마이제이션을 가능하게 한다. 또한 고객이 원하는 다양한 상품을 만들어주되, 가급적 다양성이 생산공정이 거의 끝나갈 무렵에 나타나는 지연전략(postponement strategy)의 도입도 쉬워진다.

3. 품질기능전개

품질기능전개(Quality Function Deployment, QFD)는 제품설계 전반에 걸쳐 각 단계에서 다소 막연하면서도 추상적인 소비자의 요구, 필요성, 기호 등을 이에 대응되는 기술적인 요구(Technical Requirement)로 전환하는 과정이라 할 수 있다.[4] 즉, 소비자의 요구, 필요성, 기호는 "WHAT"이 되고 이를 충족시키기 위한 기술적 요구사항은 "HOW"가 된다. 소비자는 최종제품을 구매하는 고객집단만을

4) Franceschini, F., *Advanced Quality Function Deployment*, Boca Raton, Fla. : St. Lucie Press, 2002.

의미하지는 않는다. 예를 들어 연구개발부서의 직접적인 고객은 제조부서이며, 제조부서의 고객은 판매부서라고 생각할 수 있다. 한 부서의 고객이란 그 부서의 생산품을 투입물로 이용하여 무엇인가 부가가치가 증대된 산출물을 생산하는 부서를 의미한다.

QFD를 이용할 경우 제품의 설계에 직·간접적으로 참여하는 모든 이해관계자들의 의견을 취합하고 이를 조정·통합하는 과정을 거치기 때문에, 제품의 기획단계에서 상당한 시간을 투자하게 된다. 그러나 설계에 투입되는 총작업시간은 오히려 줄어들게 되는데, 그 이유는 제품의 설계과정에서 고려해야 할 품질특성의 우선순위가 뚜렷이 나타나고, 설계과정의 기록 및 보관, 의사소통이 개선됨에 따라 중요 부품의 재설계가 줄어들며, 전반적인 설계변경의 횟수가 현저히 줄어들기 때문이다.

1960년대말 미쓰비시의 고베조선소에서 최초로 적용된 이 원리는 여러 분야의 담당자들을 한 팀으로 모아 제품 및 공정에 관한 제반 의사결정에 필요한 자료와 그 결과를 정리·기록하는 것을 제도화함으로써 설계과정에 참여한 여러 다른 사람들에게 이러한 정보의 효율적 전달을 가능하게 하였다.

QFD의 적용절차를 살펴보기로 하자. QFD는 소비자 요구와 이를 기술적인 용어로 나타낸 대용특성(substitute characteristics) 간의 관계를 나타내는 "House of Quality(품질의 집)"라 불리는 표의 작성으로부터 시작된다. 품질의 집은 [그림 5-5]에 간략히 소개된 것과 같이 소비자의 요구와 이들 항목의 상대적 중요도, 경쟁기업제품과의 품질특성 비교, 소비자의 요구를 기술적인 용어로 전환시킨 대용특성의 설정, 다양한 대용특성간의 상관관계와 목표치(target value), 그리고 이러한 대용특성의 목표치를 달성하는 데 따르는 기술적 어려움 등을 체계적으로 종합한 일람표라 할 수 있다.

소비자의 요구와 필요가 최종적인 제품으로 형상화되는 과정 전체에 QFD의 원리를 적용하기 위해서는 여러 개의 품질의 집이 필요하다. 예를 들어 제품기획(product planning)단계에서 "HOW"로 도출된 기술적 특성은 부품설계(part deployment)단계에서는 "WHAT"의 기능을 하게 되며, 부품설계단계에서 "HOW"가 되는 부품의 특성은 공정계획(process planning)단계에서 "WHAT"의 역할을 맡게 된다. 마찬가지로 공정계획단계의 "HOW"는 생산계획(production planning)단계에서 "WHAT"의 역할을 맡게 된다.

물론 이들 네 단계에서 품질의 집이 모두 필요하지는 않다. 품질의 집을

[그림 5-5] House of Quality(품질의 집)의 기본구조

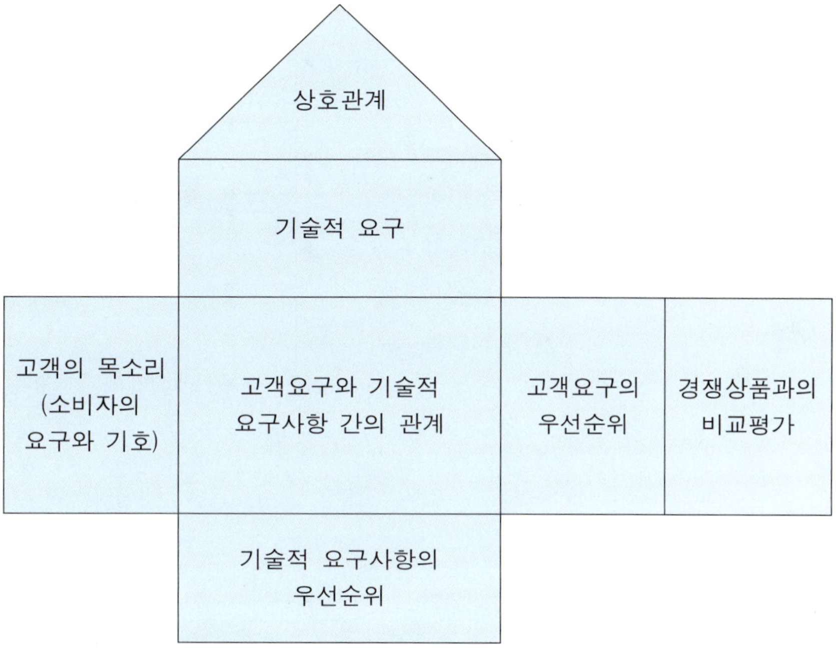

작성할 것인지 여부는 제품수명, 설계 난이도, 원가절감의 필요성, 경쟁전략의 유형 등 다양한 요소에 의해 복합적으로 이루어진다. 품질의 집은 다음과 같이 몇 가지 단계를 거쳐 구축된다.[5)]

① 소비자의 요구분석 : QFD는 소비자의 입장에서 제품이 지니고 있어야 할 특성을 정확히 파악하는 것으로부터 시작한다. QFD의 적용과정에서 이 같은 소비자의 요구와 필요는 "WHAT"으로 표시되는데, "WHAT"은 반드시 제품의 규격(specification)일 필요는 없으며 단순히 일상적인 표현으로 나타낼 수 있다.

② WHAT의 상대적 중요도의 결정 : 요구항목의 상대적 중요성을 소비자의 의견, 실무자의 경험, 서베이 자료 등을 기초로 하여 결정한다.

5) 이 부분은 Hauser, J.R. and D. Clausing, "The House of Quality," *Harvard Business Review*, May~June 1988, pp. 63~73을 주로 참고하였다.

[그림 5-6] QFD원리의 확장

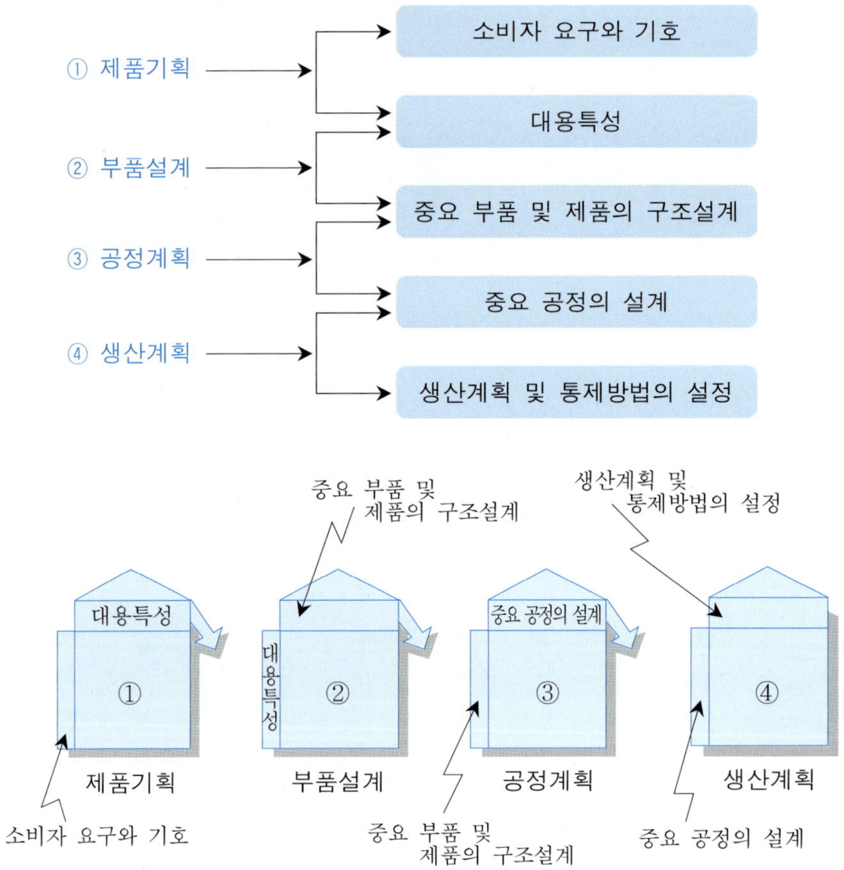

출처 : Hauser, J.R. and D. Clausing, "The House of Quality," *Harvard Business Review*, May～June 1988, p.73.

③ 경쟁기업 제품과의 품질특성 비교 : 소비자의 의견이나 서베이 자료를 이용하여 경쟁기업의 제품과 자사제품 간의 품질특성 비교를 수행한다. 즉, 자사제품이 경쟁회사의 제품과 비교할 때 어떤 평가를 받을 것인가에 대해 분석한다. 이 과정을 통해 품질개선이 가장 필요한 부분을 파악할 수 있다.

④ 소비자 요구의 대용특성으로의 전환 : 소비자의 요구를 기술적인 용어로 전환시킨다. 다시 말해 소비자의 요구에 직접적으로 영향을 미치는

[그림 5-7] 품질의 집 예시

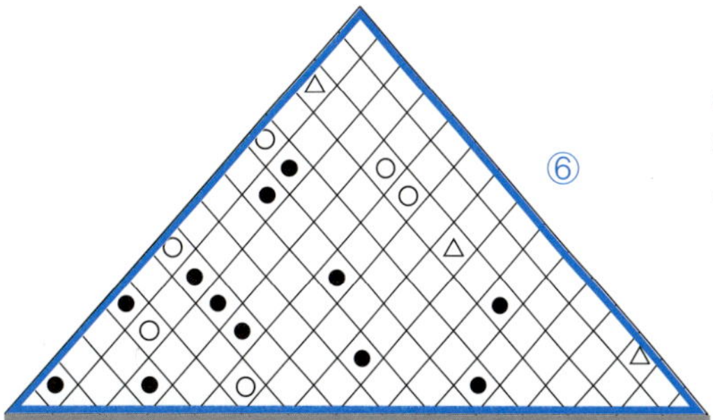

①	④	프로그램 구성	프로그램 시간	보수유지 스케줄	보수유지 담당요원	피트니스 강사	훈련	시설의 규모	지도방식	피트니스 시설유형	강사스케줄	운영시간	출입통제	요금구조	조명	무선인터넷 접근성
프로그램과 활동	내가 원하는 프로그램 제공	●				△								○		
	프로그램 선택이 용이함		●									○				
	가족끼리 운동하기에도 문제없음	●														
시설	라커룸의 시설이 청결함			●	○											
	장비의 보수·유지 상태가 우수함			●	○					△						
분위기	위치가 안전한 곳에 있음			○		△	△		○				●		○	
	원하는 시간대에 운동시설의 여유가 있음									●		●				
	다양한 시설·기구를 보유하고 있음									●						
	주차장이 넉넉함							●								
스태프 멤버	친절하고 예의 바름					○	●									
	전문가적인 지식과 자질 보유					○	●									
	지도받고 싶을 때 접근이 용이함										●					
	문제가 생기면 신속히 대응해 줌					○	●				○					
기타	프로그램 등록과정이 손쉬움											△				●
	가격에 비해 착한 가치를 제공함	○						△		●				●		

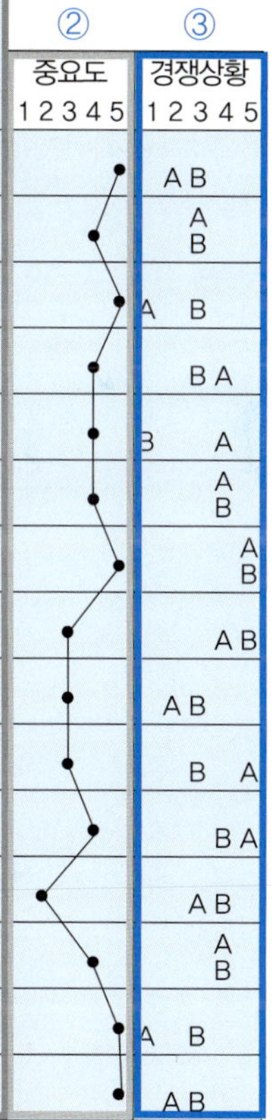

⑤ 경쟁사에 대한 평가																
	A	2	3	5	4	5	5	4	4	4	3	5	4	2	4	1
	B	3	3	3	2	4	4	4	4	5	4	5	4	3	4	1

⑦ 목표수준	4	4	4	3	5	5	4	4	5	4	5	4	5	4	3

출처 : Evans, R.E and W.M. Lindsay, *Managing for Quality and Performance Excellence*, 9th ed., South-Western, Cengage Learning, 2014, p.324.

기술적 특성을 식별해 내야 하는데, QFD에서는 이를 대용특성(substitute characteristics)이라 하며 "WHAT"에 대응하는 "HOW"의 역할을 하게 된다.

⑤ 각 HOW에 대한 정확한 측정치의 기록 : 각 "HOW"에 대해 정확한 측정치를 기록하고, 가능하면 경쟁제품의 "HOW"에 대해서도 평가를 실시한다.

⑥ 각 HOW간의 상관관계 도시 : 그 다음 각 "HOW"간의 상관관계를 강한 양의 상관관계, 약한 양의 상관관계, 강한 음의 상관관계, 약한 음의 상관관계 등으로 개략적으로 나타낸다.

⑦ 각 HOW의 목표치 설정과 추가자료 정리 : 마지막으로 각 "HOW"에 대한 목표치의 설정, 이를 달성하는 데 따르는 기술적 어려움, 특정 "WHAT"에 대한 소비자 불만수준, 각 "HOW"간의 상대적 중요도에 관한 자료를 추가하여 품질의 집을 완성한다.

[그림 5-7]은 주거지역 가까이에 위치한 피트니스 센터의 서비스 품질 관련 QFD분석 결과이다. 고객들의 요구사항("WHAT")을 주요 카테고리별로 분류한 결과 프로그램과 활동, 시설, 분위기, 스태프 멤버, 기타 등으로 나눌 수 있다. 이런 요구사항을 충족시켜 주기 위해 다양한 영역에서 대응책이 요구되는데, [그림 5-7]에 소개되어 있는 품질의 집 상단의 내용이 "HOW"에 해당한다. [그림 5-7]에 첨부되어 있는 ①부터 ⑦까지의 숫자는 앞에서 소개한 품질의 집 구축과정의 각 단계에 해당된다고 볼 수 있다.

4. 개방형 혁신(오픈 서비스 혁신) 전략

소통의 도구가 다양해지고 개인화되면서 내·외부에 산재해 있는 자원을 기업의 기술개발, 사업모델 혁신에 활용하려는 시도가 활발하다. 하지만 제품과 같은 물리적 실체가 없는 서비스 산업에서 기업 자체적으로 독자적인 연구개발부서를 운영하는 경우는 많지 않다. UC버클리 경영대학의 헨리 체스브로(Henry Chesbrough)는 이런 차이점을 인지하여 개방형 혁신 또는 오픈 서비스 혁신(Open Service Innovation)이라는 개념을 제시하고 조직 내부의 지식과 아이디어의 개방 및 조직 외부의 혁신적 아이디어의 흡수를 통한 서비스 혁신전략을 주장한 바 있다.

표준화된 서비스를 제공하고자 노력하더라도 개인에 따라 서비스에 대한 기대수준이 다르고 경험하는 바도 달라져 서비스질에 대한 일관성 있는 평가가 쉽지 않다. 오픈 서비스 혁신전략에서는 고객이 서비스 혁신프로세스에 참여하도록 유도한다. 고객은 서비스를 제공받는 과정에서 자신이 가지고 있는 암묵적(tacit) 지식을 드러내게 되고, 서비스 기업은 이를 활용하여 새롭게 변화된 서비스 또는 전혀 새로운 서비스를 고객에게 제공할 수 있게 된다. [그림 5-8]에서와 같이 고객이 자발적으로 제공한 암묵적 지식은 서비스에 변화를 주게 되고 새롭게 변모된 서비스를 고객에게 제공함으로써 고객과의 공동창조(co-creation) 모형이 정립된다.

체스브로는 서비스 혁신을 위한 개방과 소통방식으로 조직 외부에서 내부로(Outside In)의 전략과 내부에서 외부로(Inside Out)의 전략을 제시하고 있다. 즉,

[그림 5-8] 고객과의 공동창조(co-creation) 프로세스

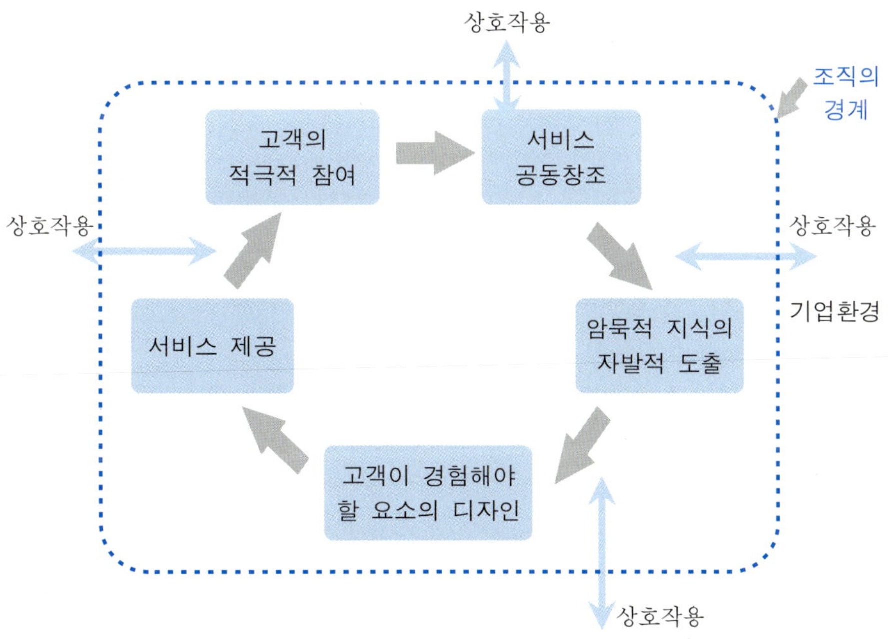

출처 : Chesbrough, H., "Bringing Open Innovation to Services," *MIT Sloan Management Review*, Vol. 52, No. 2, 2011, pp.84~90.

조직 내에서 해답을 찾던 것에서 조직 외부의 전문가들에게 조언을 구할 수 있고, 우리가 잘할 수 있지만 별로 사용되지 않는 아이디어를 외부의 고객들에게 공개해 협업을 도모할 수 있다. 외부의 지식이나 아이디어를 기업 내부로 끌어들이는 외부에서 내부로의 전략은 이제 제품뿐 아니라 서비스 분야에서도 다방면에 활용되고 있다.[6] 특히 시대의 흐름에 따라 적응의 속도를 높이는 것이 생존조건이 되고 있기 때문에 소위 '나만의 것에 대한 고집(NIT, Not invented here 신드롬)'을 극복할 수 있어야 한다.

조직 외부에서 내부로(Outside In) 전략의 사례로는 BBC의 콘텐츠 혁신에서 찾아볼 수 있다. BBC는 방송산업의 핵심이라 할 수 있는 콘텐츠 영역을 과감히 개방하는 시도를 했다. BBC도 처음에는 아마추어 개발자들이 BBC 콘텐츠를 무단으로 재사용하는 것을 걱정했지만, 이후 BBC 백스테이지라는 시험적 사이트를 통해 공공가치를 전달한다는 전제조건하에 외부의 개발자, 디자이너들이 자유롭게 BBC 콘텐츠를 재이용하여 혁신물을 창작하도록 독려했다. 이를 통해 BBC 직원과 외부의 사람들이 자유롭게 아이디어를 서로 공유할 수 있게 되었고, 이와 같은 과감한 혁신의 결과로 BBC는 상위 종합미디어 업체로서의 자리를 굳건히 지키고 있다. 현재 BBC 온라인은 영국에서 두 번째로 많은 사용자들이 접근하는 모바일 웹사이트이다.

장난감 회사인 레고(LEGO)의 사례도 외부의 역량을 내부로 수용하여 새로운 서비스를 창출한 경우이다. 레고가 개발한 레고 마인드스톰(Mind-storms)은 레고 장난감 안에 프로그램이 가능한 모터를 내장시켜 소비자가 움직이는 레고 장난감을 만들 수 있게 개발한 혁신적 상품이었다. 출시 후 얼마 되지 않아, 허락받지 않은 해커가 레고 안의 모터에 내장된 소프트웨어를 마음대로 수정해서 다양한 기능이 추가될 수 있도록 고쳐버렸다. 이를 알게 된 레고의 연구개발 담당자들은 불법적인 소프트웨어 수정을 막아야 한다고 생각했지만, 최고경영층은 아예 소프트웨어를 공개하는 방향으로 전략을 바꾸어, 창의력 있는 고객들이 어떤 기능을 추가하는지 관찰하기로 하였다.[7] 그 결과 학생들은 레고관련 프로그램을 배우려고 몰려들었고 온갖 형태로 움직이는 레고자

6) 이 내용은 다음 자료를 주로 참조하였음. 정지혜, 개방과 소통이 만드는 서비스 사업의 혁신, LG Business Insight, 3(9), 2011, pp.18～32.
http://www.lgeri.com/management/strategy/article.asp?grouping=01020100&seq=244

7) Chesbrough, H., "Bringing Open Innovation to Services," *MIT Sloan Management Review*, Vol. 52, No. 2, 2011, pp. 84～90.

동차가 등장하게 되었다. 심지어 각종 경진대회가 열리기도 했다. 우리나라에서도 프로그램이 가능한 레고를 활용한 각종 교육프로그램을 쉽게 찾아볼 수 있는 정도이다.

한편 내부에서 외부로의 전략은 기업 내부의 지적 자산이나 역량을 외부로 개방하여 협업형태의 새로운 사업을 구축하는 과정이다. 조직 내부에서 외부로(Inside Out)의 전략 사례는 내부 조직원들의 집단 지성을 활용한 덴마크 유아용품 유통채널인 베이비 샘(BabySam) 사례를 들 수 있다. 이 회사는 숙련된 현장 직원들의 경험을 다른 직원들에게 효과적으로 전달하기 위한 내부 지식 활용 시스템을 구축했다. 먼저 베이비 팬(BabyFan)이란 시스템으로 다양한 현장에 흩어져 있는 고객 응대 서비스에 대한 베스트 프랙티스를 세부 항목별로 수집했다. 또 베이비 위키(BabyWiki)라는 지식 허브로 지원, 협력업체, 고객들이 시장과 고객에 대한 정보를 공유할 수 있게 했다. 그리고 두 가지 시스템에서 수집된 정보들을 토대로 각종 상황에 대한 역할극 대본, 시험 자료들을 개발해 직원들을 교육시켰다. 이러한 시도는 개인들에게는 남아 있으나 조직의 역량으로 체화되지 못했던 무형의 서비스 자산을 더 많은 조직구성원들과 공유하기 위한 것이었다.[8]

03 가치분석

가치분석(value analysis) 또는 가치공학(value engineering)이란 최저의 원가로 필요한 기능을 성취할 수 있도록 하기 위해 제품의 기능분석에 주력하는 조직적이고도 체계적인 분석과정으로 미국 GE사의 마일즈에 의해 처음 제시되었다.[9] 가치분석은 설계품질의 경제성 평가기법으로 생각해 볼 수도 있다.

---

8) Chesbrough, H.의 앞의 논문

9) Fowler, Theodore C., *Value Analysis in Design*, John Wiley & Sons, 2005.

1. 가치분석의 개념

가치분석이란 자체적으로 생산하는 제품이나 외부에서 구매하는 자재 또는 부품이 지니고 있는 기능을 분석하여 그 기능의 가치를 설정한 뒤 제품의 등급이나 품질을 저하시키지 않고서도 최소의 비용으로 그 기능을 수행할 수 있도록 하기 위한 각종 기법의 체계적 적용과정이라 정의할 수 있다. 따라서 가치분석은 품질의 개선보다는 원가의 절감에 그 목적을 두고 있다고 볼 수 있으나, 원가의 절감으로 인한 가격의 하락을 광의의 품질개선으로 본다면 가치분석 역시 설계품질의 개선방법 중의 하나로 볼 수 있다.

같은 비용으로 보다 나은 가치를 얻거나 같은 가치를 보다 저렴한 비용으로 얻기 위해서는 불필요한 비용(cost)의 확인과 이를 제거하기 위한 구체적인 의사결정과정이 확립되어 있어야 한다. 가치분석에서의 가치란 다른 제품과의 비교에서 나타나는 개념으로 다음과 같이 네 가지로 그 유형을 나눈다.

- 원가가치(cost value) : 제품이나 서비스를 1단위 생산하는 데 소요되는 비용을 의미한다.
- 교환가치(exchange value) : 필요한 다른 제품이나 서비스와 교환하고자 할 때 나타나는 가치이다.
- 평가가치(esteem value) : 제품이나 서비스가 가지고 있는 용도를 감안하지 않더라도 소유욕을 불러일으키는 가치를 의미한다. 예를 들어 보석, 미술품, 넥타이 등과 같이 그 자체의 실질적 용도는 별로 없지만 희귀성, 사회적 관습 등으로 인해 소유하고자 하는 욕망을 불러일으키는 특성을 의미한다.
- 사용가치(use value) : 제품이나 서비스가 발휘하는 기능 또는 용도에 의해 결정되는 가치를 의미한다. 실제 많은 제품이 사용가치와 평가가치를 모두 지니고 있는 경우가 많고 이 두 유형의 가치를 분리하기가 극히 어려운 경우가 많다.

가치분석의 핵심은 모든 아이디어에 화폐가치를 부과하는 데 있다. 예를 들어 넥타이 그 자체에는 사용가치가 크지 않지만 넥타이핀은 사용가치가 크다. 넥타이를 핀으로 고정시킴으로써 넥타이에 음식물이 묻는 것을 방지하며,

기계 등에 넥타이가 끼어들어가 사고가 나는 것을 방지할 수도 있다. 그러나 사용가치만을 본다면 넥타이핀 외에도 클립(clip), 핀 등을 이용하더라도 같은 기능을 발휘할 수 있다. 이 경우 넥타이핀과 같은 기능을 발휘할 수 있는 제품의 가치는 높아야 10원 정도일 것이다. 그러나 넥타이핀을 고가에 구입하는 이유는 사용가치 때문이 아니라 평가가치 때문일 것이다. 넥타이핀의 가격이 20,000원일 때 사용가치가 10원이라면 평가가치는 19,990원이나 된다.

제품이 지닐 수 있는 최대가치는 필수적인 기능(essential functions)을 최소비용(minimum cost)으로 달성할 수 있을 때 얻어진다. 최대가치(maximum value)란 실제 관측가능한 것이 아니고 단지 목표일 뿐이며, 언제 얻어질 수 있는가에 대한 상황을 의미할 뿐 구체적으로 그 값이 얼마인가에 대해서는 알 수 없다. 이 정의를 식으로 표현하면 다음과 같다.

$$V_{\max} = \text{최대가치} = \frac{F}{C_{\min}} = \frac{\text{기능}}{\text{최소비용}}$$

같은 기능을 발휘하는 제품이라도 생산에 소요되는 비용이 절감될수록 화폐가치는 상승하게 되며, 같은 비용으로 기능을 향상시키더라도 화폐가치는 상승한다. 다시 말해 가치분석은 통산적인 원가절감기법과는 달리 가치가 증대되더라도 생산비용은 감소되지 않을 수가 있다.

여기서 한 가지 주의할 점은 제품의 가치와 그 제품이 제 기능을 발휘하지 못함으로 인해 발생하는 손실액은 전혀 관계가 없다는 것이다. 예를 들어 비행기 날개의 조립에 사용되는 볼트가 제 기능을 발휘하지 못하면 엄청난 손실을 초래하지만 그렇다고 하여 볼트의 가치 자체가 그만큼 높게 평가되어서는 곤란하다.

2. 기능의 정의와 분석

제품이나 서비스의 기능은 사용목적을 달성하기 위해 갖추고 있어야 하는 기본적인 기능 외에도 신뢰도, 내구성, 디자인, 정밀도 등의 특성, 그리고 생산의 용이성, 보수수리의 용이성 등의 품질특성도 포함하게 된다. 가치분석에서는 이와 같은 특성을 주기능과 부기능으로 나누어 분석하는데, 주기능(primary function)이란 그 기능을 제거하게 되면 제품의 가치가 전혀 없어져 버리는 기능을 의미하며, 부기능(secondary function)이란 주기능을 제대로 발휘시키기 위해 설계과정에서 감안하는 여타의 기능을 의미한다.

따라서 가치분석에서의 분석이란 제품이나 자재의 기능을 분석함과 동시에 이들을 구성하는 부품이나 원자재의 기능까지를 포함하여, 대체품이나 개량품과 비교·평가하는 과정을 포함하게 되는데, 기본적으로 다음 여섯 가지에 대한 분석이 그 핵심을 이룬다.

- what is it : 일견 별 의미 없는 물음일 수도 있으나 제품이나 서비스의 구조가 복잡한 경우 제품 전체를 의미하는 것인지 또는 일부분만을 의미하는 것인지 확실히 할 필요가 있다.
- what does it do : 그 제품의 주기능과 부기능에 대한 분석을 필요로 한다.
- what does it cost : 원가절감 및 가치의 향상을 위해서는 제품의 설계 및 생산과정에 대한 완벽한 지식을 갖추고 있어야 한다.
- what is the value of the essential function : 체계적인 기능평가를 통해 각 기능이 지니는 여러 유형의 가치를 화폐단위로 나타내야 한다.
- what else will perform the essential function : 분석대상이 되는 제품 외에 똑같은 기능을 발휘할 수 있는 제품을 찾아내는 과정으로 상당히 창조적 자세를 요구한다.
- what will that cost : 대체품의 비용을 추정하는 과정이다.

3. 가치분석의 적용과정

체계적이고 효율적인 가치분석을 위해서는 다음과 같은 7단계를 거친다.

- 준비단계(orientation) : 가치분석의 목적을 명확히 하고 소비자가 요구하는 특성이나 기능을 치수, 중량, 신뢰도, 수명 등으로 나타내는 과정을 의미한다.
- 자료의 수집(information) : 연간 매출액, 생산원가, 생산공정, 설계규격 등

제품에 관한 모든 실제자료를 수집하는 과정이다.

- 아이디어 창출(speculation) : 같은 기능을 저렴한 비용으로 생산하거나 같은 비용으로 보다 우수한 기능을 발휘하는 제품을 생산해내기 위해 모든 가능한 아이디어를 창출해내는 과정으로, 설계의 변경, 사용자재나 부품의 개선방안 등을 적극적으로 도모하게 된다.
- 분석(analysis) : 앞 단계에서 얻어진 아이디어의 장단점과 적용가능성을 평가하여 최대의 효과를 기대할 수 있는 아이디어를 선정한다.
- 계획수립(program planning) : 앞 단계에서 선정한 아이디어를 기초로 하여 제품을 구성하는 각종 부품과 자재의 대체품을 검토 · 개발한다. 이 단계에서는 사내 연구부서, 기술담당부서, 원자재 및 부품 공급업자가 한자리에 모여 여러 대안을 분석 · 검토한다.
- 계획의 실시(program execution) : 수립된 계획을 현실화하는 과정으로 각 부서간의 긴밀한 의사소통이 이루어져야 한다.
- 결과의 종합 및 결론도출(status summary and conclusion) : 지금까지 수집 · 분석한 자료를 종합하여 보고서나 현실화를 위한 제안서를 작성한다.

04 계량적 설계품질 개선기법

품질관리기법 중 가장 많이 사용되고 있는 통계적 공정관리기법(statistical process control)은 제조공정에서 발생할 수 있는 불량품을 미연에 방지하는 데 효과적이긴 하지만, 제조공정 그 자체에서 나타나는 품질의 변동만을 관심의 대상으로 하는 "수동적"인 성격을 띠고 있기 때문에 제품전체의 품질개선에는 한계가 있다. 이보다 더욱 효과적인 방법은 제품의 생산공정보다는 설계과정에서의 "변동축소"를 도모하는 방법일 것이다. 즉 제품 및 생산공정의 설계단계에서 최적화를 도모함으로써 품질특성의 변동폭을 줄이고, 결과적으로 제조원가의 절감과 품질의 개선을 보다 효율적으로 추구할 수 있다.

이와 같은 설계과정에서의 품질개선에 기여할 수 있는 계량적 품질개선기법으로는 다구치기법, FMEA(failure mode and effect analysis)와 FTA(fault tree analysis)를 들 수 있다. 다구치기법은 각 품질특성의 최적수준을 도출하는 데 사용되는 일종의 실험설계법이며, FMEA와 FTA는 제품의 고장 및 그 원인을 체계적으로 분석하는 데 사용되는 기법이라 할 수 있다.

1. 다구치기법

QFD의 적용과정에서 대용품질의 목표치를 구하고자 할 때 한두 번의 실험으로 그 결과를 얻을 수 있는 경우는 거의 없다. 특히 서로 상충되는 품질특성들이 많이 있는 경우 그 어려움은 더욱 가중된다. 다구치기법은 다소 파격적인 실험설계법을 통해 실험횟수를 대폭 줄이고 손실함수라는 새로운 개념을 채택하여 기존의 품질관리방법에 색다른 원리를 추가하였다.[10]

(1) 품질의 평가와 손실함수

전통적 관점, 즉 생산자의 입장에서는 제품의 양·불량은 제품의 품질특성이 설계과정에서 설정된 규격을 벗어나느냐 여부에 의해 결정하곤 한다. 즉 [그림 5-9]에서와 같이 제품의 품질특성이 규격한계 내에만 있으면 아무런 손실이 발생하지 않으며, 규격한계를 벗어나는 경우는 그 정도에 관계없이 일정한 손실을 초래한다는 것이다.

그러나 다구치는 이러한 양품·불량품의 정의를 벗어나 품질특성의 실제값이 목표치에 정확히 일치하는 경우를 제외하고는 제품의 품질면에서 손실을 가져온다는 논리하에 [그림 5-10]과 같은 이차함수형태의 손실함수(loss function)를 통해 품질수준을 정의·평가하고자 하였다.

여기서 손실이란 비용의 증가 또는 이익의 감소분을 의미한다. 이 함수에 따르면 품질특성이 규격한계 안에 있더라도 목표치에 일치하지 않으면 손실이 발생하며 품질특성의 변동을 줄여 목표치에 접근해야만 손실이 줄어들고 품질이 개선된다는 것이다.

일반적으로 엔지니어링스펙은 중심값과 상·하한을 이용하여 제품의 규격

10) Montgomery, Douglas C., *Introduction to Statistical Quality Control*, 7th ed., New York : John Wiley, 2012.

[그림 5-9] 전통적인 손실함수의 개념

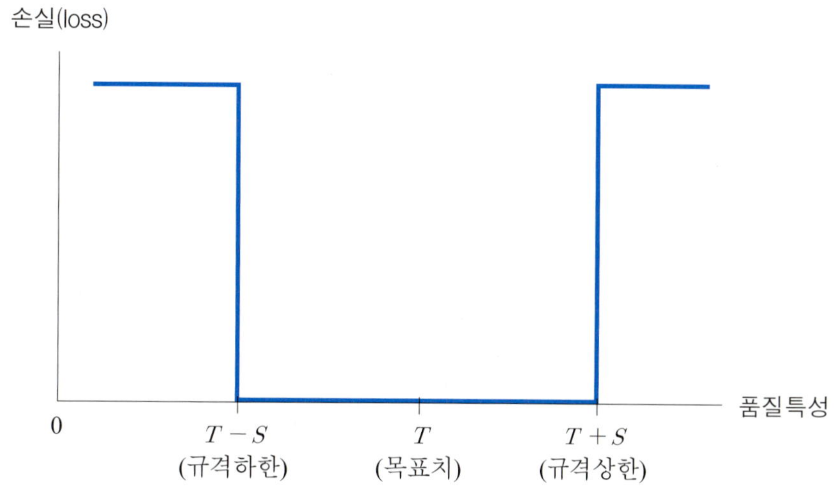

[그림 5-10] 다구치 손실함수의 개념

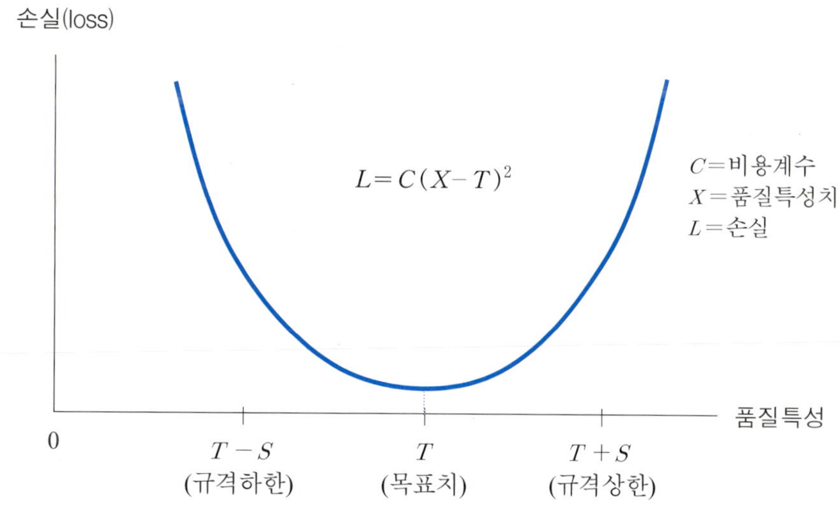

을 나타낸다. 즉 품질이 아주 균일하게 하나의 값만을 가질 수는 없으므로 어느 정도의 변동은 인정한다.

[그림 5-11]을 보면 B는 간신히 규격 안에 들어가 있지만 합격이며 A는 B

[그림 5-11] **합격품질스펙의 문제점**

근처에 있지만 불합격이다. 만약 이 점이 자동차의 자동기어가 변속되는 속도로 정의한다면 그 차이를 느낄 소비자는 거의 없을 것이다. 그러나 A와 B를 C와 비교한다면 상당한 차이를 느낄 수 있을 것이다. 모든 것들이 중심값 근처에 있다면 제품품질의 변동도 적고 이에 따라 소비자의 만족도도 증대할 것이다.

품질의 균일성이 떨어지면 상당한 비용이 발생한다. 각 단계별로 프로세스의 관리에는 초점을 두지 않아 결과적으로 프로세스의 변동이 심하게 발생하므로 품질은 들쑥날쑥하게 된다. 일본의 일류기업들은 프로세스의 변동이 줄면 원가는 줄어들고 고객만족은 커진다는 것을 확실히 보여주었다. 품질은 단순히 규격에의 일치 정도의 차원이 아니다. 프로세스를 담당하는 모든 구성원들이 변동의 축소에 노력할 때에야 시장에서 그 결과가 나타난다.

포드자동차의 예를 들어 보자. 1990년대 중반 포드와 일본의 마즈다는 똑같은 설계도면을 가지고 변속기를 생산하였다. 고객들의 불평을 자료로 하여 평가한 결과, 마즈다에서 생산한 것을 장착한 것에는 별 불평이 따르지 않았으나 포드에서 생산한 것에 대해서는 불평이 많았다. 포드의 변속기에 대해서는 변속되는 포인트에 대해 불평이 많았다. 분석결과 마즈다에서 생산한 것은 대개 목표치에 매우 근접하였으나, 포드의 것은 규격 내에는 들어갔지만 상당한 변동을 보여주었다고 한다.

규격 내에 들어갔다고 해서 반드시 고객이 만족하는 것은 아니다. 이런 불일치에 대해 둔감해서는 품질개선이란 참으로 어려운 과업이다. 모든 생산품들이 목표치에 가까이 있지 않다는 것은 어떤 것들은 한쪽이 쏠리고 또 다른 파트는 다른 쪽에 쏠려 있을 수도 있다는 것이다. 이런 파트들이 하나로 조립되면 기능 자체에는 문제가 없을 수 있지만 고객은 별로 만족하지 않을 것이다. 당장에 부드럽게 움직이지도 않을 것이고 마모도 빨리 될 것이다. 즉 내구성에도 큰 문제를 불러일으킨다. AS센터에 가서 이런 문제를 이야기해도 별다른 조치를 해줄 수 없다. 아마도 그런 상태가 정상적인 것이라고 안심시킬 것이다. 다음번에는 다른 차를 구입할 가능성이 높다. 규격에는 일치하지만 목표치로부터 변동이 심한 제품을 생산하면 결과적으로 모든 관계자가 손해이다. 회사는 고객의 불만족으로 손님을 잃고, 고객과 기업은 수리비용을 분담할 것이다. 프로세스 변동의 축소는 이런 모든 손해를 줄여준다.

이런 측면에 주된 관심을 갖는 다구치이론의 핵심적인 원리는 제품의 수명기간 동안 각 품질특성이 목표치(또는 최적 수준치)에서 멀어져가는 정도에 따라 품질저하로 인한 손실이 발생한다는 것이다. 또한 손실함수는 품질특성의 변동폭을 줄여 목표치에 접근해갈 때 기대할 수 있는 비용의 절감분을 화폐단위로 환산할 수 있어, 품질개선영역의 우선순위결정에도 효과적으로 사용될 수 있다.

(2) 효율적인 품질개선의 원리

다구치는 최소의 비용으로 품질개선을 도모하기 위해서는 제품과 공정의 설계과정을 다음과 같이 3단계로 구분하여 운영해야 한다고 주장하고 이를 통틀어 오프라인 QC라 부르고 있다.

- 시스템의 설계 : 소비자의 요구를 충족시킬 수 있는 제품의 시작설계를 도모하고 이를 현재 보유하고 있는 기술과 설비를 이용하여 생산할 수 있도록 적절한 공정을 선택하는 과정을 의미한다. 이 과정에서의 초점은 가능한 한 현재 보유하고 있는 테크놀로지와 저렴한 자재를 최대로 이용함으로써 새로운 기술이나 값비싼 부품의 개발을 억제하는 데에 있다.
- 파라미터(parameter)의 설계 : 제품의 구조를 결정하는 각종 파라미터의 최적치를 도출해냄으로써 제품기능의 변동폭을 줄이고, 결과적으로 생산비용과 애프터서비스비용을 최소화하고자 하는 데 그 목적이 있다. 또한 제조공정의 경우도 예측할 수 없는 환경의 변화에 영향을 받지 않도록 통제가능한 변수의 최적수준을 선택하고 이를 유지하고자 한다.[11]

11) 이런 개념을 로버스트(robust) 설계라 하는데, 다구치는 제품에 변동을 일으키는 노이즈(noise)를 발견하게 되면 그 노이즈를 제거하거나 차단하는 것이 아니라 노이즈에 의한 영향을 없애거나 줄일 방법을 고려하는 것이 경제적이라 주장한다. 제품의 품질에 영향을 미치는 노이즈는 그대로 두고 제품이 그 노이즈에 둔감하도록 설계를 하는 것이다. 이렇게 할 경우 노이즈를 직접 제거/차단하는 방법보다 더 적은 비용이 들게 된다.

일반적으로 제품과 공정설계과정에서의 파라미터 선택은 통계적 실험설계법을 통해 이루어진다.

- 공차(tolerance)의 설계 : 전 단계에서 설정된 파라미터의 최적치를 목표치로 하여 제품과 공정의 각종 변수에 대한 공차(규격한계)를 선정한다. 파라미터의 설계가 제대로 이루어지지 않은 경우에는 규격한계를 좁게 설정하거나 값비싼 자재를 사용해야 하므로 생산비용이 증가하게 될 우려가 크다. 이 과정에서 바로 앞에서 논의한 손실함수의 개념이 적용된다.

2. FMEA

FMEA(failure mode and effect analysis)는 제품을 구성하는 개별 구성품의 모든 가능한 고장유형(failure mode)을 대상으로 하여 각각의 고장현상이 제품 전체에 미치는 영향과 그 심각성(seriousness)을 분석하고, 이러한 고장의 영향이나 가능성을 최소화하기 위한 구체적인 조치를 강구하고자 하는 데 그 목적이 있다. FMEA는 대략 다음과 같은 절차를 거쳐 진행된다.

① 현재 시스템을 검토하고 예상가능한 잠재위험(risk)을 추정・도출한다.
② 각각의 위험에 대한 예상피해 정도를 기술한다.
③ 각각의 예상피해 정도에 대한 치명도를 평가한다.
④ 각각의 위험이 발생할 빈도를 평가한다.
⑤ 각각의 위험현상이 발생할 경우 검출여부에 대해 검출도를 평가한다.
⑥ 각각의 위험현상에 대해 위험우선순위(Risk Priority Number, RPN)를 계산한다. RPN은 치명도, 발생빈도 및 검출도를 모두 곱한 값으로 정의된다.
⑦ RPN을 바탕으로 우선순위가 높은 위험현상을 선택한다. RPN값이 클수록 위험도가 높다.
⑧ 우선순위가 높은 위험현상을 제거하거나 약화시킬 수 있는 대책을 마련한다. 치명도, 발생빈도, 검출도를 10점 만점으로 할 때, RPN이 125점 이상이면 해결해야 할 주요 문제로 인식해야 한다.

[그림 5-12] FMEA의 수행절차

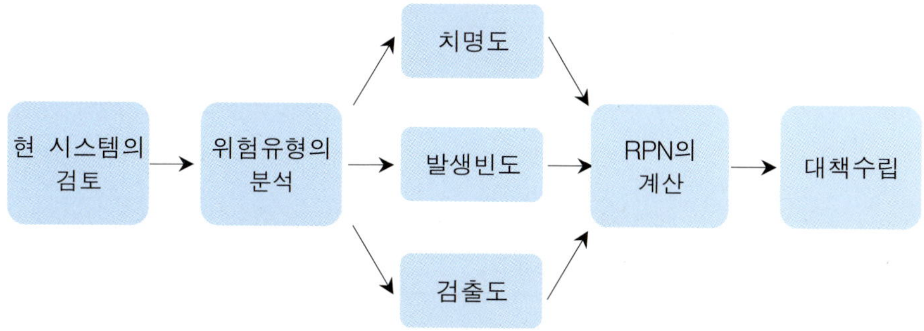

〈표 5-2〉 FMEA용 자료

개선 대안	잠재위험 (리스크)	원 인	영향의 정도				방지 대책
			치명도	발생빈도	검출도	RPN	

FMEA를 위한 판정기준 중 치명도는 잠재위험이 고객에게 미치는 영향의 심각한 정도를 측정하는 지표로 〈표 5-3〉과 같은 방식으로 평가하며, 발생빈도는 잠재위험의 예상 발생가능성으로 〈표 5-4〉와 같은 방식으로 평가한다. 마지막으로 검출도는 잠재위험이 사전에 감지될 가능성으로 〈표 5-5〉와 같은 방식으로 평가한다.

〈표 5-3〉 치명도 평가 예시자료

치명도	점 수
고객이나 다음 프로세스에 영향이 거의 없음	1~2
약간의 가벼운 불만을 느낌	3~4
제품결함을 발견하고 이에 대한 불편함을 느낌	5
제품이 동작을 하지 않고 상당한 불만을 느낌	6~8
고객안전에 영향을 미침	9~10

〈표 5-4〉 발생빈도 평가 예시자료

발생빈도	점 수
발생할 가능성이 극히 희박함	1
발생할 가능성이 희박함	2
이따금 발생	3
보통	4~6
자주 발생	7~8
매우 자주 발생	9~10

〈표 5-5〉 위험의 검출도 평가 예시자료

검출도(검출가능성)	점 수
검출가능성 95% 이상	1~2
검출가능성 80~94%	3~4
검출가능성 50~79%	5~6
검출가능성 10~49%	7~8
검출가능성 10% 미만	9
검출방법이 전혀 없음	10

FMEA는 수학적인 분석을 사용하지 않으므로 상대적으로 이해하기가 쉽지만, 모든 구성부품의 고장을 대상으로 하기 때문에 여러 가지 고장현상이 복합적으로 나타나는 경우 그 해결방법을 찾아내기가 상당히 어렵다.

3. FTA

Bell연구소에서 처음 개발되어 1960년대 미국의 우주항공프로그램에서 주로 쓰인 FTA(fault tree analysis)는 제품 사용시 발생할 수 있는 고장이나 바람직하지 않은 현상과 그러한 결과를 초래하게 하는 각 구성품간의 관계를 분석함으로써 고장을 일으키는 원인과 그 대응방책을 모색하고자 하는 기법이다.

FMEA가 제품 사용시 고장을 일으킬 수 있는 문제의 원인(origin)에서 시작하여 그 원인으로 인해 나타날 수 있는 결과를 찾아가는 방법인 데 반해, FTA

[그림 5-13] 클러치 고장현상의 fault tree

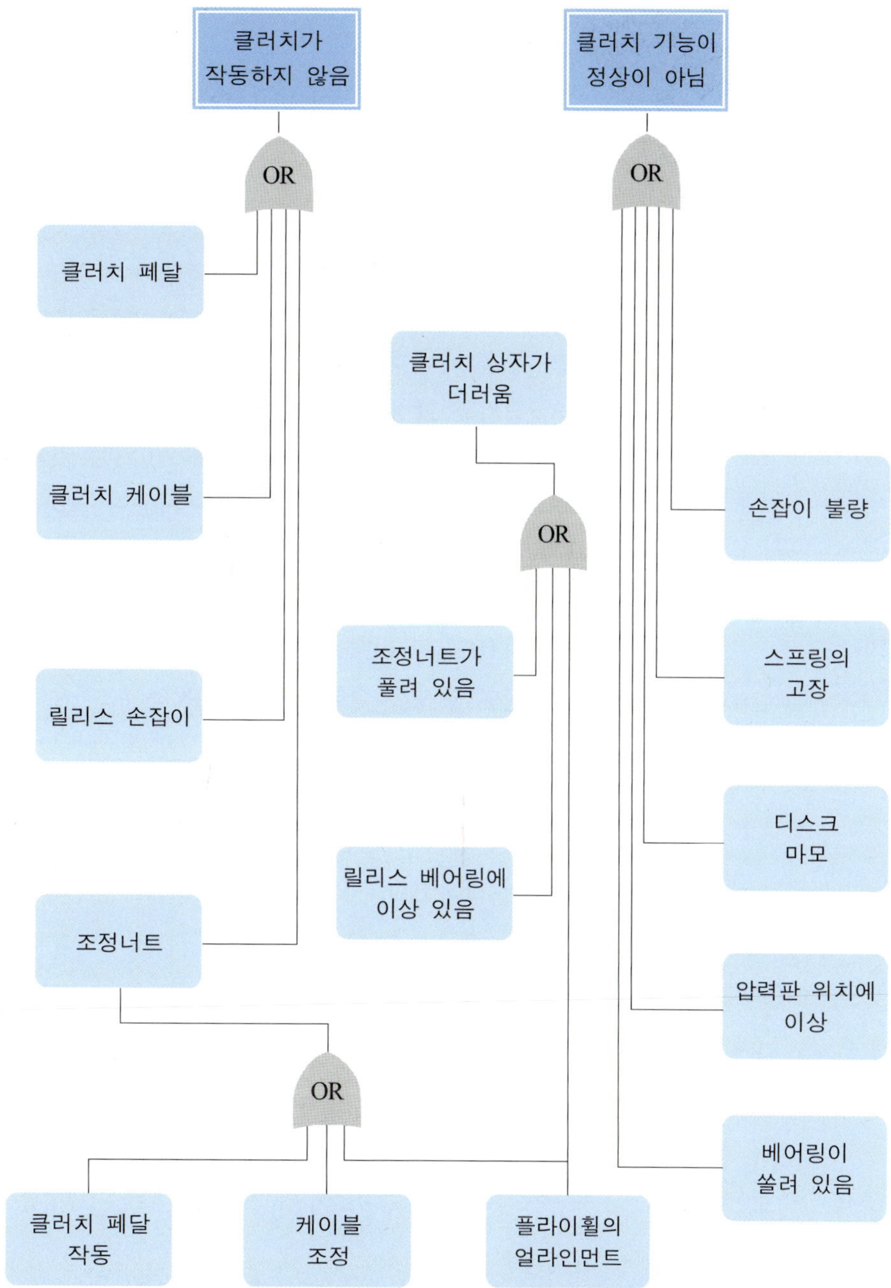

출처 : Sinha, M.N. and W.O. Willborn, 앞의 책, p.190.

에서는 어떤 고장현상(hazard, event)들이 주어지면, 이들의 우선순위를 결정한 뒤 각각의 고장현상과 그 같은 현상을 일으킬 수 있는 모든 가능한 원인들을 색출한 뒤, 이를 제거할 방안을 생각해내게 된다.

FTA는 제품의 구조가 간단한 경우 손쉽게 분석을 시도할 수 있으며 이해하기도 쉬우나, 제품이 복잡한 경우에는 fault tree의 구조가 복잡해져 상당한 시간과 노력을 필요로 한다. FTA의 적용방법을 간략히 살펴보기로 하자.[12)]

- 제품 사용상의 문제점(flaws), 즉 고장으로 볼 수 있는 현상을 정의한다. 예를 들어 자동차의 시동이 걸리지 않는다든가, 전조등이 켜지지 않는다든가 등을 말한다.
- 앞에서 정의한 고장을 일으킬 수 있는 가장 직접적이고 가능성 있는 원인을 조사하고 고장에 직접적 영향을 미치는 것과 간접적 영향을 미치는 두 그룹으로 분류한다. 예를 들어 시동이 걸리지 않는다면 차의 배터리가 약하든가, 또는 시동모터가 불량이든가 하는 식으로 그 원인을 조사할 수 있다. 이 과정에서는 [그림 5-13]과 같은 fault tree를 작성한다.
- 기능적 자료(functional data)를 수집하거나, 시뮬레이션 등을 이용하여 그러한 고장이 발생할 확률을 결정한다.
- 사용시간이 경과함에 따라 각각의 고장현상이 발생할 확률을 결정짓고 어느 경우에 어떤 고장현상이 발생할 것인지를 제품이 생산된 직후, 소비자가 사용하기 시작한 직후, 소비자가 일정기간 동안 사용한 후 등으로 나누어 조사한다. 이들 고장의 원인을 제거할 방법을 모색한다.

12) Sinha, M.N. and W.O. Willborn, *The Management of Quality Assurance*, John Wiley & Sons, 1985.

쉬어가기 세계 1위 '자라' 누가 어떻게 만들었나

세계 1위 패션의류업체 자라(ZARA)는 거칠게 요약하면 한국 동대문시장의 제조생산방식과 닮았다. 최신 유행 패션을 신속하게 파악한 다음 최대한 빠른 시간 안에 생산하고 판매한다는 점에서다. 다만 동대문시장 제품이 아직 중국과 한국 경계에서 머물고 있는 반면 자라는 글로벌 최고 의류상으로 도약했다. 왜 이런 차이가 났을까. 자라 본사 시설들을 돌아보며 느끼고 분석한 자라만의 강점을 다섯 가지 정도로 요약하면 다음과 같다.

1. 시스템화된 속도전 : 기획 · 디자인 · 견본제작 · 배송팀이 한 공간에

자라의 첫 번째 성공 비결은 속도를 극대화한 시스템에 있다. 자라 본사는 층별로 여성복, 남성복, 아동복으로 나뉘어 있다. 사무실에는 별도 벽이나 칸막이가 없이 상품기획팀, 디자인팀, 견본제작팀, 배송팀 등 모든 부서가 한 공간에 모여 있다. '제품 매니저'가 매장과 연락을 주고받아 고객 취향을 실시간으로 분석하면 바로 옆자리에서 신상품 디자인이 시작된다. 완성된 디자인은 같은 공간에서 재봉질을 거쳐 시제품으로 만들어진다. 이를 모델이 착용해 본 다음, 최종 생산 여부를 결정한다.

생산이 결정되면 본사 바로 옆 공장에서 작업이 시작된다. 공장에서는 가장 먼저 원단에서 옷감 패턴을 뜨는 작업을 벌인다. 컴퓨터에서 테트리스 퍼즐을 떠올리게 하는 프로그램이 수차례 돌아가며 자투리 천 낭비를 최소화할 수 있는 옷감 절취선을 찾아낸다. 이후 기계가 정해진 선을 따라 원단을 잘라낸다. 한 번에 최대 200장을 자를 수 있는 기계다. 이 조각들이 외부 생산공장으로 보내져 완제품으로 탄생한다. 이후 이 제품은 다시 자라 본사로 돌아와 검수를 거친 뒤 다림질로 마무리된다. 직원들은 사람 신체 모양을 뜬 판 위에 옷을 올려 다림질한 다음 소매에는 뜨거운 바람을 주입해 둥근 형태를 유지하도록 모양을 잡는다. 이 모든 과정이 일사천리로 진행된다.

2. 중앙집중화로 품질 유지 : 본사에서 전 세계 매장 진열 · 조명 · 온도 · 습도 조절

본사 지하에 내려가니 난데없이 대형 쇼핑몰이 펼쳐졌다. 인디텍스 8개 브랜드별로 매장이 실제와 똑같이 꾸며져 있었다. 마네킹부터 조명, 인테리어, 상품 배치까지 실제 매장과 동일했다.

이곳은 '랩(실험실)'으로 부르는 실험용 매장이다. 전 세계 7,490개 매장은 이곳에서 정해진 진열방식을 그대로 따라야 한다. 바로 옆 관제실에 도착하니 10여명 직원이 모니터 앞에 앉아 전 세계 매장 상황을 점검하고 있었다. 매장 조명, 온도, 습도 등 모든 조건을 여기서 통제하고 시차를 고려해 관제실을 24시간 운영한다.

자라 제품은 57%를 스페인을 비롯한 포르투갈, 터키, 모로코 등 인접국에서 생산하고, 나머지 43%는 중국, 방글라데시, 베트남, 브라질 등 원거리 국가에서 받는다. 그런데 중국에서 생산하고 중국 매장 판매용일지라도 일단 스페인 본사에서 검수를 받아야 한다. 그리고 자라의 모든 제품은 스페인 내 10개 물류센터 중 하나를 거쳐 전 세계 매장으로 비행기로 운송된다.

자라 물류센터는 전 세계 매장별로 제품을 직접 보낸다. 보통 해외 브랜드라면 서울 인근에 대형 창고를 두고 제품을 보관하는데, 자라는 이런 과정을 생략한다. 자라 명동 매장 매니저가 본사에 필요한 제품을 요청하면, 스페인 물류센터에서 해당매장으로 곧바로 제품이 날아온다. 한국에 도착한 물건이 창고에서 대기하는 시

간을 줄일 수 있다. 펠리페 카로 UCLA 경영대학원 교수는 "자라의 성공 비결을 한 가지만 고르자면 '중앙집중화(centralization)'"라고 지적했다. 헤수스 에체바리아 자라 CCO(최고홍보책임자)도 이런 분석에 동의하면서 "자라는 본사에서 전 세계 매장을 직접 통제하고 있으며 이게 경쟁력의 원천"이라고 말했다.

3. 데이터 분석, 수요예측 : 스타 디자이너 · 스타 비즈니스맨 없이 데이터로

자라 본사 3층에서는 디자이너 15명이 회갈색 재킷을 입은 모델을 둘러싸고 서 있다. "클래식하면서 트렌디해서 좋네요." 중국인 디자이너가 말문을 열자 영국인 디자이너는 "형태가 다소 과감해 보수적인 시장에서는 어떨지 의문이 들어요"라고 맞받아친다. 뒤편에 서 있던 다른 디자이너는 빅데이터 분석 자료를 꺼내며 "소비자 구매 패턴을 분석해 보니 중국 시장에는 과감한 색상, 유럽에는 단색으로 제작하는 게 좋겠네요"라고 말했다. 다른 디자이너들도 고개를 끄덕이며 동의하는 표정을 지었다.

자라는 신제품 실패율이 1% 미만이란 성적을 자랑한다. 의류업계 평균이 17~20% 안팎이란 사실을 놓고 보면 놀라지 않을 수 없다. 그 저변에는 철저한 데이터 기반 수요예측 모델이 자리 잡고 있다. 자라는 상품 수요예측과 재고관리 문제를 해결하기 위해 2005년 MIT 경영대학원 제러미 갤리언 교수(현 런던비즈니스스쿨 교수)와 전 세계 매장 판매 · 재고 데이터를 분석해 재고 최적 분배 시스템을 개발했다. 블룸버그는 "자라는 '더 많은 데이터, 더 적은 상사(more data, fewer bosses)'로 혁신을 이뤘다"면서 "신제품 디자인은 상사의 지시가 아닌 디자이너간 토론과 데이터를 기반으로 이뤄진다"고 분석했다. 인디텍스 파블로 이슬라(Isla) 회장은 "자라에는 스타 디자이너도 없고 스타 비즈니스맨도 없다"며 "상사 지시 대신 각자가 데이터를 참고하여 권한과 책임을 가지고 일한다"고 말했다.

에체바리아 자라 CCO는 "옷을 빠르게 만드는 것보다 소비자가 원하는 걸 정확히 읽어내는 과정이 더 중요하다"고 강조했다. 디자이너의 감에 의존하기보다는 데이터를 기반으로 제품 기획을 결정한다는 얘기다. 본사에서 일하는 300여명 디자이너는 '제품 매니저'가 분석한 매장 내 소비자 취향과 의견을 토대로 새로운 상품을 신속하게 디자인하고 있다. 결국 매장에서 벌어지는 소비자 행동 패턴을 읽어내는 제품 매니저 역할이 중요하다. 본사에 30개 국적을 가진 직원이 근무하는 이유가 여기에 있다. 자국민이 아니면 정확히 파악할 수 없는 미세한 차이를 구분하면서 트렌드를 정확하게 읽어내기 위해서다.

4. RFID 등 첨단 기술 활용 : 年 4억5,000만개 상품 생산… RFID로 재고관리

자라 매장에서 원하는 상품을 골랐는데 맞는 치수가 없을 때 직원에게 문의하면, 스마트폰을 꺼내 가격표 QR 코드에 댄다. 그러면 해당치수가 매장 창고에 있는지, 인근 다른 매장에 있는지 등 갖가지 정보가 화면에 뜬다.

자라는 1년에 약 4억5,000만개 상품을 생산한다. 매장에는 늘 수백 가지 상품이 진열되어 있는 데다, 이마저 매주 신상품으로 교체된다. 이 때문에 아무리 훌륭한 직원이라고 해도 상품과 재고를 기억해서 파악하는 건 불가능하다. 이를 위해 자라는 무선주파수인식(RFID) 기술을 독자적으로 개발해왔다. 옷이나 액세서리 등 모든 아이템에 붙어 있는 RFID 칩은 해당제품 색상, 치수, 매장 내 위치, 판매량 등 모든 정보를 저장한다. 원피스가 한 장 팔리면 재고관리실에서 실시간으로 파악해 똑같은 치수 옷을 바로 채워 넣을 수 있다.

서울 강남점처럼 3,300m^2 넘는 매장에 가득 쌓여 있는 재고 물량 파악도 1명이 반나절이면 거뜬히 해낸다. RFID 리더기를 손에 들고 매장 안 구석구석을 돌아다니기만 해도 모든 상품 정보가 한꺼번에 읽혀 중앙 컴퓨터로 보내지고, 이를 모니터에서 확인할 수 있기 때문이다.

자라 특유의 RFID 기술은 아직도 진화 중이다. 매장에서 필요한 재고가 본사 물류센터에 있다는 사실만 확인하는 차원을 넘어 물류센터 내 몇 번째 옷걸이에 걸려 있는지도 파악하는 단계로 발전하고 있다.

5. 친환경, 지속가능한 성장 : 환경단체 승인받은 원단 · 폴리에스테르 사용

자라 본사에서 차로 45분 떨어진 거리에 있는 인디텍스 브랜드 풀앤베어(Pull&Bear) 본사에 들어서니 사무실 벽면의 통창유리가 한눈에 들어왔다. 창밖으로 펼쳐진 숲을 보고 "전망이 훌륭하네요"라고 감탄하자 "에너지 절감을 최우선으로 지어진 친환경 건물"이라는 답변이 돌아왔다. 낮에는 실내조명이 필요 없을 정도로 강한 햇살이 사무실 안쪽까지 비친다.

인디텍스가 주도한 패스트패션 산업은 빠른 상품 회전율과 저렴한 가격으로 시장을 지배했지만, 의류도 일회용품처럼 잠깐 입고 버릴 수 있다는 인식을 심어줬다. 결국 막대한 의류 폐기물을 초래했고, 환경단체들로부터 비난을 받아왔다. 이런 시대적 반발에 발맞춰 인디텍스는 '지속가능한 성장'을 경영전략 한 축으로 채택했다. 유행에 민감한 자라의 저력을 다른 방식으로 구현한 셈이다. 이런 고민으로 탄생한 생산라인은 '조인 라이프'. 일부 상품에 조인 라이프 라벨을 따로 붙인다. 이 조인 라이프 제품은 환경단체 승인을 받은 면이나 텐셀 원단, 유기농 면, 재활용 면, 재활용 폴리에스테르 등을 활용한다. 생산과정에서도 인디텍스 고유의 '그린투웨어' 기술을 사용한다. 공업용수를 재활용하고 화학처리과정도 친환경적으로 운용한다. 인디텍스 담당자는 "친환경적으로 지속가능한 섬유소재를 찾기 위해 노력하고 있다"며 "앞으로 과거 사용했던 소재와 신소재를 결합하면서 생산방식을 개혁해가겠다"고 설명했다. (조선일보, 2019.6.6)

쉬어가기 3D 프린팅, 항공기 설계의 새로운 장을 열다

불과 10년 전만 해도 금속 부품을 3D 프린팅 기술로 만든다는 생각은 과학 소설처럼 보였다. 그러나 이제는 현실이다. 적층제조 기술은 빠르게 성장하고 있다. GE항공은 신형 터보프롭 엔진인 GE Catalyst 엔진의 테스트를 지난 12월 시작했다. 이 엔진은 다양한 금속 재료로 부품의 1/3을 3D 프린팅 기술로 만들었다.

이 부품들은 주머니에 넣을 수 있는 작은 장식품 수준이 아니다. 부품의 무게는 몇 킬로그램씩이나 되고 기어 박스는 전등의 갓만큼 크다. 이 부품들은 신시내티에 위치한 GE항공 적층제조 기술센터(Additive Technology Center, ATC)에서 인쇄되었다. ATC는 세계에서 가장 크고 가장 첨단의 적층제조 공장 중 하나다. 축구장 2개 크기의 이 시설에는 300명의 엔지니어, 설계 엔지니어, 기술자가 일하고 있으며 세계에서 가장 큰 3D 프린터 6대를 포함하여 75종 이상의 다양한 3D 프린터를 보유하고 있다. 마시모 지암브라(Massimo Giambra)는 "적층제조는 전혀 새로운 기술이었기 때문에 처음에는 다소 회의적이었습니다. 그러나 마침내 거기에 갔을 때, 나는 완전히 깜짝 놀랐습니다"라고 그의 첫인상을 이야기한다.

지암브라는 2013년에 GE항공이 인수한 아비오 아에로(Avio Aero)의 엔지니어이다. 지암브라와 그의 동료 파브리지오 부시(Fabrizio Bussi)는 이탈리아 토리노 외곽에 있는 그의 사무실에서 GE Catalyst 엔진의 주요 부품인 가속기, 변속기, 공기와 연료를 혼합하는 연소기인 스월러 등을 설계하는 책임을 맡았다. 둘은 36세 동갑으로 적층제조를 연구하는 대부분의 엔지니어와 마찬가지로 대학에서 3D 프린팅을 배운 적이 없다. "아무도 하지 않았습니다. 공대에서 공부할 때, 단 하나의 적층제조 과목도 없었습니다. 우리는 모두 현업에서 적층제조를 배우고 있습니다."

"적층제조 기술은 여러 측면에서 도움이 될 수 있습니다. 과거의 방식처럼 시도와 검증을 반복하는 방식을 따를 필요가 없습니다. 적층제조 기술은 완전히 새롭고 혁신적입니다. 이 기술의 장점을 이해하면, 설계 엔지니어는 제약조건 없이 자유롭게 설계할 수 있고, 더 창의적이 될 수 있습니다. 매우 흥분되는 일이죠." 부시의 설명이다.

두 엔지니어와 개발팀은 적층제조 기술로 실용적인 시제품을 인쇄하고, 테스트하고, 수정하는 과정을 반복하면서 개발 속도를 높일 수 있었다. 이들은 과거에는 너무 비싸거나 제조가 불가능한 설계를 제안할 수 있었다. 예를 들어, 과거에는 4개의 부품으로 만들던 스월러를 이제는 1개의 부품으로 인쇄한다. "과거에는 설계 엔지니어는 설계한 제품을 공장에서 실제로 만들 수 있을지를 항상 스스로에게 물어봐야 했습니다. 하지만 이러한 제약은 사라졌고 과거라면 정말 엄청나 보이는 설계도 이제는 완벽하게 가능해졌습니다. 이제 우리의 숙제는 최적의 설계를 찾는 것입니다." 파브리지오 부시의 설명이다.

드릴링이나 기계가공 같은 전통적인 제조 기술은 재료를 깎아내며 부품을 완성한다. 그래서 복잡한 형상의 내부 구조를 얻는 것은 어려울 수 있다. 그러나 금속용 3D 프린터는 속이 빈, 격자 모양이나 기타 복잡한 모양을 컴퓨터 파일에서 직접 레이어별로 인쇄할 수 있다. 예를 들어 부시가 3D 프린터로 만든 기어박스용 커버는 표면에 작은 리브(Rib)와 돌출부가 있어 구조적 강성이 높고, 동시에 설계 엔지니어가 부품의 두께를 1mm만큼 더 얇게 만들 수 있다. 결과적으로 구성 부품의 무게는 기존 부품보다 15~20%가량 가볍다. "단조나 주조 방식을 사용하면 불가능할 두께로 부품을 만들 수 있었습니다"라고 부시는 말한다.

드릴링, 밀링 같은 기존의 제조 기술은 재료를 제거하여 부품을 완성한다. 그래서 복잡한 내부 형상을 만드는 것은 어려울 수 있다. 그러나 금속용 3D 프린터는 속이 빈, 격자 모양이나 기타 복잡한 형상을 컴퓨터 파일에서 직접 레이어별로 인쇄할 수 있다.

3D 프린팅 기술을 활용해 개발기간을 단축하고 3주 만에 새로운 설계를 반복할 수 있었다. "전통적인 단조나 기계가공과 전혀 비교할 수 없습니다. 이제는 모든 것을 하나의 기계로 만들기 때문에 더 이상 고가의 주조, 단조, 기계가공이 필요하지 않습니다"라고 지암브라는 말한다. GE Catalyst 엔진은 3D 프린팅 기술로 855개의 개별 부품을 12개로 줄였다. 이 획기적인 기술과 디지털 제어기술 덕분에 항공사는 엔진의 연료 소비는 20% 줄었고, 동급 엔진에 비해 출력은 10%나 높아졌다.

(시리즈GE리포트 코리아, 2018.6.4)

쉬어가기 이케아 볼트는 뾰족하다… 팀 디자인을 통한 원가절감과 품질혁신

이케아 매장에서 판매하는 제품에는 가구의 크기, 재질, 창고 위치가 표기돼 있다. 고객들은 매장에서 구매한 제품을 직접 1층 창고에서 가져가야 한다. 지난 10일 스웨덴의 지방도시 엘름훌트 이케아 매장에서 만난 빅토르 레브그랜(25)은 친구와 함께 소파를 뜯어보며 쿠션을 이리저리 옮기고 있었다. 그는 "이케아는 가구 단위가 아닌 집 모양으로 제품을 전시하기 때문에 인테리어 영감을 받을 수 있다"며 "물건을 사지 않아도 자꾸 들르게 되는 중독성이 있다"고 말했다.

2014년 말 광명에 문을 연 이케아 매장은 세계에서 가장 큰 매장이다. '홈퍼니싱 기업'을 자처하는 이케아는 가구를 포함한 1만여 개의 생활용품을 판매하겠다고 발표했다. 한샘 · 현대리바트 · 까사미아 등 가구업체, 국내 진출한 일본의 생활용품 브랜드인 무인양품, 1,000원 숍의 시대를 연 다이소를 한데 모아놓은 모양새라 관련 업체들이 긴장하고 있다.

직사각형 형태에 3층 높이인 엘름훌트점에서는 9,000여 개의 제품이 판매되고 있다. 3층에는 아이방, 부부침실, 사무실, 드레스룸, 주방, 식당 등 콘셉트에 맞는 룸셋(모형방)이 30여 개 늘어서 있다. 방을 둘러보며 인테리어에 대한 아이디어를 얻는 쇼룸 투어가 끝나면 본격적인 쇼핑이 시작된다. 3층에는 침대와 소파, 장롱 등 가구는 물론이고 싱크대와 타일, 후드 등 주방 인테리어 용품 등을 판매한다. 동선을 따라 2층으로 내려가면 전등갓과 커튼, 침대 · 쿠션커버, 러그 등 생활용품과 수납장, 유아용품과 학용품, 인형이나 아기침대 등을 판매한다. 1층에는 향초, 변기커버, 파라솔과 각종 식물이 있다.

여기에 식당도 함께 있어 원스톱 쇼핑이 가능하다. 이케아는 1960년에 매장 내 첫 레스토랑을 열었고 4년 후인 1964년에는 엘름훌트 매장 옆에 이케아 호텔도 지었다. 이케아 관계자는 "매장 내 식당에서 식사도 해결하고 하루 더 자면 더 많이 쇼핑하지 않겠느냐"는 창업주의 생각이 반영된 것"이라고 말했다.

다양성과 함께 이케아의 최고 장점으로 꼽히는 것은 '가격경쟁력'이다. 이케아의 원가절감 노력은 눈물겹다. 일단 넓고 싼 교외의 공터를 공략한다. 필요하면 고객이 직접 찾아올 것이라는 판단에서다. 스웨덴 스톡홀름 매장도 도심에서 30분 정도 떨어진 교외에 있다. 국내 가구들이 원목을 고집해 고급화를 꾀하는 데 반해 이케아는 철저하게 저가 정책을 쓰고 있다. 이케아에 따르면 창업 초창기인 1960년대는 너무 싸게 팔아 스웨덴의 다른 가구업체들이 납품을 거부하기도 했을 정도로 파격적인 가격정책을 고집해왔다. 이케아 관계자는 "최저가로 만들기 위해 1970년대부터 소나무를 사용했고, 인공목재인 MDF(중밀도 섬유판재)를 사용한다"고 설명했다. 생각지 못한 데서도 가격을 낮추기 위한 노력을 한다. 손톱 한 마디 크기의 볼트 하나도 허투루 보지 않는다. 이케아는 1950년대부터 앞뒤가 모두 뭉툭한 볼트 대신 끝을 뾰족하게 다듬은 볼트를 사용하기 시작했다. 뾰족한 볼트를 사용하면 쇠 사용량이 줄어들고 무게가 가벼워져 운반비용도 절감되기 때문이다. 플라스틱 나사 역시 홈을 깊게 파서 연간 플라스틱 사용료 100만 크로나(한화 1억5,300여만원)를 절감하고 있다.

이렇듯 이케아가 제품 자체를 최소한의 원가로 만드는 비결은 가구제작과정 전반에서 드러난다. 필요에 따라 가구를 디자인하고 적절한 재료를 선택한 후 만들어 포장해 소비자가격을 결정하는 일반 업체들과 달리 이케아의 제작과정은 정반대다. 제품개발단계에서 판매가격을 먼저 결정하고 그 한도 내에서 재질과 디자인, 제작방법을 결정하는 형태다. 디자이너가 제품 전반을 설계하는 게 아니라 기술자, 유통전문가, 패키징 전문가

(포장전문가) 등 8명의 각 분야 전문가가 모여 2년여의 아이디어 회의를 거친 후 제품개발 가이드라인을 만들어낸다. 이 가이드라인에 따라 가장 싸게 생산할 수 있는 전 세계 공장에서 철저하게 분업하는 식이다.

분업화로 인한 대량생산도 원가절감 비결이다. 스웨덴의 엘름훌트 공장에서는 장식장의 문만 생산하고, 임금이 싼 터키 공장에서는 장식장의 몸체를 생산하며, 볼트와 너트는 중국이나 베트남 등에서 생산해 판매처에 각자 공급한다. 조립된 제품이 아닌 DIY(자가제작) 형태로 판매하기 때문에 가능한 정책이다. 운반비도 최소화하기 위해 어떤 제품이든 납작하게 포장하는 플랫팩을 강조한다. 높이가 60cm인 탁자도 운반하거나 구입할 때는 높이가 10cm로 줄어들고, 가로×세로×높이가 각 33cm인 수납함도 완전히 납작한 종이 형태로 포장된다. 가격에 죽고 가격에 사는 회사다.

(중앙일보, 2014.6.16)

쉬어가기

포스트-잇부터 비행기까지 통하는 기술 – 꿈의 영업이익률(22.4%) 비결

'3M' 하면 뭐가 생각나시는지? 십중팔구 '포스트-잇'이나 '스카치테이프'일 것이다. 하지만 이 회사가 이런 소비재에서 거둬들이는 매출은 전체 매출의 16%에 불과하다. 나머지 84%는 일반인이 이름도 잘 모르는 각종 소재나 부품에서 거둬들인다. B2B(기업간 거래) 기업인 것이다. B2B 회사는 소비재 기업과는 다른 고민에 시달리기 일쑤다. 이를테면 구매 기업들이 단가를 일방적으로 후려치는 일이 많이 벌어진다. 이른바 '갑질'이다. 3M도 비슷한 일을 겪지 않을까.

최근 방한한 잉게 툴린(62 · 사진) 3M 회장(이사회 의장 겸 CEO)은 테이블을 가볍게 내려치며 대답했다. "맞습니다. 우리가 납품하는 거래 기업들은 납품 단가를 깎는 걸 모토로 하는 회사입니다. 그래서 R&D가 중요한 겁니다. 우리는 남들도 다 만들 수 있는 제품들로 거래를 하지 않습니다. 우리는 언제나 차세대 기술에 기반을 둔 제품들로 협상합니다. 우리는 거래 기업들에 '이런 게 당신들이 원하는 제품인가? 당신들이 꿈꾸는 미래의 제품은 무엇인가? 우리가 가진 기술 중에 당신들이 원하는 기술이 뭔지 한번 살펴보자' 이런 식으로 접근합니다. 이렇게 되면 가격은 문제가 안 됩니다. 우리는 거래 기업들이 기능, 외양, 디자인 등에서 더 나은 제품을 만드는 데 필요한 것이 무엇인지를 초기 단계부터 제안하고 협상을 이끌어갑니다. 그러기에 일반적인 납품 협상과는 전혀 다른 차원에서 협상이 이뤄지고, 가격 협상이란 건 의미를 잃게 됩니다."

3M이 '수퍼 을'이 될 수 있었던 것은, 경기가 좋지 않을 때도 R&D를 줄이지 않고 계속해 남들이 따라오지 못할 기술력을 확보한 데도 기인한다. "2008~2009년처럼 경기가 안 좋을 때 기업들이 비용절감을 위해 가장 먼저 하는 게 장기 프로젝트를 중단하는 겁니다. 3M은 다릅니다. 물론 당시에 우리 역시 비용을 줄여야 했습니다. 하지만 우리는 처음부터 '두 가지만은 건드리지 말자'고 결정했습니다. 연구개발비와 개발 인력입니다. 일부 감원도 했고 사업부문을 축소하기도 했지만, 두 가지는 건드리지 않았습니다. 왜냐하면 경기침체 후 회복기에는 잘 훈련된 인력이 필요하기 때문입니다. 우리는 비용절감을 위해 근로시간을 주 4일로 줄이고, 일시적으로 월급을 10% 깎았고, 출장을 줄이는 등 갖가지 대책을 실행했습니다. 하지만 연구개발 부문은 예외였습니다. 그게 우리 회사 문화였기 때문이고, 연구개발비를 줄이면 2년 후, 5년 후, 10년 후에 어려움을 겪는다는 걸 최고경

영진 모두가 이해했기 때문에 가능했던 일입니다." 힘든 시절을 떠올리는 듯 그의 미간이 찌푸려졌다.

3M과 관련된 숫자 중엔 깜짝 놀랄 만한 게 적지 않다. 제품 가짓수가 5만개라는 것도 그중 하나다. 그러나 가장 놀라운 것은 지난 5년간 영업이익률이 계속 20%를 넘었다는 것이다. 작년엔 22.4%였다. 한국 100대 상장사 평균이 5.3%에 불과하고, 미국 S&P 500 기업이 14.6%인 것과 큰 차이다. 22.4%의 영업이익률은 많은 한국 기업으로선 꿈도 꾸기 힘든 숫자이다.

－어떻게 그런 숫자가 가능합니까?

"수직 통합형 비즈니스 모델 때문입니다. 우리가 가진 원천 기술들은 전 세계 72개국의 모든 3M 자회사와 모든 사업부에서 누구나 자유롭게 쓸 수 있습니다. 46개의 기술 플랫폼(원천 기술군)을 모든 자회사와 사업부에서 융합해 새로운 제품들을 만들어 냅니다."

하나의 기술로 사무용품부터 비행기 부품까지 만들어내기 때문에 비용은 줄고 이익은 늘어난다는 것이다. '원 소스, 멀티 유즈(one source, multi use)'인 셈이다. 툴린 회장은 46개 기술 플랫폼 중 하나인 접착제를 예로 들었다. "우리는 접착제 원천 기술 하나로 세 가지 완전히 다른 제품군을 판매하고 있습니다. 첫째는 포스트-잇과 스카치테이프입니다. 둘째는 비행기에 쓰이는 접착제입니다. 셋째는 상한 치아를 덮어씌우는 크라운(치관)입니다. 하나의 원천 기술 기반을 갖고 포스트-잇부터 비행기까지 쓰는 겁니다."

지속적인 신제품 개발도 이유로 들었다. "우리는 매출의 3분의 1 이상을 5년 내 개발된 신제품에서 거둡니다. 우리 매출이 300억달러가 넘는데 그중 100억달러 정도는 6년 전에 존재하지도 않던 제품에서 벌어들이는 겁니다." 단가가 높은 신제품이 기존 제품을 대체하면서 이익이 증가한다는 설명이다. 그는 "또 한 가지 이유가 있다"고 말을 이어갔다. "우리는 매우 슬림한 조직을 운영합니다. 우리는 조직의 최상층부터 최하 단위까지의 계층구조를 최소화하기 위해 노력합니다. 경영자는 늘 '시장과 최고경영진 간 거리를 최소화하라'는 명제를 기억해야 합니다."

113년 역사의 3M이 최근 '젊은 회사'로 이미지 변신을 꾀하고 있다. 이 회사는 연구개발비로 매출의 6%를 투입하고, 전 세계에 연구개발 인력 8,500명을 둔 첨단 기술 회사이지만, 일반인들에겐 여전히 포스트-잇과 가정용 수세미 만드는 회사란 인식이 깊다. 스마트폰 화면을 밝게 만들어주는 필름이나 자동차 부품용 경량 플라스틱 같은 제품을 3M 제품이라고 알고 쓰는 사람은 거의 없다. 이 때문에 3M은 올해 '3M 과학. 생활에 적용되다(3M Science. Applied to life)'라는 새로운 슬로건을 내걸고, 트위터 등 SNS 마케팅을 강화했다. 또 13일 개막한 세계 최대 스타트업 행사이자 뮤직 페스티벌인 '2015 사우스 바이 사우스웨스트'(SXSW)에 자사가 발명한 물질로 만든 미래형 전시 공간 '3M 라이프 랩(Life Lab)'을 열어 젊은 층에게 다가가고 있다.

－3M의 신제품 개발과정은 다른 회사와 어떻게 다릅니까?

"신제품 개발에는 크게 두 가지 프로세스가 있습니다. 하나는 우리가 내부적으로 'OEM 사양(OEM specification)'이라고 부르는 프로세스입니다. 우리가 부품과 소재를 공급하는 특정 고객사의 품질기준에 맞춰 개발하는 형태입니다. 다른 하나는 '고객으로부터 영감받은 혁신(customer inspired innovation)'이라 부르는 것으로, 소비시장에 초점을 맞춘 혁신입니다. 중요한 건 두 프로세스 모두 우리 R&D 연구소에서 출발한 게 아니라 고객에게서 시작된 혁신이란 점입니다."

3M은 숫자와 관련이 많은 회사다. 이름부터가 '미네소타 광업 · 제조(Minnesota Mining & Manufacturing)'에서 따온 3M이다. 혁신을 위한 기업 문화에도 숫자로 표시된 룰이 많다. 이를테면 그 유명한 '15% 룰'이 있다. "15% 룰은 연구개발 부서 직원 전체가 자신들의 업무와 관계없는 프로젝트에 업무시간의 15%를 할애할 자유를 갖고 있다는 겁니다. 이걸 회사가 직원들에게 강요하는 게 아닙니다. 우리 회사의 전통이며 직원들이 스스로 선택할 수 있는 겁니다." '40% 룰'이란 것도 있다. 5년 내 개발된 신제품으로 매출의 40%를 달성한다는 것이다. 툴린 회장은 그러나 "목표에 약간 미달해서 35% 정도"라고 털어놓았다. 그는 "고객들에게 항상 새로운 제품이 있다고 말할 수 있는 게 우리의 힘"이라고 말했다. (조선일보, 2015.3.21)

연습문제

CHAPTER 5

객관식

1 마켓시계와 회사시계는 신제품 개발의 중요성을 강조하는 개념이다. 다음 중 마켓시계에 관한 설명으로 옳은 것은?

① 아직 충족시켜 주지 못한 고객니즈가 발생했을 때부터 초침이 움직이는 시계이다.
② 고객니즈를 인지하여 충족시키기 위한 첫 움직임을 시도했을 때부터 움직이는 시계이다.
③ 조직 내에서 신제품 개발을 실질적으로 시작한 시점부터 초침이 움직이는 시계이다.
④ 경쟁기업이 우리에게 없는 신제품을 시장에 출시한 시점부터 초침이 움직이는 시계이다.

2 다음 중 컨커런트 엔지니어링에 대한 설명으로 옳은 것은?

① 직렬식 제품개발방식을 의미한다.
② 제품개발비용의 최소화를 목표로 한다.
③ 시장점유율을 극대화할 수 있는 최고 상품의 개발을 목표로 한다.
④ 제품의 품질과 성능을 결정하거나 이에 영향을 미치는 여러 부서의 전문가들로 구성된 팀을 통해 설계가 이루어지도록 한다.

3 다음 중 부품 가짓수를 줄이고 공용부품을 사용할 때 기대할 수 있는 효과에 해당하는 것은?

ㄱ. 작업단계의 축소	ㄴ. 실수의 발생가능성 저하	ㄷ. 각종 거래업무의 감소

① ㄱ, ㄴ　　② ㄴ, ㄷ
③ ㄱ, ㄷ　　④ ㄱ, ㄴ, ㄷ

4 다음 중 모듈러 디자인에 대한 설명으로 옳은 것은?

① 디자인 과정 자체를 자동화함으로써 설계의 신축성을 제고하고자 하는 기법이다.
② 시장과 고객의 니즈변화를 가장 빠르게 충족시킬 수 있는 전략적 디자인이다.
③ 다양한 분야의 전문가들로 다기능팀을 이루어 설계와 디자인을 맡도록 한다.

④ 여러 개의 독립된 모듈로 하나의 제품을 구성할 수 있도록 제품을 설계하고 고객의 선택에 따라 최종조립단계에서 제품의 일부가 된다.

5 다음 중 설계원리로서의 플랫폼(platform)에 대한 설명으로 바른 것은?

ㄱ. 다양한 고객의 보이스를 효율적으로 수집, 분석하여 상품의 설계에 반영하는 데 도움을 주는 자료 처리시스템이다.
ㄴ. 소비자들이 볼 때에는 서로 다른 제품으로 인식하지만, 이들 제품에 특정부품, 치공구, 컴퓨터칩 등이 공통적으로 사용되며 생산·조립공정의 구조나 설비가 거의 유사한 경우를 의미한다.
ㄷ. 서로 다른 제품에 표준화된 동일 모듈을 사용하지만, 겉으로 보기에는 다른 제품으로 인식되며 내부 구조를 살펴보면 같은 모듈을 사용하는 경우를 의미한다.

① ㄱ, ㄴ
② ㄴ, ㄷ
③ ㄱ, ㄷ
④ ㄱ, ㄴ, ㄷ

6 고객이 원하는 다양한 상품을 만들어 주되, 가급적 다양성이 생산공정이 거의 끝나갈 무렵에 나타나도록 설계하는 방식을 무엇이라 하는가?

① Design for Manufacturability
② Postponement strategy
③ Design for Finish Quality
④ Design for Assembly

7 다음 중 품질기능전개에 대한 설명으로 옳지 않는 것은?

① 품질기능전개 시스템에서 고객이란 그 부서의 생산품을 투입물로 이용하여 무엇인가 부가가치가 증대된 산출물을 생산하는 부서를 의미하기도 한다.
② 제품계획에서 연구개발, 제조, 판매, AS 등을 포괄하는 각 단계에서 소비자의 요구를 구체적으로 반영하는 과정이라 할 수 있다.
③ 제품 생산에 투입되는 자재와 부품의 기술을 외부기업에 아웃소싱하면서도 최고품질의 제품을 시장에 출시하기 위한 전략이다.
④ 제품설계 전반에 걸쳐 각 단계에서 다소 막연하면서도 추상적인 소비자의 요구, 필요성, 기호 등을 이에 대응되는 기술적인 요구로 전환하는 과정이다.

8 품질기능전개에서 소비자 요구와 이를 기술적인 용어로 나타낸 대용특성 간의 관계를 나타내는 표를 무엇이라 하는가?

① 품질의 표
② 흐름공정도
③ 가치분석표
④ 서비스 청사진

9 다음 중 오픈 서비스 혁신전략과는 관련이 없는 항목인 것은?

① 조직 내부의 지식과 아이디어의 개방
② 조직 외부의 혁신적 아이디어의 흡수
③ 고객의 암묵적 지식 활용
④ 기술혁신을 통한 복지확대

10 오픈 서비스 혁신에서 '외부에서 내부로(Outside In)의 전략'은 무엇을 극복하기 위한 것인가?

① Not invented here 신드롬
② 조직문화의 정체
③ 시장점유율의 하락
④ 조직구성원의 이탈 및 몰입도의 저하

11 다음 중 가치분석(value analysis) 또는 가치공학에 대한 설명으로 옳은 것은?

> ㄱ. 최저의 원가로 필요한 기능을 성취할 수 있도록 하기 위해 제품의 기능분석에 주력하는 조직적이고도 체계적인 분석과정이다.
> ㄴ. 제품기능의 가치를 설정한 뒤 제품의 등급이나 품질을 저하시키지 않고서도 최소의 비용으로 그 기능을 수행할 수 있도록 하기 위한 각종 기법의 체계적 적용과정이다.
> ㄷ. 같은 비용으로 보다 나은 가치를 얻거나, 같은 가치를 보다 저렴한 비용으로 얻기 위해 불필요한 비용의 확인과 이를 제거하기 위한 구체적 의사결정과정이 포함된다.

① ㄱ, ㄴ
② ㄴ, ㄷ
③ ㄱ, ㄷ
④ ㄱ, ㄴ, ㄷ

12 가치분석에서 제품이나 서비스가 가지고 있는 용도를 감안하지 않더라도 소유욕을 불러일으키는 가치를 무엇이라 하는가?

① 원가가치
② 교환가치
③ 평가가치
④ 사용가치

13 가치분석에서 제품이나 서비스가 발휘하는 기능 또는 용도에 의해 결정되는 가치는?

① 원가가치
② 교환가치
③ 평가가치
④ 사용가치

14 다음 중 설계과정에서의 품질개선에 기여할 수 있는 계량적 품질개선기법에 해당하지 않는 것은?

① 다구치기법
② FMEA
③ FTA
④ DFM

15 다음 중 다구치기법과 관계있는 요소는?

ㄱ. 손실함수	ㄴ. 품질공학시스템	ㄷ. 파라미터 및 공차의 설계

① ㄱ, ㄴ
② ㄴ, ㄷ
③ ㄱ, ㄷ
④ ㄱ, ㄴ, ㄷ

16 다음 중 다구치기법의 개념과는 거리가 먼 것은?

① 품질특성의 실제값이 목표치에 정확히 일치하는 경우를 제외하고는 품질면에서 손실을 가져온다.
② 품질특성의 변동을 줄여 목표치에 접근해야만 손실이 줄어들고 품질이 개선된다.
③ 품질특성이 엔지니어링스펙의 상·하한 내에 위치하면 별다른 조치를 취할 필요가 없다.
④ 제품과 공정의 설계과정을 시스템 설계, 파라미터 설계, 공차 설계의 3단계로 구분하여 운영한다.

17 다음 중 FTA에 대한 설명으로 옳은 것은?

① 제품을 구성하는 개별 구성품의 모든 가능한 고장유형(failure mode)을 대상으로 한다.
② 각각의 고장현상이 제품 전체에 미치는 영향과 그 심각성을 분석하는 과정을 거친다.
③ 고장현상이 주어지면, 이들의 우선순위를 결정한 뒤 각각의 고장현상과 그 같은 현상을 일으킬 수 있는 모든 가능한 원인들을 색출한다.
④ 각각의 위험현상에 대해 위험우선순위를 계산한다.

18 다음 중 FTA와 FMEA에 대한 설명으로 옳은 것은?

ㄱ. FMEA는 모든 구성 부품의 고장을 대상으로 하기 때문에 여러 가지 고장현상이 복합적으로 나타나는 경우 그 해결방법을 찾아내기가 상당히 어렵다.
ㄴ. FTA는 제품 사용시 발생할 수 있는 고장이나 바람직하지 않은 현상과 그러한 결과를 초래하게 하는 각 구성품간의 관계를 분석하는 기법이다.
ㄷ. FMEA는 fault tree를 작성하여 분석에 사용한다.

① ㄱ, ㄴ
② ㄴ, ㄷ
③ ㄱ, ㄷ
④ ㄱ, ㄴ, ㄷ

✣ 객관식 정답

1. ① 2. ④ 3. ④ 4. ④ 5. ② 6. ② 7. ③ 8. ① 9. ④ 10. ① 11. ④ 12. ③ 13. ④ 14. ④ 15. ④ 16. ③ 17. ③ 18. ①

CHAPTER

6

적합품질의 관리

설계품질이 제대로 설정되어 있다 하더라도 제조공정의 제반여건이 이를 뒷받침하지 못한다면 생산되어 나오는 제품의 품질은 설계과정에서 결정한 품질특성에 미치지 못하게 된다. 적합품질이란 설계규격이나 품질규격에 일치하는 정도를 나타내는 것으로 통상적인 통계적 품질관리의 주관심사이다. 그러나 적합품질이 완전하다 하여 반드시 성공적인 제품은 아니다. 소비자에게 인식되는 품질수준은 아무리 노력해 보았자 설계상의 품질을 뛰어넘을 수는 없기 때문이다. 즉 아무리 적합품질이 우수하다 해도 디자인이나 기능상의 저급함을 극복할 수 없다. 본장에서는 공정관리를 중심으로 한 적합품질의 관리방향과 품질개선에 필수적인 일곱 가지 도식적 기법, 그리고 현장중심의 품질개선전략에 대해 살펴본다.

01 적합품질의 접근방법

1. 검사 중심의 적합품질관리

적합품질을 확립할 수 있는 가장 손쉬운 방법은 제조공정의 여러 곳에 검사장을 설치하고 모든 완성품을 하나하나 검사하거나, 다양한 크기의 표본을 추출하여 공정에서 생산되는 로트(lot)의 품질을 추정하는 것이다. 검사과정을 통해 불량품과 양품을 선별함으로써 소비자에게 좋은 품질의 제품만을 공급할 수 있다는 접근방법은 단기적으로는 별문제가 없을지 모르지만 검사 그 자체의 문제점을 생각해 보면 쉽게 그 한계를 찾아볼 수 있다.

100% 검사를 하든 샘플링검사를 하든 검사 그 자체로서는 품질을 개선할 수 없다. 검사의 목적은 제조공정의 개선을 통한 품질향상보다는 최종제품에 섞여 있는 불량품을 제거함으로써 소비자에게 좋은 품질의 제품만을 골라서 공급하고자 하는 데에 있다. 그러나 검사법이 아무리 우수하다 하더라도 불량품을 제대로 가려내지 못할 오류의 가능성은 존재하게 마련이며, 100% 검사를 하더라도 검사원의 능력이나 검사설비의 문제점 등으로 인해 불량품을 완전히 색출해내기는 거의 불가능하다. [그림 6-1]에서와 같이 각 단계별로 100% 검사

[그림 6-1] 100% 검사의 한계

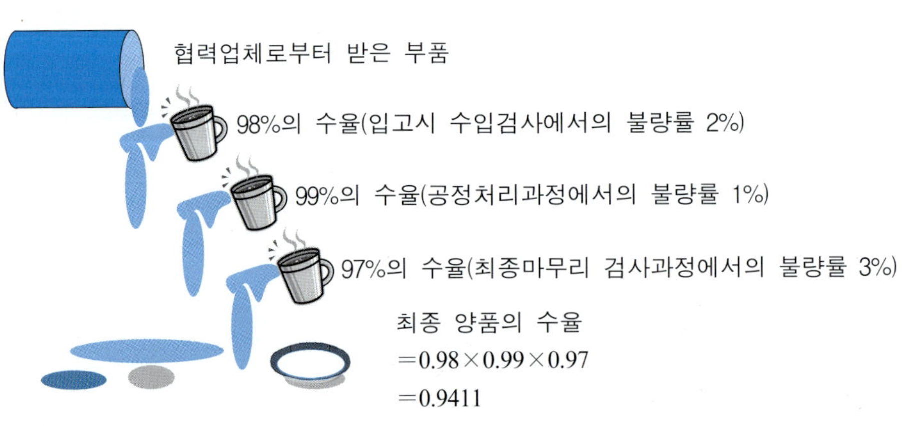

를 하여 모든 불량품을 제거한다 해도 소비자에게 전달되는 시점에서의 수율(yield)은 100%가 될 수 없으며, 이 과정에서 상당한 손실이 발생한다. 따라서 검사 위주의 관리방법은 많은 비용이 소요됨은 물론 전반적인 적합품질의 개선에 그리 큰 기여를 하지 못하게 되었다. 이에 따라 적합품질의 관리는 제조공정 그 자체를 개선하고 관리하는 방향으로 변천하게 되었다.

2. 공정관리 중심의 적합품질관리

효율적인 적합품질의 관리를 도모하기 위해서는 제품을 생산해내는 공정의 개선과 통제가 뒷받침되어야 한다. 공정을 관리하기 위해서는 생산되는 제품의 품질 변동폭을 줄여야 하며, 이를 위해서는 통계적 기법에 익숙해져야 한다. 통계적 사고는 현장에서 품질관리를 담당해야 하는 사람들이 익혀야 할 원리이지 일반 경영관리계층에서는 별로 필요하지 않다고 생각하는 경향이 있다. 그러나 통계적 사고방식을 도입·적용함으로써 기대할 수 있는 효과는 현장의 품질관리담당자가 통계적 품질관리기법을 적용함으로써 얻을 수 있는 품질개선의 효과보다 훨씬 크다.

통계적 사고방식에 익숙지 않은 경영관리자가 범하는 몇 가지 오류를 간략히 살펴보면 다음과 같다.

첫째, 눈에 보이는 듯하지만 실제 존재하지 않는 문제의 원인에 대한 지나친 분석으로 인해 아무런 문제가 없음에도 불구하고 거꾸로 문제를 만든다든가, 또는 이와 반대로 뚜렷한 변화가 일어나 시급히 조치해야 함에도 불구하고 지나쳐 버리는 경우가 흔히 발생한다. 예를 들어 가공공정에서 수율은 기간에 따라 조금씩 달라질 수 있는데 이를 이해하지 못하고, 그 변동의 원인을 파악하기도 전에 시정작업을 벌인다든가, 또는 이와 반대로 공정능력상 체계적인 변동이 발생했음에도 불구하고 이를 파악하지 못한 채 그대로 방치하는 등의 문제가 발생할 수 있다.

둘째, 공정 또는 제조시스템 그 자체의 문제점으로 인해 발생한 결과임에도 불구하고 이를 개별 작업책임자에게 책임을 물을 때 공정의 개선은커녕 그 반대 결과가 일어날 수도 있다. 체계적인 공정분석보다는 자료의 수정이나 조작을 통해 책임을 회피하고자 할 때 결국 아까운 시간과 자원만을 낭비하는 결과를 초래한다. 예를 들어 제조공정에서의 각종 개선활동에도 불구하고 불량률이 저하되지 않아 그 원인을 심층 분석한 결과 생산에 투입되는 특정 원자재의 품질이 균일하지 못한 것으로 판정되었다 하자. 이 경우 단지 현장의 근로자들에게 불량의 책임을 묻기보다는 그와 같은 품질의 원자재가 아무런 문제없이 계속 공급될 수 있었던 이유를 찾아내어 제거하는 것이 급선무이다.

셋째, 과거실적의 변화나 추세를 이해하지 못하고 단 하나의 예외적인 상황에 집착하여 그 발생원인을 찾아내려고 한다.

따라서 통계적 사고방식을 적극 활용하게 되면 사실과 자료에 의해 의사결정을 하게 되며 단순히 의견에 기초를 두지 않는다. 또한 의사결정의 근거를 이루는 자료의 타당성을 언제나 검증할 수 있으므로 의사소통에 있어서도 상당한 정당성을 확립할 수 있다. 또한 데이터를 이용하는 경우 모든 사물의 행태에는 두 유형의 변동(variation)이 존재한다는 것을 이해할 수 있게 된다. 제조공정뿐만 아니라 모든 시스템의 변동에는 공통원인(common causes 또는 random causes, 우연원인)과 이상원인(assignable causes)의 두 가지 원인을 찾아볼 수 있다.

공통원인에 기인하는 변동은 모든 공정에서 계속적으로 발생하며 그 영향이 모든 산출물에 미치게 된다. 또한 그 변동의 폭이 어느 정도 안정적인 패턴을 나타내므로 변동폭에 대한 예측이 가능한데, 주요 발생요인을 열거해 보면 대략 다음과 같다.

- 제품이나 서비스의 설계상의 오류
- 감독의 불충분과 지시내용과 방법상의 문제점
- 구매자재의 품질과 요구규격의 불일치
- 앞 공정에서 발생한 불량품을 계속 사용하는 부주의한 제조관행

한편, 이상원인에 의한 변동은 작업자 훈련부족, 불량원자재 사용, 설비의 마모, 기계고장 · 노후화, 생산준비의 미비, 조명 · 습도 · 진동 · 청결상태 미비 등과 같이 충분히 예방할 수 있는 이유로 인해 발생하는 변동으로 공통원인에 의한 변동과는 달리 예측불가능하며 불규칙한 패턴을 보이는 경향이 있다.

이와 같은 개념은 비단 제조공정에만 적용되는 것은 아니다. 매출액, 불량률, 소비자의 불평건수, 재고, 결근율, 사고 등과 같은 자료의 분석에도 이와 같은 변동의 원리를 적용하여 효과적으로 통제할 수 있다. 변동의 원인을 파악

하지 못한 채 단순한 우연의 속성(randomness)을 지니고 있는 단기적인 변동현상에 대해서 지나친 반응을 보이게 되면 진정한 문제의 핵심에는 결코 접근하지 못하는 결과를 초래하게 된다.

품질경영에 있어 가장 큰 문제는 이처럼 변동에 관한 정보를 제대로 이해하지 못하는 데에 있다. 즉 변동의 이상원인을 제거하는 데 필요한 조치와 변동의 공통원인, 다시 말해 생산시스템 그 자체의 변동과 문제점을 제거하는 데 필요한 조치는 전혀 다르다는 것을 간과하는 경향이 있다. 이상원인의 제거는 그다지 높은 기술적 지식을 요구하지 않으며 대개 작업자 자신들의 노력으로도 짧은 시간 내에 충분히 처리할 수 있다. 그러나 이상원인의 제거만으로는 공정의 능력을 개선할 수 없다. 이상원인의 제거는 원래부터 공정에 있어서는 안 될 요소들을 제거하는 것에 불과하며 실제 공정의 개선은 공통원인의 제거로부터 시작하게 된다. 공통원인에 의한 변동을 줄이는 일은 엔지니어링부서 또는 생산관리부서의 지속적인 연구·분석에 의해서만 가능하다. 데밍 박사에 의하면 적합품질과 관련된 모든 문제점은 약 94% 정도가 공통원인에 의한 것이며 이상원인에 의한 것은 겨우 6% 정도라 한다.[1]

3. 관리도를 통한 변동원인의 식별

이상원인에 의한 변동을 감지하는 데 효과적으로 쓰일 수 있는 대표적인 기법은 관리도기법(control chart)이다. 관리도를 이용한 통계적 관리기법은 1924년 월터 슈하트가 처음 개발한 것으로, 공정에서 생산되는 부품이나 제품의 품질특성의 변동폭에 대한 분석을 그 목적으로 한다. 슈하트가 지적한 것처럼 이 세상에는 어느 두 물체도 똑같지는 않다. 똑같은 두 사람을 찾아볼 수 없듯이, 눈송이나 나뭇잎도 그 색깔이나 크기, 형태면에서 완전히 서로 일치하는 두 개는 있을 수 없으며, 이와 같은 특성은 제조공정의 경우도 마찬가지이다.

관리도는 통계학의 표본분포이론을 기초로 하여 변동의 예상폭(expected variation)을 설정하는 기법이라 할 수 있다. 여기서 변동의 예상폭이란 [그림 6-2]에서와 같이 공정에서 도출된 품질특성의 평균값이 변화할 수 있는 한계를 의미한다.

---

1) Deming, W.E., *Out of the Crisis*, MIT Press, 1986, pp.333~343을 참고하기 바람.

[그림 6-2] 관리도의 구조

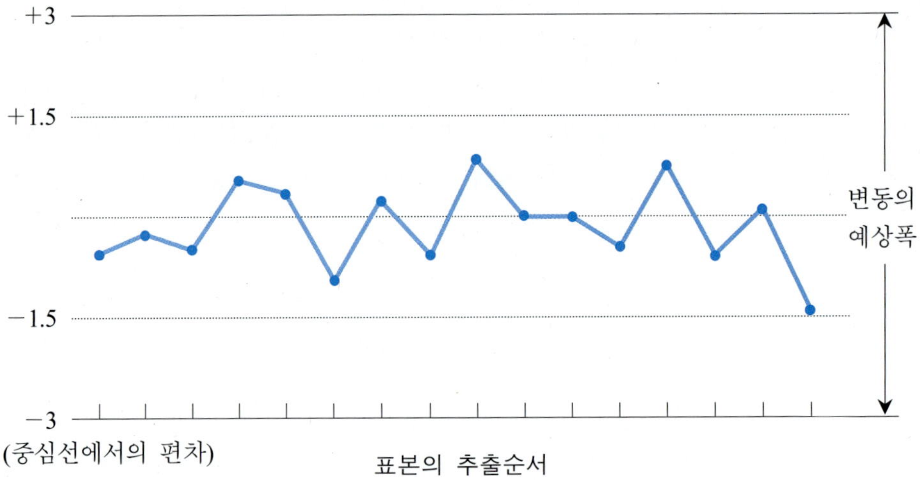

[그림 6-3]에 예시되어 있는 바와 같이 표본평균값이 이 한계치 안에 있으면 공정은 이상원인이 작용하지 않는 안정적인 상태(in control)를 유지한다고 간주하고, 그렇지 않은 경우에는 불안정한 상태(out of control)에 있다고 결론을 내릴 수 있다. 공정이 안정적인 상태를 유지한다는 것은 곧 공정의 변화패턴을 어느 정도 예측해 볼 수 있다는 것이며, 공정이 불안정한 상태에 있다는 것은 앞으로 공정이 어떻게 변화할지 예측하기 어렵다는 의미이다. 따라서 공정이 현재 어떤 상태에 있느냐에 따라 공정을 조정하여 안정적인 상태로 이끌 것인가 또는 현 상태를 그대로 유지할 것인가를 결정하게 된다.

공정이 통계적으로 안정적인 상태, 즉 통계적 관리상태에 있으면 여러 가지 이점을 기대할 수 있는데 이를 요약해 보면 대략 다음과 같다.

- 공정의 성과를 예측해 볼 수 있다. 즉 불량률 또는 불량개수를 포함한 여러 측면의 품질특성이 거의 변하지 않게 된다.
- 생산비용의 측정이 손쉬워지고, 산출량이나 질적 측면에서 일관성을 기대할 수 있다.
- 제조공정에 어떤 변화를 주었을 때 그 효과를 신속히 그리고 신뢰성 있

[그림 6-3] **관리도를 이용한 품질개선사이클**

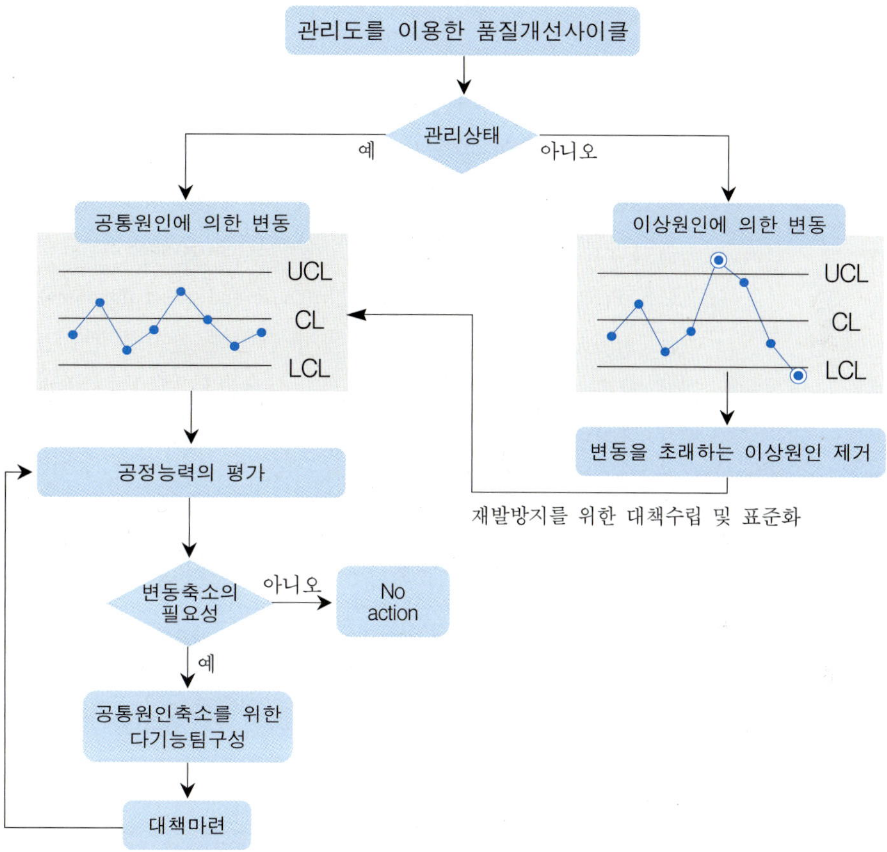

게 추정할 수 있다. 만약 통계적 관리가 되어 있지 않다면 효과의 측정은커녕 오히려 엄청난 혼란만을 초래할 뿐이다.

여기서 주의할 점은 생산공정에서의 목표가 단지 안정된 상태의 공정을 유지하는 데 있는 것이 아니라 변동의 폭을 줄이고 목표치를 개선하는 데 있다는 점이다. 변동폭이 줄어들수록 균일화된 품질의 제품을 생산할 수 있어 원가가 절감되고 생산성이 향상된다. 따라서 이상원인이 제거되면 기술부서, 설계부서, 생산관리부서의 관리자들이 합심하여 공통원인의 제거에 힘써야 한다.

02 일곱 가지 문제해결기법

품질경영담당자는 물론 일선작업자들도 체계적인 품질개선과정에 참여하기 위해서는 기본적인 문제해결기법에 관한 지식을 확고히 이해하고 있어야 한다. 적합품질의 개선은 물론 전반적인 품질경영에도 유용하게 쓰일 수 있는 대표적인 기법으로 다음에 설명할 점검표(check sheets), 도수분포표(histograms), 파레토도(Pareto diagrams), 특성요인도(cause and effect diagrams), 산점도(scatter plots), 흐름도(flowcharts), 그리고 제1절에서 간략히 살펴본 관리도(control charts)를 포함하여 일곱 가지 도식적 기법을 들 수 있다. 관리도 기법을 제외한 나머지 여섯 가지 기법에 대하여 간략히 살펴보기로 한다.

1. 점검표

자료의 수집 및 분석에 쓰일 수 있는 가장 단순한 도식적 기법으로 여러 가지 양식의 점검표를 고려해 볼 수 있다. [그림 6-4]는 각 불량원인별 불량품개수를 표시하는 데 사용되는 표로 품질개선을 위한 기초자료수집에 많이 쓰이며 공

[그림 6-4] 셈 표

회로판	날 짜
위 치	검사원
표본의 크기	로트번호

구 분	불량개수	
기능검사	卌卌‖	12
납 땜	卌卌卌卌卌卌卌卌|	41
도 금	|||	3
기 타	卌|||	8
계		64

[그림 6-5] **작업자별/기계별/기간별 점검표**

설비	작업자	월		화		수		목		금		토		일	
		AM	PM	AM	PM	AM	PM	AM	PM	AM	PM	AM	PM	AM	PM
기계 1	A	△△ △	~ △	△			△				△~ △ △	△		~ △	○
	B	△ ~ ~	~	△		△					△ ~	~ × ○○	○○ ~× △△	× × ×	△ × ○
기계 2	C	△ ~ ○										△			
	D	△ ~					△								
기계 3	E					×					~				
	F	~ ×	△ ○ ○	○ × ×	○	~ ○		○	× ○ ~	× ×	×○ ○~ △△	×		○	
기계 4	G	~			~				△		×				
	H	○ ~							~				△		
계		16	6	5	2	4	2	1	5	2	14	7	7	5	4

~ 흠집　△ 파손　○ 구멍　× 형태이상

정 전체의 품질특성을 한눈에 알아보기 쉽게 구성되어 있다. 또 다른 형태의 점검표는 [그림 6-5]에서와 같이 불량의 발생상황을 작업자의 위치, 할당기계, 그리고 시간대별로 나누어 기록한 것이다. 이 그림을 살펴보면 기계 1은 작업자에 상관없이 문제점이 많아 재정비가 요구되며 또한 주말근무자에 대한 교육이 제대로 되지 못하고 있음을 나타내고 있다. 또한 흠집형태의 불량이 많이 발생하는데, 이는 자재취급요령이 제대로 확립되어 있지 못함을 나타내고 있다.

2. 도수분포표

가장 많이 사용하는 도식적 기법으로 [그림 6-6]에서와 같이 구간별로 발생빈도수를 기록함으로써 체계적인 자료정리를 용이하게 할 수 있는 기법이다. 이

[그림 6-6] 도수분포표의 예시

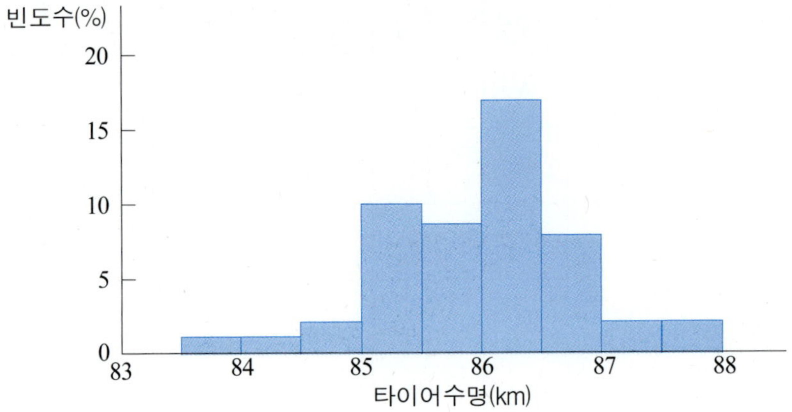

와 같은 히스토그램은 규격 외의 제품개수를 줄이기 위해 평균을 이동시켜야 할지 또는 변동의 폭을 줄여야 할지에 대한 방향도 제시해 줄 수 있다. 또한 자료의 분포형태를 한눈에 알아볼 수 있으므로 정상적인 작업이 이루어지고 있는지 또는 단순히 자료를 조작했는지의 여부도 쉽게 파악할 수 있다.

3. 파레토도

파레토도는 서비스품질 관련 불평불만이나 사고건수 등의 분석대상을 원인이나 발생부서별로 나누어, 그 영향력이 가장 큰 것부터 나타낸 히스토그램이다. 파레토도는 상대적으로 빈도수는 작지만 품질의 불량으로 인한 손실액이 큰 항목을 체계적으로 알아보는 데 유용한 기법이다.

1950년대 쥬란이 처음으로 품질경영에 사용했으며 여러 가지 사건들의 분석상 우선순위를 정하는 방법이자 문제를 조리 있게 생각하는 하나의 방법이기도 하다. 파레토원리는 간단히 말해 80%의 문제는 20%의 원인으로부터 나온다는 것이다. 예를 들어 불량품의 80%는 불량원인 중 20%의 원인에 의해 발생한다. 쥬란은 이 20%를 “Vital Few”라 부르고 나머지는 “Trivial Many”라 불렀다.[2]

[그림 6-7] 가상 홈쇼핑몰의 주문관련 오류 파레토도

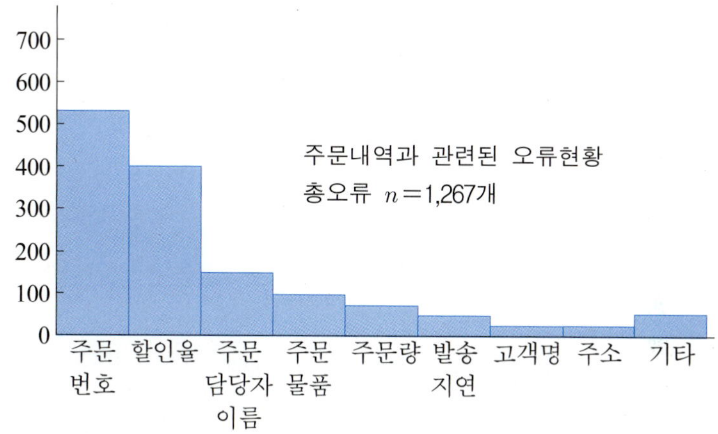

[그림 6-8] 기간별 결과비교를 위한 파레토도(주문내역 오류원인)

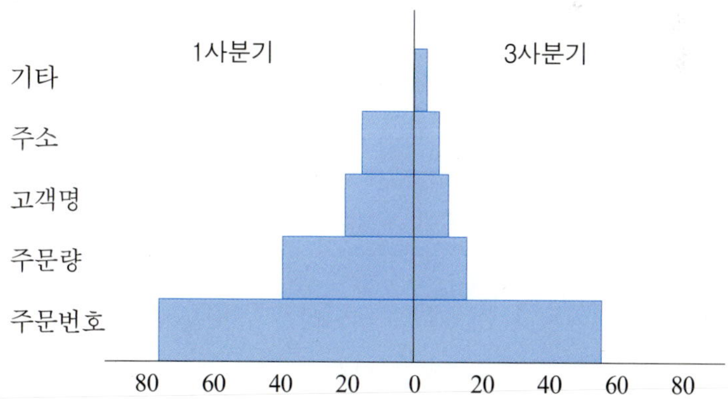

[그림 6-7]은 가상 홈쇼핑몰의 주문관련 오류를 유형별로 구분하여 파레토도로 나타낸 것이다. 주문번호와 할인율 그리고 주문담당자 기재오류가 전체

2) '파레토의 원칙'은 19세기 빌프레도 파레토가 제시한 원칙이다. 그의 이론 가운데 하나는 사회·경제적 부의 분배에서 자연스런 패턴은 집중현상이라는 것이다. 그의 이런 생각은 80/20 공식 또는 파레토의 원칙으로 명명되어 전해지고 있다. 판매에 이 원리를 적용하면 판매품목 중 20%가 전체 매출의 80%를 발생시킨다는 것으로 해석할 수 있다.

의 80% 이상을 차지하고 있음을 알 수 있다. 여기에서 X축은 불량원인을 나타내며 Y축은 빈도수나 손실금액을 나타낸다. 파레토도의 사용은 특히 관심을 두고 시정해야 할 문제점을 밝히는 데에 있으므로 개선을 위한 적절한 조치를 한 뒤에도 이를 작성하여 비교 검토해야 한다. 파레토도의 형태는 [그림 6-8]에서처럼 수직축을 중심으로 좌우에 배치할 수도 있다.

4. 특성요인도

특성요인도(cause and effect diagram) 또는 피쉬본차트(fish bone chart)라 불리는 이 그래프기법은 불량의 유형과 이에 영향을 미친다고 생각되는 모든 요인 간의 관계를 이해하기 쉽게 나타내는 데 이용된다. 피쉬본차트는 최종적인 결과 또는 변수를 화살표 오른쪽 끝에 표시하고 그 원인들을 각 계통별로 나타낸다.

이 기법은 1943년 동경대학의 이시가와가 처음 만들어 사용한 기법이다. 그는 가와자키제철소의 엔지니어들에게 여러 요인들을 분류하고 상호관계를 설정하는 방법을 강의하면서 이 기법을 사용했다. 피쉬본차트는 프로세스의 변동(dispersion)을 분석하는 방법으로 원인이 되는 요인과 결과가 되는 현상을 관계짓는 데 사용하고, 주의를 요하는 이슈의 분석에 필요 불가결한 도구이다.

피쉬본차트는 계층적인 인과관계를 나타내는 데 효과적이다. 예를 들어 최종적인 결과의 직접적인 요인을 A라 하면 A'는 A라는 현상을 불러일으킨 원인이 된다. 이 기법은 팀 중심의 개선프로젝트에 적합한데, 많은 사람들이 한꺼번에 내놓은 아이디어들을 계통적으로 정리할 수 있기 때문이다. 피쉬본차트의 구축과정은 다음과 같다.

- 분석하게 될 문제점이나 결과가 무엇인지를 간략한 문장으로 정리하고, 그것을 물고기 뼈의 머리부분에 적는다.
- 상황에 맞는 원인범주들을 결정한다. 일차적 요인들은 등뼈에 붙어 있는 큰 가지로 표시된다. 명확하게 구분하기 힘든 경우에는 방법(method), 기계(machines), 사람(people), 자재(material), 환경(environment) 등으로 나누어 아이디어를 내볼 수 있다.
- 각각의 범주에 대해 잠재원인들을 브레인스토밍한다.

- 각각의 범주 안에 있는 요소들간의 원인-결과 관계를 파악한다. 순차적으로 그 원인들을 더 깊이 파고들어간다. 서로 다른 가지에 똑같은 요인들이 등장하여도 무방하다. 자세할수록 피쉬본차트의 효과는 커진다.
- 피쉬본차트를 구조화한다. 뼈 크기에 따라 원인과 그 원인에 대한 하위원인을 차례로 정렬한다. 가장 구체적인 원인들은 가장 작은 크기의 뼈에 기록하게 된다. 작은 뼈의 원인들은 그보다 큰 뼈의 좀더 포괄적인 원인에 귀속된다.
- 피쉬본차트를 이용하여 문제의 근원을 파악했으면 적절한 조치를 취해야 한다. 가급적 문제와 그런 문제를 불러일으킨 원인들을 최대한 계량화하는 것이 바람직하다.

[그림 6-9]는 웹을 통해 주문을 접수하는 서비스 조직에서 발생하는 다양한 문제에 대한 특성요인도이며, [그림 6-10]은 호텔 레스토랑에서 발생한 문제를 분석한 특성요인도이다.

[그림 6-9] 주문오류에 관한 특성요인도

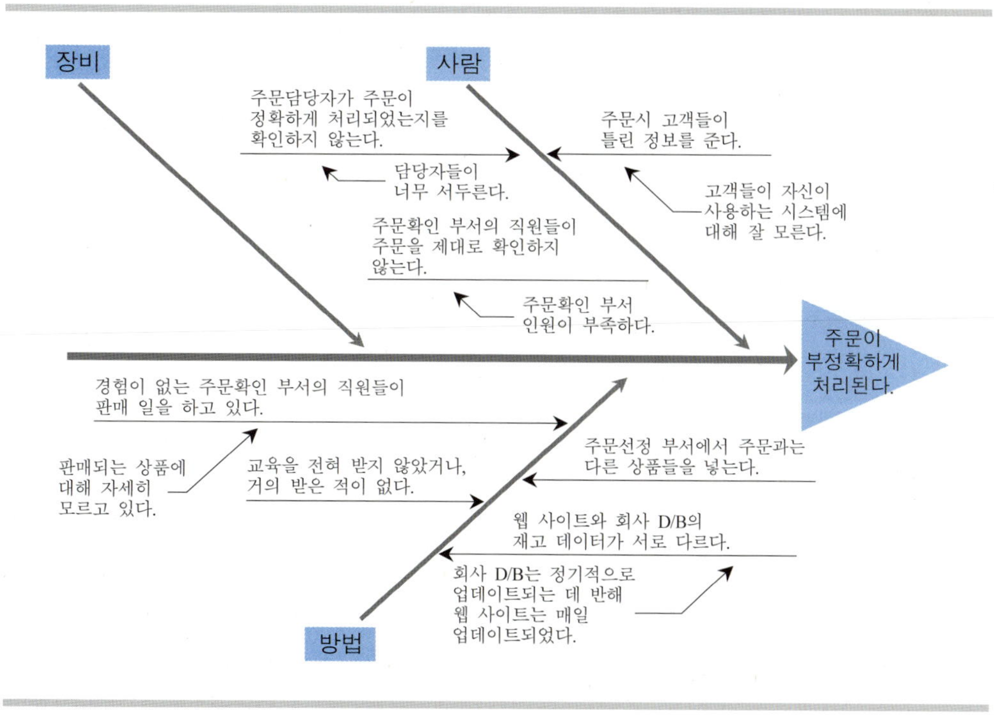

[그림 6-10] 호텔 레스토랑에서의 대기시간 축소를 위한 특성요인도

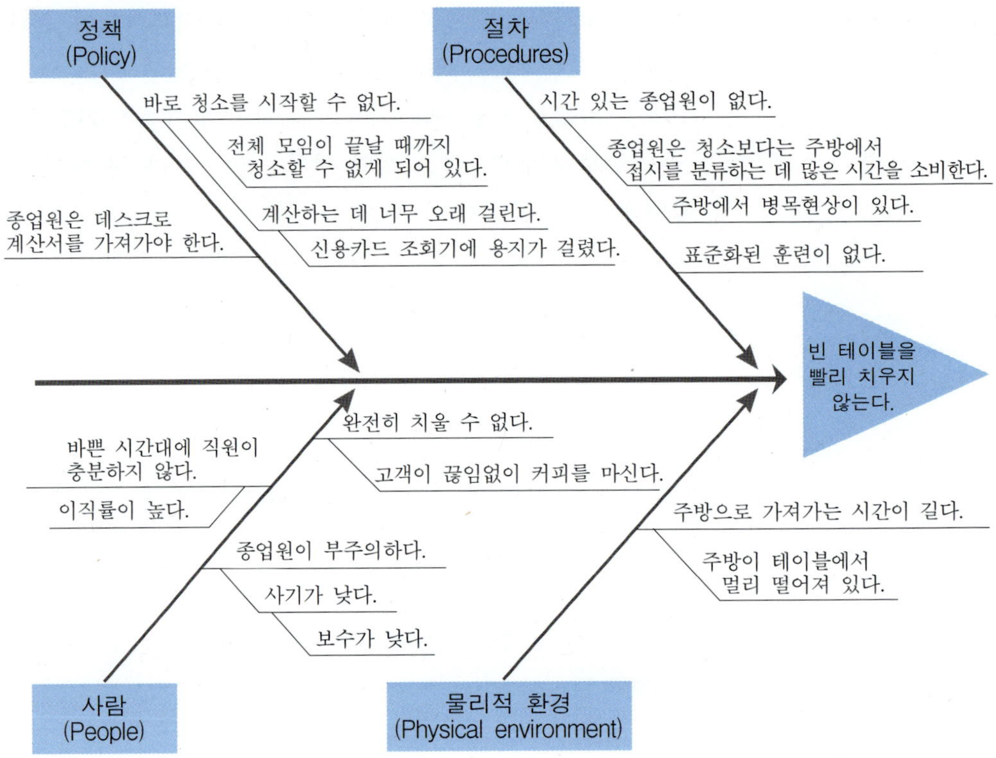

출처 : Gaudard, M., R. Coates, and L. Freeman, "Accelerating Improvement," *Quality Progress*, Vol. 24, No. 10, October 1991, p.84.

5. 산점도

산점도는 [그림 6-11]과 같이 $(X_i,\ Y_i)$형태의 자료를 그래프에 표시한 것으로 품질특성의 변화상태나 추이를 살펴봄으로써 비정상적인 사례를 가려내는 데 이용된다.

[그림 6-11] 산점도의 예시

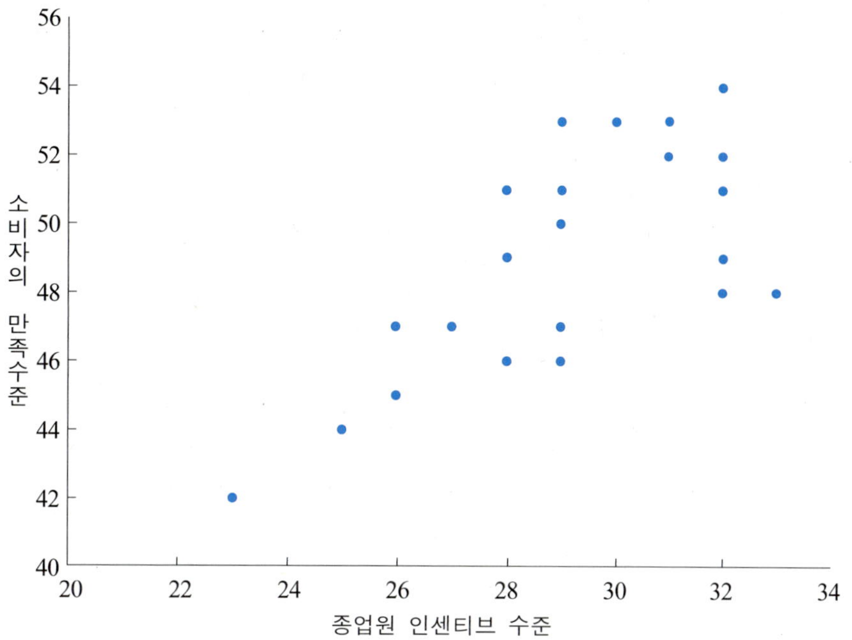

6. 흐름도

흐름도는 [그림 6-12]에 예시된 것과 같이 프로세스의 구성요소와 이들 요소간의 선후관계를 간략히 나타낸 그림으로, 프로세스 전체를 나타내는 데 이용하기도 하지만 한 부분만을 자세히 나타냄으로써 불필요한 작업이나 비능률적인 작업방법을 가려내는 데에도 효과적으로 사용할 수 있다. 흐름도는 또한 조직내의 각종 정보의 흐름패턴을 나타내는 데 많이 사용되기도 한다.

[그림 6-12] 반품처리 프로세스의 흐름도

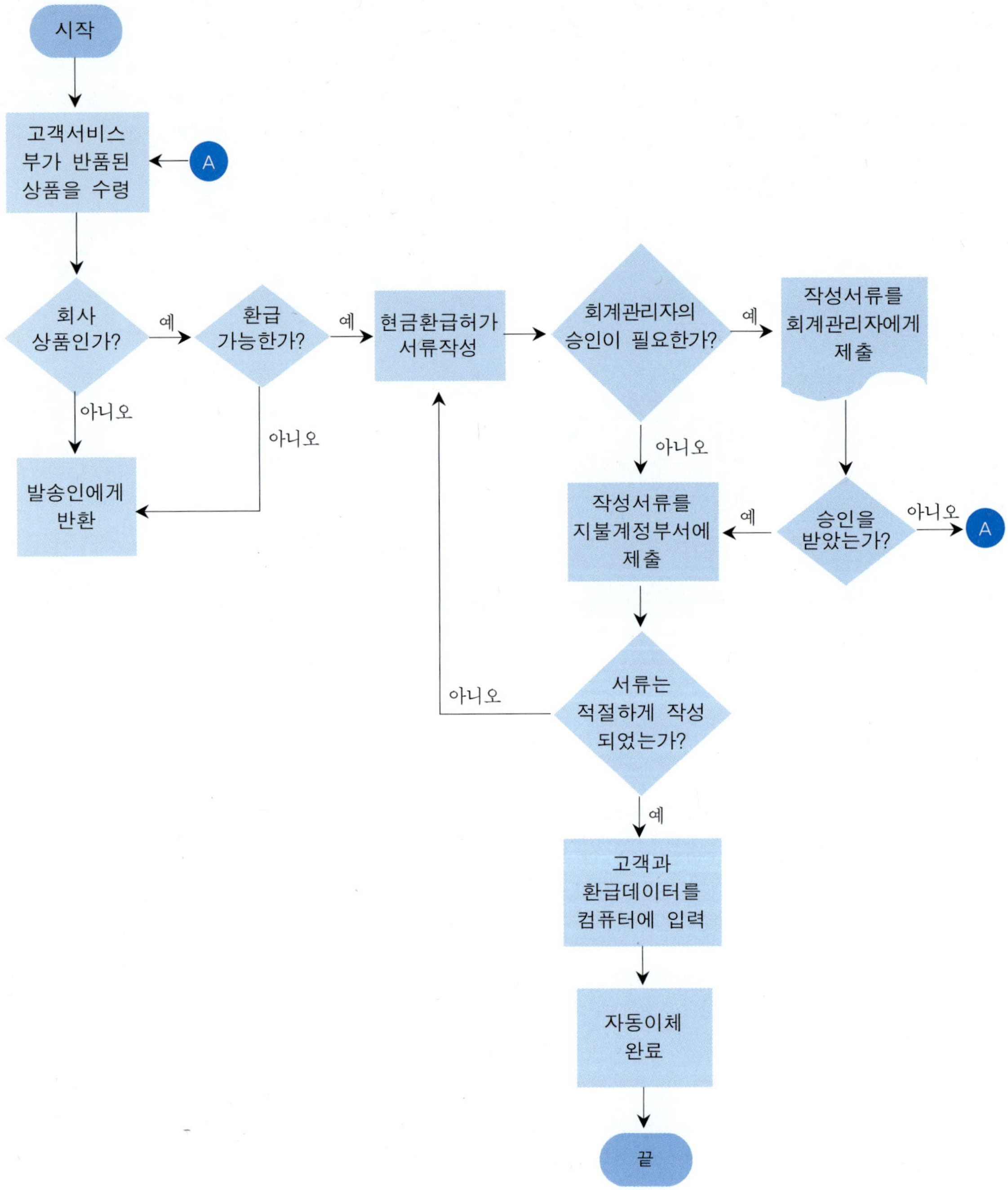

7. 일곱 가지 기법의 활용

이들 일곱 가지 기법은 단독적으로 이용하는 경우도 있지만 대개는 몇 개를 병행하여 사용한다. 예를 들어 기업경영의 프로세스를 개선하고자 하는 경우 우선 프로세스를 자세히 그리고 정확하게 나타내는 것이 기본이다. 이럴 때 흐름도는 아주 효과적이다. 프로세스를 정확히 정의했으면 그 다음은 프로세스를 구성하는 여러 작업들의 문제점들을 추려내고 분석상의 우선순위를 정한다. 이 단계에서는 파레토도가 아주 쓸모가 많다. 그 다음 문제의 주요 원인들을 도출해 내기 위해서는 인과분석도를 사용한다. 원인제거를 위한 여러 방안을 모색하여 시정한 뒤 그 결과를 수집하고 산점도를 이용하여 추세에 관한 자료를 수집하여 변동의 폭이나 정도에 관한 정보를 추출하고 대안을 제시한다. 이후 파레토도를 이용하여 나머지 문제 중에서 가장 먼저 해결해야 할 것을 고른다.

이들 다섯 가지 기법들만 이용하여도 상당한 효과를 올릴 수 있다. 이 기법들은 통계를 필요로 하지 않으며 단지 체계적이고 조직적인 사고력만을 요구할 뿐이다. 나머지 도구인 히스토그램과 관리도는 분석적인 측면을 강조하며 프로세스의 개선에 꼭 필요한 도구이다.

[그림 6-13] 품질개선 프로세스의 흐름

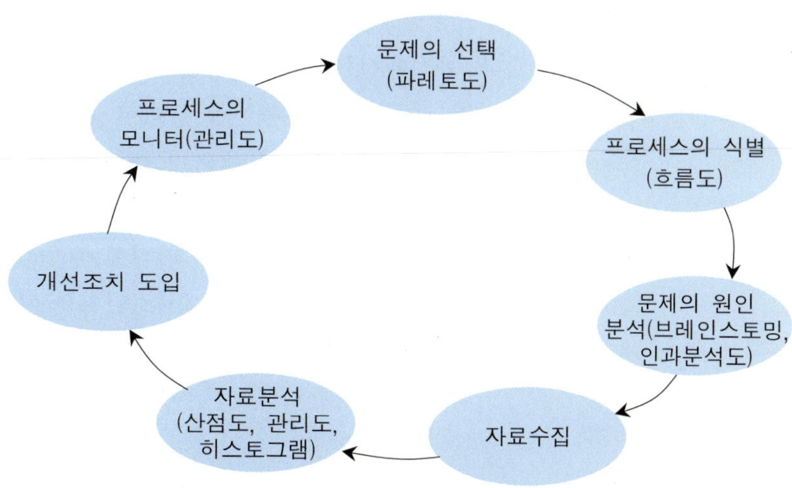

03 린생산제를 통한 적합품질의 관리

1. 린생산제의 품질에의 기여

어떤 제품과 서비스를 만들어내든 간에 생산공정은 물 흐르듯이 연속적이어야 완벽한 품질을 보장할 수 있으며, 리드타임도 최소화할 수 있다. 고객의 니즈를 충족해 주기 위해 다양한 품목을 번갈아 가면서 생산하거나, 고객의 주문에 기초하여 아주 특이한 제품만을 생산해야 하는 골치 아픈 공정에서도 연속적인 흐름공정(continuous process flow)을 흉내 낼 수 있다면 다음과 같은 효과가 즉각적으로 나타난다.

- 낭비의 근원이었지만 어디엔가 숨어 있던 문제들이 밖으로 노출된다.
- 전체적인 생산 프로세스가 물 흐르듯이 원활하게 되어 병목현상이 줄어든다.
- 어느 한 부문에서 문제가 생기면 그 영향이 전체에 미치게 되므로 자발적 참여와 주인의식을 북돋울 수 있다.
- 다음 공정이 나의 고객이라는 생각이 손쉽게 확산 · 정착된다.

연속적 흐름공정을 구현한 대표적 사례로 적시생산제(Just-in-Time Production)를 들 수 있다. 본절에서는 린(lean) 생산으로도 알려진 적시생산제의 도입요건에서 품질경영과 관련 있는 내용들을 간략히 살펴보기로 하자.

린생산제의 목표는 제조조직 내의 모든 낭비적인 요소들을 제거함으로써 리드타임을 단축하고 신축성을 향상하고자 하는 데 있다. 도요타생산시스템을 적시생산제로 이끄는 데 큰 공헌을 한 타이치 오노(Taiichi Ohno)는 우선적으로 제거해야 할 일곱 가지 낭비(waste)를 제시하였다.[3] 이 아이디어는 뒤에 시게오 신고(Shigeo Shingo)에 의해 더욱 널리 알려졌다.

---

3) Shigeo Shingo, *Study of Toyota Production System*, Tokyo : Japan Management Association, 1981, p.11.

〈표 6-1〉 **일곱 가지 낭비의 유형**

낭비의 유형	낭비의 제거방법
과잉생산 (waste of overproduction)	당장 꼭 필요한 양만큼만 만들어 써도 되도록 생산현장의 개선
대기시간 (waste of waiting)	기다릴 필요 없이 즉시 다음 작업을 시작할 수 있도록 작업자와 설비의 신축성 향상
쓸데없는 자재의 이동 (waste of transportation)	설비와 작업장 배치의 개선을 통해 불필요한 자재이동의 감축
불필요한 공정의 가동 (waste of processing itself)	이 부품이나 제품을 꼭 생산해야 하는가를 분석하고 이를 확대하여 공정 전체가 필요한가를 결정
쓸데없는 재고 (waste of stocks)	재고는 만악의 근원, 재고발생의 원인 제거
불필요한 동작 (waste of motion)	꼭 필요한 움직임인가를 분석하여 불필요한 낭비적 요소의 제거
불량품의 생산 (waste of making defective products)	불량품을 생산하는 낭비와 이를 고치기 위한 재작업시간의 제거

물론 아무도 의도적으로 이러한 쓰레기나 낭비를 만들어내지는 않는다. 납기에 쫓기다 보니 불량품을 만들어내기도 하고 설비가동률을 높이다 보니 당장 불필요한 품목들을 만들기도 한다. 금형을 교체하고 조정하는 데 상당한 시간이 투입되므로 기왕 생산하는 김에 많이 만들기도 한다. 공장을 조금씩 늘리다 보니 다음 작업장이 건너편 건물에 위치하기도 하며, 원가절감을 위해 싸구려 자재를 쓰다 보니 불량품이 많이 나오기도 한다. 작업대의 크기와 높이가 적당하지 않아 이리저리 움직이면서 작업할 수밖에 없고 쉽게 피곤해진다. 한꺼번에 여러 개의 주문을 작업장에 내다보니 당장 작업할 수도 없는 재공품만 통로에 쌓이게 되어 지나가기도 힘들다. 제품의 설계변경은 벌써 완료되었지만 제조부서에는 연락이 안 되고 있어 새 제품에는 필요도 없는 부품을 열심히 만들고 있다. 모두가 다 열심히 일하지만 그 결과는 쓰레기의 양산으로 이어진다. 이젠 부가가치를 만들어내는 제조과정에 대한 혁신적인 접근원리가 절실할 때이다. 이렇듯 문제에 대한 해결책이 단순한 형태를 띠게 하기 위해서는 일곱 가지 낭비적 요소들부터 제거하여 문제가 모든 사람들에게 명확히 보이도록 해야 한다.

린생산제는 이와 같은 일곱 가지 낭비적 요소들을 제거함으로써 공정 내의 모든 흐름을 한눈에 투명하게 볼 수 있으며 군더더기가 없는 아주 단순한 조직의 구현을 목표로 한다. 공정의 흐름이 단순하고 투명하므로 불량품이 생기면 즉시 그 원인을 찾아 해결할 수 있으며 낭비적인 요소들이 없으므로 남보다 신속하게 생산해낼 수 있다. 남보다 좋은 제품을 더 빨리 생산해낼 수 있으므로 생산성은 당연히 경쟁업체보다 높을 것이고 공정 내에 낭비가 없으므로 원가나 품질 면에서도 비교가 안 된다. 이런 조직으로 탈바꿈하게 되면 소비자가 원하는 좋은 품질의 제품을 필요한 양만큼만 생산하여 신속히 공급할 수 있다. 미리 생산하여 재고로 가지고 있을 필요도 없고, 또 제대로 생산하지 못하여 고객의 불만을 불러일으킬 경우도 생기지 않는다. 린생산제가 추구하는 품질혁신의 기본원리에 대해 간략히 살펴보기로 하자.

첫째, 린생산제에서 품질경영은 현장작업자들을 통해서만 가능하다고 주장한다. 현장의 많은 문제점을 잘 이해하고 파악하고 있는 이들 전문가들을 제대로 활용하기 위해서는 이들에게 문제해결방법에 대해 조언해 주고 어려운 문제를 같이 생각해 줄 수 있는 지속적인 학습과 개선을 장려하는 조직분위기의 구축이 필요하다. 즉 "근로자들의 능력범위와 지식수준이 설비나 기계보다 훨씬 더 중요하다"는 것을 인식하고 인간이라는 자산에 지속적인 투자를 계획한다. 현장 전문가들의 능력이 증대될수록 간접지원부문의 필요성은 줄어들고 신축성 있고 신속한 결정이 가능해진다. 현장의 작업자들도 남는 시간에는 지원스태프들이 하던 많은 일들을 직접 처리하게 된다. 그 결과, 현장의 작업자들은 통상적으로 "직접노동"과는 관계없는 많은 일을 할 수 있도록 다기능화되고 있다. 즉 설비수리 · 유지, 교육, 공정개선, 품질관리, 데이터 입력, 그리고 스케줄 수립에 이르는 다양한 일들을 하게 한다. 중앙집중적인 스태프부서에 의한 스케줄 수립보다는 린생산제가 목표로 하는 단순화에 역점을 두고 전체적인 프로세스를 관리한다.

둘째, 실수와 오류의 분석을 통하지 않고서는 개선이 불가능하다는 점을 강조한다. 모든 불량과 하자의 원인을 샅샅이 뒤져 조금씩 공정을 개선해간다. 무결점이란 단순히 목표가 아니라 실수의 지속적인 분석을 통해 실현할 수 있는 표준이다. 이를 위해서 조직의 모든 구성원들이 개선이라는 활동이 습관처럼 몸에 배야 한다. 물론 불가피한 실수와 오류의 영향을 최소화하기 위해서는 자동검사기나 각종 실수방지장치(foolproof mechanism)의 개발을 적극적으로 시도

[그림 6-14] 재고의 비유

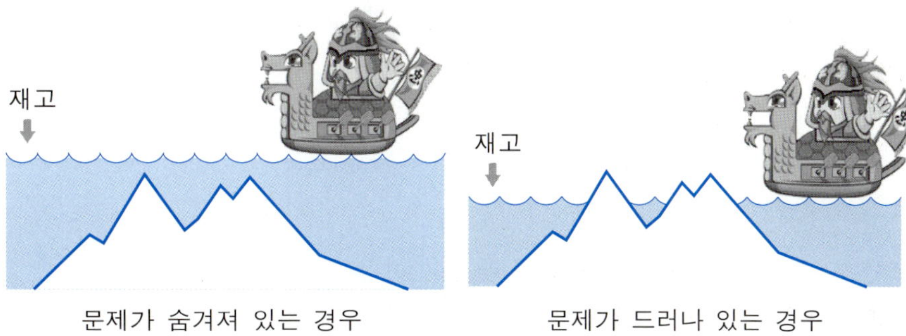

해야 한다.

셋째, 품질경영 그 자체와는 직접적 관련이 없지만 재고는 현장에서 일어나는 모든 문제를 깊숙이 감추어버리는 나쁜 역할을 한다고 보고 재고축소에 애를 쓴다. 일본의 경영자들은 [그림 6-14]와 같이 강의 비유를 통해 재고문제를 생각하곤 한다. 강물이 항상 같은 속도로 하류를 향해 흘러가지는 않는다. 강물 속에는 돌, 바위, 쓰레기, 깊은 골짜기가 있을 수 있으며 물의 흐름은 바로 이런 것들 때문에 방해받는다. 이 비유에서 물의 흐름은 제조공정 내의 자재의 흐름이라고 할 수 있으며 관리업무의 경우에는 서류나 보고서 같은 것의 흐름이라고도 볼 수 있다. 물은 재고이고 돌이나 바위는 공정 내의 수많은 문제점이나 불완전한 요소를 의미한다. 물의 흐름을 더 빠르고 깨끗이 하기 위해서는 돌이나 바위 같은 장애물요소를 없애야 하며 이것들이 어디에 숨어 있는가를 알아내기 위해서는 무엇보다도 수위가 낮아져야 한다. 물속에 잠긴 상태, 즉 수위가 높을 때에는 아무리 좋은 도구라도 제대로 돌이나 바위를 제거하기 힘들며 설사 제거했다 하더라도 강가에서 더 많은 바위나 쓰레기가 굴러들어갈 수 있기 때문이다.

넷째, 작업흐름의 속도를 높이는 것이 중요하다. 이를 위해서는 품질이 뒷받침해 줄 수 있어야 한다. 불량품이 양산되면 아무리 빨리 생산해 보았자 재작업, 폐기처분, 검사 등을 하다 보면 양품의 공급 자체는 늦어진다. 품질이 높아지면 재고수준을 낮추어야만 공장 내의 흐름속도를 높일 수 있다. 전사적 품질관리체제가 뿌리박히고 로트의 크기가 1에 가까워지면 작업장마다 대기하고 있는 재공품재고가 현저히 줄어들어 공장바닥에 쓸모없이 대기하는 시간이 줄어든다. 이처럼 작업장 사이의 자재흐름의 속도가 빨라지면 전체적인 사이클 시간과 리드타임이 줄어들어 고객의 주문을 신속히 충족시킬 수 있다.

2. 생산현장의 혁신

린생산제 도입은 곧 생산현장의 혁신을 전제로 한다. 물 흐르는 듯한 흐름생산을 구현하기 위해서는 생산현장에서 생길 수 있는 모든 낭비적인 요소를 제거하는 현장의 물리적인 변화가 수반되어야 한다.

(1) 작업장 정비

린생산제 도입의 첫 단계는 작업장의 정비(workplace organization)에서부터 시작한다. 작업장 정비는 공장의 작업현장에서 시작하지만 제조조직 전체에 확산되어야 한다. 작업장 정비의 목적은 문제가 발생한 곳에서 신속하게 해결책을 강구한다는 데에 있으며 5S 운동이라 불리는 다음의 다섯 단계를 거쳐 진행된다. 여기서 5S는 Seiri, Seiton, Seison, Seiketsu, Shitsuke라는 일본어의 영문표기의 첫 글자에서 따온 것이다.

- Seiri(정리) : 당장 쓸 것이 아니면 모두 치워라. 불필요한 재공품, 불필요한 유휴설비, 사용하지 않는 각종 계기, 자재, 쓰레기 등등 불필요한 것들을 현장에서 깨끗이 치워 정돈된 작업환경을 유지한다.
- Seiton(정돈) : 작업장 안의 모든 공구와 물자에 대해 놓여 있어야 할 위치를 결정하고 항상 제자리에 되돌려 놓도록 함으로써 언제나 지체하지 않고도 찾아 쓸 수 있도록 한다. 작업자 스스로가 모든 것의 상세한 위치와 레이아웃을 결정하도록 하고 자신의 일과 작업장에 100% 책임을 지도록 한다.
- Seison(청소) : 작업장 청소는 물론 기계설비 · 공구의 청소와 정비를 게을리해서는 안 된다. 자신이 쓰는 기계를 닦고 조이고 기름칠하여 항상 좋은 상태로 유지함으로써 기계고장의 징후도 쉽게 발견할 수 있다.

- Seiketsu(청결) : 앞의 세 가지를 항상 지킴으로써 작업환경을 언제나 청결하게 유지한다.
- Shitsuke(규율) : 모든 사람들이 이러한 규칙을 이해하고 지키며 또한 어떤 방법으로든지 이 운동에 적극적으로 참여한다.

많은 일본 기업들은 5S를 활용하고 있지 않다면 ISO 인증이나 통계적 공정관리를 적용하는 것은 돈과 시간의 낭비로 간주한다. 지저분한 공장에서는 고품질의 제품을 생산할 수 없고, 어지러운 사무실에서는 제대로 된 의사결정을 내릴 수 없다는 것이다.

(2) 프로세스의 디자인 개선

각 작업장에 숨어 있던 낭비적인 요소들이 어느 정도 제거되고 작업장 내에서의 자재흐름이 원활해지면 공장 전체의 자재흐름에 대한 분석을 시도해야 한다. 흐름공정도와 같은 도식적 기법을 이용하여 자재의 흐름패턴뿐만 아니라 각 작업장의 작업부하에 관한 것도 살펴볼 필요가 있다. 이 과정은 또한 공정의 유사성을 토대로 한 품목의 그룹화 추진시에 필요한 기본자료를 구축하는 중간단계로도 생각해 볼 수 있다. 즉 제조셀이나 조립셀과 같은 셀룰러제조시스템의 도입을 위한 준비과정으로 생각하여 생산능력, 자재처리, 보수 · 정비, 생산준비에 관한 사항에도 관심을 기울여야 한다. 일단 제조공정에 대한 분석이 어느 정도 진전되면 다음과 같은 구체적인 개선방안을 고려하는 것이 바람직하다.

첫째, 기능별 레이아웃을 제품별 레이아웃으로 바꾼다. 예를 들어 제조셀을 구축하여 자재의 흐름을 단순화한다. 같은 종류의 기계들을 한자리에 설치하는 기능별 배치하에서는 아무리 최적배치를 하더라도 상당한 거리를 이동한다. 불필요한 이동거리를 줄일 수 있는 가장 좋은 방법은 가능한 한 한곳에서 모든 필요한 작업을 다 끝내는 것이다. 서로 비슷한 작업공정을 거치는 품목들을 하나의 그룹으로 묶어 이들을 생산해낼 수 있는 기계들을 한곳에 모아 셀 형태로 조직하면 이동거리는 엄청나게 줄 것이다. 또한 생산준비시간과 사이클타임 역시 대폭 줄어든다. 물론 열처리나 도색부문과 같이 위험하고 다른 작업에 영향을 미칠 수 있는 작업장은 예외적으로 제외될 수 있다. 이 외에도 제조셀을 도입하면 제조공정의 리드타임을 현격히 줄일 수 있고 작업장 내의 투명성도 훨씬 높아져 작업간의 피드백 속도가 자연스럽게 높아진다.

둘째, 신축성을 저하시키고 자재흐름을 왜곡시킬 수 있는 대용량기계의 설치를 자제한다. 셀을 구성하는 설비 중에는 생산능력을 다 쓰지 못하는 것들도 있을 수 있다. 기계가 비쌀 경우에는 특히 더 문제가 되므로 셀조직하에서는 가급적 비싼 기계는 피하는 것이 바람직하다. 어쩔 수 없는 경우에도 각 개별 기계의 사용현황보다는 공정 전체에 대한 효과에 초점을 맞추어야 한다.

셋째, 셀의 구조를 U-라인 형태로 바꾼다. U-라인이란 셀을 구성하는 기계들을 영문알파벳 U자 형태로 배열한 것을 말한다. 작업의 흐름은 U자의 한쪽 끝에서 시작하여 다른 쪽 끝에서 종료한다. 특히 가공하고자 하는 자재의 크기가 작아 손으로 옮기기 쉽고 작업자가 손쉽게 가동할 수 있는 작은 규모의 기계들로 구성되어 있을 때 U-라인은 효과가 크다. U자형 셀의 장점을 살펴보면 다음과 같다.

- 셀이 U자 모양으로 생기면 한 명이 셀 내의 여러 기계를 동시에 관할할 수 있다. [그림 6-15]에서와 같이 서로 인접해 있는 기계들을 책임질 수

[그림 6-15] U자형 셀의 예시

작업번호	A	B	C	D	E	F
작업시간	6분	5분	1분	2분	2분	3분

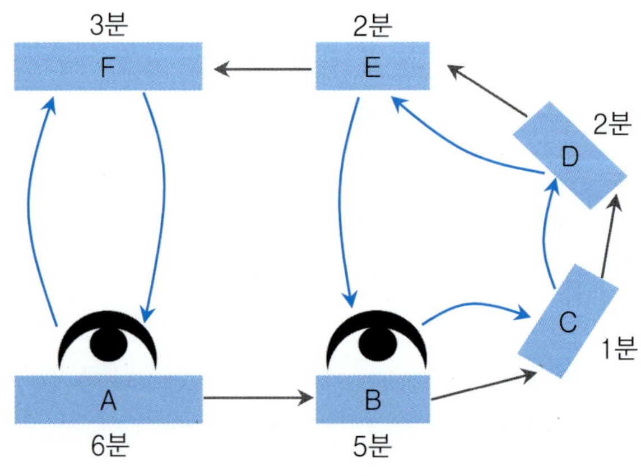

도 있고 앞뒤에 위치한 기계들을 다룰 수도 있다. 수요가 증가하더라도 작업자를 더 배정하여 담당할 기계수를 줄이면 된다. 즉 생산라인의 균형을 도모하기 쉽다. [그림 6-15]의 예에서 작업대가 일자로 정렬되어 있다면, 작업 A와 작업 F를 한 사람이 담당하기는 어렵다. 그러나 그림에서와 같이 U자형이라면 2명이 10분마다 1개씩 생산할 수 있다.

- 직선형일 때보다 서로 가까이 위치하게 되므로 불량이 생기더라도 손쉽게 되돌려 재작업을 할 수 있다.
- 직선으로 되어 있을 때보다 훨씬 쉽게 가로질러 이동할 수 있으며 U자의 중심에서 필요한 자재나 부품, 도구를 바로 건네주기 쉽기 때문에 불필요한 움직임을 줄일 수 있다. 즉 자재의 처리와 취급이 단순화되고 쉽다.
- U자 모양으로 셀이 구성되면 직선형일 때보다 팀의 느낌이 더 생긴다. 이처럼 셀 안에서는 내 작업, 네 작업의 개념이 상대적으로 줄어들고 불량문제도 신속히 처리할 수 있으며 서로 하는 일을 바꾸어 함으로써 여러 기술도 익힐 기회를 제공한다. 또 작업자들이 서로 도울 수 있어 생산공정의 신축성이 높다. 다양한 작업을 맡도록 함으로써 지루함을 덜어줄 수 있다.

(3) 실수방지책 구축

린생산제를 실현하기 위해서는 후속공정에 불량품이 하나도 흐르지 않아야 하고 그 흐름이 유연하고 막힘이 없어야 한다. 린생산제가 효과적이기 위해서는 무엇보다도 품질이 완벽해야 한다. 린생산제의 주춧돌로서의 지속적 개선은 생산 프로세스, 제품기술 등의 분야에서 수월성을 추구하고 끊임없이 작은 개선을 시도하는 것이다. 이 과정에서 현장기술자들의 적극적인 참여가 요구된다. 생산에 참여하지 않는 유휴시간이 생기면, 이를 곧 지속적 개선활동에 적절히 활용함으로써 개선을 가속화할 수 있다.

만약 작업자들을 기계에서부터 분리하여 낭비적인 시간(기계를 지켜보고 있는 시간)을 줄일 수 있다면 많은 생산적인 일을 할 수 있다. 즉 불량, 공구의 파손, 부품부족과 같은 비정상적인 현상이 발생했을 때 스스로 가동을 멈추고 작업자의 도움을 청하기 위한 신호를 보낼 수 있도록 피드백시스템을 갖출 수 있다면 품질과 생산성 면에서 현격한 향상을 기대할 수 있다.

도요타에서는 이런 시스템을 사람인(人)변이 붙은 自働化 시스템이라 부른다. 自働化 중에서도 foolproof 장치라고도 부르는 실수방지도구는 타이머(timer), 감지기(sensor), 경보장치(warning tone), 정렬표지표(alignment template)와 같은 간단한 도구를 이용하여 작업상의 실수를 미연에 방지하거나 실수를 했더라도 이를 즉각 피드백할 수 있도록 하는 과정이나 장치를 의미한다.

(4) 린 식스시그마 경영

린생산제는 식스시그마 경영원리와 결합되어 린 식스시그마(lean six sigma) 경영이라는 새로운 원리로 탄생하기도 했다. 미국의 마이클 조지(Michael George)와 로버트 로렌스(Robert Lawrence Jr.)가 2002년 처음 제시한 용어로서, 린 식스시그마는 앞에서 살펴본 일곱 가지 낭비에 한 가지가 더해진 불량(defects), 과다생산(overproduction), 대기시간(waiting), 불필요한 이동(transportation), 재고(inventory), 불필요한 동작(motion), 활용되지 못한 능력(non-utilized talent), 재작업(extra-processing) 등과 같은 여덟 가지 낭비를 제거하고자 하는 데 목적이 있다. 린 식스시그마 경영은 기존의 린생산원리에 식스시그마 방법론인 DMAIC 분석틀을 결합하여 프로세스의 리드타임 축소와 효율성 제고를 도모하고, 이를 토대로 하여 프로세스 변동(variation)을 최소화하고자 계획한다.

[그림 6-16] 린 식스시그마 경영의 개념

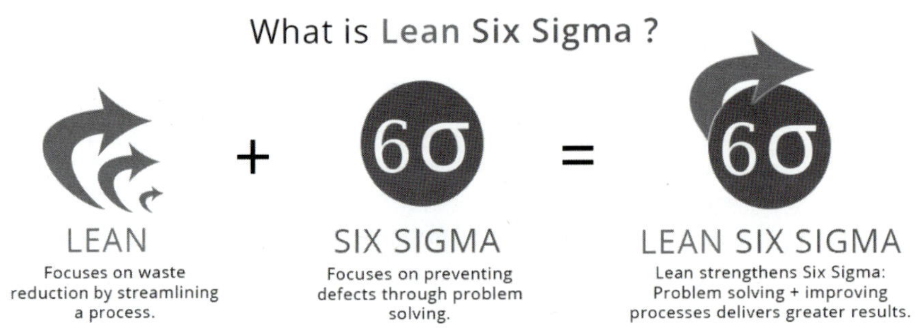

출처 : http://www.finbrain-itc.be/lean-6-sigma/

쉬어가기 공장 곳곳에 '바보도 한다'… 볼보 굴삭기 표준된 '창원 스타일'

'Poka-Yoke(포카-요케)'

지난 17일 방문한 볼보건설기계코리아 경남 창원공장 곳곳엔 이런 표어가 붙어 있다. 일본에서 나온 말(ポカヨケ)로 '바보도 한다(fool proof)'는 뜻이다. 사무실의 조명 스위치, 대형 건설장비의 온 · 오프 버튼, 생산라인에서 나사를 조일 때 어떤 장비부터 챙겨야 하는지 등 실수를 막기 위해 만든 안전장치와 안내 패널 맨 위에 이 문구가 쓰여 있다. 문구를 부착한 이유는 하나다. 여러 사람이 찾아낸 최적의 작업방식을 전 직원이 매뉴얼 · 교육 등을 통해 공유하면서 효율을 높이고 실수를 줄이고 있다는 사실을 전 직원에게 환기하기 위해서다. '매뉴얼을 지키는 게 바보도 할 수 있을 정도로 쉬우니 실수하지 말자'는 뜻이다. 별것 아닌 것 같지만 이런 디테일이 모여 큰 차이를 만들어 냈다. 우선 창원공장 제작시간이 다른 세계 다른 볼보 현장에 비해 짧다. 또 안전사고를 줄일 수 있고 어디에서 문제가 생겼는지 파악하기도 쉽도록 설계돼 있다.

이렇게 된 비결을 묻자 의외의 대답이 돌아왔다. 석위수(68) 대표는 "실수하면 영어로 변명하는 것이 잔업보다 무서웠기 때문"이라고 말했다. 그는 "내 일 네 일 구분하지 않고 해버리는 한국적 직장문화, 갑자기 회사 주인이 바뀌면서 닥친 위기감이 더해져 현재의 창원을 만들었다"는 설명이다. 일본어를 강조하던 삼성중공업 문화에서 1998년 볼보로 넘어가며 하루아침에 영어로 소통해야 하는 스웨덴 회사가 되자 직원들의 스트레스가 만만치 않았다. 석 대표는 "납기를 맞추지 못하거나 불량품이 나오면 구구절절 설명해야 하지만 문제가 없으면 그냥 지날 수 있어 편했다"고 했다. 포카-요케도 실수를 최소화하기 위해 계속됐다.

1927년 자동차 생산으로 시작된 볼보는 1999년 자동차 부문을 포드에 매각한 뒤 건설기계 · 트럭 · 버스 · 선박에 집중하고 있다. 이 중 건설기계본부는 벨기에에 있고 생산시설은 전 세계에 퍼져 있다. 일 빨리 하고

볼보건설기계코리아 창원공장 현황

- 임직원 : 1,600명(연구개발 인력 300명)
- 연 생산 : 굴삭기 1만 624대(지난해 기준)
- 연 매출 : 1조 5,950억원(2015년 기준)
- 2014년 가상장비시뮬레이션 도입
- 내수 대 수출 비율 : 20 대 80

창원공장이 인정받는 이유

- 높은 생산성 : 제작기간 창원 대 독일 공장 1 대 1.8
- 전 세계 공장에서 생산시스템(VPS) 심사 1위
- 빠른 R&D 기간 : 평균 23개월을 15개월로 단축
- 에너지 감축 : 2020년까지 총 8,575MWh 감축(온실가스 약 4,000t) 목표 60% 달성

(자료 : 볼보건설기계코리아)

말이 적은 '창원 스타일'은 볼보 편입 몇 년 만에 굴삭기 제작의 표준으로 자리 잡았다. 일처리와 능률에 대한 글로벌 본사의 긍정적인 평가가 나오면서 창원 스타일은 곧 다른 굴삭기 거점으로 적용됐다. 우선 2006년께 독일 굴삭기 공장을 모두 뜯어고쳤다. 창원방식을 유럽 직원에 적용하는 것은 쉽지 않았다. 독일은 상단·하단·굴삭기 팔 등 각 부분을 만드는 조직이 각각 떨어져 있는 섬조직 형태였다. 작업의 속도를 조직별로 조율할 수가 있어 업무속도의 편차가 생긴다. 장점은 자율성, 단점은 생산성 약화다. 반면 창원은 삼성 시절부터 도요타 생산방식을 사용하고 있어 앞 뒤 팀과의 작업속도 조율과 팀워크가 중요하다. 처음에 저항이 심했지만 2010년부터는 미국, 러시아, 인도, 중국 굴삭기 공장은 모두 창원 스타일을 도입했다. 중국 고유 굴삭기 브랜드인 합작사 SDLG를 만들 때도 창원이 핵심적인 역할을 했다. 굴삭기에 들어가는 부품의 85%가 한국산이다. 특히 이중 보안이 필요한 핵심 부품 77종은 창원공장에서 만들어져 세계 생산기지로 보급된다.

(중앙일보, 2017.3.27)

쉬어가기 현대차 노사, 도요타式 품질혁신 시동-'원키트 시스템' 울산공장 도입

최근 제네시스 GV80 엔진 떨림 현상으로 논란에 휩싸인 현대자동차가 품질혁신에 시동을 걸고 있다. 차량 한 대 분량 부품을 실은 키트가 생산라인에서 차체와 함께 이동하는 '원키트(One-kit) 시스템'의 국내 도입이 적극 검토되고 있다. 다품종 소량생산 체제를 구축하는 동시에 생산성 향상, 불량률 감소 등을 이뤄낸다는 포석이다.

13일 자동차업계에 따르면 최근 현대차 노사는 고용안정위원회 품질세미나에서 '다차종 생산시스템' 설명회를 갖고 시스템 개요와 효과, 해외 공장 적용 사례 등을 집중 점검했다. 현대차 노사가 논의 중인 다차종 생산시스템은 차량 한 대분 부품을 적재한 물류대차(키트)가 차량과 함께 이동하면서 적시에 부품을 공급하는 생산체제다. 노사 모두 시스템 도입에 긍정적인 입장을 밝힌 것으로 전해졌다. 다만 키트 개발과 라인 정비 등을 고려하면 도입 때까지 다소 시일이 걸릴 전망이다.

울산과 아산, 전주 등 현대차 국내 공장은 현재 하나의 생산라인을 따라 차체가 이동하면 공정별 근로자가 부품을 조립하는 컨베이어 벨트 시스템을 적용하고 있다. 라인 인근에 위치한 물류 차량이 공정별로 필요한 부품을 공급하기 때문에 한 라인에서 적게는 하나, 많게는 네 개의 차종을 생산하고 있다. 그러나 부품과 차체가 함께 이동하는 원키트 시스템이 본격 도입되면 라인 하나에서 10여 개 차종을 만들 수 있을 것으로 예상된다.

이 같은 다품종 소량생산시스템은 국내에서는 다소 생소하지만 해외 완성차 업계에서는 오래전부터 논의돼 왔다. 미국 볼보자동차는 수십 명으로 구성된 팀이 한곳에서 완성차를 조립하는 '셀' 생산방식을 2000년대 도입했고, 일본 도요타자동차는 노동력과 재고, 공장 면적 등 자동차 생산요소를 최소화해 효율성을 끌어올린 '린' 생산방식을 1990년대부터 논의해왔다.

현대차 역시 브라질 공장과 중국 창저우 공장 등 해외 공장에서는 '원키트 시스템'을 도입해 품질과 생산성을 크게 향상시켰다. 국내 공장 일부에도 적용된 것으로 알려졌는데, 국내 최대 완성차 공장인 현대차 울산공장에서는 첫 도입을 앞두고 있다. 이번 결정은 고객 취향이 다변화되면서 현대차 울산공장의 생산차종이 2010년 14종에서 2020년 28종으로 10년 새 두 배로 늘어난 것과 무관치 않다.

현대차 노조는 "기존 소품종 대량생산에서 다품종 소량생산으로 전환되는 시장 트렌드 변화는 거스를 수 없는 현실"이라며 "생산시스템과 부품조달체계 역시 이에 발맞춰 대응해야 하는 것 또한 사실"이라고 밝혔다. 최근 고객 요구에 따라 완성차별 트림과 옵션이 세분화되고 있다는 점을 감안하면 원키트 시스템 도입으로 불량률 감소, 품질향상 등 효과도 기대된다. 아울러 현대차는 품질개선을 위해 특단의 대책을 내놓고 있다. 업계에 따르면 현대차는 수년간 반복적으로 조기 퇴근한 울산공장 근로자 한 명을 해고 조치하고, 신차의 디자인이 공개된 이후에도 최대 수백 번에 달하는 도로주행 테스트를 실시하기로 했다. (매일경제, 2020.7.13)

연습문제

CHAPTER 6

객관식

1 검사 중심의 적합품질관리의 가장 큰 문제점은 무엇인가?

① 제품과 서비스의 구조가 복잡해짐에 따라 검사비용이 증가하고 있다.
② 100% 검사를 하든 샘플링검사를 하든 검사 그 자체로서는 품질을 개선할 수 없다.
③ 능력 있는 검사요원의 채용이 어렵다.
④ 리드타임이 짧아져 검사 자체를 실시할 시간적 여유가 없다.

2 다음 중 통계적 사고방식에 익숙지 않은 경영관리자가 범할 수 있는 오류로 볼 수 있는 것은?

ㄱ. 실제 존재하지 않는 문제의 원인에 대한 지나친 분석으로 인해 아무런 문제가 없음에도 불구하고 거꾸로 문제를 만든다든가, 또는 이와 반대로 뚜렷한 변화가 일어나 시급히 조치해야 함에도 불구하고 지나쳐 버린다.
ㄴ. 공정 또는 제조시스템 그 자체의 문제점으로 인해 발생한 결과임에도 불구하고 이를 개별 작업책임자에게 책임을 물어 공정의 신속한 개선을 지연시킨다.
ㄷ. 과거실적의 변화나 추세를 이해하지 못하고 단 하나의 예외적인 상황에 집착하여 그 발생원인을 찾아내려고 한다.

① ㄱ, ㄴ　　② ㄴ, ㄷ
③ ㄱ, ㄷ　　④ ㄱ, ㄴ, ㄷ

3 공정이 통계적으로 안정적인 상태, 즉 통계적 관리상태에 있을 때 기대할 수 있는 이점에 해당하는 것은?

ㄱ. 제조공정에 어떤 변화를 주었을 때 그 효과를 신뢰성 있게 추정할 수 있다.
ㄴ. 공정의 신축성이 증대되어 고객의 설계 수정요구를 손쉽게 수용할 수 있다.
ㄷ. 공정의 성과를 예측해 볼 수 있다. 즉 불량률 또는 불량개수를 포함한 여러 측면의 품질 특성이 거의 변하지 않게 된다.

① ㄱ, ㄴ　　② ㄴ, ㄷ
③ ㄱ, ㄷ　　④ ㄱ, ㄴ, ㄷ

4 프로세스의 구성요소와 이들 요소 간의 선후관계를 간략히 나타내는 데 사용되는 도구는 무엇인가?

① 특성요인도　　② 산점도
③ 파레토도　　④ 흐름도

5 다음 중 파레토도에 관한 설명으로 옳은 것은?

① 입고된 전체량에서 표본을 추출, 표본의 검사결과에 따라 전체의 합격, 불합격을 결정하는 방법이다.
② 빈도수는 상대적으로 작지만 불량으로 인한 손실액이 큰 항목을 체계적으로 알아보는 데 유용한 기법이다.
③ 관심의 대상이 되는 변수와 이에 영향을 미친다고 생각되는 요인 간의 관계를 이해하기 쉽게 나타내는 데 이용된다.
④ 특성요인도라고도 한다.

6 다음 중 통계적 품질관리기법에 해당하는 것은?

① 파레토도　　② 관리도
③ 흐름도　　④ 특성요인도

7 최종적인 결과 또는 변수를 화살표 오른쪽 끝에 표시하고, 그 원인들을 각 계통별로 나타내는 데 도움을 줄 수 있는 도구는?

① 특성요인도　　② 산점도
③ 파레토도　　④ 흐름도

8 통제가능한 변동, 즉 이상원인에 의한 변동을 감지하는 데 효과적으로 쓰이는 서비스 품질혁신을 위한 기본 도구는?

① 흐름도　　② 피쉬본차트
③ 관리도　　④ 히스토그램

9 다음 중 관리도에 관한 설명으로 옳은 것은?

> ㄱ. 설계가 완벽하고 공정이 아무 이상 없이 가동되더라도 그 공정에서 나오는 제품이 똑같을 수는 없다는 기본적인 가정에 그 근거를 둔다.
> ㄴ. 관리도의 목적은 기계설비의 마모, 정비불량, 원자재의 불량, 작업자의 부주의 등과 같이 제거해야 할 이상원인에 의한 변동을 감지하고자 하는 데에 있다.
> ㄷ. 관리상한선(UCL)과 관리하한선(LCL)은 제품스펙의 상하한값을 이용하여 추정한다.

① ㄱ, ㄴ　② ㄴ, ㄷ
③ ㄱ, ㄷ　④ ㄱ, ㄴ, ㄷ

10 통계적 품질관리에서 우연원인(assignable causes)에 속하는 것은?

① 작업자 훈련부족　② 생산준비의 미비
③ 사소한 제품설계상의 오류　④ 불결한 작업환경

11 다음 중 도요타생산시스템을 적시생산제로 이끄는 데 큰 공헌을 한 오노 타이치가 제시한 일곱 가지 낭비에 속하지 않는 것은?

① waste of overproduction　② waste of waiting
③ waste of shortage　④ waste of making defective products

12 오늘날의 자동화기기도 스스로 문제점을 발견하여 고치지는 않는다. 따라서 불량, 공구의 파손, 부품 부족과 같은 비정상적인 현상이 발생했을 때 스스로 가동을 멈추고 작업자의 도움을 청하기 위한 신호를 보낼 수 있도록 피드백시스템을 갖출 수 있다면 품질과 생산성 면에서 현격한 향상을 기대할 수 있다. 이런 장치를 무엇이라 하는가?

① 유연형 자동화 장치　② foolproof장치
③ 자동흐름라인　④ 유연생산시스템

13 다양한 품목을 번갈아 가면서 생산하는 제조공정에서도 연속적인 흐름공정(continuous process flow)을 흉내 낼 수 있다면 어떤 효과가 나타나는가?

> ㄱ. 전체적인 생산 프로세스가 물 흐르듯이 원활하게 되어 병목현상이 줄어든다.
> ㄴ. 낭비의 근원이었지만 어디엔가 숨어 있던 문제들이 밖으로 노출된다.
> ㄷ. 어느 한 부문에서 문제가 생기면 그 영향이 전체에 미치게 되므로 자발적 참여와 주인의식을 북돋울 수 있다.

① ㄱ, ㄴ ② ㄴ, ㄷ
③ ㄱ, ㄷ ④ ㄱ, ㄴ, ㄷ

14 린생산제 도입의 첫 단계인 작업장 정비(workplace organization)활동에 포함되지 않는 것은?

① 정리 ② 정돈
③ 청결 ④ 정시출근

15 다음 중 U자형 셀의 장점으로 볼 수 없는 것은?

① 설비의 가동률과 1인당 생산성을 극대화할 수 있다.
② 불량이 생기더라도 손쉽게 되돌려 재작업을 할 수 있다.
③ 한 명이 셀 내의 여러 기계를 동시에 관리할 수 있다.
④ 자동화비율을 높이고 자재소요량을 최소화할 수 있다.

16 다음 중 린 식스시그마(lean six sigma) 경영 체제하에서 제거해야 하는 낭비적 요소에 해당하지 않는 것은?

① 과다생산(overproduction) ② 대기시간(waiting)
③ 수요예측 오류(forecasting error) ④ 재작업(extra-processing)

❖ 객관식 정답

1. ② 2. ④ 3. ③ 4. ④ 5. ② 6. ② 7. ① 8. ③ 9. ① 10. ③ 11. ③ 12. ② 13. ④ 14. ④ 15. ④ 16. ③

CHAPTER

7

조직구성원 참여를 통한 품질경영

서너 명의 품질경영 전문가나 또는 독립된 부서로서의 품질관리부서를 통해서 기업 내의 모든 품질문제를 해결할 수 있을 것이라는 허상에 잠겨 있는 기업들이 많다. 품질문제는 이와 같은 안이한 발상으로는 효과적으로 해결할 수 없으며 기본적으로 기업 전체의 입장에서 전사적인 노력을 기울여야만 한다. 이의 원동력은 당연히 최고경영자로부터 나와야 하며 각 부서의 책임자는 물론 일선 관리자 역시 하나의 팀으로 일할 수 있는 분위기를 조성하기 위해 리더십을 발휘해야만 한다. 본장에서는 조직구성원 참여라는 시각에서 각 계층별 구성원의 역할과 참여를 촉진시키기 위해 필요한 동기유발, 직무설계 등의 여러 요소를 간략히 살펴본다.

01 조직구성원 참여의 의의와 계층별 역할

1. 조직구성원 참여의 전략적 의의

품질경영이란 설계에서부터 생산・판매에 이르기까지 "첫 번째에 제대로(right the first time)" 잘하고 있다는 것을 확신하는 과정이라고도 할 수 있다. 이러한 관점에서 볼 때 품질개선을 위한 조직구성원 참여란 각 개개인이 다음 두 가지 일을 모두 제대로 수행해 나가고 있다는 것을 의미한다. 첫째는 그가 맡은 일을 제대로 수행하고 있다는 것이며, 또 하나는 현재 채택하고 있는 업무수행 방법을 적극적으로 개선하고자 노력한다는 것이다. 단순히 자신에게 주어진 일만을 한다는 것으로는 충분하지 않으며 그 일이 수행되는 방법을 개선하기 위해 노력해야만 진정한 의미의 참여라 할 수 있다.

그러나 많은 경우 조직구성원의 참여를 단순히 품질관리분임조나 작업팀을 구성하는 것과 동일시하는 경향이 있다. 물론 품질관리분임조 등을 통해 어느 정도 작업자의 참여를 끌어낼 수는 있으나, 이는 단지 한 부분일 뿐이다. 조직구성원의 참여란 모든 구성원들의 창조적 에너지를 이끌어내어 문제점을 파악하고 지속적인 개선을 유도하기 위한 조직 전체의 분위기를 변환해 가는 과정이라 할 수 있다.

진정한 조직구성원의 참여가 이루어지면 여러 가지 효과를 기대해 볼 수 있는데, 이를 요약해 보면 다음과 같다. 첫째, 노사간의 대립관계가 무너지면서 신뢰와 협조를 통해 공통적인 목표를 가질 수 있게 된다. 둘째, 개개인의 능력개발이 가능해지면서 자신의 일에 대한 자부심을 가지고 더욱 적극적인 자세로 업무에 임할 수 있다. 셋째, 새로운 문제가 발생하면 즉각적으로 그 원인을 분석하고 해결할 수 있는 능력과 분위기를 조성해 줄 수 있으며, 이에 따라 품질향상은 물론 생산성 향상까지 자동적으로 이루어진다.

결과적으로 진정한 "참여"는 조직구성원의 능력을 무한히 확대시켜 조직 전체의 유연성을 증대시키며 시장, 소비자, 경쟁 등 외부환경의 변화에 대해 손쉽게 대처할 수 있게 한다. 품질을 지속적으로 개선한다는 것은 곧 그것을 만들어 내는 인간의 능력과 기술을 향상하고 개발한다는 것을 의미한다. 이러한 전환과정을 구현하기 위해서는 최고경영자, 중간관리자 그리고 작업자 등 모든 조직구성원이 팀활동을 하든 또는 이들 활동을 적극적으로 지원하든 간에 직·간접적으로 참여해야 한다.

2. 조직구성원의 계층별 역할

품질경영의 핵심적 리더인 최고경영자는 기업의 미래에 대한 비전을 제시하고 이 비전을 현실적으로 구체화하기 위해 필요한 전략의 개발 그리고 이 전략과 목표가 조직 전체를 통해 적절히 전개될 수 있도록 노력해야 한다. 이를 위해서 기업의 장기적인 목표와 단기적인 필요의 균형을 유지하며, 조직 내의 각종 장애물을 타파하고 품질개선노력의 진척과정을 파악할 수 있어야 한다. 즉 최고경영자의 역할은 기업 전체의 목표를 각 구성원의 개인적 필요로 연결시키는 과정을 개발하는 데 있다.

이러한 변화를 제대로 수행하기 위해서는 최고경영자계층과 중간관리자계층 간의 의사결정체계가 피드백될 수 있도록 재설계되어야 하며, 초기단계에는 위원회의 형태로 품질경영위원회 등을 구성하여 다음과 같은 항목에 대한 의사결정을 담당하도록 해야 한다.

- 품질혁신 교육 및 훈련계획
- 소요자원의 확보방안 및 지원
- 품질 및 프로세스 혁신전략의 수립 및 진행과정의 파악
- 개선 및 성과에 대한 인정 및 포상

한편 중간관리자계층은 최고경영자의 비전, 임무, 전략을 구체적인 활동으로 전환하는 과정을 책임지게 되며, 이러한 활동의 상태나 효과에 대한 보고를 하며, 최고경영자의 비전과 개별구성원의 욕구를 연결시키는 고리의 역할을 한다. 진정한 참여가 가능해진다면 중간관리자계층은 기업의 운영내용이나 각종 자료, 정보를 작업자들과 공유할 수 있도록 해야 하며, 이들 작업자들의 정보에 대한 관심을 막아서는 안 될 것이다. 이들 또한 기업의 구성원인 만큼 이러한 정보체계에 접근할 수 있도록 허용해야 한다.

중간관리자계층이 실무진이긴 하지만 이들이 실제 작업장에서 일어날 수 있는 크고 작은 모든 문제를 다 파악할 수는 없다. 이러한 문제가 발생하는 현장에 가장 가까이 위치한 일선작업자들이야말로 문제점을 식별하고 그 원인을 파악할 수 있는 좋은 위치에 있게 마련이다. 따라서 각종 문제점을 아무런 두려움 없이 파헤치고 그 개선방안을 모색해 낼 수 있도록 격려해 주고, 이것이 가능하도록 분위기를 조성해 주어야 한다. 예를 들어, 의사결정에 대한 근거 및 기대효과, 그리고 그러한 의사결정을 하지 않을 수 없게 된 상황 등을 설명해 줌으로써 일체감을 유지하고 작업자 스스로가 의사결정을 내리더라도 같은 결과가 나올 수밖에 없도록 합리적인 조치를 취해야 한다. 즉 기득권을 그대로 유지하고 자신이 통제하고 있는 범위를 침해받지 않고자 하는 사고를 버리지 않고서는 진정한 참여란 불가능하다고 볼 수 있다.

3. 팀을 기반으로 하는 일선관리자와 작업자의 역할

현장을 책임지는 일선관리자들과 작업자들 역시 통합적인 시각에서 일을 처리하는 습관을 체득해야 한다. 이런 관행이 정착되기 위해서는 팀으로 작업하는 방식이 조직 전체로 확산되어야 한다. 팀을 통해 품질혁신을 이끌어가도록 하는 전략은 조직 전체로 볼 때 상당한 노력을 필요로 한다. 팀은 오케스트라처럼 일사불란하기 어렵다. 종래의 관리방식에 비해 또 다른 유형의 도전을 필요로 한다. 팀으로서 일하기 위해서는 모든 구성원들이 체계적인 교육·훈련을 받아야 하며 전문가와 관리층의 지속적인 지원이 뒷받침되어야만 한다. 처음으로 팀에 참여하는 경우 스스로 성공하기 위해 필요한 기술과 지식을 충분히 가지지 못하는 경우가 대부분이다. 팀의 구성원으로 문제를 인식하며, 일곱 가지 품질관리기법을 사용하며, 프로젝트계획을 수립하고, 데이터를 수집하며, 주요 내용을 정리분석하기도 한다. 이런 것들을 제대로 하기 위해서는 충분한 교육과 훈련이 전제되어야 한다. 그렇지 않은 경우 실패는 확실하다.

그뿐만 아니라 전문가들의 역할도 변해야 한다. 과거에는 엔지니어, QC담당자들이 문제를 인식하고 자료를 수집한 뒤 그 결과를 경영층의 승인을 받은 후 일선작업자들에게 별다른 사전교육 없이 무조건 강요하는 스타일이었다. 이제는 이러한 엔지니어들이 한 걸음 더 나아가 팀에 참여함으로써 팀구성원에게 그들의 기술과 특기를 제공하고 지원해 주는 역할을 하게 된다.

또한 성공적인 팀의 운영을 위해서는 학습과 작업이 균형을 이루어야 한다. 즉 팀구성원들이 학습과 기술개발에 투입하는 시간은 무엇인가 만드는 데 투입하는 시간만큼 생산적이고 가치 있다는 것을 인식해야 하다. 시간이 없어서 교육을 받기 힘들다든가, 늘 생산에 밀려서 전체적인 교육스케줄을 잡지 못한다는 것은 있을 수 없다. 모든 구성원들의 시간 중 20% 정도는 학습과 기술개발에 투입해야 한다. 다기능공을 통한 신축성 향상도 여기서 출발한다.

현장근무자로 구성된 팀도 그 결과에 대해 책임질 수 있어야(accountable) 한다. 특히 개선과 혁신을 목적으로 하는 팀이라면 당연히 결과에 대해 책임져야 한다. 기본적으로 효과적인 팀노력의 시너지효과는 각 개별구성원들의 노력의 합보다 훨씬 크다. 예를 들어 아무리 슈퍼스타가 많더라도 팀워크가 없으면 시합에서 이길 수 없다. 그냥 적절한 사람들을 모아놓았다고 해서 효과적인 팀이 생기는 것은 아니다. 스포츠팀과 다를 것이 하나도 없다. 현장근무자들로 구성된 팀의 시너지효과는 다음과 같다.

- 품질혁신에 관한 문제의식의 확산과 다양한 정보의 확보 : 아무리 한 사람이 많이 알고 있다 하더라도 전체의 시각에서 보면 그 가치는 극히 미미하다. 적지만 여러 사람들의 의견과 정보를 통합함으로써 전체적인 정보의 가치를 증대시킨다.

[그림 7-1] **팀을 통한 품질혁신의 기대효과**

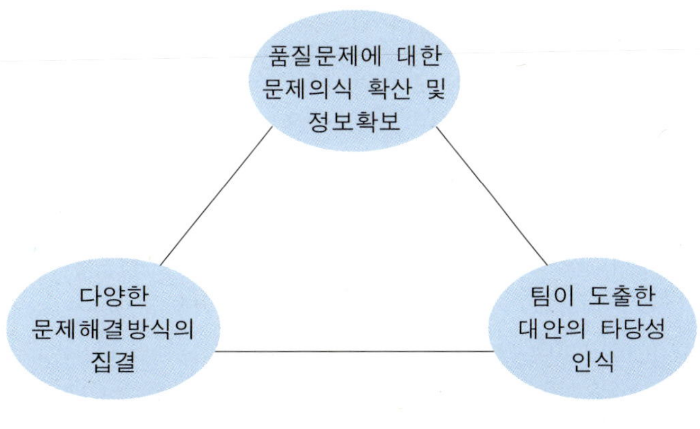

- 다양한 문제해결방식의 집결 : 서로 다른 배경을 가진 구성원들이 모이게 되면 전에는 생각하지 못했던 문제해결방식을 찾아낼 수 있다. 특히 남의 생각을 통해 제한적이고 편협했던 사고방식의 폭도 넓힐 수 있다.
- 팀이 도출한 대안의 타당성 인식 : 보다 많은 사람들이 팀에 능동적으로 참여할 때 그 대안에 대한 소유의식이 강해지고 책임감이 커진다. 결과적으로 이 대안을 다른 사람들에게 제시할 때 훨씬 빠른 시간 내에 그 타당성을 인식시킬 수 있다.

생산현장이 아닌 화이트칼라 위주의 사무실에서도 품질혁신에 초점을 둔 새로운 팀 구축이 절실하다. 생산현장에서는 자재가 흘러가지만 사무실에서는 정보와 서류가 흘러간다는 차이가 있을 뿐이다. 우선 고객의 불평・불만을 그룹화하고 가장 중요한 문제그룹에 초점을 맞추어 업무혁신팀을 구축하고 이에 따라 일의 처리 프로세스를 재구축한다. 이때 전통적인 기능별 조직구조에서 탈피하여 다기능적이고, 교차훈련(cross-trained)을 거친, 통합적이고 자체완결적인 팀을 전제로 해야 한다. 여기서 자체완결적이란 팀 내에서 모든 일을 마무리함으로써 팀 밖으로 나갔다가 다시 되돌아오는 일이 없다는 것이다. 현장기술자들을 다양한 작업을 능숙하게 할 수 있는 다기능공으로 육성하듯이 사무실의 간접부문 종사자들도 유사한 방향으로 육성한다.

이처럼 다양한 일을 맡아 처리할 수 있으면 같은 팀의 동료가 아프거나 휴가를 가더라도 일의 처리가 지연되지 않게 할 수 있다. 또 같은 일만 반복하는 지루함에서 벗어나며 분업의 한계도 극복하여 리드타임을 현저히 줄일 수 있다. 만약 기존 조직에서 다른 부서로의 서류전달을 하루에 한 번 했다면 5개의 부서를 거치면 서류전달에만 5일이 걸린다. 이런 낭비적 시간을 줄일 수 있다는 것이다. 심지어 같은 사무실 내에서의 서류전달도 마찬가지이다. 담당자가 책상에 없는 경우 깜박 잊고 전해주지 않을 수도 있다. 그뿐만 아니라 각자가 전체 프로세스를 이해할 수 있게 되어 생산성도 높아진다. 전체를 이해함으로써 불필요한 일을 제거할 수 있는 시각을 습득할 수 있기 때문이다.

4. 임원급 팀 기반의 계획수립

팀을 기반으로 하는 품질혁신은 중간관리자나 일선작업자들 중심으로 진행되는 경우가 많지만, 영업, 마케팅, 개발, 제조, 구매 및 재무 등 조직의 거의 모든 부문을 아우르는 품질관련 이슈에 대해서는 정기적인 임원급 회의가 요구된다. 생판계획(Sales and Operations Planning, S&OP), 줄여서 흔히 S&OP로 부르기도 하는 이 회의는 제조업체가 상시적으로 직면하는 수요와 공급의 불균형을 해소하여 상품의 판매가용성을 제고하는 데 필요한 모든 의사결정이 이루어지는 프로세스이다. 과다한 재고의 처리, 고객불만족의 해소, 납기 지연문제에 대한 대책, 이미 판매된 상품의 대규모 리콜, 핵심 원자재나 부품의 교체, 신제품 출시의 결정 등 한 부서가 독자적으로 결정해서는 안 되는 이슈에 대한 논의가 이루어진다.

S&OP에는 최고경영자는 물론 영업, 마케팅, 개발, 제조, 구매 및 재무 등의 이해관계자들이 모두 참여하여 회사가 어떻게 자원을 투입해야 시장의 움직임에 효율적으로 대응할 수 있을 것인가에 대한 결정을 내리게 된다. 즉, 품질문제를 포함한 기업 내 모든 의사결정부문을 통합화한 하나의 계획으로 이끌어가는 데 기여한다. 각 부문별로 세워진 계획은 전체적인 관점에서 보았을 때에는 서로에게 만족할 만한 결과를 주지 못할 수 있기 때문에 전체적인 관점에서 수립된 계획의 원인과 문제점을 공유하고 대응책을 마련하여 모두가 한 방향으로 나아가도록 하는 것이 중요하다.

S&OP는 기업 환경의 불확실성 정도와 이에 대한 대응력 수준에 따라 월별 또는 주별로 운영되며 모든 부문의 대표자가 참여하여 의사결정을 도모한다. 단순히 자료 제시와 공유 정도에 그치는 것이 아니라 회의에 참여하는 모든 부서가 합의하는 액션플랜이 구축되는 것이다. 기업 운영에 영향을 줄 수 있는 모든 정보가 S&OP에서 공유되고 의사결정의 근거로 제시된다. S&OP는 부문간 협업이나 갈등 해소가 필요한 이슈에 대한 논의가 상시적으로 전개되는 다기능팀(cross-functional team) 기반의 전략회의로 볼 수 있다.

02 조직구성원의 리더십 함양을 통한 품질혁신

1. 품질경영에서의 리더십 역할

모든 조직의 핵심적인 자원은 사람이다. 이러한 인적자원을 이끌어 가고 통합하기 위한 리더십의 발휘는 품질혁신의 핵심 성공요인이다. 리더십 또는 지휘란 단순히 하급자가 해야 할 일을 지시하고 그 일의 진행을 감독하는 활동에 그치지 않는다. 리더십의 기능에는 두 가지의 중요한 역할이 포함된다.

첫째, 조직 내의 사람들을 효과적·효율적으로 운영하여 사람들간의 상호협력이 이루어져서 목표가 달성될 수 있도록 한다. 이를 위하여 사람들이 열심히 일하도록 격려해야 하며, 매우 효과적인 의사소통이 이루어지도록 한다. 의사소통이 중요한 이유는 정확한 의사전달을 통해서만 사람들간의 의견교환이 원활히 이루어지며, 이럴 때에 긴밀한 상호협력이 가능하기 때문이다.

둘째, 부서간의 혹은 사람들간의 불화 혹은 마찰을 줄여야 한다. 조직의 전체적인 목표를 달성하는 데에서 불화나 마찰은 매우 심각한 장애요인이 된다. 불화와 마찰이 심한 조직에서는 부서간 혹은 사람들간의 상호협력을 기대하기 어렵고, 결과적으로 목표의 달성도 불가능하다.

특히 고객 중심으로 조직 전체의 사고를 전환시키기 위해서는 리더의 역할이 더욱 강조된다. 새로운 경쟁환경에서 진정한 리더란 자신의 비전을 조직 전체에 효율적으로 전달하기보다는 모든 조직원들이 리더처럼 생각하며 행동할 수 있도록 지원하는 것이다.[1] 조직원들이 리더처럼 생각할 수 있게 된다면 리더의 역할은 조직원들의 효율적 행동을 지원하는 것이다. 물론 조직원들을 리더로 만드는 방법은 매우 다양하다. 책임과 권한을 적절하게 부여하고 정확한 측정을 통해 성과를 보상하는 것도 중요하며, 조직구성원간의 신뢰와 관계, 그리고 원활한 의사소통 체계를 확립하는 것도 필수적이다. 환경에 맞는 적절한 방법으로 조직원 개개인을 행동하는 리더로 만드는 것이 진정한 리더의 역할일 것이다.

---

1) 장유상·김영수·이유택, 『초일류기업 현장 리포트』, 삼성경제연구소, 2002, pp.279~281.

(1) 리더십의 정의

리더가 발휘하는 행동이나 영향력을 일컬을 때에 리더십(leadership)이라는 단어가 자주 등장한다. 예를 들어, 김 부장은 리더십이 좋아 성과를 잘 올렸다거나 전임국가대표 축구감독은 리더십이 부족하여 게임에서 졌다거나 하는 표현들을 종종 듣곤 하는 것이다. 이처럼 리더십은 기업에서는 물론 일반인들의 일상적인 대화 속에서 자주 사용되고 있는 단어이다.

조직의 목적을 효과적으로 달성하려면 조직구성원의 협조가 필수적이며, 그들과 상호작용을 하는 리더의 역할이 중요하다. 즉 훌륭한 리더십을 가진 경영자나 관리자가 있느냐 없느냐에 따라 조직성과가 달라진다. 탁월한 리더십을 발휘하였던 리더들을 보면 그들에게는 분명한 목표가 존재하고 있다. 목표란 방향의 설정이다. 그리고 목표가 분명할수록 구성원들은 리더가 제시하는 곳으로 열정적으로 달려갈 수 있다. 리더가 제시하는 목표는 구성원들에게 비전으로 자리잡는다. 비전은 조직이 원하는 바람직한 방향으로, 어떤 때에는 리더가 보여주는 꿈의 모습으로 나타나기도 하고 열정으로 발현되기도 한다. 구성원들과 공유되는 비전은 조직행동의 구심점이 되어준다.

리더십의 두 번째 요소는 영향력이다. 리더의 리더십은 곧 구성원들에 대한 리더의 영향력과 관계가 크다. 그리고 이러한 영향력의 근원에는 리더가 지니고 있는 권력이 존재하고 있다. 즉, 권력을 많이 가지고 있는 리더는 그만큼 추종자들에 대한 영향력의 크기도 클 수 있으며, 이 점 때문에 많은 리더십 연구들은 권력의 종류와 크기에 주목하고 있다. 여러 연구에서 보면 권력에는 일곱 가지 유형이 있다. 합법적 권력, 보상적 권력, 강제적 권력, 연줄 권력, 전문적 권력, 정보적 권력, 규범적 권력 등이다. 이 가운데에서도 앞의 네 가지는 자리가 주는 권력이라고 해서 직위권력(Position Power)이라고 부르기도 하며, 뒤의 세 가지 권력은 개인 스스로의 역량에 기인한다고 해서 개인권력(Personal Power)이라고 구분하기도 한다. 일반적으로 권력의 발휘에 있어서는 여러 가지 속성이 한데 어우러져서 작용하는 것이 보통이다. 중요한 것은 자신의 권력을 어떻게 증진시키고 이를 조직의 목표를 향하여 효과적으로 활용하는가에 있다. 이를 통해서 자신이 발휘하는 리더십의 크기가 결정되기 때문이다.

리더가 가지고 있는 영향력이 구성원들 혹은 추종자들에게 일방적으로 전달되는 것만은 아니다. 실제로 리더십이 발휘되는 현장에서는 조직이나 구성원들의 상황에 따라서 같은 리더의 리더십도 제각기 다르게 발휘되곤 한다. 뿐만 아니라 리더의 영향력이라는 것도 리더가 추종자들에게 일방적으로 발휘하는 것이 아니라 추종자들의 여러 가지 행동들(이를테면 적극적인 추종, 수동적인 복종, 노골적인 반발과도 같은 다양한 행동들)을 통해서 리더에게 영향을 미친다고 할 수 있다. 그리고 리더 또한 구성원들의 반응을 살펴보면서 자신의 리더십 행동을 조절하게 된다. 이처럼 리더십이란 리더와 구성원 사이의 상호작용이라는 속성을 가지고 있다. 바로 이것이 리더십의 세 번째 본질적인 요소인 상호작용(interaction)이다.

한 리더가 조직을 이끌어가면서, 어느 경우에는 인간관계를 통해서 구성원들을 통솔해야 할 때가 있고, 또 어떤 경우에는 과업중심적으로 리더십을 발휘해야 하는 경우가 있다. 물론 한 조직에 있어서도 그 조직에 주어진 과업이나 조직의 성숙도에 따라서 상황과 분위기가 다르게 전개될 수 있다. 이때 훌륭한 리더라고 한다면 조직이 나아가는 올바른 방향을 향해서 적절하게 리더십 행동을 적용할 수 있을 것이다. 즉, 칭찬이나 배려, 적절한 보상과 위임, 정보전달, 의사결정, 질책과 처벌 같은 행동이 그때그때의 상황에 알맞게 적용될 수 있을 것이다. 관리자의 리더십에 관계된 책자들이나 리더십 육성프로그램에서 커뮤니케이션의 문제나 의사소통, 갈등관리, 관리자의 적극적 경청 등과 같은 주제들이 중요하게 다루어지고 있는 이유도 바로 리더십의 주된 특성이 리더와 추종자의 상호작용 속에서 이루어지기 때문이다.

(2) 리더십의 이론

지금까지 설명한 것을 정리해 보면, 리더십이란 조직의 목표달성을 위해서 리더가 집단구성원들을 자발적으로 움직이게 하는 사회적 영향력 행사과정이라고 정의할 수 있다. 이러한 점에서 리더십은 리더 개인이 가지고 있는 특성이면서, 동시에 조직의 목표를 향해서 구성원들과 상호작용해 가는 과정이라 할 수 있다. 이러한 리더십에 대하여 많은 학자들이 그 유형을 분류하고 있지만, 우선 미국의 레윈(Kurt Lewin) 등이 제시한 전제적, 민주적, 자유방임적 리더십을 간략히 살펴보기로 한다.

• 전제적 리더십 : 조직 내의 의사결정을 리더가 혼자서 일방적으로 하고

작업방법에 대해 지시하며 꼭 필요한 부분만을 부하가 알아서 하도록 하는 리더십을 말한다.

- 민주적 리더십 : 의사결정의 권한을 부하들에게 대폭적으로 위임하는 리더십이다.
- 자유방임적 리더십 : 될 수 있으면 의사결정과정에 참여하거나 간섭하지 않고 구성원들, 즉 부하들에게 의사결정의 권한을 완전히 위임하는 리더십을 말한다.

생산성이나 품질성과 측면에서 볼 때 자유방임적 리더십이 가장 좋지 않다. 그러나 민주적 리더십과 전제적 리더십은 상황에 따라 각기 다른 결과가 나올 수 있다. 일반적으로, 민주적 리더십이 조직구성원과의 관계, 리더 부재 때의 구성원 태도 등에서 전제적 리더십보다 호의적으로 나타나기 때문에 생산성 효과가 동일하다면 민주적 리더십이 바람직하다고 할 수 있다.

상황여건에 관계없이 바람직한 결과를 산출해내는 리더십 유형이나 특성은 찾기 힘들다. [그림 7-2]에 간략히 예시된 리더십 상황이론은 리더의 스타일뿐만 아니라 리더십 환경을 이루는 상황에 의해서도 적절한 리더십 유형이 있다고 보는 이론이다. 즉, 특정의 상황에 가장 어울리는 리더십이 발휘될 때 그 집단의 성과와 구성원의 만족감이 증대될 수 있다는 것이다. 대표적인 리더십 상황이론으로는 피들러(F.E. Fiedler)의 상황모형을 들 수 있다. 피들러가 제시한 세 가지 상황변수는 리더와 부하의 관계, 과업구조 그리고 직위권력 등이다.

- 리더와 부하의 관계(leader-member relation) : 가장 중요한 상황변수이다. 부하가 리더에 대해 느끼는 신뢰성, 확신, 존경의 정도로서 상하간의 관계가 좋고 나쁨을 의미한다. 이것이 높을수록 그 상황은 리더에게 호

[그림 7-2] 리더십 상황이론

의적이다.

- 과업구조(task structure): 작업목표의 명료성, 목표에 이른 수단의 다양성 정도, 의사결정 결과의 확인가능성, 그리고 의사결정의 구체성과 관련이 있는 변수로 과업이 구조화되면 될수록 그 상황은 호의적이다.
- 직위권력(position power): 리더의 직위가 집단구성원들로 하여금 명령을 받아들이도록 할 수 있는 정도로 부하들에 대한 처벌, 보상, 진급·승진에 대한 추천권이나 결정권을 뜻한다. 이러한 권한이 강하면 강할수록 리더에게 유리한 상황이 된다.

피들러는 이 변수들의 조합에 따라 과업지향적 리더십과 관계지향적 리더십의 두 가지 유형이 효과적일 수 있다고 주장한 바 있다.

2. 커뮤니케이션 활성화와 리더십

품질경영활동이 순조롭게 진행되기 위해서는 구성원간의 의사소통이 원활하게 이루어질 수 있도록 리더를 통한 다양한 노력이 증대되어야 한다. 의사소통이 원만히 이루어지면 품질목표 달성을 위한 구성원들의 생산성도 배가된다. 조직에서의 의사전달의 흐름은 마치 인체에서의 혈액순환 작동과 같다. 혈액순환에 이상이 있을 때 그 사람이 온전한 생활을 할 수 없듯이, 기업조직에서는 정보교환이 잘 이루어지지 않으면 마비 상태가 엄습하게 된다. 그런 의미에서 볼 때 커뮤니케이션, 즉 의사소통이란 정보의 교환과 의미의 전달이라고 간단히 정의할 수 있다.

이렇게 정보가 교환되는 커뮤니케이션(communication) 경로는 공식적 커뮤니케이션과 비공식적 커뮤니케이션으로 대별된다. 공식적 커뮤니케이션은 다시 수직적(상향적·하향적), 수평적, 대각선적 커뮤니케이션으로 나뉘며, 비공식적 커뮤니케이션은 공식적 커뮤니케이션이 전달하지 못한 유익한 정보를 제공하기도 한다.

(1) 공식적 커뮤니케이션

1) 수직적 의사소통

조직 내의 의사전달이나 정보의 흐름이 조직 상하계층간에 이루어지는 의사소통으로, 위에서 아래로 전달되는 하향적(top-down) 의사소통과 아래에서 위로 행해지는 상향적(bottom-up) 의사소통으로 나눌 수 있다.

- 하향적 의사소통 : 하향적 의사소통을 통하여 전달되는 내용으로는 상사로부터의 지시와 명령, 공지사항 전달 등을 들 수 있으며, 공식화된 지휘체계에 따라 전달된다. 조직의 규모가 크고 의사전달자와 수신자 사이에 지위의 차이가 크면 소통경로가 길어져 의사소통의 정확도는 낮아질 수밖에 없다. 하향적 의사소통을 보다 효과적으로 활용하기 위해서는 다양한 방법과 경로를 활용해야 한다.
- 상향적 의사소통 : 조직 내 하위계층의 구성원으로부터 상위지위의 사람들에게 업무처리 결과나 정보 보고, 아이디어의 제안 또는 상사의 도움을 청하는 등의 경우에 활용된다. 제안제도나 고충처리제도와 같은 공식적인 상향적 의사소통 네트워크를 이용하는 경우가 많다. 상향적 의사소통방식은 민주적인 조직환경에서 찾아볼 수 있으므로 리더는 그 직위 고하를 막론하고 솔직한 의사소통이 가능하도록 자유스런 조직분위기 형성에 노력해야 한다.

2) 수평적 의사소통

수평적 의사소통은 조직 내에서 동등한 부서간 또는 동료들간에 이루어지는 소통방식으로 상호작용적인 성격을 띤다. 조직 목표를 달성하기 위해 독립된 부서나 직무담당자들이 불필요한 갈등을 줄이고 상호간에 협조를 이끌어내기 위해서 필요한 정보를 교환하는 과정이다. 부서간의 합의도출이나 타협을 위해서 반드시 거쳐야 하는 과정이므로, 원활한 진행을 위해서는 상향적 의사소통의 경우처럼 자유스럽고 개방적인 분위기 조성이 중요하다. 의사소통은 수평적으로 이루어지지만 이러한 소통이 가능하도록 분위기와 체제를 조성하는 것은 리더의 몫이다.

3) 대각선적 의사소통

조직구조상 동일 또는 유사수준의 부서간 또는 구성원들간에 정보의 수평적 흐름이나 직접적 보고관계에 있지 않은 상이한 수준의 사람들간의 대각선적인 정보흐름을 말한다. 이런 의사소통은 어느 한편 또는 쌍방에게 정보제공과 협력 그리고 지원을 이끌어내는 데에 주된 목적이 있다. 다만 대각선적 의사소통은 정상적인 명령체계에 따르지 않고 이루어지기 때문에 의사소통의 중복이나 부서간의 마찰을 불러일으킬 수가 있다.

(2) 비공식적 의사소통

조직에서의 의사소통은 항상 공식적인 의사소통만이 통용되는 것은 아니다. 실제 조직에서 이루어지는 의사소통 중 많은 부분은 조직 내의 공식적 권한계층과 무관한 비공식적인 경로를 통해서 이루어진다. 비공식적 의사소통은 공식적 의사소통과 보완관계를 지니는 경향이 있기 때문에 조직 내의 의사소통에서 차지하는 비중이 높다.

비공식적 의사소통은 주로 정보의 결핍, 불확실성 및 정서적 갈등 등의 이유로 생겨나는 것으로 공식적 의사소통과는 몇 가지 다른 면이 있다. 비공식적 의사소통은 흔히 그레이프바인(grapevine)이라고 불리는데, 이는 의사전달체계가 포도넝쿨처럼 복잡하게 얽히고설켜 있어 정확한 정보전달이 되지 못하는 상태를 지칭하는 것이다. 조직 내에 유포되는 소문이나 유언비어 등은 그레이프바인에 의해서 비롯된 것이 많다. 그러나 상황에 따라서는 비공식적 의사소통이 정보교류나 의사전달에 효과적으로 사용될 수도 있으므로 이에 대한 적절한 관리도 필요하다.

03 자기계발을 촉진하는 직무설계

1. 조직구성원의 동기유발

품질개선을 위해 일선관리자·근로자들을 자발적 참여라는 새로운 단계로 이끌어내기 위해서는 그들이 하는 일 자체가 재미있고 작업동기를 유발시킬 수 있어야 한다. 일 자체의 속성을 재미있게 바꾸기는 쉽지 않겠지만 해야 하는 일들을 작업자별로 나누는 직무설계에서는 다소의 여지가 있다. 일반적으로 직무란 개개인이 수행해야 할 작업을 의미하며, 직무설계는 이들 개개인이 수행해야 할 작업과 그 책임범위를 설정하고 이러한 작업들을 효율적으로 수행하기 위한 방법과 그에 수반되는 작업환경의 설계까지 포괄하는 광범위한 개념이라 할 수 있다. 전통적으로 직무설계는 공장노동자 계층의 작업설계를 의미하는 것으로 간주되었는데, 이는 공장노동자의 작업은 쉽게 정의가 되며 작업시간 역시 측정이 손쉬웠기 때문이었다. 그러나 점차 서비스 업종의 비중이 커감에 따라 소위 화이트칼라 계층의 직무설계에 대해서도 관심이 부각되고 있다.

직무설계의 의의를 찾아보기 위해서는 우선 테일러(F. Taylor) 시대의 직무설계방법, 즉 과학적 관리법에 대해 살펴볼 필요가 있다. 테일러에 의해 제창되고, 그 후 길브레스(F.B. Gilbreth) 부부에 의해 발전된 과학적 관리법은 기본적으로 작업의 분화와 기계화만이 생산비용을 절감하고 생산성을 향상시킬 수 있다는 개념에 그 근거를 두고 있다. 각 개별작업자에 요구되는 기술의 범위를 좁힘으로써 훈련시간 및 이에 수반되는 비용이 절감되며, 작업자의 성과측정도 용이해질 수 있다는 것이다. 그러나 이러한 특화 또는 분화는 작업자의 자기발전기회를 제공할 수 없어 결국 작업 자체를 지루하고 권태롭게 만드는 결과를 초래하게 되어 애초 목적과는 달리 생산성·품질의 저하는 물론 작업자 만족도 및 성취감까지 저하시키는 부작용을 일으키게 되었다. 이제 조직구성원의 인간적인 측면을 강조한 몇 가지 동기이론에 대해 살펴보기로 하자.

(1) 허즈버그의 2요인이론

1950년대말 허즈버그(F. Herzberg)의 2요인이론(two factor theory)으로 직무설계의 인간적인 측면이 처음 부각되기 시작하였는데, 이 이론의 핵심적인 논리는 직무만족을 낳게 하는 요인은 직무불만족을 낳게 하는 요인들과는 별개의 것이라는 것이다. 즉 직무불만족을 일으키는 요인들을 제거하면 작업자의 불평, 불만을 제거하여 작업장의 평화를 이룩할 수는 있지만 작업자의 동기를 유발시킬 수는 없다는 것이다. 그래서 허즈버그는 직무에 만족을 주는 요인을 동기요인(motivators), 불만을 주는 요인을 위생요인(hygiene factors)이라 하여, 동기요인으로는 성취감, 인정감, 도전감, 책임감, 성장, 발전 등을 들었고, 위생요인으로는 회사정책, 감독, 대인관계, 임금, 작업조건 등을 들었다. 동기요인이 충족되면 종업원들은 만족하게 되지만, 동기요인이 충족되지 못하면 만족이 없어지게 된다. 반면, 위생요인이 충족되면 종업원들은 불만족이 없어지지만, 위생요인이 충족되지 못하면 불만족이 생기게 된다. 즉, 동기요인과 위생요인을 하나의 일직선상의 양 끝으로 보는 것이 아니라 서로 다른 직선상에서 상대적 개념으로 인간의 욕구를 파악하였다.

뒤에서 논의할 직무충실화의 개념, 즉 직무를 수직적으로 확대하여 계획 및 통제 업무의 책임까지 부여하고자 하는 직무설계의 또 다른 접근방법은 바로 이 이론의 연구결과와 영향 때문이었다고 한다.[2)]

〈표 7-1〉 허즈버그의 2요인이론

동기요인(동기유발요인)	위생요인
만족도가 높아지면 성과가 높아지게 하는 요인→직무 자체나 개인의 정신적 · 심리적 요인	불만족은 줄이지만 만족도를 높이지는 못하는 요인→직무외적 요인
• 성취감, 책임감, 발전성(승진) • 칭찬이나 인정받을 기회 • 직무 자체에 대한 도전성	• 급여, 기술적 감독, 작업조건, 지위 • 조직정책과 관리, 대인관계 • 직장의 안정성
매우 만족 ←——→ 만족 없음	불만족 없음 ←——→ 매우 불만족

2) Robbins, S.P. and T. Judge, *Essentials of Organizational Behavior*, 12th ed., Pearson Education, 2013.

(2) 매슬로의 욕구 5단계 이론

허즈버그와 함께 동기유발관련 연구로는 매슬로(A.H. Maslow)의 욕구 5단계 이론이 있다. 매슬로는 인간의 욕구가 생리적 욕구, 안정 및 안전 욕구, 소속 및 사랑 욕구, 존경욕구, 자아실현욕구 등으로 구성되며 [그림 7-3]과 같은 계층적 구조를 이루고 있다고 주장했는데 이들을 중요도순으로 보면 다음과 같다.

- 생리적 욕구 : 이 욕구는 삶 그 자체를 유지하기 위한 것으로 인간의 가장 근원적인 욕구이다. 이것은 학습되지 않는 욕구로 구체적으로 의, 식, 주 및 성에 대한 욕구 등이다.
- 안정 및 안전 욕구 : 일단 생리적 욕구가 충족되면 나타나는 욕구로 육체적 안전과 정신적인 안정을 찾고자 하는 욕구를 말한다. 공무원에 대한 인기가 좋은 것은 다름 아닌 직업에 대한 안정 때문이다.
- 소속 및 사랑 욕구 : 인간은 사회적인 존재이기 때문에 첫 번째와 두 번째 욕구가 어느 정도 충족되면 싹트는 욕구가 바로 소속 및 사랑 욕구로 어딘가에 소속되고 싶어 하며 사랑하고 싶은 욕구를 갖게 된다.
- 존경욕구 : 존경욕구란 안팎으로부터 존경받고자 하는 욕구이다. 내부적으로는 자존심과 자신감 등을 들 수 있으며, 밖으로는 권위와 인정 등을 들 수 있다.

[그림 7-3] 매슬로의 욕구 5단계 이론

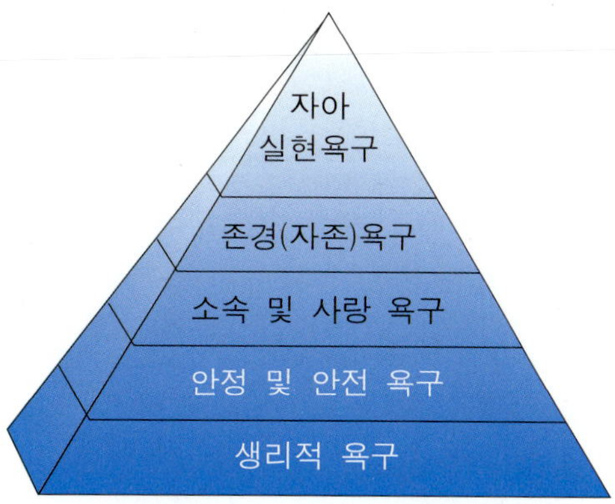

• 자아실현욕구 : 자아실현욕구란 인간의 고차적인 욕구로 자신의 현재적 내지 잠재적 유용성을 극대화시킴으로써 자기 자신의 능력을 최고도로 발휘하고 싶어 하는 욕구를 말한다.

(3) 브룸의 기대이론

브룸(V.H. Vroom)의 기대이론(expectancy theory)의 핵심은 개인의 동기가 그 자신의 노력이 어떤 성과를 가져오리라는 기대와, 그러한 성과가 보상을 가져다주리라는 기대감(expectancy)에 의해 영향을 받는다는 것이다. 기대이론에서는 [그림 7-4]에 표시된 것과 같은 네 가지 요인이 동기유발과정에서 작용한다고 본다.

[그림 7-4] 브룸의 기대이론

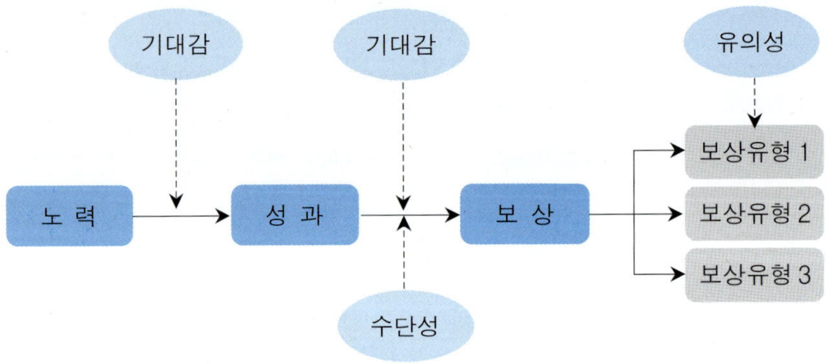

1) 노력(efforts)과 성과(performance)를 이어주는 기대감

개인의 행동이 가져다줄 결과에 대한 기대감으로 조직 내의 업무처리에 필요한 기술과 지식을 보유하지 못하면 이런 기대감은 높을 수가 없다. 아무리 열심히 해도 본인이 원하는 수준의 성과를 절대로 올릴 수 없는 것이라 생각이 들 수도 있고, 반대로 이 정도 노력이면 확실히 원하는 성과를 거둘 수 있다는 기대를 할 수도 있다. 대개 업무에 임할 때에는 이 두 주관적 기대감 수준의 중간에 해당할 것이다.

기대감을 높이기 위해서는 업무에 필요한 교육 및 훈련을 제공하고 업무

처리에 요구되는 직무기술에 익숙해질 때까지 시간적인 여유를 주며 쉬운 일부터 처리하도록 유도한다. 일의 난이도와 개별 구성원의 능력을 적절히 고려하지 않은 업무기회와 개인역량 간의 불균형은 구성원들의 몰입을 가로막는 장애물이다. 어떤 과제나 일이 주어졌을 때 실행가능한 일이라는 확신이 들면 그 일에 완전히 몰입하게 된다. 그런데, 그 일이 자신의 능력 범위를 넘어서는 것이라 판단하게 되면 심리적 불안을 갖는다.

반면 과제가 너무 쉬운 경우에는 쉽게 지루함을 느낄 수도 있다. 심리적 불안을 느끼는 사람은 결과에 대한 염려 때문에 일에 집중하지 못하고, 지루함을 느끼는 사람은 다른 할 일을 찾아 나서기에 바쁠 수 있다는 말이다. 따라서 구성원의 역량 단계별로 일을 배분하고, 실력 향상의 정도에 맞추어 새로운 업무나 도전 과제를 제시하는 것이 바람직하다.

2) 성과(performance)와 보상(reward 또는 outcome)을 이어주는 기대감

내가 거둔 성과로 인해 원하는 만큼의 보상을 받을 수 있을 것인가에 대한 기대감이다. 열심히 해서 소기의 성과를 거두어도 원하는 만큼 금전적 또는 비금전적 보상을 받지 못할 것으로 생각되면 열심히 일을 해야 할 이유가 없다. 보상에는 급여, 보너스, 표창장 등과 같은 외적인 보상과 일하는 즐거움, 성취감 등과 같은 내재적 보상도 포함된다. 성과를 보상으로 이어주는 기대감을 충족시켜 주기 위해서는 개인의 직무성과를 정확히 측정할 수 있어야 하고, 보상체계가 성과를 충분히 반영할 수 있도록 공평하게 구축되어 있어야 한다. 또한 관련 정보를 조직구성원에게 충분히 설명하여 오해가 생기지 않도록 유의해야 한다. 훌륭한 성과를 거두어 만족할 만한 보상을 획득한 조직구성원의 사례를 제시하는 것도 기대감을 높이는 데 상당한 기여를 할 수 있다.

3) 수단성(instrumentality)

수단성은 개인이 지각하는 본인의 성과와 그로 인해 받게 되는 보상 간에 나타나는 연관 정도를 의미한다. 나 혼자 열심히 해서 좋은 성과를 거두었지만 나 외에도 같은 팀의 모든 동료가 똑같은 보상을 받는다면 수단성은 낮다고 볼 수 있다. 성과가 있든 없든 간에 승진하는 데 아무런 차이가 없는 경우도 수단성은 낮다. 조직 전반에 펴져 있을지 모르는 냉소적 분위기도 수단성을 저해한다. 이는 구성원들이 경영진이나 리더를 불신하고 있음을 시사한다.

4) 유의성(valence)

개인이 보상에 대해 느끼는 만족감 또는 불만족감을 말한다. 열심히 일한 대가로서의 보상이 개인의 욕구를 충족시켜 주고 개인이 중시하는 가치와 일맥상통하는 면이 있으면 유의성이 높다. 승진이나 성과급과 같은 보상은 적극적 유의성을 띠고, 처벌이나 문책과 같은 조치는 부정적 유의성을 띤다.

개인의 조직 내에서의 행동은 이런 요인들을 복합적으로 반영한다. 예를 들어 조직구성원이 열심히 일해서 빠른 시간 내에 승진하기를 원하지만 본인의 역량이 충분한 성과를 거둘 만큼 충분하지 못하거나(E-to-P 기대감이 낮음) 설사 역량이 있어 좋은 성과를 거둘 수 있더라도(E-to-P 기대감이 높음), 최고경영자가 훌륭한 성과에 대해 보상을 거의 신경 쓰지 않거나(P-to-O 기대감이 낮음), 승진보다는 표창장이나 소정의 장려금을 지불하는 것 정도로 그칠 것으로 예상한다면(성과의 유의성이 낮음), 업무에 몰입하여 최선을 다하고자 하는 마음이 생기지 않을 것이다. 중간 정도 하더라도 시간이 지나면 대부분 승진시켜 준다면 누구도 열심히 일할 의욕이 생기지 않을 것이다. 즉 열심히 해서 성과를 내도 보상이 시원치 않다면 능력 있는 사람도 열심히 업무에 몰입할 이유가 없으며, 보상 그 자체가 미진하다면 기대감과는 상관없이 일에 대한 동기유발이 나타날 리가 없다.

현대적 의미의 직무설계는 이런 개인의 욕구충족 정도를 적극적으로 반영하는 방향으로 발전하고 있다. 직무설계는 개개인이 수행해야 할 작업과 그 책임범위뿐만 아니라 부수적으로 수반되어야 하는 작업환경의 설계까지 포함한다. 어떤 방법으로 직무를 설계하든 간에 그 목적은 작업의 기계적인 측면과 방법론적인 요소를 적절히 결합시키고 인간의 능력을 개발·확장시킬 수 있는 기회를 제공함으로써 단기적으로는 품질혁신, 생산성 향상을 도모하고 장기적으로는 기업 내에 보다 가치 있는 인적자원을 축적하고자 하는 데에 있다. 또한 이 과정에서 인간이 효율적으로 하기 힘든 분야를 색출하여 자동화시설의 도입을 촉진할 수도 있고 새로운 제품의 생산이나 생산물량의 급변 등의 상황에도 유연하게 대처할 수 있는 인적자원을 유지·확대할 수 있는 기회를 제공해 줄 수도 있다.

2. 직무설계의 행동과학적 접근방법

이제 조직행동적 차원에서 각 개별작업의 범위를 결정짓는 데 도움을 줄 수 있는 몇 가지 개념을 소개하고자 한다.

(1) 직무순환

직무순환(job rotation)은 작업자로 하여금 다양한 직무에 순환근무하도록 함으로써 그들의 활동을 다각화하고 결과적으로 작업자의 권태감을 줄이고자 하는 방법이다. 일종의 훈련프로그램으로서 2~3개월에 한 번씩 다른 직무로 옮기게 할 수도 있으며, 상황에 따라 다른 직무로 이동시킬 수도 있다. 후자의 경우에 해당되는 예로는 할당된 직무에 더 이상 흥미를 느끼지 못하거나 작업스케줄상 수평적 이동이 필요한 경우 등을 들 수 있다.

직무순환의 장점으로는 광범위한 경험과 지식을 제공해 줄 수 있고 지루함과 단조로움을 해소시키며 조직 내의 다른 직무나 활동을 이해할 수 있도록 하여 장래에 보다 큰 책임을 맡을 수 있는 준비단계를 마련해 줄 수 있다는 것을 들 수 있다. 그러나 가장 큰 문제점은 훈련비용이 급증하게 되고 새로운 직무를 주기적으로 맡게 됨에 따라 전반적인 생산성이 떨어질 가능성이 높다는 것을 들 수 있다. 또한 비자발적인 직무순환인 경우 사기저하나 직무불만족을 일으킬 우려도 크다.

(2) 직무확대

직무확대(job enlargement)는 직무분화 또는 전문화와 대치되는 개념으로 현재 맡고 있는 직무에 유사한 작업을 추가시킴으로써 다양한 일감을 제공하고자 하는 것을 주된 내용으로 한다. 예를 들어, 조립공정의 한 부분만을 맡고 있는 작업자에 공정 전체를 담당하도록 하는 것처럼 직무범위를 확대시키고자 하는 것을 의미한다.

그러나 직무확대는 직무순환과 마찬가지로 본래부터 별 흥미없는 작업을 확장시킴으로써 오히려 사기를 저하시키고 직무에 대한 불만족을 증대시킬 우려가 높다. 그뿐만 아니라 제대로 계획이 수립되지 못한 경우 많은 사고를 유발시킬 수도 있으며, 적정한 보수가 지불되지 않는 경우 역효과를 낼 가능성이 높다.

(3) 직무충실화

직무충실화(job enrichment)는 작업의 수직적 팽창을 통해 작업자의 책임범위를 확대시키고 직무의 계획, 수행, 평가에 자유재량권, 독립성 등을 부여하고자 하는 방법이다. 직무확대가 직무의 범위(scope)를 확대시키고자 하는 데에 비해 직무충실화는 직무의 심도(depth)를 증대시키고자 하는 방법이다.

쉬어가기 조직 망치려면 이렇게 : 삼성 전략회의 등장한 CIA문서

상사의 지시를 못 알아들은 척한다. 신속한 판단이 필요할 때 회의를 열자고 제안한 뒤 업무와 상관이 없는 무용담을 늘어놓거나 의사결정을 위한 위원회를 구성하자고 한다. 또 환경 탓만 하며 불평을 한다. 이렇게 하면 조직의 효율을 떨어뜨릴 수 있다. 지난 17일부터 나흘 동안 열린 삼성전자의 '글로벌전략회의'에서 이런 내용을 중심으로 하는 '미국 중앙정보국(CIA)의 스파이용 방해공작 지침'이 큰 화제가 됐다. 글로벌전략회의는 삼성전자의 각 사업부문장과 주요 임원, 해외법인장 등이 모여 내년 경영환경을 점검하고 전략을 수립하는 중요한 자리다.

21일 재계에 따르면 CE부문 글로벌전략회의에서 보여준 동영상은 CIA의 전신인 전략정보국(OSS)이 1944년 1월 발간한 '손쉬운 방해공작 현장 매뉴얼(Simple Sabotage Field Manual : Strategic Services)'을 주제로 한 것. 이 매뉴얼은 OSS가 적국의 조직·사회를 망가뜨리고 혼란을 유도하기 위해 만들었던 행동지침이다. 특히 스파이가 적국 조직 등에 침투해 사보타주(태업)를 유도하며 생산성을 떨어뜨리는 데 활용된 것으로 알려져 있다. 2008년 기밀문서에서 해제돼 세상의 빛을 보게 됐고, 매뉴얼의 지침들이 기업에도 적용될 수 있다는 연구들이 나오면서 관련 경영서적이 출판되기도 했다.

삼성전자는 글로벌전략회의를 통해 매뉴얼에 나온 내용을 공유하며, 임원들에게 '회사를 망가뜨리는 일들이 벌어지고 있지 않은지' 되새겨 보게 했다. 이 매뉴얼은 적국 주요 기업에 침투한 스파이들이 어떻게 하면 생산성을 떨어뜨릴 수 있는가를 안내한 20쪽짜리 소책자이다. 회의에 참석했던 임원진은 당시 스파이 행동이 무능한 직장인과 유사하다고 입을 모았다. 예를 들어 매뉴얼은 스파이들에게 바보처럼 행동할 것을 주문한다. 보고서의 경우 일부러 몇몇 항목을 누락시킨 채 작성하고 상사가 업무를 지시할 경우 못 알아들은 척하라고 지시한다. 또 스파이에게 멍청하고 무지하게 행동하라고 하며 상사가 이상한 눈초리로 볼 것에 대비해 "늘 사죄하는 태도를 보여라(Always be profuse in your apologies)"고 명령한다. 잦은 회의와 불필요한 발언도 좋은 사보타주다. 회사가 위급할 때는 회의를 열자고 제안해야 한다. 하지만 막상 회의가 소집되면 개인적 경험담 등 "상관없는 이슈들을 가급적 자주 제기하라(Bring up irrelevant issues as frequently as possible)"고 주문한다. 위원회를 구성해 의사결정을 넘기는 것도 방법 중 하나다. 동료가 멋진 아이디어를 낼 경우 단어의 정확성을 따지고 "사업에 성공하지 못하면 누가 책임을 질 것이냐"고 목소리를 높여 불안감을 고조시키는 방법을 사용한다.

신입 직원들은 불완전하고 잘못된 방향으로 가르치고 탁월한 근무 성과를 보이는 직원을 만나면 "회사가 당신을 차별하고 있다"고 꼬드겨 근무 의욕을 저하시킨다. 매뉴얼은 사무직원으로 위장한 스파이를 위해 7가지 지침을 별도로 내린다. 상사를 찾는 전화가 걸려오면 "상사가 바쁘기 때문에 통화가 어렵다"고 답변하고, 우편물을 수령하면 즉시 전달하지 말고 시간을 끌기 위해 한꺼번에 전달하는 식이다. 삼성전자 관계자는 "당시에 적국에 침투한 스파이의 행동과 조직의 효율성을 떨어뜨리는 일이 매우 닮아 있다는 사실을 일깨우기에 충분한 동영상이었다"고 설명했다.

(매일경제, 2018.12.23)

쉬어가기 **피자 품질 높인 AI… 직원들은 "감시당하는 것 같아"**

세계 최대 피자 체인업체 도미노피자는 최근 호주·뉴질랜드의 매장 800곳 조리실 천장에 인공지능(AI) 카메라를 설치했다. 주방에서 피자를 만드는 직원을 촬영해 제대로 만들고 있는지 실시간으로 '점검'하기 위해서다. AI 카메라는 피자에 치즈가 고르게 뿌려졌는지, 토핑 개수가 적당한지, 고객이 주문한 것과 일치하는지 등을 분석한다. 만약 이 중 하나라도 잘못됐다면 알람이 울린다. 피자를 다시 만들라는 뜻이다.

도미노피자 조리과정 확인하는 '돔 피자 체커' AI

- 호주·뉴질랜드 점포 800개 조리실에 설치
- 토핑 개수·치즈량·피자 종류 잘못되면 "새로 만드세요" 지시
- 회사는 "고객 품질 점수 15% 상승", 일부에선 "직원 감시" 우려

이 회사가 조리 현장에 AI를 도입한 이유는 들쭉날쭉한 피자 품질 탓에 고객불만이 높아져서다. 피자 종류별로 조리방법을 규격화했지만, 이것이 제대로 지켜지지 않는 탓에 '맛이 이상하다' '토핑이 적다'는 항의가 나왔다. 이 회사는 AI 시스템 도입 이후 이런 문제를 개선하는 데 성공했다. AI에게 피자 130만판을 점검토록 하니 고객들이 매긴 만족도 점수는 15% 이상 올랐다.

도미노피자 측은 "AI 카메라는 실수한 직원에게 페널티를 주려는 것이 아니라 피자 품질을 높이기 위한 차원의 혁신"이라고 설명한다. 하지만 직원들 사이에서는 "모든 일거수일투족이 감시당하는 기분"이라는 목소리도 나온다.

AI가 생산현장과 일상생활에 빠르게 파고들고 있다. 사람이 놓치기 쉬운 오류를 잡아내 일의 효율을 높여주기 때문이다. 하지만 직원 감시나 무분별한 개인정보 수집으로 악용되는 'AI 빅브러더'에 대한 우려도 커지면서, AI 기술에 대한 반응은 점점 양극화하고 있다.

대표적인 것이 AI 기술이 적용된 얼굴 인식 카메라다. 중국 정부는 베이징 등 주요 도시에서 AI 얼굴 인식 CCTV를 2,000만대 운영하고 있다. 미국 올랜도 경찰청과 워싱턴카운티 경찰청은 최근 아마존의 얼굴 인식 시스템을 도입해 범인 검거에 활용하고 있다. 한 화면에 찍히는 수백~수천명의 얼굴을 동시에 인식해 미리 저장된 데이터베이스의 얼굴 사진과 비교, 범죄 용의자나 미아(迷兒)를 찾는다. 영국 사우스웨일스 경찰은 2017년부터 모든 경찰차에 일본 통신·전자기업 NEC의 얼굴 인식 시스템을 적용, 범죄 용의자 58명을 잡는 데 성공했다. 그러나 정치권 등 일각에선 "허락 없이 촬영하는 것은 인권침해"라는 지적도 쏟아진다. 정부나 기업이 얼굴 인식 카메라를 불특정 다수를 통제하는 수단으로 악용할 수 있다는 것이다. 정권에 반대하는 인사를 감시하는 용도로도 쓸 수 있다.

(조선일보, 2019.10.24)

쉬어가기 직원 1,000명이 한 층에서 근무… 유니클로 30년 만의 조직혁신

세계 3위 의류업체 유니클로의 야나이 다다시 회장이 기획 · 생산 · 판매 등 대대적인 조직 쇄신에 나섰다. 유니클로의 위기를 이기기 위해 내건 그의 세 가지 전략을 알아보자.

거대한 직육면체가 얼굴을 내민다. 도쿄 시내에서 도쿄만(灣)의 인공 매립섬 오다이바를 잇는 다리인 레인보 브리지를 건너다보면 왼쪽 멀리 보이는 광경이다. 이 직육면체는 유니클로가 작년에 세운 초대형 물류센터다. 지상 6층, 가로 · 세로 240×70m로 도시 한 블록 면적을 수직으로 올린 건물이라 이해하면 쉽다. 오다이바의 아리아케(有明)역 근처에 지어졌기 때문에 '아리아케 프로젝트'라 불리는 유니클로 조직혁신계획의 거점이다. 올봄 도쿄 롯폰기의 인력 1,000여명이 옮겨와 본사 기능까지 맡게 됐다.

일본 최대, 세계 3위 의류업체 유니클로의 야나이 다다시 회장 겸 사장이 사운을 건 개혁에 나섰다. 본사와 물류센터 기능을 합한 새 거점을 만들어 기획부터 생산 · 물류 · 판매, 업무 방식까지 조직을 쇄신하겠다는 것이다. 그가 1984년 히로시마에 '유니크 클로딩 웨어하우스(Unique Clothing Warehouse · 특별한 옷 창고, 약칭 유니클로)' 1호점을 세운 지 30여 년 만에 벌이는 '제2의 창업'이다.

후계자를 찾아야 할 나이를 넘긴 그가 조직혁신에 팔을 걷어붙인 건 '회사가 정체되고 있다'는 위기감 때문이다. 유니클로는 기본 품목 위주의 중저가 의류를 아시아 공장에서 한꺼번에 많이 만들어 파는 방식으로 2015년까지 거의 매년 두 자릿수 성장을 했다. 작년엔 미국 갭(GAP)을 누르고 자라(ZARA) · H&M에 이어 세계 의류업계 3위에 올랐다. 문제는 성장률 둔화였다. 작년 매출은 1조7,864억엔으로 전년보다 6% 오르는 데 그쳤다. 올해 예상 매출성장률은 그 절반인 3%에 불과하다. 직원 10만명 글로벌 기업을 일궈낸 야나이 회장은 왜 '도심 속 섬' 아리아케에 전사 역량을 집결시킨 것일까? 그가 노리는 세 가지 전략을 분석했다.

1. 불량재고 줄이기

야나이 회장이 특히 심각하게 본 것은 영업이익률의 급락이었다. 2004년 18.8%에서 2014년 처음 10% 아래로 가더니 작년엔 7.1%까지 내려갔다. 경쟁이 치열해졌기 때문만은 아니었다. 작년 의류업계 1위인 자라의 영업이익률은 17.2%, 2위인 H&M은 12.4%로 유니클로보다 훨씬 높았다.

그는 물류가 문제라고 봤다. 유니클로에선 제품을 기획 · 디자인 · 부품 조달 · 생산해서 매장에 진열하기까지 반년에서 일년이 걸린다. 품질 좋은 상품을 저렴하게 파는 데는 적합하지만, 정작 매장에 상품이 진열될 때는 유행이 지나거나 날씨 · 기후와 안 맞아 재고로 쌓이는 일이 허다하다. 2015년 겨울에는 글로벌 이상 난동(暖冬) 현상 때문에 보온기능을 강조한 의류재고가 잔뜩 쌓였다. 기회를 놓치면 재고처리를 위한 대폭 할인이 불가피하고 고스란히 수익률 악화로 이어진다.

아리아케 프로젝트의 우선 목표는 재고 줄이기다. 새로 지은 건물은 이를 위해 면밀히 설계됐다. 한 층 면적만 1만6,500m^2(약 5,000평)인데, 1~4층과 5층 절반은 물류센터다. 모든 게 전산 · 자동화돼 있다. 항구 근처에 지은 것은 해외에서 만든 제품을 본사로 모은 뒤 수요에 맞춰 검사 · 재분류한 뒤 배로 실어보내기 위해서다. 5층의 나머지 절반은 매장의 진열 · 운영을 미리 시험해 보는 곳. 맨 꼭대기인 6층은 사무실이다. 수요조사 · 디자인 · 개발 · 기획 · 마케팅 · 생산 · 판매영업 · IT(정보기술) 인력 1,000여명을 집결시켰다. 롯폰기의 고층 건물 7개 층에 나뉘어 일하던 인력이 한 층에 모인 것이다.

야나이 회장은 지난 4일 아리아케 프로젝트 설명회에서 "(인력을 한곳에 모음으로써) 제품의 실시간 기획·생산이 가능해지도록 하겠다"고 말했다. 작업 정보의 흐름을 보면 현재는 한 공정에서 다음 공정으로 상품과 정보가 릴레이된다. 생산자 중심일 뿐 아니라 공정이 넘어올 때까지 부서간 정보 공유도 어렵다. 그러나 앞으로는 소비자 수요가 중심이 된다. 소비자의 수요 데이터가 생산·물류 부문에서 실시간 공유되면서 일주일 단위였던 기획·생산 흐름이 하루 단위로 진화한다. 신제품 출시 스피드를 높임으로써 꼭 필요한 제품만 만들어 재고를 줄이겠다는 얘기다.

2. 온라인 판매에 익숙해지기

유니클로는 2020년까지 연 매출 3조엔 달성이 목표다. 3년 안에 기존 매출을 70% 이상 끌어올려야 한다. 그러려면 온라인 매출을 함께 높여야 한다. 야나이 회장은 "(전체 매출의 5% 수준인) 인터넷 쇼핑몰 비중을 30% 선까지 끌어올리겠다"고 최근 밝혔다.

야나이 회장은 새 건물 6층의 각 업무 부서 바로 옆에 IT 담당자들이 붙어 일하도록 만들었는데, 온라인 판매를 늘리기 위한 전초 작업이다. IT 담당들이 각 현장에 깊숙이 파고들어 필요한 정보를 모으게 함으로써 온라인에 익숙한 조직문화를 만들어보겠다는 것이다. 롯폰기에 본사 건물이 있을 때 IT 부서가 현업 부서와 층이 완전히 다른 '외딴섬'이었던 것과 크게 다른 것이다.

고객이 인터넷에서 색깔·디자인과 목·팔 길이 등 개인별 치수를 선택하면 10일 내로 제품을 집까지 배송하는 서비스도 곧 시작한다. 개인별 맞춤화로 새 고객층을 발굴하겠다는 것이다. 이 서비스를 위해선 모든 부서와 IT 담당의 협업이 필수인데 새 사무실은 이런 일에 최적이다. 모든 직원이 한 층, 한 공간에 있기에 몇 분 안에 사무실 내 미팅룸·카페에서 직원들이 모여 문제를 해결할 수 있기 때문이다.

3. 위계중시 조직문화 없애기

아리아케 프로젝트의 또 다른 목적은 '일하는 문화를 바꾸는 것'이다. 이것이 절실했던 이유는 최근 사내에서 일어난 한 사건에서도 찾을 수 있다. 외부에서 영입된 물류 담당 임원이 목표 미달을 이유로 경질됐는데, 이 일을 두고 외부에선 "이 임원이 유니클로의 '위에서 시키는 것만 하는' 경직된 조직문화에 희생됐다"는 비판까지 나왔다.

야나이 회장은 지난 8일 일본 주간 동양경제 인터뷰에서 "조직이 커지면 상사 말만 듣게 된다. 상사도 스스로 생각하지 않고 '사장이 말했으니까'라든지 '전에 이렇게 해왔으니까'라는 식으로 옛 일을 반복한다"며 자아비판했다. 그는 "아리아케 프로젝트로 재고를 줄인다는 것은 현상적 목표일 뿐"이라면서 "유니클로의 사업이 (오프라인·온라인 경쟁은 물론 스포츠용품 업체의 의류 시장 잠식 등으로) 이종 격투기처럼 바뀌고 있는데, 여기에 대비하려는 것이 더 큰 목표"라고 했다. 그는 "사원 의식이 가장 큰 문제이며, 물리적인 것보다 사원의 습관이나 업무방식의 재검토가 가장 큰 과제"라고도 했다. 야나이 회장은 "조직을 전부 수평적으로 만들고, 상사가 정한 것을 하는 게 아니라 자신이 일을 정해 해나가도록 바꾸려는 것"이라며 "조직이 경직되지 않도록 하나하나의 조직을 작게 만들고 담당자가 자기 아이디어를 확실히 내고 책임도 지도록 만들겠다"고 했다.

(조선일보, 2017.10.6)

연습문제

CHAPTER 7

객관식

1 다음 중 진정한 조직구성원의 참여가 이루어질 때 기대할 수 있는 효과에 해당하는 것은?

> ㄱ. 노사간의 대립관계가 무너지면서 신뢰와 협조를 통해 공통적 목표를 가질 수 있게 된다.
> ㄴ. 개개인의 능력개발이 가능해지면서 자신의 일에 대한 자부심을 가지고 더욱 적극적인 자세로 업무에 임할 수 있다.
> ㄷ. 새로운 문제가 발생하면 즉각적으로 그 원인을 분석하고 해결할 수 있는 능력과 분위기가 조성된다.

① ㄱ, ㄴ
② ㄴ, ㄷ
③ ㄱ, ㄷ
④ ㄱ, ㄴ, ㄷ

2 화이트칼라 중심의 사무실에서도 품질혁신에 초점을 둔 새로운 팀 구축이 절실한데, 이런 혁신팀의 속성에 해당하지 않는 것은?

① 기능별 조직구조의 도입
② 다기능팀
③ 교차훈련을 거친 구성원
④ 통합적이고 자체완결적인 팀

3 다음 중 현장근무자들로 구성된 팀으로부터 기대되는 시너지효과에 해당하는 것은?

> ㄱ. 품질혁신에 관한 문제의식의 확산과 다양한 정보의 확보
> ㄴ. 다양한 문제해결방식의 집결
> ㄷ. 팀에서 도출된 대안의 타당성 인식

① ㄱ, ㄴ
② ㄴ, ㄷ
③ ㄱ, ㄷ
④ ㄱ, ㄴ, ㄷ

4 다음 중 개인권력(Personal Power)에 속하는 권력유형에 해당하지 않는 것은?

① 보상적 권력 ② 전문적 권력
③ 정보적 권력 ④ 규범적 권력

5 레윈(Kurt Lewin)이 제시한 리더십 유형 중 될 수 있으면 의사결정과정에 참여하거나 간섭하지 않고 구성원들, 즉 부하들에게 의사결정의 권한을 완전히 위임하는 리더십은?

① 전제적 리더십 ② 민주적 리더십
③ 자유방임적 리더십 ④ 통합적 리더십

6 피들러가 제시한 상황모형을 구성하는 변수에 대한 설명으로 옳은 것은?

> ㄱ. 리더와 부하의 관계 : 가장 중요한 상황변수이다. 부하가 리더에 대해 느끼는 신뢰성, 확신, 존경의 정도로서 상하간의 관계가 좋고 나쁨을 의미한다. 이것이 높을수록 그 상황은 리더에게 호의적이다.
> ㄴ. 과업구조 : 과업의 복잡성을 의미하는 것으로 과업목표가 명료하고 목표에 이르는 수단이나 절차가 간단하며 의사결정 결과의 확인이 쉽고 유사한 의사결정이 반복되는 경우 과업구조는 단순해지며, 과업이 이처럼 구조화되면 될수록 상황은 호의적이다.
> ㄷ. 지위권력 : 리더의 지위가 조직구성원들로 하여금 명령을 받아들이도록 할 수 있는 정도로 부하들에 대한 처벌, 보상, 진급·승진에 대한 추천권이나 결정권을 뜻한다. 이러한 권한이 강하면 강할수록 리더에게 유리한 상황이 된다.

① ㄱ, ㄴ ② ㄴ, ㄷ
③ ㄱ, ㄷ ④ ㄱ, ㄴ, ㄷ

7 허즈버그의 2요인이론에서 위생요인에 속하지 않는 것은?

① 회사정책 및 관리방식 ② 작업환경과 임금
③ 작업의 성취감과 책임감 ④ 감독방식

8 매슬로의 5단계 욕구 중 최상층에 위치하는 것은?

① 존경욕구 ② 자아실현욕구
③ 안전욕구 ④ 소속 및 사랑 욕구

9 안정적 직업에 대한 선호는 다음 중 어떤 욕구를 충족시키기 위해서인가?

① 존경욕구
② 자아실현욕구
③ 안전욕구
④ 소속 및 사랑 욕구

10 그레이프바인(grapevine)은 다음 중 어떤 커뮤니케이션에 속하는가?

① 수직적 의사소통
② 비공식적 의사소통
③ 수평적 의사소통
④ 대각선적 의사소통

11 갑작스럽게 발생한 현장의 사고를 나 혼자 다 수습하였지만 이에 대한 보상은 우리 부서 구성원 모두에게 똑같이 돌아갔다. 이런 경우 브룸의 기대이론에서 어떤 속성이 부족하다고 평할 수 있는가?

① 수단성
② 유의성
③ 기대감
④ 시의성

12 다음 중 직무충실화에 대한 설명으로 옳은 것은?

① 작업자로 하여금 다양한 직무에 순환근무하도록 함으로써 그들의 활동을 다각화하고 권태감을 줄인다.
② 현재 맡고 있는 직무에 유사한 작업을 추가시킴으로써 다양한 일감을 제공한다.
③ 작업의 수직적 팽창을 통해 작업자의 책임범위를 확대시키고 직무의 계획, 수행, 평가에 자유재량권, 독립성 등을 부여한다.
④ 주요 문제별로 기술, 마케팅, 판매, 제품개발, 생산, 구매 분야 담당자들이 하나의 통합팀을 구성하여 모든 일을 유기적으로 처리할 수 있도록 한다.

✣ 객관식 정답

1. ④ 2. ① 3. ④ 4. ① 5. ③ 6. ④ 7. ③ 8. ② 9. ③ 10. ② 11. ① 12. ③

CHAPTER

8

협력사 품질과 공급망관리

01 공급망관리 측면에서의 협력사 관리
02 공급망에서의 흐름과 관계의 관리
03 상생관계의 모색 및 정착

오늘날 기업경쟁의 양상은 개별기업간 경쟁에서 공급망간 경쟁으로 변화하고 있다. 이러한 변화는 갈수록 첨예해지는 경쟁, 핵심역량을 중심으로 재편되는 기업간 전략적 제휴의 확산, 기업활동의 국제화, 그리고 정보기술의 발달 등에서 기인한 것으로 여겨진다. 공급망관리란 원자재의 구매, 가공에서부터 완제품의 생산, 유통에 이르는 부가가치활동에 관련된 일련의 기업들을 지칭하는 공급망을 효과적으로 관리하여 최종고객에게 그들이 원하는 제품을 원하는 시기에 낮은 비용으로 제공하는 것을 지칭한다. 이러한 기업환경에서 생존하기 위해서는 기업들은 개별기업수준이 아닌 공급망이라는 한 배를 탄 '공동운명체'의 관점에서 경쟁력 강화를 추구할 수밖에 없다. 본장에서는 공급망관리 측면에서 협력사가 제공하는 상품과 서비스에 대한 품질경영 전략을 알아본다.

01 공급망관리 측면에서의 협력사 관리

1. 협력사의 전략적 중요성

한 기업의 제품품질을 개선하기 위해서는 우선 외부에서 구입하는 원자재나 부품의 품질부터 개선되어야 한다. 크로스비는 기업의 품질문제 중 50% 이상이 외부에서 구입하는 원자재와 부품의 불량에 그 원인이 있다고 한다. 더구나 자동차처럼 부품의 70% 이상을 외부에서 구입하는 경우 협력사의 품질이야말로 최종제품의 품질에 결정적인 영향을 미치게 된다. 이 외에도 협력사의 개발이 기업경쟁력의 유지·강화에 가장 중요한 요소가 될 수밖에 없는 이유를 정리해 보면 다음과 같다.

첫째, 기술의 발전속도가 점차 빨라짐에 따라 어느 기업도 제품생산에 필요한 각종 신기술을 개발하거나 보유하기 힘들어지고 있기 때문이다. 이에 따라 기업의 전문화가 더욱 심화되면서 외부업체에서 구입하는 부품의 종류는 점차 증가하게 되고 발주기업은 단순히 이들 부품을 조립하는 공정만을 보유하게 되는 경향이 심해지고 있다. 이로 인해 부품공급업체의 기술개발능력이 더욱 가치 있게 평가되고 있다.

둘째, 경쟁의 성격 자체가 단순한 가격 위주의 경쟁에서 신기술과 품질을 종합적으로 반영하는 관리기술의 경쟁으로 변모하고 있다. 다시 말해 우수한 협력사와 부품공급업체를 확보하고 이들의 기술과 능력을 최적으로 결합할 수 있는 기업이야말로 진정한 경쟁력 강화를 도모할 수 있다는 것이다.

셋째, 협력사로부터 구입하는 것은 단지 물적인 자재뿐만 아니라 공학적 기술과 개발능력을 모두 구입하는 것이라 생각해야 한다. 전기·전자, 통신, 컴퓨터 분야의 제품에 소요되는 부품의 설계는 상당히 빠른 속도로 바뀌어 간다. 특히 중간조립품이나 부품들의 설계변경은 상당한 비용이 소요될 뿐만 아니라 경우에 따라서는 불가능하기도 하다.

2000년대에 접어들면서 협력사의 전략적 중요성에 대한 폭넓은 인식과 인터넷 확산으로 인한 기술발전으로 인해 협력사 관리는 이제 공급망관리 차원에서 고려되고 있다.

2. e-비즈니스와 공급망관리

인터넷은 짧은 역사에 비해 무서운 속도로 확산되어 우리 일상생활의 한 부분이 되어버렸다. 수많은 소비자와 기업들을 시간과 공간적인 제약을 뛰어넘어 연결해 주는 인터넷은 기업경쟁의 환경을 송두리째 바꾸어 놓음과 동시에 기업들에게는 무궁무진한 사업기회를 제공하고 있다. 새로이 형성되는 사이버 공간상의 시장을 선점하기 위해 제품과 서비스를 인터넷을 통해 판매하는 전자상거래 업체들이 생겨나고 기존의 전통적인 오프라인 기업들도 온라인으로 진출하고 있다. 그러나 기업들이 인터넷을 단순히 제품과 서비스 판매의 새로운 매개체로만 활용하려 한다면 이는 인터넷이 기업환경에 미치는 영향을 포괄적으로 이해하지 못한 편협한 시각의 표출이라 할 수 있다.

기업이 인터넷의 무한한 잠재력을 최대한도로 활용하기 위해서는 고객에게 제공되는 가치의 극대화라는 관점에서 기존의 비즈니스 모델을 개선하거나 새로운 비즈니스 모델을 창출해야만 한다. 비즈니스 모델의 개선이나 창출은 인터넷 테크놀로지를 기반으로 기존의 비효율적인 가치창출의 프로세스를 재편하여, 효율적이고 고객중심적인 프로세스를 중심으로 하는 새로운 사업기회를 포착하는 것을 의미한다. 이러한 포괄적인 관점에서 비즈니스에 인터넷을 활용하는 것을 e-비즈니스라 부른다.

e-비즈니스 환경은 마케팅, 구매, 운송, 고객관리 등과 같은 기업의 주요 활동과 프로세스를 e-化하는 것을 요구하고 있다. 공급망관리도 예외는 아니다. 오늘날 기업경쟁의 양상은 개별기업간 경쟁에서 공급망간 경쟁으로 변화하고 있다. 이러한 변화는 갈수록 첨예해지는 경쟁, 핵심역량을 중심으로 재편되는 기업간 전략적 제휴의 확산, 기업활동의 국제화, 그리고 전자자료교환(EDI)에서 시작하여 인터넷으로 이어지는 정보기술의 발달 등에서 기인한 것으로 여겨진다.

공급망관리(Supply Chain Management, SCM)란 원자재의 구매, 가공에서부터 완제품의 생산, 유통에 이르는 부가가치활동에 관련된 일련의 기업들을 지칭하는 공급망(supply chain)을 효과적으로 관리하여 최종고객에게 그들이 원하는 제품을 원하는 시기에 낮은 비용으로 제공하는 것을 지칭한다. 기업들이 국경을 초월한 경쟁, 기업환경의 불확실성 증대, 기업활동영역의 국제화, 정보기술의 발달 등의 요인으로 인해 경쟁의 양상은 개별기업간 경쟁의 차원을 넘어서

[그림 8-1] 공급망의 구조

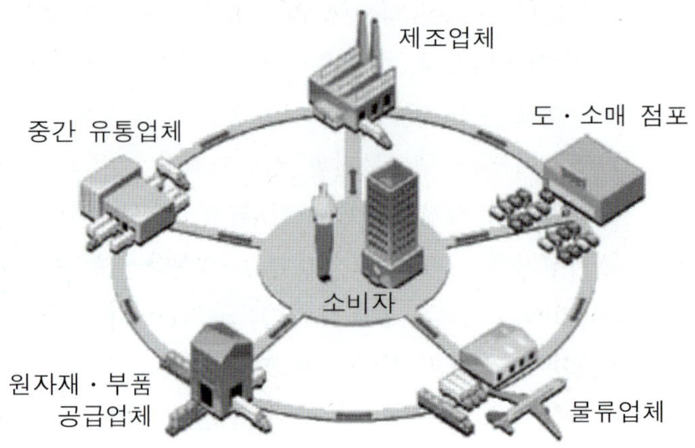

출처 : http://www.axtin.com/solutions/supply_chain.html

공급망간의 경쟁으로 변화하고 있다.

여기서 관심을 가져야 할 중요한 전략적 이슈는, 원자재에서 고객에 이르는 물적 흐름에 단계별로 관여된 여러 기업을 개별적으로 보는 대신 상호의존적인 하나의 덩어리로 보는 유기적이고 통합적인 시각이 SCM에 내포되어 있다는 점이다. 그러나 다수의 공급망은 분권적인 구조를 가지고 있다. 즉, 공급망에 참여하는 구성원은 각기 상이한 목적에 따라 독자적으로 의사결정을 내릴 수 있는 권한을 가지고 있다. 따라서 각 구성원의 독자적인 의사결정 내용이 체계적인 틀에 의해 조정되지 않으면 공급망 전체의 성과는 전체의 최적화가 아닌 부분의 최적화(local optimization)에 머무를 수밖에 없다.

따라서 공급망 구성기업간 이해관계 상충과 이의 해소 문제가 해결되지 않는 한 효율적인 공급망관리가 가져다줄 수 있는 잠재력을 최대로 활용하고 있다고 볼 수 없다. 예를 들어 판매업자와 생산자로 이어지는 간단한 공급망을 고려해 보자. 판매업자는 소비자의 다양한 욕구를 충족시키기 위해 가능한 한 많은 종류의 제품을 갖추길 원할 것이다. 그러나 생산자의 입장에서는 생산비용의 감축을 위해서 제품라인을 단순화시키고 싶어 할 것이다. 판매업자는 자신의 재고를 줄이고 이에 따른 고객서비스비용은 감소시키는 한편 생산자가 재고를 떠안기를 바랄 것이다. 이러한 경우에 생산자와 판매자 간에 갈등은 발생할 수밖에 없고 따라서 이 둘간의 의사결정내용을 협상을 통해 조정하고 서로가 상생(win-win)할 수 있는 결과를 도출해야만 공급망 구성기업간 신뢰가 구축되고 공급망이 원활하게 운영될 것이다.

02 공급망에서의 흐름과 관계의 관리

1. 흐름의 관리

공급망관리는 크게 보면 두 분야, 즉 흐름(flow)의 관리와 관계(relationship)의 관리로 나누어 생각할 수 있다. 공급망에서의 흐름은 일반적으로 자재와 제품의 흐름(physical flow), 정보흐름 및 자금흐름을 포함한다. 물적 흐름이 공급망의 상부(원자재 공급)에서 하부(최종소비자)로 자재가 이동하는 것을 의미한다면, 자금의 흐름은 반대로 공급망의 하부에서 상부로 정보와 자금이 이동하는 것을 지칭한다고 할 수 있다. 이런 모든 흐름을 가능하게 하는 것은 바로 정보의 흐름이다.

제품과 정보의 흐름 간의 관계를 보면, 제품의 흐름이 원활하지 못하다는 것은 공장, 창고 혹은 유통과정 등에 지나치게 많은 재고가 존재하거나 혹은 수요에 비해 재고가 상대적으로 부족하다는 것을 의미한다. 원활하지 못한 제품의 흐름은 정보의 흐름을 관리함으로써 개선될 수 있다. 예를 들어, 고객의 수요정보에 대한 실시간 공유를 통해 공급업체 측은 비교적 정확한 공급 및 생산 계획을 수립할 수 있고 이에 따라 재고의 과부족 현상도 줄어들 수 있을 것이다.

제품의 흐름과 현금의 흐름 간의 관계를 알아보면, 현금과 관련된 여러 가지 옵션을 통하여 제품의 흐름이 개선될 수도 있는데, 위탁판매나 반품을 허용하는 정책 등을 사용함으로써 재고 소유권 이전에 따른 위험부담을 감소시킬 수 있다. 정보의 흐름과 자금의 흐름 간의 관계를 보면, 수요 및 생산 계획 등에 관한 정보가 자금담당부서 쪽에도 공유된다면 자금담당부서에서는 훨씬 유연한 자금운용계획 수립이 가능해진다. 예를 들면, 생산계획을 통하여 자재의 구매시기를 미리 예측할 수 있고 이에 따라 효율적인 자금운용계획을 수립할 수 있다.

이처럼 세 가지 흐름은 상호 대체가능하다는 성격을 가지고 있기 때문에 이 중에서 한 가지 흐름만 잘 관리해도 다른 모든 흐름이 원활해진다. 흐름 중에서도 그 영향력이 가장 큰 것, 즉 레버리지(leverage) 역할을 하기에 가장 적합한 흐름이 바로 정보의 흐름이기 때문에 공급망관리에서는 정보흐름의 통합적 관리를 통해 공급망 내의 흐름속도를 극대화하고자 노력한다.

2. 관계의 관리

기업 내부의 여러 부문에 걸친 SCM 관련 활동의 통합화와 효율화가 진척되면 자연스럽게 협력업체와의 동반성장의 중요성도 대두된다. SCM의 도입 초기에는 조직 내부의 SCM 관련활동이 프로세스화되면서 리드타임 단축, 원가절감, 재고관리 혁신 및 주문관리의 체계화 등의 성과가 나타났다.

SCM을 통한 성과가 가시화되면서 공급망에 상품과 서비스를 제공하는 협력업체들의 전폭적인 협력 없이는 더 이상의 성과달성이 어려워진다는 것을 깨닫게 되었다. 이에 따라 기존의 조직 내부의 부문간 협업과 통합적 의사결정 방식을 조직 외부의 협력업체에도 적용해 보고자 하는 시도를 하게 되면서, SRM(supplier relationship management)의 전략적 중요성이 가시화되었다.

Gartner 그룹에 의하면 SRM은 기업의 수익성에 다양한 수준의 결정적 영향을 미치는 상품과 서비스를 제공하는 공급업체와의 상호작용에 필요한 방법론과 관행의 모음(a set of methodologies and practices)으로 정의된다. SAP사에 의하면 SRM은 SCM 구성요소 중 정보흐름을 총괄하는 시스템의 일부로서 공급업체와의 거래방식과 소프트웨어를 포함한다. SRM은 SCM 주도기업과 공급업체 간의 효과적 의사소통을 가능하게 하는 공통적인 틀을 제공함으로써, 상품과 서비스의 구매, 재고관리, 자재가공과 같은 프로세스의 효율성 증대에 기여한다.

SRM 도입 이전에는 협력업체란 단지 자사의 성장과 경쟁우위를 지원하는 역할을 하는 도구, 즉 언제나 대체가능한 존재로만 평가되는 분위기가 팽배하였다. SRM의 도입은 이런 분위기의 쇄신에도 기여한다. SRM은 협력업체와의 관계를 개발·유지하는 데 필요한 구조와 규칙을 제공하는 다양한 프로세스로 구성되며, 네트워크로 구성된 제조기업과 협력업체 간의 상호작용과 협업에 초점을 둔다. 글로벌 경쟁의 심화, 기업환경의 불확실성 증대, 기업활동 영역의 국제화, 정보기술의 발달 등으로 인해 경쟁의 양상은 개별기업간 경쟁에서 공급망간의 경쟁차원으로 한 단계 변화하게 되었다. 결과적으로 협력업체와의 지속적 협업, 정보 및 위험 공유는 더욱 중요한 전략적 가치를 나타내게 되었다.

공급망에 참여하는 다양한 구성원들의 독자적 의사결정 내용이 체계적인 틀에 의해 조정되지 않으면 공급망 전체의 성과는 전체의 최적화가 아닌 부분 최적화에 머무를 수밖에 없다. 효과적인 SRM은 인센티브와 성과의 배분, 정보의 공유, 의사결정의 조정, 헌신과 신뢰의 관계 확립 등과 같은 많은 현실적 이슈를 해결할 수 있는 기반을 제공하며, 공급망 참여기업 상호간에 비전과 가치 공유를 촉진시켜 신뢰의식을 제고한다.

공급망의 참여기업들은 개별적으로 독특한 기술을 가지고 서로 다른 공헌을 한다. 궁극적으로 이 기업들은 공급망 전체의 수익성을 높이고 향상된 수익을 공정하게 배분받기를 원한다. 어떤 방식이든지 간에 공정성이 보장된 수익분배가 가능해야만 공급망 전체의 대응성과 효율성이 극대화된다. SRM은 전략적으로 선정된 협력업체와의 긴밀한 관계 구축수단이며 상호간의 이해와 수익성 증대를 위한 노력을 경주하는 과정으로 기대효과는 다음과 같다.

- 협력업체와의 관계 최적화 : 협력업체의 전략적 중요성에 따라 서로 다른 수준의 관계를 구축할 수 있다. 핵심적인 협력업체의 역량과 기술력을 최대로 활용할 수 있는 계기를 제공한다.
- 경쟁우위 구축 : 협력업체와의 협업을 통해 고객중심의 대안을 신속히 제공함으로써 시장변화에 대한 대응력을 극대화할 수 있다.
- 핵심 협력업체와의 전략적 관계 구축 : 핵심 협력업체와의 관계가 자사의 비즈니스 프로세스에 녹아들어가 장기적인 협업관계를 가능하게 한다. 협력업체와의 협업과 상호작용이 프로세스로 구체화되어 통합적인 의사결정이 실시간으로 이루어질 수 있다.

• 수익성의 극대화 : 결과적으로 기존의 혁신적 품질은 유지하면서도 공급망 운영에 소요되는 비용이 최소화된다.

3. SRM의 구성요소

기업 내의 구매관리 측면에서 본다면 SRM은 소모품 등을 대상으로 하는 기업간 전자구매(e-procurement)나 소수의 전략적 파트너에의 집중을 강조한 전략적 소싱(strategic sourcing) 등을 모두 포괄한다. SRM의 핵심 프로세스는 소싱(sourcing), 협상(negotiation), 디자인 협업(design collaboration), 구매(procurement), 공급활동 협업(supply collaboration) 등으로 구성된다. 제조기업 전체를 총괄하는 공급망의 성과는 SRM이 제조조직 내부의 다양한 프로세스를 통합적으로 운영하는 SCM 체제와의 적합성에 의해 큰 영향을 받는다. 고객이 원하는 제품을 신속하게 생산·공급하기 위해서는 소싱, 협상, 구매, 공급업체와의 협업 등의 전략적 활동이 SCM 운영체제와 매듭 없이 연계되어야 한다.

소싱 프로세스에서의 핵심은 협력업체 평가지표의 개발과 평가과정이다. 평가지표에는 리드타임, 정시 공급능력, 공급의 신축성, 최저 공급량 규모, 제품과 서비스의 질, 물류비용, 가격조건, 협력업체의 통합적 정보체계 운영능력, 디자인 협업능력, 리더십과 조직문화 등이 포함된다. 협상 프로세스에는 공급(가격과 공급량), 재고관련 서비스수준, 공급과정상의 위험공유, 반품조건, 계약내용의 신축성과 인센티브 등이 논의된다. 디자인, 구매, 공급활동상의 협업정도도 해당기업에 대한 평가결과에 따라 그 수준이 달라질 것이다. 가장 기본적인 수준은 계약조건에 있는 항목만을 준수하는 정도일 것이며, 전략적 수준에 이르게 되면 동반성장을 가능하게 하는 신뢰 기반의 개방적 협업이 가능하게 된다.

SRM 프로세스는 또한 전략적 서브 프로세스와 운영적 서브 프로세스로 구분하여 살펴볼 수 있다. 전략적 서브 프로세스는 현재 운영중인 공급망 관련 소싱전략의 평가, 공급업체의 전략적 중요도 평가를 위한 지표개발, 상품과 서비스 공급에서의 커스터마이제이션 수준과 범위 설정을 위한 가이드라인 개발, 공급업체에 대한 성과평가지표 개발, 협업 프로세스에서 창출되는 이익과 성과의 공유방식 개발 등으로 구성되며, SRM의 운영구조를 설정하는 과정이다.

운영적 서브 프로세스는 실제 SRM을 운영하는 데 필요한 가이드라인을 포함하는데, 공급업체의 평가와 분류, 각 수준별 협력업체와의 협업(상품과 서비스의 개발 및 공급, 정보공유시스템의 개발과 운영 등)가능 항목의 개발, 구체적인 상품과 서비스 제공 내역과 서비스 계약조건 결정, 협력업체의 성과평가로 이루어진다. 특히 품질, 가격, 공급에서 발생할 수 있는 리스크를 최소화하고, 미래의 관계를 지속하기 위한 기술력이나 가격경쟁력을 가진 우수 협력사를 판별하는 능력을 확보하는 것이 중요하다.

이 외에도 운영적 서브 프로세스에는 협력업체의 의견과 요구사항을 긍정적으로 접수 · 선별 · 수용하기 위한 VOC(voice of customers) 제도도 포함된다. VOC시스템은 협력업체의 경쟁력 강화를 통한 상생경영을 실천하고 사업주에서부터 하도급 협력사까지 서로 이익이 되고 발전할 수 있는 전략을 찾아 실행하기 위해 필요한 내 · 외부의 의사소통채널을 확립하고, 이를 통해 협력업체의 제안과 고충을 긍정적으로 해결하는 데 도움을 줄 수 있는 업무수행지침까지 포함한다.

03 상생관계의 모색 및 정착

1. 동반자로서의 신뢰관계 구축

협력사의 선택도 중요하지만 공급망 선도기업과의 관계를 어떻게 유지해 가야 하는가 역시 중요한 문제이다. 협력사가 선도기업과의 관계를 개선하기 위해 노력하더라도, 선도기업측에서 협력사의 품질개선에 필요한 아이디어, 정보, 기술, 제조공정에 관한 세부사항 등을 제공하기 꺼린다면 이들 두 업체는 상부상조라기보다는 적대적인 관계로 변하게 되고 만다. 협력사는 단순히 현재 상태를 유지하면서 경쟁업체가 참여하는 것을 방지하기 위한 가격정책만을 선호할 것이며 공급망 선도기업은 언제든지 협력사를 바꿀 수 있는 위치를 계속 유지하고자 할 것이다.

따라서 협력사와 선도기업 간에 상호신뢰에 기반을 둔 계약관계가 정착되어야만 지속적인 품질개선은 물론 기술혁신도 가능하다고 볼 수 있다. 즉, 제품의 설계과정에 협력사를 참여시켜 기술적인 문제에 대한 제안을 하게 하고 협력사 자체의 기술적 능력을 고려할 수 있도록 함으로써 부품의 제조가능성을 개선함은 물론, 설계에 소요되는 시간도 줄일 수 있다.

또한 서로서로의 제조공정에 대한 연구와 이해는 각 사의 기술적 능력을 향상시키며 품질개선에 대한 동기부여는 물론 개선방법에 대한 정보교환도 가능해진다. 이와 같은 우호적인 상호관계는 협력사와 선도기업 간의 정기적인 모임을 통해 더욱 확고해질 수 있다. 이와 같은 모임에서는 대개 다음과 같은 사항에 대한 충분한 논의가 이루어져야 한다.

- 시장상황에 관한 예측
- 두 업체간의 관계를 더욱 확고히 하기 위해 필요한 정보공유 니즈
- 교육 및 훈련의 필요성
- 원가절감을 위한 합리화 방안
- 공동설계 및 기술개발

모든 협력사가 품질개선, 기술개발을 위한 필요여건을 갖추고 있는 경우에는 문제가 되지 않지만 그렇지 못한 경우 선도기업은 교육·훈련은 물론 기술적 문제에 대한 지원을 하지 않을 수 없다. 이러한 지원은 대개 다음과 같은 다양한 방식으로 이루어지게 된다.

- 교육, 훈련, 기술적 조언 등을 받을 수 있는 기관이나 조직의 추천
- 협력사 자체의 교육·훈련 프로그램의 개설 및 지도
- 현장에서 직접 쓰일 수 있는 여러 가지 기술적 조언과 품질개선기법 등의 사용방법 제시

2. 적시공급체계 구축을 통한 신뢰관계 제고

선도기업이 제품이나 서비스 생산에 소요되는 리드타임을 줄이고 재고비용을

최소화하며, 한꺼번에 많은 양을 납품받음으로써 발생할 수 있는 불량품을 줄이기 위해서는 필요할 때에 필요한 양만큼을 공급하는 적시공급시스템(just-in-time supply system)의 도입과 운영이 필요하다.[1)]

그렇지만 필요한 양만큼만 공급받겠다는 목표하에 단순히 적시배달만을 강요함으로써 협력사들로 하여금 완충재고를 더 보유하도록 강요하는 부작용을 초래하는 경우도 있다. 이와 같은 강요에 의한 적시공급은 아무에게도 도움이 안 된다. 언젠가는 부품가격의 상승, 품질불량, 공급재계약의 중단 등의 부작용을 초래할 수 있기 때문이다. 제록스도 적시공급시스템 도입초기에 이런 실수를 범했으나 그 결과가 부정적으로 나타나면서 곧 협력사와 공동으로 각종 문제해결, 안정적 스케줄의 구축, 진정한 파트너십의 구축 등의 노력을 통해 적시공급체제를 공유·도입하였다.

구매부문에 있어 적시공급시스템의 도입을 위한 첫 번째 전제조건은 확실하고 정확한 자재소요량을 창출해 내는 생산계획시스템에 있다. 예측가능성이 높지 않고서는 협력사에의 적시공급원칙의 적용은 단지 자기문제를 협력사에 떠넘기는 것과 마찬가지이다. 자사가 보관해야 할 재고를 협력사의 수송트럭으로 옮기고 협력사로 하여금 불필요한 유통창고를 구축·임대하도록 하는 부작용만 불러일으킨다. 따라서 자기 공장에서 적시공급의 기본원리가 구현된 뒤에야 협력사에게 적시공급의 원칙을 부탁할 수 있다.

적시공급시스템의 구축을 위한 다른 기본요건은 고객의 공장과 협력사의 공장에 모두 다 필요하다. 그러나 이처럼 협력사와 파트너가 되기 위해서는 협력사의 수를 제한할 필요가 있다. 많은 글로벌 기업들이 이처럼 협력·협조적인 분위기를 유지하기 위해 협력사수를 90% 이상 줄였다. 이는 곧 이들 업체들로 하여금 정시에 제대로 된 좋은 품질의 제품을 공급하도록 무언의 압력을 넣는 효과를 가져온다. 이와 병행하여 협력사와의 계약기간도 장기로 늘리며 생산계획에 관한 각종 정보를 적시에 제공하기도 한다. 그뿐만 아니라 신제품의 경우 제품설계의 초기단계에서부터 이들 협력사를 초대하여 설계상의 문제점이나 제조공정상의 예상문제점을 상호협의하여 설계초기에 각종 문제점을

1) 한 번에 납품하는 양이 크면 납품 전에는 발견하지 못했던 불량부위가 나중에 발견되었을 때 상대적으로 많은 손실을 초래한다. 그뿐만 아니라 불량의 원인도 시간이 지체되어 찾기 힘들어진다. 이에 반해 1회 납품량의 크기를 줄이면 짧은 시간 내에 모두 소진되므로 불량품이 섞여 있더라도 신속히 색출된다. 결과적으로 문제의 근원이 사라지기 전에 신속히 그 원인을 파악할 수 있으며 재작업이나 폐기처리되는 물량이 준다.

제거하고자 노력하기도 한다. 심지어 몇몇 성공적인 선도기업들은 협력사들에게 알아서 필요한 수량을 공급하도록 전적으로 맡기기도 한다.

예를 들어 어느 컴퓨터용 반도체제조업체는 매일 4시에 조립라인의 작업자가 협력사에 전화를 걸고 내일모레 특정 고가부품을 몇 개 가져오라고 전화한다. 그 부품들은 라인으로 바로 들어온다. 중간에 창고를 거치지도 않고, 재고기록부에도 남지도 않으며 검사도 받지 않는다. 들어오는 바로 그날 완제품으로 조립된다. 협력사는 완성품이 재고로 입력되면서 대금지불을 받는다. 이와 같은 신속한 대응을 가능하도록 하기 위해 매주 필요한 물량에 관한 정보를 협력사에 공급함으로써 생산의 안정성을 확보할 수 있도록 지원한다.

지역적으로 먼 거리에 있는 협력사의 경우 그 근처의 다른 협력사를 돌면서 한꺼번에 필요한 양을 공급함으로써 불확실성을 제거하고 물류비용을 줄일 수 있는 기회도 제공한다. 예를 들어, 선도기업은 협력사에게 필요한 양만큼만 담을 수 있는 재활용 컨테이너를 제공함으로써 포장·포장벗기기·포장재 수거비용도 절감할 수 있으며, 고객트럭에 특수랙(rack)을 설치하여 파손도 방지할 수 있다. 불량품은 보고하거나 서류처리할 필요도 없이 곧바로 반송되고 품질문제처리과정에 다른 부서가 개입될 필요가 없어지며 문제확인과 품질개선조치가 바로 연결되어 의사결정과정이 매우 신속해진다.

3. 유통채널 내에서의 공급자·생산자 협력

대형유통업체가 이끌어가는 공급망 내에서의 협력사 관리는 수요와 공급의 불일치 해소에 초점을 둔다. 수요와 공급이 완벽하게 일치하도록 수급을 동기화(synchronization)시킬 수 있다면, 재고가 발생하지 않을 것이다. 수요와 공급의 불일치는 정확한 수요예측의 어려움에서 비롯되지만, 수요를 정확하게 예측할 수 있다 하더라도 불가피하게 재고가 발생하기도 한다. 최근에는 공급망 내에서의 정보공유 등을 통해 전체적인 재고수준을 줄일 수 있는 다양한 방법이 글로벌 기업에 소개되고 있다.

(1) CRP와 VMI

공급망상에서의 재고과부족 현상을 해결하기 위해서 자주 논의되는 주문·재고관리방식에는 CRP와 VMI가 있다. CRP(Continuous Replenishment Planning)는 1980년대 중반 P&G가 처음 도입한 방식으로, 소매업체의 물류창고에서 매장으로 배송하는 상품내역에 관한 정보를 제조업체가 EDI(Electronic Data Interchange)로 전달받으면, 제조업체는 이를 근거로 소매업체의 물류창고에 보낼 상품의 양과 배송시점을 결정하는 재고관리기법이다. 이후 EDI시스템의 발전이 급속해지면서, 1988년 P&G는 소매매장과 연결된 EDI를 통해 받게 되는 판매관련 데이터를 근거로 자동으로 배송량을 결정하고 상품을 공급하는 VMI시스템을 가동할 수 있게 되었다.

VMI(Vendor Managed Inventory)는 CRP와 마찬가지로 소매업체의 물류창고에 보낼 상품의 양과 시점을 결정하는 재고관리기법이지만, 배송량의 결정에 관한 시스템이 자동화되어 있고 공급업체와 판매업체 간의 엄격한 계약에 의해 운영된다는 차이가 있다. VMI 운영을 위해서는 재무관련 목표, 재고수준, 고객서비스 목표 등에 관해 협의한 내용이 계약을 통해 명확히 제시되어야 한다. VMI는 공급망 참여 기업간 최종소비자의 수요 또는 구매에 대한 정보를 공유함으로써 단계적 수요예측의 문제를 해소할 수 있는 주문·재고관리방식으로 평가받고 있다.

(2) CPFR

CPFR(Collaborative Planning, Forecasting, and Replenishment)은 용어 자체가 설명하듯이 수요예측, 수요충족을 위한 각종 계획수립, 재고보충 등에 관한 다양한 활동을 공급망 참여 기업간 협력을 통해 수행해 나가는 것이다. 여기서 협력(collaboration)은 정보의 공유와 조정을 통해 단일계획을 수립하고 계획의 수행과정에 필요한 공동의 노력을 아끼지 않는 것을 의미한다.

CPFR은 VMI가 한 단계 진화된 방식으로, 공급업체와 판매업체가 공동으로 수요예측에 관한 의견조정을 시도하여 단일화된 수요예측치를 도출하고, 이를 토대로 하여 단일화된 발주계획도 공동으로 수립하는 방식이다. 이를 위해서는 예측정보와 관련 자료의 공유, 정보공유의 동시성과 안정성 등이 핵심 성공요인이다. CPFR은 수요와 공급의 동시성을 추구하는 시스템이다. 즉 시장에서 발생하는 수요의 움직임이 생산계획에 최대한으로 반영되어 수급의 갭을 줄이는 데 목적이 있다. 따라서 고객서비스수준과 품절비율 측정, 재고 및 서비스 수준목표의 설정 등에 대해 합의되고 이를 실질적으로 지켜내기 위한 정보시스템이 뒷받침되어야 한다.

CPFR에 참여하는 제조업체는 생산시스템 운영관련정보(생산계획, 원자재나 부품재고, 리드타임, 생산능력의 여유분과 적체분 등)를 판매업체와 공유하고, 판매업체는 판매·마케팅 관련정보를 제조업체와 공유함으로써 고객 수요와 니즈 변화를 더욱 능동적으로 수용하고자 노력한다. CPFR에 참여하는 제조업체들은 이 같은 혁신적인 협력체제를 통해 매출상승을 기대하며, 이에 대한 반대급부로 전보다는 낮은 가격으로 상품을 공급하겠다는 불이익을 감수하는 것이 일반적인 관행이다.

그러나 이 같은 필요성 증가에도 불구하고 국내에서 CPFR은 여전히 제자리걸음을 면치 못하고 있다. 개념은 일부 적용되고 있으나 월마트와 같은 글로벌 유통기업처럼 시스템 연결을 통해 판매시점 정보까지 공유하는 사례는 드물다. 삼성전자와 LG전자는 해외에서의 CPFR에 대한 경험을 바탕으로 국내에서도 이를 확산하려고 고심중이다. 그러나 CPFR을 도입하기 위해서는 POS 정보, 즉 판매데이터를 공유해야 한다. 문제는 국내 유통업체들이 반발하고 있다는 점이다. 자사 고유의 영업정보를 노출하는 데 대한 부담 때문이다. 이런 사례는 가전시장의 경우 아주 심각하다. 해외와 달리 국내에서 삼성전자와 LG전자는 제조사인 동시에 각각의 유통채널을 운영하고 있다. 그러다 보니 많은 경우 한 지역에서 협력사이기도 한 다른 유통업체들과 경쟁구도에 놓여 있다. 유통업체로서는 이들을 '제조사'로만 간주하고 판촉계획이나 POS 정보를 맘 놓고 공유하기는 힘들다는 게 속내다. 그나마 앞서간다는 삼성전자와 하이마트의 CPFR도 지점별 POS 정보가 아닌 전체 POS 정보를 공유하는 데 그치고 있는 이유이기도 하다.

생활용품업계도 사정은 크게 다르지 않다. 특히 화장지, 기저귀 등 필수용품의 경우 특정 유통업체가 지나친 가격인하를 단행할 경우 다른 유통업체와 해당 제조업체 간 CPFR 협약이 깨질 가능성이 있다는 점도 CPFR 도입에 걸림돌이 되고 있다. CPFR은 기본적으로 상호 합의와 약속에 의한 공급을 전제로 한다. 따라서 합의를 이행할 수 있는 능력, 즉 제조업체가 공급계획을 수립하고 제때 납기일을 맞출 수 있는 능력이 중요하다. 유통업체가 판매정보에 대한 정보 가시성을 제공하면, 제조업체 또한 '공급'에 대한 가시성을 보장해 주어야 하는데, 이를 위해서는 데이터 공유를 위한 IT 인프라도 갖춰야 한다. 정보보안에 대한 폐쇄적인 생각을 깨고, 상호간 신뢰를 회복하는 것이 협력관계의 시발점이 된다.

쉬어가기 식품유통의 품질혁신 : 월마트-샘스 클럽, 공급업체에 블록체인 네트워크 참여 요구

월마트와 샘스 클럽이 재배 농장까지 거슬러 올라가는 엔드 투 엔드 채소 원산지 추적을 구현하기 위해 채소 공급업체에 1년 이내에 상품 데이터를 회사 블록체인 원장에 업로드할 것을 요구하고 나섰다. 월마트 식품 안전 담당 부사장은 "이 조치는 말 그대로 수십, 수백 개 공급업체에 해당된다. 월마트 공급업체는 다른 공급업체 및 농장에서 상품을 조달한다"면서 "수백 곳의 식품 관련 시설에 영향을 미칠 것"이라고 말했다.

월마트는 올해 초 망고 및 돼지고기 공급업체와 함께 두 가지 분산 원장 기술 시범 운영을 완료했다. 개념증명을 거친 이 식품 추적 블록체인 네트워크는 현재 프로덕션에서 운영 중이다. 이번 주를 기준으로 이미 10개 공급업체의 25개 식품(또는 SKU)이 월마트의 허가형 블록체인에 등록됐다. 식품의 범위는 가금류와 딸기, 요거트 등 다양하다. 월마트 시범 사업 결과를 보면 매장에서 농장까지 식품 항목을 추적하는 데 소요되는 시간이 기존 7일에서 불과 2.2초로 단축됐다. 이안나스는 식품 원산지 농장 추적 기능을 확보함으로써 식품 관련 질병이 발생할 경우 이를 신속하게 추적해 부패한 상품의 확산을 차단하고 잘못된 부분의 원인 분석을 수행하고 공급망의 각 과정에서 안전 검사가 수행되고 있는지 확인할 수 있게 된다고 말했다.

미국에서는 매년 10명 중 1명꼴로 오염된 음식으로 인해 병에 걸리며 관련 사망자 수도 40만 명에 이른다. 예를 들어 올해 초에는 상추에서 발생한 대장균으로 인해 36개 주에서 210명이 병에 걸렸고 5명이 사망했다. 미국 질병관리예방센터(CDC)는 대장균의 진원지를 신속하게 확인하지 못한 탓에 소비자에게 모든 종류의 배추, 상추 섭취를 피할 것을 당부했다. 수백 개의 매장이 수백만 달러 상당의 관련 상품을 폐기 처분했다. 결국 몇 주가 지나서야 오염된 상추의 원산지가 애리조나 주 유마로 밝혀졌다.

왜 블록체인인가? 블록체인 원장은 공개 또는 허가형 블록체인이 될 수 있고 제출되는 데이터는 변경이 불가능하기 때문이다. 즉, 블록체인 원장은 한 번 작성되고 여러 번 첨부되는 원장이다. 비트코인은 모든 참가자가 다른 사용자가 제출한 정보를 볼 수 있는 공개 블록체인의 예다. 비즈니스 또는 허가형 블록체인에서는 정보를 볼 수 있는 사용자를 관리자가 지정하고 통제할 수 있다. 공급망의 경우 소매업체 그룹에 속한 모두가 모든 데이터를 볼 수 있지만 경쟁업체는 볼 수 없다.

IBM 푸드 트러스트 부문 부사장 브리짓 맥더모트는 "모두 각자 열람이 허가된 데이터에 액세스할 수 있도록 가능한 모두가 동일한 생태계에 있는 것이 좋다"고 말했다. 맥더모트는 이어 "그것이 기존 데이터베이스 시스템의 제약 중 하나다. 한쪽에서는 이것을 사용하기로 결정하고, 다른 쪽에서는 저것을 사용하기로 결정한다"면서 "지난 8월 블록체인을 처음 발표할 당시 월마트만이 아니라 월마트와 크로거, 웨그먼스(Wegmans), 그리고 돌 혼자가 아니라 돌과 드리스콜, 네슬레, 유니레버가 참여했던 이유도 여기에 있다. 이를 통해 얻는 이점은 배제가 아닌 포용이 가능하다는 점, 그리고 기반 블록체인 기술의 강력한 기능과 스택의 보안 및 개인정보 보호를 통해 경쟁우위 확보가 가능하다는 것"이라고 말했다.

월마트 허가형 블록체인에 참여하는 공급업체들은 먼저 IBM의 온보딩 서비스를 사용해서 데이터를 제출해야 한다. 새로운 블록체인 요구 사항은 월마트의 식품 안전 프로그램에 추가된다. 이 프로그램에 따라 공급업체는 국제식품안전협회(GFSI) 표준 중 하나를 충족하는 예방 기반의 인증을 획득해야 한다.

공급망은 금융 서비스와 함께 비효율성을 줄이고 투명성과 보안을 강화하기 위한 수단으로 블록체인을 가장 적극적으로 추진 중인 분야다. 소수의 품목을 추적하는 데는 블록체인 원장이 필요 없을 수 있지만 월마트가 다루는 5만~7만 개의 품목을 추적하기 위해서는 블록체인이 필수적이라고 본다. 또한 다양한 소매업체의 시스템은 상호 이질적이므로 어느 공급업체가 추적을 위해 월마트 데이터베이스를 사용하더라도 다른 고객에게는 전혀 다른 방식을 사용한다.

월마트 식품 안전 담당 부사장은 "이로 인해 많은 작업이 중복되고 겹친다면서 월마트는 물론 여타 기업, 검역 담당자, 또한 소비자 역시 식품을 집어 들고 원산지가 어디인지, 농장에서 매장까지 어떤 경로를 통해 들어왔는지를 알기가 매우 어렵다"고 말했다. 월마트가 해결하고자 하는 문제는 12,000개의 매장을 운영하고 거래 공급업체의 수가 수만 개에 달하는 다국적 소매업체가 판매하는 모든 과일, 육류 또는 채소 하나하나의 원산지를 추적하는 것이다. 즉, 식품에 페덱스(FedEx) 방식의 추적을 구현하는 것이다. 농장에서 식품이 되기까지의 과정을 단절 없이 추적할 수 있는 형태다. 추적가능 이벤트가 발생하면 해당상품에 대한 정보가 블록체인 네트워크에 기록된다고 한다.

(ITWorld, 2018.10.1)

쉬어가기 생산 노하우 없는 하도급 생산은 '생산 공동화(生産 空洞化)'에 불과

우리는 흔히 애플이 하도급 생산에 의존하고 있다고 알고 있다. 대만의 하도급 생산업체인 팍스콘(Foxconn)은 중국에서 100만명 이상의 종업원을 고용해 애플 제품을 생산, 납품하고 있다. 애플은 하도급 생산을 통해 생산설비나 기계와 같은 고정자산 및 재고와 같은 운전자본 투자 부담을 줄이는 자산 경량화(asset-light) 전략으로 높은 수익률을 누리고 있다고 한다. 더 나아가 이처럼 하도급 생산 전문 기업에 생산을 위탁하고, 스스로는 제품 디자인과 개발에 주력하는 핵심 역량적 분업화가 미래의 기업 모델이라고까지 말하는 사람도 있다.

그러나 이런 통설은 사실과 많이 다르다. 애플은 뛰어난 생산능력을 보유하고 있으며, 생산설비에도 많이 투자하는 제조업체이다. 다만 공장 운영만 팍스콘에 위탁하고 있을 뿐이다. 애플의 재무제표를 들여다보자. 애플은 작년에 1,560억달러의 매출에 417억달러의 당기순이익을 올려 26.7%의 매출 대비 순이익률을 자랑한다. 그런데 시설 투자액도 103억달러에 달하고 있다. 그중 8억달러는 애플스토어와 같은 매장에 대한 투자지만 95억달러는 순수한 생산시설에 대한 투자였다.

애플의 주요 경쟁자인 삼성전자와 비교를 해보자. 2012년 연결재무제표에 의하면 삼성전자는 1,870억달러의 매출에 220억달러의 당기순이익을 기록, 11.7%의 수익률을 기록하고 있다. 같은 연도의 시설 투자액은 210억달러에 이른다. 삼성전자가 많은 시설 투자를 하는 것은 당연하다. 삼성전자의 주력사업인 반도체는 생산라인 하나에 수조원이 들 정도로 고가의 생산설비 투자가 필요하다. 또한 반도체, 스마트폰, TV, 백색가전 등 대부분의 제품을 국내외의 자사 공장에서 생산하고 있다. 그러나 반도체나 TV도 생산하지 않고, 거의 모든 제품을 하도급 생산에 의존하며, 메모리와 디스플레이 같은 부품도 협력 기업에서 납품받는 애플이 왜 삼성전자의 절반에 달하는 시설 투자를 할까?

그 답은 애플의 하도급 업체인 팍스콘을 방문해 보면 알 수 있다. 팍스콘의 공장에 있는 대부분의 생산설비와 기계는 애플이 소유하고 있다. 즉, 애플이 자신의 제품을 만드는 데 필요한 중요한 기계와 생산설비를 직접 구매해서 팍스콘에 임대해 주고 있는 것이다.

이는 애플 특유의 디자인과 소재를 사용하기 때문에 애플이 스스로 생산설비를 직접 제작해야 하기 때문이기도 하다. 아이폰의 내장형 안테나, 레티나 디스플레이, 제품 케이스를 만드는 금형 등 애플이 생산 기술을 갖고 있는 예는 수없이 많다. 마이크로프로세서 칩도 애플이 직접 디자인해서 삼성전자와 TSMC가 하도급 생산을 하고 있다. 이처럼 애플이 생산 노하우와 생산 설비 소유권을 갖고 있기 때문에 팍스콘은 애플에 대해 절대적으로 을(乙)의 입장이다. 주요 설비를 애플이 소유하므로 애플의 허락 없이 그 설비를 사용해서 다른 고객을 상대할 수도 없다. 독자 브랜드는 꿈도 못 꾼다.

물론 팍스콘에도 남다른 핵심 역량이 있다. 팍스콘의 공장은 축구장 여러 개를 합친 것보다 크다. 수십만명의 노동자가 휴식 시간에 식사를 하는 모습은 장관이다. 팍스콘의 노동자들은 애플에 납기를 맞추기 위해 수시로 추가 근무를 해야 한다. 수많은 근로자를 관리하다 보니 군대식으로 작업장을 관리하며, 근로자끼리 대화도 못하게 하고, 일상생활도 엄격하게 통제한다.

애플의 팀 쿡 회장은 도요타에서 많은 영감을 받았다고 한다. 도요타의 도요타 쇼이치로 전 회장은 "우리가 부품을 만들지 않는다고 해서 기술마저 갖고 있지 않는다면 부품 생산업체를 장악할 수 없다. 따라서 우리는 항상 부품을 내부에서 만들어 본 다음 외부에 발주를 한다"고 말했다. 즉, 하도급을 줄 때 직접 만들어 보고 비용구조를 파악하고 있기 때문에 부품업체를 통제할 수 있고, 부품업체가 높은 가격을 요구할 수도 없다는 것이다. 애플의 하도급 생산에 대한 오해는 '하도급 생산=생산 노하우 없음'이란 단순한 등식에서 비롯한다. 그러나 생산 노하우 없는 하도급 생산은 '생산 공동화'에 불과하다. 오히려 생산 노하우가 있어야 하도급 생산을 좀더 잘 활용할 수 있다.

(조선일보, 2013.10.12)

쉬어가기 애플만 믿다가… 협력업체들 '거래 중단' 날벼락

영국에 본사를 둔 그래픽 기술 회사 이미지네이션 테크놀로지스는 지난 3일(이하 현지 시각) 날벼락을 맞았다. 이날 애플과의 거래 중단 소식이 전해지자 주가가 하루 새 70%나 폭락했다. 이 회사는 작년 애플에서만 전체 매출의 절반에 이르는 6,000만파운드(약 836억원)의 로열티 수익을 벌 만큼 애플 의존도가 심했다. 아이폰 첫 출시 때부터 10년간 거래했지만, 애플은 "자체적으로 그래픽 기술을 개발하고 있다"며 일방적인 거래 중단을 통보했다.

애플이 최근 잇따라 거래처를 바꾸거나 갑작스러운 공급 물량 조절에 나서고 있다. 일부 기업은 존립이 흔들리는 상황에 몰리고 있고, 오랫동안 아이폰을 위탁 생산해온 대만 폭스콘도 애플의 생산량 축소에 따라 25년 만에 처음으로 매출이 줄어들었다. 애플에 디스플레이와 카메라 모듈 등을 공급해온 국내 기업들도 불안하기는 마찬가지이다.

정보기술(IT) 업계에서는 "하반기 출시할 아이폰의 가격을 낮추기 위해 협력업체와의 계약을 유리하게 변경하거나 자체 개발로 돌리려는 것"이라고 분석하고 있다. 삼성전자의 갤럭시S8 등 경쟁 제품들과 비슷한 수준으로 아이폰 신제품 가격을 끌어내리기 위해 협력업체를 쥐어짠다는 것이다.

• 애플만 바라보다 휘청거리는 협력업체들

지난 11일에는 반도체 회사 다이얼로그가 희생양이 됐다. 블룸버그통신이 "애플이 엔지니어 80명을 데리고 전력 관리용 반도체(PMIC) 칩을 자체 개발하고 있으며, 2019년 출시되는 아이폰에 내장할 예정"이라고 보도하자 애플 납품에 전적으로 의존하던 이 회사 주가는 순식간에 25%까지 폭락했다. 파이낸셜타임스는 "애플과의 거래는 '금단의 열매'로 협력업체들이 애플과 거래할 때는 성공 가도를 달리지만, 애플의 계약 해지 통보가 나오면 순식간에 재기가 불가능할 정도로 추락한다"면서 "애플이 거래를 끊으면 바로 추락할 가능성이 있는 기업들이 상당수"라고 전했다.

IT 업계에서는 애플의 협력업체에 투자하는 것은 '러시안 룰렛'을 하는 것과 같다는 시각도 있다. 애플이 거래 주도권을 좌지우지할 것을 알면서도 '애플 프리미엄' 때문에 거래를 하게 된다는 것이다. 파이낸셜타임스는 "모건스탠리를 비롯한 투자사들은 애플과 협력하는 기업들을 동종 업계의 다른 기업보다 낮게 평가한다"면서 "애플이 언제든지 변심할 수 있기 때문"이라고 분석했다.

• 국내 기업들도 희비 엇갈려

국내 기업들도 애플 납품 여부에 따라 희비가 엇갈리는 것은 마찬가지이다. 외신 보도에 따르면 애플은 올해 하반기 출시하는 아이폰8부터는 LCD(액정표시장치) 디스플레이 대신 OLED(유기발광다이오드) 디스플레이를 채택하는 것이 확실시된다. 이에 따라 그동안 애플에 소형 LCD 화면을 제공해온 LG디스플레이의 공급량은 크게 줄어드는 반면, 소형 OLED 세계 시장의 90% 이상을 장악하는 삼성디스플레이의 OLED 공급량은 급증할 전망이다. 애플은 삼성디스플레이와 2년간 10조원 규모에 달하는 OLED 패널 공급 계약을 맺은 것으로 알려졌다. LG디스플레이 관계자는 "계열사인 LG전자를 제외하면 애플이 최대 고객이지만, 언제 주문량이나 요구가 바뀔지 모르는 애플만 보고 생산라인을 매번 변경할 수도 없는 상황이라 고민이 많다"고 말했다.

LG이노텍도 카메라 모듈 매출의 70%를 애플에 의존하고 있다. 지난해 애플이 아이폰7플러스에 듀얼카메라를 탑재하면서 성공을 거두자, LG이노텍은 베트남과 구미에 카메라 모듈 공장 신축을 추진하고 있다. 하지만 애플이 다른 업체로 물량을 돌리거나 아이폰 생산 물량을 줄이면 곧바로 실적에 타격을 입을 수밖에 없다. 실제로 LG디스플레이와 LG이노텍은 지난해 1분기 아이폰 판매 부진으로 공급량이 줄어들면서 매출과 영업이익이 급감하는 현상을 겪은 뒤 거래처 다변화에 힘쓰고 있다.

중견 업체인 서울반도체는 지난해 아이폰7에 사용되는 LCD 백라이트 부품을 공급하며 지난해 영업이익이 전년에 비해 25%나 늘었다. 하지만 OLED 패널에는 백라이트가 필요 없기 때문에 매출 손실이 불가피한 상황이다. 반대로 애플 공급으로 수혜를 보는 국내 기업도 있다. 터치스크린 패널을 생산하는 부품업체 인터플렉스는 최근 아이폰8에 부품이 채택되면서 사상 최대 실적을 기대하고 있다. (조선일보, 2017.4.13)

연습문제

CHAPTER 8

객관식

1 다음 중 협력사의 품질이 기업경쟁력의 유지·강화에 중요한 요소가 될 수밖에 없는 이유로 보기 힘든 것은?

① 기술의 발전속도가 점차 빨라짐에 따라 어느 기업도 제품생산에 필요한 각종 신기술을 개발하거나 보유하기 힘들어지고 있기 때문이다.

② 우수한 협력사와 부품공급업체를 확보하고 이들의 기술과 능력을 최적으로 결합할 수 있는 기업만이 진정한 경쟁력 강화를 도모할 수 있기 때문이다.

③ 협력사로부터 구입하는 것은 단지 물적인 자재뿐만 아니라 공학적 기술과 개발능력을 모두 구입하는 것이기 때문이다.

④ 인건비 및 재료비 그리고 물류비 절감을 위해서는 각 부품영역의 전문 협력사로부터 구매하는 것이 효율적이기 때문이다.

2 다음 중 공급망관리에 관한 설명으로 옳은 것은?

① 자사 조직 내의 물적 흐름을 최적화시키기 위해 계량적인 컴퓨터 모델을 이용한 최첨단 물류관리기법이다.

② 원자재의 구매, 가공에서부터 완제품의 생산, 유통에 이르는 공급망을 효과적으로 관리하여 최종고객에게 그들이 원하는 제품을 원하는 시기에 낮은 비용으로 제공하는 것을 목적으로 한다.

③ 물류관리를 표준화하고 컴퓨터를 이용한 재고관리를 통해 고객서비스를 극대화하고자 하는 체계적인 완제품 및 원자재 주문관리시스템이다.

④ 수직계열화를 지양하고 아웃소싱을 통해 자사 외부에서 모든 소요자재를 조달함으로써 리드타임을 줄이고 생산성을 극대화하는 데 목표가 있다.

3 다음 중 공급망관리를 통한 최적화 달성을 위해 요구되는 활동은?

> ㄱ. 인센티브와 성과의 배분
> ㄴ. 기업간 의사결정의 조정
> ㄷ. 공급망 구성기업간 헌신과 신뢰의 관계 확립

① ㄱ, ㄴ　② ㄴ, ㄷ
③ ㄱ, ㄷ　④ ㄱ, ㄴ, ㄷ

4 공급망에서는 흐름(flow)의 관리가 중요하다. 다음 중 공급망에서의 흐름과 관련이 없는 것은?

① 물적 흐름　② 정보의 흐름
③ 인적자원의 교류와 흐름　④ 자금의 흐름

5 다음 중 SRM(supplier relationship management)에 대한 설명은?

> ㄱ. SCM 주도기업과 공급업체 간의 효과적 의사소통을 가능하게 하는 공통적인 틀을 제공함으로써, 상품과 서비스의 구매, 재고관리, 자재가공과 같은 프로세스의 효율성 증대에 기여한다.
> ㄴ. SCM 구성요소 중 정보흐름을 총괄하는 시스템의 일부로서 공급업체와의 거래방식과 소프트웨어를 포함한다.
> ㄷ. 기업의 수익성에 다양한 수준의 결정적 영향을 미치는 상품과 서비스를 제공하는 공급업체와의 상호작용에 필요한 방법론과 관행의 모음이다.

① ㄱ, ㄴ　② ㄴ, ㄷ
③ ㄱ, ㄷ　④ ㄱ, ㄴ, ㄷ

6 SRM의 효과적 운영을 통해 기대할 수 있는 효과에 해당하지 않는 것은?

① 협력업체와의 협업을 통해 고객중심의 대안을 신속히 제공함으로써 시장변화에 대한 대응력을 극대화할 수 있다.
② 핵심 협력업체와의 관계가 자사의 비즈니스 프로세스에 녹아들어가 장기적인 협업관계를 가능하게 한다.
③ 기존의 품질은 유지하면서도 상호작용 과정에서 노출되는 공급망 선도업체 보유의 공정기술과 각종 원가데이터의 외부 유출을 방지할 수 있다.
④ 협력업체와의 협업과 상호작용이 프로세스로 구체화되어 통합적인 의사결정이 실시간으로 이루어진다.

7 다음 중 SRM의 핵심 프로세스에 해당하는 것은?

> ㄱ. 디자인 협업(design collaboration)　　ㄴ. 물류관리(logistics management)
> ㄷ. 공급활동 협업(supply collaboration)

① ㄱ, ㄴ　　② ㄴ, ㄷ
③ ㄱ, ㄷ　　④ ㄱ, ㄴ, ㄷ

8 다음 중 SRM의 전략적 서브 프로세스에 해당하는 것은?

① 공급업체의 전략적 중요도 평가를 위한 지표개발
② 수준별 협력업체와의 협업가능 항목의 개발
③ 구체적인 상품과 서비스 제공 내역과 서비스 계약조건 결정
④ VOC(voice of customers) 제도 도입과 운영

9 협력사의 선정기준을 통과한 업체가 둘 이상이라 하더라도 장기적으로는 품목별로 하나의 협력사와 거래하는 것이 바람직하다. 그 이유에 해당한다고 볼 수 있는 것은?

> ㄱ. 품질특성상의 변동폭을 줄일 수 있다.
> ㄴ. 협력사수가 많아지면 그만큼 이 업체들을 관리하기 위한 비용과 시간이 증가한다.
> ㄷ. 협력사의 빈번한 교체는 결과적으로 장기투자를 요하는 품질개선보다는 납기준수, 가격 유지 등의 단기적 목표달성에만 매달리는 부작용을 가져온다.

① ㄱ, ㄴ　　② ㄴ, ㄷ
③ ㄱ, ㄷ　　④ ㄱ, ㄴ, ㄷ

10 다음 중 적시공급시스템 도입을 통한 효과로 볼 수 있는 것은?

① 리드타임 축소　　② 연구개발 비용의 절감
③ 마케팅 비용의 절감　　④ 경쟁기업에 대한 정보수집의 용이

11 수요예측, 수요충족을 위한 각종 계획수립, 재고보충 등에 관한 다양한 활동을 공급망 참여 기업간 협력을 통해 수행해 나가는 전략을 무엇이라 하는가?

① VMI　　② EDI
③ CPFR　　④ CRP

❖ 객관식 정답

1. ④　2. ②　3. ④　4. ③　5. ④　6. ③　7. ③　8. ①　9. ④　10. ①　11. ③

PART

III

통계적 기초이론

CHAPTER

9

통계자료의 요약과 확률분포 응용

01 자료의 정리와 도시
02 집중경향치의 계산
03 산포도의 계산
04 확률변수와 확률모형

품질의 개선과 경영목표 달성을 위해서는 신뢰할 수 있는 정보와 데이터 분석에 바탕을 둔 관리가 이루어져야 한다. 그것도 '고객, 제품과 서비스의 질, 경영, 시장, 경쟁사, 협력회사, 종업원, 원가, 재무' 등에 관한 다양한 형태의 최신 정보와 데이터이어야만 품질의 평가와 개선에 도움을 줄 수 있다. 통계적 분석이 뒷받침되지 않은 품질경영은 있을 수 없다. 그 유명한 식스시그마 경영도 통계도구의 이해가 핵심적인 전제조건이다. 본장에서는 자료의 정리와 도시방법, 집중경향치와 산포도, 확률분포 등 기초적 통계이론에 대해 살펴보고자 한다.

01 자료의 정리와 도시

주어진 상황이나 현상에 대한 통계적 자료를 체계적으로 정리하거나 요약하는 데 사용할 수 있는 가장 기본적인 방법은 이들 자료를 표나 도표의 형태로 나타내는 것이다. 통계적 자료를 이러한 도식적 방법을 통해 정리하게 되면 우선 이들 자료의 속성을 쉽게 파악해 볼 수 있으며 구체적인 통계분석에 들어가지 않고서도 어느 정도 그 구조나 특성을 비교해 볼 수도 있다.

1. 도수분포표

주어진 자료를 효율적으로 정리하는 데 쓰일 수 있는 가장 간단한 방법은 도수분포표(frequency distribution)를 작성하는 것이다. 도수분포표는 주어진 자료를 같은 수치끼리, 또는 각 범주나 구간별로 분류한 표로 연구나 조사에서 얻어진 원자료(raw data)를 간편하게 정리·조직함으로써 그것을 보는 사람으로 하여금 자료 자체의 특성이나 구조를 쉽게 파악할 수 있도록 하기 위해 사용된다.

예를 들어 지난 25일간 원자재 불량으로 인해 5명의 작업자가 투입한 일일총재작업시간이 〈표 9-1〉과 같이 주어져 있다고 가정해 보자. 이 자료 자체로는 의미 있는 분석을 하기 힘들므로 도수분포표를 이용하여 간략히 정리할 필요가 있다.

〈표 9-2〉에서 볼 수 있듯이 일일재작업시간을 일정한 간격으로 묶고 각각의 재작업시간 구간에 속하는 날짜수를 기록함으로써 도수분포표를 작성할 수

〈표 9-1〉 원자재 불량으로 인한 일일재작업시간

20.5	19.5	15.6	24.1	9.9
15.4	12.7	5.4	17.0	28.6
16.9	7.8	23.3	11.8	18.4
13.4	14.3	19.2	9.2	16.8
8.8	22.1	20.8	12.6	15.9

〈표 9-2〉 재작업시간 도수분포표

일일총재작업시간	도 수
5.00 ~ 8.99	3
9.00 ~ 12.99	5
13.00 ~ 16.99	7
17.00 ~ 20.99	6
21.00 ~ 24.99	3
25.00 ~ 28.99	1
	25

있다. 일반적으로 도수분포표의 작성에 사용되는 구간은 5 내지 15개 정도가 바람직하나, 관측치수가 적으면 이보다 적은 수의 구간이 사용될 수도 있다. 이 경우 각각의 구간은 서로 중복이 되어서는 곤란하며, 또한 연속적으로 배열되어 있어 끊기는 부분이 없어야 한다. 그뿐만 아니라 각 구간의 크기가 같아야 의미 있는 도수분포표를 작성할 수 있다. 〈표 9-2〉의 경우 재작업시간 구간의 크기는 4이며 서로 중복되지 않음을 알 수 있다.

〈표 9-3〉에 수록된 상대도수는 〈표 9-2〉의 도수를 총도수인 25로 나눈 값으로 비율로 표시할 수도 있으며 상대도수에 100을 곱하여 백분율(%)로 표시할 수도 있다. 이와 같은 표를 상대도수분포라 부르기도 하며 또는 단순히 도수분포라 부르기도 한다. 상대도수가 구해지면 이를 이용하여 누적상대도수를 계산해 볼 수 있는데, 예를 들어 〈표 9-3〉에서 일일재작업시간이 13시간 미만인 날의 비율을 찾아보면 32%임을 알 수 있다.

〈표 9-3〉 재작업시간 누적도수분포표

일일총재작업시간	도 수	상대도수	백분율	누적상대도수	누적백분율
5.00 ~ 8.99	3	3/25	12	3	12
9.00 ~ 12.99	5	5/25	20	8	32
13.00 ~ 16.99	7	7/25	28	15	60
17.00 ~ 20.99	6	6/25	24	21	84
21.00 ~ 24.99	3	3/25	12	24	96
25.00 ~ 28.99	1	1/25	4	25	100

2. 히스토그램

주어진 자료를 여러 개의 구간으로 나누고 각 구간에 속하는 사례수를 표시한 도수분포표는 히스토그램을 이용하여 보다 알기 쉽게 나타낼 수 있다. [그림 9-1]은 앞에서 예로 든 재작업시간의 도수분포표를 히스토그램으로 나타낸 것으로, 각 기둥의 높이는 그 구간에 속하는 사례수를 의미한다. 히스토그램은 또한 각 구간에 속하는 사례수의 비율을 기초로 하여 작성할 수도 있다. [그림 9-2]는 〈표 9-3〉의 구간별 백분율을 히스토그램으로 나타낸 것이다.

[그림 9-1] 재작업시간의 히스토그램

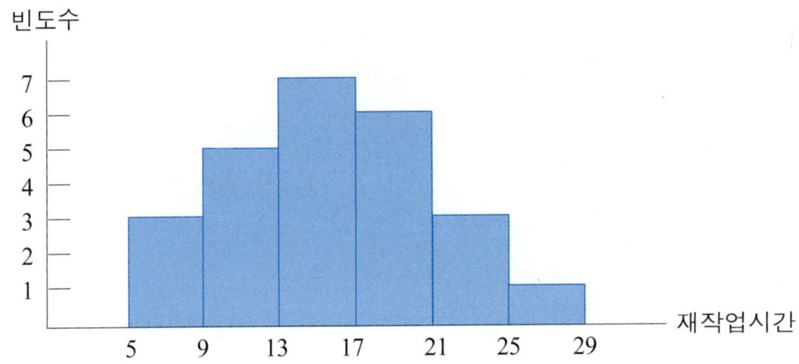

[그림 9-2] 각 구간별 발생비율을 나타낸 히스토그램

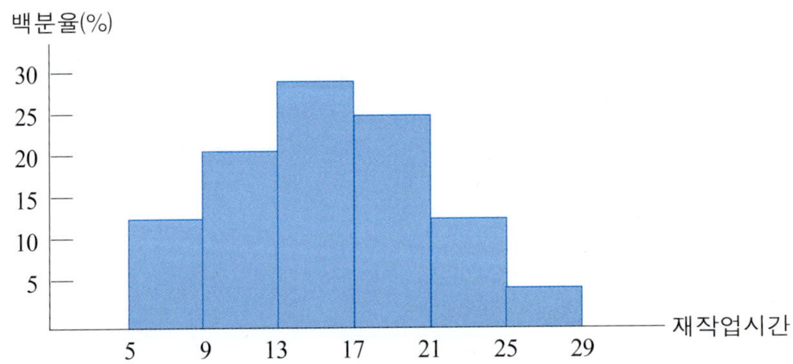

02 집중경향치의 계산

통계를 통해 어떤 상황이나 현상에 대한 수많은 자료를 정리・요약하는 방법으로는 앞절에서 설명한 도수분포표나 히스토그램 등의 도식적 방법 외에도 집중경향치와 산포도를 계산해 보는 방법을 들 수 있다.

집중경향치란 주어진 자료의 특징이나 전체적 경향(tendency)을 나타내는 통계적 수치로, 그 대표적인 것으로 흔히 계산하고 따지는 "평균"을 들 수 있다. 그러나 "평균"이라고 해서 계산하는 것은 엄격히 말해서 산술평균(arithmetic mean)이고 이 밖에도 중앙치(median), 최빈치(mode) 등도 집중경향을 나타내는 통계치로 많이 쓰인다. 이와 함께 각 관측치들이 서로 얼마나 밀집해 있나를 알아보기 위해서는 범위, 표준편차, 변동계수와 같은 산포도를 나타내는 통계량을 계산하기도 한다.

1. 산술평균

평균으로 지칭되는 산술평균(arithmetic mean)은 누구나 잘 알고 있듯이 모든 관측치들을 다 합한 뒤 그 합을 전체 관측치 개수로 나눈 값이다. 〈표 9-4〉의 지난 12일간의 일일재작업시간을 이용하여 평균재작업시간을 계산하면 다음과 같다.

〈표 9-4〉 지난 12일간의 일일재작업시간

31	33	36	36	36	37	38	39	41	42	44	47

$$\text{산술평균 } (\bar{x}) = (x_1 + x_2 + x_3 + \cdots\cdots + x_n) \div n$$
$$= (31 + 33 + 36 + \cdots\cdots + 47) \div 12 = 38.3$$

2. 중앙치

중앙치(median)는 관측치의 분포가 극도로 편재되어 있는 경우에 많이 쓰이는 경향치로, 모든 관측치를 크기의 순서대로 나열했을 때 중앙에 오는 관측치의 값을 말한다.

중앙치를 계산하기 위해서는 우선 관측치를 크기순으로 재배열하고 상부에 총관측치의 50%, 하부에 나머지 50%가 놓이는 분기점을 선택하면 된다. 〈표 9-4〉에서와 같이 관측치수가 짝수인 경우에는 정확히 중앙에 위치하는 관측치는 존재하지 않으므로 이 경우에는 중앙에 위치하는 두 개의 관측치를 찾은 뒤 이들 두 관측치의 중간값을 중앙치로 정하면 된다. 따라서 중앙치 M_d는 다음과 같이 정의된다.

$$M_d = \begin{cases} x_{\frac{n+1}{2}} \text{(}n\text{이 홀수일 때)} \\ \frac{1}{2}\left(x_{\frac{n}{2}} + x_{\frac{n}{2}+1}\right) \text{(}n\text{이 짝수일 때)} \end{cases}$$

〈표 9-4〉에 주어진 자료의 경우 중앙에 위치하는 두 관측치의 평균을 계산하면 (37+38)÷2=37.5가 되므로 바로 이 값이 중앙치가 된다.

3. 최빈치

집중경향을 나타내는 또 하나의 통계치는 최빈치(mode)로서 이는 주어진 자료에서 가장 자주 나타나고 있는 수치를 말한다. 만약 일일재작업시간이 〈표 9-4〉와 같다면 최빈치는 이 중 나타난 빈도가 가장 높은 36이다.

03 산포도의 계산

주어진 자료의 특성을 완전하게 기술하고 이해하기 위해서는 산술평균, 중앙치 등의 집중경향치와 함께 각 관측치들이 서로 얼마나 밀집 또는 분산되어 있는가를 알아야 한다. 이러한 산포도(variability)를 밝혀주는 통계적 방법으로 범위(range), 표준편차(standard deviation), 변동계수(coefficient of variation)를 들 수 있다.

1. 범 위

범위란 주어진 자료에서 가장 큰 값과 가장 작은 값의 차이를 의미하며 산포도를 알아보는 방법 중 가장 손쉽게 그 값을 구할 수 있는 방법이다. 즉 $x_{\min}$이 주어진 자료 중 가장 작은 값이며 $x_{\max}$를 가장 큰 값이라 할 때 범위 R은 다음과 같이 정의된다.

$$R = x_{\max} - x_{\min}$$

〈표 9-4〉의 일일재작업시간의 범위값을 구해보면, 12개의 관측치 중 가장 작은 값은 31이고 가장 큰 값은 47이므로 범위 R은 이 두 관측치의 차이인 47－31＝16이 된다. 이처럼 범위의 계산과정은 극히 간단하여 관리도의 작성과정에서 모집단 표준편차의 추정에 많이 사용된다.

2. 분산과 표준편차

분산(variance)이란 산술평균과 각 관측치 간의 차이를 제곱하여 그 합을 구한 뒤(이를 편차제곱합 s^2이라 부름) 총관측치개수로 나누어 계산한 값이며, 표준편차는 분산의 양의 제곱근을 의미한다.

이제 〈표 9-4〉의 자료를 이용하여 분산을 계산해 보기로 하자.

편차제곱합 $=(31-38.3)^2+(33-38.3)^2+\cdots\cdots+(47-38.3)^2=228.68$
분　　산　$=228.68\div 12=19.06$

분산은 범위와는 달리 모든 관측치를 이용하여 계산하며, 단순히 얼마나 퍼져 있나를 나타내기보다는 평균에서 얼마나 떨어져 있는가를 나타내 준다. 앞의 계산과정에서 알 수 있듯이 분산의 값은 0보다 작을 수 없으며 분산이 0인 경우에는 모든 관측치가 평균과 같은 값을 가지고 있다는 것을 의미한다.

일반적으로 표본을 추출하여 모집단의 특성을 알아보고자 하는 경우, 표본의 분산은 표본의 평균과 각 관측치 간의 차이의 제곱합을 총관측치개수로 나누어 주지 않고 (총관측치개수−1)로 나누어 준다.[1)] 표본의 분산은 그 자체로 의미를 갖기보다는 모집단의 분산을 추정하기 위한 도구의 역할을 하게 되는데, 만약 총관측치개수로 나누어 표본의 분산을 계산하게 되면 결과적으로 모집단의 분산을 과소평가하게 된다. 따라서

① 주어진 자료가 모집단 전체를 나타낼 때, 평균을 μ라 한다면 분산 σ^2은 다음 식을 이용하여 계산해야 한다.

$$\sigma^2=\frac{\sum(x_i-\mu)^2}{N}$$

② 만약 주어진 자료가 표본을 나타내는 경우에는 분모로 $(n-1)$을 사용해야 한다.

$$s^2=\frac{\sum(x_i-\bar{x})^2}{n-1}$$

분산과 함께 자료의 산포도를 나타내는 또 하나의 통계량으로 표준편차

1) 통계적 품질관리기법에서는 표본이라는 용어 대신 시료라는 용어를 주로 사용한다. 예를 들어 표본평균은 시료평균이라고도 부른다.

(standard deviation)를 들 수 있다. 표준편차는 단순히 분산값의 양의 제곱근을 의미하며 각 관측치가 평균으로부터 얼마나 떨어져 있는가를 나타내 준다. 일반적으로 대부분의 관측치는 평균으로부터 1표준편차 이내에 위치하며 매우 소수의 관측치만이 평균으로부터 2표준편차 이상 떨어져 있게 된다. 〈표 9-4〉의 자료를 모집단이 아닌 표본이라고 가정하고 분산과 표준편차를 구하면 다음과 같다.

표본의 분산 $s^2 = 228.68 \div (12-1) = 20.79$

표본의 표준편차 $s = \sqrt{20.79} = 4.56$

3. 변동계수

산포도를 나타내는 데 쓰일 수 있는 또 다른 방법으로 변동계수(Coefficient of Variation, *CV*)를 들 수 있는데, 이는 표준편차를 평균값으로 나누어 준 값으로 서로 다른 자료의 산포도를 비교할 때 사용된다.

$$CV = \frac{s}{\bar{x}} \quad \text{또는} \quad \frac{s}{\bar{x}} \times 100\%$$

또한 변동계수를 제곱한 값은 상대분산이라고도 불리며 대개 %로 나타내곤 한다.

$$CV^2 = \left(\frac{s}{\bar{x}}\right)^2 \times 100\%$$

〈표 9-4〉의 자료를 이용하여 변동계수를 구해 보면 다음과 같다.

$$CV = \frac{4.56}{38.3} \times 100\% = 11.91\%$$

예제 9-1

월드택배는 새로 트럭을 구입하고자 한다. 이를 위해 지난 1개월 동안 처리한 12,500개 택배물량의 특성을 측정한 결과 평균무게가 10kg, 표준편차가 2.0kg, 그리고 패키지 부피의 평균이 12m³, 표준편차가 3m³인 것으로 나타났다. 무게와 부피 중 어느 것이 더 상대적으로 변동이 크다고 할 수 있는가?

풀이

$$\text{무게의 변동계수} = \frac{2}{10} \times 100\% = 20\%$$

$$\text{부피의 변동계수} = \frac{3}{12} \times 100\% = 25\%$$

따라서 무게에 비해 부피의 상대적 산포도가 더 큰 것으로 판정된다.

04 확률변수와 확률모형

1. 확률과 확률변수의 개념

확률이란 똑같은 조건하에서 표본추출이나 실험을 계속 반복할 때 어떤 결과 또는 사건(event)이 나올 상대빈도수 또는 비율을 의미한다. 예를 들어 주사위 1개를 무한히 계속 던져 볼 때 2의 값이 나올 빈도수는 6번 중에 1번 정도일 것이며, 이에 따라 2가 나올 확률은 1÷6이라 생각할 수 있다. 따라서 확률은 0과 1 사이의 값을 취하며, 일어날 수 있는 모든 가능한 사건들의 확률의 합은 언제나 1 또는 100%이다.

확률변수(random variable)는 두 개 이상의 값을 취할 수 있는 임의의 사상으로, 그 사상이 어떤 특정값을 취할 가능성이 확률로 표시될 수 있는 사상을 의미한다. 다음의 몇 가지 예를 통하여 확률변수의 개념과 그 종류를 구체적으로 살펴보기로 하자.

예 1 세 어린이 중 두 명이 남자아이일 확률

예 2 화요일에 적어도 세 대의 제빵기가 고장일 확률

예 3 자동차 배터리가 적어도 1,000시간 이상 작동할 확률

예 4 어떤 소포의 무게가 최소한 2kg 이상일 확률

첫 번째 예에서 알아보고자 하는 것은 남자아이의 수로, 세 명의 어린이 중에 남자아이가 한 명도 없을 수도 있으며, 한 명, 두 명, 또는 세 명이 포함될 수도 있다. 이 예에서 확률변수는 남자아이의 수이며, 이 변수는 0, 1, 2, 3 중 어느 한 값을 취할 수 있다.

두 번째 예에서는 고장난 제빵기 대수가 확률변수가 되며, 제과점이 보유하고 있는 제빵기 대수가 4대라면 이 확률변수는 0, 1, 2, 3, 4 중의 한 값을 취할 수 있다.

마찬가지로 세 번째 예에서는 배터리의 수명이 확률변수가 되는데 이 경우 확률변수가 취할 수 있는 값은 무수히 많다. 만약 배터리가 최소 800시간, 최대 1,300시간의 수명을 갖는다고 가정한다면 확률변수의 값은 800시간에서 1,300시간 사이의 어떤 값이든 될 수 있다. 즉, 소수점 이하 몇 자리까지도 수명시간을 표시할 수 있으므로 배터리의 수명이 가질 수 있는 값은 무수히 많다.

네 번째 역시 세 번째 예와 마찬가지로 확률변수가 취할 수 있는 값은 무수히 많다. 이 경우 확률변수는 소포의 무게가 되는데, 최대중량을 5kg으로 제한하더라도 확률변수는 0과 5kg 사이의 어떤 값이든 취할 수 있다.

위의 예에서 알 수 있는 바와 같이 확률변수는 변수가 취할 수 있는 값의 범위에 따라 두 종류로 구분된다. 첫 번째와 두 번째 예에서 확률변수는 각각 네 개와 다섯 개의 값만을 취할 수 있는데, 이와 같은 속성을 지니는 확률변수를 이산확률변수라 부르며, 마지막 두 예에서처럼 상한과 하한 사이에 연속하여 있는 무한히 많은 값 중 아무 값이나 취할 수 있는 확률변수는 연속확률변수라 부른다. 확률모형 또는 확률분포란 확률변수가 어떤 특정값을 취할 확률을 손쉽게 계산하기 위해, 확률변수가 취할 수 있는 모든 값과 그 값들이 각각 나타날 확률을 관계지은 분포를 의미한다. 확률분포는 분포에서 사용되는 확률변수의 종류에 따라 이산확률분포와 연속확률분포로 나누어 볼 수 있다. 본서에서 찾아볼 수 있는 이산확률분포로는 이항분포, 연속확률분포로는 정규분포와 t-분포를 들 수 있다.

주어진 자료의 특징을 알아보는 데 평균과 분산을 구하였듯이 확률적 자료의 분석에서도 이와 유사한 개념을 사용할 수 있다. 확률적 자료의 평균은 기대치(expected value)라고도 하며, 발생할 가능성이 있는 결과에 확률을 곱하여 모두 합한 값이다. 예를 들어 $f(x_i)$를 x_i가 발생할 확률이라 한다면 확률변수 x의 기대치 $E(X)$는 다음과 같이 계산된다.

$$E(X) = \sum_i x_i f(x_i)$$

확률적 자료의 분산은 각 자료치와 기대치의 차이를 제곱한 값을 구하고 이 값에 확률을 곱해 총합을 구하면 된다. 즉

$$VAR(X) = \sum_i [x_i - E(X)]^2 f(x_i)$$

가 성립한다. 이를 좀더 간단히 하면

$$\begin{aligned} VAR(X) &= \sum_i x_i^2 f(x_i) - 2E(X) \sum_i x_i f(x_i) + \{E(X)\}^2 \sum_i f(x_i) \\ &= \sum_i x_i^2 f(x_i) - 2[E(X)]^2 + [E(X)]^2 \quad (\text{여기서 } \sum_i f(x_i) = 1\text{임}) \\ &= E(X^2) - [E(X)]^2 \end{aligned}$$

이 됨을 알 수 있다.

예제 9-2

200대의 제빵기를 보유하고 있는 한국제과가 지난 3개월 동안 하루에 고장난 제빵기 대수를 조사한 결과 다음과 같은 확률분포표를 구할 수 있었다.

하루에 고장난 제빵기 대수	0	1	2	3	4	5
발생확률	0.45	0.2	0.15	0.10	0.05	0.05

하루에 고장날 수 있는 제빵기 대수의 기대치와 분산을 구하여라.

풀이

$E(X) = (0)(0.45)+(1)(0.2)+(2)(0.15)+(3)(0.10)+(4)(0.05)+(5)(0.05)=1.25$

$E(X^2) = (0)^2(0.45)+(1)^2(0.2)+(2)^2(0.15)+(3)^2(0.10)+(4)^2(0.05)+(5)^2(0.05)=3.75$

$VAR(X) = 3.75-(1.25)^2=2.1875$

이제 확률변수의 개념을 응용하여 기대치와 분산의 특성에 대해 살펴보기로 하자. 확률변수 X의 기대치를 $E(X)$라 할 때 X에 상수 a를 곱하고 b를 더하여 정의한 확률변수 $aX+b$의 기대치와 분산을 구해 보면 다음과 같다.

$$E(aX+b) = \sum_i (ax_i+b)f(x_i) = \sum_i ax_i f(x_i) + \sum_i bf(x_i)$$
$$= aE(X)+b$$
$$VAR(aX+b) = \sum_i [ax_i+b-aE(X)-b]^2 f(x_i) = a^2 \sum_i [x_i - E(X)]^2 f(x_i)$$
$$= a^2 VAR(X)$$

예제 9-3

앞의 예제에서 제빵기가 고장나는 경우, 신속한 수리를 위해 출장비 2만원과 대당 수리비용 1.5만원을 지급한다고 생각해 보자. 여기서 출장비는 수리 대수에 관계없이 일정하다고 가정한다. 총수리비용의 기대치와 분산을 구하여라.

풀이

X대의 제빵기가 고장났을 경우 총수리비용은 $2+1.5X$가 된다.

기대치 $= E(2+1.5X) = 2+(1.5)(1.25) = 3.875$만원

분산 $= VAR(2+1.5X) = (1.5)^2 VAR(X) = (1.5)^2(2.1875) = 4.922$만원

2. 이항분포

이제 품질관리에서 가장 많이 쓰이는 확률분포인 이항분포와 이 분포를 도출하는 데 사용되는 베르누이 시행에 대해 알아보기로 하자. 베르누이 시행은 다

음의 두 가지 기본특성을 지니는 실험과정이다.

특성 1 베르누이 시행은 오직 두 종류의 결과만을 나타내며, 이들 결과는 상호배타적이다.

베르누이 시행의 몇 가지 예를 들어 보면 다음과 같다.

제과점의 제빵기 작동여부
동전 던지기에서 앞면 혹은 뒷면
컴퓨터 부품의 불량여부

두 가지 이상의 결과가 나타날 수 있는 시행도 시행결과의 재분류를 통해 베르누이 시행으로 전환할 수 있다. 예를 들어 주사위 던지기에서는 1, 2, 3, 4, 5, 6의 여섯 가지의 결과가 나타날 수 있으나, '3'과 '3을 제외한 모든 수'로 구분하게 되면 베르누이 과정이 성립하게 된다.

특성 2 베르누이 확률변수가 특정값(고장난 제빵기의 수, 불량배터리의 수)을 취할 확률은 시행횟수에 관계없이 언제나 일정하다.

이 특성이 의미하는 바는 한 번의 시행에서 어떤 값이 나오든 간에 그 값이 나타날 확률은 그 이전의 시행에서 나타난 값에 의해 전혀 영향을 받지 않는다는 것이다. 예를 들어 어떤 동전을 던질 때, 앞면이 나올 확률이 0.6이라고 하자. 첫 번째 시행에서 앞면이 나왔다 하더라도 두 번째 시행에서 앞면이 나올 확률은 증가하거나 감소하지 않는다. 또 10번 시행에서 첫 9번이 모두 앞면이 나왔다 하더라도 마지막 10번째에서 앞면이 나올 확률은 여전히 0.6이다.

베르누이 실험에 그 기초를 둔 이항확률은 각 시행에서의 결과가 통계적 독립사상이라는 점을 이용하면 간단히 구할 수 있다. 예를 들어 모전자회사의 반도체 제조공정의 불량률이 20%라 하자. 즉 임의의 반도체 1개를 추출했을 때 그 반도체가 양질의 제품일 확률이 80%이고 불량품일 확률이 20%라는 것이다. 만약 3개의 반도체를 공정에서 추출했을 때 그중 1개가 불량품일 확률은 얼마인가? 이 확률은 다음의 과정을 통해 손쉽게 계산할 수 있다.

① 구하고자 하는 결과를 임의의 순서로 나열한다. 2개의 양품(G)과 1개의

불량품(D)인 경우, 가능한 배열 중의 하나는 (G, G, D)이다.

② 세 사건이 상호간 독립적으로 나타났으므로, 이런 결과가 나올 확률은 다음과 같다.

$$0.8 \times 0.8 \times 0.2 = 0.128$$

③ 가능한 모든 경우가 몇 가지나 되나 계산한다. 3개의 반도체 중 2개가 양품이고 1개가 불량품인 경우는 (G, G, D), (G, D, G), (D, G, G) 세 가지이다.

④ ②에서 구한 확률과 ③에서 구한 경우의 수를 곱한다.

$$(0.128)(3) = 0.384 \text{ 또는 } 38.4\%$$

이처럼 문제의 크기가 크지 않을 경우 상이한 배열을 갖는 모든 가능한 경우의 수를 찾는 것은 큰 문제가 되지 않는다. 그러나 문제의 크기가 클 때, 모든 가능한 경우의 수는 다음과 같은 조합(combination)의 개념을 이용하여 손쉽게 구할 수 있다.

$$\frac{(\text{반도체수})!}{(\text{양품수})!\ (\text{불량품수})!}$$

여기서 "!" 부호는 "팩토리얼"이라고 읽는 수학적 기호로, 부호 앞에 있는 수에서 시작하여 1이 될 때까지 그 값을 1씩 줄여가며 차례로 곱하라는 의미이다. 예를 들면 3!은 $(3 \times 2 \times 1)$ 또는 6을 의미한다. 다만 0!은 "0"이 아니라 1로 정의된다.

이번에는 1개가 양품이고 2개가 불량품일 확률을 구해 보기로 하자.

$$P(\text{1개가 양품}) = \frac{3!}{2!\ 1!}(0.8)(0.2)(0.2) = \frac{3!}{2!\ 1!}(0.8)^1(0.2)^2 = 0.096$$

이와 같은 확률계산방법을 일반화시키면 다음과 같은 이항분포모형을 도출해낼 수 있다.

$$P(X=k)={}_nC_k\,p^k(1-p)^{n-k}=\frac{n!}{(n-k)!k!}p^k(1-p)^{n-k}$$

n =표본의 크기 또는 시행횟수
x =성공횟수, p =성공할 확률

예제 9-4

한국전자에서 생산에 투입하는 부품의 50%는 납품업체 A에서, 30%는 납품업체 B에서, 그리고 나머지 20%는 납품업체 C에서 공급한다.

(a) 공급받는 부품 중에서 임의로 10개를 추출할 때 그중 5개가 납품업체 A에서 공급되었을 확률은 얼마인가?

(b) 공급받은 부품 중에서 5개를 임의로 추출했을 때 그중 2개가 납품업체 B의 것일 확률은 얼마인가?

풀이

(a) 임의의 부품 1개가 A에서부터 공급받았을 확률을 p라 하면 구하고자 하는 확률은 다음과 같다.

$${}_nC_k\,p^k(1-p)^{n-k}={}_{10}C_5(0.5)^5(1-0.5)^5=(252)(0.5)^{10}=0.246094$$

(b) 마찬가지로 임의의 부품 1개가 B에서 공급했을 확률은 0.3이므로

$${}_5C_2(0.3)^2\,(0.7)^3=(10)(0.09)(0.343)=0.3087$$

확률변수가 취할 수 있는 값의 개수가 늘어날 때 이항확률분포의 평균과 분산은 계산하기 쉽지 않다. 다행스럽게도 이항분포의 기대치와 분산은 다음 식을 이용하면 손쉽게 구할 수 있다.

$$\text{기대치}=np,\qquad \text{분산}=np(1-p)$$

예제 9-5

인터넷으로 건강보조식품을 판매하는 한국통상은 고객의 주문을 제대로 처리하는 비율이 약 90% 정도인 것으로 추정하고 있다. 즉, 주문품목을 누락하거나 주문량을 제대로 맞추지 못하는 경우가 약 10% 정도이다. 만약 이번 주에 500건의 주문이 들어왔다면 주문내역을 제대로 처리했을 주문 건수의 기대치와 표준편차는 얼마인가?

풀이

주문내역을 제대로 처리할 비율이 0.9이므로 $n=500$, $p=0.9$가 된다. 따라서

$$\text{기대치 } np=(500)(0.9)=450$$

$$\text{표준편차}=\sqrt{np(1-p)}=\sqrt{(500)(0.9)(1-0.9)}=6.708$$

3. 정규분포

정규분포는 연속확률분포 중 가장 중요한 분포로 다음과 같은 특성을 지닌다.

① 정규분포곡선은 좌우대칭이며 평균치에서 최고점을 가진다.

② 모든 연속확률분포와 마찬가지로 곡선 아래의 전체면적은 100%이다.

③ 곡선은 횡축(x-축)에 닿는 것처럼 보이나 결코 닿지는 않는다. 다시 말해 평균값보다 매우 크거나 작은 값이 나타날 확률은 0에 가깝지만 0은 될 수 없다.

④ 정규분포는 평균과 표준편차에 따라 다양한 모양을 가질 수 있다. 표준편차가 커지면 커질수록 평평한 모양을 취하게 되며, 이와 반대로 표준편차가 작으면 작을수록 봉우리의 높이가 높아지게 된다. 또한 표준편차가 같더라도 평균값의 차이에 따라 분포의 위치가 달라진다.

정규확률변수의 확률은 정규분포곡선과 횡축 사이의 면적으로 정의되나 실제확률은 계산하고자 하는 확률변수의 값을 Z값이라 불리는 표준단위로 변환시킴으로써 손쉽게 계산할 수 있다. 여기서 Z값은 확률변수값이 평균치로부터 표준편차의 몇 배만큼 아래나 위쪽에 떨어져 있는가를 나타내는 값이라 정

의할 수 있다. 따라서 확률변수값이 평균보다 클 때에는 Z가 양의 값을 가지며 평균보다 작으면 음의 값을 갖게 된다.

예를 들어 지난해에 생산한 전기자동차용 배터리의 평균수명이 2,000시간이고 표준편차가 200시간이라고 가정하고, 1,800시간과 2,300시간을 Z값으로 변환시켜 보자. 1,800시간은 평균보다 200시간이 적으므로 Z값으로는 -1이 되며 2,300시간은 평균보다 300시간 많고, 300시간은 표준편차의 1.5배가 되므로 Z값은 $+1.5$가 된다. 이미 언급한 바와 같이 표준단위 또는 Z값은 어떤 확률변수가 취한 값이 평균보다 몇 배의 표준편차만큼 많은가 혹은 적은가를 나타내는 값이므로 다음과 같이 계산할 수 있다.

$$Z\text{값} = \frac{\text{확률변수값} - \text{평균}}{\text{표준편차}}$$

표준정규분포는 확률변수가 정규분포를 띠고 있을 때 Z값에 대한 확률을 나타내는 곡선으로 [그림 9-3]에서와 같이 평균이 0이고 표준편차가 1인 정규분포이다. 이 그림에서 표준단위값 -1과 $+1$ 사이의 면적은 68.26%이고, -2에서 $+2$ 사이는 95.44%이다. 또한 표준단위값이 -3에서 $+3$ 사이에 해당하는 경우의 면적은 99.74%이다. 〈표 9-5〉는 정규분포곡선 아래의 면적을 나타내

[그림 9-3] 표준정규분포곡선

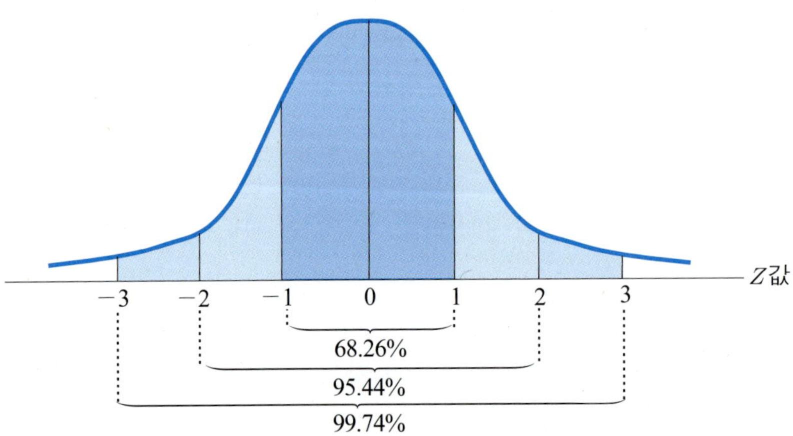

〈표 9-5〉 **정규분포 면적표**

Z값	0과 Z값 사이의 면적
.5	19.15%
.75	27.34%
1.00	34.13%
1.20	38.49%
1.50	43.32%
1.60	44.52%
1.64	44.95%
1.75	45.99%
1.96	47.50%
2.00	47.72%
2.50	49.38%
2.80	49.74%
3.00	49.87%

는 "정규분포 면적표"의 일부분을 발췌한 것이다.

여기서 양의 Z값과 음의 Z값에 대한 면적은 정규분포의 좌우대칭의 특성을 감안해 보면 똑같음을 기억해야 한다. 이제 정규분포확률이 어떻게 계산되는지 구체적으로 살펴보기로 하자.

예제 9-6

한국전자는 자전거용 전기배터리를 새로 개발하였다. 배터리의 수명이 평균 2,000시간, 표준편차가 200시간인 정규분포를 이룬다면, 임의로 하나의 배터리를 구입했을 때 그 배터리가 1,800시간 이상 2,200시간 미만의 수명을 유지할 확률은 얼마가 될 것인가?

풀이

먼저 1,800시간과 2,200시간을 Z값으로 전환하면 1,800시간은 -1이 되고 2,200시간은 $+1$이 된다. 다음에는 [그림 9-4]와 같이 정규분포곡선을 그리고 표준단위가 $+1$과 -1인 구간을 색깔로 표시한다. 마지막으로 정규분포 면적표로부터 색깔 있는 부분의 확률을 구하면 0.6826, 즉 68.26%임을 알 수 있다. 여기서 0.6826은 Z값이 0과 1 사이일 때의 면적 0.3413의 두 배이다.

[그림 9-4] **배터리 수명의 확률분포-1**

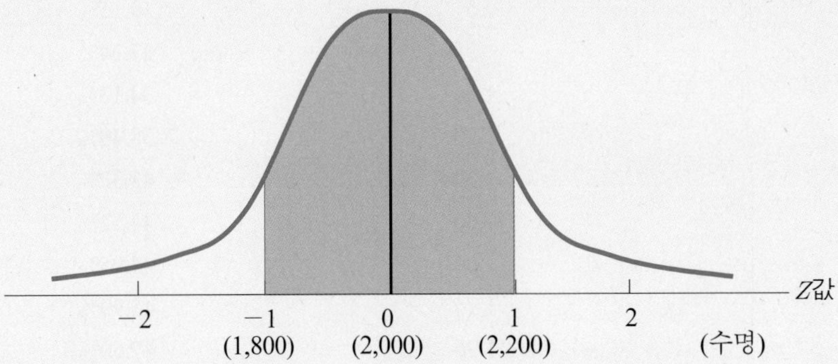

예제 9-7

앞의 예제에서와 같이 배터리 수명의 평균이 2,000시간, 표준편차가 200시간일 때

(a) 임의로 뽑은 하나의 배터리가 2,300시간 이상 작동할 확률은 얼마인가?

(b) 임의로 뽑은 배터리가 1,600시간 이상 2,100시간 미만 지속할 확률은 얼마인가?

(c) 임의로 뽑은 배터리가 정확히 1,900시간 동안 작동할 확률은 얼마인가?

풀이

(a) 이 문제에서도 먼저 2,300시간을 Z값으로 전환하고 확률분포곡선을 그려 찾고자 하는 면적을 표시한 뒤 정규분포표를 이용하여 확률을 계산하게 된다. 2,300시간의 Z값은 $+1.5$이고, 구하고자 하는 값은 [그림 9-5]에서와 같이 수명이 2,300시간 이상이 될 확률이므로 Z값이 $+1.5$보다 큰 값이 될 확률을 구해야 한다. 정규분포 면적표에서 Z값이 0과 1.5 사이의 값을 취할 확률은 0.4332이므로 구하고자 하는 색깔 있는 면적은 다음과 같다.

$$0.5-0.4332=0.0668=6.68\%$$

[그림 9-5] 배터리 수명의 확률분포-2

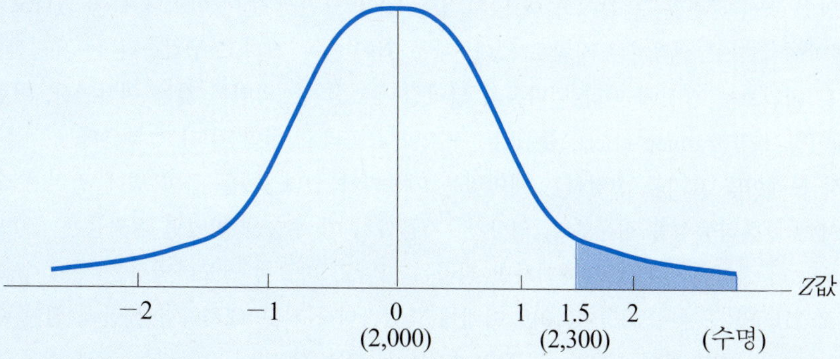

(b) [그림 9-6]은 구하고자 하는 확률면적을 색깔로 표시한 것이다. 여기서 색깔 있는 부분은 Z값이 0과 −2 사이의 부분과 0과 +0.5 사이의 두 부분으로 구성되어 있으므로 색깔 있는 전체의 면적은 두 부분 각각의 면적을 합하여 계산된다. 즉

$$0.4772 + 0.1915 = 0.6687 = 66.87\%$$

가 된다.

[그림 9-6] 배터리 수명의 확률분포-3

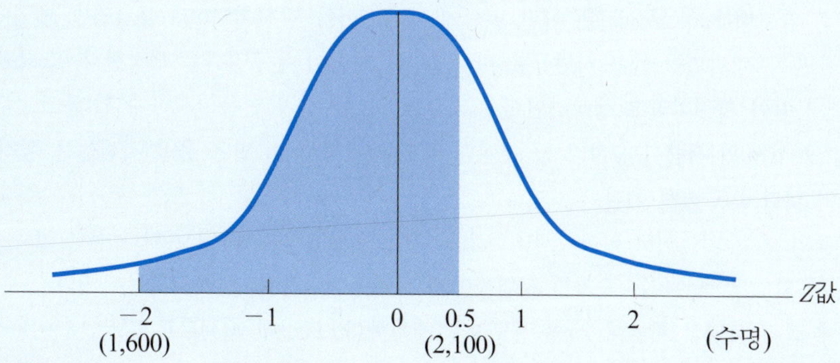

(c) 정규분포곡선을 그리고 구하고자 하는 확률면적을 표시해 보면 단순히 직선으로밖에 표시될 수 없다. 따라서 면적의 크기는 0이 되며 이는 곧 연속확률변수가 정확히 하나의 값만을 취할 확률은 0이 된다는 의미를 내포하고 있다.

쉬어가기 긍정적 뉴스는 숫자로, 부정적 뉴스는 %로 알려라

미국 코미디언인 조지 칼린은 "똑같이 물이 담겨 있는 컵을 보면서 물이 반이나 들어 있다고 생각하는 사람도 있고 물이 반밖에 없다고 생각하는 사람도 있다. 나는 컵이 너무 크다고 생각한다"는 유명한 말을 남겼다. 같은 사물이라도 바라보는 관점에 따라 얼마든지 달라질 수 있다는 의미를 갖는 이야기다. 이런 현상을 심리학에서는 '프레이밍 효과(framing effect, 틀 또는 구조화 효과라고 번역함)'라고 부른다.

심리학에서 프레이밍 효과를 설명하는 재미있는 이야기가 있다. 예를 들어 병에 걸려 수술을 앞두고 있는 환자가 의사에게 생존가능성을 질문했다. 의사가 "지금까지 이 수술을 받았던 환자들은 100명 중에서 70명이 수술 후 10년은 더 살았습니다"라고 얘기하면 환자는 아마도 비교적 안도하면서 기꺼이 수술을 받을 것이다. 그러나 반대로 "100명 중에서 30명이 10년 이내에 죽었습니다"라고 얘기하면 불안에 떨며 수술을 망설일 가능성이 높다. 철저히 따져 보면 100명 중 70명이 산다는 것은 30명이 죽는다는 것과 같은 내용이다. 하지만 같은 내용이라도 표현하는 방법에 따라 환자의 반응이 정반대로 바뀐다.

그런데 기업활동 가운데 프레이밍 효과가 가장 널리 사용되는 영역은 놀랍게도 회계분야이다. 숫자를 다루는 영역인 회계분야에서 설득의 기술이라고 할 수 있는 프레이밍 효과가 널리 사용된다는 사실이 믿기 힘들지도 모른다. 프레이밍 효과가 자주 사용되는 영역은 기업이 여러 뉴스를 외부에 전달하는 '공시'다.

공시에서 프레이밍 효과가 활용되는 이유를 살펴보자. 프레이밍 효과 중에 숫자 그 자체와 퍼센트로 표현한 숫자가 가져오는 효과의 차이점에 대한 부분이 있다. 예를 들어 "100명 중 70명은 수술 후 10년을 더 살았습니다"라고 말하는 것과 "70%의 사람들이 수술 후 10년을 더 살았습니다"라고 말하는 것은 큰 차이를 가져온다. 숫자 그 자체를 들은 사람들이 퍼센트로 표현한 숫자를 들은 사람보다 더 강한 인상을 갖는다. 즉 긍정적 뉴스라면 뉴스를 들은 사람이 더 긍정적인 인상을 갖게 되고 반대로 부정적 뉴스라면 더 부정적인 인상을 가지게 된다는 뜻이다.

심리학자 폴 슬로빅(Paul Slovic)은 이런 현상에 대해 "만약 당신이 10명 중 1명만 게임에서 이기거나 질거라고 얘기하면 그 이야기를 들은 사람들은 바로 그 한 사람이 누구일까를 생각한다. 그리고 그 게임에서 이기거나 진 한 사람이 자신이라고 생각하면서 스스로를 그 한 사람과 동일시하게 된다"고 설명했다. 반면 "게임을 한 사람 중 10%의 사람이 승자가 될 것이다"라고 얘기하면 이 말을 들은 사람들은 심리적으로 게임에서 승리할 확률이 낮다고 느끼게 된다.

보다 구체적인 예는 기미히코 야마기시(Kimihiko Yamagishi)의 연구에서 나타난다. 그는 사망자 1만명 가운데 1,286명이 암으로 죽는다는 숫자를 사람들에게 보여준 후 암이 일어날 확률이 얼마인지 적게 했다. 이때 사람들은 암에 걸려 사망할 확률이 24% 정도라고 평가했다. 그런데 퍼센트로 같은 내용을 설명했을 때(즉 1만명 중 12.86%의 사람들이 암으로 죽는다고 설명했을 때) 사람들은 확률이 13%일 것이라고 평가했다. 같은 내용을 어떻게 표현하느냐에 따라 암의 위험성을 상당히 다르게 평가하는 것이다. 24%와 13%의 차이는 매우 크다. 보통 사람들의 인지과정이 합리적이지 않다는 얘기다.

기업들은 뉴스를 공시할 때 이와 같은 심리학적 지식을 적극 이용한다. 미국의 통계를 보면 기업들이 자발적으로 공시를 하면서 공시 정보의 양과 빈도가 지속적으로 증가하고 있다. 이 중 가장 중요한 미래 이익에 대한 예측치 공시를 보자. 이익 예측치 공시는 대략 다음의 네 가지 형식으로 구분된다.

(1) '우리 회사의 올해 주당순이익은 2달러 정도로 예상된다'는 형식의 구체적 수치(point)를 주는 공시
(2) '1.7달러에서 2.3달러 사이로 예상된다'는 형식의 범위(range)를 주는 공시
(3) '최소(최대) 2달러 정도일 것이다'라는 형식의 최솟값이나 최댓값을 주는 공시
(4) '이익이 상당히 증가할 것이다' 또는 '형편이 어려우니 이익이 감소할 것이다'라는 형식의 구체적 수치 없이 방향(qualitative statement)만 알려주는 공시

네 가지 형식 중 (1)의 구체적 공시가 약 20% 정도이며 (2)가 약 30%를 차지한다. 그런데 통계치를 자세히 살펴보면 기업들은 회사에 유리한 뉴스를 공시할 때 (1)의 형식을 보다 적극 활용한다. 반대로 회사에 불리한 뉴스를 공시할 때에는 (1)보다는 (2)나 (3), (4)의 형식을 많이 쓴다. 즉 부정적인 뉴스를 자발적으로 공시하기는 하지만 뉴스를 정확하게 공시하지 않고 애매하게 포장해서 공시 시점에 부정적 효과가 주식가격에 반영되는 정도를 줄이려고 하는 것이다. 특히 공시 내용에 포함된 부정적인 뉴스가 이익에 미치는 정도가 클수록 공시의 형태가 덜 구체적이다. 또 이익 예측치를 공시할 때 '어려운 상황을 극복하기 위해 어떤 노력을 하고 있다'든가 '이익은 비록 적지만 다른 지표들은 좋다'는 식으로 이익이 적은 이유를 희석할 수 있는 다른 정보를 함께 공시한다. 주의가 분산되도록 해서 이익 예측치 공시가 미치는 부정적인 효과를 줄이려고 하는 것이다. 이런 이유에서 유리한 뉴스를 공시할 때보다는 불리한 뉴스를 공시할 때 공시하는 정보량이 늘어난다. 연구 결과에 따르면 공시되는 정보량이 증가할 때 공시의 신뢰성도 높아진다.

그러나 반대로 주가에 긍정적인 영향을 미칠 수 있는 공시라면 되도록 (1)의 형식을 선택한다. 동시에 공시되는 다른 정보도 별로 없다. 공시를 본 사람이 이익 예측치에만 집중할 수 있도록 하는 것이다. 또는 다른 정보를 함께 공시하더라도 수요가 증가할 것이라든지 새로운 혁신을 통해 원가절감이 예상된다는 식의 이익 예측치가 높은 이유를 설명하는 정보를 공시한다. 부정적인 뉴스를 공시할 때와는 반대로 이익 예측치 뉴스를 뒷받침하는 방향의 소식을 덧붙이는 것이다. 이런 사실을 종합하면 기업들이 공시를 할 때 프레이밍 효과를 활용하고 있다는 것을 알 수 있다. 공시를 접한 투자자들이 의도한 방향대로 반응하도록 공시에 포함되는 정보의 내용을 조정하는 것이다.

이런 내용의 지식은 더 넓은 범위의 기업활동에서 활용할 수 있을 것이다. 특히 홍보부서나 협상부서에 있는 사람들은 꼭 알아야 할 내용이다. 광고부서에 있는 사람들도 "70%의 소비자가 우리 회사의 제품을 최고로 뽑았다"라고 하기보다 "열명 중 일곱명의 사람들이 우리 회사의 제품을 최고로 뽑았다"라고 광고하는 것이 더 효과적이라는 사실을 알아야 한다. 반대로 "임상실험 결과, 불과 1% 정도의 소비자들만 우리 약품을 사용하고 부작용을 겪었다"라고 표현하는 것이 부정적인 뉴스 효과를 약화시키는 데 더 효과적이다.

(동아비즈니스리뷰, 101호, 2012, pp.32~34)

연습문제

CHAPTER 9

주관식

1 다음은 새로 개발한 스프레이 타입 살충제의 성능을 실험한 결과로, 이 약을 맞은 해충의 잔존생명을 분으로 나타낸 것이다. 8개의 구간을 사용하여 도수분포표와 히스토그램을 작성하여라.

2.4	0.7	3.9	2.8	1.3	1.6	2.9	2.6	3.7	2.1
3.2	3.5	1.8	3.1	0.3	4.6	0.9	3.4	2.3	2.5
0.4	2.1	2.3	1.5	4.3	1.8	2.4	1.3	2.6	1.8
2.7	0.4	2.8	3.5	1.4	1.7	3.9	1.1	5.9	2.0
5.3	6.3	0.2	2.0	1.9	1.2	2.5	2.1	1.2	1.7

2 다음은 한국전자의 제1공장에서 지난 30주 동안 발생한 주별 재작업시간을 정리한 자료이다. 6개의 구간으로 나누어 도수분포표와 상대도수분포표를 작성하여라.

(단위 : 시간)

39	61	37	44	57	64	48	67	58	39
38	55	44	38	63	51	40	60	41	49
36	46	41	67	45	63	62	36	45	42

3 한국경차주식회사는 이번에 새로 시장에 소개할 500cc짜리 K카의 휘발유 리터당 주행거리를 조사하기 위해 50번의 테스트 운전을 수행하여 다음과 같은 자료를 구하였다.

27.9	31.2	29.3	29.5	31.8	28.7	22.5	23.0	34.2	30.1
34.2	30.5	32.7	31.3	26.5	24.9	26.4	26.8	31.6	29.9
35.6	28.7	31.0	28.0	31.3	33.7	32.7	32.0	30.4	30.3
28.5	33.5	30.5	29.8	30.6	31.2	35.1	28.7	28.6	27.5
30.0	30.1	28.7	30.3	33.2	29.6	30.5	31.4	27.9	32.4

(a) 5개의 구간으로 나누어 상대도수분포표를 작성하여라.

(b) 위의 자료에서 리터당 주행거리가 30km를 넘는 경우는 총 50번 중 몇 %를 차지하는가?

4 다음에 주어진 각각의 자료의 산술평균과 중앙치를 계산하여라.

> 자료 A : 1, 5, 6
> 자료 B : −1, 3, 4, 89
> 자료 C : 1, 3, 789, 9,000, 245,678

5 A타이어회사는 생산되는 타이어 중에 10개의 타이어를 무작위로 추출하여 수명에 관한 자료를 분석하고 있다. 10개 타이어의 수명이 다음과 같았을 때 표준편차와 변동계수를 구하여라.

(단위 : km)

48,000	53,000	45,000	61,000	53,000
59,000	56,000	63,000	49,000	54,000

6 다음은 무작위로 뽑은 12명의 학생들의 1학기 성적이다. 제1사분위수,[2] 제3사분위수, 표준편차, 변동계수를 구하여라.

3.2	1.9	2.7	2.4
2.8	2.9	3.8	3.0
2.5	3.3	1.8	2.5

7 다음은 무작위로 뽑은 10명의 학생들의 한 달 용돈이다. 평균, 표준편차, 변동계수, 제1사분위수 그리고 제3사분위수를 구하여라.

(단위 : 만원)

20	25	30	32	34
18	20	26	25	24

2) 관측치가 작은 것부터 $x_1, x_2, \cdots, x_n$으로 나열되어 있을 때 제1사분위수는 $(0.25)(n+1)$번째에 위치한 값이고 제3사분위수는 $(0.75)(n+1)$번째에 위치한 값이다. 만약, $(0.25)(n+1)$과 $(0.75)(n+1)$이 정수가 아니면 인접해 있는 2개의 관측치의 가중평균을 이용한다. 예를 들어 2, 5, 8, 10, 11, 14의 6개의 자료가 있을 때 제1사분위수는 1.75번째의 관측치이므로 $2+(0.75)(5-2)=4.25$, 제3사분위수는 5.25번째에 오는 관측치이므로 $(11)+(0.25)(14-11)=11.75$이다.

8 한국전자는 품질관리 분임조를 도입함으로써 얼마만한 효과를 기대할 수 있는가를 평가하기 위해 품질관리 분임조가 운영되고 있는 공장 A와 아직 품질관리 분임조가 도입되지 않은 유사한 공장 B를 조사한 결과 다음과 같은 자료를 얻을 수 있었다.

기 간	불량률(%)	
	공장 A	공장 B
1월	2.18	2.16
2월	2.09	2.12
3월	2.14	2.22
4월	2.02	2.47
5월	2.09	2.31
6월	2.13	2.52
7월	2.17	2.39
8월	2.05	2.43
9월	2.00	2.50
10월	2.19	2.54
11월	2.20	2.35
12월	2.16	2.46

(a) 이 자료를 히스토그램으로 정리하여라.

(b) 각 공장의 월 평균 불량률($\bar{x}$)과 표준편차(s)를 구하여라.

9 다음을 읽고 각 문장에서 틀린 내용을 지적하여라.

(a) 자동차 판매원이 임의의 어느 날에 자동차를 3대 이상 팔 확률은 0.15, 2대 팔 확률은 0.29, 1대 팔 확률은 0.38, 그리고 1대도 팔지 못할 확률은 0.19이다.

(b) 내일 비가 올 확률은 0.40이고 비가 오지 않을 확률은 0.52이다.

(c) 타이피스트가 한 장 분량의 타이프를 칠 때 3단어 이상 실수할 확률은 0.29, 2단어를 실수할 확률은 0.43, 1단어를 실수할 확률은 −0.10, 그리고 전혀 실수하지 않을 확률은 0.5이다.

10 50대의 복사기를 보유하고 있는 한국카피서비스가 지난 3개월 동안 하루에 고장난 복사기 대수를 조사한 결과 다음과 같은 확률분포표를 구할 수 있었다.

하루에 고장난 복사기 대수	0	1	2	3	4	5
발생확률	0.1	0.2	0.3	0.25	0.1	0.05

(a) 하루에 고장날 수 있는 복사기 대수의 기대치와 분산을 구하여라.

(b) 복사기가 고장나는 경우 고장 대수에 관계없이 출장비 3만원과 대당 8천원의 수리비용이 소요된다고 할 때 일일총수리비용의 기대치와 표준편차를 구하여라.

11 5대의 기계를 가동하고 있는 작업장에서 임의로 선정한 기계가 작동중일 확률은 90%이다. 베르누이 과정이라 가정하고 어느 날 다섯 개의 기계가 모두 가동중일 확률을 계산하여라.

12 한국반도체의 1MD 생산라인의 불량률은 평균 5%인 것으로 알려져 있다. 10개의 반도체를 무작위로 생산라인에서 추출하여 검사했을 때 불량품 개수가 2개 이하일 확률은 얼마인가?

13 반도체 생산업체인 한국전자는 판매에 앞서 100개를 무작위 추출하여 5개 이상이 불량이면 100% 검사를 실시한다. 만약 생산량의 10%가 불량일 때 이 검사방법에 의해 합격으로 판정받을 확률은 얼마인가?

14 하나통조림회사의 주종상품은 200g들이 꽁치 통조림이다. 이 제품의 평균무게는 200g이고 분산은 4g이다.

(a) 임의로 선정한 통조림의 무게가 196g보다 작을 확률은 얼마인가?

(b) 199g과 204g 사이에 있을 확률은 얼마인가?

(c) 통조림의 무게가 정확히 200.198g일 확률은 얼마인가?

15 한국과소비카드주식회사는 카드 소유자의 계좌를 고액, 소액 사용자로 나누어 관리하고자 한다. 지난해 계좌당 평균사용액이 150만원이었고 표준편차는 50만원이었다.

(a) 사용액이 30만원 이하인 계좌의 비율은 얼마인가? 정규분포를 가정하여라.

(b) 고액 매출계좌를 특별관리하기 위해 사용액 순으로 상위 15%를 선택하고자 할 때, 연간 사용액이 얼마 이상이어야 이 안에 포함될 수 있는가?

객관식

1 다음 중 도수분포표 작성에 관한 설명이 바르게 된 것은?

> ㄱ. 대체로 5 내지 15개의 계급간격을 사용하는 것이 바람직하다.
> ㄴ. 가급적 많은 관측치들이 구간간의 경계상에 위치하도록 조정한다.
> ㄷ. 도수분포표에 기록된 구간별 빈도수를 총관측치 개수로 나누어 비율로 표시하면 상대도수분포표(relative frequency distribution table)가 된다.

① ㄱ, ㄴ　　② ㄴ, ㄷ
③ ㄱ, ㄷ　　④ ㄱ, ㄴ, ㄷ

2 도수분포표로 정리된 변수의 활동수준을 막대의 길이로 표시하여 수평이나 수직으로 늘어놓아 상호 비교가 용이하게 만든 그림을 무엇이라 하는가?

① 막대그림표　　② 꺾은선그림표
③ 원그림표　　④ 히스토그램

3 다음은 데이터를 정리하는 방법에 대한 설명이다. 바르게 된 것은?

> ㄱ. 집중경향치란 주어진 자료의 특징이나 전체적 경향을 나타내는 통계적 수치이다.
> ㄴ. 산술평균과 중앙값 및 최빈값은 산포도를 나타내는 통계적 수치이다.
> ㄷ. 각 관측치들이 서로 얼마나 밀집해 있는가를 알아보기 위해서는 분산이나 표준편차와 같은 통계량을 계산한다.

① ㄱ, ㄴ　　② ㄴ, ㄷ
③ ㄱ, ㄷ　　④ ㄱ, ㄴ, ㄷ

4 다음 중 중앙값에 대한 설명이 바르지 않은 것은?

① 관측치의 분포가 극도로 편재되어 있는 경우에 많이 쓰이는 경향치로, 모든 관측치를 크기의 순서대로 나열했을 때 중앙에 오는 관측치의 값을 말한다.
② 중앙값을 계산하기 위해서는 우선 관측치를 크기순으로 재배열하고 상부에 총관측치의 50%, 하부에 나머지 50%가 놓이는 분기점을 선택한다.
③ 관측치의 수가 짝수인 경우에는 중앙에 위치하는 두 개의 관측치를 찾은 뒤 이들 두 관측치의 합을 중앙값으로 정한다.

④ 중앙값은 소득과 같은 인구통계학적 자료의 요약에 자주 쓰이게 되는데, 이는 지나치게 큰 값이 자료 전체의 특성을 흐려버리는 경향을 줄이기 위해서이다.

5 측정단위가 서로 다른 두 개의 자료를 비교하고자 하는 경우 범위나 분산과 같은 산포도 측정치를 계산하는 것만으로는 충분하지 않다. 예를 들어 몸무게 자료와 키 자료를 직접 비교하기는 어렵다. 이런 경우 사용할 수 있는 통계량은 무엇인가?

① 범위 ② 변동계수
③ 산포도 ④ 표준편차

6 주어진 자료에서 가장 큰 값과 가장 작은 값의 차이를 의미하며 산포도를 알아보는 방법 중 가장 손쉽게 그 값을 구할 수 있는 것은 무엇인가?

① 범위 ② 변동계수
③ 편차 ④ 표준편차

7 다음 중 분산에 관한 설명이 바르지 않은 것은?

① 산술평균과 각 관측치 간의 차이를 제곱하여 그 합을 구한 뒤 전체 관측치 수로 나누어 계산한 값이다.
② 범위와는 달리 모든 관측치를 이용하여 계산하며, 단순히 얼마나 퍼져 있는가를 나타내기보다는 평균에서 얼마나 떨어져 있는가를 나타내 준다.
③ 분산의 값은 0보다 작을 수 없으며 분산이 0인 경우에는 모든 관측치가 평균과 같은 값을 가지고 있다는 것을 의미한다.
④ 표본을 추출하여 모집단의 특성을 알아보더라도 공식은 모집단 전체를 대상으로 계산하는 경우와 동일하다.

8 다음은 36개로 구성된 표본으로부터 계산한 값이다. 변동계수는 얼마인가?

산술평균=160	범위=60	
최빈치=165	분산=324	중앙값=170

① 0.1125% ② 11.25%
③ 203.12% ④ 0.20312%

9 다음 중 확률변수에 대한 설명이 바르게 된 것은?

> ㄱ. 변수가 취할 수 있는 다양한 값이 각각 나타날 가능성이 미리 확률로 주어진 경우의 변수를 말한다.
> ㄴ. 두 개 이상의 값을 취할 수 있는 임의의 사상으로, 그 사상이 어떤 특정값을 취할 가능성이 확률로 표시될 수 있는 사상이다.
> ㄷ. 확률변수는 이산확률변수와 연속확률변수 그리고 범주형 확률변수로 구분된다.

① ㄱ, ㄴ ② ㄴ, ㄷ
③ ㄱ, ㄷ ④ ㄱ, ㄴ, ㄷ

10 다음 중 연속확률분포의 특징은?

① 확률변수가 일정구간 내에 있을 확률만이 성립된다.
② 연속확률변수가 취할 수 있는 값의 개수가 일정수준 이하로 제한된다.
③ 확률변수가 정확히 하나의 값을 취할 확률이 정의된다.
④ 표준편차를 구할 수 없다.

11 다음 중 연속확률변수에 해당하는 것은?

① 주말 저녁 8시 이후 A백화점에 쇼핑하러 온 고객수
② A병원에서 아무 문제없이 운영되는 X레이의 기계대수
③ 새로 개발한 3D 모니터의 수명
④ 내일 중국으로 정시 출발할 비행기의 대수

12 다음 중 확률분포의 평균과 분산에 대한 설명이 바르게 된 것은?

> ㄱ. 확률변수의 평균은 기대치(expected value)라 부른다.
> ㄴ. 확률변수의 분산은 각 자료치와 기대치 차이의 절댓값에 확률을 곱한 뒤 총합을 구하면 얻어진다.
> ㄷ. 기대치란 확률을 감안한 가중평균으로, 발생할 가능성이 있는 결과에 확률을 곱하여 모두 합한 값이다.

① ㄱ, ㄴ ② ㄴ, ㄷ
③ ㄱ, ㄷ ④ ㄱ, ㄴ, ㄷ

13 다음 중 이항분포가 성립하기 위한 가정에 해당하지 않는 것은?

① 이항분포의 이론적 근거를 제공하는 통계적 실험과정에서 나오는 결과는 오직 두 가지 뿐이며, 또한 상호 배타적이다.

② 관심을 가지는 결과(사건 또는 사상)가 나타날 확률은 시행횟수에 관계없이 언제나 일정하다.

③ 연속된 시행에서의 결과들이 통계적 독립사상일 필요는 없다.

④ 둘 또는 그 이상의 통계적 독립사상의 결합확률은 각 사상이 나타날 단순확률의 곱과 같다.

14 평균이 100이고 표준편차가 20인 정규분포에서 $x=100$이 나올 확률은 얼마인가?

① 1.0　　② 0.5

③ 0.5와 1 사이　　④ 0

15 다음 중 정규분포의 특성이 아닌 것은?

① 산술평균과 중앙값이 같다.

② 평균값은 어떤 값이든 취할 수 있다.

③ 분포의 모양이 평균을 중심으로 좌우 동형이다.

④ 표준편차가 작을수록 분포가 평평해진다.

16 평균 20% 정도의 대학 졸업생이 대학원에 진학한다고 한다. 100명이 졸업한다고 하면 대학원에 진학할 학생수의 표준편차는 얼마인가?

① 20　　② 16

③ 4　　④ 2

17 기술명장을 배출하기로 유명한 한국기술전문대학원 졸업생의 평균 연봉이 8,000만원이고 표준편차가 500만원인 것으로 알려져 있다. 임의로 한 명의 한국기술전문대학원 졸업생을 뽑았을 때 이 졸업생의 연봉이 최소 7,000만원 또는 이를 넘을 확률은 얼마인가?

① 0.4772　　② 0.9772

③ 0.0228　　④ 0.5000

18 앞의 문제에서 임의로 한 명의 한국기술전문대학원 졸업생을 뽑았을 때 이 졸업생의 연봉이 4,750만원을 넘거나 같을 확률은 얼마인가?

① 0.4332 ② 0.9332
③ 0.0668 ④ 0.5000

❖ 객관식 정답

1. ③ 2. ④ 3. ③ 4. ③ 5. ② 6. ① 7. ④ 8. ② 9. ① 10. ① 11. ③ 12. ③ 13. ③ 14. ④ 15. ④ 16. ③ 17. ② 18. ③

CHAPTER 10

표본분포와 통계적 추정과정

01 표본분포의 개념
02 신뢰구간의 설정
03 상관과 회귀분석

표본분포는 본장의 핵심적인 내용인 신뢰구간의 설정과 가설의 검정에 있어 가장 중요한 개념으로, 특정크기의 모든 표본을 가설적으로 취하여 계산한 평균값의 분포라 할 수 있다. 신뢰구간을 설정하는 이유는 평균이나 표준편차와 같은 모집단의 특성을 알아내어 의사결정에 이용하고자 하는 데 있다. 본장에서는 표본분포의 개념, 신뢰구간의 설정과정, 변수간의 관계를 분석하는 상관과 회귀분석에 대해 살펴본다.

01 표본분포의 개념

1. 모집단과 표본

모집단(population)은 정보를 얻고자 하는 대상의 전체 집단을 의미하며, 표본(sample)[1]은 모집단의 일부로 모집단에 대한 정보를 얻기 위해 사용된다. 모집단의 평균이나 표준편차와 같은 모수(parameter)는 모집단 분포에 관한 특성을 대표하는 중요한 정보로 보통 그 실제값은 알려져 있지 않다. 표본통계량은 표본으로부터 계산된 수치로, 미지의 모수값을 추정하기 위해 사용된다. 모수는 해당 모집단에 고유한 일정한 상수인 데 반해 표본통계량은 표본을 달리 취하면 그 값이 달라지게 된다. 이제 이들 개념을 다음의 예를 통해 구체적으로 알아보기로 하자.

① 컴퓨터 제조기업인 한국전자는 최근에 입하된 컴퓨터 칩의 평균작동수명을 추정하고자 한다. 최근에 납품된 칩은 새로 지정된 납품업체로부터의 첫 선적분이며, 회사는 이들 제품의 작동수명이 이전 공급업체의 제품의 수명보다 짧지 않을까 우려하고 있다.

② 한국기계는 정밀 베어링을 대만에서 수입하여 생산에 사용하고 있다. 월 평균 20,000개 정도 수입하는데, 물량이 워낙 많아 이들 모두를 검사할 수 없어 표본으로 100개를 추출하여 그 불량률을 추정하고자 한다.

첫 번째 예에서 모집단과 모수는 무엇이 되는가? 새로 지정된 납품업체가 앞으로 선적할 모든 컴퓨터 칩이 모집단이 되며, 회사가 알고 싶어 하는 정보인 모수는 모집단을 구성하는 전체 컴퓨터 칩의 평균수명이 된다. 첫 선적분의 품질이 앞으로 들어오게 될 컴퓨터 칩의 품질을 대표할 수 있다고 가정할 수 있다면, 미래 제품의 평균수명은 첫 선적분을 표본으로 하여 계산한 표본평균값을 이용할 수 있다. 여기서 표본평균은 모수를 추정하기 위해 사용되는 표본

1) 통계적 품질관리 분야에서는 '표본'이라는 용어 대신 '시료'라는 용어를 주로 사용한다. 본서에서도 표본과 시료는 같은 의미를 지니는 것으로 간주한다.

통계량으로 그 값을 알 수 있으나, 앞으로 들어올 모든 제품의 평균수명은 모수로 미지의 값임을 주의해야 한다.

두 번째 예에서는 대만에서 구입하는 모든 베어링이 모집단이 되며, 모수는 이들 베어링의 불량률이 된다. 표본으로 추출한 100개가 20,000개의 베어링의 불량률을 잘 나타내 줄 수 있다고 가정한다면 표본에 섞여 있는 불량품비율, 즉 표본비율을 통해 모집단의 불량률을 추정할 수 있다.

가장 많이 사용되는 표본통계량으로는 표본평균과 표본비율을 들 수 있는데, 표본평균은 북극의 1월 평균기온과 같이 음수가 될 수도 있으며, 컴퓨터 칩의 평균수명과 같이 양수도 될 수 있는 반면 표본비율은 0과 1 사이의 값만을 취한다. 표본평균과 표본비율의 또 하나의 차이는 표본평균은 컴퓨터 칩의 작동시간과 같이 정량적인 자료가 주어져 있을 때 계산할 수 있으며, 표본비율은 불량품이냐 양품이냐 등과 같이 정성적 자료가 있을 때 사용된다.

2. 표본분포의 개념

표본분포(sampling distribution)[2]는 본장의 핵심적인 내용인 신뢰구간의 설정과 가설의 검정에 있어 가장 중요한 개념이라 할 수 있다. 우선 다음의 예를 통해 표본분포의 개념을 살펴보기로 하자.

모보험회사의 일선창구를 담당하고 있는 6명의 직원이 지난 한 주일 동안 서류작성과정에서 범한 오류건수를 정리한 결과 〈표 10-1〉과 같은 표를 작성

〈표 10-1〉 서류작성 오류건수

직 원	오류건수
1	0
2	9
3	6
4	3
5	1
6	5

2) 시료분포라고도 부른다.

할 수 있었다. 이 모집단의 평균과 표준편차는 얼마인가? 모집단의 크기가 클 때에는 이를 쉽게 계산할 수 없지만 앞의 예에서와 같이 소규모 모집단일 때에는 손쉽게 계산할 수 있다.

〈표 10-1〉을 이용하여 모집단의 평균과 표준편차를 계산하면 다음과 같다.

$$\mu=(0+9+6+3+1+5)\div 6=4$$
$$\sigma^2=[(0-4)^2+(9-4)^2+(6-4)^2+(3-4)^2+(1-4)^2+(5-4)^2]\div 6=9.33$$
$$\sigma=\sqrt{9.33}=3.06$$

σ^2의 계산과정에서 분모는 5가 아닌 6으로 되어 있는데, 이는 모집단 전체의 표준편차를 계산하였기 때문이다.

이제 위의 모집단으로부터 표본크기가 3이 되는 모든 표본을 취해 보기로 하자. 표본의 크기가 3인 표본의 개수는 앞장에서 소개한 조합의 개념을 이용하여 손쉽게 계산할 수 있다. 즉 선택가능한 표본의 총수는

$$\frac{6!}{3!\,3!}=20$$

이 된다. 이 20개의 표본에 대하여 각각의 표본평균을 계산하고 이를 히스토그램으로 표시하면, 이것이 바로 표본평균의 분포, 즉 표본분포가 된다. 표본분포란 이름이 붙은 것은 특정크기의 모든 표본을 가설적으로 취하여 분포를 구성하기 때문이다. 〈표 10-2〉는 각 표본의 평균을 계산한 것이고 [그림 10-1]은 이를 히스토그램으로 도시한 것이다.

표본분포의 평균을 $\mu_{\bar{x}}$, 표준편차를 $\sigma_{\bar{x}}$로 표시하기로 하고 모집단과 표본분포의 평균과 표준편차가 어떻게 다른가 살펴보기로 하자. 한편 표본분포의 표준편차 $\sigma_{\bar{x}}$는 일반적으로 표준오차(standard error)라고 부른다.

모집단으로부터 크기가 3인 표본을 취하면, $\bar{x}$와 s를 계산할 수 있는데, s는 표본에 포함된 세 관측치가 표본평균 $\bar{x}$ 주위에 퍼져 있는 정도를 나타낸다. 이에 반해 표본분포의 평균인 $\mu_{\bar{x}}$는 가능한 모든 표본을 취한 뒤 이들 표본의 평균을 각각 계산하고 이렇게 계산된 20개의 표본평균의 평균값을 의미한다. 이들 20개의 평균값은 모두 동일하지 않으며, 1.33에서 6.67까지 변한다.

〈표 10-2〉 $n = 3$인 표본과 표본평균

표 본	$\bar{x}$	표 본	$\bar{x}$
(0, 1, 3)	1.33	(1, 3, 5)	3.00
(0, 1, 5)	2.00	(1, 3, 6)	3.33
(0, 1, 6)	2.33	(1, 3, 9)	4.33
(0, 1, 9)	3.33	(1, 5, 6)	4.00
(0, 3, 5)	2.67	(1, 5, 9)	5.00
(0, 3, 6)	3.00	(1, 6, 9)	5.33
(0, 3, 9)	4.00	(3, 5, 6)	4.67
(0, 5, 6)	3.67	(3, 5, 9)	5.67
(0, 5, 9)	4.67	(3, 6, 9)	6.00
(0, 6, 9)	5.00	(5, 6, 9)	6.67

[그림 10-1] 표본의 크기가 3인 표본분포

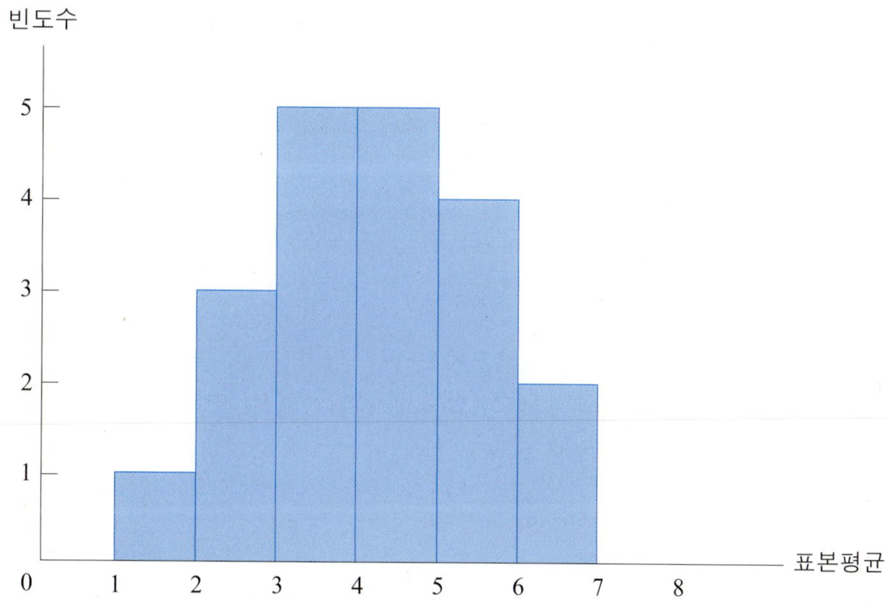

3. 표본분포의 평균과 표준오차

앞의 예에서 모집단 평균 μ는 4건이었다. 그렇다면 표본분포의 평균 $\mu_{\bar{x}}$는 얼마이겠는가? 결론부터 말하면 $\mu_{\bar{x}}=\mu$가 성립한다. 앞의 예를 통해 이를 확인해 볼 수 있다.

$$\frac{\overline{x_1}+\overline{x_2}+\cdots\cdots+\overline{x_{20}}}{20}=4=\mu_{\bar{x}}$$

그렇다면 표준오차는 모집단 표준편차 3.06과 어떤 관계에 있을 것인가? 모집단에 포함된 6개의 관측치의 퍼진 정도와 20개의 표본평균의 퍼진 정도를 비교해 보면, 모집단의 경우 오류건수는 작게는 0에서 크게는 9까지 변하고 있으나, 표본평균의 퍼짐은 최소 1.33, 최고 6.67까지로 표본분포의 평균인 4 근처에 몰려 있다. 따라서 표본분포의 표준오차가 모집단의 표준편차보다 작다는 것을 쉽게 알 수 있다.

표준오차는 표본의 크기가 증가해 감에 따라 점차 작아지는 경향이 있으며, 모집단이 매우 큰 경우 표본분포의 표준오차는 모집단 표준편차를 표본수의 제곱근으로 나눈 것과 같다. 즉

$$\sigma_{\bar{x}}=\frac{\sigma}{\sqrt{n}}$$

따라서 표준오차는 표본의 크기를 증가시킴으로써 원하는 만큼 줄일 수 있게 된다. 다만 표준오차 관계식은 모집단이 매우 클 때에만 성립하며 모집단 크기가 작을 때에는 근사적으로만 성립한다.

4. 중심극한정리

미지의 모집단 평균을 추정하고자 할 때 표본의 크기는 어느 정도가 적당할 것인가? 예를 들어 표본의 크기가 3인 경우와 30인 경우를 고려해 보면, 표본추출과 계산에 소요되는 비용과 시간을 무시할 때 표본의 크기가 클수록 모집

단에 대한 대표성이 높아지므로 표본의 크기는 30일 때가 바람직할 것이다. 이는 다음의 표본분포의 특성을 감안한다면 쉽게 이해할 수 있다.

① 모집단으로부터 표본의 크기가 3인 모든 표본과 표본의 크기가 30인 모든 표본을 추출한다면, 두 표본분포의 평균은 미지의 모집단 평균과 일치하는 경향이 있다. 즉 표본의 크기에 관계없이 표본분포의 평균은 모집단 평균에 근접한다.

② 평균값의 표준오차는 표본의 크기가 증가해 감에 따라 감소한다. 즉 표본의 크기가 30인 표본들의 평균값은 표본의 크기가 3인 표본들의 평균값보다 모집단 평균값에 상대적으로 더 가깝게 분포하며, 이에 따라 30개의 관측치를 갖는 하나의 표본으로부터 계산된 평균값은 표본의 크기가 3인 표본의 평균에 비해, 미지의 표본분포 평균값, 즉 모집단 평균값에 더 가까울 가능성이 높아진다.

③ 모집단이 정규분포를 따르지 않는다 하여도 표본분포는 정규분포에 가까운 형태를 취하며, 표본의 크기가 커지면 커질수록 표본분포는 점점 더 정규분포에 가까워진다. 특히 표본의 크기가 30개 이상인 경우, 거의 모든 표본분포는 모집단 분포에 관계없이 정규분포형태를 띠게 된다.

이러한 정리가 도출된 배경은 극히 간단하다. 표본분포의 특성으로부터, 표본의 크기가 점점 커지면 표본평균값($\bar{x}$)들은 점차 표본분포의 평균값($\mu_{\bar{x}}$) 근처에 밀집하게 된다는 사실을 알 수 있다. 물론 경우에 따라 표본평균값이 $\mu_{\bar{x}}$로부터 멀리 떨어진 값을 취할 수도 있으나 이런 경우는 드물게 나타나고 대부분의 표본평균값은 $\mu_{\bar{x}}$ 근처에 위치하게 되므로 히스토그램을 그려 보면 종모양을 이루게 된다.

02 신뢰구간의 설정

이제 표본통계량($\bar{x}$, s)에서 모집단의 모수를 추정하는 과정을 모집단의 표준편차가 알려져 있는 경우와 그렇지 못한 경우로 나누어 살펴보기로 하자.

1. 모집단평균의 신뢰구간(표준편차가 알려져 있는 경우)

먼저 다음의 간단한 예를 통해 신뢰구간의 개념과 설정방법에 대해 알아보기로 하자.

예제 10-1

하나타이어주식회사는 신제품 개발을 완료하고 이제 곧 시판할 계획을 수립하고 있다. 이 회사의 최고경영자는 신제품 판매시 제품수명에 대한 회사의 보증서를 첨부하기 위해 신제품의 평균수명을 알아보고자 한다. 보증기간을 너무 짧게 설정하면 시장경쟁력을 잃게 될 것이고, 이와 반대로 실제보다 지나치게 길게 설정하면 보증청구가 많아지게 되어 직접적인 손실을 초래할 가능성이 높아지므로 타이어의 수명을 비교적 정확히 측정할 필요가 있다. 타이어수명을 정확히 측정하기 위해서는 전제품을 표본으로 하여 실험해야 할 것이나, 이는 현실적으로 불가능하기 때문에 생산제품 중 일부를 표본으로 추출하여 표본통계량인 $\bar{x}$를 계산하고, 이를 이용하여 모집단의 모수인 신제품 타이어의 평균수명을 추정하는 것이 타당한 방법이라 할 수 있다.

추정과정에 대한 설명을 손쉽게 하기 위해 모집단의 표준편차(σ)가 3,000km로 알려져 있다고 가정해 보자. 모집단 평균(μ)을 모르는 상태에서 표준편차를 알고 있다고 가정하는 것은 상당히 비현실적이지만, 추후 t-분포를 설명할 때까지는 이 가정을 계속 유지하기로 하자.

풀이

창고에 있는 완제품 중에서 무작위로 900개의 타이어를 취하여 실제 실험한 결과 평균($\bar{x}$)이 47,500km인 것으로 나타났다고 가정해 보자. 표본의 크기가 900이고, 모집단의 표준편차가 3,000km이므로 평균치의 표준오차는

$$\sigma_{\bar{x}} = \frac{\sigma}{\sqrt{n}} = \frac{3,000}{\sqrt{900}} = 100\text{km}$$

가 된다.

정규분포의 특성을 감안하면 모든 추출가능한 표본의 평균값들 중 95.44%가 미지의 모집단평균으로부터 2배의 표준오차(200km) 범위 내에 있게 됨을 알 수 있다. 따라서 단순무작위 추출로 얻은 900개 타이어의 실험결과로 얻은 표본평균값 47,500km가 μ로부터 200km 범위 내에 있을 확률이 95.44%가 된다고 추정할 수 있다. 다시 말해 표본평균값은 μ보다 크거나 작을 수 있으므로 이 두 경우를 모두 감안해 보면, 95.44%의 신뢰도로 타이어 평균수명이 47,500km+200km와 47,500km−200km 내에 있다고 결론지을 수 있다.

신뢰구간이란 미지의 모집단 모수가 표본통계량으로부터 얼마나 떨어질 수 있는가를 나타내는 개념이며 신뢰수준(confidence level)은 어느 정도의 확신감을 가지고 신뢰구간이 정확하다고 말할 수 있는가를 의미한다. 만약 표본의 크기가 900인 표본을 1,000번 취하여 1,000개의 신뢰구간을 만들어 보면, 그중 954개는 미지의 모집단 평균을 포함하고 나머지 46개는 포함하지 않을 것이라는 것을 의미한다.

이제 모집단 평균의 신뢰구간을 설정하는 일반적인 절차를 정리해 보기로 하자. 모집단으로부터 무작위 추출방식으로 30개 또는 그 이상(최소한 10)의 표본을 추출하게 되면 표본분포는 정규분포를 따르게 되며 모집단 평균 μ의 신뢰구간은 다음과 같아진다.

$$\bar{x} \pm \left(Z_{\frac{\alpha}{2}} \times \text{표준오차}\right)$$

또는

$$\bar{x} \pm \left(Z_{\frac{\alpha}{2}} \times \frac{\sigma}{\sqrt{n}}\right)$$

① 이 식에서 "$Z_{\frac{\alpha}{2}}$"는 정규분포표에서의 Z값으로 신뢰수준에 따라 그 값이 달라진다. 예를 들어 $\alpha=0.1$이라면 $Z_{\frac{\alpha}{2}}$는 정규분포에서 오른쪽 끝부분의 넓이가 5%에 해당하는 Z값을 의미하며 이 경우 신뢰수준 $1-\alpha=90\%$가 된다.

② "σ"는 모집단의 표준편차로 이미 알고 있다고 가정한다.

③ "$Z_{\frac{\alpha}{2}}$ ×표준오차"는 표본통계량이 모집단 모수에 얼마나 가까운가를 나타내며 "오차한계"라고도 부른다.

이제 타이어 모집단의 평균수명에 대한 80% 신뢰구간, 즉 $\alpha=0.2$에 해당하는 신뢰구간을 설정해 보기로 하자. 정규분포에서 오른쪽 끝부분의 넓이가 $\frac{\alpha}{2}=0.1$에 해당하는 Z값은 1.282이므로, 80% 신뢰구간은

$$47{,}500\text{km} \pm (1.282 \times 100)\text{km}$$

가 되며 오차한계는 128.2km가 된다.

예제 10-2

평균 $\bar{x}=200$이고 $\sigma=80$일 때 $\alpha=0.05,\ 0.10,\ 0.20$에 해당하는 신뢰구간을 구하여라. 단 표본의 크기는 $n=64$로 가정하여라.

풀이

(a) $\alpha=0.05$일 때 $Z_{0.025}=1.96$이므로 신뢰구간은 $200 \pm (1.96)\frac{80}{\sqrt{64}}=200 \pm 19.6$이 된다.

(b) $\alpha=0.10$일 때 $Z_{0.05}=1.64$이므로 신뢰구간은 $200 \pm (1.64)(10)$이다.

(c) $\alpha=0.20$일 때 $Z_{0.10}=1.28$이므로 $200 \pm (1.28)(10)$이 신뢰구간이 된다.

2. 모집단평균의 신뢰구간(표준편차가 알려져 있지 않은 경우)

앞에서 예로 든 타이어수명의 추정문제에서는 모집단의 표준편차가 알려져 있다고 가정하였다. 만약 이 가정이 성립하지 않는다면, 즉 평균 및 표준편차가 모두 알려져 있지 않다면 지금까지 설명한 방법으로는 신뢰구간을 구할 수 없다.

모집단의 표준편차가 알려져 있지 않다면 표본을 통해 추정한 값을 이용해야 하는데, 이 과정에서 다소 오류를 범할 가능성이 있으므로 신뢰구간의 오차한계는 모집단의 표준편차가 알려져 있는 경우보다 넓어져야 한다. 신뢰구

간의 오차한계는 추정과정에서 t-분포(student t-distribution)를 사용함으로써 증가하게 된다. 같은 신뢰수준에서 t값은 Z값보다 커지게 되는데 t-분포곡선은 [그림 10-2]와 같이 끝부분이 보다 통통한 정규분포곡선이라 할 수 있다.

〈표 10-3〉은 80%에서 99%까지의 신뢰도에서의 t값과 Z값을 발췌한 것이다. 이 표에서 t값은 자유도(표본의 크기에서 1을 뺀 값)가 커짐에 따라 작아지게 된다. 또한 표본의 크기가 커질수록 분포의 형태가 중앙쪽으로 밀집하게 되며 표본의 크기가 100 이상이 되면 t값은 Z값과 거의 같은 값을 가지게 되어 이 경우 t-분포는 정규분포와 거의 같은 형태를 갖는다. 참고로 자유도가 4이고 신뢰도가 80%일 때의 t값 1.533은 $\alpha=1-0.8=20\%$일 때 $t_{\frac{\alpha}{2}}=t_{0.1}$에 해당하는 값이다.

[그림 10-2] 정규분포곡선과 t-분포곡선의 비교

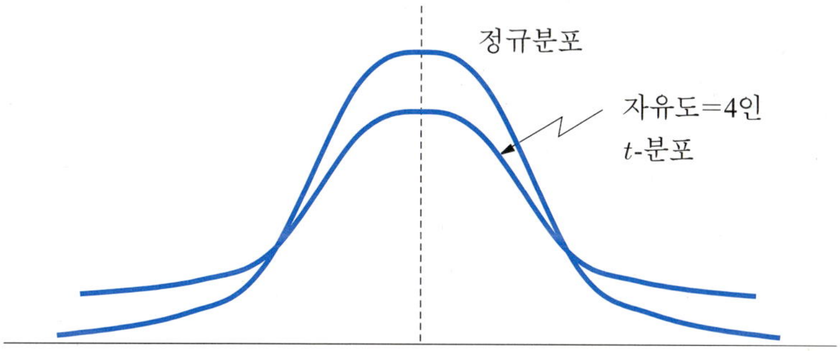

〈표 10-3〉 신뢰수준별 t값

자유도($n-1$)	신뢰도($1-\alpha$)			
	80 %	90 %	95 %	99 %
4	1.533	2.132	2.776	4.604
9	1.383	1.833	2.262	3.250
16	1.337	1.746	2.120	2.921
25	1.316	1.708	2.060	2.787
36	1.306	1.688	2.028	2.719
정규분포 Z값	1.282	1.645	1.960	2.576

예를 들어 표본평균을 이용하여 95% 신뢰구간을 설정하고자 할 때, 모집단 표준편차를 알고 있다면 정규분포 면적표로부터 Z값 1.96을 찾아 이용하면 된다. 그러나 모집단 표준편차를 모른다면 t-분포를 이용해야 하는데 표본의 크기가 10인 경우, 자유도가 9가 되어 95%에 해당하는 t값은 〈표 10-3〉에서 2.262가 됨을 알 수 있다. 따라서 Z값을 이용할 때보다 더 큰 오차한계를 설정하게 되며 이는 모집단 표준편차를 알지 못하기 때문에 지불해야 하는 비용이라 할 수 있다.

모집단의 표준편차가 알려져 있지 않다면 이를 추정해야 하는데, 이 경우 표본의 표준편차 s를 이용하면 된다. n개의 관측치, x_1, x_2, ……, x_n이 주어져 있을 때 s는 다음 식을 이용하여 계산한다.

$$s^2 = [(x_1 - \bar{x})^2 + (x_2 - \bar{x})^2 + \cdots\cdots + (x_n - \bar{x})^2] \div (n-1)$$

$$s = \sqrt{s^2}$$

지금까지 설명한 내용을 요약해 보면, 모집단의 표준편차를 모를 경우 표본의 표준편차를 이용하여 추정하고 Z값 대신 t값을 사용하여 다음과 같이 신뢰구간을 구한다.

$$\bar{x} \pm \left(t_{\frac{\alpha}{2}} \times \frac{s}{\sqrt{n}}\right)$$

예제 10-3

글로벌오토는 이번에 세계시장을 겨냥한 전기자동차의 양산에 성공했다. 17대의 전기자동차를 임의로 선택하여 1회 충전시 주행가능한 거리를 측정한 결과 다음과 같은 자료를 얻을 수 있었다. 주행거리의 신뢰구간을 구하여라.

(단위 : km)

3,500	3,500	3,700	3,700	3,300
3,600	3,600	3,600	3,600	3,600
3,900	3,600	3,100	3,600	3,600
4,100	3,600			

풀이

신뢰구간을 설정하기 위해서는 우선 17개 관측치의 평균과 표준편차를 계산해야 한다.

$$\bar{x} = (3{,}500 + 3{,}500 + \cdots\cdots + 3{,}600) \div 17 = 3{,}600\text{km}$$
$$s^2 = [(3{,}500 - 3{,}600)^2 + (3{,}500 - 3{,}600)^2 + \cdots\cdots + (3{,}600 - 3{,}600)^2] \div (17 - 1) = 45{,}000$$
$$s = 212\text{km}$$

따라서 표본분포의 표준오차는 $s/\sqrt{n}$의 공식을 이용하여 계산하면 $212 \div \sqrt{17} = 51.4$km가 된다. 이제 이 결과를 이용하여 99%의 신뢰구간($\alpha = 1\%$)을 설정해 보기로 하자. 〈표 10-3〉에서 자유도 16, 신뢰도 99%($\alpha = 1\%$)에 해당하는 t값이 2.921이므로, 신뢰구간은

$$\bar{x} \pm \left(t_{\frac{\alpha}{2}} \times \frac{s}{\sqrt{n}}\right)$$
$$= 3{,}600 \pm (2.921 \times 51.4)$$
$$= 3{,}600 \pm 150$$

이 되어 99%의 신뢰도로 새로 개발한 전기자동차는 1회 충전으로 3,450km에서 3,750km까지 주행할 수 있다고 결론지을 수 있다.

3. 모집단 비율의 신뢰구간

제조공정에서 생산되는 제품 중 제조규격에 일치하지 않는 제품의 비율은 얼마나 되는가와 같은 문제는 품질관리에서 흔히 부딪히는 통계문제인데, 이런 경우에는 표본평균보다는 다음과 같이 계산되는 표본비율을 많이 이용한다.

$$\text{표본비율} = r \div n$$

여기서 "r"은 불량품수이며, "n"은 표본의 크기를 나타낸다. 이러한 유형의 문제에서도 모집단 전체를 대상으로 조사하는 것은 비현실적이므로, 단순무작위 추출법으로 일부를 표본으로 취하고 통계적 추론을 이용하여 미지의 모집단 비율을 추정하게 된다. 이 경우 역시 표본분포의 개념이 적용되는데, 공정에서 생산되는 제품의 전체 모집단에서 크기가 n인 모든 가능한 표본을 취하여 불량품비율을 계산한다고 가정해 보자. 모집단이 매우 클 때, 공정으로

부터 n개를 추출하여 불량여부를 조사하는 실험은 베르누이 과정이 되어 결과적으로 표본분포는 이항분포가 된다. 그러나 표본의 크기가 매우 커지면 이항분포는 정규분포에 매우 근접하게 되며, 더욱이 표본의 크기가 100 이상이고 모집단 비율이 0.1과 0.9 사이의 값을 취하면 표본분포는 대략 정규분포의 형태를 취하게 된다.

표본분포의 평균은 이미 기술한 바와 같이 추정하고자 하는 미지의 모집단 비율과 같으며, 표본분포의 표준오차는 다음 식을 통해 계산할 수 있다.

$$\sigma_p = \sqrt{\frac{p \times (1-p)}{n}}$$

이 식에서 p는 미지의 모집단 비율이며, 평균의 표본분포에서와 같이 표본의 크기 n이 커짐에 따라 표준오차의 값은 작아진다. 그러나 평균의 표준오차와는 달리 p값을 알아야 표준오차를 계산할 수 있으나, 이 값을 알 수 있다면 구태여 신뢰구간을 추정할 필요가 없을 것이다. 따라서 실제 추정과정에서는 p값 대신 표본비율인 $\hat{p}$를 이용하여 표준오차를 추정한다. 즉 표준오차의 추정치는 다음 식을 통해 계산한다.

$$\sigma_{\hat{p}} = \sqrt{\frac{\hat{p} \times (1-\hat{p})}{n}}$$

이 추정치를 이용하면 다음과 같이 신뢰구간을 설정할 수 있다.

$$\hat{p} \pm Z_{\frac{\alpha}{z}} \times \sqrt{\frac{\hat{p} \times (1-\hat{p})}{n}}$$

예제 10-4

정밀부품을 생산하는 한국기계는 고객이 설정한 규격에 맞지 않는 제품의 비율을 추정하기 위해 400개의 제품을 공정에서 무작위로 추출하여 검사하였다. 총 400개 중 규격에 일치하지 않는 제품의 수가 44개일 때 $\alpha = 0.1$에 해당하는 불량품비율의 신뢰구간을 구하여라.

풀이

먼저 표본통계량인 표본비율을 계산해 보면,

$$\hat{p}=44\div400=0.11$$

이 되고, 표준오차의 추정치는

$$\sqrt{(0.11\times0.89)\div400}=0.0157$$

이 된다. 〈표 10-3〉에서 $\alpha=0.1$에 해당하는 $Z_{\frac{\alpha}{2}}$값이 1.645이므로 오차한계는 $1.645\times0.0157=0.0258$이 된다. 따라서 $\alpha=0.1$에 해당하는 90% 신뢰구간은 $(0.11-0.0258)$과 $(0.11+0.0258)$ 사이가 된다. 다시 말해 90%의 신뢰도로 공정의 불량률이 8.42%와 13.58% 사이에 있다고 말할 수 있다.

03 상관과 회귀분석

두 변수간의 연관관계를 알아보고자 할 때 사용하는 기법으로 상관계수와 회귀분석을 들 수 있다. 상관계수(correlation coefficient)는 두 변수간에 관계가 있는지 여부를 하나의 수치로 나타내는 데 사용되며, 회귀분석(regression analysis)은 이 같은 연관관계 외에도 한 변수의 변화가 다른 변수에 어떤 영향을 미치는가에 대한 체계적인 분석을 가능하게 한다. 이제 이들 두 분석방법의 기본절차에 대해 살펴본다.

1. 산점도

산점도는 구체적인 통계적 분석에 들어가기에 앞서 두 변수간의 관계를 그림으로 알아보기 위해 작성하는 표이다. 예를 들어 제조공정에서 사용되는 공구의 절삭속도(cutting speed)와 수명 간의 관계를 알아보기 위해 〈표 10-4〉와 같은 자료를 수집하였다고 하자.[3] 이 자료를 산점도로 표시하면 [그림 10-3]과 같다.

〈표 10-4〉 절삭속도와 공구수명에 관한 자료

자료번호	절삭속도(x)	공구수명(y)
1	90	41
2	90	43
3	90	35
4	90	32
5	100	22
6	100	35
7	100	29
8	100	18
9	105	21
10	105	13
11	105	18
12	105	20
13	110	15
14	110	11
15	110	6
16	110	10

[그림 10-3] 산점도

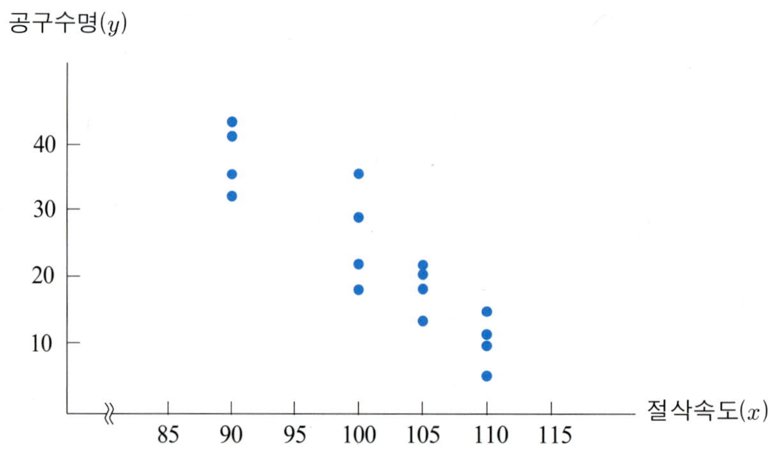

3) Juran, J.M. and F.M. Gryna, Jr., *Quality Planning and Analysis*, 2nd ed., McGraw-Hill, 1980, p.90에서 발췌.

[그림 10-4] 산점도의 유형

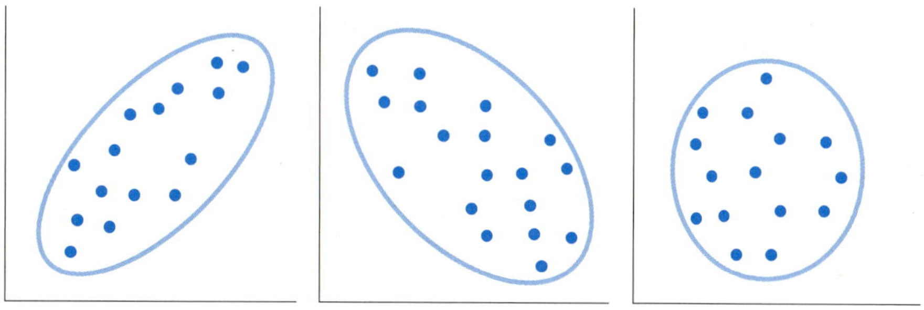

(a) 산점도 1　(b) 산점도 2　(c) 산점도 3

이 그림에서 절삭속도는 횡축에, 공구의 수명은 종축에 표시되어 있고, 각 점은 하나의 관측값을 나타낸다.

일반적으로 산점도상의 모든 점을 얇은 타원으로 감싸 표시할 수 있다면 두 변수는 밀접한 관련이 있다고 볼 수 있다. [그림 10-4](a)에서와 같이 타원형이 왼쪽에서 오른쪽으로 올라간다면 두 변수는 양(+)의 상관관계를 가지며, 이와 반대로 [그림 10-4](b)에서처럼 왼쪽에서 오른쪽으로 내려간다면 두 변수가 음(−)의 상관관계를 갖고 있음을 의미한다. [그림 10-4](c)와 같이 산점도상의 점이 원형으로밖에 표시될 수 없으면 두 변수는 거의 연관관계가 없다고 말할 수 있다.

[그림 10-3]을 참고로 하면 공구의 수명과 절삭속도가 왼쪽에서 오른쪽으로 내려가는 타원형에 의해 표시되고 있으므로, 이들 두 변수간에는 음(−)의 관계가 있고 타원이 비교적 얇으므로 그 관계는 강하다고 일단 결론지을 수 있다. 즉 절삭속도를 높이면 높일수록 공구의 수명은 줄어들게 되며 이와 반대로 절삭속도를 낮추면 낮출수록 공구의 수명을 증가하게 됨을 알 수 있다.

2. 상관계수의 도출

산점도를 통해 두 변수간의 관계를 어느 정도 알아볼 수 있지만 보다 구체적으로 변수간의 관계를 알아보기 위해서는 다음과 같이 정의되는 상관계수 r을 계산할 필요가 있다.

$$r = \frac{\sum (x_i - x)(y_i - y)}{\sqrt{\sum (x_i - x)^2} \sqrt{\sum (y_i - y)^2}}$$

$$= \frac{n(\sum x_i y_i) - (\sum x_i)(\sum y_i)}{\sqrt{n\sum x_i^2 - (\sum x_i)^2} \sqrt{n\sum y_i^2 - (\sum y_i)^2}}$$

상관계수는 -1과 $+1$ 사이의 값을 가지게 되는데, 그 값이 $+1$에 가까울수록 두 변수간의 관계는 양(+)의 연관관계를 가지게 되며, -1에 가까울수록 두 변수간의 관계는 음(−)의 연관관계를 가지게 된다. 한편 상관계수가 0에 가까운 값을 가지게 되면 두 변수 사이에는 별 관계가 없다는 것을 의미한다. 앞에서 예로 든 공구수명과 절삭속도 간의 상관계수를 구해 보면 다음과 같다.

$$\sum x_i y_i = 36{,}170, \ \sum x_i = 1{,}620, \ \sum y_i = 369$$

$$\sum x_i^2 = 164{,}900, \ \sum y_i^2 = 10{,}469, \ n = 16$$

$$r = \frac{(16)(36{,}170) - (1{,}620)(369)}{\sqrt{(16)(164{,}900) - (1{,}620)^2} \sqrt{(16)(10{,}469) - (369)^2}}$$

$$= -0.9099 = -90.99\%$$

예제 10-5

다음과 같이 두 변수 x와 y의 값이 주어져 있을 때 상관계수 r값을 구하여라.

x	12	10	14	11	12	9
y	18	17	23	19	20	15

풀이

$$\sum x_i y_i = 1{,}292, \ \sum x_i = 68, \ \sum y_i = 112$$

$$\sum x_i^2 = 786, \ \sum y_i^2 = 2{,}128, \ n = 6$$

$$r = \frac{(6)(1{,}292) - (68)(112)}{\sqrt{(6)(786) - (68)^2} \sqrt{(6)(2{,}128) - (112)^2}} = 0.947$$

3. 회귀분석의 기본구조

회귀분석은 두 변수간의 인과관계 또는 함수관계를 통계적으로 분석하고자 하는 데 그 목적이 있다. 회귀분석에서 사용되는 모형 중 가장 간단한 형태의 것은 다음과 같은 일차식의 형태를 취한다.

$$y = a + bx$$

여기서 y는 예측하고자 하는 변수로 종속변수라 부르며, x는 예측하고자 하는 변수인 y에 영향을 준다고 생각되는 변수로 독립변수라 한다. 일단 회귀식이 설정되면 과거 자료를 이용하여 a와 b값을 추정하고, x의 새로운 값을 결정한 뒤, 이를 회귀분석식에 대입하여 x에 대응하는 새로운 y값을 계산한다. 이 과정을 〈표 10-5〉에 수록된 자료를 이용하여 알아보기로 하자.

〈표 10-5〉 **절삭속도와 공구수명에 관한 자료**

자료번호	절삭속도(x)	공구수명(y)
1	90	41
2	90	43
3	90	35
4	90	32
5	100	22
6	100	35
7	100	29
8	100	18
9	105	21
10	105	13
11	105	18
12	105	20
13	110	15
14	110	11
15	110	6
16	110	10

[그림 10-5] $|y_i - a - bx_i|$의 도시

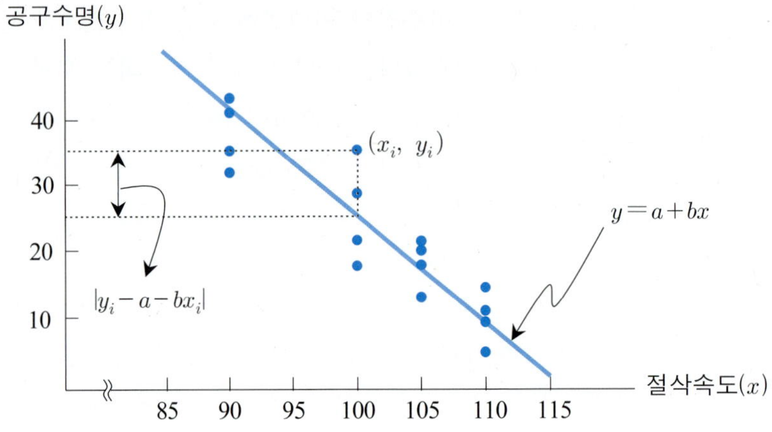

절삭속도를 독립변수(x)로 설정하고 공구의 수명(y)을 종속변수로 설정하면 회귀분석기법에서 도출하고자 하는 회귀식 $y=a+bx$는 [그림 10-5]에 표시되어 있는 점들에 가장 가깝게 위치한 일차식이라 할 수 있다. 다시 말해 가능한 한 회귀식이 이들 16개의 점에 가깝게 위치할 수 있도록 a와 b를 결정해야 한다. 그래프상의 임의의 점 $(x_i,\ y_i)$가 주어져 있을 때 이 점과 회귀식 $y=a+bx$의 거리는

$$|y_i - a - bx_i|$$

라 할 수 있다. [그림 10-5]에서 볼 수 있듯이 회귀분석에서 a와 b를 구하는 데 사용되는 대표적인 방법인 최소자승법(least square method)은 바로 이러한 거리의 제곱합을 최소화시키는 방법이다.

즉 최소자승법은 $\sum(y_i - a - bx_i)^2$을 최소화하는 a와 b를 구하는 방법으로, a와 b값은 $(y_i - a - bx_i)^2$을 a와 b에 대해 각각 미분하여 0으로 설정한 뒤 연립방정식을 풀면 구할 수 있다.

$$b = \frac{\sum x_i y_i - n(x\text{의 평균값})(y\text{의 평균값})}{\sum x_i^2 - n(x\text{의 평균값})^2}$$

$$a = (y\text{의 평균값}) - b(x\text{의 평균값})$$

공구의 수명과 절삭속도의 예에 이 공식을 적용해 보면 그 결과는 다음과 같다.

$$\sum x_i y_i = 36{,}170, \quad \sum x_i = 1{,}620, \quad \sum y_i = 369$$
$$\sum x_i^2 = 164{,}900, \quad \sum y_i^2 = 10{,}469, \quad n = 16$$
$$x \text{ 의 평균} = 1{,}620/16 = 101.25$$
$$y \text{ 의 평균} = 369/16 = 23.06$$
$$b = \frac{36{,}170 - (16)(101.25)(23.06)}{164{,}900 - (16)(101.25)^2} \fallingdotseq -1.36$$
$$a = 23.06 - (-1.36)(101.25) \fallingdotseq 160.76$$

따라서 구하고자 하는 회귀식은

$$y = 160.76 - 1.36x$$

가 되며 이 회귀식을 그래프상에 그려 보면 [그림 10-6]과 같다. 이 그림에서 알 수 있듯이 16개의 자료 모두가 이 회귀식상에 있지는 못한데, 이는 공구의 수명증감이 절삭속도에 의해서만 영향을 받지는 않기 때문이다.

[그림 10-6] 회귀식의 도시

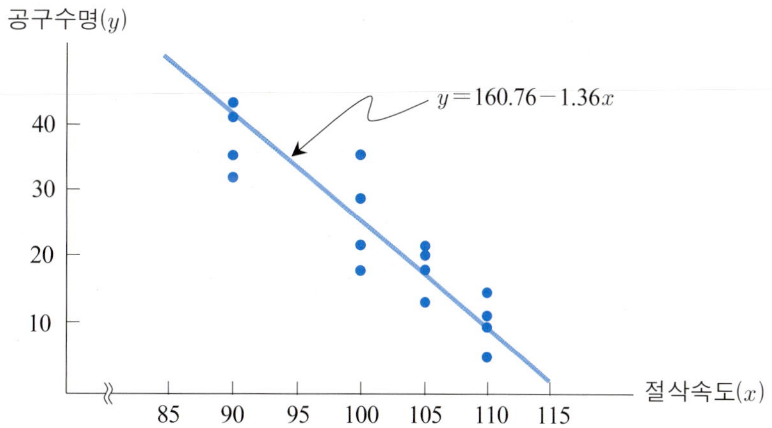

예제 10-6

다음에 주어진 자료를 이용하여 a와 b의 최소자승 추정치를 구하여라.

x	y
1	5
2	7
3	6
4	8
5	10

풀이

y의 평균=7.2, x의 평균=3, $n=5$

$\Sigma x_i y_i=119$, $\Sigma x_i^2=55$

$$b=\frac{119-(5\times 7.2\times 3)}{55-(5\times 3\times 3)}=1.1$$

$a=7.2-(1.1\times 3)=3.9$

회귀식 : $y=3.9+1.1x$

4. 결정계수의 산출

최소자승법으로 도출된 최적 회귀직선은 모든 관측치들에 전체적으로 가장 가깝게 위치한 직선이다. 그러나 여러 개의 서로 다른 회귀직선을 비교할 때에는 관측치들이 각 회귀직선에 얼마나 가까이 위치해 있는가를 알 필요가 있다. 즉 회귀직선의 적합도(goodness of fit)를 잴 수 있는 척도가 있다면 편리할 것이다. 적합도가 의미하는 바를 알아보기 위해, 서로 다른 두 자료를 산점도로 나타낸 [그림 10-7]을 살펴보자. (b)에 있는 회귀직선은 (a)에 있는 회귀직선보다 각 관측치들에 더 근접해 있으므로 회귀선 (b)는 (a)보다 적합도가 더 높다고 할 수 있다.

[그림 10-7] 두 자료의 산점도

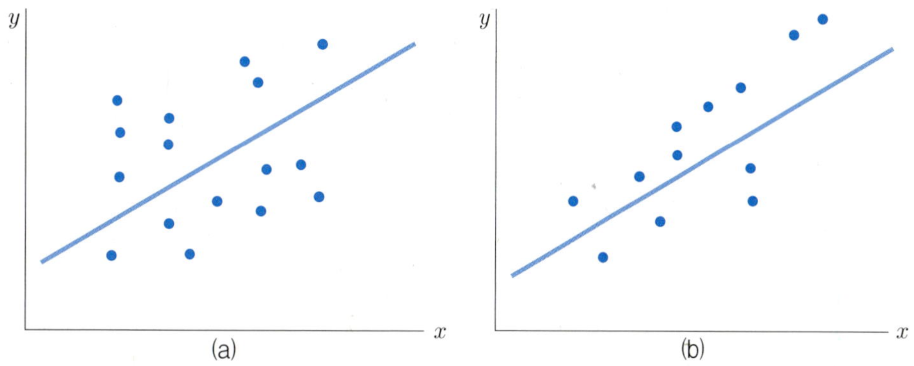

회귀식의 적합도는 결정계수(coefficient of determination, R^2)를 통해 평가하는데, R^2통계량은 종속변수의 총변동 중 회귀직선에 의해 설명된 변동의 비율을 의미하며 다음과 같이 계산된다.

$$R^2 = \frac{\sum(\hat{y}_i - y\text{의 평균})^2}{\sum(y_i - y\text{의 평균})^2}$$

$$= 1 - \frac{\sum(y_i - a - bx_i)^2}{\sum(y_i - y\text{의 평균})^2}$$

$$= \left[\frac{n\sum x_i y_i - (\sum x_i)(\sum y_i)}{\sqrt{[n\sum x_i^2 - (\sum x_i)^2]}\sqrt{[n\sum y_i^2 - (\sum y_i)^2]}}\right]^2$$

이 식에서 분모는 종속변수 관측치(y)의 평균치 주위 변동량(variation)이며 분자는 회귀직선에 의해 예측된 종속변수값($\hat{y}$)의 평균치 주위 변동량이다.

종속변수의 모든 관측치들이 회귀직선상에 위치한다면(관측치와 예측치가 같을 때) R^2은 1이 될 것이며, 독립변수가 종속변수의 변동을 설명해 주는 정도가 적으면 적을수록 R^2값은 0에 가까워진다. 앞 그림에서 (b)에 대한 R^2은 (a)자료에 대한 R^2보다 더 큰 값을 가질 것이다.

공구의 수명/절삭속도의 예제의 경우 결정계수의 값 R^2은 0.828이다. 즉 공구의 수명이 평균 23.06을 중심으로 이보다 클 수도 있고 작을 수도 있는데,

이러한 변동량 중 82.8%는 독립변수인 절삭속도에 의해 설명이 가능하다는 것이며, 나머지 17.2%는 회귀식에 포함되지 않은 다른 독립변수들과 자료의 수집과정에서 발생할 수 있는 오류 등에 기인하는 것이라 할 수 있다. 참고로 R^2값은 언제나 0과 1 사이에 있으며 R^2이 1인 경우에는 회귀식상에 모든 자료가 위치하고 있게 되며 R^2이 0인 경우는 회귀식 자체가 전혀 의미가 없다는 것임을 나타낸다.

쉬어가기 통계 속의 재미있는 세상이야기

1920년 내전상태인 중국에서 있었던 일이다. 진격하던 부대가 강을 만났다. 강을 건너기 위해 대장은 강이 얼마나 깊은지, 또 병사들의 키는 얼마나 되는지를 조사하라고 명령하였다. 조사결과, 강의 평균수심은 140cm, 병사들의 평균키는 167cm라는 보고를 듣자 대장은 걸어서 강을 건널 수 있다고 판단하고 진격명령을 내렸다. 그런데 강의 가장 깊은 곳의 수심이 2m를 넘어서 결국 부대는 많은 희생을 치러야 했다. 홍수경보 수위를 정할 때 제방높이는 가장 낮은 곳을 기준으로 해야 한다. 병사들에게 도강 명령을 내릴 때에는 병사들의 키를 강에서 가장 깊은 곳의 수심과 비교해야 한다. 잘못된 통계는 목숨을 앗아간다.

(통계청 발간 간행물, 2003.8)

쉬어가기 감 · 통찰력만으론 안 된다… 빅데이터 분석 능력 없으면 도태된다

"(뉴욕 남동부) 새러토가 애비뉴 409번지 부근에서 총성(銃聲) 8발 확인." 2015년 12월 4일, 미국 뉴욕 경찰국 소속 경찰관들의 스마트폰엔 이런 경고 메시지가 떴다. 해당구역에서 순찰을 하던 경찰관이 즉시 현장으로 파견됐다. 경찰관은 경고 메시지가 가리킨 건물 옥상에서 탄피를 발견하고, 다시 스마트폰을 꺼내 이 건물에 지명수배범이 거주한 적이 있다는 정보를 확인했다. 그는 즉시 수색영장을 발부받아 수배범의 옛 거주지를 샅샅이 수색, 방금 전 사용된 권총 2자루를 발견했다. 이어 건물 주변에 숨어 있던 지명수배범을 현장에서 체포했다. 뉴욕 경찰국이 빅데이터 기반 범죄 감시 프로그램 '샷 스포터(Shot Spotter)'를 활용해 신속하게 범인을 검거한 사례다. 샷 스포터는 뉴욕시 곳곳에 깔린 음성 센서 수천 개로 포착한 총성과 전자지도, 경찰 정보 데이터베이스(DB) 등을 종합적으로 분석해 범죄 발생 지역과 시간을 알려주고, 심지어 다음 범죄 가능성까지 예측한다. 사람의 귀로는 총성과 폭죽 소리를 정확하게 구별하지 못하지만, 샷 스포터는 거의 완벽하게 분간해 뉴욕시의 총격 범죄 사건 해결에 획기적인 도움을 줬다는 평가를 받는다.

각종 데이터로 범죄자를 찾아내는 아이디어는 오래전부터 공상과학(SF) 영화에 등장했다. 그러나 10년 전까지만 해도 이를 현실에서 구현하려면 큰 장애물을 넘어야 했다. 데이터를 수집하고 저장하는 기술은 충분했지만, 기존 통계 프로그램으로 대용량 데이터를 분석하려면 많은 비용과 시간이 필요했다. 이 때문에 기업과 공공기관은 데이터 분석의 중요성을 알면서도 엄두를 못 냈다.

빅데이터를 쉽게 분석할 길이 열린 것은 2006년 야후 엔지니어로 일하던 더글러스 커팅(Cutting · 53 · 사진)이 '하둡(Hadoop)'을 개발하면서부터다. 하둡은 대용량 데이터를 적은 비용으로 더 빠르게 분석할 수 있는 소프트웨어다. 여러 대의 컴퓨터로 데이터를 분석하고 저장하는 방식으로 빅데이터 분석 비용을 대폭 낮췄다. 페이스북이 자동으로 사진 속 인물이 누군지 찾아주는 기술, 구글이 이메일과 검색 패턴을 분석해 '타깃 광고'를 보여주는 기술 등이 하둡의 대표적 성과다.

뉴욕타임스 칼럼니스트 토머스 프리드먼은 "당신이 단 한 번도 들어보지 못했을 법한 소프트웨어인 하둡이 등장하고 나서야 비로소 빅데이터 분석이 가능해졌다"고 평가했다. 하둡을 개발한 커팅은 2009년 야후를 퇴사하고 빅데이터 소프트웨어 업체 클라우데라(Cloudera)에 합류, 현재까지 수석 아키텍트(설계자)로 일하고 있다. 그에게 '빅데이터 시대'를 연 하둡의 개발 과정과 빅데이터 산업의 전망을 물었다.

"10년 전에도 데이터는 널려 있었지만 이를 제대로 분석할 방법이 없었다. 컴퓨터 한 대에 정보를 저장하고 분석했기 때문이다. 예를 들어, 세계 최대 건설장비업체인 캐터필러는 굴착기나 트럭 등 자사 제품 구석구석에 센서를 부착해 실시간으로 건설 현장에서 사용되는 제품의 데이터가 본사에 전송되도록 했다. 이렇게 모인 데이터는 굴착기 등 제품이 일주일 안에 고장날 가능성이 커졌을 때 제품을 구매한 고객에게 미리 '부품 교체가 필요하다'고 알려주는 데 쓰인다. 이 과정에서 하둡으로 만든 빅데이터 프로그램은 각 제품에서 초당 수만개 데이터를 실시간으로 수집해 분석한다. 과거에는 이렇게 방대한 데이터를 분석하는 것이 불가능했다. 하둡은 여러 대 컴퓨터를 활용해 병렬식으로 데이터를 분석하기 때문에 대용량 데이터를 단번에 분석한다. 빅데이터 분석에 필요한 마지막 퍼즐을 채워넣었다고 본다. 처음에는 하둡을 유료화할까 생각했지만, 더 많은 사람이 사용할 수 있도록 오픈소스(무료로 소프트웨어 소스코드를 공개하는 것) 형태로 개방했다. 덕분에 위키피디아처럼 각계각층 전문가가 하둡을 더 나은 방향으로 발전시켜나가고 있다."

"미국 최대 금융회사인 뱅크오브아메리카는 금융거래 내역 수십억건을 분석해 금융사기 방지 프로그램을 도입했다. 월트디즈니는 디즈니월드 방문객의 이동 패턴과 놀이기구 탑승률, 호텔 예약 정보, 디즈니TV 시청률 등 각종 데이터간 상호 연관성을 분석해 디즈니월드의 개·보수 작업에 활용한다. 월마트는 구글 등 검색엔진의 키워드를 분석해 마트 내 제품 배열에 활용한다. 2011년엔 인기 퀴즈쇼인 제퍼디(Jeopardy!)에서 하둡으로 만든 IBM의 인공지능(AI)이 퀴즈 달인을 꺾었다. 하둡 출시 초기에는 민간 기업들이 주(主) 사용자였지만, 최근에는 공공기관도 하둡을 빅데이터 분석에 활용하고 있다. 올해 초부터 UC샌타크루즈는 종양 환자들의 데이터를 모아 일반 환자들이 종양에 걸릴 가능성을 미리 예측하는 프로젝트를 진행 중이다."

"2000년대 초반 많은 기업이 데이터 활용 방안을 고민했다. 당시 대용량 데이터를 분석하려면 정보처리센터를 지어야 하는 등 많은 비용이 들었다. 더 적은 비용으로 데이터를 처리할 방법을 고민하던 도중 우연히 데이터를 여러 곳에 분산해 분석·처리하는 아이디어가 담긴 보고서를 접했다. 구글 직원이 2003년에 작성한 보고서였다. 보고서 내용을 토대로 2003년부터 개발을 시작해 야후에서 엔지니어로 근무하던 2006년 완성했다. 출시 당시에는 마이크로소프트, 오라클, IBM 등 주류 IT기업까지 하둡을 가져다 쓸 줄은 몰랐다. '하둡'이라는 이름은 10년 전 두 살배기 아들이 코끼리 인형을 보고 옹알거리던 말이다. 갓난아기도 부를 수 있는 쉬운 이름을 붙이고 싶어 '하둡'이라고 지었다."

"지금까지는 경험 많은 경영진이 감(感)과 통찰력에 의존해 다양한 결정을 했다. 하지만 이제 명확한 데이터 분석이 의사결정과정에서 핵심적인 역할을 하는 시대가 됐다. 앞서가는 기업은 빅데이터를 분석해 얻은 정보로 제품 품질을 끊임없이 향상시킨다. 사용자의 피드백을 주기적으로 반영하는 테슬라의 전기자동차가 대표적이다. 구글, 페이스북, 애플도 마찬가지다. 요즘 기업 실무진을 만날 때 '소프트웨어가 세상을 집어삼키고 있다'는 마크 앤드리슨(넷스케이프를 공동창업한 유명 벤처투자자)의 말을 종종 인용한다. 5년 후 빅데이터 분석 능력이 떨어지는 기업은 경쟁에서 뒤처질 것으로 전망한다."

"한국의 빅데이터 활용 수준은 아직 초기 단계에 머무르고 있다. 빅데이터에 대한 관심은 크지만 정작 활용

범위는 좁은 편이다. 특히 에너지 기업과 자동차 회사는 빅데이터를 활용할 여지가 많다고 본다. 전통 제조업 분야 기업도 제품 개발에서 비용 절감 계획까지 다양한 분야에서 빅데이터 분석을 활용할 수 있다. 무엇이 잘못되고 있는지조차 모르면 개선책을 찾을 수 없다. 빅데이터 분석은 기업의 낭비 요소를 발견하는 데 큰 도움을 준다."

(조선일보, 2016.12.17)

연습문제

CHAPTER 10

주관식

1 {4, 7, 9, 12}로 구성된 모집단을 자료로 하여 다음 물음에 답하여라.

(a) 표본의 크기를 2로 할 때 이 모집단에서 추출할 수 있는 서로 다른 표본의 개수는 몇 개인가?

(b) 표본의 크기를 2로 했을 때 추출가능한 모든 표본을 구하고, 표본분포의 평균과 표준오차를 구하여라.

(c) 모집단의 평균을 구하고, 이 값이 (b)에서 구한 표본분포의 평균과 일치하는가를 확인하여라.

2 {1, 4, 7, 10, 13}으로 구성된 모집단을 자료로 하여 다음 물음에 답하여라.

(a) 표본의 크기를 3으로 할 때 이 모집단에서 추출할 수 있는 서로 다른 표본의 개수는 몇 개인가?

(b) 표본의 크기를 3으로 했을 때 추출가능한 모든 표본을 구하고, 표본분포의 평균과 표준오차를 구하여라.

(c) 모집단의 평균을 구하고, 이 값이 (b)에서 구한 표본분포의 평균과 일치하는가를 확인하여라.

3 제조기업에서 사용하는 공정관리기법은 생산공정에서 발생하는 품질특성의 변동상황을 통제하는 데 쓰이는 품질관리기법이다. 한국합판의 제1공장은 1.2m×2.4m짜리 합판을 주로 생산하며, 합판 한 장당 흠집수는 평균(μ)이 5이며 표준편차(σ)가 2.5인 정규분포를 이룬다고 한다. 일반적으로 n개의 합판에서 발생하는 합판 한 장당 평균흠집수가 평균에서 3σ 안에 있으면 공정이 제대로 통제되고 있다고 한다. 제조공정이 제대로 통제되고 있다고 가정할 때($\mu=5$, $\sigma=2.5$), 무작위로 추출한 30장의 합판의 평균흠집수가 6보다 크거나 같을 확률은 얼마인가?

4 어느 이탈리아 레스토랑에서 무작위로 추출한 49명의 고객 식사비를 계산한 결과 평균 24,800원인 것으로 나타났다. 과거 경험으로 볼 때 이 레스토랑 고객의 식사비의 표준편차는 5,000원으로 추정하고 있다.

(a) 식사비에 대한 95% 오차한계를 계산하여라.

(b) 식사비에 대한 95% 신뢰구간을 계산하여라.

5 10개의 커피전문점에 대한 전국 소비자 만족도 조사결과에 의하면 소비자들의 만족도는 100점 만점에 71점인 것으로 나타났다. 과거 만족도 조사자료에 의하면 커피전문점에 대한 만족도 점수는 5점의 표준편차를 가지고 있다.

(a) 95% 신뢰수준에서의 오차한계는 얼마인가?

(b) 99%의 신뢰수준에서의 오차한계를 계산하고 위 (a)의 답과 비교했을 때 어느 것이 더 작은가? 이 상대적 크기와 신뢰수준의 관계를 설명하여라.

6 대도시에서 100명의 자가용 소유자를 추출하여 조사한 결과 연평균 주행거리가 23,500km, 표준편차가 3,900km로 나타났다. 이 도시 자가용 소유자의 주행거리의 99% 신뢰구간을 구하여라.

7 중부지방의 난방용 기름소비량을 추정하기 위하여 총 61가구를 추출하여 작년 겨울의 난방용 기름사용액을 조사하였다. 이들 61가구의 평균과 표준편차가 각각 695,000원과 124,000원일 때 작년 겨울의 난방용 기름사용액의 90% 신뢰구간을 구하여라.

8 기숙사에 있는 12명의 여학생을 조사한 결과 1주일 평균 16,000원어치의 간식을 구입하고 있는 것으로 나타났다. 표준편차를 3,500원이라 할 때 평균간식비의 90% 신뢰구간을 구하여라.

9 400명의 성인을 대상으로 하여 설문조사를 한 결과 80명이 담배 판매금지에 찬성하였다. 담배 판매금지에 찬성하는 비율의 90% 신뢰구간을 구하여라.

10 시중의 한 백화점이 고객만족센터에 접수된 고객불만 관련 자료를 살펴본 결과 지난 65주간 매주 평균 19.5건이 접수되었고 표준편차는 5.2건이었다. 주당 평균 고객불만 건수를 90%와 95%의 신뢰수준에서 추정하여라.

11 전국에 치킨배달점포 500여 개를 운영중인 (주)꼬꼬는 서비스 만족도의 핵심을 전화주문 후 배달까지 걸리는 시간의 최소화에 두고 있다. (주)꼬꼬의 경영진은 배달점포의 배달소요시간을 정기적으로 조사하기로 결정하고 이번 달 무작위로 추출된 30개 점포를 대상으로 조사하였다. 조사결과에 의하면 배달소요시간의 평균과 표준편차가 각각 40분과 22.57분으로 나타났다. 배달소요시간이 정규분포를 따르고 있다고 가정하고 다음 물음에 답하여라.

(a) 평균배달소요시간을 신뢰수준 95%에서 구간추정할 때 오차한계는 얼마인가?

(b) 95% 신뢰구간을 계산하여라.

(c) 당사의 평균배달소요시간이 45분을 넘지 않을 것이라고 결론을 내릴 수 있는가? 위 (b) 문항의 신뢰구간을 이용하여 답하여라.

12 어느 기업에서 신상품 출시를 앞두고 잠재고객 611명에게 실험적으로 일주일간 사용하게 한 후 실제 구매의향을 물었다. 그중 281명이 구매를 하겠다고 답변하였다. 신상품 구매자 비율의 90% 신뢰구간을 추정하여라.

13 다음은 외곽지대에 위치한 유명 아웃렛을 방문한 고객들을 무작위로 선택하여 아웃렛에 대한 만족도와 재방문의사를 조사한 결과이다.

방문객 번호	만족도 (7점 만점)	재방문의사 (7점 만점)	방문객 번호	만족도 (7점 만점)	재방문의사 (7점 만점))
1	7	6	26	5	5
2	7	5	27	6	4
3	6	4	28	7	5
4	6	5	29	5	6
5	4	3	30	6	7
6	5	5	31	3	4
7	4	4	32	4	6
8	5	5	33	5	4
9	6	7	34	3	4
10	7	5	35	4	6
11	5	3	36	5	4
12	4	4	37	3	3
13	6	5	38	4	6
14	3	5	39	2	2
15	4	3	40	3	1
16	4	2	41	5	3

17	4	5	42	6	7
18	3	5	43	3	5
19	5	4	44	4	4
20	4	4	45	5	6
21	2	3	46	3	5
22	3	4	47	4	4
23	2	3	48	3	3
24	3	3	49	2	2
25	4	4	50	1	3

(a) 아웃렛에 대한 만족도와 재방문의사의 평균과 표준편차를 구하여라.

(b) 만족도와 재방문의사의 95% 신뢰구간을 추정하여라.

(c) 두 변수간의 상관계수를 구하여라.

14 학생 9명의 리포트성적(x)과 기말고사성적(y)이 다음과 같다.

x	77	50	71	72	81	94	96	99	67
y	82	66	78	34	47	85	99	99	68

(a) 상관계수와 회귀식을 구하여라.

(b) 리포트성적이 85점인 학생은 기말고사에서 대략 몇 점을 받을 것으로 보이는가?

15 다음은 생산공정의 불량률(x)과 시간외 근무시간(y)에 관한 자료이다.

불량률(x%)	시간외 근무시간(y 시간)
1.0	8.1
1.1	7.8
1.2	8.5
1.3	9.8
1.4	9.5
1.5	8.9
1.6	8.6
1.7	10.2
1.8	9.3
1.9	9.2
2.0	10.5

(a) 결정계수와 회귀식을 구하여라.

(b) 불량률이 1.75%이면 시간외 근무시간은 얼마나 될 것인가?

16 대학입시성적과 대학입학 후의 학업성적 사이의 관계를 연구하기 위해 다음과 같은 자료를 수집하였다. 대학입시성적이 입학 후의 학력수준에 대한 좋은 예측치라 볼 수 있는가? 여기서 독립변수값은 입시성적을 25로 나눈 것이다.

x (입시성적÷25)	7	8	8.5	9.5	10	11	12.5	13
y (평균학점)	2.5	2.6	2.9	2.6	2.9	3.1	2.8	3.3

17 일반적으로 특정제품의 진열면적을 넓히면 그 제품의 매상이 올라간다고 알려져 있다. 이러한 관계를 실제 자료를 이용하여 분석해 보기 위해 슈퍼마켓에서 A커피에 대하여 12주 동안 진열면적을 3칸, 6칸, 9칸으로 변경하면서 매출액을 관찰하여 다음 자료를 얻었다(이 기간 동안 타회사제품은 3칸으로 고정하였음). 회귀식을 구하여라.

매출액(천원)	526	421	581	630	412	560	434	443	590	570	346	672
진열면적	6	3	6	9	3	9	6	3	9	6	3	9

18 다음 자료는 9건의 항공운임 청구서를 임의로 추출하여 운송거리와 운송료를 요약한 것이다. 운송거리로 운송료를 추정할 수 있는 회귀식을 구하여라.

운송거리(100km)	6	13	27	15	9	11	21	14	12
운송료(천원)	49	93	150	115	66	90	139	98	88

객관식

1 표본의 크기는 항상 모집단보다 작다. 따라서 표본의 평균값은 그 크기가 어느 정도 될 것인가?

① 모집단평균보다 항상 작음 ② 모집단평균보다 항상 큼

③ 모집단평균과 같음 ④ 알 수 없음

2 표본의 크기가 커지면 어떤 현상이 일어나는가?

① 모집단의 표준편차가 커진다.
② 모집단평균값이 커진다.
③ 표본분포의 표준오차가 작아진다.
④ 표본분포의 표준오차가 커진다.

3 국내 대학생 전체의 1인당 월평균 도서구매비용이 8만원이고 표준편차는 1.6만원이라고 한다. 256명을 무작위로 선정하여 월평균 도서구매비용을 조사하고자 한다. 표본분포의 평균과 표준오차는 얼마인가?

① 16, 0.1 ② 8, 0.1
③ 8, 0.2 ④ 8, 0.5

4 모집단 표준편차가 알려져 있지 않은 경우에는 정규분포 대신에 어떤 분포를 사용하여 신뢰구간을 구해야 하는가?

① 이항분포 ② t-분포
③ 카이제곱 분포 ④ F분포

5 표본분포의 표준편차는 일반 모집단이나 평균의 표준편차와는 달리 고유한 이름이 붙어 있다. 표본분포의 표준편차를 무엇이라 하는가?

① 표준오차 ② 편차평균
③ 결정계수 ④ 상관계수

6 다음 중 중심극한정리에 대한 설명이 바르게 된 것은?

① 중심극한정리는 모집단이 정규분포를 따르지 않는다 하여도 표본분포는 정규분포에 가까운 형태를 취하며, 표본의 크기가 커지면 커질수록 표본분포는 점점 더 정규분포에 가까워진다는 것을 의미한다.
② 표본의 크기가 100개 이상이어야만 표본분포가 모집단분포에 관계없이 정규분포형태에 가까워진다.
③ 표본의 크기가 점점 커지면 표본평균값들은 점차 모집단의 평균값($\mu_{\bar{x}}$)에서 멀어진다.
④ 평균이 μ이고 표준편차가 σ인 모집단으로부터 크기가 n인 표본을 취할 때, n이 큰 값이면 표본평균의 표본분포는 평균이 $\mu_{\bar{x}} = \mu$이고 표준오차가 $\sigma_{\bar{x}} = \sigma/\sqrt{n}$인 이항분포에 가까워진다.

7 국내 도시근로자를 모집단으로 설정하고 64명을 무작위로 추출하였다. 이들의 월평균 생활비는 320만원이었다. 모집단의 표준편차가 120만원이라면 표본분포의 표준오차는?

① 1.875 ② 40
③ 5 ④ 15

8 다음 중 신뢰구간에 대한 설명으로 바르지 못한 것은?

① 신뢰수준이 높을수록(즉, 98%, 99% 등) 전체적으로 구간의 길이가 줄어든다.
② 신뢰도($1-\alpha$)가 높을수록 모집단평균(μ)이 표본을 통해 도출된 신뢰구간 안에 포함될 가능성이 높지만, 그 대신 구간의 길이가 길어져 의미 있는 해석을 하기가 힘들어질 가능성이 높다.
③ 신뢰구간의 길이를 결정짓는 값을 오차의 한계라고 부르며, 표본통계량이 미지의 모집단평균에 얼마나 가까운가를 나타낸다.
④ 신뢰구간의 길이도 줄이고 오차의 한계도 줄이려면 표본의 크기를 늘려야 한다.

9 다음 중 t-분포에 대한 설명이 바르게 된 것은?

ㄱ. 분포의 형태는 자유도(표본의 크기에서 1을 뺀 값)에 따라 달라진다.
ㄴ. 표본의 크기가 커질수록 분포의 형태가 중앙쪽으로 밀집하게 되며 표본의 크기가 매우 커지면 t값은 자유도와 관계없이 Z값과 거의 같은 값을 가지게 된다.
ㄷ. 같은 수준의 신뢰구간에서 t-분포를 이용한 구간의 길이는 정규분포를 이용한 경우보다 더 길다. 즉, 폭이 더 넓다.

① ㄱ, ㄴ ② ㄴ, ㄷ
③ ㄱ, ㄷ ④ ㄱ, ㄴ, ㄷ

10 일반적으로 신뢰수준이 높을수록 어떤 현상이 나타나는가?

① 신뢰구간의 폭이 넓어진다.
② 신뢰구간의 폭이 좁아진다.
③ 표준오차가 작아진다.
④ 표본추출과정의 오류가 줄어든다.

11 95% 신뢰수준에서 대학생들의 한 달 도서구입비용이 5만원에서 7만원 사이이다. 신뢰수준을 90%로 줄인다면 신뢰구간은 어떻게 변할 것인가?

① 변화가 없다.
② 신뢰구간의 폭이 좁아진다.
③ 표본의 크기에 변화가 없으므로 신뢰구간도 변화가 없다.
④ 표본의 크기가 커진다.

12 대기업 사원 중 256명을 무작위로 뽑아 혈압을 측정한 결과, 95% 신뢰수준에서 123과 139의 신뢰구간이 도출되었다. 다음 설명 중 바르게 된 것은?

① 대기업 사원 중 95%는 혈압이 123과 139 사이이다.
② 256명의 표본을 뽑는 과정을 반복하여 신뢰구간을 구한다면 이 중 95%의 신뢰구간은 모집단의 평균 혈압수치를 포함한다.
③ 표본에 포함된 대기업 사원 중 95%는 혈압이 123과 139 사이이다.
④ 256명의 표본을 뽑는 과정을 반복한다면 이렇게 구한 표본의 평균값 중 95%는 123과 139 사이에 포함된다.

13 다음 중 상관계수에 관한 설명이 바르게 된 것은?

> ㄱ. 상관계수 r은 -1과 1 사이의 값을 갖는다.
> ㄴ. 상관계수 r이 $+1$에 가까울수록 강한 양(+)의 상관관계를 가지며 r이 -1에 가까울수록 강한 음(−)의 상관관계를 가진다.
> ㄷ. 모집단 상관계수 ρ가 0이라는 귀무가설의 검정은 자유도가 $(n-2)$인 t-분포를 이용한다.

① ㄱ, ㄴ　　② ㄴ, ㄷ
③ ㄱ, ㄷ　　④ ㄱ, ㄴ, ㄷ

14 회귀분석에서 계수값 a와 b를 구하는 데 사용되는 대표적인 방법인 최소자승법(least square method)에 관한 설명이 바르게 된 것은?

> ㄱ. 편차의 제곱합을 최소화하는 방법이다. 여기서 편차는 실제 관측치와 추정치의 차이를 의미한다.
> ㄴ. 상관계수에서와 같이 두 변수간의 밀접도를 도출한 후 이를 이용하여 계수를 추정하는 방식이다.
> ㄷ. 이 방식을 이용하면 $a=\overline{y}-b\overline{x}$가 성립한다.

① ㄱ, ㄴ ② ㄴ, ㄷ
③ ㄱ, ㄷ ④ ㄱ, ㄴ, ㄷ

15 회귀분석 결과 결정계수값이 90%로 도출되었다. 그 의미를 제대로 설명한 것은?

① 전체 변동 중 10%가 회귀식에 의해 설명된다는 것을 의미한다.
② 독립변수는 종속변수 변동의 90%를 설명한다고 결론지을 수 있다.
③ 독립변수와 종속변수 간의 상관계수가 0.9라는 의미이다.
④ 독립변수값이 1단위 움직이면 종속변수는 0.9단위 변동한다.

16 회귀분석에서 산점도를 그려본 결과 모든 자료들이 회귀식 선상에 위치하고 있음을 발견했다. 이 경우 다음 중 어떤 결정계수 값이 나올 수 있는가?

① 1 ② 0
③ −1 보다 크고 0보다 작음 ④ 0보다 크고 1보다 작음

✥ 객관식 정답

1. ④ 2. ③ 3. ② 4. ② 5. ① 6. ① 7. ④ 8. ① 9. ④ 10. ① 11. ② 12. ② 13. ④ 14. ③ 15. ② 16. ①

PART

IV

통계적 품질관리기법

CHAPTER

11

계량치관리도

관심을 가지고 통제하고자 하는 품질특성을 연속적인 척도(continuous scale)로 측정할 수 있으면 계량치관리도를 사용할 수 있다. 계량치관리도는 공정에서 생산되는 제품의 품질특성의 평균값과 산포도의 변화를 관리하기 위해 사용하므로 최소한 두 개의 서로 다른 계량치관리도를 작성할 필요가 있다. 본장에서는 대표적인 계량치관리도인 $\bar{x}$관리도와 R관리도, 그리고 σ관리도의 작성 및 적용원리에 대해 살펴보고자 한다.

01 관리도의 유형

제6장에서 간략히 살펴본 관리도는 투입되는 자료의 성격에 따라 계량치 자료(variable data)와 계수치 자료(attribute data)로 나눌 수 있다. 계량치 자료는 길이, 넓이, 두께, 무게, 압력 등과 같이 구체적으로 그 크기를 측정하고 비교할 수 있는 자료를 의미하며 계수치 자료는 불량개수, 불량률 등과 같이 품질특성의 기준을 만족시키는 품목의 비율이라든가 또는 면적당 흠집수와 같은 자료를 의미한다. 이에 따라 관리도도 계량치 자료를 기초로 하는 계량치관리도와 계수치 자료를 사용하는 계수치관리도로 나누어 볼 수 있다. 계수치관리도는 제13장에서 논의하기로 하고 본장에서는 계량치관리도에 대해 살펴보기로 한다.

계량치관리도에는 다음과 같이 다양한 유형이 있다.

- $\bar{x}$ 관리도 : 시료의 평균값을 기록하는 데 사용되며, 다음에 설명할 R관리도나 σ관리도와 함께 사용된다.
- R관리도 : 시료의 범위값을 이용하여 산포도를 통제하고자 할 때 사용되는 관리도이다. R관리도는 σ관리도에 비해 이해하기 쉽고 계산이 간편하나, 각 시료군에서 최솟값과 최댓값만을 자료로 사용하기 때문에 σ관리도보다는 부정확할 가능성이 높다.
- σ관리도 : 산포도를 통제한다는 점에서는 R관리도와 그 목적이 유사하나 시료의 범위값 대신에 표준편차를 사용하여 관리도의 중심선과 관리한계선을 계산한다는 점이 다르다. 시료군의 크기(n)가 작을 때에는 R관리도와 σ관리도는 별 차이가 없으나, R관리도는 계산과정이 간단하기 때문에 많이 쓰인다. 그러나 n이 10개를 초과할 때에는 σ관리도를 이용한다.
- 이동평균관리도 : 품질특성의 이동평균값과 범위값을 이용하여 작성하는 관리도로, 화공계통공장에서와 같이 한 번에 하나의 특성치밖에 관측할 수 없는 경우에 흔히 사용된다.
- 메디안관리도 : 계산시간을 절감할 수 있는 계량형 관리도로서 자료의

수집방법은 $\bar{x}$관리도와 R관리도의 경우와 같으나 산술평균 대신에 중앙값을 이용한다는 점이 다르다.

- 개별관측치관리도 : 많은 시료를 추출하기에 지나치게 많은 시간과 비용이 소요되거나 실제 검사하기에는 생산량이 너무 적은 경우에 사용하는 관리도로 이동범위기법(moving range technique)을 이용하여 기초자료를 정리하게 된다. 이 관리도는 $\bar{x}$관리도에 비해 사용하기가 쉽지만 공정이 정상적인 상태를 벗어나고 있는가를 알기 위해 상당히 많은 수의 시료군을 필요로 하며 $\bar{x}$관리도에서처럼 관측치를 일목요연하게 정리할 수 있는 방법으로는 부적절하다.

02 $\bar{x}$ 관리도와 R 관리도의 작성원리

$\bar{x}$ 관리도는 시료의 평균값을 기록하는 데 사용되며, R관리도와 σ 관리도는 각 시료 내에서의 산포도를 나타내는 데 사용된다. 산포도는 시료의 표준편차나 범위값을 이용하여 추정할 수 있으며 현실적으로도 이 둘 중 어느 하나를 이용하여 공정 전체의 표준편차를 추정해도 무방하나, 범위값이 표준편차보다 계산이 쉽기 때문에 대개 R관리도를 이용한다.

계량치관리도를 작성하여 그 목적에 이용하기 위해서는 몇 가지 단계를 거쳐야 하는데, 이를 요약해 보면 다음과 같다.

① 관리도를 통해 통제하고자 하는 제품의 품질특성을 선정한다.
② 공정에서 추출할 시료군(subgroup)의 크기와 그 추출방법을 결정한다.
③ $\bar{x}$관리도와 함께 사용할 관리도를 결정한다. 즉 R관리도를 사용할 것인가 또는 σ관리도를 사용할 것인가를 결정한다.
④ 자료를 수집하고 예비관리한계선(trial control limit)을 계산한다.
⑤ 관리한계선을 조정한다.

1. 품질특성의 선정

공정에서 한 종류의 제품만을 생산하더라도, 전체적인 품질을 결정짓는 품질특성은 여러 개일 수가 있다. 이들 품질특성 중 어떤 것들을 선택하여 관리도를 작성할 것인가를 결정하기 위해서는 다음 몇 가지 사항을 고려해야 한다.

첫째, 품질특성 자체가 숫자로 표시될 수 있어야 하며, 둘째, 관리도의 작성과 운영에는 비용이 소요되게 마련이므로 관리도를 통해 통제하고자 하는 품질특성은 전체적인 품질수준에 큰 영향을 미치는 것이어야 한다. 예를 들어 TV조립에 소요되는 인쇄회로판(printed circuit boards)의 중요 품질특성으로 길이, 넓이, 두께 세 가지를 들 수 있다. 이들 세 품질특성 모두가 숫자로 측정이 가능하나, 이들 각각에 대해 관리도를 작성한다면 $\bar{x}$관리도 3개, R관리도 3개 등 모두 6개의 관리도가 필요하게 된다. 그러나 이들 중 두께만이 인쇄회로판의 전체적인 품질에 가장 큰 영향을 미치는 요인이라 한다면 길이나 넓이에 대해서는 관리도를 작성할 필요가 없을 것이다.

관리도 작성을 위해 선택되는 품질특성은 이처럼 전체적인 품질에 큰 영향을 미칠 뿐만 아니라, 제대로 통제되지 않으면 제조공정에서 손실을 끼치는 특성이어야 한다. 이의 결정을 위해 사용될 수 있는 방법은 제6장에서 설명한 파레토도를 들 수 있다. 여러 품질특성 중 그 상대적 비중이 큰 것들만을 대상으로 관리도를 적용해야 한다.

2. 시료추출방법의 설정

시료군(subgroup)이란 거의 같은 시간대에 공정에서 추출된 관측치의 집합을 의미한다. 이론적으로 시료군은 같은 시료군 내의 관측치 사이에는 큰 변동이 없고 서로 다른 시료군간에는 가능한 한 큰 차이가 있도록 추출되어야만 시간의 변화에 따른 공정의 변화를 민감하게 탐지할 수 있다.

일반적으로 시료군은 생산순서에 따라 추출되게 마련이다. 시료군의 선정 문제는 크게 시료군의 크기와 시료를 추출하는 빈도수 문제로 나누어 볼 수 있다. 시료군의 크기, 즉 n값이 작으면 작을수록, 군 내의 변동폭은 작아지게 되어 바람직하나 관리상하한선이 중심선에서 더욱 멀어지게 된다. 즉 $\bar{x}$관리도의 경우 평균에 $\pm 3\sigma/\sqrt{n}$ 을 가감하여 관리한계선을 구하는데 n이 작아지면 $\sigma/\sqrt{n}$ 이 커져 관리도의 관리한계가 넓어지게 되며, 결과적으로 공정의 변화를 제대로 파악하지 못하는 경우가 발생하게 된다. 또한 공정의 분포가 정규분포를 띠고 있지 않을 때 n이 작아지면 시료평균의 분포가 정규분포와는 다소 다른 형태를 띨 수 있어 관리도의 적용에 문제가 발생할 수도 있다.

최적의 n값이란 이론적으로 찾기 어려우며 현실적으로 4 또는 5 정도를 많이 이용한다. 이 정도의 크기면 위에서 설명한 몇 가지 문제점을 거의 해소할 수 있다. 한편 시료추출의 빈도에 관해서는 명확한 규칙이 없으며, 대개 시료를 추출하고 그 특성치를 계산하는 데 소요되는 비용을 감안하여 결정한다.

3. 관리도의 선택

계량치 자료의 경우 $\bar{x}$관리도는 항상 사용되므로 산포도의 통제에 쓰이는 R관리도와 σ관리도 중 어느 것을 택할 것인가가 문제이다. 시료군의 크기(n)가 작을 때에는 R관리도나 σ관리도 중 어느 것을 사용해도 무방하나, R관리도가 이해하기 쉽기 때문에 많이 쓰인다. n이 10을 초과할 때에는 σ관리도를 이용한다고 하나, 요즈음에는 계산기의 발달로 n이 작더라도 σ관리도를 많이 이용하는 경향이 있다.

4. 자료의 수집과 예비관리한계선의 계산

관리도를 사용하여 통제하고자 하는 품질특성, 시료의 추출방법, 사용할 관리도의 종류가 결정되면 공정에서 자료를 수집하고 예비관리한계선(trial control limit)을 계산해야 한다. 예비관리한계선이라 부르는 이유는 공정이 안정적인 상태에 있기 전까지 임시로 사용하는 관리한계선이기 때문이다. 이제 다음 예를 중심으로 하여 $\bar{x}$관리도와 R관리도의 예비관리한계선의 작성과정을 구체적으로 살펴보기로 하자.

예제 11-1

인쇄회로판을 제조하는 한국전자는 효율적인 품질개선을 도모하기 위해 관리도기법을 도입하고자 한다. 회로판 두께를 통제하기 위해 $\bar{x}$관리도와 R관리도를 사용하기로 결정하였으며 이를 위해 4개의 회로판으로 구성된 시료를 매 4시간마다 30번 추출하였다. 각 시료 내의 최댓값과 최솟값의 차이인 R_i와 시료의 평균값을 계산한 결과 다음과 같은 자료를 얻을 수 있었다. 이 자료에서 예를 들어 첫 번째 시료는 27, 31, 20, 38로 구성되어 있는데, 이 네 값의 평균은 29.00이며 범위는 최댓값인 38과 최솟값인 20의 차이인 18임을 알 수 있다.

〈표 11-1〉 30개 시료군의 자료

시료군번호(k)	x_1	x_2	x_3	x_4	합 계	평균($\bar{x}_i$)	범위(R_i)
1	27	31	20	38	116	29.00	18
2	18	26	41	30	115	28.75	23
3	22	17	22	29	90	22.50	12
4	34	51	47	50	182	45.50	17
5	54	30	36	40	160	40.00	24
6	41	50	37	44	172	43.00	13
7	26	38	40	45	149	37.25	19
8	35	10	34	53	132	33.00	43
9	47	20	24	27	118	29.50	27
10	18	27	21	30	96	24.00	12
11	30	37	16	25	108	27.00	21
12	46	40	52	50	188	47.00	12
13	24	35	19	20	98	24.50	16
14	35	41	42	46	164	41.00	11
15	47	37	18	26	128	32.00	29
16	35	38	20	27	120	30.00	18
17	40	40	31	48	159	39.75	17
18	31	28	39	18	116	29.00	21
19	22	41	32	40	135	33.75	19
20	17	27	30	30	104	26.00	13
21	45	48	21	35	149	37.25	27
22	50	41	49	38	178	44.50	12
23	44	36	30	26	136	34.00	18
24	15	19	17	22	73	18.25	7
25	35	18	26	30	109	27.25	17
26	26	38	40	30	134	33.50	14
27	31	19	25	27	102	25.50	12
28	34	37	46	28	145	36.25	18
29	47	29	33	39	148	37.00	18
30	28	19	37	34	118	29.50	18
합 계						985.50	546

(1) $\overline{x}$ 관리도의 예비관리한계선 계산

$\overline{x}$ 관리도를 작성하기 위해서는 중심선과 관리한계선을 계산해야 하는데, i번째 시료의 평균값을 $\overline{x_i}$라 한다면 중심선은 다음과 같이 나타낼 수 있다.

$$\text{중심선 } \overline{\overline{x}} = (\overline{x_1} + \overline{x_2} + \cdots\cdots + \overline{x_k})/k$$
$$= (29.00 + 28.75 + \cdots\cdots + 29.50)/30 = 32.85$$

한편 관리상하한선은 공정에서 생산되는 모든 회로판을 모집단으로 할 때의 표준편차 σ를 이용해서 계산해야 하나, 이 예제에서는 σ가 알려져 있지 않기 때문에 우선 시료에서 도출된 R값을 이용하여 σ를 추정해야 한다.

시료의 범위값 R_i를 이용하여 σ를 추정하기 위해서는 먼저 R_i의 평균값을 구해야 한다. $\overline{R}$를 R_i들의 평균값이라 한다면, 이 예제의 경우

$$\overline{R} = (R_1 + R_2 + \cdots\cdots + R_k)/k$$
$$= (18 + 23 + \cdots\cdots + 18)/30 = 18.2$$

가 된다. $\overline{R}$가 계산되면 〈표 11-2〉의 d_2값을 이용하여 다음과 같이 σ값을 손쉽게 추정할 수 있다.

$$\sigma\text{의 추정치} = \sigma' = \frac{\overline{R}}{d_2}$$

〈표 11-2〉 σ와 $\overline{R}$의 관계(d_2값)

시료의 크기(n)	2	3	4	5	6	7	8
d_2	1.128	1.693	2.059	2.326	2.534	2.704	2.847
시료의 크기(n)	9	10	11	12	13	14	15
d_2	2.970	3.078	3.173	3.258	3.336	3.407	3.472
시료의 크기(n)	16	17	18	19	20	25	30
d_2	3.532	3.588	3.640	3.689	3.735	3.931	4.086

예를 들어 시료의 크기(n)가 4라면 d_2값은 2.059가 되며, 앞의 공식에 이를 대입하면

$$\sigma' = 18.2/2.059 = 8.84$$

가 된다.

σ'가 계산되면 제10장에서 시료분포의 표준오차와 신뢰구간을 계산한 것과 같은 방법으로 관리상하한선을 구할 수 있다. 즉 관리상하한선의 값은 중심선값에 $\pm 3\sigma'/\sqrt{n}$을 더하여 계산할 수 있다.

$$\mathrm{CL} = \overline{\overline{x}} = 32.85$$

$$\mathrm{UCL} = \overline{\overline{x}} + 3\frac{\sigma'}{\sqrt{n}} = \overline{\overline{x}} + 3\frac{\overline{R}/d_2}{\sqrt{n}}$$

$$= 32.85 + 3\frac{8.84}{\sqrt{4}} = 46.11$$

$$\mathrm{LCL} = \overline{\overline{x}} - 3\frac{\sigma'}{\sqrt{n}} = \overline{\overline{x}} - 3\frac{\overline{R}/d_2}{\sqrt{n}}$$

$$= 32.85 - 3\frac{8.84}{\sqrt{4}} = 19.59$$

공식 자체는 다소 복잡해 보이지만 미리 $3/(d_2\sqrt{n})$을 계산해 놓았다면 $\overline{R}$값만을 알면 관리상하한선을 더욱 빨리 계산할 수 있다. 〈표 11-3〉은 $3/(d_2\sqrt{n})$을 A_2라 정의하고 n의 값에 따른 A_2값을 정리한 표이다. 따라서 A_2값을 이용하면 관리한계선은 다음과 같이 계산된다.

$$\mathrm{UCL} = \overline{\overline{x}} + A_2\overline{R}$$

$$\mathrm{LCL} = \overline{\overline{x}} - A_2\overline{R}$$

〈표 11-3〉 A_2, D_3, D_4의 값

시료의 크기(n)	A_2	D_3	D_4
2	1.880	0	3.267
3	1.023	0	2.575
4	0.729	0	2.282
5	0.577	0	2.114
6	0.483	0	2.004
7	0.419	0.076	1.924
9	0.337	0.184	1.816
11	0.285	0.258	1.744
15	0.223	0.348	1.652
20	0.180	0.414	1.586
25	0.153	0.459	1.541

(2) R관리도의 예비관리한계선 계산

만약 모집단의 표준편차 σ가 알려져 있다면(물론 그런 경우는 거의 없지만), R관리도의 중심선 $\overline{R}$는 다음 식을 통해 구할 수 있다.

$$\overline{R} = d_2\sigma$$

σ가 알려져 있지 않으면 중심선 $\overline{R}$는 시료에서 계산한 R_i의 평균값으로 설정한다. 이 예제에서는 σ가 알려져 있지 않으므로 중심선은 다음과 같이 구해야 한다.

$$\begin{aligned} \text{CL} &= \overline{R} = (R_1 + R_2 + \cdots\cdots + R_k)/k \\ &= (18 + 23 + \cdots\cdots + 18)/30 = 18.2 \end{aligned}$$

한편 R관리도의 관리상하한선은 〈표 11-3〉의 D_3와 D_4값을 이용하여 다음과 같이 구한다.

$$\text{UCL} = D_4\overline{R}$$
$$\text{LCL} = D_3\overline{R}$$

이 예에서 시료의 크기는 4로 주어져 있으므로 $D_3=0$, $D_4=2.282$가 되며 이에 따라 R관리도의 관리상하한선은 아래와 같이 계산된다.

$$\text{UCL}=D_4\overline{R}=(2.282)(18.2)=41.5$$
$$\text{LCL}=D_3\overline{R}=(0)(18.2)=0$$

5. 관리도의 도시와 관리한계선의 조정

일단 자료를 수집하고 관리한계선을 계산하게 되면 수집된 자료를 그래프로 나타내어 현재의 공정이 안정적인 상태(in control)에 있는지 여부를 파악해야 한다. 공정이 안정적인 상태에 있지 못한 상태에서 관리도를 계속 사용한다면 기본적으로 그 목적을 상실하는 것과 마찬가지이다. 따라서 관리상하한선을 벗어나는 점들이 있다면 그 원인을 완전히 제거하고 관리한계선을 다시 계산해야 한다.

이제 $\overline{x}$관리도와 R관리도에 〈표 11-1〉의 자료를 도시하여 이들 자료가 관리상하한선 안에 위치하고 있는가 살펴보기로 하자. [그림 11-1]의 (a)와 (b)는 $\overline{x}$관리도와 R관리도를 나타낸 그래프이다. 우선 [그림 11-1](a)를 살펴보면 시료번호 12번과 24번 자료가 관리한계선 밖에 위치하고 있음을 알 수 있다. 12번의 경우 불량원자재의 사용으로 이러한 현상이 나타났고 24번은 기계설비가 제대로 보수 · 유지되지 못했기 때문에 나타났다고 가정해 보자. $\overline{x}$관리도는 공정이 정상적으로 가동되고 있다는 가정하에 작성되어야 하므로, 이를 공정관리에 이용하기 위해서는 12번과 24번 자료를 계산에서 제외시켜야 한다.

한편 [그림 11-1](b)의 R관리도에서는 시료번호 8번만이 관리한계선을 벗어나 있다. 만약 이 현상이 원자재 불량이나 설비보수의 불충분 등 이상원인에 기인한다면 이 역시 제외시켜야 한다.

〈표 11-1〉의 자료에서 시료번호 8, 12, 24번 자료를 제외하고 $\overline{x}$관리도와 R관리도를 재작성해 보면 다음과 같다. 여기서 편의상 R_0와 x_0는 이들 세 개의 자료를 제외한 뒤 다시 계산한 범위의 평균값과 시료평균의 평균값이라 하자.

[그림 11-1] $\overline{x}$관리도와 R관리도의 관리한계선과 자료의 도시

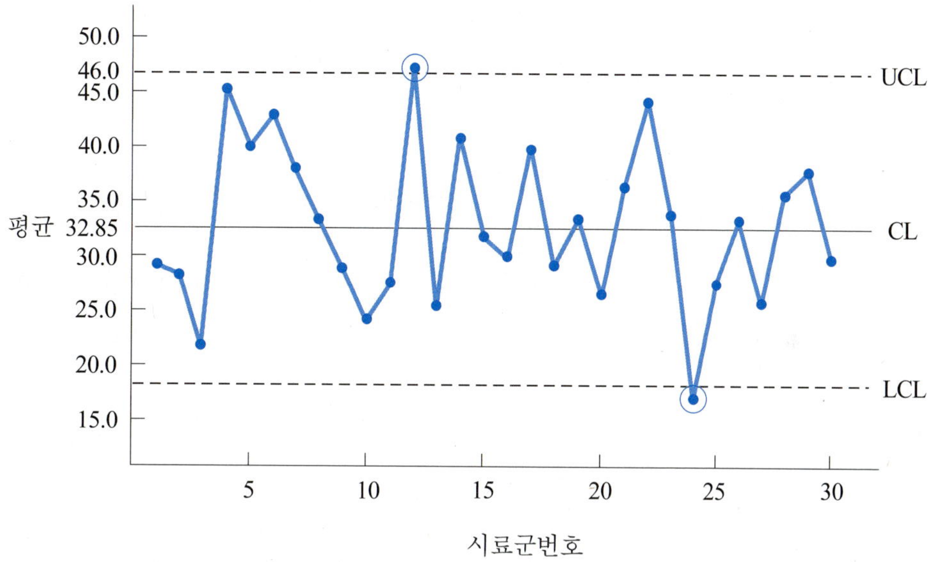

(a) $\overline{x}$관리도

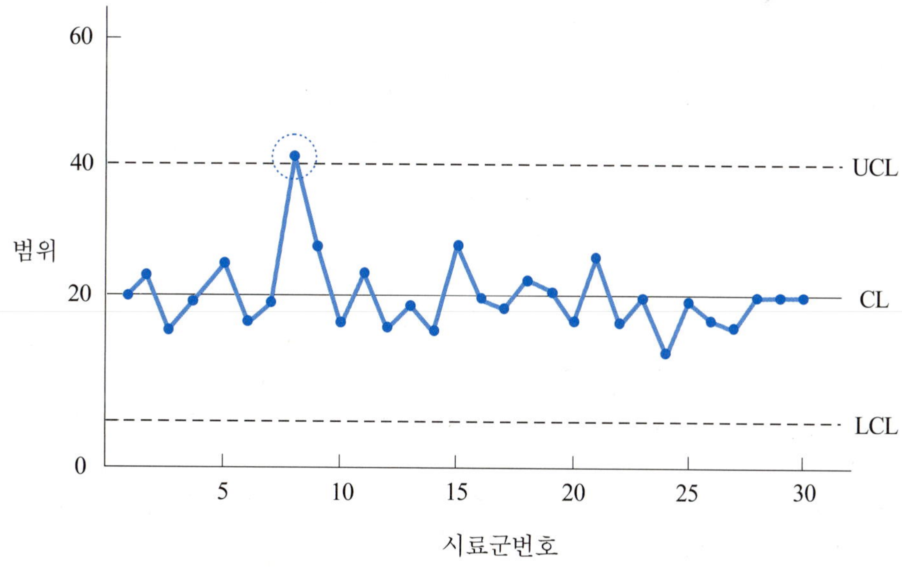

(b) R관리도

R관리도 :

$$CL = R_0 = \frac{546-(43+12+7)}{(30-3)} = 17.926$$

$$UCL = D_4R_0 = (2.282)(17.926) = 40.9$$

$$LCL = D_3R_0 = (0)(17.926) = 0$$

$\bar{x}$ 관리도 :

$$CL = x_0 = \frac{985.50-(33.0+47.0+18.25)}{(30-3)} = 32.86$$

$$UCL = x_0 + A_2R_0 = 32.86 + (0.729)(17.926) = 45.93$$

$$LCL = x_0 - A_2R_0 = 32.86 - (0.729)(17.926) = 19.79$$

예제 11-2

다음은 반도체 제조공정 중의 일부인 확산공정의 출력 파라미터인 산화두께(oxide thickness)에 대한 자료이다. 각 시료의 크기는 5이며, 모두 25회 샘플을 추출하여 $\overline{x_i}$값과 R_i값을 구하여 평균을 계산한 결과가 다음과 같다.

$$(\overline{x_1}+\overline{x_2}+\cdots\cdots+\overline{x_{25}})/25 = 37.6400/25 = 1.5056$$

$$(R_1+R_2+\cdots\cdots+R_{25})/25 = 8.1302/25 = 0.32521$$

$\bar{x}$ 관리도와 R관리도를 작성하고 이 공정이 정상적으로 가동되고 있는지 여부를 판단하여라.

	$\overline{x_i}$	R_i		$\overline{x_i}$	R_i
1	1.5119	0.3679	14	1.5261	0.2422
2	1.4951	0.2517	15	1.4083	0.3499
3	1.4817	0.1390	16	1.5344	0.6823
4	1.4712	0.3521	17	1.4874	0.3589
5	1.4882	0.3706	18	1.4573	0.3153
6	1.4492	0.2674	19	1.5777	0.3062
7	1.5805	0.4189	20	1.5060	0.5240
8	1.5343	0.2447	21	1.4691	0.2185
9	1.5076	0.3589	22	1.5390	0.1863
10	1.5134	0.2658	23	1.5592	0.2533
11	1.5242	0.3509	24	1.5688	0.1156
12	1.5284	0.4204	25	1.5264	0.3224
13	1.3947	0.4470			

풀이

σ가 알려져 있지 않으므로 중심선 $\overline{R}$는 시료에서 계산한 R_i의 평균값으로 설정한다.

$$\text{CL} = \overline{R} = (R_1 + R_2 + \cdots\cdots + R_k)/k$$
$$= 8.1302/25 = 0.32521$$

한편 R관리도의 관리상하한선은 〈표 11-3〉의 D_3와 D_4값을 이용하여 다음과 같이 구한다.

$$\text{UCL} = D_4\overline{R}$$
$$\text{LCL} = D_3\overline{R}$$

시료의 크기는 5로 주어져 있으므로 $D_3 = 0$, $D_4 = 2.114$가 되며 이에 따라 R관리도의 관리상하한선은 아래와 같이 계산된다.

$$\text{UCL} = D_4\overline{R} = (2.114)(0.32521) = 0.68749$$
$$\text{LCL} = D_3\overline{R} = (0)(0.32521) = 0$$

일단 자료를 수집하고 관리한계선을 계산하게 되면 수집된 자료를 그래프로 나타내어 현재의 공정이 안정적인 상태(in control)에 있는지 여부를 파악해야 하는데, 예제에 제시된 R_i값이 모두 관리상하한선 안에 위치하고 있음을 알 수 있다.

한편 $\overline{x}$관리도 작성을 위한 중심선부터 계산하면 다음과 같다.

$$\text{중심선 } \overline{\overline{x}} = (\overline{x_1} + \overline{x_2} + \cdots\cdots + \overline{x_k})/k$$
$$= 37.6401/25 = 1.5056$$

A_2값을 이용하면 관리한계선을 계산하면, 시료의 크기는 5일 때 $A_2 = 0.577$이므로 다음과 같다.

$$\text{UCL} = \overline{\overline{x}} + A_2\overline{R} = 1.5056 + (0.577)(0.32521) = 1.69325$$
$$\text{LCL} = \overline{\overline{x}} - A_2\overline{R} = 1.5056 - (0.577)(0.32521) = 1.31795$$

예제에 제시된 $\overline{x_i}$값도 모두 관리상하한선 안에 위치하고 있음을 알 수 있으므로 공정은 안정적인 상태에 있다는 결론을 내릴 수 있다.

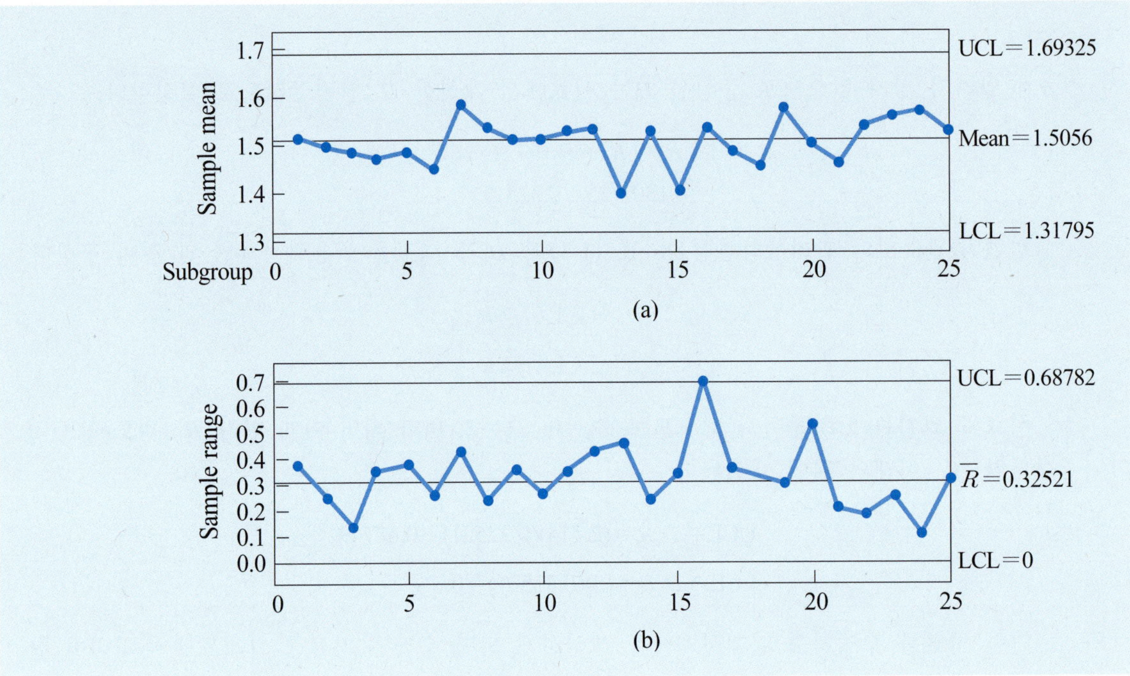

6. σ 관리도의 작성원리

일반적으로 산포도를 통제하는 관리도로는 R관리도가 가장 많이 쓰이지만 경우에 따라서는 R관리도 대신에 σ관리도가 사용될 수도 있다. R관리도는 σ관리도에 비해 이해하기 쉽고 계산이 간편하나, 각 시료군에서 최솟값과 최댓값만을 자료로 사용하기 때문에 σ관리도보다는 부정확할 가능성이 높다. 특히 시료군의 크기 n이 10 이상일 경우에는 σ관리도가 많이 이용된다.

σ관리도를 작성하는 방법은 $\overline{x}$관리도와 R관리도를 작성하는 방법과 거의 유사하나 공정특성치의 표준편차인 σ'를 추정하는 방법이 다를 뿐이다. 이제 〈표 11-1〉의 자료를 기초로 하여 계산한 〈표 11-4〉를 이용하여 σ관리도의 작성 절차를 알아보기로 하자.

〈표 11-4〉에서 시료의 표준편차 s_i는 $\sqrt{\dfrac{\sum(x_{ij}-\overline{x_i})^2}{n-1}}$ 의 식을 이용하여 계산한 값이다. 일단 s_i값이 준비되면 다음 식을 이용하여 σ관리도의 중심선을 계산한다.

$$\text{CL} = \bar{s} = (s_1 + s_2 + \cdots\cdots + s_k)/k$$
$$= (7.53 + 9.57 + \cdots\cdots + 7.94)/30 = 7.905$$

〈표 11-4〉 σ관리도의 작성을 위한 자료

시료군번호(k)	평균($\overline{x_i}$)	표준편차(s_i)	시료군번호(k)	평균($\overline{x_i}$)	표준편차(s_i)
1	29.00	7.53	16	30.00	8.12
2	28.75	9.57	17	39.75	6.95
3	22.50	4.93	18	29.00	8.68
4	45.50	7.85	19	33.75	8.81
5	40.00	10.20	20	26.00	6.16
6	43.00	5.48	21	37.25	12.18
7	37.25	8.06	22	44.50	5.92
8	33.00	17.64	23	34.00	7.83
9	29.50	12.01	24	18.25	2.99
10	24.00	5.48	25	27.25	7.18
11	27.00	8.83	26	33.50	6.61
12	47.00	5.29	27	25.50	5.00
13	24.50	7.33	28	36.25	7.50
14	41.00	4.55	29	37.00	7.83
15	32.00	12.68	30	29.50	7.94
합 계				985.50	237.11

$\bar{s}$값을 이용하여 σ관리도를 작성하면 $\bar{x}$관리도의 관리한계선도 $\bar{s}$값을 이용하여 계산하는 것이 일관성을 유지할 수 있다. $\bar{x}$관리도와 σ관리도의 관리한계선은 〈표 11-5〉의 자료와 다음 공식을 이용하여 구할 수 있다.

〈표 11-5〉 A_3, B_3, B_4의 값

시료의 크기(n)	A_3	B_3	B_4
2	2.659	0	3.267
3	1.954	0	2.568
4	1.628	0	2.266
5	1.427	0	2.089
7	1.182	0.118	1.882
9	1.032	0.239	1.761
11	0.927	0.321	1.679
15	0.789	0.428	1.572

$\bar{x}$관리도 :

$$CL = \bar{\bar{x}} = 32.85$$
$$UCL = \bar{\bar{x}} + A_3\bar{s} = 32.85 + (1.628)(7.905) = 45.72$$
$$LCL = \bar{\bar{x}} - A_3\bar{s} = 32.85 - (1.628)(7.905) = 19.98$$

σ관리도 :

$$CL = \bar{s} = 7.905$$
$$UCL = B_4\bar{s} = (2.266)(7.905) = 17.91$$
$$LCL = B_3\bar{s} = (0)(7.905) = 0$$

03 관리도의 해석

1. 안정적 공정의 판단요령

제조공정에서 모든 이상원인이 제거되면 관리도상의 점들은 관리한계선 안에 위치하게 되며 이에 따라 공정은 관리상태 또는 안정적인 상태에 속하게 된다고 볼 수 있다. 공정이 관리상태에 있게 되면 관리도상에 나타나는 점들은 [그림 11-2]에서 볼 수 있는 바와 같이 대개 다음과 같은 패턴을 따른다.[1)]

[그림 11-2] 자연스러운 변동의 패턴

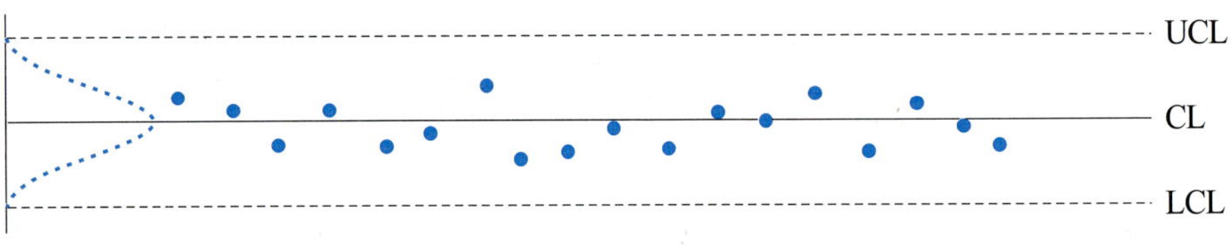

1) Besterfield, D.H., *Quality Improvement*, 9th ed., Prentice-Hall, 2012, pp.61～70.

① 2/3 정도의 점들이 중심선 근처에 위치한다.
② 극히 소수의 점들만이 관리한계선 근처에 위치한다.
③ 중심선을 경계로 하여 위아래에 번갈아 가며 위치한다.
④ 중심선 상부에 위치하는 점들의 수와 중심선 하부에 위치하는 점들의 수가 비슷하다.
⑤ 관리한계선 밖에 위치하는 점은 찾아볼 수 없으며, 있더라도 극히 드물다. 이론적으로는 관리한계선 밖에 위치하는 점들이 존재하는 경우 관리상태로 보기 어려우나 현실적으로 다음과 같은 경우에는 관리상태에 있다고 판정한다.
  (a) 연속 25개 이상의 점이 관리한계선 안에 있는 경우
  (b) 연속 35개의 점 중 관리한계선을 벗어난 것이 1개 이내인 경우
  (c) 연속 100개의 점 중 관리한계선을 벗어난 것이 2개 이내인 경우

2. 불안정한 공정의 판단요령

불안정한 공정 또는 통계적 관리상태가 아닌 공정이란 이상요인이 공정에 내재되어 비정상적인 변동이 발생하는 경우를 의미한다. 공정에서 도출된 시료의 통계치가 관리한계선을 벗어나는 경우 별다른 분석과정을 도입하지 않더라도 공정이 불안정한 상태에 있다고 결론지을 수 있다. 그러나 관리도상의 모든 점들이 관리한계선 안에 위치한다 하더라도 반드시 공정이 안정적인 상태에 있다고 볼 수는 없다. 이제 이러한 경우를 구체적으로 살펴보기로 하자.

(1) 런의 분석

런(run)이란 [그림 11-3]에서와 같이 중심선의 한쪽에 연속해서 나타나는 점들을 일컫는 용어이다. 예를 들어 5개의 점들이 계속 중심선의 상부 또는 하부에 나타나는 현상을 길이 5개의 런이라 한다.

관리도의 설계과정에서 이미 살펴본 바와 같이 공정에서 도출된 시료의 통계치는 정규분포를 이루고 있으므로 관리도상에서 한 점이 중심선의 상부에 위치할 확률과 중심선의 하부에 위치할 확률은 모두 0.5이다. 따라서 공정이 정

[그림 11-3] 런의 예시

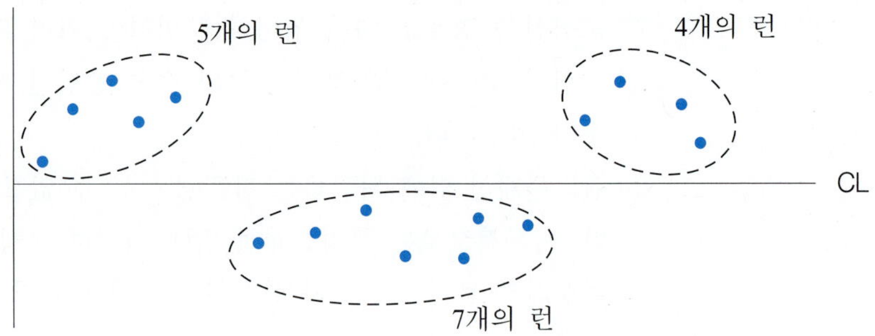

상적인 관리상태에 있다면 이 점들의 반은 중심선의 상부에 위치할 것이고 나머지 반은 중심선의 하부에 불규칙하게 분포될 것이다. 참고로 n개의 점들이 중심선의 상부 또는 하부에 계속 나타날 확률을 계산해 보면 다음과 같다.

n	확 률
3	$(0.5)^3=0.125$
4	$(0.5)^4=0.0625$
5	$(0.5)^5=0.03125$
6	$(0.5)^6=0.015625$
7	$(0.5)^7=0.0078125$

이 표에서 알 수 있듯이 길이 7개의 런이 나타날 확률은 1% 미만이므로 공정이 안정적인 상태에 있는 경우 이러한 현상이 나타날 가능성은 극히 희박하다. 따라서 길이 7개의 런과 같은 현상이 나타나면 즉시 시정조치를 취해야 한다.

(2) 점들의 편중현상

런의 분석에서와 마찬가지로 다수의 점들이 중심선의 한쪽에 편중하는 경우에도 공정의 관리상태를 의심해 보아야 한다. 예를 들어 [그림 11-4]와 같이 11개의 점 중 10개가 중심선의 한쪽에 나타날 확률과 14개의 점 중 12개가 중심선

[그림 11-4] 편중현상의 예시

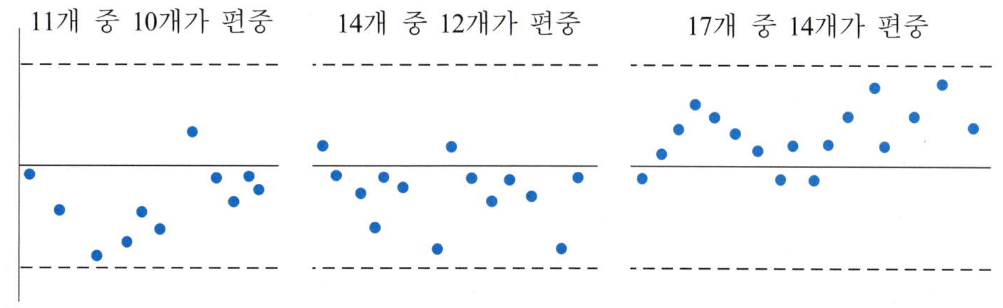

의 한쪽에 나타날 확률을 이항분포를 이용하여 계산해 보면 각각 다음과 같다.

$$_{11}C_{10}(0.5)^{10}(0.5)^{1}=0.0054$$
$$_{14}C_{12}(0.5)^{12}(0.5)^{2}=0.0055$$

따라서 공정이 안정적인 상태에 있는 경우 이와 같은 현상이 나타날 가능성은 거의 없다고 단정 지어도 무방하다.

이와 같은 뚜렷한 편중현상 외에도 관리도상의 점들이 정규분포를 띠고 있어야 안정적인 상태라는 사실을 이용한다면 또 다른 편중현상을 생각해 볼 수 있다. 일반적으로 안정적인 상태하에서는 중심선과 1σ 내에 68%의 점들이 위치하고 있어야 하며, 1σ와 2σ 내에는 27%, 2σ와 3σ 내에는 5% 정도의 점들이 위치해야 한다. 만약 관리도상의 점들이 이러한 정상적인 패턴에서 상당히 벗어나게 되면 이 역시 불안정한 공정으로 간주해야 한다.

3. 불안정한 공정의 원인분석

관리도를 통해 공정이 불안정한 상태에 있다는 결론을 내리게 되면 이러한 변동현상을 일으키게 된 이상원인을 찾아내야 한다. 관리도상의 이상패턴과 이 같은 현상을 일으키게 하는 주된 이상원인 간의 관계를 어느 정도 알고 있으면 공정관리에 소요되는 노력을 상당히 줄일 수 있게 된다. $\bar{x}$관리도와 R관리

도상에서의 이상패턴은 대개 다음의 다섯 가지로 분류해 볼 수 있다.[2)]

(1) 평균수준의 급격한 변화

$\bar{x}$관리도나 R관리도를 사용하는 경우 [그림 11-5]에서와 같이 전반적인 점들의 위치가 급격히 변할 때가 있다.

$\bar{x}$관리도의 경우 생산준비과정에 있어서 설비조정방법의 변화, 새로운 작업자 또는 미숙련공의 배치, 전혀 다른 원자재의 사용, 기계부품의 고장 등이 발생했을 때 이런 패턴이 나타나곤 한다. R관리도의 경우에는 미숙련공의 배치, 투입자재 품질의 변화, 기계사용속도의 급격한 증가 등의 이유로 인해 산포도가 급변할 수 있다.

[그림 11-5] **평균수준의 급격한 변화**

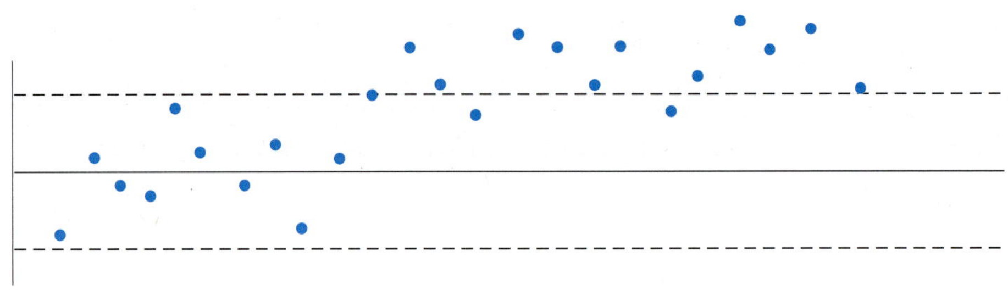

(2) 추세현상

경우에 따라서는 [그림 11-6]에서와 같이 관리도상의 점들이 완만한 상승이나 하락추세를 보일 수 있다. $\bar{x}$관리도의 경우 설비의 점진적 마모, 작업장 내의 온도나 습도의 점진적 변화, 화학공정의 점성(viscosity) 변화 등의 이유로 인해 이 같은 추세현상이 나타나곤 한다.

$\bar{x}$관리도의 경우보다는 많지 않지만 R관리도에서 추세현상이 나타나는

---

2) 이 소절은 Besterfield, D.H., 앞의 책, pp.88～98을 발췌·요약한 것임. 따라서 [그림 11-5]에서 [그림 11-7]까지도 같은 부분에서 발췌하였음.

[그림 11-6] **추세현상**

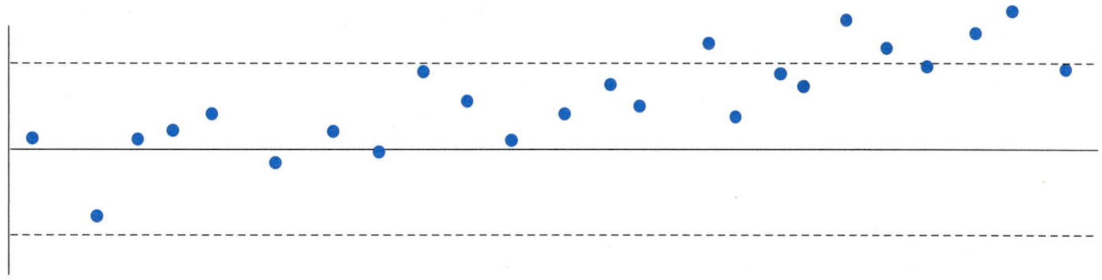

경우, 작업자 기능의 개선, 피곤, 지루함 등으로 인한 작업자 기능의 저하, 투입원자재 품질의 점진적 균일화 등이 주된 이유일 수 있다.

(3) 주기현상

또한 [그림 11-7]에서와 같이 관리도상의 점들이 주기적으로 상승하거나 하락하는 현상을 보일 수도 있다. $\bar{x}$ 관리도에서는 투입원자재 특성의 계절적 변화, 작업장 내의 온도나 습도의 주기적 변화, 작업자의 순환근무 등을 그 이유로 생각해 볼 수 있다. R관리도에서는 휴식 전과 휴식 후의 기능상의 차이, 주유주기(lubrication cycle) 등이 이유일 수 있다.

[그림 11-7] **주기현상**

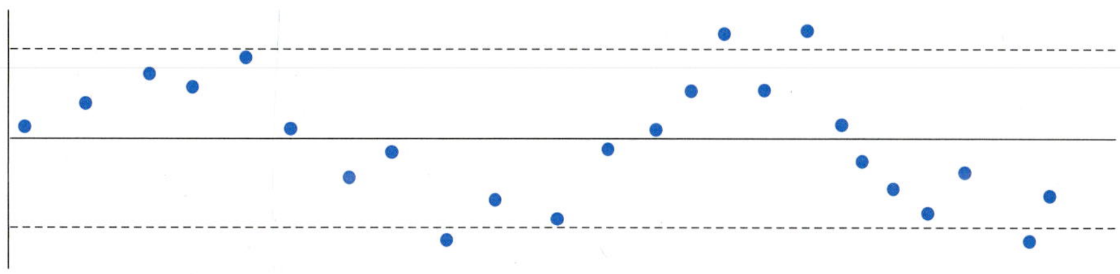

(4) 두 그룹의 혼합현상

[그림 11-8]에서와 같이 관리한계선 근처에 많은 점들이 모여 있는 경우에는 소위 두 그룹의 혼합현상이 일어나고 있다고 볼 수 있다. $\overline{x}$ 관리도에서 이 같은 현상을 일으키는 원인으로는 투입자재품질의 현격한 차이, 두 대 이상의 기계 사용, 검사설비의 기능상 차이 등을 들 수 있다.

R관리도에서는 둘 이상의 작업자가 같은 관리도를 작성하거나, 서로 다른 공급업자로부터의 동일 자재를 구입할 때 이와 같은 혼합현상이 나타날 수 있다.

[그림 11-8] 두 그룹의 혼합현상

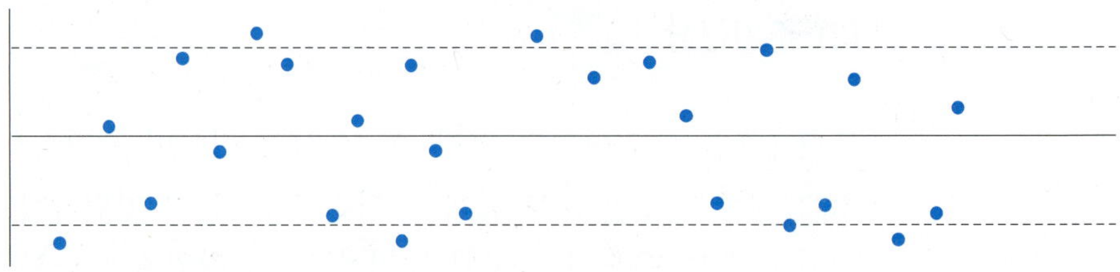

보론 특수계량치관리도

1. 이동평균관리도

화공약품공장에서와 같이 한 번에 하나의 특성치밖에 관측할 수 없는 경우에는 평균 대신에 이동평균을 사용하여 관리도를 작성하기도 한다. 이와 같은 관리도를 이동평균관리도(chart for moving average and moving range)라 부른다.[3] 〈보론 표 11-1〉은 3기 이동평균관리도의 작성과정을 도시한 것이다. 이 표에서도 알 수 있듯이 최소 세 개의 관측치가 기록된 뒤에야 평균의 계산이 가능하다. 예를 들어 셋째 줄의 평균값인 29.6은 첫 3기의 관측치인 35, 26, 28의 평균이며, 범위값은 35, 26, 28의 세 관측치 중 최댓값이 35와 최솟값인 26의 차이인 9로 기록되어 있다. 넷째 줄의 평균값인 28.6은 가장 최근의 세 관측치인 26, 28, 32의 평균이며 범위값 6은 이 세 관측치의 최댓값인 32와 최솟값인 26의 차이이다.

이와 같은 방법으로 〈보론 표 11-1〉을 작성하고 $\bar{x}$관리도와 R관리도의 관리한계선 계산공식을 이용하면 이동평균관리도의 예비관리한계선이 도출된다.

〈보론 표 11-1〉 3기 이동평균관리도의 작성

관측치	3기 관측치 합계	이동평균(x_i)	범위(R_i)
35	−	−	−
26	−	−	−
28	89	29.6	9
32	86	28.6	6
36	96	32.0	8
⋮	⋮	⋮	⋮
합 계		$\Sigma\overline{x_i}$	ΣR_i

3) Besterfield, D.H., *Quality Improvement*, 9th ed., Prentice-Hall, 2012, pp.99～104 참고.

2. 개별관측치관리도(x관리도)

개별관측치관리도(chart for individual values) 또는 x관리도는 공정에서 생산되는 각 품목의 품질특성치를 하나하나 점으로 표기함으로써 공정을 관리하고자 하는 기법으로, 생산되는 품목들을 합리적인 군(subgroup)으로 나눌 수 있는 경우와 그렇지 못한 경우에 쓰일 수 있는 두 가지 모형이 개발되어 있다.

(1) 합리적인 군으로 나눌 수 있는 경우

공정에서 생산되는 품목들을 합리적인 군으로 나눌 수 있다는 것은 서로 유사한 특성을 지니는 품목들을 하나의 군으로 추출할 수 있다는 의미로 $\overline{x}$관리도와 R관리도를 사용해도 무방한 경우에 해당된다. $\overline{x}$관리도와 R관리도를 사용할 수 있음에도 불구하고 x관리도를 사용하는 이유는 이상요인을 보다 빨리 감지하기 위해서라고 볼 수 있다.

따라서 자료를 수집하고 정리하는 방법도 $\overline{x}$관리도와 R관리도를 사용하는 방법과 같다. 예를 들어 i번째 군(시료)의 평균값을 $\overline{x_i}$라 하고 군의 수를 k라 한다면 중심선은 다음과 같이 나타낼 수 있다.

$$\mathrm{CL} = \overline{\overline{x}} = (\overline{x_1} + \overline{x_2} + \cdots\cdots + \overline{x_k})/k$$

한편 관리한계선은 각 군의 범위값 R_i를 이용하여 계산할 수 있다. 각 군의 범위값을 R_i라 한다면

$$\overline{R} = (R_1 + R_2 + \cdots\cdots + R_k)/k$$

가 되며, $\overline{R}$가 주어지면 〈보론 표 11-2〉의 E_2값을 이용하여 관리한계선을 구할 수 있다.

$$\mathrm{UCL} = \overline{\overline{x}} + E_2\overline{R}$$
$$\mathrm{LCL} = \overline{\overline{x}} - E_2\overline{R}$$

〈보론 표 11-2〉 E값

시료의 크기(n)	E_2
2	2.66
3	1.77
4	1.46
5	1.29
6	1.18
7	1.11
8	1.05
9	1.01
10	0.98

여기서 주의할 점은 일단 중심선과 관리한계선이 결정되면 개별품목의 특성치를 기록하여 공정을 관리하게 되며 각 군의 평균치는 계산할 필요가 없다는 점이다. 물론 $\bar{x}$관리도와 R관리도를 x관리도와 병행하여 사용하는 경우에는 각 군의 평균도 계산할 필요가 있다.

(2) 합리적인 군으로 나눌 수 없는 경우

시료를 추출하기 위해 지나치게 많은 시간과 비용이 소요되거나 실제 시료를 추출하기에는 생산량이 너무 작은 경우 x관리도를 사용하는 것이 바람직하다. 이와 같이 한정된 자료만을 얻을 수 있는 경우에는 $\bar{x}$관리도를 사용하더라도 상당히 오랜 시간이 경과해야만 공정에 관한 정보를 얻을 수 있기 때문에 신속한 공정관리를 도모하기 위해서도 x관리도가 선호된다.

x관리도의 중심선과 관리한계선은 다음과 같은 공식을 이용하여 구한다.

$$\text{CL} = \bar{x} = \frac{\sum x_i}{k}$$

$$\text{UCL} = \bar{x} + 2.66\bar{R}$$

$$\text{LCL} = \bar{x} - 2.66\bar{R}$$

이 공식에 포함되어 있는 범위의 평균값을 구하기 위해서는 이동범위기법

(moving range technique)을 이용해야 한다. 즉 첫 번째 R_1값은 x_2-x_1에서 얻어지며 두 번째 R_2값은 x_3-x_2가 된다. 따라서 i번째 범위값 R_i는 $x_{i+1}-x_i$값이 되며, 범위의 평균값인 $\overline{R}$는 이들 R_i값의 평균이다.

만약 범위관리도(R_s관리도)를 병행하여 사용하고자 할 경우에는 다음 공식에 의해 중심선과 관리한계선을 계산한다.

$$\mathrm{CL}=\overline{R}=\frac{\sum R_i}{k}$$
$$\mathrm{UCL}=3.27\overline{R}$$
$$\mathrm{LCL}=0$$

3. 메디안관리도($\tilde{x}$관리도)

메디안관리도(median control chart)는 계산시간을 줄일 수 있는 계량형 관리도로서 자료의 수집방법은 $\overline{x}$관리도나 R관리도의 경우와 같으나 산술평균 대신에 중앙값을 이용한다는 점이 다르다.

i번째 군(시료)의 중앙치를 $\tilde{x}_i$라 하고 군의 수를 k라 한다면 중심선은 다음과 같이 계산한다.

$$\mathrm{CL}=\tilde{x}=(\tilde{x}_1+\tilde{x}_2+\cdots\cdots+\tilde{x}_k)/k$$

관리한계선은 각 군의 범위값 R_i와 〈보론 표 11-3〉의 자료를 이용하여 계산할 수 있다.

$$\overline{R}=(R_1+R_2+\cdots\cdots+R_k)/k$$
$$\mathrm{UCL}=\tilde{x}+m_3A_2\overline{R}$$
$$\mathrm{LCL}=\tilde{x}-m_3A_2\overline{R}$$

한편 메디안관리도와 병행하여 사용할 수 있는 범위관리도의 중심선과 관리한계선은 다음 식과 〈보론 표 11-3〉의 자료를 이용하여 계산한다.

〈보론 표 11-3〉 m_3A_2, D_3, D_4 값

시료의 크기(n)	m_3A_2	D_3	D_4
2	1.880	0	3.267
3	1.187	0	2.574
4	0.796	0	2.282
5	0.691	0	2.114
6	0.549	0	2.004
7	0.509	0.076	1.924
8	0.432	0.136	1.864
9	0.412	0.184	1.816
10	0.363	0.223	1.777

$$\mathrm{CL} = \overline{R}$$
$$\mathrm{UCL} = D_4\overline{R}$$
$$\mathrm{LCL} = D_3\overline{R}$$

다만 중앙치관리도는 이해와 계산이 쉽기는 하지만 시료군 내의 모든 관측치를 이용하지 못한다는 단점이 있다.

쉬어가기 생산 · 물류 현장에 이미지 기반 AI 알고리즘으로 품질관리

인공지능 기반의 소프트웨어 검증시스템(마이스트)과 개발문서 검색시스템(마이봇)을 연구개발 분야에 도입한 현대모비스가 인공지능 기술을 생산과 물류 분야까지 확장한다. 현대모비스는 인공지능(AI)으로 품질 불량을 검출해 내는 알고리즘을 개발해 생산현장에 적용한다고 5일 밝혔다. 이와 함께 외부 환경 변화를 학습해 AS부품의 수요를 예측하는 인공지능 모델 개발에도 성공해 상반기 적용할 계획이다.

이를 위해 지난해 초 사내에 빅데이터팀을 신설하고, 현업부서와의 협업을 통해 이와 같은 데이터 분석 기술을 모두 독자 개발했다. ICT 기업이 아닌 자동차 부품기업이 맞춤형 인공지능 기술을 개발하는 별도 팀을 운영하는 것은 현대모비스가 유일하다. 현대모비스는 이미지 데이터를 기반으로 품질 불량을 검출해 내는 알고리즘을 자체 개발해 첨단 전장부품 공장인 진천공장 내 전동식 조향장치용 전자제어장치(MDPS ECU) 생산라인에 적용했다. 전자제어장치(ECU)는 전자식 부품의 두뇌 역할을 하는 부품으로 인쇄회로기판(PCB) 위에 수많은 작은 소자들을 삽입해 만든다. ECU가 전자장치인 만큼 엄격한 품질검사를 진행하는데, 이때 검사방법의 한계로 정상적으로 기능하는 제품이 부적합 판정을 받는 경우가 생길 수 있다. 이런 제품들은 다시 숙련된 기술자가 육안으로 검사를 하고 기능상 이상이 없는지 재확인하는 과정을 거쳐야 한다.

현대모비스는 이 과정에서 비효율이 발생한다고 보고, 인공지능 컴퓨터로 제품을 정확하게 판별해 낼 수 있도록 다양한 형태의 샘플들을 학습시켰다. 알고리즘은 현재도 98% 이상의 판별률을 보이고 있지만, 데이터가 누적될수록 완벽하게 제품을 판별해 낼 수 있을 것으로 보고 있다. 현대모비스는 제품의 품질 향상과 함께 육안검사를 하던 숙련공들의 업무 효율성도 올라갈 것으로 기대하고 있다. 자체적으로 확보한 알고리즘을 일부 수정하면 다른 PCB 라인에도 바로 적용할 수 있는 만큼 현재 1개 라인에 적용돼 있는 이 알고리즘을 올해까지 5개 라인으로 확대하기로 했다. 또한 같은 전자장치를 생산하는 중국 천진 공장 등 글로벌 생산 거점에도 확대 적용할 방침이다. 또한 AS부품 수요에 영향을 끼치는 다양한 외부요인을 학습해 수요량을 예측하는 모델 개발에도 성공해 상반기부터 활용한다는 방침이다. 계절이나 날씨, 운전자의 주행 습관, 차량 운행 대수, 차종별 점검시기 등이 이러한 외부요인에 속한다.

단종된 차량을 비롯해 244개 차종의 270만개에 달하는 대단위 AS부품을 공급하는 현대모비스는 고객들이 필요로 하는 부품을 신속하게 받아볼 수 있도록 전국 4개 물류센터와 22개의 부품 사업소, 1,200여 개 대리점 등 촘촘한 네트워크를 구축해 부품을 공급하고 있지만, 품목의 수가 워낙 방대해 재고운영에 어려움이 있다. 부품의 수요예측을 더 정확히 하기 위해 과거 데이터는 물론, 향후 예상되는 외부요인들을 인공지능 컴퓨터로 분석해 수요예측 정확도를 개선했다. 온도 변화로 인한 제동부품의 마모율 변화를 학습한 머신러닝 모델이 기상청의 기후관측 데이터를 미리 반영해 제동부품 수요를 예측하는 식이다.

현대모비스 측은 "각 사업부문별로 기술의 한계 때문에 발생했던 비효율적인 부분들은 인공지능 기술의 발전으로 대부분 해결할 수 있게 됐다"면서 "앞으로 각 현업부서별로 개선 사항들을 취합하고, 우선순위에 따라 인공지능 기술을 순차적으로 도입해 전사적인 차원의 경영혁신을 이뤄나갈 것"이라고 말했다.

(http://scimonitors.com, 2019.3.5)

연습문제

CHAPTER 11

주관식

1 한국음료는 밀크음료를 제조·판매하는 기업이다. 음료 캔 하나에 240ml가 들어가야 정상이며 이를 유지하기 위해 관리도 기법을 적용하고 있다. 6개의 캔을 하나의 시료로 설정하여 지난 두 주간 40개의 시료군을 검사한 결과 $\bar{x}$ 값의 평균값은 243ml, R_i값의 평균값은 2ml로 도출되었다.

(a) $\bar{x}$ 관리도와 R 관리도의 중심선, 관리상하한선을 구하여라.

(b) 만약 $\bar{x_i}$ =242.3인 시료가 추출되었다면 생산라인이 정상으로 가동되고 있다고 볼 수 있는가?

(c) 만약 R_i =2.8인 시료가 추출되었다면 생산라인이 정상으로 가동되고 있다고 볼 수 있는가?

2 최첨단 방직공정의 핵심 품질특성인 내구성에 대한 품질관리를 위해 관리도기법을 사용하기로 하였다. 시료의 크기를 5로 하고 30회 샘플을 추출하여 자료를 수집하였다. $\bar{x}$ 값(단위 : lb)과 R_i값을 구한 결과, $\bar{x}$ 값의 합계는 607.8, R_i값의 합계는 144로 집계되었다. $\bar{x}$ 관리도와 R 관리도의 중심선, 관리상하한선을 구하여라.

$$\sum_{i=1}^{30}\bar{x}_i = 607.8, \quad \sum_{i=1}^{30} R_i = 144$$

3 망고주스캔의 주스량을 통계적으로 관리하기 위한 시료를 추출하였다. 각 시료의 크기는 7이며, 모두 30회 샘플을 추출하여 $\bar{x}$ 값(단위 : ml)과 R_i값을 수집한 결과 다음과 같은 통계량을 구할 수 있었다. $\bar{x}$ 관리도와 R 관리도의 중심선, 관리상하한선을 구하여라.

$$\sum_{i=1}^{30}\bar{x}_i = 12{,}870, \quad \sum_{i=1}^{30} R_i = 1{,}350$$

4 다음 자료를 이용하여 $\bar{x}$ 관리도와 R관리도를 작성하여라. 단, 시료의 크기 $n=5$라 가정한다.

시료군번호	1	2	3	4	5	6	7	8	9	10
$\bar{x}_i$	95.72	95.24	95.18	95.44	95.46	95.32	95.40	95.47	95.08	95.50
R_i	1.0	0.9	0.8	0.4	0.5	1.1	0.9	0.3	0.2	0.6
시료군번호	11	12	13	14	15	16	17	18	19	20
$\bar{x}_i$	95.80	95.22	95.56	95.22	95.04	95.72	94.82	95.46	95.60	95.74
R_i	0.6	0.2	1.3	0.5	0.8	1.1	0.6	0.5	0.4	0.6

5 다음 자료를 이용하여 $\bar{x}$ 관리도와 R관리도를 작성하여라. 단, 시료의 크기 $n=4$라 가정하고, 관리한계선 밖의 자료는 모두 이상원인에 기인한 것으로 간주한다.

시료군번호	1	2	3	4	5	6	7	8	9	10	11	12	13
$\bar{x}_i$	6.35	6.40	6.36	6.65	6.39	6.40	6.43	6.37	6.50	6.42	6.39	6.38	6.40
R_i	0.08	0.10	0.06	0.10	0.10	0.09	0.05	0.08	0.04	0.11	0.03	0.04	0.12
시료군번호	14	15	16	17	18	19	20	21	22	23	24	25	
$\bar{x}_i$	6.41	6.45	6.34	6.36	6.42	6.35	6.51	6.40	6.39	6.39	6.38	6.41	
R_i	0.07	0.08	0.10	0.12	0.30	0.06	0.11	0.08	0.07	0.06	0.08	0.06	

6 다음 자료를 이용하여 물음에 답하여라.

시료군번호	$\bar{x}_i$	R_i	시료군번호	$\bar{x}_i$	R_i
1	20.35	0.34	14	20.41	0.36
2	20.40	0.36	15	20.45	0.34
3	20.36	0.32	16	20.34	0.36
4	20.65	0.36	17	20.36	0.37
5	20.20	0.36	18	20.42	0.37
6	20.40	0.35	19	20.50	0.38
7	20.43	0.31	20	20.31	0.35
8	20.37	0.34	21	20.39	0.38
9	20.48	0.30	22	20.39	0.33
10	20.42	0.37	23	20.40	0.32
11	20.39	0.29	24	20.41	0.34
12	20.38	0.30	25	20.40	0.30
13	20.40	0.33			

(a) 시료 크기 $n=6$이라 가정하고 $\bar{x}$ 관리도와 R관리도를 작성하여라.

(b) 시료 크기 $n=3$이라 가정하고 $\bar{x}$ 관리도와 R관리도를 작성하여라.

7 관리도기법을 이용하여 극소형 엔진에 사용되는 피스톤링의 지름을 통계적으로 관리하고자 한다. 이를 위해 5개의 피스톤링으로 구성된 시료를 매 4시간마다 25번 추출하였다. 각 시료 내의 최댓값과 최솟값의 차이인 R_i와 시료의 평균값을 계산한 결과 다음과 같은 자료를 얻을 수 있었다. $\bar{x}$관리도와 R관리도를 작성하여라.

시료군 번호(k)	x_1	x_2	x_3	x_4	x_5
1	1.3235	1.4128	1.6744	1.4573	1.6914
2	1.4314	1.3592	1.6075	1.4666	1.6109
3	1.4284	1.4871	1.4932	1.4324	1.5674
4	1.5028	1.6352	1.3841	1.2831	1.5507
5	1.5604	1.2735	1.5265	1.4363	1.6441
6	1.5955	1.5451	1.3574	1.3281	1.4198
7	1.6274	1.5064	1.8366	1.4177	1.5144
8	1.4190	1.4303	1.6637	1.6067	1.5519
9	1.3884	1.7277	1.5355	1.5176	1.3688
10	1.4039	1.6697	1.5089	1.4627	1.5220
11	1.4158	1.7667	1.4278	1.5928	1.4181
12	1.5821	1.3355	1.5777	1.3908	1.7559
13	1.2856	1.4106	1.4447	1.6398	1.1928
14	1.4951	1.4036	1.5893	1.6458	1.4969
15	1.3589	1.2863	1.5996	1.2497	1.5471
16	1.5747	1.5301	1.5171	1.1839	1.8662
17	1.3680	1.7269	1.3957	1.5014	1.4449
18	1.4163	1.3864	1.3057	1.6210	1.5573
19	1.5796	1.4185	1.6541	1.5116	1.7247
20	1.7106	1.4412	1.2361	1.3820	1.7601
21	1.4371	1.5051	1.3485	1.5670	1.4880
22	1.4738	1.5936	1.6583	1.4973	1.4720
23	1.5917	1.4333	1.5551	1.5295	1.6866
24	1.6399	1.5243	1.5705	1.5563	1.5530
25	1.5797	1.3663	1.6240	1.3732	1.6887

8 소형 종이팩에 고급 생과일주스를 담아 매일 새벽에 판매하고 있다. 팩 하나에 들어가는 과일주스량을 관리하기 위해 5개 주스팩으로 구성된 시료를 매 4시간마다 25번 추출하였다. 각 시료의 평균값과 표준편차를 계산한 결과가 다음과 같을 때 $\bar{x}$관리도와 σ관리도를 작성하여라.

시료군 번호(k)	x_1	x_2	x_3	x_4	x_5	평균($\overline{x_i}$)	표준편차 (s_i)
1	74.030	74.002	74.019	73.992	74.008	74.010	0.0148
2	73.995	73.992	74.001	74.011	74.004	74.001	0.0075
3	73.988	74.024	74.021	74.005	74.002	74.008	0.0147
4	74.002	73.996	73.993	74.015	74.009	74.003	0.0091
5	73.992	74.007	74.015	73.989	74.014	74.003	0.0122
6	74.009	73.994	73.997	73.985	73.993	73.996	0.0087
7	73.995	74.006	73.994	74.000	74.005	74.000	0.0055
8	73.985	74.003	73.993	74.015	73.988	73.997	0.0123
9	74.008	73.995	74.009	74.005	74.004	74.004	0.0055
10	73.998	74.000	73.990	74.007	73.995	73.998	0.0063
11	73.994	73.998	73.994	73.995	73.990	73.994	0.0029
12	74.004	74.000	74.007	74.000	73.996	74.001	0.0042
13	73.983	74.002	73.998	73.997	74.012	73.998	0.0105
14	74.006	73.967	73.994	74.000	73.984	73.990	0.0153
15	74.012	74.014	73.998	73.999	74.007	74.006	0.0073
16	74.000	73.984	74.005	73.998	73.996	73.997	0.0078
17	73.994	74.012	73.986	74.005	74.007	74.001	0.0106
18	74.006	74.010	74.018	74.003	74.000	74.007	0.0070
19	73.984	74.002	74.003	74.005	73.997	73.998	0.0085
20	74.000	74.010	74.013	74.020	74.003	74.009	0.0080
21	73.982	74.001	74.015	74.005	73.996	74.000	0.0122
22	74.004	73.999	73.990	74.006	74.009	74.002	0.0074
23	74.010	73.989	73.990	74.009	74.014	74.002	0.0119
24	74.015	74.008	73.993	74.000	74.010	74.005	0.0087
25	73.982	73.984	73.995	74.017	74.013	73.998	0.0162

9 어느 화학제품의 점도를 매 30분마다 측정한 결과 다음과 같은 자료를 얻을 수 있었다.

39	42	38	37	41	40	38	36	40	36	35	38	34	35	37	36
39	34	38	36	32	37	35	34	33	35	32	32	38	34	37	35
35	34	31	33	35	32	36	31	29	33	32	31	30	32	32	29

(a) 5개의 구간을 설정하여 히스토그램을 작성하여라. 단, 첫 번째 구간의 중간점은 29로 설정한다.

(b) 런(run)차트를 작성하여 품질특성의 변화를 분석하여라.

10 다음의 관리도는 일정기간 관리상태에서 안정적으로 운영되고 있던 프로세스에서 도출한 것이다. 지금 시점에서는 어떤 결론을 내려야 하는가?

(a)

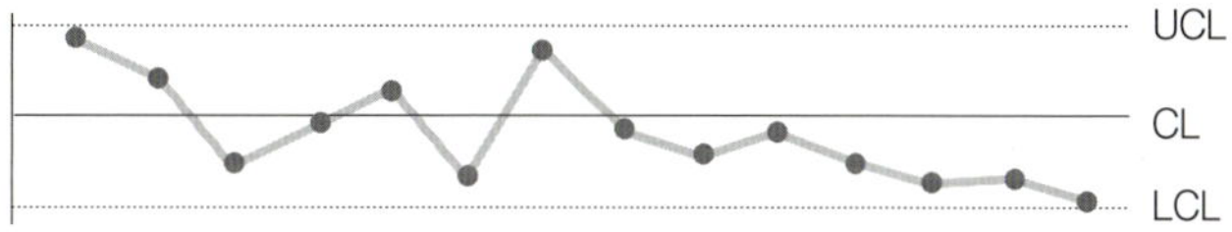

(b)

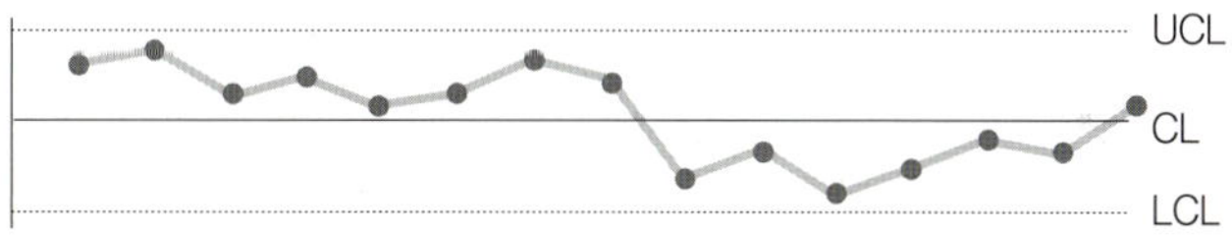

(c)

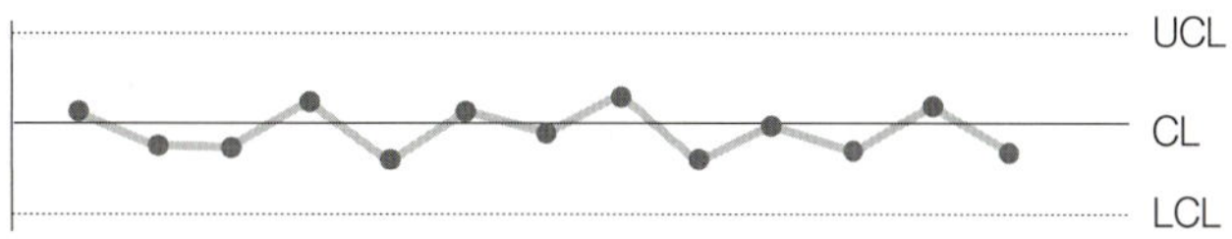

(d)

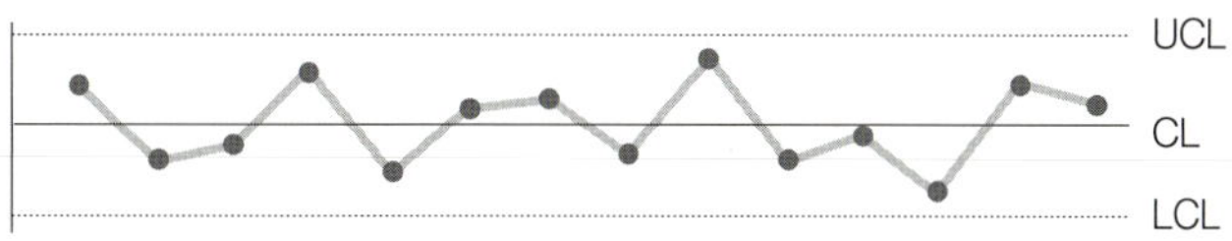

(e)

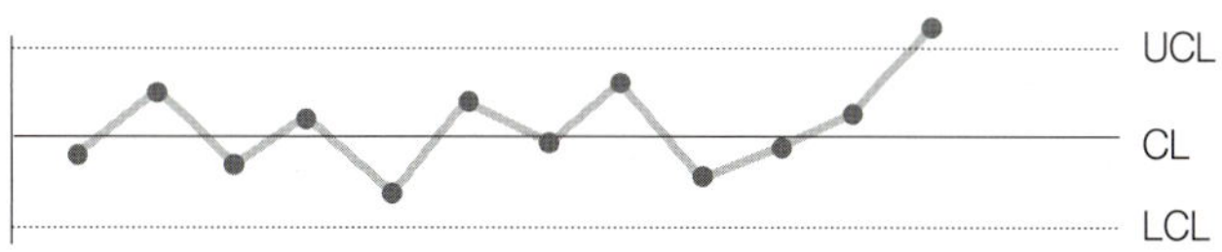

(f)

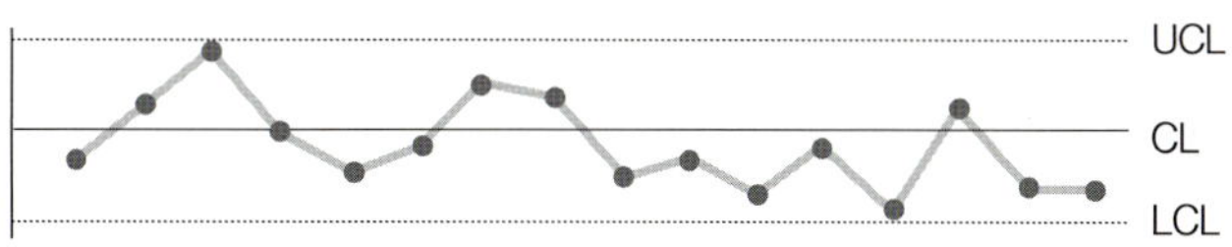

객관식

1 다음 중 관리도 유형에 대한 설명으로 옳은 것은?

> ㄱ. $\bar{x}$관리도 : 시료의 평균값을 관리하는 데 사용된다.
> ㄴ. R관리도 : 시료의 범위값을 이용하여 산포도를 통제하고자 할 때 사용된다.
> ㄷ. σ관리도 : 품질특성의 이동평균값과 범위값을 이용하여 작성한다.

① ㄱ, ㄴ ② ㄴ, ㄷ
③ ㄱ, ㄷ ④ ㄱ, ㄴ, ㄷ

2 많은 시료를 추출하기에 지나치게 많은 시간과 비용이 소요되거나 실제 검사하기에는 생산량이 너무 작은 경우에 사용할 수 있는 관리도는?

① R관리도 ② 이동평균관리도
③ 개별관측치관리도 ④ 메디안관리도

3 다음 중 공정의 산포도 관리에 사용될 수 있는 관리도는?

> ㄱ. 메디안관리도 ㄴ. R관리도 ㄷ. σ관리도

① ㄱ, ㄴ ② ㄴ, ㄷ
③ ㄱ, ㄷ ④ ㄱ, ㄴ, ㄷ

4 공정이 통계적으로 안정적 상태에 있을 때 기대할 수 있는 이점에 해당하는 것은?

> ㄱ. 공정의 생산성이 극대화된다.
> ㄴ. 공정의 성과를 예측하는 것이 용이하다.
> ㄷ. 산출물의 양이나 질적인 측면에서 일관성을 기대할 수 있다.

① ㄱ, ㄴ ② ㄴ, ㄷ
③ ㄱ, ㄷ ④ ㄱ, ㄴ, ㄷ

5 계량치관리도의 사용절차를 바르게 제시한 것은?

> ㄱ. 자료를 수집하고 예비관리한계선을 계산한다.
> ㄴ. 공정에서 추출할 시료군 크기와 그 추출방법을 결정한다.
> ㄷ. 통제하고자 하는 제품의 품질특성을 선정한다.
> ㄹ. 관리한계선을 조정한다.

① ㄴ - ㄷ - ㄱ - ㄹ ② ㄷ - ㄴ - ㄱ - ㄹ
③ ㄱ - ㄹ - ㄴ - ㄷ ④ ㄷ - ㄴ - ㄹ - ㄱ

6 공정이 안정적인 상태에 있기 전까지 임시로 사용하는 관리한계선을 무엇이라 하는가?

① 예비관리한계선 ② 임시관리한계선
③ 수정가능관리한계선 ④ 공정관리한계선

7 다음 중 시료군(subgroup)에 대한 설명으로 옳지 않은 것은?

① 거의 같은 시간대에 공정에서 추출된 관측치의 집합을 의미한다.
② 시간의 변화에 따른 공정 변화를 민감하게 탐지할 수 있도록 정의해야 한다.
③ 같은 시료군 내의 관측치 사이에는 품질특성의 큰 변동이 없는 것이 바람직하다.
④ 서로 다른 시료군에서 도출된 품질특성간에는 상관관계가 높도록 조정해야 한다.

8 $\bar{x}$ 관리도를 사용하는 경우 평균수준의 급격한 변화로 인해 관리도상의 데이터가 비정상적인 상태를 나타내는 경우가 있다. 그 이유에 해당된다고 볼 수 있는 것은?

> ㄱ. 생산준비과정에 있어서 조정방법의 변화
> ㄴ. 새로운 작업자 또는 미숙련공의 배치
> ㄷ. 전혀 다른 원자재의 사용이나 기계부품의 고장

① ㄱ, ㄴ ② ㄴ, ㄷ
③ ㄱ, ㄷ ④ ㄱ, ㄴ, ㄷ

9 R관리도에서 추세현상이 나타나는 이유로 볼 수 있는 것은?

> ㄱ. 투입원자재 품질의 점진적 균일화
> ㄴ. 피곤, 지루함 등으로 인한 작업자 기능의 저하
> ㄷ. 미숙련공의 배치

① ㄱ, ㄴ ② ㄴ, ㄷ
③ ㄱ, ㄷ ④ ㄱ, ㄴ, ㄷ

10 공정이 관리상태에 있을 때에는 관리도상에 나타나는 점들이 어떤 특유의 패턴을 따른다. 이에 해당하지 않는 것은?

① 중심선을 경계로 하여 위아래에 번갈아 가며 위치한다.
② 극히 소수의 점들만이 관리한계선 근처에 위치한다.
③ 1/3 정도의 점들이 중심선 근처에 위치한다.
④ 중심선 상부에 위치하는 점들의 수와 중심선 하부에 위치하는 점들의 수가 비슷하다.

❖ 객관식 정답

1. ① 2. ③ 3. ② 4. ② 5. ② 6. ① 7. ④ 8. ④ 9. ① 10. ③

CHAPTER

12

공정능력의 분석

설계과정에서 설정한 규격에 맞추어 생산할 능력이 있는가를 분석하기 위해서는 공정능력을 평가해야 한다. 공정능력(process capability)이란 이상요인을 모두 제거한 뒤 공정에서 생산되는 제품의 특성을 통계적으로 나타낸 값이다. 공정능력은 공정이 설계규격에 어느 정도 일치하는 제품을 생산해낼 수 있는가를 나타내는 척도로 정의할 수도 있지만 공정에서 생산해내는 제품의 품질특성의 내재적 변동폭을 의미할 수도 있다. 본장에서는 공정능력의 개념과 산출방법에 대해 살펴본다.

01 공정능력의 개념

제품규격이란 합격으로 판정될 개별품목이 가질 수 있는 특성치의 한계를 의미한다. 관리도의 목적은 이미 설명한 바와 같이 불량의 원인이 되는 이상원인들을 제거하여 공정을 효율적으로 관리하고자 하는 데 있으므로 관리도 그 자체는 제품규격과 직접적인 관계를 갖지는 않는다.

설계과정에서 설정한 대로 생산할 능력이 있는가를 분석하기 위해서는 공정능력을 평가해야 한다. 공정능력(process capability)이란 이상요인을 모두 제거한 안정적인 공정에서 생산되는 제품의 품질특성의 변동폭을 의미한다. 다시 말해 공정능력분석이란 정상적인 조건하에서 생산되는 제품의 품질특성이 변동할 수 있는 범위를 추정하는 과정이라 할 수 있다. 이를 위해서는 공정의 이상요인을 제거한 뒤, 품질특성의 평균값 $\bar{x}$와 표준편차 σ'를 구해야 한다. 일반적으로 공정능력은 $6\sigma'$로 나타내며, 품질특성의 신뢰구간이라고도 볼 수 있는 $\bar{x}\pm3\sigma'$는 공정능력한계(process capability limit)라고 부른다. 일단 공정능력과 공정능력한계가 구해지면 주어진 규격에 일치하는 제품의 비율도 정규분포를 이용하여 손쉽게 구할 수 있다.

1. 시료의 표준편차를 이용한 공정능력분석

공정능력과 공정능력한계를 추정하기 위해 필요한 σ'값은 충분히 큰 크기의 시료를 단 한 번 추출하여 구한 시료의 표준편차 s를 이용하여 구하거나, 전장의 관리도 작성과정에서와 같이 다수의 소규모 시료를 추출하여 구할 수도 있다. 우선 다음의 예제를 통해 첫 번째 방법부터 살펴보기로 하자.

예제 12-1

한국파이프는 이번에 A형 동파이프 20만개를 생산해 달라는 주문을 받고 제조공정의 준비작업에 착수하였다. 주문받은 A형 동파이프의 품질특성 중 가장 중요한 것은 파이프의 지름으로, 고객의 주문명세서에 의하면 지름의 표준은 2.08cm이나 ±0.05cm의 오차는 허용할 수 있는 것으로 규정되어 있다. 즉, 제품의 스펙은 USL(Upper Specification Limit)=2.08+0.05=2.13, LSL(Lower Specification Limit)=2.08−0.05=2.03으로 나타낼 수 있다.

한국파이프는 우선 50개의 시료를 공정에서 추출하여 파이프지름의 변동폭을 추정하기로 하였다. 공정의 이상요인을 모두 제거하고 시료를 추출한 결과, 다음과 같은 자료를 얻을 수 있었다.

2.05	2.13	2.03	2.09	2.10	2.03	2.10	2.07	2.07	2.07
2.08	2.08	2.12	2.07	2.06	2.13	2.06	2.07	2.09	2.06
2.08	2.05	2.06	2.10	2.06	2.08	2.06	2.11	2.08	2.11
2.11	2.09	2.09	2.09	2.07	2.06	2.08	2.07	2.09	2.09
2.10	2.10	2.11	2.07	2.08	2.10	2.08	2.08	2.09	2.07

(a) 공정능력인 $6\sigma'$를 추정하여라.

(b) 공정능력한계를 구하여라.

(c) 현 상태의 제조공정을 그대로 사용할 때 고객의 주문규격에서 벗어나는 제품의 비율을 추정하여라.

풀이

(a) 우선 품질특성의 평균값인 $\bar{x}$와 시료의 표준편차 s를 구해 보면 다음과 같다.

$$\bar{x} = \Sigma x_i / n = 104.07/50 = 2.08$$

$$s = \sqrt{\frac{\Sigma(x_i - \bar{x})^2}{n-1}} = 0.022$$

s는 σ'의 추정치로 사용될 수 있으므로 공정능력은

$$6\sigma' = (6)(0.022) = 0.132$$

라 할 수 있다.

(b) 공정능력한계는 $\bar{x} \pm 3\sigma'$이므로 $\bar{x}$와 σ'값을 대입하면

$$2.08 \pm (3)(0.022) = 2.08 \pm 0.066$$

이 된다.

(c) 우선 규격상한(USL)과 하한(LSL)을 표준정규변수 Z로 나타내면 다음과 같다.

$$Z_{\text{USL}}=\frac{\text{USL}-\bar{x}}{\sigma'}=\frac{2.13-2.08}{0.022}=2.27$$

$$Z_{\text{LSL}}=\frac{\text{LSL}-\bar{x}}{\sigma'}=\frac{2.03-2.08}{0.022}=-2.27$$

따라서 정규분포표를 이용하면 [그림 12-1]에서와 같이 제품규격을 벗어난 제품의 비율이

$$P(Z\geq 2.27)+P(Z\leq -2.27)=(2)(0.0116)=2.32\%$$

가 됨을 알 수 있다.

[그림 12-1] 규격을 벗어난 제품의 비율

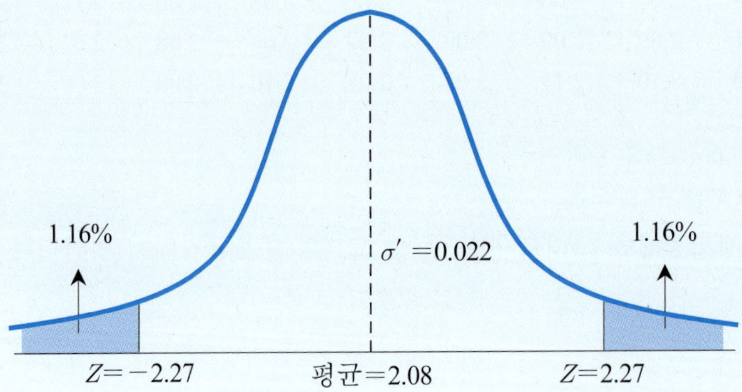

2. 범위의 평균값을 이용한 공정능력분석

만약 관리도를 통해 이상요인을 모두 제거한다면 관리도의 운영과정에서 도출되는 시료의 범위값을 이용하여 공정능력을 추정할 수도 있다. i번째 시료의 범위값을 R_i라 하고 시료군의 개수를 k라 한다면 제11장에서 이미 설명한 바와 같이 $\overline{R}=\sum_{i=1}^{k}R_i/k$가 되며 σ'는 다음 식을 통해 손쉽게 추정할 수 있다.

$$\sigma'=\frac{\overline{R}}{d_2}$$

예제 12-2

한국파이프는 이번에 A형 동파이프 20만개를 생산해 달라는 주문을 받고 제조공정의 준비작업에 착수하였다. 주문받은 A형 동파이프의 지름규격은 2.08cm±0.05cm이다. 공정능력분석을 위해 5개의 제품으로 구성된 시료를 10번 추출한 결과 다음과 같은 자료를 얻을 수 있었다.

시료군 번호(k)	1	2	3	4	5	6	7	8	9	10
1	2.05	2.13	2.03	2.09	2.10	2.03	2.10	2.07	2.07	2.07
2	2.08	2.08	2.12	2.07	2.06	2.13	2.06	2.07	2.09	2.06
3	2.08	2.05	2.06	2.10	2.06	2.08	2.06	2.11	2.08	2.11
4	2.11	2.09	2.09	2.09	2.07	2.06	2.08	2.07	2.09	2.09
5	2.10	2.10	2.11	2.07	2.08	2.10	2.08	2.08	2.09	2.07
R_i	0.06	0.08	0.09	0.03	0.04	0.10	0.04	0.04	0.02	0.05
$\overline{x}_i$	2.084	2.090	2.082	2.084	2.074	2.080	2.076	2.080	2.084	2.080

(a) 공정능력인 $6\sigma'$를 추정하여라.
(b) 공정능력한계를 구하여라.

풀이

(a) 우선 범위의 평균값 $\overline{R}$를 구해 보면 다음과 같다.

$$\overline{R} = \sum_{i=1}^{k} R_i / k = 0.55/10 = 0.055$$

시료의 크기(n)가 5일 때 d_2값은 2.326이므로

$$\sigma' = \overline{R} / d_2 = 0.055/2.236 = 0.024$$

이다. 따라서 공정능력은 (6)(0.024)=0.144가 된다.

(b) 시료평균의 평균값을 구해 보면

$$\overline{\overline{x}} = \sum_{i=1}^{k} \overline{x}_i / k = 20.814/10 = 2.08$$

이므로 공정능력한계는 2.08±(3)(0.024)=2.08±0.072이다.

02 공정능력지수

공정능력은 앞절에서와 같이 통계적으로 분석할 수도 있지만 공정능력지수를 이용하여 나타낼 수도 있다. 공정능력지수(process capability index)란 공정의 능력을 지표로 나타낸 것으로 이 중 대표적인 것으로 다음과 같이 정의되는 C_p를 들 수 있다.

$$C_p = \frac{\text{USL} - \text{LSL}}{6\sigma'}$$

공정의 변동폭을 나타내는 σ' 값이 분모에 있으므로, C_p 값이 커질수록 공정의 변동폭이 작아져 균일화된 품질의 제품을 만들 수 있다. [그림 12-2]에 도시되어 있듯이, 일반적으로 $C_p \geq 1.33$이면 공정의 변동폭이 매우 작아 만족할 만한 상태에 있다고 보게 되며,[1] $1 < C_p < 1.33$이면 현상을 유지해도 별문제가

[그림 12-2] C_p의 예시

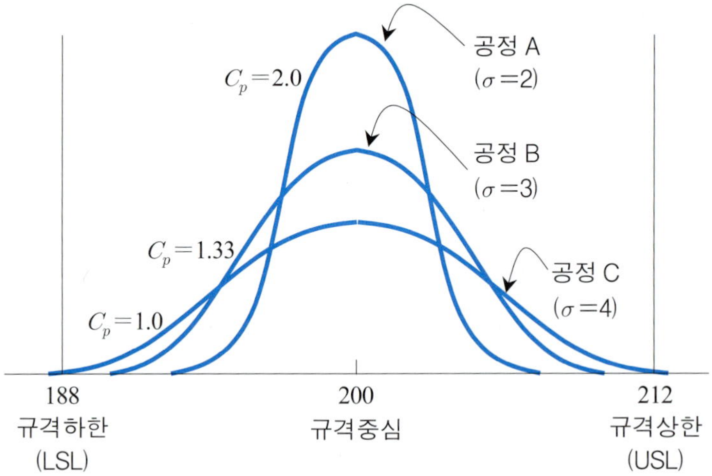

1) Wadsworth, H.M., K.S. Stephens, and A.B. Godfrey, *Modern Methods for Quality Control and Improvement*, John Wiley & Sons, 1986, p.416.

없을 만큼 만족스러운 상태로 볼 수 있다. 그러나 $C_p \leq 1.0$이 되면 이는 현재 사용하고 있는 공정으로는 불량품이 많이 발생할 것이라는 해석을 내릴 수 있다.

공정능력지수로는 C_p 외에도 다음과 같이 정의되는 C_{pk}도 많이 사용되는데, 이 공정능력지수는 제조규격과 공정의 평균인 $\bar{x}$의 차이를 직접 고려함으로써 불량률이 어느 정도 되는가를 파악하는 데 사용되곤 한다.

$$C_{pk} = \frac{|\bar{x} - \bar{x} \text{ 에 가까운 규격한계값}|}{3\sigma'}$$

예제 12-3

한국파이프의 주력상품인 A형 동파이프의 규격은 상한(USL)=0.900, 하한(LSL)=0.500이나, 실제 제조공정에서 생산되는 제품의 평균치는 0.738이며 표준편차는 0.0725인 것으로 판명되었다.

(a) 공정능력지수인 C_p와 C_{pk}를 구하여라.

(b) 공정의 평균이 제품규격의 중간쪽으로 이동하여 평균이 0.700이 된다고 가정하고 규격을 벗어난 제품의 비율과 공정능력지수를 구하여라.

풀이

(a)

$$C_p = \frac{0.900 - 0.500}{(6)(0.0725)} = 0.9195$$

$$C_{pk} = \frac{|0.738 - 0.900|}{(3)(0.0725)} = 0.745$$

(b) 규격을 벗어난 제품의 비율부터 계산해 보면

$$Z_{\text{USL}} = \frac{\text{USL} - x_{new}}{\sigma} = \frac{0.900 - 0.700}{0.0725} = 2.76$$

$$Z_{\text{LSL}} = \frac{\text{LSL} - x_{new}}{\sigma} = \frac{0.500 - 0.700}{0.0725} = -2.76$$

$$P(Z \geq 2.76) + P(Z \leq -2.76) = 0.0058$$

이 되어 제품규격을 벗어난 제품의 비율이 0.58%로 줄어들게 된다.

한편 공정능력지수 C_p의 값은 변화가 없으나 C_{pk}는 다음과 같이 0.92로 증가하게 된다.

$$C_{pk} = \frac{0.700 - 0.500}{(3)(0.0725)} = 0.92$$

제5장에서 간략히 살펴본 다구치의 손실함수개념에 비추어 보면 C_p와 C_{pk}는 공정능력을 평가하기 위한 지수로 충분하지 않을 수 있다. 공정편차인 σ'값이 작으면 $\bar{x}$값이 양쪽의 규격한계치 중 어느 한쪽에 치우쳐 있더라도 C_p와 C_{pk}값이 클 수 있기 때문이다.

이를 보완하기 위해 다음과 같은 또 다른 형태의 C_{pk} 지수를 사용하기도 한다.

$$C_{pk} = C_p(1-k)$$

여기서

$$k = \frac{2\,|\,\bar{x} - \text{목표치}\,|}{\text{USL} - \text{LSL}}$$

$$\text{목표치} = \frac{\text{USL} + \text{LSL}}{2}$$

표본평균값 $\bar{x}$가 목표치에 가까워질수록 k값이 작아지며, $\bar{x}$=목표치이면 $C_{pk}=C_p$가 성립한다. $\bar{x}$가 목표치로부터 떨어져 있는 정도를 반영하는 또 다른 공정능력지수를 소개하면 다음과 같은데, C_{pm} 역시 $\bar{x}$가 목표치에 가까워질수록 지수값이 커지며, $\bar{x}$=목표치일 때 $C_{pm}=C_p$가 성립한다.

$$C_{pm} = \frac{C_p}{\sqrt{1 + (\bar{x} - \text{목표치})^2/\sigma'}}$$

예제 12-4

(a) USL=8, LSL=−8, 목표치=0인 생산 프로세스에서 추출한 표본의 평균값과 표준편차가 각각 $\bar{x}=3$, $\sigma'=1$이다. C_p, C_{pk}, C_{pm}을 구하여라.

(b) 평균값 $\bar{x}$를 목표치인 0으로 조정하는 과정에서 실수를 범하여 $\bar{x}$는 0으로 이동하였으나, 공정의 편차값은 오히려 $\sigma'=3$으로 증가해 버렸다. C_p, C_{pk}, C_{pm}을 다시 한번 구하여라.

(c) 소비자 입장에서는 (a)와 (b) 중 어느 경우를 더 선호하겠는가?

풀이

(a) $C_p = \dfrac{8-(-8)}{(6)(1)} = 2.66$

$$k = \frac{2\,|\,3-0\,|}{8-(-8)} = 0.375$$

$$C_{pk} = C_p(1-k) = (2.66)(1-0.375) = 1.6625$$

$$C_{pm} = \frac{2.66}{\sqrt{1+(3-0)^2/1^2}} = 0.841$$

[그림 12-3] $C_p = 2.66$, $C_{pm} = 0.841$의 생산 프로세스(USL = 8, LSL = −8)

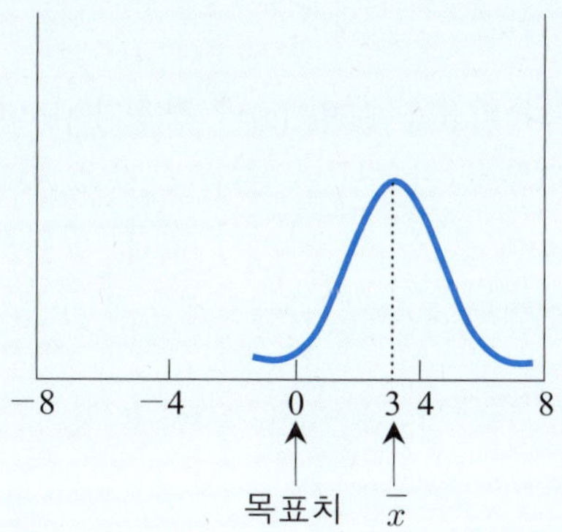

$\bar{x} = 3$

(b) $C_p = \dfrac{8-(-8)}{(6)(3)} = 0.889$

$$C_{pk} = C_p(1-k) = (0.889)\left[1 - \frac{(2)(0)}{8-(-8)}\right] = 0.889$$

$$C_{pm} = \frac{0.889}{\sqrt{1+0^2/3}} = 0.889$$

[그림 12-4] $C_p = 0.889$, $C_{pm} = 0.889$의 생산 프로세스

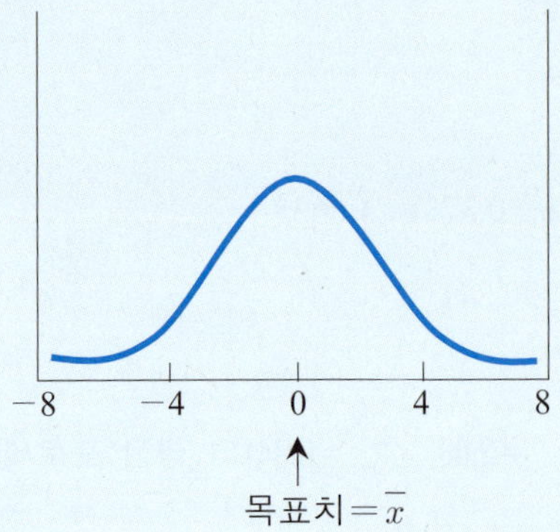

(c) 규격 내에 위치한 제품의 비율을 보면 (a)의 경우가 (b)의 경우보다 더 높다. 따라서 공정의 편차가 작은 (a)의 경우를 선호할 것이다. C_p값을 비교하면 (a)의 경우가 (b)의 경우보다 크나, C_{pm}을 보면 (a)와 (b)는 별 차이가 없다. 따라서 C_{pm}은 목표치로부터의 이탈이 품질에 매우 큰 영향을 미친다고 생각되는 경우에 주로 사용해야 할 것이다.

03 관리한계선과 규격한계

관리상하한치는 가동중인 공정에서 추출된 시료의 특성치를 근거로 계산된 것이지, 그 자체가 규격한계는 아니다. 공정에서 생산되는 제품의 특성치가 변동이 심하여 규격에 일치하지 않더라도 관리상하한선 자체는 설계규격에서 규정한 구간 안에 있을 수 있다. 또한 공정에 아무런 이상이 없다 하더라도 생산되는 제품의 특성이 설계규격과 일치한다는 보장도 없다. 관리한계는 프로세스 자체의 특성치 한계이나, 규격한계는 고객의 요구와 프로세스능력을 감안하여 설계과정에서 설정한 것이기 때문이다. 이제 다음의 간단한 예를 통해 이 문제를 구체적으로 분석해 보기로 하자.

예제 12-5

한국기계가 생산하고 있는 캠샤프트는 지름이 4.6cm에서 5.4cm 사이에 있는 제품만 합격품으로 처리되고 있다. 현재 가동중인 공정에서 수립된 자료를 이용하여 캠샤프트의 지름을 추정한 결과 평균은 5cm, 표준편차인 σ'는 0.3cm인 것으로 판명되었다. 군(subgroup)의 크기(n)를 9라 할 때 $\bar{x}$ 관리도의 관리한계선을 구하고 이 공정에서 발생되는 불량품의 비율을 추정하여라.

풀이

예제에서 주어진 자료를 이용하여 $\bar{x}$ 관리도를 작성해 보면

$$\text{CL}=5\text{cm}$$

$$\text{UCL}=5\text{cm}+3\frac{0.3\text{cm}}{\sqrt{9}}=5.3\text{cm}$$

$$\text{LCL}=5\text{cm}-3\frac{0.3\text{cm}}{\sqrt{9}}=4.7\text{cm}$$

가 되어 관리한계선은 규격한계 안에 위치함을 알 수 있다. 그러나 불량품의 비율을 구해 보면 [그림 12-5]에서 알 수 있듯이 약 18.4% 정도가 불합격품일 가능성이 높다.

[그림 12-5] 관리한계선이 5cm±0.3cm일 경우의 불합격품 비율

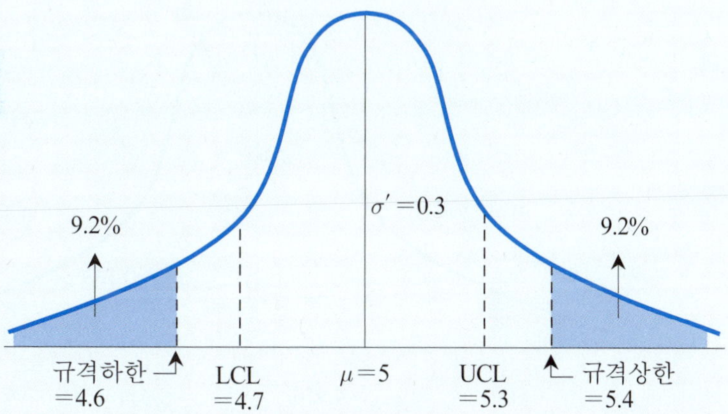

관리도를 이용하여 규격한계대로 생산이 되도록 하기 위해서는 관리상하한선이 규격한계 안에 들어가 있어야 함은 물론, 그 값이 규격한계보다 훨씬 안쪽에 있어야 한다. 앞의 예제에서 공정에서 생산되는 제품의 99% 이상이 합격품이기 위해서는

$$\mu - 3\sigma' = 4.6$$

또는

$$\mu + 3\sigma' = 5.4$$

가 성립해야 하며 만약 μ가 5cm라면 σ'는 0.133cm가 되어야 한다. 이 경우 $\overline{x}$ 관리도의 관리한계선은 5cm±$(0.133/\sqrt{n})$이 되며 시료의 크기 n이 9라면 관리한계선은 5cm±0.044cm가 될 것이다. 만약 관리한계선의 폭이 이보다 넓을 경우에는 상당한 양의 불합격품이 발생할 것을 예상할 수 있으며, 이러한 경우에는 제품규격이 과연 설계상의 규격을 진정으로 나타내고 있는가를 확인하고 공정 자체를 변경함으로써 변동폭을 줄일 수 있는가를 분석해 보아야 한다.

[그림 12-6] 관리한계선이 5cm±0.044cm일 경우의 불합격품 비율

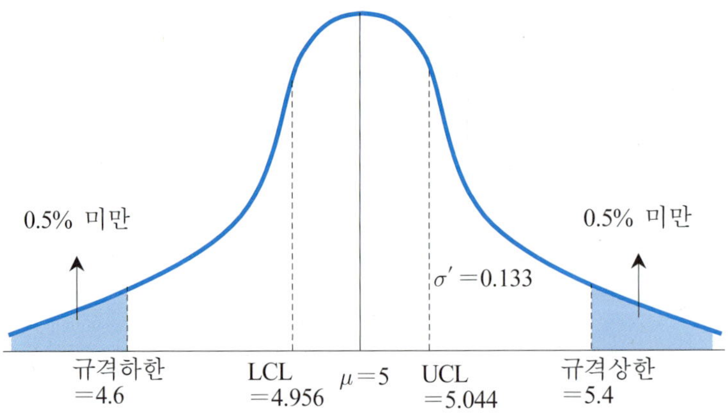

연습문제

CHAPTER 12

주관식

1 다음 자료를 이용하여 공정능력과 공정능력한계를 구하여라. 단, 시료의 크기는 5라 가정한다.

시료번호	1	2	3	4	5	6	7	8	9	10
$\overline{x}_i$	95.72	95.24	95.18	95.44	95.46	95.32	95.40	95.47	95.08	95.50
R_i	1.0	0.9	0.8	0.4	0.5	1.1	0.9	0.3	0.2	0.6
시료번호	11	12	13	14	15	16	17	18	19	20
$\overline{x}_i$	95.80	95.22	95.56	95.22	95.04	95.72	94.82	95.46	95.60	95.74
R_i	0.6	0.2	1.3	0.5	0.8	1.1	0.6	0.5	0.4	0.6

2 한국파이프의 주력상품인 K형 파이프의 규격은 상한(USL)=3.00cm, 하한(LSL)=2.6cm이나 실제 제조공정에서 생산되는 제품의 평균치는 2.9cm이며 표준편차는 0.1cm인 것으로 판명되었다.

(a) 생산되는 제품의 품질특성이 정규분포를 이룬다는 가정하에 규격을 벗어나는 제품의 비율을 구하여라.

(b) 엄격한 공정관리를 통해 제품특성의 표준편차값을 0.04cm로 줄였다면 규격을 벗어나는 제품의 비율은 얼마가 될 것인가?

(c) 공정능력지수인 C_p와 C_{pk}를 구하여라.

(d) 공정의 평균이 제품규격의 중간쪽으로 이동하여 평균이 2.8cm가 된다고 가정하고 규격을 벗어난 제품의 비율과 공정능력지수를 구하여라.

3 한국기계가 생산하고 있는 캠샤프트는 지름이 0.85cm±0.10cm인 제품만 합격품으로 처리되고 있다. 현재 가동중인 공정에서 수집된 자료를 이용하여 캠샤프트의 지름을 추정한 결과 평균 0.89cm, 표준편차인 σ'는 0.04cm인 것으로 판명되었다.

(a) 생산되는 제품의 품질특성이 정규분포를 이룬다는 가정하에 이 공정에서 발생되는 불량품의 비율을 추정하여라.

(b) 공정능력지수인 C_p와 C_{pk}를 구하여라.

(c) 공정의 평균이 제품규격의 중간쪽으로 이동하여 평균이 0.85cm가 된다고 가정하고 규격을 벗어난 제품의 비율과 공정능력지수를 구하여라.

4 한국전자는 두께의 규격이 24mm±0.03mm인 전자회로기판을 생산하고 있다. 공정에서 추출한 표본값이 $\bar{x}=24.0014$, $\sigma'=0.0097$일 때 C_p와 C_{pk}를 구하여라.

5 한국기계는 이번에 새로 도입한 설비를 USL=41.1, LSL=36.3에 맞추어 가동을 준비하고 있다. 시험생산에서 표본으로 추출한 시제품의 품질을 테스트해 본 결과 $\bar{x}=38.556$, $\sigma'=0.447$로 나타났다.

(a) C_p를 계산하여라.

(b) C_p값을 2.5로 올리기 위해서는 공정의 편차 σ'를 얼마나 줄여야 하는가?

6 관리도기법을 이용하여 극소형 엔진에 사용되는 피스톤링의 지름을 통계적으로 관리하고자 한다. 이를 위해 5개의 피스톤링으로 구성된 시료를 매 4시간마다 25번 추출하였다. 각 시료 내의 최댓값과 최솟값의 차이인 R_i와 시료의 평균값을 계산하고 관리도를 작성한 결과 다음 자료를 얻을 수 있었다.

$$\text{UCL}=\bar{\bar{x}}+A_2\bar{R}=1.5056+(0.577)(0.32521)=1.69325$$

$$\text{LCL}=\bar{\bar{x}}-A_2\bar{R}=1.5056-(0.577)(0.32521)=1.31795$$

$$\bar{R}=0.32521$$

$$\text{UCL}=D_4\bar{R}=(2.115)(0.32521)=0.68782$$

$$\text{LCL}=D_3\bar{R}=(0)(0.32521)=0$$

공정은 통계적으로 안정상태이며 지름의 규격이 1.5mm±0.5mm로 주어져 있을 때 C_p와 C_{pk}를 구하여라.

객관식

1 다음 중 공정능력에 대한 설명으로 옳은 것은?

① 정상적인 조건하에서 생산되는 제품의 품질특성의 평균값을 추정하는 과정이다.
② 공정의 우연요인을 모두 제거한 뒤 공정능력을 추정한다.
③ 공정능력은 일반적으로 $3\sigma'$으로 나타낸다.
④ 이상요인을 모두 제거한 안정적인 공정에서 생산되는 제품의 품질특성의 변동폭을 의미한다.

2 품질특성의 평균값 $\bar{x}$와 표준편차 σ'가 주어져 있는 경우 공정능력한계는 어떻게 표시하는가?

① $\bar{x} \pm 3\sigma'$　　② $6\sigma'$
③ $\bar{x} \pm 6\sigma'$　　④ $3\sigma'$

3 다음 중 공정능력지수 C_p에 대한 설명으로 옳은 것은?

① C_p값이 작아질수록 공정의 변동폭이 작아져 균일화된 품질의 제품을 만들 수 있다.
② $C_p \geq 1.33$이면 공정의 변동폭이 매우 커 대책이 요구되는 상황이다.
③ $1 < C_p < 1.33$이면 현상을 유지해도 별문제가 없을 만큼 만족스러운 상태로 볼 수 있다.
④ $C_p \leq 1.0$이 되면 이는 현재 사용하고 있는 공정으로 불량품이 거의 발생하지 않을 것으로 판정할 수 있다.

4 다음 중 공정능력지수로 사용되는 C_{pk}의 정의가 바르게 제시된 것은?

① $\dfrac{|\bar{x} - \bar{x}\text{에 가까운 규격한계값}|}{3\sigma'}$　　② $\dfrac{|\bar{x} - \bar{x}\text{에 가까운 규격한계값}|}{6\sigma'}$

③ $\dfrac{\text{USL} - \text{LSL}}{6\sigma'}$　　④ $\dfrac{\text{USL} - \text{LSL}}{3\sigma'}$

5 한국건설의 주력상품인 아파트용 파이프의 규격은 상한(USL)=12cm, 하한(LSL)=11.4cm이나 실제 제조공정에서 생산되는 제품의 평균치는 11.55cm이며 표준편차는 0.05cm인 것으로 판명되었다. 공정능력지수인 C_p는 얼마인가?

① 1.0　　② 1.5
③ 2.0　　④ 2.1

6 문제 5에서 공정능력지수 C_{pk}는 얼마인가?

① 1.0 ② 1.333
③ 1.5 ④ 1.8

7 문제 5에서 제조공정에서 생산되는 제품특성의 표준편차가 0.025cm로 정밀해진다면 공정능력지수 C_{pk}는 얼마가 될 것인가?

① 1.0 ② 1.5
③ 2.0 ④ 2.2

8 다음 중 관리상하한치와 규격한계의 관계에 대한 설명으로 옳지 않은 것은?

① 관리상하한치는 공정에서 추출된 시료의 특성치를 근거로 계산된 것이지, 그 자체가 규격한계는 아니다.
② 공정에서 생산되는 제품의 특성치가 변동이 심하여 규격에 일치하지 않더라도 관리상하한선 자체는 설계규격에서 규정한 구간 안에 있을 수 있다.
③ 공정에 아무런 이상이 없다 하더라도 생산되는 제품의 특성이 설계규격과 일치한다는 보장도 없다.
④ 관리한계나 규격한계 모두 고객의 요구와 프로세스능력을 감안하여 설정된 값이므로 항상 일치하는 것이 원칙이다.

9 관리상하한선이 규격한계를 포함하고 있으며, 관리상하한선의 폭 자체가 규격한계보다 넓다면 어떤 상황이 발생할 수 있는가?

① 불량품이 많이 발생한다.
② 공정에서 생산되는 모든 제품의 품질은 완벽하다.
③ 관리상하한선과 규격한계는 상관은 없으므로 어떤 상황이 발생할지 알 수 없다.
④ 공정의 통계적 관리가 매우 용이해진다.

✜ 객관식 정답

1. ④ 2. ① 3. ③ 4. ① 5. ③ 6. ① 7. ③ 8. ④ 9. ①

CHAPTER

13

계수치관리도

TV몸체의 흠집수나 납땜불량개수 등과 같이 품질특성의 자료가 계수치자료일 때에는 계수치관리도를 이용하게 된다. 계수치관리도는 공정에서 생산된 불량품의 비율에 관한 자료를 정리·분석하는 데 쓰이는 p관리도, 불량개수를 관리하는 데 사용되는 pn관리도, TV몸체의 흠집과 같이 제품 1개에 하나 이상의 흠이 있어도 불량품으로 처리되지 않는 경우에 사용될 수 있는 c관리도, 그리고 c관리도와 그 용도가 비슷하지만 시료군의 크기가 같지 않을 때 사용되는 u관리도를 들 수 있다. 본장에서는 이들 계수치관리도의 작성원리와 적용방법을 간략히 살펴보고자 한다.

01 계수치관리도의 개념과 적용환경

1. 계수치관리도의 개념

불량품이란 기본적으로 주어진 규격(specification)에 일치하지 못하는 제품이다. 여기서 규격은 계량적일 수도 있으며 정성적일 수도 있는데, 예를 들어 TV세트에 흠집이 있으면 불량품으로 간주하지만 흠집은 길이나 두께처럼 측정할 수 있는 것은 아니다. 계수치자료(attribute data)란 이처럼 그 특성이 있느냐, 없느냐로만 관측될 수 있는 성질의 것이다.

앞장에서 설명한 계량치자료는 그 크기를 측정할 수 있으며 비교도 할 수 있는 데 반해 계수치자료는 그렇지 못하다. 물론 계량적 성격을 띠는 자료도 합격 · 불합격 결정한계를 정하면 계수치자료로 전환시킬 수 있으나, 계수치자료를 계량치자료로 전환시키는 것은 불가능하다. 이와 같이 제품의 품질특성이 계수치자료의 성격을 지니는 경우 계수치관리도를 이용하여 공정관리를 도모할 수 있다.

계수치관리도에는 다음과 같은 것들이 있다.

- p관리도 : p관리도는 공정에서 생산된 불량품의 비율에 관한 자료를 정리 · 분석하는 데 쓰이는 관리도이다. p관리도는 $\bar{x}$관리도나 R관리도와 같이 한 종류의 품질특성의 통제에 쓸 수도 있으며, 다수의 품질특성을 종합적으로 통제하고자 할 때에도 사용할 수 있다.
- pn관리도 : pn관리도는 불량개수관리도라고도 불리며 시료의 크기 n이 일정하고 불량률 대신 불량품개수를 관리대상으로 한다는 점 외에는 그 대상이나 작성방법이 p관리도와 같다.
- c관리도 : 제품 1개에 하나 이상의 흠이 있어도 불량품으로 처리되지 않는 경우 c관리도를 이용하여 공정을 통제할 수도 있다. 예를 들어 철판 한 장에서 발견할 수 있는 녹이 슨 부분이라든가 유리제품의 기포 등과 같이 흠집으로 간주하여 그 발생개수를 셀 수 있는 경우에 사용할 수 있다.

- u관리도 : 공정에 따라 또는 생산해 내는 제품의 특성에 따라 시료군의 크기를 일정하게 하거나, 또는 한 단위씩 검사하기가 어려운 경우에는 c관리도 대신에 시료군의 크기인 n값을 달리하는 u관리도를 사용하는 것이 바람직하다.

계수치관리도 역시 계량치관리도와 마찬가지로 생산되는 제품의 평균품질 수준과 그 변동상황을 파악하는 데 주로 사용되지만, 그 외에도 계량치관리도인 $\bar{x}$관리도와 R관리도를 사용해야 하는 공정의 개략적 위치를 파악하는 데 사용할 수 있다. $\bar{x}$관리도나 R관리도는 공정의 변동을 파악하고 그 원인을 파악하는 데 상당한 기여를 할 수 있으나, 도입 및 운영에는 상당한 시간과 비용이 소요되므로 이들 관리도를 사용하기에 앞서 도입위치의 후보선정에 주의를 기울일 필요가 있기 때문이다.

2. 계수치관리도의 적용환경

관심의 대상이 되는 품질특성이 TV몸체의 흠집수나 납땜불량개수 등과 같이 계수치자료일 수밖에 없는 경우에는 선택의 여지없이 계수치관리도를 이용해야 하나, 계량적으로 측정될 수 있는 품질특성을 그대로 이용하여 계량치관리도를 작성할 것인가, 또는 합격 · 불합격 결정기준을 설정하여 자료를 계수치자료로 전환한 뒤 계수치관리도를 작성할 것인가는 각각 장단점이 있으므로 상황에 따라 달리 결정해야 한다.

품질특성이 계량적 자료의 성격을 띨 때, 계량치관리도를 사용하게 되면 공정에 이상원인이 나타났는지 여부는 물론 언제 나타났는지까지도 탐지할 수 있다. 또한 중요 품질특성에 대해 각각 관리도를 작성함으로써 공정 전체에 관한 정보를 얻을 수 있다.

그러나 계수치관리도를 사용하게 되면 품질특성이 몇 개이든 간에 단 하나의 관리도만으로 충분하며 계량치관리도를 사용할 때와는 달리 정확히 품질특성을 측정할 필요도 없다. 다만 시료군의 크기가 같을 때 계량치관리도보다는 정확한 정보를 제공해 주기 어렵기 때문에, 같은 수준의 통제를 하기 위해서는 계량치관리도의 경우보다는 훨씬 많은 양의 시료를 추출해야 한다.

02 p관리도

p관리도는 공정에서 생산된 불량품의 비율에 관한 자료를 정리·분석하는 데 쓰이는 관리도이다. p관리도는 $\bar{x}$관리도나 R관리도와 같이 한 종류의 품질특성의 통제에 쓸 수도 있으며, 다수의 품질특성을 종합적으로 통제하고자 할 때에도 사용할 수 있다. 또한 작업장별, 작업조별로 생산된 제품의 품질특성을 통제·분석하는 데에도 유용하게 쓰일 수 있다.

p관리도의 작성·운영과정은 다음의 몇 단계로 구성된다.

① 관리도를 통해 통제하고자 하는 제품의 품질특성을 선정한다.
② 공정에서 추출할 시료(subgroup)의 크기와 그 추출방법을 결정한다.
③ 자료를 수집하고 예비관리한계선을 계산한다.
④ 관리한계선을 조정한다.

(1) 품질특성의 선정

공정에서 생산되는 제품이 불량인가 아닌가를 판단하기 위해서는 결정기준이 되는 품질특성을 선정해야 한다. 주어진 제품의 품질특성 중에서 하나만을 선택할 수도 있으며, 여러 개의 품질특성을 선택하여 복합적으로 고려할 수도 있다. 혹은 작업자별, 작업장별, 작업조별, 또는 공장별로 p관리도를 사용할 수도 있다.

(2) 시료의 추출방법 설정

p관리도에서의 시료크기는 공정의 예상불량률에 따라 달라지게 된다. 예를 들어 불량률이 0.1%일 때 시료의 크기를 1,000개로 한다면 평균적으로 불량품개수가 1개에 불과하여 큰 의미가 없다. 이에 반해 불량률이 15%일 때에는 시료의 크기가 50개라 하더라도 평균불량품개수가 7.5개가 되어 상당히 의미 있는 p관리도를 작성할 수 있다. 따라서 실제 p관리도를 도입하기에 앞서 대략적인

불량률을 추정하여 평균불량품개수가 적당한 값을 갖도록 조정해야 한다. 일반적으로 시료의 크기는 최저 50개부터 시작한다.

(3) 자료의 수집과 예비관리한계선의 계산

관리도를 사용하여 통제하고자 하는 품질특성과 시료군의 추출방법이 결정되면 공정에서 자료를 수집하고 예비관리한계선을 계산해야 한다.

시료의 크기가 n이라면 불량품비율은 평균이 $\bar{p}$이고 표준편차가 $\sqrt{\bar{p}(1-\bar{p})/n}$인 정규분포에 가까워진다. 따라서 p관리도의 중심선인 $\bar{p}$는 여러 개의 시료군에서 나온 불량률의 평균값이 된다. 다시 말해 i번째 시료의 크기를 n_i라 하고 불량률을 p_i라 한다면, 중심선 CL은 다음과 같이 계산할 수 있다.

$$\mathrm{CL}=\bar{p}=\frac{\sum_{i=1}^{k} n_i\, p_i}{\sum_{i=1}^{k} n_i}$$

여기서 k는 시료군의 개수이다. 만약 각 시료군의 크기가 같다면 중심선은 다음과 같다.

$$\mathrm{CL}=\bar{p}=\frac{\sum_{i=1}^{k} p_i}{k}$$

한편 p관리도의 관리한계선은 중심선 $\bar{p}$에서 3표준편차만큼 떨어져 있으므로

$$\mathrm{UCL}=\bar{p}+3\sqrt{\frac{\bar{p}(1-\bar{p})}{n}}$$
$$\mathrm{LCL}=\bar{p}-3\sqrt{\frac{\bar{p}(1-\bar{p})}{n}}$$

가 성립한다. 물론 여기서 계산한 관리하한선값이 0보다 작으면 관리하한선은 0으로 설정해야 한다.

예제 13-1

1MD램 반도체를 생산하고 있는 한국반도체는 반도체제조공정의 수율을 높이기 위해 p관리도를 이용, 품질통제를 하고자 계획하고 있다. 매일 100개씩 30일간 시료를 추출하여 검사한 결과 〈표 13-1〉과 같은 자료를 얻을 수 있었다.

〈표 13-1〉 반도체제조공정의 불량률 자료

시료번호	1	2	3	4	5	6	7	8	9	10
불량품수	3	5	4	10	14	2	7	8	11	9
불량률	0.03	0.05	0.04	0.10	0.14	0.02	0.07	0.08	0.11	0.09
시료번호	11	12	13	14	15	16	17	18	19	20
불량품수	16	3	7	10	2	2	1	9	3	11
불량률	0.16	0.03	0.07	0.10	0.02	0.02	0.01	0.09	0.03	0.11
시료번호	21	22	23	24	25	26	27	28	29	30
불량품수	15	10	6	5	6	4	9	3	11	4
불량률	0.15	0.10	0.06	0.05	0.06	0.04	0.09	0.03	0.11	0.04

풀이

총시료의 크기가 3,000개(=100×30)이고 불량품개수가 210개이므로 평균불량률 $\bar{p}$는 다음과 같다.

$$\mathrm{CL} = \bar{p} = \frac{210}{3,000} = 0.07$$

따라서 관리한계선은 다음과 같이 계산된다.

$$\mathrm{UCL} = \bar{p} + 3\sqrt{\frac{\bar{p}(1-\bar{p})}{n}} = 0.07 + (3)(0.026) = 0.148$$

$$\mathrm{LCL} = \bar{p} - 3\sqrt{\frac{\bar{p}(1-\bar{p})}{n}} = 0.07 - (3)(0.026) = -0.008 \text{ 또는 } 0$$

(4) 관리한계선의 조정

관리한계선과 중심선 그리고 시료의 불량률을 그래프로 표시하면 [그림 13-1]과 같다.

[그림 13-1] 시료의 불량률을 도시한 p관리도

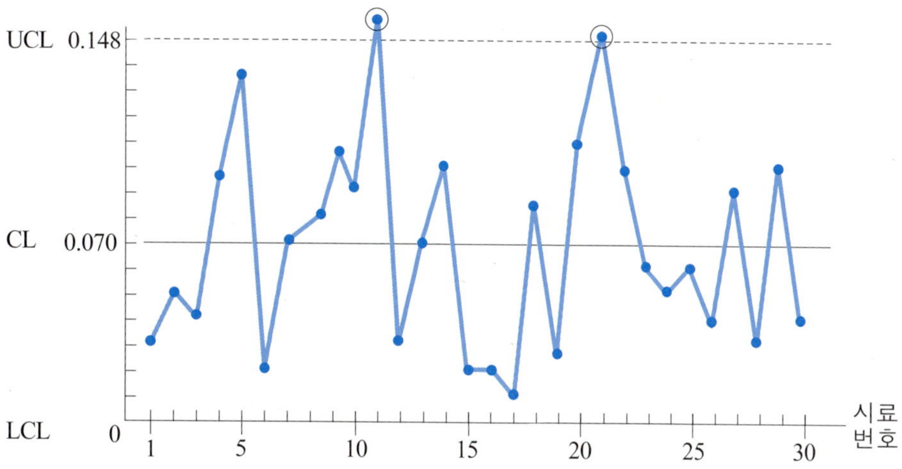

이 그림에서 쉽게 알 수 있듯이 시료번호 11과 21의 불량률 p_i는 관리한계선 밖에 위치하고 있다. $\bar{x}$관리도의 작성과정에서 관리한계선 밖의 자료에 대해 그 발생원인을 분석한 뒤 이들 자료를 제거하고 다시 중심선과 관리상하한선을 계산하였듯이 p관리도에서도 이러한 과정을 거쳐 관리상하한선을 수정해야 한다. 시료 11과 21의 경우 작업자의 설비사용의 오류에 의해 불량률이 과다하게 나타났다고 가정하고, 이러한 오류가 재차 발생하지 않을 것이라 하면 공정관리를 위한 관리도는 이들 자료값을 제외하고 다시 계산해야 한다. 이제 p_0를 이들 두 자료값을 제외하고 계산한 평균불량률이라 정의하고 관리한계선을 구해 보기로 하자.

$$\mathrm{CL} = p_0 = \frac{(210-16-15)}{(3{,}000-100-100)} = 0.064$$

$$\mathrm{UCL} = p_0 + 3\sqrt{\frac{p_0(1-p_0)}{n}} = 0.064 + 3\sqrt{\frac{(0.064)(1-0.064)}{100}} = 0.137$$

$$\mathrm{LCL} = p_0 - 3\sqrt{\frac{p_0(1-p_0)}{n}} = 0.064 - 3\sqrt{\frac{(0.064)(1-0.064)}{100}} = 0.009 \fallingdotseq 0$$

새로운 중심선과 관리한계선을 이용하여 재차 시료의 불량률을 도시해 보면 시료 5의 불량률 14%가 관리한계선 밖에 있음을 알 수 있다. 만약 그 원인을 조사한 결과 아무런 이상요인을 찾지 못했다고 하면, 이 경우는 극히 우연히 나타난 현상으로 간주하고 위에서 계산한 관리한계선을 이용하여 관리도를 운영해도 무방하다.

(5) 시료의 크기가 변하는 경우

p관리도는 시료의 크기 n이 일정한 값을 취할 수 있도록 하는 것이 바람직하다. 그러나 100% 검사를 해야 하는 경우나 생산량의 변동으로 인해 n값이 변하는 경우에는 관리한계선 역시 변하지 않을 수 없다. i번째 시료군의 크기를 n_i라 하고 시료군의 개수를 k라 할 때, 중심선과 관리한계선은 다음과 같이 계산한다.

$$\text{CL} = \bar{p} = \frac{\sum_{i=1}^{k} n_i p_i}{\sum_{i=1}^{k} n_i}$$

$$\text{UCL} = \bar{p} + 3\sqrt{\frac{\bar{p}(1-\bar{p})}{n_i}}, \qquad \text{LCL} = \bar{p} - 3\sqrt{\frac{\bar{p}(1-\bar{p})}{n_i}}$$

예제 13-2

다음은 새로 개발중인 레이저 기반 센서에 핵심적인 역할을 하는 부품의 불량률을 조사한 자료이다. 아직 수율이 높지 않아 기술자들이 고민중인데 일단 p관리도를 이용하여 공정의 상태부터 살펴보기로 하였다. 이 자료(시료의 크기=50)를 이용하여 p관리도를 작성하여라.

시료군번호	불량품개수	불량률	시료군번호	불량품개수	불량률
1	12	0.24	16	8	0.16
2	15	0.30	17	10	0.20
3	8	0.16	18	5	0.10
4	10	0.20	19	13	0.26

5	4	0.08	20	11	0.22
6	7	0.14	21	20	0.40
7	16	0.32	22	18	0.36
8	9	0.18	23	24	0.48
9	14	0.28	24	15	0.30
10	10	0.20	25	9	0.18
11	5	0.10	26	12	0.24
12	6	0.12	27	7	0.14
13	17	0.34	28	13	0.26
14	12	0.24	29	9	0.18
15	22	0.44	30	6	0.12

풀이

총시료의 크기가 1,500개(=30×50)이고 불량품개수가 347개이므로 평균불량률 $\bar{p}$는 다음과 같다.

$$CL=\bar{p}=\frac{347}{1,500}=0.2313$$

따라서 관리한계선은 다음과 같이 계산된다.

$$UCL=\bar{p}+3\sqrt{\frac{\bar{p}(1-\bar{p})}{n}}=0.2313+(3)(0.0596)=0.4101$$

$$LCL=\bar{p}-3\sqrt{\frac{\bar{p}(1-\bar{p})}{n}}=0.2313-(3)(0.0596)=0.0525$$

주어진 자료를 검토하면 시료번호 15와 23의 불량률 값이 관리한계선 밖에 위치하고 있다. 따라서 이런 현상이 발생한 원인을 분석한 뒤 이들 자료를 제거하고 다시 관리상하한선을 수정해야 한다. 시료 15와 23의 경우 새로 도입한 설비를 조정하는 과정에서 발생한 현상이라고 가정하고, 이러한 오류가 추후에는 발생하지 않을 것이라 하면 공정관리를 위한 관리도는 이들 자료값을 제외하고 다시 계산해야 한다. 이제 p_0를 이들 두 자료값을 제외하고 계산한 평균불량률이라 정의하고 관리한계선을 구해 보기로 하자.

$$CL=p_0=\frac{(347-22-24)}{(28)(50)}=0.2150$$

$$UCL=p_0+3\sqrt{\frac{p_0(1-p_0)}{n}}=0.2150+3\sqrt{\frac{(0.2150)(1-0.2150)}{50}}=0.3893$$

$$LCL = p_0 - 3\sqrt{\frac{p_0(1-p_0)}{n}} = 0.2150 - 3\sqrt{\frac{(0.2150)(1-0.2150)}{50}} = 0.0407$$

새로운 중심선과 관리한계선을 이용하여 재차 시료의 불량률을 도시해 보면 시료 21의 불량률 0.40이 관리한계선 밖에 있음을 알 수 있다. 만약 그 원인을 조사한 결과 아무런 이상요인을 찾지 못했다고 하면, 이 경우는 극히 우연히 나타난 현상으로 간주하고 위에서 계산한 관리한계선을 이용하여 관리도를 운영해도 무방하다.

03 pn 관리도

pn관리도는 불량개수관리도라고도 불리며 시료의 크기 n이 일정하고 불량률 대신 불량품개수를 관리대상으로 한다는 점 외에는 그 적용대상이나 작성방법이 p관리도와 같다. 따라서 p관리도와 pn관리도를 병행하여 사용할 필요는 없다.

pn관리도의 중심선인 $n\bar{p}$는 시료군에 포함되어 있는 평균불량품개수이다. 한편 불량품개수의 표준편차는 $\sqrt{n\bar{p}(1-\bar{p})}$가 되므로, pn관리도의 중심선과 관리상하한선은 다음과 같은 형태를 취한다.

$$CL = n\bar{p}$$
$$UCL = n\bar{p} + 3\sqrt{n\bar{p}(1-\bar{p})}$$
$$LCL = n\bar{p} - 3\sqrt{n\bar{p}(1-\bar{p})}$$

이제 〈표 13-1〉의 자료를 이용하여 pn관리도의 예비관리한계선을 구해 보기로 하자.

$$CL = n\bar{p} = (100)(0.07) = 7$$
$$UCL = 7 + 3\sqrt{(100)(0.07)(0.93)} = 14.65$$

$$LCL = 7 - 3\sqrt{(100)(0.07)(0.93)} \fallingdotseq 0$$

중심선, 관리한계선 그리고 시료의 불량개수를 그림으로 나타내면 [그림 13-2]와 같다. p관리도에서와 마찬가지로 시료 11과 21의 불량개수가 관리상한선을 벗어나 있으므로, 이들을 제거하고 중심선, 관리한계선을 계산하면 다음과 같다.

$$CL = np_0 = (100)(0.064) = 6.4$$

$$UCL = np_0 + 3\sqrt{np_0(1-p_0)}$$
$$= 6.4 + 3\sqrt{(100)(0.064)(0.936)} = 13.7$$

$$LCL = np_0 - 3\sqrt{np_0(1-p_0)}$$
$$= 6.4 - 3\sqrt{(100)(0.064)(0.936)} = -0.9 \fallingdotseq 0$$

[그림 13-2] pn관리도의 도시

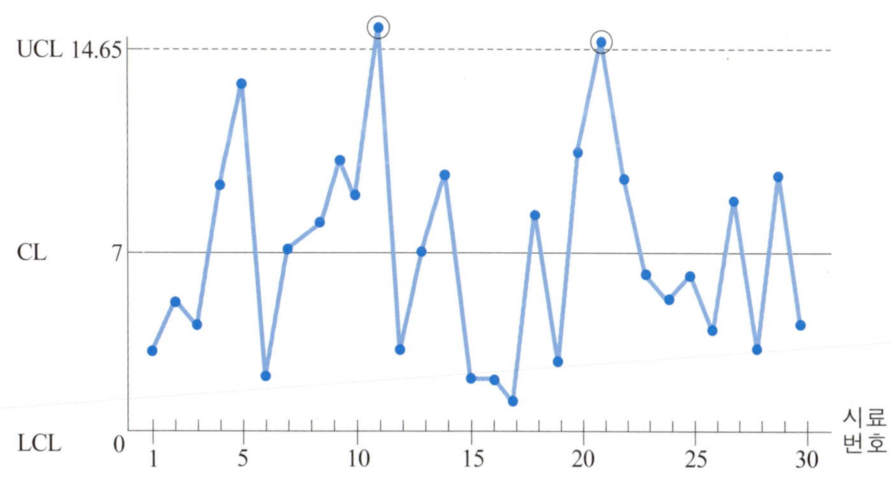

04 c관리도

제품 1개에 하나 이상의 흠이 있어도 불량품으로 처리되지 않는 경우 c관리도를 이용하여 공정을 관리할 수 있다. 예를 들어 철판 한 장에서 발견할 수 있는 녹이 슨 부분이라든가 유리제품의 기포 등과 같이 흠집으로 간주하여 그 발생개수를 셀 수 있는 경우에 사용될 수 있다.

c관리도는 다른 여타의 관리도와는 달리 포와슨분포를 기초로 하여 작성된다. 포와슨분포는 평균과 분산이 같은 값을 갖는 분포이므로, 제품 1단위당 평균흠집수가 $\bar{c}$라 한다면 표준편차는 $\sqrt{\bar{c}}$ 가 된다. c관리도의 관리한계선 역시 중심선에서 3표준편차만큼 떨어져 있다고 한다면 다음과 같다.

$$\mathrm{CL} = \bar{c}$$
$$\mathrm{UCL} = \bar{c} + 3\sqrt{\bar{c}}$$
$$\mathrm{LCL} = \bar{c} - 3\sqrt{\bar{c}}$$

c관리도에서 시료군은 단지 제품 1단위로 구성될 수도 있으며, 또는 단위면적, 단위중량 등 여러 형태를 띨 수 있다. 그러나 c관리도를 사용하기 위해 충족시켜야 하는 가장 중요한 요건은 각 시료군의 크기가 같아야 한다는 것이다. 만약 시료군의 크기가 시간에 따라 달라질 수 있다면 제5절에서 설명할 u관리도를 사용해야 한다.

예제 13-3

스마트폰을 생산·판매하는 한국전자는 최종 검사공정에서 c관리도를 이용하여 공정의 상태를 분석해 보기로 하였다. 이 검사공정에서는 스마트폰의 접촉불량이라든가 흠집 등 소비자의 불만을 일으킬 수 있는 결점에 대해 통제하고자 한다. 매 1시간마다 1대의 스마트폰을 추출하여 결점(defect)수를 조사한 결과 다음과 같은 자료를 얻을 수 있었다. 이 자료를 이용하여 c관리도를 작성하여라.

〈표 13-2〉 스마트폰의 결점수 자료

제품번호	결점수	제품번호	결점수	제품번호	결점수
1	5	11	5	21	7
2	1	12	8	22	0
3	0	13	6	23	6
4	7	14	4	24	1
5	3	15	1	25	1
6	6	16	10	26	5
7	0	17	2	27	3
8	4	18	1	28	0
9	2	19	5	29	5
10	1	20	4	30	2
				결점수 합계	105

풀이

먼저 중심선인 결점수 평균 $\bar{c}$를 구해 보면 다음과 같다.

$$\bar{c} = \frac{\sum_{i=1}^{k} c_i}{k} = \frac{105}{30} = 3.5$$

따라서

$$\text{UCL} = 3.5 + 3\sqrt{3.5} = 9.11$$
$$\text{LCL} = 3.5 - 3\sqrt{3.5} = -2.11 \text{ 또는 } 0$$

이제 〈표 13-2〉의 자료를 c관리도에 나타내면, [그림 13-3]에서 볼 수 있는 바와 같이 시료번호 16의 결점수가 관리상한선 밖에 있음을 알 수 있다. 그 원인을 조사한 결과 조립과정에서 부주의로 바닥에 떨어뜨려 흠집이 지나치게 많이 생긴 것으로 나타났다고 하자. 이제 이러한 사고가 다시 발생하지 않는다는 가정하에 새로운 중심선과 관리한계선을 다시 계산해 보면 다음과 같다.

$$\text{CL} = c_0 = \frac{105 - 10}{30 - 1} = 3.3$$
$$\text{UCL} = c_0 + 3\sqrt{c_0} = 3.3 + (3)(1.8) = 8.7$$
$$\text{LCL} = c_0 - 3\sqrt{c_0} = 3.3 - (3)(1.8) = -2.1 \text{ 또는 } 0$$

[그림 13-3] c관리도의 도시

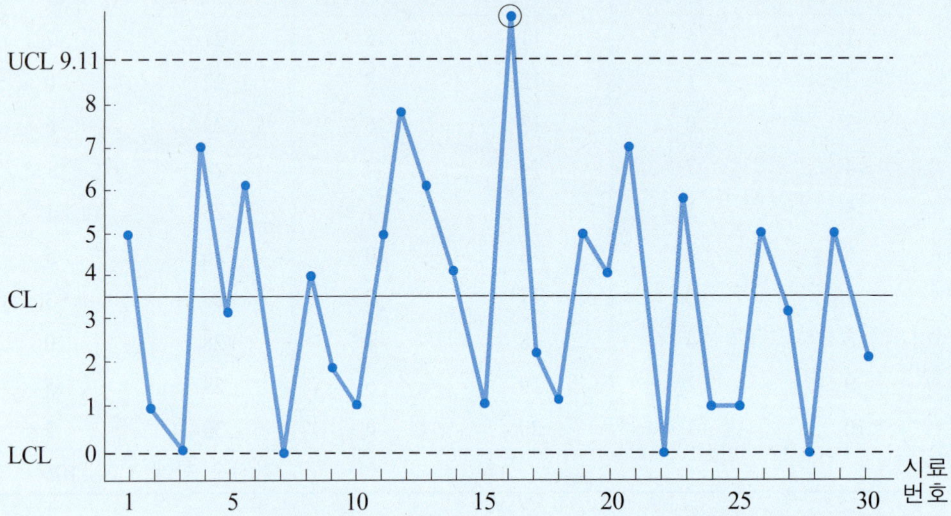

예제 13-4

인쇄회로기판(Printed Circuit Board, PCB)을 주문생산하는 한국전자는 최종 검사공정에서 c관리도를 이용하여 공정의 상태를 분석해 보기로 하였다. 이 검사공정에서는 인쇄회로기판의 흠집 등과 같이 고객의 불만을 일으킬 수 있는 결점에 대해 통제하고자 한다. 매 1시간마다 100대의 인쇄회로기판을 조사한 결과 다음과 같은 자료를 얻을 수 있었다. 이 자료를 이용하여 c관리도를 작성하여라.

〈표 13-3〉 인쇄회로기판의 결점수 자료(100대당 결점수)

샘플번호	결점수	샘플번호	결점수
1	21	14	19
2	24	15	10
3	16	16	17
4	12	17	13
5	15	18	22
6	5	19	18

7	28	20	39
8	20	21	30
9	31	22	24
10	25	23	16
11	20	24	19
12	24	25	17
13	16	26	15

풀이

먼저 중심선인 결점수 평균 $\bar{c}$를 구해 보면 다음과 같다.

$$\bar{c}=\frac{\sum_{i=1}^{k} c_i}{k}=\frac{516}{26}=19.85$$

$$\text{UCL}=19.85+3\sqrt{19.85}=33.22$$

$$\text{LCL}=19.85-3\sqrt{19.85}=6.48$$

이제 시료자료가 관리상하한선 안에 위치하는가를 살펴보면 시료번호 6과 20의 결점수가 관리상한선 밖에 있음을 알 수 있다. 그 원인을 조사한 결과 시료번호 6은 검사설비의 조정이 다소 부정확해서 나타난 결과이고, 시료번호 20에서 지나치게 많은 결점이 발생한 것은 작업장의 온도와 습도가 비정상적이었기 때문인 것으로 분석되었다. 이제 이러한 사고가 다시 발생하지 않는다는 가정하에 이 두 시료값을 제외하고 새로운 중심선과 관리한계선을 다시 계산해 보면 다음과 같다.

$$\text{CL}=c_0=\frac{516-5-39}{24}=19.67$$

$$\text{UCL}=c_0+3\sqrt{c_0}=19.67+3\sqrt{19.67}=32.97$$

$$\text{LCL}=c_0-3\sqrt{c_0}=19.67-3\sqrt{19.67}=6.36$$

모든 시료값이 관리한계선 안에 위치하므로 이제 지속적으로 결점수의 평균값 및 변동폭을 줄이기 위한 체계적인 노력을 투입해야 할 시점이다.

05 u 관리도

c관리도를 사용하고자 할 때 주의할 점은 각 시료군의 크기가 모두 같아야 한다는 것이다. 그러나 공정에 따라 또는 생산해 내는 제품의 특성에 따라 시료의 크기를 일정하게 하거나, 또는 한 단위씩 검사하기가 어려운 경우가 있다. 이때에는 시료의 크기인 n값을 달리하는 u관리도를 사용해야 한다.

i번째 시료의 크기를 n_i라 하고 그 안에 포함된 결점수를 c_i라 한다면 평균값 $\overline{u}$는 다음과 같이 정의한다.

$$\overline{u} = \frac{\sum_{i=1}^{k} c_i}{\sum_{i=1}^{k} n_i}$$

여기서 k는 시료군의 개수이다. 한편 관리한계선은 시료 크기의 평균값을 이용하거나 개별 시료군의 크기를 이용하여 구할 수 있다. 시료 크기의 평균값을 이용한다면,

$$\overline{n} = \frac{\sum_{i=1}^{k} n_i}{k}$$

를 계산한 뒤 이를 이용하여 u관리도의 중심선과 관리한계선을 계산하게 된다.

$$\mathrm{CL} = \overline{u}$$

$$\mathrm{UCL} = \overline{u} + 3\sqrt{\frac{\overline{u}}{\overline{n}}}$$

$$\mathrm{LCL} = \overline{u} - 3\sqrt{\frac{\overline{u}}{\overline{n}}}$$

만약 각 시료군별로 관리한계선을 계산한다면 다음 식을 이용해야 한다.

$$\mathrm{UCL} = \bar{u} + 3\sqrt{\frac{\bar{u}}{n_i}}$$

$$\mathrm{LCL} = \bar{u} - 3\sqrt{\frac{\bar{u}}{n_i}}$$

예제 13-5

한국가구는 책상의 제조과정에서 발생하는 결점수를 통제하기 위해 자료수집에 착수하였다. 각 책상마다 검사할 면적이 다르기 때문에 c관리도보다는 u관리도를 사용하여 공정의 통제를 도모하기로 하였다. 〈표 13-4〉는 시료로 추출된 책상의 표면면적과 흠집수를 정리한 자료이다. 이 자료를 이용하여 u관리도를 작성하여라.

〈표 13-4〉 **책상표면의 흠집수 자료**

책상번호	검사면적(m^2)	흠집수	$1m^2$당 흠집수
1	2.0	4	2.0
2	2.0	5	2.5
3	2.0	1	0.5
4	4.0	9	2.3
5	5.0	14	2.8
6	2.5	3	1.2
7	3.0	6	2.0
8	3.0	6	2.0
9	3.0	3	1.0
10	4.2	10	2.4
11	2.8	4	1.4
12	2.8	8	2.9
13	3.2	8	2.5
14	3.2	8	2.5
15	3.2	8	2.5
16	3.2	8	2.5
17	4.2	8	1.9
18	4.2	12	2.9
19	2.8	6	2.1
20	2.8	8	2.9
합 계	63.1	139	

풀이

우선 검사면적 1m²당 평균흠집수를 계산해 보면

$$CL = \bar{u} = (4+5+\cdots\cdots+8)/63.1 = 139/63.1 = 2.20$$

이다. 한편 평균시료의 크기를 이용하여 관리한계선을 계산하면

$$\bar{n} = 63.1/20 = 3.16\text{m}^2$$

$$UCL = 2.20 + 3\sqrt{\frac{2.20}{3.16}} = 4.70$$

$$LCL = 2.20 - 3\sqrt{\frac{2.20}{3.16}} = -0.30 \text{ 또는 } 0$$

이 된다. 〈표 13-4〉의 자료를 앞에서 계산한 관리한계선을 이용하여 도시하면 [그림 13-4]와 같다. 이 그림에서 살펴볼 수 있듯이 모든 관측치들이 관리한계선 안에 위치하고 있어, 공정은 안정적인 상태를 유지하고 있다고 볼 수 있다.

[그림 13-4] u관리도의 도시

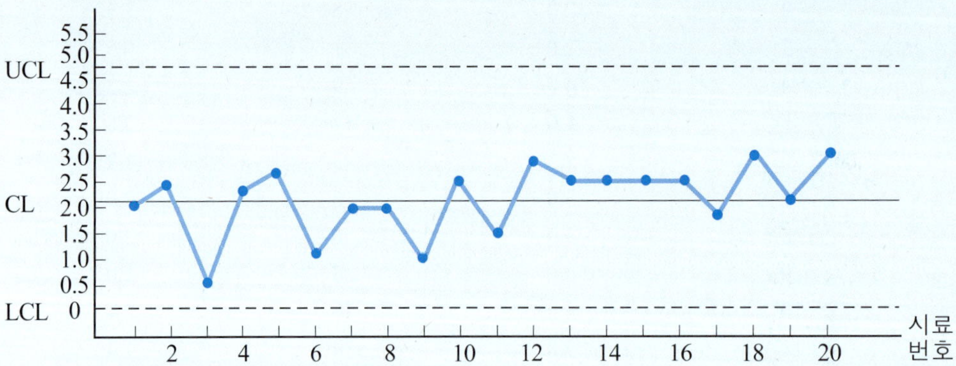

연습문제

CHAPTER 13

주관식

1 자동차 피스톤 제조업체인 한국부품은 p관리도를 이용하기 위해 지난 2주간 20번의 시료검사를 실시한 결과 다음과 같은 자료를 얻을 수 있었다. p관리도를 작성하여라. 단, 각 시료의 크기는 30으로 가정한다.

시료번호	1	2	3	4	5	6	7	8	9	10
불량률	0.11	0.16	0.12	0.10	0.09	0.12	0.12	0.15	0.09	0.13
시료번호	11	12	13	14	15	16	17	18	19	20
불량률	0.16	0.23	0.15	0.12	0.11	0.11	0.14	0.16	0.10	0.13

2 다음 자료는 이번에 새로 개발, 생산 중인 최첨단 센서의 100개당 불량품개수를 정리한 것이다. 수율이 높지 않아 일차적으로 관리도를 사용하여 통계적 공정관리를 시도해 보고자 한다. 지난 9일 동안 매일 100개씩 시료를 추출하고 불량 여부를 조사한 결과가 다음과 같을 때 pn관리도를 작성하여라.

날 짜	1	2	3	4	5	6	7	8	9
불량품개수	10	15	8	18	24	12	23	15	8

3 가전제품 A/S 서비스를 제공하고 있는 한국서비스는 A/S 서비스 요청건수 대비 재작업률, 즉 A/S 서비스를 마무리했음에도 불구하고 재방문해야 하는 건수의 관리를 위해 관리도기법을 적용해 보기로 하였다. 10주 동안의 자료가 다음과 같을 때 p관리도를 작성하여라.

주	1	2	3	4	5	6	7	8	9	10
보수요청건수	200	250	250	250	200	200	150	150	150	150
재작업건수	6	8	9	7	3	4	2	1	0	2
주	11	12	13	14	15	16	17	18	19	20
보수요청건수	100	100	100	200	200	200	200	200	250	250
재작업건수	1	0	1	4	5	3	10	4	7	6

4 한국생명보험은 보험청구서 작성과정에 관리도기법을 적용하기로 하였다. 지난 25일간 매일 100건의 청구서를 검사한 결과 다음과 같은 자료를 얻을 수 있었다.

날 짜	1	2	3	4	5	6	7	8	9	10	11	12	13
오류발생건수	3	3	3	2	0	3	0	1	7	3	2	0	0
날 짜	14	15	16	17	18	19	20	21	22	23	24	25	
오류발생건수	4	1	2	4	0	1	1	0	2	8	2	1	

(a) p관리도와 pn관리도를 작성하여라.

(b) 관리도의 한계선을 벗어난 자료들을 제외하고 p관리도를 재작성하여라.

5 통신용 광케이블의 품질을 통계적으로 관리하고자 자료를 수집하였다. 22회에 걸쳐 매번 1,000미터의 광케이블을 시료로 추출하여 검사한 결과 흠집수가 다음과 같다고 한다. 이 자료를 이용하여 c관리도를 작성하고 현재의 공정 상태를 평가하여라.

시 료	흠집수	시 료	흠집수
1	1	12	6
2	1	13	9
3	3	14	11
4	7	15	15
5	8	16	8
6	10	17	3
7	5	18	6
8	13	19	7
9	0	20	4
10	19	21	9
11	24	22	20

6 다음은 모형비행기 제작과정에서 발생한 흠집수를 정리한 자료이다. 이를 이용하여 c관리도를 작성하고 관리한계선 밖의 자료를 제거한 뒤 관리한계선을 다시 구하여라.

제품번호	1	2	3	4	5	6	7	8	9	10	11	12	13
흠집수	7	6	6	3	22	8	6	1	0	5	14	3	1
제품번호	14	15	16	17	18	19	20	21	22	23	24	25	
흠집수	3	2	7	5	7	2	8	0	4	14	4	3	

7 다음 자료는 LED TV의 생산과정에서 발생한 흠집수를 정리한 자료이다. 이를 이용하여 u 관리도를 작성하여라.

생산일자	검사대수	흠집수	단위당 흠집수	생산일자	검사대수	흠집수	단위당 흠집수
9/14	45	36	0.80	10/1	45	52	1.16
9/15	45	48	1.07	10/4	45	42	0.93
9/16	45	45	1.00	10/5	45	47	1.04
9/17	45	68	1.51	10/6	45	64	1.42
9/20	45	77	1.71	10/7	45	61	1.36
9/21	45	56	1.24	10/8	45	66	1.47
9/22	45	58	1.29	10/11	45	37	0.82
9/23	45	67	1.49	10/12	45	59	1.31
9/24	45	38	0.84	10/13	45	38	0.84
9/27	45	74	1.64	10/14	45	41	0.91
9/28	45	69	1.53	10/15	45	68	1.51
9/29	45	54	1.20	10/18	45	78	1.73
9/30	45	56	1.24	계	1,125	1,399	

객관식

1 다음 중 철판 한 장에서 발견할 수 있는 녹이 슨 부분이라든가 유리제품의 기포 등과 같이 흠집으로 간주하여 그 발생개수를 셀 수 있는 경우에 사용할 수 있는 계수치관리도는?

① p 관리도　　② pn 관리도
③ c 관리도　　④ u 관리도

2 다음 중 계수치관리도에 해당하지 않는 것은?

① p 관리도　　② pn 관리도
③ 메디안관리도　　④ u 관리도

3 다음 중 불량품 개수나 불량품 비율의 관리에 사용될 수 있는 기법은?

ㄱ. p 관리도	ㄴ. u 관리도	ㄷ. pn 관리도

① ㄱ, ㄴ ② ㄴ, ㄷ
③ ㄱ, ㄷ ④ ㄱ, ㄴ, ㄷ

4 다음 중 여러 계수치관리도에 관한 설명으로 옳지 않은 것은?

① p관리도는 단일 품질특성의 통제에 쓸 수도 있으며, 다수의 품질특성을 종합적으로 통제하고자 할 때에도 사용할 수 있다.
② pn관리도는 시료의 크기 n이 일정하고 불량률 대신 불량품개수를 관리대상으로 한다는 점 외에는 그 대상이나 작성방법이 p관리도와 같다.
③ 제품 1개에 하나 이상의 흠이 있어도 불량품으로 처리되지 않는 경우 c관리도를 이용하여 공정을 통제할 수도 있다.
④ u관리도는 시료군의 크기인 n값이 표본추출횟수에 관계없이 일정하다는 것은 제외하고는 그 용도나 기대효과가 c관리도와 같다.

5 다음 중 계수치관리도에 관한 설명으로 옳은 것은?

① 시료군의 크기가 같을 때 계량치관리도보다 정확한 정보를 제공해 준다.
② 계수치관리도를 사용하게 되면 품질특성이 몇 개이든 간에 단 하나의 관리도만으로 충분하다.
③ 같은 수준의 통제를 하기 위해서는 계량치관리도의 경우보다 훨씬 적은 양의 시료를 추출해도 무방하다.
④ 계량치관리도인 $\bar{x}$관리도와 R관리도의 적용가능성 여부를 판정하는 데 계수치관리도를 많이 사용한다.

6 다음 중 p관리도의 관리상한선에 해당하는 것은?

① $\bar{p}+3\sqrt{\dfrac{\bar{p}(1-\bar{p})}{n}}$ ② $\bar{p}+1.96\sqrt{\dfrac{\bar{p}(1-\bar{p})}{n}}$
③ $n\bar{p}+3\sqrt{n\bar{p}(1-\bar{p})}$ ④ $n\bar{p}+6\sqrt{n\bar{p}(1-\bar{p})}$

7 다음 중 c관리도에 관한 설명으로 옳은 것은?

① 다른 여타의 관리도와는 달리 t-분포를 기초로 하여 작성된다.
② 제품 1단위당 평균흠집수가 $\bar{c}$라 한다면 표준편차는 $3\sqrt{\bar{c}}$가 된다
③ c관리도에서 시료군은 단지 제품 1단위로 구성될 수도 있으며, 또는 단위면적, 단위중량 등 여러 형태를 띨 수 있다.
④ c관리도를 사용하기 위해서 각 시료군의 크기가 같을 필요는 없다.

8 c관리도는 어떤 유형의 확률분포를 기반으로 하는가?

① 정규분포
② 포와슨분포
③ t-분포
④ 이항분포

9 c관리도를 사용하고자 하였지만 생산하는 제품의 특성으로 인해 시료의 크기를 일정하게 유지하기가 힘들어졌다. 이 경우 어떤 관리도 기법을 사용해야 하는가?

① p관리도
② pn관리도
③ 메디안관리도
④ u관리도

❖ 객관식 정답

1. ③ 2. ③ 3. ③ 4. ④ 5. ② 6. ① 7. ③ 8. ② 9. ④

CHAPTER 14

샘플링검사법

샘플링검사는 로트로부터 미리 결정된 방식에 따라 시료를 추출하고 시료에 포함된 제품들의 품질특성을 기초로 하여 로트 전체의 합격·불합격을 판정하는 검사로 파괴검사에서와 같이 100% 검사가 불가능하거나 검사원의 피로와 실수를 줄이고자 하는 경우에 많이 쓰인다. 본장에서는 검사의 원리를 간략히 살펴본 뒤 샘플링검사법의 설계 및 운영에 필요한 기본적인 요소들에 대해 알아보고자 한다.

01 검사의 개념과 유형

1. 샘플링검사법의 의의

통계적 방법론이 개발되기 전까지 산업현장에서의 검사는 100% 전수검사이거나 또는 아예 검사 자체를 생략하는 수밖에 없었다. 100% 전수검사는 물품 자체의 파괴를 불러일으키는 경우를 제외하고는 어떤 경우에도 적용이 가능하지만, 외부에서 큰 규모의 로트에서 일부를 샘플로 뽑아 검사하고 그 결과를 토대로 전체 로트의 수용 여부를 결정하는 샘플링검사법은 수입검사나 최종검사에만 사용된다.

수입검사는 [그림 14-1](a)와 (b)에 도시된 것과 같이 외부에서 구입한 원자재, 부품, 완성품 등을 받아들이기 전에 이들 품목들이 품질판정기준을 만족시키는지의 여부를 판정하기 위한 검사를 의미하며, 제품을 구입하는 경우에 주로 쓰이므로 구입검사라고도 한다. 최종검사는 [그림 14-1](c)에서와 같이 생산공정에서 마무리된 제품이 고객의 요구사항을 만족하고 있는지 여부를 판정하기 위한 검사로, 제품출하시에 주로 실시하므로 출하검사라고도 한다. 다만, 한 공정에서 가공한 반제품이나 재공품을 그 다음 공정으로 이동하여 계속 가공해도 되는지 여부를 판정하기 위한 공정간 검사에는 샘플링검사법은 적용이 어려울 것이고 필요하다면 100% 전수검사를 실시할 수밖에 없다.

[그림 14-1] 검사의 유형과 적용가능 위치

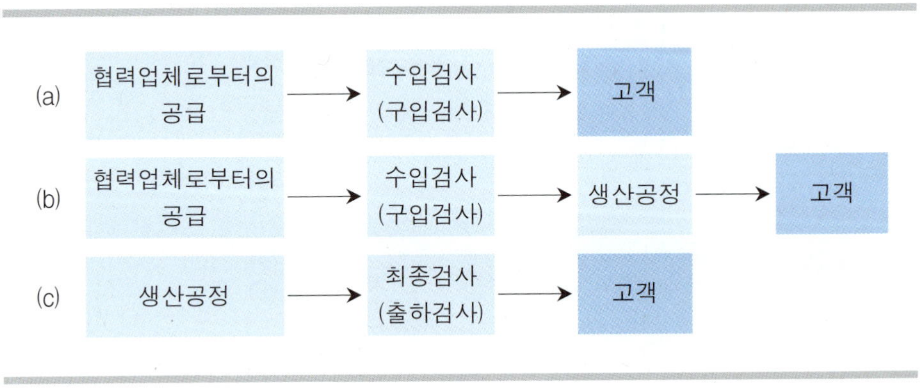

샘플링검사법을 적용하는 경우 분석결과에 따라 검사대상이 되는 로트를 좋은 품질의 것으로 받아들이거나 또는 불량한 로트로 간주하여 모두 폐기처분하거나 양품으로의 교체 또는 재작업 등의 추가적인 의사결정을 필요로 한다. 소비자의 까다로운 입맛을 100% 충족시키기 위해서는 샘플링검사법의 활용보다는 통계적 공정관리나 다양한 실험설계법을 활용하는 것이 바람직하다. 샘플링검사법은 생산공정이나 엔지니어링 부서 또는 연구개발팀에 품질개선에 도움을 줄 수 있는 데이터나 정보를 제공하지 못하기 때문이다. [그림 14-2]는 이런 추세를 잘 나타내고 있다.

품질경영에 대한 지식이나 노하우가 충분하지 않은 조직의 경우 통계적 공정관리나 실험설계법과 같이 품질개선에 큰 도움을 줄 수 있는 기법에 대해 충분히 이해하지 못하기 때문에 전수검사나 샘플링검사법에 의존하게 된다. 품질경영에 대한 전략적 중요성이 인식되고 샘플링검사법만으로는 품질개선이 쉽지 않다는 사실이 조직구성원간에 공유되면 점진적으로 적합품질 제고를 위한 통계적 공정관리나 설계품질 혁신에 기여할 수 있는 실험설계법에 대한 관심이 높아진다. 샘플링검사법이 품질특성의 변동 정도를 축소하여 일관성 있는 품질의 제품과 서비스를 소비자에게 공급한다는 기본적인 품질경영의 미션에 별다른 기여를 하지 못하다는 것도 깨닫게 된다. 이를 계기로 하여 통계적 공정관리나 실험설계법에 대한 관심이 증폭된다. 식스시그마 품질혁신도 이런

[그림 14-2] 패러다임의 변화 추세

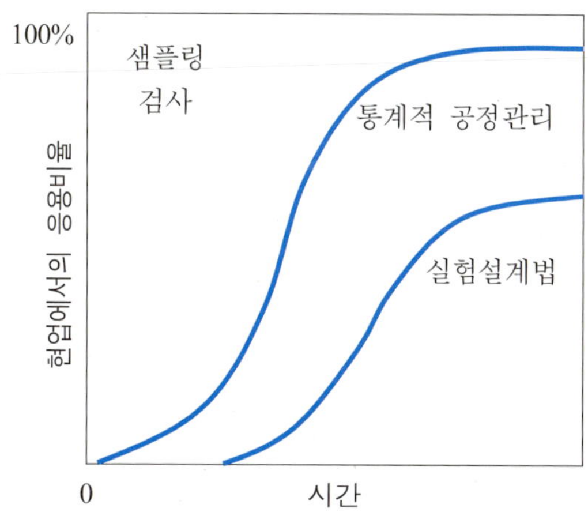

도구의 지원 없이는 기대하는 성과를 거두기 어렵다. 이런 시각에서 본장에서는 샘플링검사법의 기본원리와 유형에 대해서만 간략히 살펴보고자 한다.

2. 검사의 유형

우리나라의 국가인증제도인 KSA에 의하면 검사란 "물품을 어떠한 방법으로 시험한 결과를 품질판정기준과 비교하여 개개 물품의 양호품, 불량품의 판정을 하거나 로트별로 합격·불합격의 판정을 하는 것"으로 정의하고 있다. 검사의 종류는 검사의 목적, 검사의 성질, 검사를 수행하는 방법 등에 따라 몇 가지로 나누어 볼 수 있다. 앞에서 논의한 바와 같이 검사 목적에 따라 수입검사, 공정간 검사, 최종검사로 나눌 수 있으며, 검사의 성질과 검사방법에 따라서도 다음과 같이 구분해 볼 수 있다.

(1) 검사의 성질에 따른 분류

① 파괴검사 : 전기퓨즈와 같이 검사대상이 되는 물품을 검사하면 결과적으로 그 제품을 파괴하는 결과를 초래하는 검사를 의미한다.

② 비파괴검사 : 물품의 기능이나 가치를 저하시키지 않고 수행할 수 있는 검사로 파괴시험을 동반하지 않는 검사를 의미한다.

(2) 검사방법에 따른 분류

① 전수검사 : 100% 검사라고도 부르는데 로트 내의 모든 검사대상단위에 대해 검사를 수행하는 방법을 의미하며, 다음과 같은 경우에 적용한다.

- 공정의 상태로 보아 불량률이 크며 미리 정한 품질수준에 도달하지 못했다고 판정되는 경우
- 불량품이 발생하면 인명사고의 위험이 크거나 또는 다음 공정이나 소비자에게 중대한 손실을 초래할 경우
- 자동검사기를 사용할 수 있을 때와 같이 검사비용에 비해 검사로부터 얻을 수 있는 효과가 클 경우

그러나 전수검사는 비파괴검사에 한정되고 시간과 비용이 많이 소요되며, 제품이 지니고 있는 모든 품질특성항목에 대해 조사할 수는 없으므로 전수검사를 하더라도 불량품을 완전히 제거할 수는 없다.

② 무시험검사 : 제품을 생산해내는 공정에 관한 특성이나 기술수준 또는 공정능력을 통해 제품의 품질수준을 파악하는 방법으로, 개별품목의 검사를 생략하는 검사방법이다. 예를 들어 장기간에 걸쳐 검사결과가 우수하고 사용실적도 양호한 제품의 수입검사를 공급자의 검사성적표 확인으로 대치하거나 KS지정상품과 같이 품질보증표시가 있는 상품의 구입시에는 무시험검사를 채택할 수도 있다.

③ 샘플링검사 : 로트로부터 미리 결정된 방식에 따라 시료를 추출하고 시료에 포함된 제품들의 품질특성을 기초로 하여 로트 전체의 합격·불합격을 판정하는 검사로, 다음과 같은 경우에 적용한다.

- 파괴검사를 필요로 하는 검사에서와 같이 전수검사가 불가능한 경우
- 간헐적인 거래 등으로 로트의 품질에 관한 사전정보가 부족할 경우
- 품질수준은 반드시 만족하지는 않지만 전수검사를 필요로 할 정도도 아니고, 나쁜 로트만을 전수선별하여 평균적인 품질의 개선을 도모하고자 하는 경우
- 상당히 많은 양의 유사제품을 검사해야 하는 경우 검사원의 피로와 단조로움을 줄이며 결과적으로 검사과정에서의 실수를 줄이고자 하는 경우

02 샘플링검사의 기본원리

샘플링검사는 기본적으로 시료를 조사한 결과에 따라 로트의 합격·불합격을 결정하는 과정이므로 검사결과의 신뢰도를 높이기 위해서는 로트의 구성방법과 시료의 선택방법에 상당한 주의를 기울일 필요가 있다.

1. 시료의 선택방법

샘플링검사의 대상이 되는 로트를 구성하는 품목들은 서로 동질적이어야 한다. 예를 들어 같은 로트에 포함된 제품은 같은 공정에서 같은 자재를 이용하여 생산된 것이어야 한다. 만약 한 로트에 서로 다른 기계에서 생산된 품목이 섞여 있거나 사용된 자재가 다른 품목들이 섞여 있는 경우 샘플링검사의 신뢰도는 저하하게 된다.

시료를 선택하는 데 사용할 수 있는 샘플링기법에는 여러 가지가 있지만 기본적으로 로트의 성질을 대표할 수 있는 시료를 추출하기 위해서는 무작위추출(random sampling)의 특성을 지니고 있어야 한다. 무작위추출이란 로트에 포함된 모든 품목들이 시료에 포함될 확률이 같도록 시료를 추출하는 방법이라 할 수 있다. 그러나 로트가 다수의 층이나 그룹으로 나누어져 있는 경우에는 로트 전체를 모아 단순히 무작위추출을 하는 것보다 층별비례샘플링기법, 2단샘플링기법, 클러스터 샘플링기법 등을 사용하는 것이 바람직하다.

(1) 랜덤샘플링기법

랜덤샘플링기법(random sampling)에는 단순샘플링기법(simple random sampling), 계통샘플링기법(systematic random sampling), 지그재그샘플링기법(zigzag sampling) 등이 있다.

① 단순샘플링기법 : 크기 N의 로트로부터 크기 n의 시료를 무작위로 추출하고자 하는 경우, 난수표 또는 이와 유사한 방법을 이용하여 무작위로 추출하는 샘플링기법을 의미한다.

② 계통샘플링기법 : N개의 품목이 일렬로 나열되어 있을 때 이로부터 일정한 간격으로 n개의 시료를 추출하는 방식이다. 이때 샘플링간격은 로트의 크기를 시료의 크기로 나누어 얻어지는 값의 정수부분으로 정한다. 예를 들어 로트의 크기가 500개이고 시료의 크기가 20개라면 샘플링간격은 25가 된다. 우선 첫 25개의 품목 중에서 무작위로 하나를 추출하고 그 다음부터는 매 25번째 품목을 시료로 선택한다.

③ 지그재그샘플링기법 : 제조공정의 품질특성이 시간에 따라 주기적으로

변화한다고 예상되는 경우 품질의 변화주기와 상이한 간격으로 시료를 샘플링하는 방법을 의미한다.

(2) 층별비례샘플링기법

로트를 몇 개의 층으로 나눌 수 있는 경우 로트 전체를 모아서 단순히 랜덤샘플링하는 것보다는 층별로 샘플링(stratified sampling)하는 편이 바람직하다. 로트를 구성하는 각 층에 포함된 품목의 수에 따라 시료의 크기를 비례배분하면 된다. 예를 들어 A, B, C 세 개의 서로 다른 조립라인에서 각각 1,000개, 1,200개, 1,800개의 제품을 생산해내고 있으며 이 세 라인의 총생산량인 4,000개가 하나의 로트를 구성한다고 생각해 보자. 이 로트에서 크기가 80개인 시료를 추출해내기 위해서는 다음과 같이 각 라인에서 추출해야 할 시료의 크기를 먼저 결정하고 라인별로 필요한 품목을 무작위로 추출하면 된다.

$$\text{A라인} : 80\times\frac{1{,}000}{4{,}000}=20, \quad \text{B라인} : 80\times\frac{1{,}200}{4{,}000}=24, \quad \text{C라인} : 80\times\frac{1{,}800}{4{,}000}=36$$

(3) 2단 샘플링기법

로트의 검사단위가 M조의 그룹으로 나뉘어 있는 경우에는 우선 m조($m<M$)의 그룹을 선택하고, 선택한 각 그룹에서 n/m개씩의 시료를 선택하는 방법을 2단 샘플링기법(two-stage sampling)이라 한다. 다만 이 경우 그룹간의 산포도가 그리 크지 않아야만 검사의 신뢰도가 높아진다.

(4) 클러스터 샘플링기법

클러스터 샘플링기법(cluster sampling)은 주어진 로트를 여러 개의 서브로트로 나누고 이들 서브로트 중에서 몇 개를 무작위로 추출한 뒤 선택된 서브로트를 모두 검사하는 방식이다. 예를 들어 한 상자에 20개의 컴퓨터 부품이 담겨 있으며 50개의 상자가 하나의 로트를 구성한다고 하자. 이들 50개의 상자에서 무작위로 5상자를 뽑아 100개의 부품 모두를 검사하는 방식이 바로 클러스터 샘플링기법에 해당한다.

2. 생산자위험과 소비자위험

불량품이 전혀 포함되어 있지 않은 로트만을 합격으로 받아들이기 위해서는 로트 전체를 검사하는 방법밖에 없으므로 샘플링검사를 이용한다는 것은 결국 어느 정도의 불량품을 허용하겠다는 것으로 볼 수 있다. 불량품이 1% 정도 포함된 것은 아무런 불만 없이 받아들이겠다고 하는 경우, 바로 이 1%가 불량률의 허용한도가 된다. 그러나 샘플링검사를 통해 추출된 시료만으로 로트 전체의 불량률이 1% 이상 또는 1% 이하라고 결정하기에는 상당한 오류가 따르게 된다. 이 문제를 다음의 예를 통해 구체적으로 알아보기로 하자.

예제 14-1

한국자동차는 브레이크 부품생산을 외주에 의존하고 있다. 입고되는 모든 부품을 하나하나 검사하기보다는 샘플링검사를 하여 품질수준을 유지하고자 하는데, 일반적으로 1,000개 1박스 중 불량품이 30개 이하이면 평균적으로 좋은 품질의 부품이 공급되고 있다고 판단한다. 이 회사가 사용하는 샘플링검사는 $n=20$, $c=2$로서 시료로 추출된 20개의 부품에 불량품이 2개 이하 섞여 있으면 1,000개 1박스 전체를 좋은 품질의 것으로 받아들이게 된다.

실제 1박스에 담겨 있는 1,000개 모두를 검사하기 전에는 박스 안에 몇 개의 불량품이 포함되어 있는지 알 수 없으나 이 예에서는 편의상 박스 안에 25개의 불량품이 섞여 있으며 이 사실 또한 알고 있다고 가정해 보자. 만약 1,000개 전체를 검사했다면 이 박스는 좋은 품질의 것으로 받아들여야 할 로트가 된다. 그러나 20개의 제품만을 시료로 추출하여 검사하므로 이 로트를 좋은 품질의 것으로 받아들인다는 보장은 할 수 없다.

우선 $n=20$, $c=2$인 샘플링검사를 적용할 때 발생가능한 오류를 측정해 보기로 하자. 예제에 주어진 로트는 25개의 불량품이 섞여 있으므로 불량률로 환산하면 0.025 또는 2.5%가 된다. X를 시료 안에 포함되어 있는 불량품개수라 정의하고 이항분포를 이용하여 시료로 추출된 20개 속에 2개 이하의 불량품이 섞여 있을 확률을 계산해 보기로 하자.

$$P(X \leq 2) = {}_{20}C_0\,(0.025)^0(0.975)^{20} + {}_{20}C_1(0.025)^1(0.975)^{19} + {}_{20}C_2\,(0.025)^2\,(0.975)^{18}$$
$$= 0.987$$

따라서 25개의 불량품이 섞인 로트를 합격으로 판정할 확률, 즉 20개의 시료 안에 섞여 있을 불량품개수 X가 2보다 작거나 같은 확률은 0.987이다. 다시 말해 $n=20$, $c=2$인 샘플링검사를 적용하면 불량률이 2.5%인 로트를 합격으로 받아들일 가능성은 98.7%이고 이 로트를 불합격 판정시킬 가능성은 1.3%이다. 즉 불량률이 2.5%인 로트는 좋은 품질의 로트임에도 불구하고 샘플링검사를 통해 품질을 결정할 때 오류를 범할 확률이 1.3%라는 의미이다.

만약 $n=20$, $c=3$이라면 이 로트를 합격으로 받아들일 확률은

$$P(X \leq 3) = {}_{20}C_0(0.025)^0(0.975)^{20} + {}_{20}C_1\,(0.025)^1(0.975)^{19} + {}_{20}C_2(0.025)^2\,(0.975)^{18}$$
$$+ {}_{20}C_3(0.025)^3(0.975)^{17} = 0.998$$

이 되어 이러한 오류를 범할 확률은 $1-0.998=0.2\%$로 상당히 줄어든다.

이처럼 합격으로 판정해야 할 로트를 불합격으로 처리하는 오류의 가능성을 생산자위험(producer's risk)이라 지칭하며 일반적으로 α로 표시한다. 이와 반대로 불합격으로 판정해야 할 로트를 합격으로 받아들이는 경우도 있을 수 있는데, 이러한 경우에 발생하는 오류의 가능성을 소비자위험(consumer's risk)이라 부르며 β라 표시한다. 이번에는 소비자위험을 한국자동차의 예를 통해 살펴보기로 하자.

예제 14-2

한국자동차에서는 1,000개 중 불량품이 30개 이하이면 좋은 품질의 로트로 간주하고 있는데 새로 입고된 로트에는 50개의 불량품이 섞여 있다고 가정해 보자. 이 로트는 당연히 불합격으로 처리해야 하는데 $n=20$, $c=2$인 샘플링검사법으로 과연 이러한 결과가 나올 수 있는지 계산해 보기로 하자.

1,000개 중 50개의 불량품이 섞여 있으므로 불량률은 0.05 또는 5%가 되며 시료로 추출된 20개 안에 불량품이 2개 이하 섞여 있을 확률은 다음과 같다.

$$P(X \leq 2) = {}_{20}C_0(0.05)^0(0.95)^{20} + {}_{20}C_1(0.05)^1(0.95)^{19} + {}_{20}C_2(0.05)^2(0.95)^{18} = 0.9245$$

다시 말해 불량률이 5%이어서 당연히 불합격으로 처리해야 할 로트를 합격으로 잘못 판정할 확률이 무려 92.45%라는 것이며 불합격으로 제대로 판정할 확률은 불과 7.55% 정도라는 것이다. n은 그대로 두고 c만 2에서 1로 줄인다면 합격으로 판정할 확률이 73.6%로 줄어들게 되나 여전히 불합격으로 판정할 가능성은 지극히 낮다.

3. 검사특성곡선의 도출

지금까지의 분석은 1,000개 안에 포함되어 있는 불량품개수를 알고 있다는 가정하에 이루어져 왔다. 그러나 1,000개를 일일이 검사하기 전에는 이러한 가정이 성립할 수 없으므로 1,000개에 섞여 있는 불량품개수를 변수로 하여 합격으로 판정할 확률과 불합격으로 판정할 확률을 계산해 보기로 하자.

〈표 14-1〉은 시료의 크기가 20이고 c가 0에서 4까지 변할 때 합격으로 판정할 확률을 수록하고 있으며 [그림 14-3]은 이를 그래프로 도시한 것이다.

〈표 14-1〉 불량률과 c값의 변화에 따른 합격가능성

1,000개 안에 포함되어 있는 불량품개수	불량률 (%)	시료의 크기=20				
		c=0	c=1	c=2	c=3	c=4
10	1.0	0.818	0.982	0.998	0.999	0.999
20	2.0	0.670	0.938	0.992	0.999	0.999
30	3.0	0.548	0.878	0.976	0.996	0.999
40	4.0	0.449	0.808	0.952	0.990	0.998
50	5.0	0.367	0.735	0.925	0.981	0.996
60	6.0	0.301	0.662	0.879	0.966	0.992
70	7.0	0.246	0.591	0.833	0.946	0.986
100	10.0	0.135	0.406	0.676	0.857	0.947

[그림 14-3] c값의 변화에 따른 검사특성곡선의 형태

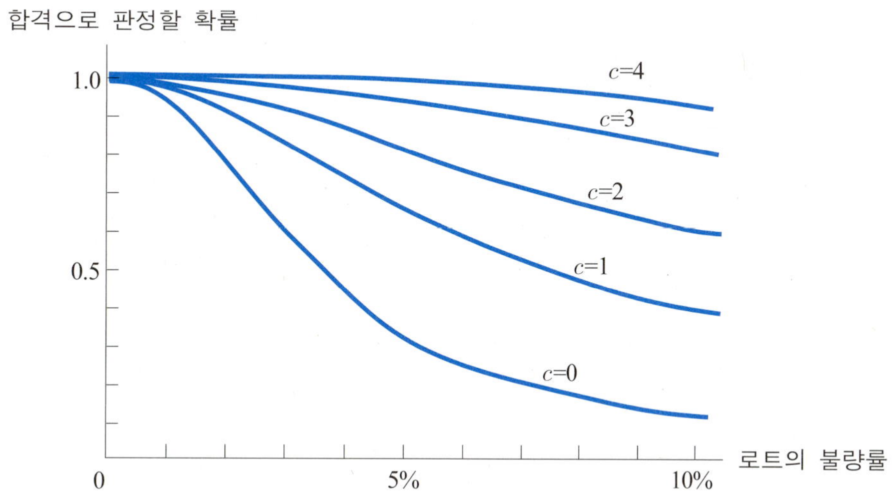

[그림 14-3]에서 X축은 로트의 불량률을 나타내고 있으며 Y축은 합격으로 판정할 확률을 나타내고 있다.

이 그림과 같이 n과 c가 주어져 있을 때 여러 가지 상이한 불량률의 로트를 합격으로 판정할 확률을 나타내는 그래프를 검사특성곡선(Operating Characteristic curve, OC curve)이라 한다. 검사특성곡선은 [그림 14-4]에서와 같이 시료의 크기인 n이 커짐에 따라 그 형태가 직사각형 모양을 따라가게 된다. n이 로트의 크기와 같은 경우, 즉 로트 전체를 검사하는 경우 검사특성곡선은 완전한 직사각형이 되어 불량률이 p' 이하인 경우는 언제나 합격품으로 받아들이고, p'보다 큰 경우는 언제나 불합격품으로 판정할 수 있는 가장 이상적인 형태를 취하게 된다. 그러나 샘플링검사의 목적이 시료를 이용함으로써 시간과 비용을 절감하자는 데에 있으므로 이러한 이상적인 검사특성곡선은 나타날 수 없으며 어느 정도 굽어진 형태로 나타날 수밖에 없다.

[그림 14-4] n값의 변화에 따른 검사특성곡선의 형태

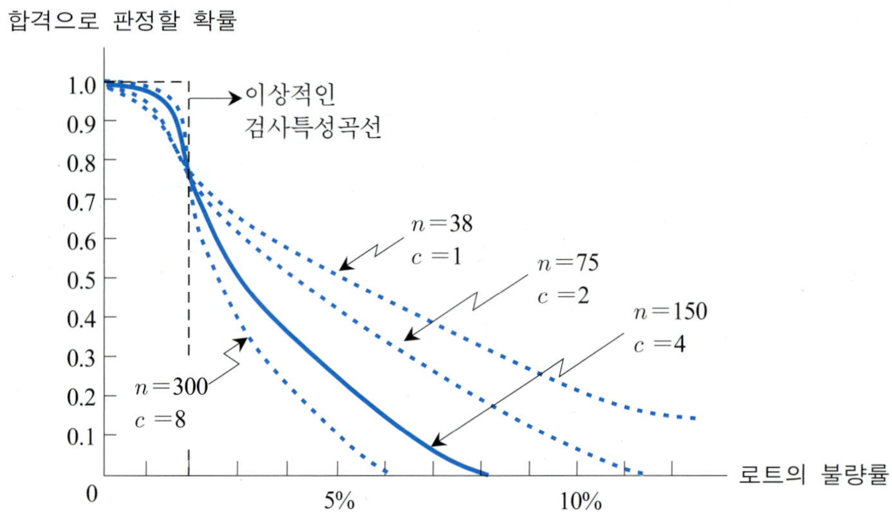

4. 합격품질수준과 불합격품질수준

이상적인 형태의 샘플링검사가 불가능하다면 어떠한 방법으로 생산자위험과 소비자위험을 줄일 수 있겠는가? 이에 대한 설명을 하기에 앞서 한국자동차의 예에서 계산한 $n=20$, $c=2$일 때의 α값과 β값을 살펴보기로 하자.

1,000개 중 30개의 불량품이 섞여 있는 로트는 좋은 품질의 로트라 가정하였는데 $n=20$, $c=2$의 샘플링검사법으로 불량률이 2.5%인 로트를 불합격으로 판정할 확률(α)은 1.3%였고 불량률이 5%인 로트를 합격으로 판정할 확률(β)은 무려 92.45%였다. 즉 합격·불합격을 결정짓는 품질수준(이 경우는 3%) 근처에서는 어떤 샘플링검사법을 적용하든 간에 합격으로 판정할 확률에는 그리 큰 차이가 없다. 다시 말해 실제 불량률이 2%이든 5%이든 간에 합격으로 받아들일 가능성에는 그리 큰 차이가 없다는 것이다.

이와 같은 어려움을 극복하기 위해 샘플링검사법에서는 가능한 한 합격시키고 싶은 로트의 불량률 상한인 p_0와 가능한 한 불합격시키고 싶은 로트의 불량률 하한인 p_1을 설정하게 된다. p_0는 생산자의 입장에서 합격으로 받아들

[그림 14-5] $(p_0,\ 1-\alpha)$와 $(p_1,\ \beta)$의 도시

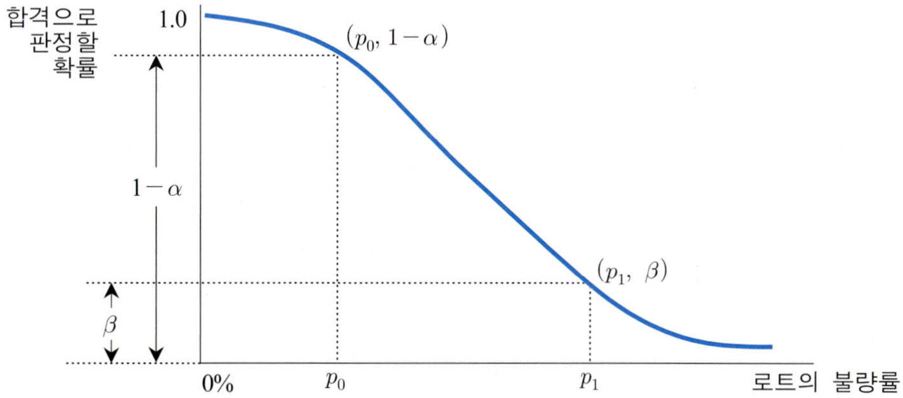

이고 싶은 로트의 최대불량률을 의미한다. 즉 p_0보다 낮은 불량률의 로트를 가능한 한 합격으로 판정하고 싶다는 의미이다. 이에 반해 p_1은 소비자의 입장에서 불합격으로 판정하고 싶은 로트의 최소불량률을 의미한다.

따라서 생산자위험 α는 p_0수준의 로트를 불합격으로 처리할 오류의 가능성을 뜻하며 소비자위험 β는 p_1수준의 로트를 합격으로 처리할 오류의 가능성을 뜻한다. 이를 그래프상에 도시하면 [그림 14-5]와 같다.

p_0와 유사한 개념으로는 AQL(Acceptable Quality Level)을 들 수 있다. KS인증제도에서 사용되는 AQL은 p_0와 유사한 개념이기는 하나, p_0가 개개의 로트를 대상으로 하는 데 반해 AQL은 계속적인 거래를 전제로 한 공정평균을 대상으로 한다는 점이 다르다.

5. 평균출하품질

평균출하품질(Average Outgoing Quality, AOQ)이란 검사를 거친 로트의 평균불량률을 의미하는 것으로 시료에 섞인 불량품은 모두 양품으로 대체하고 불합격으로 판정한 로트는 하나하나 검사하여 불량품을 양품으로 대체한다는 가정하의 로트불량률의 기대치를 말한다.

로트의 크기를 N이라 하고 로트의 불량률을 p'라 한다면 검사를 거친 후 로트에 섞여 있을 불량품개수의 기대치는 다음과 같이 계산해 볼 수 있다.

$$P(\text{불합격으로 판정})\times 0+P(\text{합격으로 판정})\times(N-n)\times p'$$

즉 로트가 불합격으로 판정된다면 모두 검사하므로 불량품이 섞여 있을 수가 없고 로트가 합격으로 판정될 경우에만 불량품이 발생할 수 있는데, 이 경우도 시료로 추출되지 않은 $N-n$개의 제품에만 섞여 있을 수 있다. 로트의 불량률을 p'라 했으므로 검사를 거치지 않는 로트의 불량품개수는 $(N-n)p'$로 볼 수 있다. 따라서 P_α를 주어진 로트를 합격으로 판정할 확률이라 정의한다면 평균출하품질은 다음과 같이 계산할 수 있다.

$$\text{AOQ}=\frac{(1-P_\alpha)\times 0+P_\alpha(N-n)\times p'}{N}=\frac{P_\alpha\times(N-n)\times p'}{N}$$

일반적으로 AOQ의 값은 p'값이 커짐에 따라 증가하게 되나 어느 수준을 지나치게 되면 불합격될 가능성이 높아져 AOQ는 오히려 감소하게 된다.

[그림 14-6] AOQL의 도시($n=150$, $c=4$일 때)

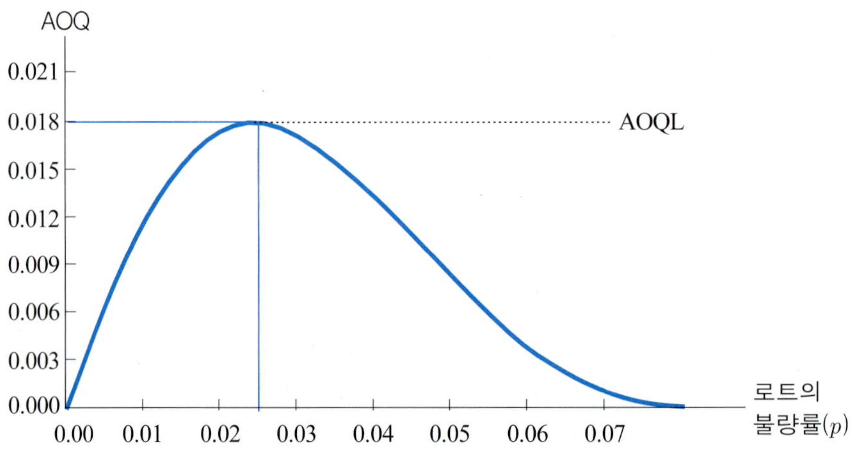

[그림 14-6]에서와 같이 AOQ가 최대로 될 때의 출하품질을 평균출하품질 한계(Average Outgoing Quality Limit, AOQL)라고 부르며, 다음과 같이 정의된다.

$$\text{AOQL} = \max_{p'} \frac{P_\alpha \times (N-n) \times p'}{N} = \max_{p'} P_\alpha p'$$

(단 $(N-n)/N=1$이라 가정함)

AOQL은 물론 이러한 방법을 이용하여 정확히 계산할 수도 있지만 대개는 〈표 14-2〉와 같이 미리 계산된 자료를 이용하여 손쉽게 구할 수 있다. 〈표 14-2〉는 0부터 24까지의 c값에 대한 $P_\alpha p'n$의 최댓값을 수록한 것이다. 〈표 14-2〉에서 $c=4$일 때의 $\max P_\alpha p'n$의 값을 찾아보면 2.544이며, 이 값과 $n=150$을 위 식에 대입하면 AOQL의 근삿값이 계산된다.

$$\text{AOQL} = 2.544/150 = 0.017$$

〈표 14-2〉 $P_\alpha p'n$의 최댓값

c	$\max P_\alpha p'n$	c	$\max P_\alpha p'n$	c	$\max P_\alpha p'n$
0	0.3679	9	5.836	18	12.38
1	0.8408	10	6.535	19	13.14
2	1.372	11	7.234	20	13.88
3	1.946	12	7.948	21	14.66
4	2.544	13	8.677	22	15.42
5	3.172	14	9.404	23	16.18
6	3.810	15	10.12	24	16.97
7	4.465	16	10.87		
8	5.150	17	11.63		

03 샘플링검사법의 종류와 특징

샘플링검사법은 관심의 대상이 되는 품질특성에 따라 크게 계수형 샘플링검사법과 계량형 샘플링검사법으로 나누어 볼 수 있다. 계수형 검사법은 시료로 추출된 품목에 섞여 있는 불량품개수라든가 이들 품목에서 발견한 결점수 등과 같은 자료를 기초로 하여 로트의 품질을 추정하는 방법을 의미한다. 이에 반해 계량형 검사법은 길이, 넓이, 두께, 농도 등과 같이 구체적으로 값을 측정하고 비교할 수 있는 자료를 구한 뒤 이 값의 평균치를 기초로 하여 로트 전체의 품질을 판단하는 방법이다. 이들 검사법은 다시 시료의 크기와 합격판정개수의 결정방법 그리고 불합격된 로트의 처리방법에 따라 규준형, 선별형, 조정형, 연속생산형 샘플링검사법 등으로 재분류할 수 있다. 본절에서는 계수형 검사법을 위주로 살펴보기로 한다.

1. 샘플링검사법의 형태

(1) 규준형 샘플링검사법

규준형 샘플링검사법은 주어진 로트 자체의 합격 · 불합격을 판정하는 데 사용되는 검사법으로, 생산자와 소비자의 합의에 의해 결정된 (p_0, α)와 (p_1, β)를 충족시키는 시료의 크기 n과 불량품허용한도인 c를 결정함으로써 이루어진다. 계량형 검사법의 경우에는 p_0 대신에 가능한 한 합격으로 판정하고 싶은 로트 평균치의 한계인 m_0, p_1 대신에 가능한 한 불합격으로 판정하고 싶은 로트의 평균치한계인 m_1을 사용한다. 우리나라의 경우 KS Q 0001 : 2013 등이 이에 해당된다.

(2) 선별형 샘플링검사법

규준형 샘플링검사법은 합격 · 불합격만을 판정하면 그 목적을 달성하나 선별형 샘플링검사법은 불합격된 로트를 모두 검사하여 불량품을 양품으로 교체한다는 가정하에 개발된 것이다.

계수선별형 샘플링검사법에는 p_1과 소비자위험(β)을 이용하는 방법과 평균출하품질한계(AOQL)를 이용하는 방법 등 두 가지 유형이 있다. 첫 번째 방법은 소비자의 입장에서 p_1수준의 로트를 합격시킬 확률이 β를 넘지 않으면서 검사에 소요되는 노력을 최소화할 수 있는 방법이며, 두 번째 방법은 최소한 AOQL 품질수준의 로트를 공급받으면서 검사에 소요되는 노력을 최소화할 수 있는 기법이기도 하다. 따라서 계수선별형 검사법은 모두 검사에 소요되는 노력을 최소화하고자 하는 기법이라고 볼 수 있다. 다만 이 검사법에서는 불합격으로 판정된 로트를 모두 검사하므로 파괴검사가 요구되는 경우에는 이 방법을 사용할 수 없다.

(3) 조정형 샘플링검사법

계수조정형 샘플링검사법은 다량의 제품이 하나의 로트로 구성되어 계속 공급되는 경우에 주로 사용되며 AQL(Acceptable Quality Level)과 생산자위험(α)을 기준으로 하는 검사법이다. 이 검사법은 검사수준(특별검사수준과 일반검사수준)과 검사의 엄격도(보통검사, 까다로운 검사, 수월한 검사)에 따라 그 적용방법이 달라지며 AQL보다 나쁜 품질의 로트를 불합격시킬 수 있는 확률을 조정할 수 있도록 규정되어 있다. 우리나라의 경우 KS Q ISO 2859-1이 이에 해당된다.

(4) 연속생산형 샘플링검사법

지금까지 설명한 샘플링검사법은 로트의 형태로 제품이 공급되는 경우에 이용되는 방법이므로 컨베이어 벨트 등을 이용한 계속적인 생산공정에서는 이와 같은 기법이 적용되기 어렵다. 연속생산형 샘플링검사법은 생산공정에서 나오는 제품을 전수검사하다가 연속된 몇 개의 품목이 양품으로 판단되면 샘플링검사로 전환하게 된다. 시료는 일정개수 간격으로 하나씩 추출하게 되는데, 만약 시료로 추출된 품목이 불량으로 판단되면 다시 전수검사로 환원하게 된다.

2. 계수규준형 샘플링검사법

계수규준형 1회샘플링검사법은 계수형 샘플링검사법 중 가장 간단한 방법으로, 주어진 로트의 합격 · 불합격만을 판정하는 데 이용된다. 이 샘플링검사법을 사용하기 위해서는 기본적으로 생산자와 소비자의 합의에 의해 결정된 (p_0, α)와 (p_1, β)를 기초로 하여 시료의 크기 n과 합격판정개수인 c를 결정해야 한다.

예를 들어 $(p_0=0.035,\ \alpha=0.05)$와 $(p_1=0.085,\ \beta=0.10)$을 만족시키는 샘플링검사법을 생각해 보자. 이 검사법을 적용한다면 불량률이 0.035 또는 3.5%인 로트를 합격으로 받아들일 확률은 $1-\alpha=95\%$, 불량률이 0.085 또는 8.5%인 로트를 불합격시킬 확률은 $1-\beta=90\%$를 만족시킬 수 있어야 한다. 즉 불량률이 3.5%를 초과하지 않는 로트는 생산자의 입장에서 볼 때 좋은 품질의 로트이며 이러한 품질의 로트를 불합격으로 처리할 오류는 5%를 초과하지 않아야 한다. 한편 불량률이 8.5%를 초과하는 로트는 소비자의 입장에서 반드시 불합격으로 처리시켜야 하며 이를 합격으로 처리할 오류는 10%를 초과하면 안 된다는 것이다.

이러한 샘플링검사법은 [그림 14-7]에서와 같이 $(p_0, 1-\alpha)$와 (p_1, β)를 통과하는 검사특성곡선을 도출해낼 수 있는 (n, c)를 의미한다. 물론 n과 c가 모두 정수값을 가지므로 정확히 이 두 점을 통과하는 곡선을 도출해내기는 어렵다.

[그림 14-7] $(p_0, 1-\alpha)$와 (p_1, β)를 만족시키는 검사특성곡선

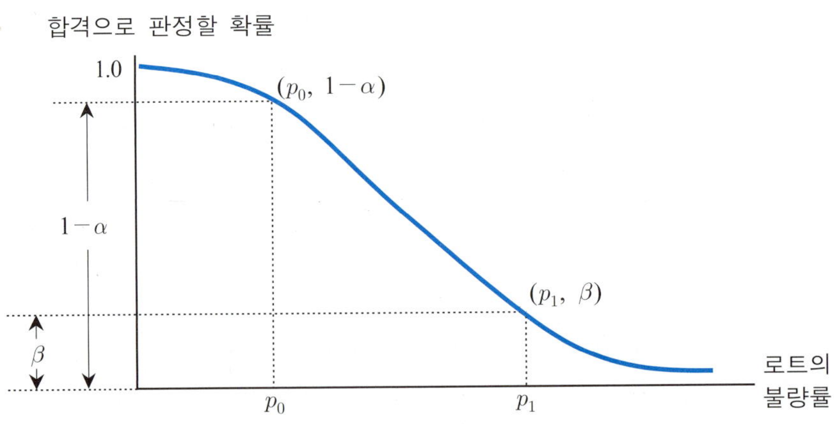

〈표 14-3〉 $\alpha=0.05$, $\beta=0.10$일 경우의 np'값

c	$np'_{0.95}$	$np'_{0.10}$	$np'_{0.10} \div np'_{0.95}$
0	0.051	2.30	45.10
1	0.355	3.89	10.96
2	0.818	5.32	6.50
3	1.366	6.68	4.89
4	1.970	7.99	4.06
5	2.613	9.28	3.55
6	3.285	10.53	3.21
7	3.981	11.77	2.96
8	4.695	12.99	2.77
9	5.425	14.21	2.62
10	6.169	15.41	2.50
11	6.924	16.60	2.40
12	7.690	17.78	2.31
13	8.464	18.96	2.24
14	9.246	20.13	2.18
15	10.040	21.29	2.12

n과 c를 결정하기 위해서는 〈표 14-3〉과 같은 자료가 주어져 있거나, 확률분포표를 이용하여 이와 같은 표를 작성해야 한다. 〈표 14-3〉에서 첫 번째 줄의 $c=0$은 불량품 허용한도가 0인 경우를 나타내며, 두 번째 칸의 0.051은 포와슨분포에서 $P(X \leq 0)=0.95$를 만족시켜 주는 평균값을 나타낸다.

즉 시료의 크기 n과 로트의 불량률 p'가 얼마인지 알려져 있지 않지만 포와슨분포의 평균인 np'값이 0.051일 때 시료에 포함된 불량품개수 X가 0보다 작거나 같을 확률은 95%라는 것이다. 원칙적으로 이항분포를 이용하여 이러한 표를 작성해야 하나 상당한 시간이 소요되므로 포와슨분포를 대신 이용해도 무방하다.

두 번째 줄의 $c=1$, $np'_{0.95}=0.355$는 포와슨분포의 평균이 0.355일 때 $P(X \leq 1)$값이 0.95라는 것을 의미하며, 세 번째 칸의 $np'_{0.10}=3.89$는 포와슨분포의 평균이 3.89일 때 $P(X \leq 1)$값이 0.10이라는 것을 의미한다. 마지막 열 수치는 $np'_{0.95}$와 $np'_{0.10}$의 비율이다.

일단 〈표 14-3〉이 작성되면 $(p_0=0.035,\ \alpha=0.05)$와 $(p_1=0.085,\ \beta=0.10)$을 만족시키는 n과 c를 계산해 볼 수 있으며 그 절차는 대략 다음과 같다.

① p_1과 p_0의 비율을 계산한다. 즉

$$\frac{p_1}{p_0}=\frac{0.085}{0.035}=2.429$$

② 〈표 14-3〉의 네 번째 열($np'_{0.10}\div np'_{0.95}$)에서 2.429에 가장 가까운 값을 찾는다. 2.429와 같은 값은 없으므로 그 대신 2.40을 택한다.

③ 〈표 14-3〉의 두 번째 열에서 2.40에 해당하는 $np'_{0.95}$값과 c값을 찾는다. 이 경우 $np'_{0.95}=6.924$, $c=11$이 이에 해당된다.

④ $p'_{0.95}$에 p_0값을 대입하여 시료의 크기 n을 구한다.

$$(n)(0.035)=6.924$$
$$n=197.8 \text{ 또는 } 198$$

따라서 ($p_0=0.035$, $\alpha=0.05$)를 만족하는 샘플링검사법은 $n=198$, $c=11$임을 알 수 있다. 즉 3.5%의 불량률을 가진 로트를 합격으로 받아들일 확률은 0.95이며 오류의 가능성은 $\alpha=0.05$가 된다.

⑤ 지금까지의 계산은 α값에 기초한 것이므로 α값 대신 β값을 기초로 하여 계산하면 또 다른 n과 c가 도출될 수 있다. 예를 들어 ③에서 $np'_{0.95}$ 대신 $np'_{0.10}$을 선택하면 다음과 같은 n과 c값이 도출된다.

$$n=196,\ c=11$$

3. 계수선별형 샘플링검사법

계수규준형 샘플링검사법은 합격·불합격만을 판정하면 그 목적을 달성하나 계수선별형 샘플링검사법은 불합격된 로트를 모두 검사하여 불량품을 양품으로 교체한다는 가정하에 개발된 것이다. 계수선별형 샘플링검사법에는 가능한 한 불합격시키고 싶은 불량률의 하한인 p_1과 소비자위험(β)을 이용하는 방법과 평균출하품질수준(AOQL)을 이용하는 방법의 두 유형이 있다. 첫 번째 방법은 소비자의 입장에서 p_1수준의 로트를 합격시킬 확률이 β를 넘지 않으면서 검사에 소요되는 노력, 즉 평균검사량을 최소화할 수 있는 방법으로 각 로트마다의 품질을 통제하는 데 주로 쓰이며, 두 번째 방법은 최소한 AOQL 품질수준의 로트를 공급받으면서 평균검사량을 최소화할 수 있는 기법으로 최종검사과정에서와 같이 다수 로트의 평균품질을 보증하고자 할 때 많이 쓰인다. 따라서 계수선별형 검사법은 그 종류에 관계없이 모두 평균검사량을 최소화하고자 하는 데 그 목적이 있다. 다만 이 검사법에서는 불합격으로 판정된 로트는 모두 검사하므로 파괴검사가 요구되는 경우에는 사용할 수 없다.

이제 공정의 평균불량률과 $(p_1,\ \beta)$가 주어져 있을 때 평균검사개수를 최소화하는 계수형 1회검사법을 살펴보기로 하자. 예를 들어 $N=1{,}000$, $p_1=0.08$, $\beta=0.10$이라 가정하고 생산공정의 평균불량률$(\bar{p})$이 2%일 때의 검사법을 〈표 14-4〉의 자료를 이용하여 생각해 보기로 하자. 〈표 14-4〉의 자료는 계수규준형 샘플링검사법을 설명할 때 사용한 자료이다.

〈표 14-4〉 $\alpha=0.05$, $\beta=0.10$일 경우의 np' 값

c	$np'_{0.95}$	$np'_{0.10}$	$np'_{0.10} \div np'_{0.95}$
0	0.051	2.30	45.10
1	0.355	3.89	10.96
2	0.818	5.32	6.50
3	1.366	6.68	4.89
4	1.970	7.99	4.06
5	2.613	9.28	3.55
6	3.285	10.53	3.21
7	3.981	11.77	2.96
8	4.695	12.99	2.77
9	5.425	14.21	2.62
10	6.169	15.41	2.50
11	6.924	16.60	2.40
12	7.690	17.78	2.31
13	8.464	18.96	2.24
14	9.246	20.13	2.18
15	10.040	21.29	2.12

우선 $c=0$일 때 〈표 14-4〉에서 $np'_{0.10}=2.30$임을 알 수 있으므로

$$\frac{np'_{0.10}}{p'_{0.10}}=n=\frac{2.30}{0.08}=29$$

가 성립한다. 즉 $p_1=0.08(8\%)$ 이상인 로트를 합격으로 판정할 확률이 10%를 초과하지 않기 위해서는 ($n=29$, $c=0$)의 1회검사법을 사용해야 한다.

한편 ($n=29$, $c=0$)의 샘플링검사법으로 공정의 평균불량률 $\bar{p}$가 0.02(2%)인 로트를 합격으로 판정할 확률은 포와슨분포를 이용하면 다음과 같이 계산할 수 있다.

$$n\bar{p}=(29)(0.02)=0.58$$
$$P_{\alpha}=P(x\leq 0 \mid n\bar{p}=0.58)=0.56$$
$$\text{평균검사개수}=n+(1-P_{\alpha})(N-n)=29+(1-0.56)(1,000-29)=456$$

이번에는 $c=2$인 경우를 분석해 보기로 하자. 〈표 14-4〉에서 $np'_{0.10}=5.32$임을 알 수 있으므로

$$\frac{np'_{0.10}}{p'_{0.10}}=n=\frac{5.32}{0.08}=67$$

이 성립하며 $p_1=0.08$인 로트를 합격으로 받아들일 오류가 10%를 초과하지 않기 위해서는 ($n=67$, $c=2$)인 샘플링검사법을 사용해야 한다. 한편 이 검사법으로 평균불량률이 0.02(2%)인 로트를 합격으로 판정할 확률을 계산하면 다음과 같다.

$$P_{\alpha}=P(x\leq 2 \mid n\bar{p}=1.34)=0.84$$

따라서

$$\text{평균검사개수}=67+(1-0.84)(1,000-67)=216$$

〈표 14-5〉 공정의 평균불량률이 2%일 때의 시료검사개수

c	n	평균검사개수
1	49	296
2	67	216
3	84	166
4	100	148
5	116	143
6	132	149
7	148	158

이 된다.

이와 같은 계산과정을 다양한 c값의 경우에 적용해 보면 〈표 14-5〉와 같은 자료를 도출해낼 수 있다. 이 표에 수록되어 있는 1회검사법은 p_1값이 8%인 로트를 합격으로 받아들일 확률이 10%(β값)인 점에서는 모두 같으나, 공정의 평균불량률이 2%일 때의 시료검사개수에서 차이가 있을 뿐이다.

따라서 로트의 평균불량률이 2%라 기대할 수 있다면 시료검사개수를 최소화하는 검사법은 ($n=116$, $c=5$)임을 알 수 있다. 이처럼 이 검사법은 공정의 평균불량률이 얼마이냐에 따라 최적검사법의 구조가 달라진다.

4. 계수조정형 샘플링검사법

계수조정형 샘플링검사법은 대개 다량의 제품이 하나의 로트로 구성되어 계속 공급되는 경우에 주로 사용되며 AQL값, α, 로트의 크기, 검사수준 및 검사의 엄격도에 따라 그 적용방법이 달라진다.[1] 계수조정형 샘플링검사법에서의 AQL값은 여타의 계수형 검사법에서와 같이 불량률로 나타낼 수도 있으며, 필요에 따라서는 품목 100개당 결점의 수(nonconformities per 100 units)로 표시될 수도 있다. 예를 들어 100개의 품목 중 5개만이 결점이 있는데, 이 5개 품목의 총 결점수가 15개라면 AQL은 15%가 된다.

1) 그 외 계수규준형 축차샘플링검사법과 연속생산형 검사법에 대한 논의는 생략한다.

[그림 14-8] **검사수준과 검사특성곡선**

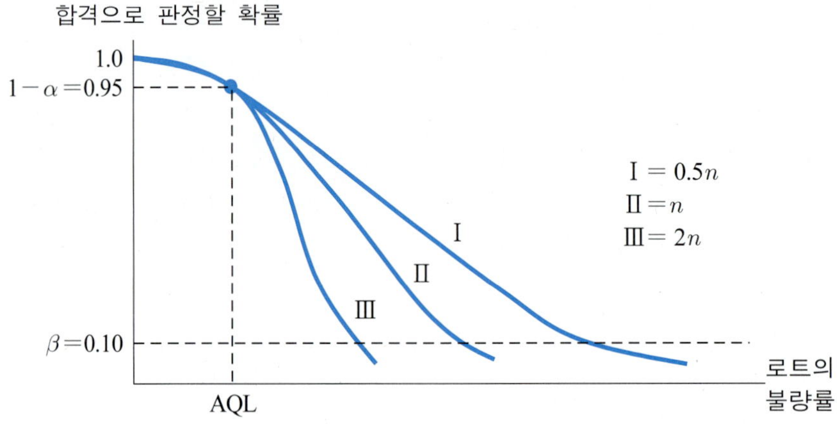

시료의 크기는 로트의 크기와 검사수준에 의해 결정된다. 검사수준은 일반검사수준과 특별검사수준으로 나뉘는데, 일반검사는 Ⅰ, Ⅱ, Ⅲ의 세 가지 수준으로 구분되어 있으며 특별검사는 S-1, S-2, S-3, S-4의 네 수준으로 구분되어 있다. 대개의 경우 일반검사의 검사수준 Ⅱ를 사용하며 파괴검사와 같이 시료의 크기가 커서는 곤란한 경우에만 특별검사수준을 사용한다.

일반검사수준의 경우 검사수준에 관계없이 AQL수준의 로트를 합격으로 받아들일 확률은 거의 같다. 그러나 로트의 불량률이 AQL보다 나쁜 경우 검사수준 Ⅲ을 선택하면 검사수준 Ⅰ이나 Ⅱ의 경우보다 합격으로 받아들일 확률이 낮아진다. [그림 14-8]에 도시되어 있듯이 AQL수준의 로트를 불합격시킬 확률인 α값은 검사수준에 관계없이 같다. 그러나 불량률이 높아질수록 검사특성곡선의 형태가 달라진다. 따라서 불량으로 인한 손실이 크거나, 품목의 가치가 높은 경우에는 검사수준 Ⅲ이 바람직하며, 그 외의 경우에는 대개 검사수준 Ⅱ를 사용한다. 이처럼 다양한 검사수준이 주어진 것은 소비자로 하여금 AQL보다 나쁜 품질의 로트를 불합격시킬 수 있는 확률을 조정할 수 있도록 하기 위해서이다.

계수조정형 샘플링검사법의 적용과정은 다음과 같다.

① 로트의 크기를 결정한다.
② 검사수준을 결정한다.
③ 간편표를 이용하여 시료의 크기를 나타내는 코드를 선택한다.
④ 생산자와 소비자의 합의에 의해 AQL값을 결정한다.
⑤ 샘플링검사법의 종류(1회, 2회, 다회)를 결정하고 검사방법을 설계한다.
⑥ 보통검사(normal inspection)로부터 시작하여 로트의 품질에 따라 까다로운 검사(tightened inspection) 또는 수월한 검사(reduced inspection)로 전환한다.

쉬어가기

데밍이 샘플링기법의 폐기를 주장하는 이유

어느 품질관리 교과서를 보든 간에 표준화된 샘플링기법에 대해 많은 지면을 할애하고 있다. 이들 기법들은 대개 표본을 추출하여, 표본의 불량률을 기초로 하여 로트의 나머지를 검사할 것인가 또는 그대로 사용할 것인가를 결정한다.

닷지-로믹 표는 주어진 불량률을 유지하면서 검사비용을 최소화하는 샘플링기법이다. 이에 반해 Mil-standard 105 D의 목적이 무엇인지는 이해하기가 극히 어렵다. Mil-standard 105 D는 AQL값에 따라 샘플링기법을 순서대로 나열한 것이라 한다. 즉 AQL값과 로트의 크기 N이 주어지면 Mil-standard 105 D에서 해당 샘플링기법을 찾아낼 수 있다. 이 방법은 비용에 대해서는 전혀 감안하지 않는다. 경우에 따라서는 샘플링검사에 따른 총비용이 100% 검사에 따른 비용의 배가 될 수도 있다.

예를 들어 3%의 AQL에 해당하는 로트를 구입하는 회사는 결국 100개 중 97개만 양품이면 아무 문제가 없다는 것을 광고하는 것과 같다. 어느 한 기업의 담당자가 말하길 그 회사의 고객들이 인수하는 제품의 불량률은 평균 3%를 초과하지 않는다는 것이다. 그러나 고객에 따라서는 인수하는 제품의 불량률이 3%를 초과할 수도 있다. 만약 당신이 고객이라면 이에 만족할 수 있을 것인가?

불행히도 대부분의 교과서는 샘플링기법에 대해 상당부분을 할애하고 있으며, 내가 쓴 책도 예외는 아니다. 이제 이들 샘플링기법을 폐기하고 총비용, 그리고 실제 문제에 대해 논의할 때가 왔다. 닷지-로믹 표나 Mil-standard 105 D의 적용은 단지 계약서에 명시된 조건을 만족시키기 위한 공식이다. 이 조건을 명시한 사람도 그런 조건을 명시할 자격이 없으며, 이를 수행하는 사람들도 마찬가지이다. 모든 사람들이 하고 있으므로 나도 한다는 식이다. 그 결과 비용만 증가할 뿐이다. 파이겐바움도 "샘플링기법의 문제는 이 기법을 전혀 적용될 수 없는 경우에까지 확대 적용하고 있다는 데에 있다"고 말한다.

(Deming, W.E., *Out of the Crisis*, MIT Press, 1984)

쉬어가기

"불량품입니다" 머리카락보다 얇은 스크래치도 잡아내는 AI

MLCC는 전기를 저장했다가 반도체 등에 필요한 만큼의 전기를 공급하도록 만들어진 부품으로 '전자산업의 쌀'로 불린다. 육안으로 확인이 어려운 초미세 부품의 불량품을 가려내는 데 인공지능(AI)이 활약하고 있다. 제조공정에 AI가 적용돼 당장 비용절감 효과를 낼 수 있어 주목된다. 삼성전기는 지난 3월부터 머리카락보다 얇은 0.1mm의 적층세라믹콘덴서(MLCC) 생산라인에 AI를 투입했다.

불량품을 걸러내는 기존 절차는 이렇다. 생산된 MLCC 전체를 외관 선별기가 촬영하고 영상처리기법으로 크랙 및 스크래치가 난 제품을 1차로 걸러낸다. 이를 다시 사람이 현미경으로 들여다보며 크랙 및 스크래치 위치를 파악한다. 스크래치 위치에 따라 불량이 아니라 양품으로 분류될 수도 있어서다. '가성 불량(불량이 아닌데도 불량으로 판정하는 경우)'을 최소화하는 것이다. 삼성전기는 이 같은 과정을 통해 MLCC의 수율을

90% 이상으로 끌어올렸다.

우선 AI에 양품과 불량품의 이미지 데이터를 입력하고, 과거 영상처리기가 불량으로 판명했던 제품 중 재검사 결과 양품으로 판명난 제품의 특성도 데이터로 적용한다. AI를 도입하면 일단 사람이 현미경으로 재검사를 할 필요가 없을 정도로 재검률이 떨어진다는 게 삼성전기 측 설명이다. 단기간이지만 수율 역시 높아졌다. 삼성전기는 "사람이 몇 분 걸려 하는 작업이 수초 안에 끝난다"고 했다.

일단 불량품 검수에만 AI를 사용하지만 설비 등으로 확대 도입하기 위해 테스트하고 있다. 예컨대 MLCC 불량품이 발견됐을 경우 현재는 사람이 이를 확인하기 위해 라인을 세우지만, AI를 도입하고 머신러닝으로 학습시키면 불량품이 발생해도 자동으로 이를 걸러내는 데 활용할 수 있다. 라인을 세울 필요가 없어 비용도 절감된다.

삼성전기는 향후 4년간 AI를 통해 제품양산 수율을 높이고 개발기간을 단축하는 등 4년간 총 1,041억원의 절감 효과가 있을 것으로 예상했다. 직원 근무시간을 단축하고 불필요하게 라인을 멈춰 세우는 등의 작업도 방지할 수 있을 것으로 보인다.

LG전자도 AI로 불량품을 잡아내고 있다. LG전자는 현재 태양광 모듈, 휴대폰, 냉장고 생산라인에 빅데이터 분석 시스템인 'LG 인텔리틱스'를 활용하고 있다. 태양광 모듈의 경우 고출력을 낼 수 있는 설계 조합이 중요한데 LG전자가 수집한 데이터를 바탕으로 AI가 머신러닝을 통해 이 조합을 찾아낸다. 휴대폰, TV, 냉장고 생산에도 AI가 쓰인다. 휴대폰 무선감도검사 공정에서 AI는 쓸 수 있는 부품을 불량품으로 판정하는 사례를 줄인다. LG전자는 현재 일부 공장에만 적용하는 이 시스템을 전 세계 공장으로 확대 적용할 계획이다. AI를 더 많은 곳에 적용시켜야 더 많은 양의 데이터를 확보할 수 있고, 확보한 데이터를 기반으로 학습시켜 AI의 정확도를 더 올릴 수 있기 때문이다. (한국경제신문, 2019.12.13)

연습문제

CHAPTER 14

주관식

1 p_0=3%, p_1=7%로 설정되어 있을 때 n=30, c=0의 샘플링기법을 적용한다면 생산자위험과 소비자위험은 각각 얼마이겠는가?

2 p_0=2%, p_1=10%로 설정되어 있을 때 n=30, c=1의 샘플링기법을 적용한다면 생산자위험과 소비자위험은 각각 얼마이겠는가?

3 n=80, c=5의 샘플링검사법을 불량률이 2%, 4%, 6%, 8%, 10%인 로트에 적용할 때의 AOQ를 구하고 AOQL의 근삿값을 추정하여라. 단 로트의 크기는 2,000개로 가정한다.

4 n=100, c=5의 샘플링검사법을 불량률이 2%, 4%, 6%, 8%, 10%인 로트에 적용할 때의 AOQ를 구하고 이를 이용하여 AOQL의 근삿값을 구하여라. 단 로트의 크기는 2,500개로 가정한다.

객관식

1 다음 중 전수검사를 해도 무방한 경우에 해당하는 것은?

ㄱ. 공정의 상태로 보아 불량률이 크며 미리 정한 품질수준에 도달하지 못했다고 판정되는 경우
ㄴ. 불량품이 발생하면 인명사고의 위험이 크거나 또는 다음 공정이나 소비자에게 중대한 손실을 초래하는 경우
ㄷ. 자동검사기를 사용할 수 있을 때와 같이 검사비용에 비해 검사로부터 얻을 수 있는 효과가 큰 경우

① ㄱ, ㄴ
② ㄴ, ㄷ
③ ㄱ, ㄷ
④ ㄱ, ㄴ, ㄷ

2 다음 중 샘플링검사에 대한 설명으로 옳은 것은?

① 비파괴검사에 한정되며 시간과 비용이 많이 소요된다.
② 한정된 기간에 많은 제품을 검사하더라도 검사상의 오류가 최소화된다.
③ 로트 품질에 대한 사전정보가 충분한 경우 효과적이다.
④ 품질수준은 반드시 만족하지는 않지만 나쁜 로트만을 전수선별하여 평균적인 품질개선을 도모하고자 하는 경우에 적합하다.

3 다음 중 랜덤샘플링기법에 해당하는 것은?

ㄱ. 계통샘플링기법	ㄴ. 층별비례샘플링기법	ㄷ. 지그재그 샘플링기법

① ㄱ, ㄴ
② ㄴ, ㄷ
③ ㄱ, ㄷ
④ ㄱ, ㄴ, ㄷ

4 다음 중 단순샘플링기법에 관한 설명으로 옳은 것은?

① N개의 품목이 일렬로 나열되어 있을 때 이로부터 일정한 간격으로 n개의 시료를 추출하는 방식이다.
② 크기 N의 로트로부터 크기 n의 시료를 무작위로 추출하고자 하는 경우 난수표 또는 이와 유사한 방법을 이용하여 무작위로 추출하는 기법이다.
③ 제조공정의 품질특성이 시간에 따라 주기적으로 변화한다고 예상되는 경우 품질의 변화주기와 상이한 간격으로 시료를 샘플링하는 방법이다.
④ 주어진 로트를 여러 개의 서브로트로 나누고 이들 서브로트 중에서 몇 개를 무작위로 추출한 뒤 선택된 서브로트를 모두 검사하는 방식이다.

5 층별비례샘플링기법을 사용하고자 한다. A, B, C 세 개의 서로 다른 조립라인에서 각각 500개, 1,200개, 300개의 제품을 생산해내고 있으며 이 세 라인의 총생산량인 2,000개가 하나의 로트를 구성한다. 이 로트에서 크기가 100개인 시료를 추출해내고자 하는 경우 A라인에서는 몇 개를 무작위로 추출해야 하는가?

① 25개
② 30개
③ 35개
④ 40개

6 다음 중 검사특성곡선에 관한 설명으로 옳은 것은?

① c값이 커짐에 따라 그 형태가 직사각형 모양을 따라가게 된다.
② 모집단의 크기가 커짐에 따라 그 형태가 직사각형 모양을 따라가게 된다.
③ 시료의 크기 n과 c가 작아짐에 따라 그 형태가 직사각형 모양을 따라가게 된다.
④ n과 c가 주어져 있을 때 여러 가지 상이한 불량률을 갖는 로트를 합격으로 판정할 확률을 나타내는 그래프를 말한다.

7 다음 중 샘플링검사의 설계에 쓰이는 용어가 바르게 정의된 것은?

① 합격품질수준 AQL은 소비자 입장에서 합격으로 받아들이고 싶은 로트의 최대불량률을 의미한다.
② 불합격 품질수준 RQL은 생산자 입장에서 불합격으로 판정하고 싶은 로트의 최소불량률을 의미한다.
③ 생산자 위험 α는 AQL수준의 로트를 불합격으로 처리할 오류의 가능성을 의미한다.
④ 소비자 위험 β는 평균수준의 로트를 합격으로 처리할 오류의 가능성을 의미한다.

8 다음 중 평균출하품질에 관한 설명으로 옳은 것은?

① 검사를 거친 로트 평균불량률의 최저한계를 의미한다.
② 일반적으로 평균출하품질은 불량률에 반비례한다.
③ 평균출하품질이 최저가 될 때의 출하품질을 평균출하품질한계라고 한다.
④ 시료에 섞인 불량품은 양품으로 대체하고 불합격으로 판정한 로트는 모두 검사하여 불량품을 양품으로 대체한다는 가정하의 로트불량률 기대치를 말한다.

9 생산공정의 불량률이 비정상적으로 매우 높아진다면 평균출하품질에는 어떤 변화가 올 것인가?

① 평균출하품질은 매우 우수해진다.
② 평균출하품질은 불량률에 비례하므로 매우 나빠진다.
③ 평균출하품질에는 별다른 변화가 나타나지 않는다.
④ 평균출하품질은 하락하다가 상승한다.

10 다음 중 샘플링검사법에 관한 설명으로 옳은 것은?

> ㄱ. 관심의 대상이 되는 품질특성에 따라 크게 계수형 샘플링검사법과 계량형 샘플링검사법으로 분류된다.
> ㄴ. 계수형 검사법은 시료로 추출된 품목에 섞여 있는 불량품개수라든가 이들 품목에서 발견한 결점수 등과 같은 자료를 기초로 하여 로트의 품질을 추정하는 방법이다.
> ㄷ. 계량형 검사법은 길이, 넓이, 두께, 농도 등과 같이 구체적으로 값을 측정하고 비교할 수 있는 자료를 구한 뒤 이 값의 평균치를 기초로 하여 로트 전체의 품질을 판단하는 방법이다.

① ㄱ, ㄴ
② ㄴ, ㄷ
③ ㄱ, ㄷ
④ ㄱ, ㄴ, ㄷ

❖ 객관식 정답

1. ④ 2. ④ 3. ③ 4. ② 5. ① 6. ④ 7. ③ 8. ④ 9. ① 10. ④

CHAPTER 15

신뢰도분석

제품을 구입하는 소비자는 누구나 구입한 제품을 오랫동안 쓰고 싶어 한다. 아무리 우수한 기능을 지니고 있고 값이 싸더라도 기대하는 시간 동안 그 제품을 구입목적대로 사용할 수 없으면 그 제품의 가치는 저하되게 마련이다. 즉 품질이 제품의 제조과정과 사용상의 특성을 의미하는 데 반해 신뢰도는 얼마나 오랫동안 제 기능을 발휘하면서 사용될 수 있는가에 관한 척도라 할 수 있다. 본장에서는 신뢰도의 개념을 간략히 살펴본 뒤 신뢰도곡선, 고장률곡선, 제품수명곡선 등을 이용한 통계적 분석방법과 신뢰도검사에 대해 알아보고자 한다.

01 신뢰도의 개념

1. 신뢰도의 정의

신뢰도란 일정기간 동안 제품이 고유기능(intended function)을 발휘할 수 있는 능력을 의미한다. 보다 정확하게 신뢰도의 정의를 기술하면, "신뢰도란 제품이 설계과정에서 명시된 조건하에서 일정기간을 아무런 불만없이 제 기능을 발휘할 수 있는 확률"이다. 이 정의에 의하면 신뢰도를 결정하는 주요 요소로는 숫자로 표시되는 확률값, 제품의 고유기능, 수명, 제품사용의 환경적 조건 등으로 간추려 볼 수 있다.[1)]

숫자로 명시되는 확률이란 곧 주어진 제품이 일정기간 동안 제 기능을 발휘할 가능성을 의미한다. 예를 들어 신뢰도가 95%라는 것은 100개의 제품 중 95개는 일정기간 동안 고장 없이 제 기능을 발휘하나, 나머지 5개는 그 기간을 못 채우고 고장날 수 있다는 의미이다. 두 번째 요소인 제품의 고유기능이란 제품의 설계과정에서 명시된 제품의 용도라고 볼 수 있다. 예를 들어 스크류드라이버는 나사를 돌리기 위한 것이지 깡통을 따기 위한 제품은 아니다. 신뢰도의 세 번째 요소인 수명은 사용량과 시간의 함수로 표시될 수 있으며, 네 번째 요소인 사용환경은 제품이 일정기간 동안 제 기능을 발휘하기 위해서 어떤 조건하에서 사용되어야 하는가를 나타내 준다. 예를 들어 실내용 의자를 야외에서 사용할 경우 제품에 명시된 기간 동안 사용할 수 없음은 분명하다.

2. 시스템의 신뢰도

제품의 구조가 점차 복잡해지고 제품을 구성하는 부품(component)의 수가 늘어남에 따라 제품이 고장날 확률은 더욱 높아지게 된다. 제품을 구성하는 부품은 [그림 15-1]에서와 같이 배열방법에 따라 직렬(series), 병렬(parallel), 혼합(combination)

1) Besterfield, D.H., *Quality Improvement*, 9th ed., Prentice-Hall, 2012, pp.175～180.

[그림 15-1] 부품의 배열방법

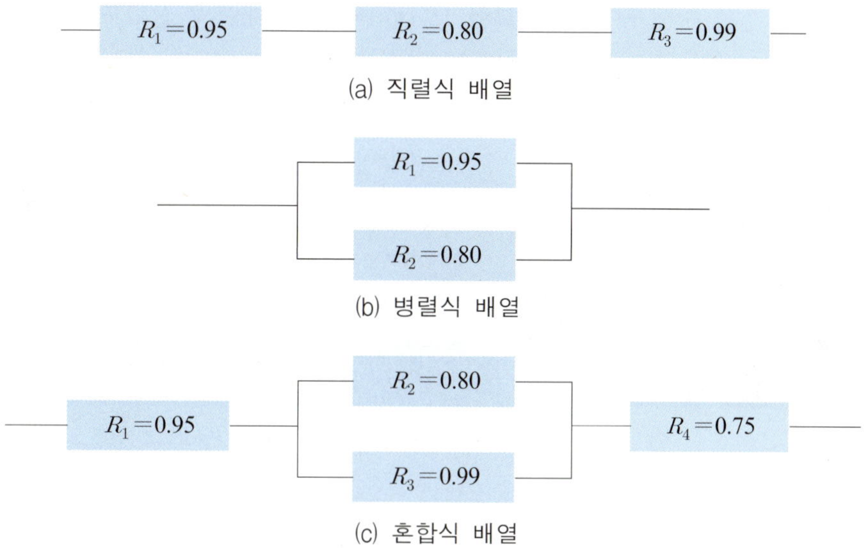

식으로 상호연결될 수 있다.

부품이 직렬로 연결되어 있는 경우 제품의 신뢰도는 각 부품의 신뢰도의 곱이 된다. 예를 들어 [그림 15-1](a)의 경우 제품의 신뢰도 R_S는 다음과 같이 구할 수 있다.

$$\begin{aligned} R_S &= (R_1)(R_2)(R_3) \\ &= (0.95)(0.80)(0.99) = 0.75 \end{aligned}$$

만약 또 다른 부품들이 직렬로 연결되면 신뢰도는 더욱 저하된다. 부품이 직렬로 연결되어 있는 경우 부품 중 어느 하나가 고장나더라도 제품은 고장날 수밖에 없다. 그러나 부품이 병렬식으로 연결되어 있다면 어느 한 부품이 고장나더라도 제품은 그대로 제 기능을 수행할 수 있다. [그림 15-1](b)의 경우 제품의 신뢰도 R_P는 다음과 같다.

$$\begin{aligned} R_P &= 1-(1-R_1)(1-R_2) \\ &= 1-(1-0.95)(1-0.80) = 0.99 \end{aligned}$$

따라서 부품의 수가 증가하고 이들 모두가 병렬식으로 연결된다면 제품의 신뢰도는 증가하게 된다. 물론 실제 부품의 배열은 이들 두 방식을 혼합하여 이루어진다. [그림 15-1](c)의 경우 제품의 신뢰도 R_C는 다음과 같다.

$$R_C=(R_1)[1-(1-R_2)(1-R_3)](R_4)$$
$$=(0.95)[1-(1-0.80)(1-0.99)](0.75)=0.711$$

02 신뢰도의 통계적 분석

신뢰도분석에 많이 사용되는 확률분포로는 지수분포(exponential distribution), 정규분포, Weibull분포를 들 수 있으며 사용하는 분포에 따라 분석에 사용되는 신뢰도곡선(reliability curve), 고장률곡선(failure-rate curve), 제품수명곡선(life-history curve)의 형태가 달라진다.

1. 신뢰도곡선

신뢰도곡선이란 제품이 t시간 이상 제 기능을 발휘할 확률을 시간 t의 함수로 나타낸 분포를 의미한다. 따라서 t시간 만에 제품이 고장날 확률을 $f(t)$로 나타낼 수 있다면 신뢰도곡선 $R(t)$는 다음과 같이 구할 수 있다.

$$R(t)=1-\int_0^t f(t)\,dt$$

(1) 지수분포

만약 t시간 만에 제품이 고장날 확률이 다음과 같은 지수분포를 따른다면

$$f(t) = \frac{1}{\theta} e^{-\frac{t}{\theta}}$$

신뢰도곡선은 $R(t) = \int_0^t f(t)\,dt = e^{-\frac{t}{\theta}}$ 의 형태를 취한다.

(2) 정규분포

만약 t 시간 만에 제품이 고장날 확률이 정규분포를 따른다면 신뢰도곡선은

$$R(t) = 1 - \int_0^t f(t)dt$$

로밖에 나타낼 수 없으며 필요에 따라 부록의 정규분포표를 이용하여 $R(t)$ 를 계산해야 한다.

(3) Weibull분포

t 시간 만에 제품이 고장날 확률이 Weibull분포를 따른다면 신뢰도곡선은 다음과 같은 형태를 취하게 된다.

$$R(t) = e^{-\alpha t^{\beta}}$$

2. 고장률곡선

고장률(failure rate)이란 단위기간 동안의 평균고장횟수를 의미한다. 고장률의 역수인 1/λ 는 θ 로 표시되며 제품의 수리여부에 따라 제품의 평균수명(Mean Time To Failure, MTTF) 또는 제품의 평균작동시간(Mean Time Between Failure, MTBF)을 의미한다. 참고로 $f(t)$ 가 지수분포, 정규분포, Weibull분포일 때의 신뢰도곡선과 고장률곡선을 도시하면 [그림 15-2]와 같다.

[그림 15-2] 신뢰도곡선과 고장률곡선의 유형

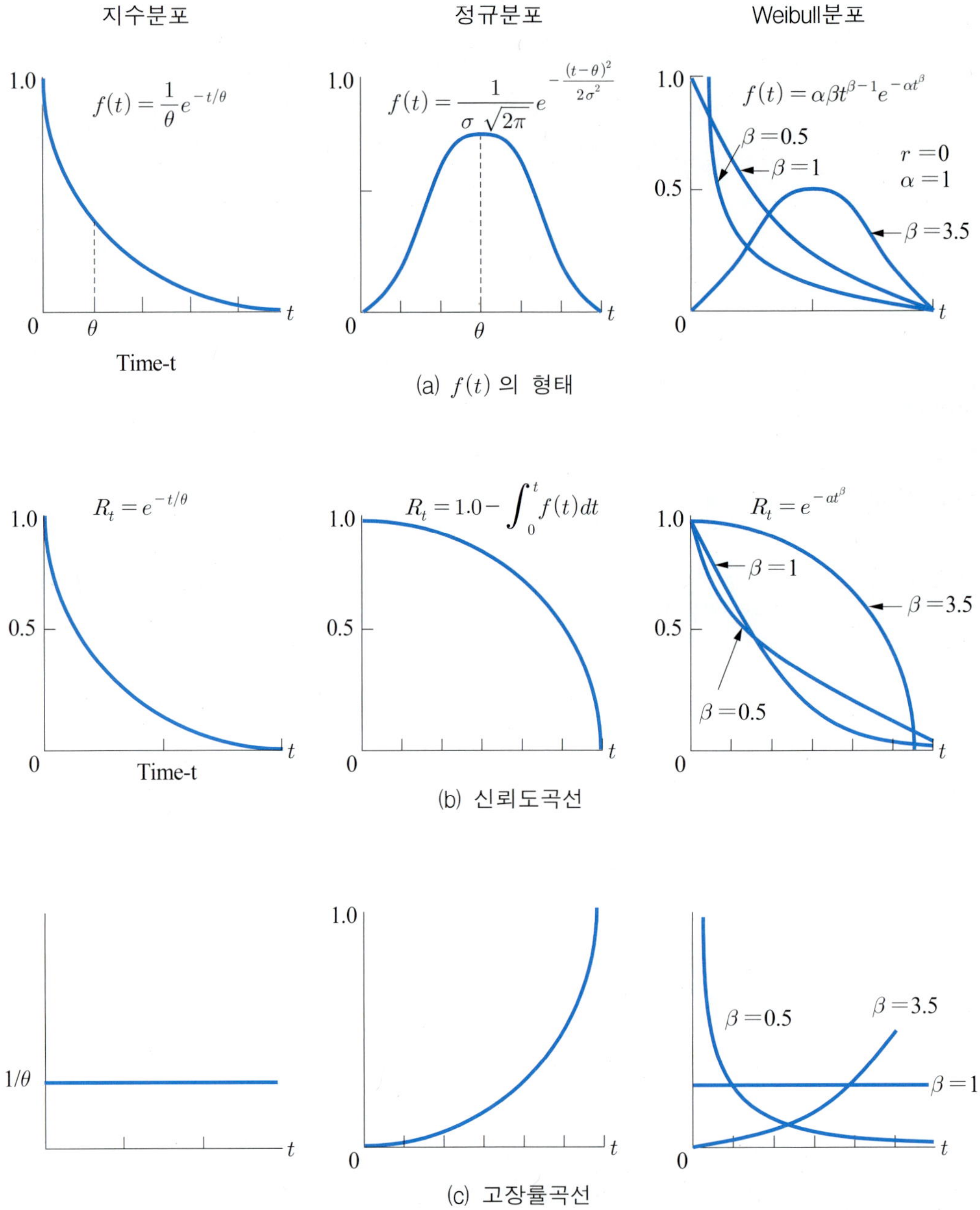

출처 : Besterfield, D.H., *Quality Improvement*, 9th ed., Prentice-Hall, 2012, pp.175～189.

(1) MTTF의 추정

만약 다수의 똑같은 제품을 테스트하여 그 수명이 모두 다할 때까지 실험을 한다면 제품의 평균수명 θ는 이들 제품의 수명을 합한 값을 제품의 수로 나눈 값이 된다. 즉 t_i를 i번째 제품의 수명이라 하고 테스트하고자 하는 제품의 수를 n이라 한다면 평균수명 θ의 추정치는 다음과 같이 구할 수 있다.

$$\theta \text{의 추정치} = \frac{\sum t_i}{n}$$

예제 15-1

자동선반기계의 수명이 지수분포를 띠며, 제품의 평균수명(MTTF)이 2,000시간이라 할 때, 이 기계가 1,000시간 동안 고장없이 가동될 확률은 얼마인가? 또 고장률 λ는 얼마인가?

풀이

$\theta = 2{,}000$으로 주어져 있으므로 1,000시간 동안 계속 가동할 확률은

$$e^{-\frac{t}{\theta}} = e^{-\frac{1,000}{2,000}} = 0.60653$$

이며 고장률은 θ의 역수이므로 $\lambda = 1/2{,}000 = 0.0005 = 0.05\%$이다.

(2) MTBF의 추정

MTTF의 개념은 수리가능한 기계와 같이 단일품목의 신뢰도추정에도 적용될 수 있다. 만약 품목 하나를 선택하여 고장이 날 때까지 테스트를 하고 고장이 나면 다시 수리하여 재차 고장이 날 때까지 테스트를 반복한다면 θ값을 구할 수 있으며, 이를 평균작동시간(MTBF)이라 부른다. 이 경우 $\sum t_i$는 테스트기간 동안의 총작동시간이 되며 n은 그 기간 동안 발생한 총고장횟수를 의미한다.

수리가능한 품목은 MTBF 외에도 다음과 같이 정의되는 가동률 또는 이용도(availability)를 이용하여 신뢰도평가에 이용하기도 한다.

$$\text{가동률} = \frac{\text{MTBF}}{\text{MTBF} + \text{MTTR}}$$

이 식에서 MTTR(Mean Time To Repair)은 평균수리시간을 의미한다.

예제 15-2

1년 전에 새로 구입한 복사기의 신뢰도를 추정하기 위해 고장횟수와 고장시점을 기록한 결과 다음과 같은 자료를 얻을 수 있었다. 이 자료에서 고장전 작동시간이란 복사기 수리후 재차 고장이 날 때까지의 작동시간을 의미한다.

번 호	고장전 작동시간
1	350시간
2	330시간
3	400시간
4	380시간
5	390시간 사용후에도 계속작동

(a) MTBF를 구하여라.
(b) 복사기의 작동시간이 지수분포를 따른다고 할 때 (a)에서 구한 MTBF 이상 복사기가 작동할 확률을 구하여라.
(c) 고장난 복사기의 수리에 평균 8시간이 소요된다면 가동률은 얼마인가?

풀이

(a) 총작동시간은 350+330+400+380+390=1,850시간이며 이 기간 동안의 고장횟수는 4회이므로 MTBF는 다음과 같다.

$$\text{MTBF} = \frac{1,850}{4} = 462.5\text{시간}$$

(b) 복사기의 신뢰도함수 $R(t) = e^{-\frac{t}{462.5}}$에 $t = 462.5$를 대입하면 $R(462.5) = e^{-1} = 0.36788$이므로 복사기가 MTBF 이상 작동할 확률은 36.788%에 불과하다.

(c) $\text{가동률} = \dfrac{462.5}{462.5+8} = 98.3\%$

예제 15-3

신형 레이저프린터를 개발·시판하고자 하는 한국전자는 이 신제품의 MTBF가 $(3)(10^4)$시간임을 실험을 통해 알 수 있었다. 평균사용가능시간을 몇 시간으로 설정해야만 이 기간 동안 고장이 날 확률이 5% 이하겠는가?

풀이

신뢰도함수가 $R(t)=e^{-\frac{t}{30,000}}$의 형태를 취하므로

$$\ln 0.95=-\frac{t^*}{(3)(10^4)} \Rightarrow t^*=1,538.8\text{시간}$$

예제 15-4

웹서버의 시간당 고장률이 0.03으로 주어져 있고 시간당 수리율이 0.2일 때 이 제품의 가동률을 구하여라.

풀이

$\lambda=0.03$, $\mu=0.2$이므로 가동률은 다음과 같이 계산할 수 있다.

$$\text{가동률}=\frac{\text{MTBF}}{\text{MTBF}+\text{MTTR}}=\frac{\frac{1}{\lambda}}{\frac{1}{\lambda}+\frac{1}{\mu}}=\frac{\frac{1}{0.03}}{\frac{1}{0.03}+\frac{1}{0.2}}=86.96\%$$

3. 제품수명곡선

제품수명곡선(life-history curve)이란 많은 부품으로 구성된 제품의 고장률을 시간의 함수로 나타낸 곡선으로 일명 '욕조(bathtub)'형 곡선이라고도 불린다. 제품수명곡선은 [그림 15-3]과 같이 결함제거단계, 우연적 고장단계, 그리고 노후화단계로 나누어 볼 수 있다. [그림 15-3]의 고장률곡선은 이들 각각의 단계를 나타내는 데에 사용된다.

[그림 15-3] 제품수명곡선의 구조

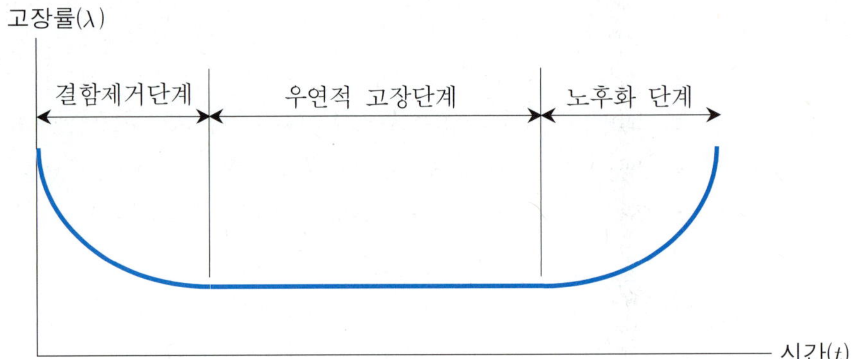

출처 : Besterfield, D.H., 앞의 책, p.289.

① 결함제거단계(debugging phase) : 제품수명곡선의 초기단계인 결함제거단계에서는 결함이 많은 부품이 고장나기 시작하지만 이들 부품들의 교체·수리가 이루어지면서 고장률은 점차 줄어들기 시작한다. 이 단계에서의 곡선의 형태는 제품에 따라 다르나 대개 $\beta<1$인 Weibull분포를 이용하여 고장률을 나타낸다. 제품에 따라서는 이 단계가 고객에게 제품을 인도하기 전인 실험단계일 수도 있으며, 그렇지 않은 경우에는 품질보증기간으로 설정되어 있는 경우가 많다.

② 우연적 고장단계(chance failure phase) : 고장률이 거의 직선으로 나타나는 단계로 지수분포나 $\beta=1$인 Weibull분포를 이용하여 분석한다. 대개의 경우 신뢰도분석이나 샘플링검사는 이 단계의 고장률분석에 초점을 두고 있다.

③ 노후화단계(wear-out phase) : 고장률이 점차 증가하는 마지막 단계로 정규분포나 $\beta\geq3.5$인 Weibull분포를 분석에 주로 이용한다.

03 검사특성곡선의 도출

신뢰도분석에서의 검사특성곡선이란 [그림 15-4]와 같이 x축에 제품의 평균수명 θ를 표기하고 y축에 합격으로 판정할 확률(P_α)을 나타낸 곡선으로 제14장의 검사특성곡선과 유사한 방법을 통해 구할 수 있다. 다만 샘플링검사에서의 검사특성곡선과는 그 모양이 상당히 다르다. 즉 x축의 변수인 평균수명이 길어질수록 합격으로 받아들일 확률은 커지게 된다.

이제 간단한 예를 통해 검사특성곡선의 도출과정을 살펴보기로 하자. 합격·불합격 여부를 판정하기 위한 로트에서 16개의 제품을 무작위로 추출하여 600시간을 테스트한다고 하자. 만약 600시간 안에 고장나는 제품의 개수가 2개 이하이면 합격으로 받아들이고 3개 이상이면 불합격으로 판정하며, 고장난 품목은 로트에서 다른 품목으로 대체한다. 이와 같은 샘플링검사법은 ($n=16$, $T=600$, $c=2$, $r=3$)으로 표기한다. 이 검사법의 검사특성곡선을 도출하기 위해서는 평균수명 θ를 주어진 것으로 가정하고 〈표 15-1〉에서와 같이 θ를 고장률

[그림 15-4] $n=16$, $T=600$, $c=2$, $r=3$일 때의 검사특성곡선

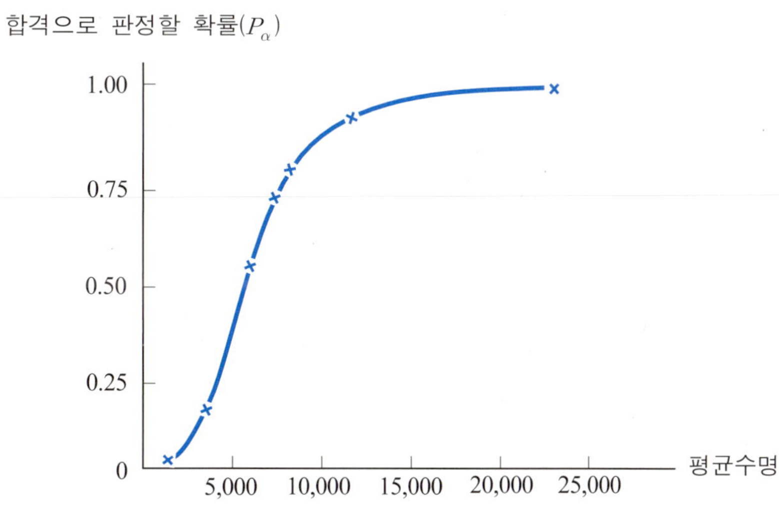

〈표 15-1〉 $n=16$, $T=600$, $c=2$, $r=3$일 때의 P_α

평균수명 θ	고장률 $\lambda=1/\theta$	평균고장횟수의 기대치 $nT\lambda$	P_α
20,000	0.00005	0.48	0.983
10,000	0.0001	0.96	0.927
6,000	0.00017	1.60	0.783
5,000	0.0002	1.92	0.698
4,000	0.00025	2.40	0.570
2,000	0.0005	4.80	0.142
1,000	0.0010	9.60	0.004

λ로 전환시킨 뒤 평균고장횟수인 $nT\lambda$를 계산해야 한다.

$nT\lambda$가 계산되면 이를 포와슨분포의 평균으로 설정하고 부록의 누적포와슨표를 이용하여 $c=2$일 경우의 확률을 계산한다. 예를 들어 $\theta=2{,}000$이라면

$$\lambda=1/\theta=1/2{,}000=0.0005$$
$$nT\lambda=(16)(600)(0.0005)=4.80$$
$$P(x\leq c=2 \mid nT\lambda=4.80)=0.142$$

의 과정을 거치게 된다.

04 신뢰도검사

신뢰도검사(reliability life test)란 주어진 제품이 미리 설정된 평균수명 또는 신뢰도에 일치하는가를 결정하기 위한 검사를 의미한다. 신뢰도를 나타내는 평균고장률(λ)이나 평균수명(θ)이 지수분포를 따른다고 가정할 경우 바로 이 λ나 θ가 분석의 초점이 된다. 신뢰도검사는 Reliability Handbook H 108에 수록되어 있는 방법을 주로 사용하는데, 본절에서는 이 중 가장 많이 쓰이는 방법만을 간략히

살펴보고자 한다. 신뢰도검사의 기본절차를 살펴보면 대략 다음과 같다.

미리 설정된 실험시간 T에 도달하거나 고장횟수가 r에 도달하면 테스트를 중단하며 시료의 크기는 검사에 소요되는 비용과 최종결과를 도출하는 데 소요되는 시간을 감안하여 결정하는데, r값의 배수인 $2r$, $3r$, $4r$, $5r$, $6r$, $7r$, $8r$, $9r$, $10r$, $20r$ 중의 하나를 선택한다. 한편 합격·불합격을 판정하는 기준은 θ_o로 표시되어 있다. 이제 다음의 두 예를 통해 구체적인 샘플링검사법의 구조를 살펴보기로 하자.

예제 15-5

평균 1,000시간의 수명을 지니는 제품은 신뢰도가 우수한 것으로 인정되므로 이러한 제품을 합격으로 판정할 가능성이 최소 95%가 될 수 있도록 샘플링검사를 설계하고자 한다. 단 실험 도중 고장난 제품은 새 것으로 교체하지 않으며, $r=5$, 시료의 크기는 $2r$로 한다.

풀이

H 108의 표기를 이용하면, 이 문제는 $\theta_o=1{,}000$, $\alpha=1-0.95=0.05$, $r=5$, $n=10$에 해당한다. 〈표 15-2〉를 참고하면 $r=5$, $n=10$일 때 표의 수치는 0.254이다. 이 값은 T/θ_o를 의미하므로 앞에서 $\theta_o=1{,}000$임을 이용하면 $T=(0.254)(1{,}000)=254$시간이 된다. 다시 말해 10개를 시료로 추출하여 254시간 동안 테스트하는데 만약 254시간이 되기 전에 5번의 고장이 발생하면 로트 전체를 불합격으로 판정하며 테스트가 완료될 때까지 4번 이하의 고장이 발생하면 합격으로 판정한다.

예제 15-6

[예제 15-5]에서 테스트 도중 고장난 것은 로트에서 다른 제품으로 대체하기로 하였다. 이 경우에 사용될 수 있는 샘플링검사법을 설계하여라.

풀이

이 경우에는 앞에서 사용한 〈표 15-2〉를 사용해서는 안 되며 대신 〈표 15-3〉을 사용해야 한다. 〈표 15-3〉을 참고하면 $r=5$, $n=10$일 때 T/θ_o값이 0.197이므로 $T=(0.197)(1{,}000)=197$시간으로 줄어든다. 다시 말해 실험 도중 고장난 것을 새 것으로 교체함으로써 실험비용은 증가하나 실험에 소요되는 시간을 줄일 수 있는 이점이 있다.

〈표 15-2〉 교체를 허용하지 않는 경우의 신뢰도검사표(α =0.05일 때의 T/θ_o의 값)

코 드	r	시료의 크기									
		$2r$	$3r$	$4r$	$5r$	$6r$	$7r$	$8r$	$9r$	$10r$	$20r$
B−1	1	0.020	0.017	0.013	0.010	0.009	0.007	0.008	0.006	0.005	0.003
B−2	2	.104	.065	.048	.038	.031	.026	.025	.020	.018	.009
B−3	3	.168	.103	.075	.058	.048	.041	.036	.031	.028	.014
B−4	4	.217	.132	.095	.074	.061	.052	.045	.040	.036	.017
B−5	5	.254	.153	.110	.086	.071	.060	.052	.046	.041	.020
B−6	6	.281	.170	.122	.096	.078	.066	.057	.054	.045	.022
B−7	7	.309	.185	.132	.103	.084	.072	.062	.055	.049	.024
B−8	8	.330	.197	.141	.110	.090	.076	.066	.058	.052	.025
B−9	9	.348	.207	.148	.115	.094	.080	.069	.061	.055	.027
B−10	10	.363	.216	.154	.120	.098	.088	.072	.064	.057	.028
B−11	15	.417	.246	.175	.136	.112	.094	.082	.072	.065	.032
B−12	20	.451	.266	.189	.147	.120	.102	.088	.078	.070	.034
B−13	25	.475	.280	.199	.154	.126	.107	.092	.082	.073	.036
B−14	30	.493	.290	.206	.160	.130	.111	.096	.085	.076	.037
B−15	40	.519	.305	.216	.168	.137	.116	.100	.089	.079	.039
B−16	50	.536	.315	.223	.173	.142	.120	.104	.092	.082	.040
B−17	75	.564	.331	.235	.182	.149	.126	.109	.096	.086	.042
B−18	100	.581	.340	.242	.187	.153	.130	.112	.099	.089	.043

〈표 15-3〉 교체를 허용하는 경우의 신뢰도검사표(α =0.05일 때의 T/θ_o의 값)

코 드	r	시료의 크기									
		$2r$	$3r$	$4r$	$5r$	$6r$	$7r$	$8r$	$9r$	$10r$	$20r$
B−1	1	0.026	0.017	0.013	0.010	0.009	0.007	0.006	0.006	0.005	0.003
B−2	2	.080	.059	.044	.036	.030	.025	.022	.020	.018	.009
B−3	3	.136	.094	.068	.055	.045	.039	.034	.030	.027	.014
B−4	4	.174	.114	.085	.068	.057	.049	.043	.038	.034	.017
B−5	5	.197	.131	.099	.079	.066	.056	.049	.044	.039	.020
B−6	6	.218	.145	.109	.087	.073	.061	.054	.048	.044	.022
B−7	7	.235	.156	.117	.094	.078	.067	.059	.052	.047	.023
B−8	8	.249	.166	.124	.100	.083	.074	.062	.055	.050	.025
B−9	9	.264	.174	.130	.104	.087	.075	.065	.058	.052	.026
B−10	10	.274	.181	.136	.109	.099	.078	.068	.060	.054	.027
B−11	15	.308	.205	.154	.123	.103	.088	.077	.068	.062	.031
B−12	20	.331	.221	.166	.133	.110	.095	.083	.074	.066	.033
B−13	25	.348	.232	.174	.139	.116	.099	.087	.077	.070	.035
B−14	30	.360	.240	.180	.144	.120	.103	.090	.080	.072	.036
B−15	40	.377	.252	.189	.151	.126	.108	.094	.084	.075	.038
B−16	50	.390	.260	.195	.156	.130	.114	.097	.087	.078	.039
B−17	75	.409	.273	.204	.164	.136	.117	.102	.090	.082	.041
B−18	100	.421	.280	.210	.168	.149	.129	.105	.093	.084	.042

〈표 15-2〉와 〈표 15-3〉의 출처 : Table 2C-1b and 2C-2b of Handbook H 108, Braverman, J.E., *Fundamentals of Statistical Quality Control*, Reston Publishing Company, 1981, pp.271～272에서 재인용.

연습문제

CHAPTER 15

주관식

1 다음 그림과 같이 구성품들이 조립되어 있을 때 제품 전체의 신뢰도는 얼마인가?

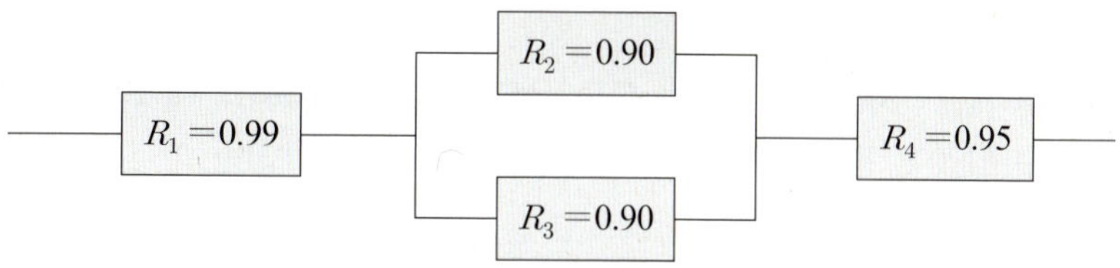

2 다음 그림과 같이 구성품들이 조립되어 있을 때 제품 전체의 신뢰도는 얼마인가?

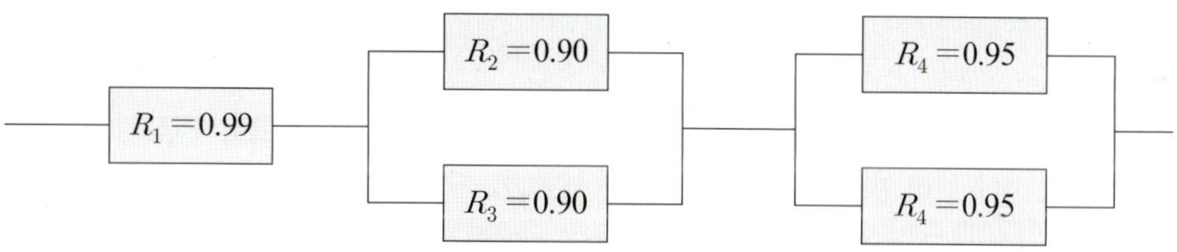

3 한국기공은 최근 도입한 자동유압기계의 수명이 지수분포를 띠며, 제품의 평균수명(MTTF)이 10,000시간인 것으로 분석하고 있다. 이 기계가 2,000시간 동안 고장 없이 가동될 확률은 얼마인가? 또 고장률 λ는 얼마인가?

4 한국항공이 최근 개발한 실험용 경비행기엔진은 A, B, C의 세 부품으로 구성되어 있다. 각 부품의 고장률이 $\lambda_A = 0.01$, $\lambda_B = 0.02$, $\lambda_C = 0.025$라 할 때 각 부품이 10시간 이상 작동할 확률과 MTTF를 구하여라.

5 1년 전에 새로 구입한 복사기의 신뢰도를 추정하기 위해 고장횟수와 고장시점을 기록한 결과 다음과 같은 자료를 얻을 수 있었다.

번 호	고장 전 작동시간
1	200시간
2	220시간
3	180시간
4	250시간
5	300시간 사용 후에도 계속 작동

이 자료에서 고장 전 작동시간이란 복사기 수리 후 재차 고장이 날 때까지의 작동시간을 의미한다.

(a) MTBF를 구하여라.

(b) 고장난 복사기의 수리에 평균 8시간이 소요된다면 가동률은 얼마인가?

6 굴착기를 개발 · 시판하고자 하는 한국건설기계는 이 신제품의 MTBF가 $(5)(10^4)$시간임을 실험을 통해 알 수 있었다. 평균사용가능시간을 몇 시간으로 설정해야만 이 기간 동안 고장이 날 확률이 5% 이하겠는가?

7 어느 제품의 시간당 고장률이 $\lambda=0.05$, 시간당 수리대수가 $\mu=0.8$일 때 이 제품의 가동률을 구하여라.

8 평균 2,000시간의 수명을 지니는 제품은 신뢰도가 우수한 것으로 인정된다고 생각해 보자. 이러한 제품을 합격으로 판정할 가능성이 최소 95%가 될 수 있도록 Reliability Handbook H 108에 수록되어 있는 방법을 이용하여 샘플링검사법을 설계하여라. 단, 실험 도중 고장난 제품은 새 것으로 교체하지 않으며, $r=5$, 시료의 크기는 $4r$로 한다.

9 문제 8에서 테스트 도중 고장난 것은 다른 제품으로 대체한다고 가정하는 경우에 사용될 수 있는 샘플링검사법을 설계하여라.

객관식

1 다음 중 신뢰도에 관한 설명으로 옳은 것은?

① 일정조건하에서 소비자가 기대하는 최소한의 기대수명을 의미한다.
② 일정기간 동안 제품이 고유기능을 발휘할 수 있는 능력을 의미한다.
③ 신뢰도를 결정하는 주요 요소로는 확률값, 제품의 고유기능, 제품의 가격 및 품질보증기간 등이 있다.
④ 신뢰도란 소비자가 기대하는 일정기간 동안 전혀 고장 없이 제 기능을 발휘할 수 있는 확률을 의미한다.

2 다음 중 신뢰도곡선에 관한 설명으로 옳은 것은?

① 단위기간 동안의 평균고장횟수를 의미한다.
② 제품의 기대수명과 신뢰도 간의 관계를 수학적으로 표현한 함수이다.
③ 제품이 t시간 이상 제 기능을 발휘할 확률을 시간 t의 함수로 나타낸 분포를 의미한다.
④ 제품의 가격과 품질보증기간 그리고 해당 보증기간 동안의 제품의 가동확률을 나타낸 수식이다.

3 다음 중 고장률과 제품수명에 관한 설명으로 옳지 않은 것은?

① 고장률(failure rate)이란 단위기간 동안의 평균고장횟수를 의미한다.
② 고장률의 역수인 $1/\lambda$는 θ로 표시되며 추가비용 없이 제품을 교체할 수 있는지 여부에 따라 MTTF(mean time to failure) 또는 MTBF(mean time between failure)로 부른다.
③ 다수의 똑같은 제품을 테스트하여 그 수명이 모두 다할 때까지 실험을 한다면 제품의 평균수명 θ는 이들 제품의 수명을 합한 값을 제품의 수로 나눈 값이 된다.
④ 품목 하나를 선택하여 고장이 날 때까지 테스트를 하고 고장이 나면 다시 수리하여 재차 고장이 날 때까지 테스트를 반복한다면 이 자료를 활용하여 평균작동시간(MTBF)을 구할 수 있다.

4 제품의 평균수명(MTTF)이 1,000시간이라 할 때 이 제품의 고장률 λ는 얼마인가?

① 0.001 ② 0.002
③ 0.005 ④ 0.01

5 수리가능한 품목은 MTBF 외에도 다음과 같이 정의되는 가동률 또는 이용도(availability)를 이용하여 신뢰도 평가에 이용하기도 한다. 이 식에서 MTTR은 무엇을 의미하는가?

$$가동률 = \frac{\text{MTBF}}{\text{MTBF}+\text{MTTR}}$$

① 평균고장횟수　② 평균품질보증기간
③ 평균작동시간　④ 평균수리시간

6 1년 전에 새로 구입한 반도체 검사설비의 신뢰도를 추정하기 위해 고장횟수와 고장시점을 기록한 결과 다음과 같은 자료를 얻을 수 있었다. MTBF를 구하여라.

번 호	고장 전 작동시간
1	1,750시간
2	1,250시간
3	1.450시간
4	1,550시간 사용 후에도 계속 작동

① 1,250시간　② 1,500시간
③ 2,000시간　④ 2,500시간

7 어느 제품의 시간당 고장률이 0.01로 주어져 있고 시간당 수리율이 0.05일 때 이 제품의 가동률은 얼마인가?

① 80% 미만　② 80% 이상 85% 미만
③ 85% 이상 87% 미만　④ 87% 이상

8 다음은 제품수명을 나타내는 곡선으로 많은 부품으로 구성된 제품의 고장률을 시간의 함수로 나타낸 일명 '욕조(bathtub)'형 곡선이다. 이 그림에서 A에 들어갈 용어는 무엇인가?

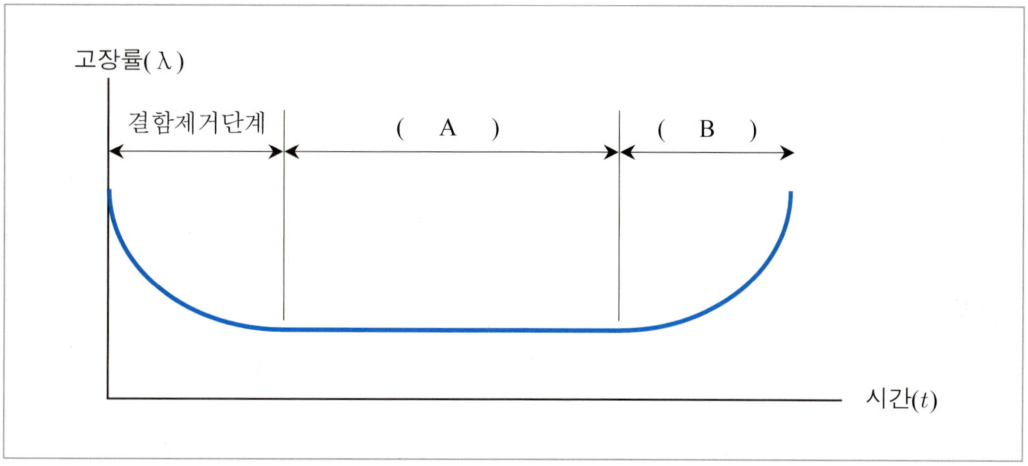

① 우연적 고장단계
② 노후화단계
③ 보수유지단계
④ 설계보완단계

✣ 객관식 **정답**

1. ② 2. ③ 3. ② 4. ① 5. ④ 6. ③ 7. ② 8. ①

부 록

1. 누적이항확률표
2. 누적포와슨확률표
3. 표준정규분포표
4. t-분포표

〈표 1〉 누적이항확률표

$$P(x \le c) = \sum_{x=0}^{c} \binom{n}{x} p^x (1-p)^{n-x}$$

		p										
		.05	.10	.20	.30	.40	.50	.60	.70	.80	.90	.95
	c											
$n=1$	0	.950	.900	.800	.700	.600	.500	.400	.300	.200	.100	.050
	1	1.000	1.000	1.000	1.000	1.000	1.000	1.000	1.000	1.000	1.000	1.000
$n=2$	0	.902	.810	.640	.490	.360	.250	.160	.090	.040	.010	.002
	1	.997	.990	.960	.910	.840	.750	.640	.510	.360	.190	.097
	2	1.000	1.000	1.000	1.000	1.000	1.000	1.000	1.000	1.000	1.000	1.000
$n=3$	0	.857	.729	.512	.343	.216	.125	.064	.027	.008	.001	.000
	1	.993	.972	.896	.784	.648	.500	.352	.216	.104	.028	.007
	2	1.000	.999	.992	.973	.936	.875	.784	.657	.488	.271	.143
	3	1.000	1.000	1.000	1.000	1.000	1.000	1.000	1.000	1.000	1.000	1.000
$n=4$	0	.815	.656	.410	.240	.130	.063	.026	.008	.002	.000	.000
	1	.986	.948	.819	.652	.475	.313	.179	.084	.027	.004	.000
	2	1.000	.996	.973	.916	.821	.688	.525	.348	.181	.052	.014
	3	1.000	1.000	.998	.992	.974	.938	.870	.760	.590	.344	.185
	4	1.000	1.000	1.000	1.000	1.000	1.000	1.000	1.000	1.000	1.000	1.000
$n=5$	0	.774	.590	.328	.168	.078	.031	.010	.002	.000	.000	.000
	1	.977	.919	.737	.528	.337	.188	.087	.031	.007	.000	.000
	2	.999	.991	.942	.837	.683	.500	.317	.163	.058	.009	.001
	3	1.000	1.000	.993	.969	.913	.813	.663	.472	.263	.081	.023
	4	1.000	1.000	1.000	.998	.990	.969	.922	.832	.672	.410	.226
	5	1.000	1.000	1.000	1.000	1.000	1.000	1.000	1.000	1.000	1.000	1.000
$n=6$	0	.735	.531	.262	.118	.047	.016	.004	.001	.000	.000	.000
	1	.967	.886	.655	.420	.233	.109	.041	.011	.002	.000	.000
	2	.998	.984	.901	.744	.544	.344	.179	.070	.017	.001	.000
	3	1.000	.999	.983	.930	.821	.656	.456	.256	.099	.016	.002
	4	1.000	1.000	.998	.989	.959	.891	.767	.580	.345	.114	.033
	5	1.000	1.000	1.000	.999	.996	.994	.953	.882	.738	.469	.265
	6	1.000	1.000	1.000	1.000	1.000	1.000	1.000	1.000	1.000	1.000	1.000
$n=7$	0	.698	.478	.210	.082	.028	.008	.002	.000	.000	.000	.000
	1	.956	.850	.577	.329	.159	.063	.019	.004	.000	.000	.000
	2	.996	.974	.852	.647	.420	.227	.096	.029	.005	.000	.000
	3	1.000	.997	.967	.874	.710	.500	.290	.126	.033	.003	.000
	4	1.000	1.000	.995	.971	.904	.773	.580	.353	.148	.026	.004
	5	1.000	1.000	1.000	.996	.981	.938	.841	.671	.423	.150	.044
	6	1.000	1.000	1.000	1.000	.998	.992	.972	.918	.790	.522	.302
	7	1.000	1.000	1.000	1.000	1.000	1.000	1.000	1.000	1.000	1.000	1.000

(예 : $n=6012$, $p=0.40$일 때 x가 2보다 작거나 같을 확률은 0.544임)

		p										
		.05	.10	.20	.30	.40	.50	.60	.70	.80	.90	.95
	c											
$n=8$	0	.663	.430	.168	.058	.017	.004	.001	.000	.000	.000	.000
	1	.943	.813	.503	.255	.106	.035	.009	.001	.000	.000	.000
	2	.994	.962	.797	.552	.315	.145	.050	.011	.001	.000	.000
	3	1.000	.995	.944	.806	.594	.363	.174	.058	.010	.000	.000
	4	1.000	1.000	.990	.942	.826	.637	.406	.194	.056	.005	.000
	5	1.000	1.000	.999	.989	.950	.855	.685	.448	.203	.038	.006
	6	1.000	1.000	1.000	.999	.991	.965	.894	.745	.497	.187	.057
	7	1.000	1.000	1.000	1.000	.999	.996	.983	.942	.832	.570	.337
	8	1.000	1.000	1.000	1.000	1.000	1.000	1.000	1.000	1.000	1.000	1.000
$n=9$	0	.630	.387	.134	.040	.010	.002	.000	.000	.000	.000	.000
	1	.929	.775	.436	.196	.071	.020	.004	.000	.000	.000	.000
	2	.992	.947	.738	.463	.232	.090	.025	.004	.000	.000	.000
	3	.999	.992	.914	.730	.483	.254	.099	.025	.003	.000	.000
	4	1.000	.999	.980	.901	.733	.500	.267	.099	.020	.001	.000
	5	1.000	1.000	.997	.975	.901	.746	.517	.270	.086	.008	.001
	6	1.000	1.000	1.000	.996	.975	.910	.768	.537	.262	.053	.008
	7	1.000	1.000	1.000	1.000	.996	.980	.929	.804	.564	.225	.071
	8	1.000	1.000	1.000	1.000	1.000	.998	.990	.960	.866	.613	.370
	9	1.000	1.000	1.000	1.000	1.000	1.000	1.000	1.000	1.000	1.000	1.000
$n=10$	0	.599	.349	.107	.028	.006	.001	.000	.000	.000	.000	.000
	1	.914	.736	.376	.149	.046	.011	.002	.000	.000	.000	.000
	2	.988	.930	.678	.383	.167	.055	.012	.002	.000	.000	.000
	3	.999	.987	.879	.650	.382	.172	.055	.011	.001	.000	.000
	4	1.000	.998	.967	.850	.633	.377	.166	.047	.006	.000	.000
	5	1.000	1.000	.994	.953	.834	.623	.367	.150	.033	.002	.000
	6	1.000	1.000	.999	.989	.945	.828	.618	.350	.121	.013	.001
	7	1.000	1.000	1.000	.998	.988	.945	.833	.617	.322	.070	.012
	8	1.000	1.000	1.000	1.000	.998	.989	.954	.851	.624	.264	.086
	9	1.000	1.000	1.000	1.000	1.000	.999	.994	.972	.893	.651	.401
	10	1.000	1.000	1.000	1.000	1.000	1.000	1.000	1.000	1.000	1.000	1.000
$n=11$	0	.569	.314	.086	.020	.004	.000	.000	.000	.000	.000	.000
	1	.898	.697	.322	.113	.030	.006	.001	.000	.000	.000	.000
	2	.985	.910	.617	.313	.119	.033	.006	.001	.000	.000	.000
	3	.998	.981	.839	.570	.296	.113	.029	.004	.000	.000	.000
	4	1.000	.997	.950	.790	.533	.274	.099	.022	.002	.000	.000
	5	1.000	1.000	.988	.922	.753	.500	.247	.078	.012	.000	.000
	6	1.000	1.000	.998	.978	.901	.726	.467	.210	.050	.003	.000
	7	1.000	1.000	1.000	.996	.971	.887	.704	.430	.161	.019	.002
	8	1.000	1.000	1.000	.999	.994	.967	.881	.687	.383	.090	.015
	9	1.000	1.000	1.000	1.000	.999	.994	.970	.887	.678	.303	.102

		p										
		.05	.10	.20	.30	.40	.50	.60	.70	.80	.90	.95
	c											
	10	1.000	1.000	1.000	1.000	1.000	1.000	.996	.980	.914	.686	.431
	11	1.000	1.000	1.000	1.000	1.000	1.000	1.000	1.000	1.000	1.000	1.000
$n=12$	0	.540	.282	.069	.014	.002	.000	.000	.000	.000	.000	.000
	1	.882	.659	.275	.085	.020	.003	.000	.000	.000	.000	.000
	2	.980	.889	.558	.253	.083	.019	.003	.000	.000	.000	.000
	3	.998	.974	.795	.493	.225	.073	.015	.002	.000	.000	.000
	4	1.000	.996	.927	.724	.438	.194	.057	.009	.001	.000	.000
	5	1.000	.999	.981	.882	.665	.387	.158	.039	.004	.000	.000
	6	1.000	1.000	.996	.961	.842	.613	.335	.118	.019	.001	.000
	7	1.000	1.000	.999	.991	.943	.806	.562	.276	.073	.004	.000
	8	1.000	1.000	1.000	.998	.985	.927	.775	.507	.205	.026	.002
	9	1.000	1.000	1.000	1.000	.997	.981	.917	.747	.442	.111	.020
	10	1.000	1.000	1.000	1.000	1.000	.997	.980	.915	.725	.341	.118
	11	1.000	1.000	1.000	1.000	1.000	1.000	.998	.986	.931	.718	.460
	12	1.000	1.000	1.000	1.000	1.000	1.000	1.000	1.000	1.000	1.000	1.000
$n=13$	0	.513	.254	.055	.010	.001	.000	.000	.000	.000	.000	.000
	1	.865	.621	.234	.064	.013	.002	.000	.000	.000	.000	.000
	2	.975	.866	.502	.202	.058	.011	.001	.000	.000	.000	.000
	3	.997	.966	.747	.421	.169	.046	.008	.001	.000	.000	.000
	4	1.000	.994	.901	.654	.353	.133	.032	.004	.000	.000	.000
	5	1.000	.999	.970	.835	.574	.291	.098	.018	.001	.000	.000
	6	1.000	1.000	.993	.938	.771	.500	.229	.062	.007	.000	.000
	7	1.000	1.000	.999	.982	.902	.709	.426	.165	.030	.001	.000
	8	1.000	1.000	1.000	.996	.968	.867	.647	.346	.099	.006	.000
	9	1.000	1.000	1.000	.999	.992	.954	.831	.579	.253	.034	.003
	10	1.000	1.000	1.000	1.000	.999	.989	.942	.798	.498	.134	.025
	11	1.000	1.000	1.000	1.000	1.000	.998	.987	.936	.766	.379	.135
	12	1.000	1.000	1.000	1.000	1.000	1.000	.999	.990	.945	.746	.487
	13	1.000	1.000	1.000	1.000	1.000	1.000	1.000	1.000	1.000	1.000	1.000
$n=14$	0	.488	.229	.044	.007	.001	.000	.000	.000	.000	.000	.000
	1	.847	.585	.198	.047	.008	.001	.000	.000	.000	.000	.000
	2	.970	.842	.448	.161	.040	.006	.001	.000	.000	.000	.000
	3	.996	.956	.698	.355	.124	.029	.004	.000	.000	.000	.000
	4	1.000	.991	.870	.584	.279	.090	.018	.002	.000	.000	.000
	5	1.000	.999	.956	.781	.486	.212	.058	.008	.000	.000	.000
	6	1.000	1.000	.988	.907	.692	.395	.150	.031	.002	.000	.000
	7	1.000	1.000	.998	.969	.850	.605	.308	.093	.012	.000	.000
	8	1.000	1.000	1.000	.992	.942	.788	.514	.219	.044	.001	.000
	9	1.000	1.000	1.000	.998	.982	.910	.721	.416	.130	.009	.000

		p										
		.05	.10	.20	.30	.40	.50	.60	.70	.80	.90	.95
	c											
	10	1.000	1.000	1.000	1.000	.996	.971	.876	.645	.302	.044	.004
	11	1.000	1.000	1.000	1.000	.999	.994	.960	.839	.552	.158	.030
	12	1.000	1.000	1.000	1.000	1.000	.999	.992	.953	.802	.415	.153
	13	1.000	1.000	1.000	1.000	1.000	1.000	.999	.993	.956	.771	.512
	14	1.000	1.000	1.000	1.000	1.000	1.000	1.000	1.000	1.000	1.000	1.000
$n=15$	0	.463	.206	.035	.005	.000	.000	.000	.000	.000	.000	.000
	1	.829	.549	.167	.035	.005	.000	.000	.000	.000	.000	.000
	2	.964	.816	.398	.127	.027	.004	.000	.000	.000	.000	.000
	3	.995	.944	.648	.297	.091	.018	.002	.000	.000	.000	.000
	4	.999	.987	.836	.515	.217	.059	.009	.001	.000	.000	.000
	5	1.000	.998	.939	.722	.403	.151	.034	.004	.000	.000	.000
	6	1.000	1.000	.982	.896	.610	.304	.095	.015	.001	.000	.000
	7	1.000	1.000	.996	.950	.787	.500	.213	.050	.004	.000	.000
	8	1.000	1.000	.999	.985	.905	.699	.390	.131	.018	.000	.000
	9	1.000	1.000	1.000	.996	.966	.849	.597	.278	.061	.002	.000
	10	1.000	1.000	1.000	.999	.991	.941	.783	.485	.164	.013	.001
	11	1.000	1.000	1.000	1.000	.998	.982	.909	.703	.352	.056	.005
	12	1.000	1.000	1.000	1.000	1.000	.996	.973	.873	.602	.184	.036
	13	1.000	1.000	1.000	1.000	1.000	1.000	.995	.965	.833	.451	.171
	14	1.000	1.000	1.000	1.000	1.000	1.000	1.000	.995	.965	.794	.537
	15	1.000	1.000	1.000	1.000	1.000	1.000	1.000	1.000	1.000	1.000	1.000
$n=16$	0	.440	.185	.028	.003	.000	.000	.000	.000	.000	.000	.000
	1	.811	.515	.141	.026	.003	.000	.000	.000	.000	.000	.000
	2	.957	.789	.352	.099	.018	.002	.000	.000	.000	.000	.000
	3	.993	.932	.598	.246	.065	.011	.001	.000	.000	.000	.000
	4	.999	.983	.798	.450	.167	.038	.005	.000	.000	.000	.000
	5	1.000	.997	.918	.660	.329	.105	.019	.002	.000	.000	.000
	6	1.000	.999	.973	.825	.527	.227	.058	.007	.000	.000	.000
	7	1.000	1.000	.993	.926	.716	.402	.142	.026	.001	.000	.000
	8	1.000	1.000	.999	.974	.858	.598	.284	.074	.007	.000	.000
	9	1.000	1.000	1.000	.993	.942	.773	.473	.175	.027	.001	.000
	10	1.000	1.000	1.000	.998	.981	.895	.671	.340	.082	.003	.000
	11	1.000	1.000	1.000	1.000	.995	.962	.833	.550	.202	.017	.001
	12	1.000	1.000	1.000	1.000	.999	.989	.935	.754	.402	.068	.007
	13	1.000	1.000	1.000	1.000	1.000	.998	.982	.901	.648	.211	.043
	14	1.000	1.000	1.000	1.000	1.000	1.000	.997	.974	.859	.485	.189
	15	1.000	1.000	1.000	1.000	1.000	1.000	1.000	.997	.972	.815	.560
	16	1.000	1.000	1.000	1.000	1.000	1.000	1.000	1.000	1.000	1.000	1.000

		p										
		.05	.10	.20	.30	.40	.50	.60	.70	.80	.90	.95
	c											
$n=17$	0	.418	.167	.023	.002	.000	.000	.000	.000	.000	.000	.000
	1	.792	.482	.118	.019	.002	.000	.000	.000	.000	.000	.000
	2	.950	.762	.310	.077	.012	.001	.000	.000	.000	.000	.000
	3	.991	.917	.549	.202	.046	.006	.000	.000	.000	.000	.000
	4	.999	.978	.758	.389	.126	.025	.000	.000	.000	.000	.000
	5	1.000	.955	.894	.597	.264	.072	.011	.001	.000	.000	.000
	6	1.000	.999	.962	.775	.448	.166	.035	.003	.000	.000	.000
	7	1.000	1.000	.989	.895	.641	.315	.092	.013	.000	.000	.000
	8	1.000	1.000	.997	.960	.801	.500	.199	.040	.003	.000	.000
	9	1.000	1.000	1.000	.987	.908	.685	.359	.105	.011	.000	.000
	10	1.000	1.000	1.000	.997	.965	.834	.552	.225	.038	.001	.000
	11	1.000	1.000	1.000	.999	.989	.928	.736	.403	.106	.005	.000
	12	1.000	1.000	1.000	1.000	.997	.975	.874	.611	.242	.022	.001
	13	1.000	1.000	1.000	1.000	1.000	.994	.954	.798	.451	.083	.009
	14	1.000	1.000	1.000	1.000	1.000	.999	.988	.923	.690	.238	.050
	15	1.000	1.000	1.000	1.000	1.000	1.000	.998	.981	.882	.518	.208
	16	1.000	1.000	1.000	1.000	1.000	1.000	1.000	.998	.997	.833	.582
	17	1.000	1.000	1.000	1.000	1.000	1.000	1.000	1.000	1.000	1.000	1.000
$n=18$	0	.397	.150	.018	.002	.000	.000	.000	.000	.000	.000	.000
	1	.774	.450	.099	.014	.001	.000	.000	.000	.000	.000	.000
	2	.942	.734	.271	.060	.008	.001	.000	.000	.000	.000	.000
	3	.989	.902	.501	.165	.033	.004	.000	.000	.000	.000	.000
	4	.998	.972	.716	.333	.094	.015	.001	.000	.000	.000	.000
	5	1.000	.994	.867	.534	.209	.048	.006	.000	.000	.000	.000
	6	1.000	.999	.949	.722	.374	.119	.020	.001	.000	.000	.000
	7	1.000	1.000	.984	.859	.563	.240	.058	.006	.000	.000	.000
	8	1.000	1.000	.996	.940	.737	.407	.135	.021	.001	.000	.000
	9	1.000	1.000	.999	.979	.865	.593	.263	.060	.004	.000	.000
	10	1.000	1.000	1.000	.994	.942	.760	.437	.141	.016	.000	.000
	11	1.000	1.000	1.000	.999	.980	.881	.626	.278	.051	.001	.000
	12	1.000	1.000	1.000	1.000	.994	.952	.791	.466	.133	.006	.000
	13	1.000	1.000	1.000	1.000	.999	.985	.906	.667	.284	.028	.002
	14	1.000	1.000	1.000	1.000	1.000	.996	.967	.835	.499	.098	.011
	15	1.000	1.000	1.000	1.000	1.000	.999	.992	.940	.729	.266	.058
	16	1.000	1.000	1.000	1.000	1.000	1.000	.999	.986	.901	.550	.226
	17	1.000	1.000	1.000	1.000	1.000	1.000	1.000	.998	.982	.850	.603
	18	1.000	1.000	1.000	1.000	1.000	1.000	1.000	1.000	1.000	1.000	1.000

		p										
	c	.05	.10	.20	.30	.40	.50	.60	.70	.80	.90	.95
$n=19$	0	.377	.135	.014	.001	.000	.000	.000	.000	.000	.000	.000
	1	.755	.420	.083	.010	.001	.000	.000	.000	.000	.000	.000
	2	.933	.705	.237	.046	.005	.000	.000	.000	.000	.000	.000
	3	.987	.885	.455	.133	.023	.002	.000	.000	.000	.000	.000
	4	.998	.965	.673	.282	.070	.010	.001	.000	.000	.000	.000
	5	1.000	.991	.837	.474	.163	.032	.003	.000	.000	.000	.000
	6	1.000	.998	.932	.666	.308	.084	.012	.001	.000	.000	.000
	7	1.000	1.000	.997	.818	.488	.180	.035	.003	.000	.000	.000
	8	1.000	1.000	.993	.916	.667	.324	.088	.011	.000	.000	.000
	9	1.000	1.000	.998	.967	.814	.500	.186	.033	.002	.000	.000
	10	1.000	1.000	1.000	.989	.912	.676	.333	.084	.007	.000	.000
	11	1.000	1.000	1.000	.997	.965	.820	.512	.182	.023	.000	.000
	12	1.000	1.000	1.000	.999	.988	.916	.692	.334	.068	.002	.000
	13	1.000	1.000	1.000	1.000	.997	.968	.837	.526	.163	.009	.000
	14	1.000	1.000	1.000	1.000	.999	.990	.930	.718	.327	.035	.002
	15	1.000	1.000	1.000	1.000	1.000	.998	.977	.867	.545	.115	.013
	16	1.000	1.000	1.000	1.000	1.000	1.000	.995	.954	.763	.295	.067
	17	1.000	1.000	1.000	1.000	1.000	1.000	.999	.990	.917	.580	.245
	18	1.000	1.000	1.000	1.000	1.000	1.000	1.000	.999	.986	.865	.623
	19	1.000	1.000	1.000	1.000	1.000	1.000	1.000	1.000	1.000	1.000	1.000
$n=20$	0	.358	.122	.012	.001	.000	.000	.000	.000	.000	.000	.000
	1	.736	.293	.069	.008	.001	.000	.000	.000	.000	.000	.000
	2	.925	.677	.206	.035	.004	.000	.000	.000	.000	.000	.000
	3	.984	.867	.411	.107	.016	.001	.000	.000	.000	.000	.000
	4	.997	.957	.630	.238	.051	.006	.000	.000	.000	.000	.000
	5	1.000	.989	.804	.416	.126	.021	.002	.000	.000	.000	.000
	6	1.000	.998	.913	.608	.250	.058	.006	.000	.000	.000	.000
	7	1.000	1.000	.968	.772	.416	.132	.021	.001	.000	.000	.000
	8	1.000	1.000	.990	.887	.596	.252	.057	.005	.000	.000	.000
	9	1.000	1.000	.997	.952	.765	.412	.128	.017	.001	.000	.000
	10	1.000	1.000	.999	.983	.872	.588	.245	.048	.003	.000	.000
	11	1.000	1.000	1.000	.995	.943	.748	.404	.113	.010	.000	.000
	12	1.000	1.000	1.000	.999	.979	.868	.584	.228	.032	.000	.000
	13	1.000	1.000	1.000	1.000	.994	.942	.750	.392	.087	.002	.000
	14	1.000	1.000	1.000	1.000	.998	.979	.874	.584	.196	.011	.000
	15	1.000	1.000	1.000	1.000	1.000	.994	.949	.762	.370	.043	.003
	16	1.000	1.000	1.000	1.000	1.000	.999	.984	.893	.589	.133	.016
	17	1.000	1.000	1.000	1.000	1.000	1.000	.996	.965	.794	.323	.075
	18	1.000	1.000	1.000	1.000	1.000	1.000	.999	.992	.931	.608	.264
	19	1.000	1.000	1.000	1.000	1.000	1.000	1.000	.999	.988	.878	.642
	20	1.000	1.000	1.000	1.000	1.000	1.000	1.000	1.000	1.000	1.000	1.000

	c	.05	.10	.20	.30	.40	.50	.60	.70	.80	.90	.95
		p										
$n=25$	0	.277	.072	.004	.000	.000	.000	.000	.000	.000	.000	.000
	1	.642	.271	.027	.002	.000	.000	.000	.000	.000	.000	.000
	2	.873	.537	.098	.009	.000	.000	.000	.000	.000	.000	.000
	3	.966	.764	.234	.033	.002	.000	.000	.000	.000	.000	.000
	4	.993	.902	.421	.090	.009	.000	.000	.000	.000	.000	.000
	5	.999	.967	.617	.193	.029	.002	.000	.000	.000	.000	.000
	6	1.000	.991	.780	.341	.074	.007	.000	.000	.000	.000	.000
	7	1.000	.998	.891	.512	.154	.022	.001	.000	.000	.000	.000
	8	1.000	1.000	.953	.677	.274	.054	.004	.000	.000	.000	.000
	9	1.000	1.000	.983	.811	.425	.115	.013	.000	.000	.000	.000
	10	1.000	1.000	.994	.902	.586	.212	.034	.002	.000	.000	.000
	11	1.000	1.000	.998	.956	.732	.345	.078	.006	.000	.000	.000
	12	1.000	1.000	1.000	.983	.846	.500	.154	.017	.000	.000	.000
	13	1.000	1.000	1.000	.994	.922	.655	.268	.044	.002	.000	.000
	14	1.000	1.000	1.000	.998	.966	.788	.414	.098	.006	.000	.000
	15	1.000	1.000	1.000	1.000	.987	.885	.575	.189	.017	.000	.000
	16	1.000	1.000	1.000	1.000	.996	.946	.726	.323	.047	.000	.000
	17	1.000	1.000	1.000	1.000	.999	.978	.846	.488	.109	.002	.000
	18	1.000	1.000	1.000	1.000	1.000	.993	.926	.659	.220	.009	.000
	19	1.000	1.000	1.000	1.000	1.000	.998	.971	.807	.383	.033	.001
	20	1.000	1.000	1.000	1.000	1.000	1.000	.991	.910	.579	.098	.007
	21	1.000	1.000	1.000	1.000	1.000	1.000	.998	.967	.766	.236	.034
	22	1.000	1.000	1.000	1.000	1.000	1.000	1.000	.991	.902	.463	.127
	23	1.000	1.000	1.000	1.000	1.000	1.000	1.000	.998	.973	.729	.358
	24	1.000	1.000	1.000	1.000	1.000	1.000	1.000	1.000	.996	.928	.723
	25	1.000	1.000	1.000	1.000	1.000	1.000	1.000	1.000	1.000	1.000	1.000

〈표 2〉 누적포와슨확률표

$$P(x \leq c) = \sum_{x=0}^{c} \frac{e^{-u}\mu^{x}}{x!}$$

c	0.01	0.05	0.10	0.20	0.30	0.40	0.50	0.60
	μ 또는 np'							
0	0.990	0.951	0.904	0.818	0.740	0.670	0.606	0.548
1	0.999	0.998	0.955	0.982	0.963	0.938	0.909	0.878
2		0.999	0.999	0.998	0.996	0.992	0.985	0.976
3				0.999	0.999	0.999	0.998	0.996
4					0.999	0.999	0.999	0.999
5							0.999	0.999

c	0.70	0.80	0.90	1.00	1.10	1.20	1.30	1.40
	μ 또는 np'							
0	0.496	0.449	0.406	0.367	0.332	0.301	0.272	0.246
1	0.844	0.808	0.772	0.735	0.699	0.662	0.626	0.591
2	0.965	0.952	0.937	0.919	0.900	0.879	0.857	0.833
3	0.994	0.990	0.986	0.981	0.974	0.966	0.956	0.946
4	0.999	0.998	0.997	0.996	0.994	0.992	0.989	0.985
5	0.999	0.999	0.999	0.999	0.999	0.998	0.997	0.996
6		0.999	0.999	0.999	0.999	0.999	0.999	0.999
7				0.999	0.999	0.999	0.999	0.999
8							0.999	0.999

c	1.50	1.60	1.70	1.80	1.90	2.00	2.10	2.20
	μ 또는 np'							
0	0.233	0.201	0.182	0.165	0.149	0.135	0.122	0.110
1	0.557	0.524	0.493	0.462	0.433	0.406	0.379	0.354
2	0.808	0.783	0.757	0.730	0.703	0.676	0.649	0.622
3	0.934	0.921	0.906	0.891	0.874	0.857	0.838	0.819
4	0.981	0.976	0.970	0.963	0.955	0.947	0.937	0.927
5	0.995	0.993	0.992	0.989	0.986	0.983	0.979	0.975
6	0.999	0.998	0.998	0.997	0.996	0.995	0.994	0.992
7	0.999	0.999	0.999	0.999	0.999	0.998	0.998	0.998
8	0.999	0.999	0.999	0.999	0.999	0.999	0.999	0.999
9			0.999	0.999	0.999	0.999	0.999	0.999
10							0.999	0.999

(예 : μ 또는 np'이 1.50일 때 x가 2보다 작거나 같을 확률은 0.808임)

	μ 또는 np'							
c	2.30	2.40	2.50	2.60	2.70	2.80	2.90	3.00
0	0.100	0.090	0.082	0.074	0.067	0.060	0.055	0.049
1	0.330	0.308	0.287	0.267	0.248	0.231	0.214	0.199
2	0.596	0.569	0.543	0.518	0.494	0.469	0.445	0.423
3	0.799	0.778	0.757	0.736	.0714	0.691	0.669	0.647
4	0.916	0.904	0.891	0.877	0.862	0.847	0.831	0.815
5	0.970	0.964	0.957	0.950	0.943	0.934	0.925	0.916
6	0.990	0.988	0.985	0.982	0.979	0.975	0.971	0.966
7	0.997	0.996	0.995	0.994	0.993	0.991	0.990	0.988
8	0.999	0.999	0.998	0.998	0.998	0.997	0.996	0.996
9	0.999	0.999	0.999	0.999	0.999	0.999	0.999	0.998
10	0.999	0.999	0.999	0.999	0.999	0.999	0.999	0.999
11			0.999	0.999	0.999	0.999	0.999	0.999
12							0.999	0.999

	μ 또는 np'							
c	3.10	3.20	3.30	3.40	3.50	4.00	4.50	5.00
0	0.045	0.041	0.037	0.033	0.030	0.018	0.011	0.006
1	0.185	0.171	0.159	0.147	0.135	0.091	0.061	0.040
2	0.401	0.380	0.359	0.340	0.320	0.238	0.173	0.124
3	0.625	0.603	0.580	0.558	0.536	0.433	0.342	0.265
4	0.798	0.781	0.763	0.744	0.725	0.628	0.532	0.440
5	0.906	0.895	0.883	0.871	0.857	0.785	0.702	0.615
6	0.961	0.955	0.949	0.942	0.934	0.889	0.831	0.762
7	0.986	0.983	0.980	0.977	0.973	0.948	0.913	0.866
8	0.995	0.994	0.993	0.992	0.990	0.978	0.959	0.931
9	0.999	0.998	0.998	0.997	0.996	0.991	0.982	0.968
10	0.999	0.999	0.999	0.999	0.998	0.997	0.993	0.986
11	0.999	0.999	0.999	0.999	0.999	0.999	0.997	0.994
12	0.999	0.999	0.999	0.999	0.999	0.999	0.999	0.997
13					0.999	0.999	0.999	0.999
14						0.999	0.999	0.999
15								0.999
16								0.999

	μ 또는 np′							
c	5.50	6.00	6.50	7.00	7.50	8.00	8.50	9.00
0	0.004	0.002	0.001	0.000	0.000	0.000	0.000	0.000
1	0.026	0.017	0.011	0.007	0.004	0.003	0.001	0.001
2	0.088	0.061	0.043	0.029	0.020	0.013	0.009	0.006
3	0.201	0.151	0.111	0.081	0.059	0.042	0.030	0.021
4	0.357	0.285	0.223	0.172	0.132	0.099	0.074	0.054
5	0.528	0.445	0.369	0.300	0.241	0.191	0.149	0.115
6	0.686	0.606	0.526	0.449	0.378	0.313	0.256	0.206
7	0.809	0.743	0.672	0.598	0.524	0.452	0.385	0.323
8	0.894	0.847	0.791	0.729	0.661	0.592	0.523	0.455
9	0.946	0.916	0.877	0.830	0.776	0.716	0.652	0.587
10	0.974	0.957	0.933	0.901	0.862	0.815	0.763	0.705
11	0.989	0.979	0.966	0.946	0.920	0.888	0.848	0.803
12	0.995	0.991	0.983	0.973	0.957	0.936	0.909	0.875
13	0.998	0.996	0.992	0.987	0.978	0.965	0.948	0.926
14	0.999	0.998	0.997	0.994	0.989	0.982	0.972	0.958
15	0.999	0.999	0.998	0.997	0.995	0.991	0.986	0.977
16	0.999	0.999	0.999	0.999	0.998	0.996	0.993	0.988
17	0.999	0.999	0.999	0.999	0.999	0.998	0.997	0.944
18		0.999	0.999	0.999	0.999	0.999	0.998	0.997
19			0.999	0.999	0.999	0.999	0.999	0.998
20				0.999	0.999	0.999	0.999	0.999
21					0.999	0.999	0.999	0.999
22						0.999	0.999	0.999
23							0.999	0.999

	μ 또는 np′			
c	9.50	10.00	15.00	20.00
0	0.000	0.000	0.000	0.000
1	0.000	0.000	0.000	0.000
2	0.004	0.002	0.000	0.000
3	0.014	0.010	0.000	0.000
4	0.040	0.029	0.000	0.000
5	0.088	0.067	0.002	0.000
6	0.164	0.130	0.007	0.000
7	0.268	0.220	0.018	0.000
8	0.391	0.332	0.037	0.002
9	0.521	0.457	0.069	0.005
10	0.645	0.583	0.118	0.010

	μ 또는 np'			
c	9.50	10.00	15.00	20.00
11	0.751	0.696	0.184	0.021
12	0.836	0.791	0.267	0.039
13	0.898	0.846	0.363	0.066
14	0.940	0.916	0.465	0.104
15	0.966	0.951	0.568	0.156
16	0.982	0.972	0.664	0.221
17	0.991	0.985	0.748	0.297
18	0.995	0.992	0.819	0.381
19	0.998	0.996	0.875	0.470
20	0.999	0.998	0.917	0.559
21	0.999	0.999	0.946	0.643
22	0.999	0.999	0.966	0.720
23	0.999	0.999	0.979	0.787
24	0.999	0.999	0.988	0.843
25		0.999	0.993	0.887
26			0.996	0.922
27			0.998	0.947
28			0.999	0.965
29			0.999	0.978
30			0.999	0.986
31			0.999	0.991
32			0.999	0.995
33			0.999	0.997
34				0.998

〈표 3〉 표준정규분포표

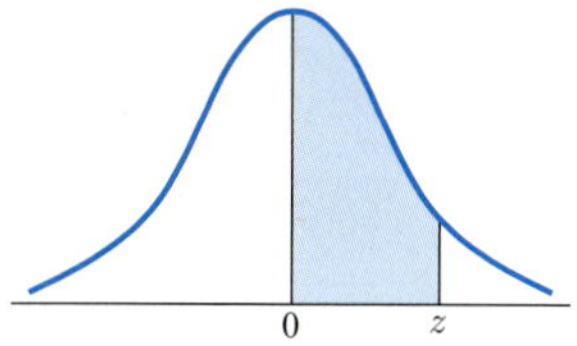

z	.00	.01	.02	.03	.04	.05	.06	.07	.08	.09
0.0	.0000	.0040	.0080	.0120	.0160	.0199	.0239	.0279	.0319	.0359
0.1	.0398	.0438	.0478	.0517	.0557	.0596	.0636	.0675	.0714	.0753
0.2	.0793	.0832	.0871	.0910	.0948	.0987	.1026	.1064	.1103	.1141
0.3	.1179	.1217	.1255	.1293	.1331	.1368	.1406	.1443	.1480	.1517
0.4	.1554	.1591	.1628	.1664	.1700	.1736	.1772	.1808	.1844	.1879
0.5	.1915	.1950	.1985	.2019	.2054	.2088	.2123	.2157	.2190	.2224
0.6	.2257	.2291	.2324	.2357	.2389	.2422	.2454	.2486	.2518	.2549
0.7	.2580	.2612	.2642	.2673	.2704	.2734	.2764	.2794	.2823	.2852
0.8	.2881	.2910	.2939	.2967	.2995	.3023	.3051	.3078	.3106	.3133
0.9	.3159	.3186	.3212	.3238	.3264	.3289	.3315	.3340	.3365	.3389
1.0	.3413	.3438	.3461	.3485	.3508	.3531	.3554	.3577	.3599	.3621
1.1	.3643	.3665	.3686	.3708	.3729	.3749	.3770	.3790	.3810	.3830
1.2	.3849	.3869	.3888	.3907	.3925	.3944	.3962	.3980	.3997	.4015
1.3	.4032	.4049	.4066	.4082	.4099	.4115	.4131	.4147	.4162	.4177
1.4	.4192	.4207	.4222	.4236	.4251	.4265	.4279	.4292	.4306	.4319
1.5	.4332	.4345	.4357	.4370	.4382	.4394	.4406	.4418	.4429	.4441
1.6	.4452	.4463	.4474	.4484	.4495	.4505	.4515	.4525	.4535	.4545
1.7	.4554	.4564	.4573	.4582	.4591	.4599	.4608	.4616	.4625	.4633
1.8	.4641	.4649	.4656	.4664	.4671	.4678	.4686	.4693	.4699	.4706
1.9	.4713	.4719	.4726	.4732	.4738	.4744	.4750	.4756	.4761	.4767
2.0	.4772	.4778	.4783	.4788	.4793	.4798	.4803	.4808	.4812	.4817
2.1	.4821	.4826	.4830	.4834	.4838	.4842	.4846	.4850	.4854	.4857
2.2	.4861	.4864	.4868	.4871	.4875	.4878	.4881	.4884	.4887	.4890
2.3	.4893	.4896	.4898	.4901	.4904	.4906	.4909	.4911	.4913	.4916
2.4	.4918	.4920	.4922	.4925	.4927	.4929	.4931	.4932	.4934	.4936
2.5	.4938	.4940	.4941	.4943	.4945	.4946	.4948	.4949	.4951	.4952
2.6	.4953	.4955	.4956	.4957	.4959	.4960	.4961	.4962	.4963	.4964
2.7	.4965	.4966	.4967	.4968	.4969	.4970	.4971	.4972	.4973	.4974
2.8	.4974	.4975	.4976	.4977	.4977	.4978	.4979	.4979	.4980	.4981
2.9	.4981	.4982	.4982	.4983	.4984	.4984	.4985	.4985	.4986	.4986
3.0	.4987	.4987	.4987	.4988	.4988	.4989	.4989	.4989	.4990	.4990
4.0	.4999685									

(예 : z=1.96일 때 색깔부분의 확률은 0.4750임)

〈표 4〉 t-분포표

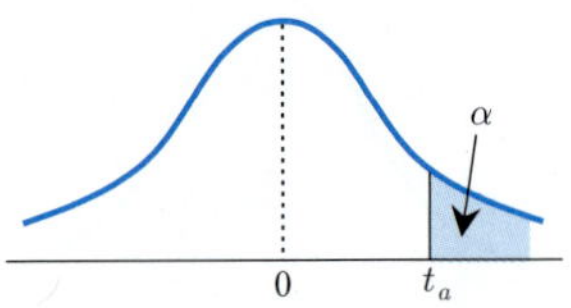

자유도	α=0.4	0.25	0.1	0.05	0.025	0.01	0.005
1	0.325	1.000	3.078	6.314	12.706	31.821	63.657
2	.289	.816	1.886	2.920	4.303	6.965	9.925
3	.277	.765	1.638	2.353	3.182	4.541	5.841
4	.271	.741	1.533	2.132	2.776	3.747	4.604
5	0.267	.0727	1.476	2.015	2.571	3.365	4.032
6	.265	.718	1.440	1.943	2.447	3.143	3.707
7	.263	.711	1.415	1.895	2.365	2.998	3.499
8	.262	.706	1.397	1.860	2.306	2.896	3.355
9	.261	.703	1.383	1.833	2.262	2.821	3.250
10	0.260	0.700	1.372	1.812	2.228	2.764	3.169
11	.260	.697	1.363	1.796	2.201	2.718	3.106
12	.259	.695	1.356	1.782	2.179	2.681	3.055
13	.259	.694	1.350	1.771	2.160	2.650	3.012
14	.258	.692	1.345	1.761	2.145	2.624	2.977
15	0.258	0.691	1.341	1.753	2.131	2.602	2.947
16	.258	.690	1.337	1.746	2.120	2.583	2.921
17	.257	.689	1.333	1.740	2.110	2.567	2.898
18	.257	.688	1.330	1.734	2.101	2.552	2.878
19	.257	.688	1.328	1.729	2.093	2.539	2.861
20	0.257	0.687	1.325	1.725	2.086	2.528	2.845
21	.257	.686	1.323	1.721	2.080	2.518	2.831
22	.256	.686	1.321	1.717	2.074	2.508	2.819
23	.256	.685	1.319	1.714	2.069	2.500	2.807
24	.256	.685	1.318	1.711	2.064	2.492	2.797
25	0.256	0.684	1.316	1.708	2.060	2.485	2.787
26	.256	.684	1.315	1.706	2.056	2.479	2.779
27	.256	.684	1.314	1.703	2.052	2.473	2.771
28	.256	.683	1.313	1.701	2.048	2.467	2.763
29	.256	.683	1.311	1.699	2.045	2.462	2.756
30	0.256	0.683	1.310	1.697	2.042	2.457	2.750
40	.255	.681	1.303	1.684	2.021	2.423	2.704
60	.254	.679	1.296	1.671	2.000	2.390	2.660
120	.254	.677	1.289	1.658	1.980	2.358	2.617
∞	.253	.674	1.282	1.645	1.960	2.326	2.576

(예 : 자유도가 15일 때 t값이 2.131이면 오른쪽 끝의 색깔부분의 면적은 0.025임)

찾아보기

[ㄱ]

[ㄴ]

[ㄷ]

[ㄹ]

[ㅁ]

[ㅂ]

[ㅅ]

[ㅎ]

[기타]

저자약력

김 태 웅

서울대학교 언론정보학과 졸업
미국 인디애나대학교 경영대학원 경영학석사
미국 퍼듀대학교 대학원 경영학박사
현, 성균관대학교 경영학부 교수

[주요 저서]

생산 · 공급망관리의 이해(신영사, 2021)
경영학원론(공저, 신영사, 2020)
경영수학의 이해(공저, 신영사, 2020)
엑셀과 R Commander를 활용한 통계(신영사, 2019)

제6판 **품질경영의 이해**

2004년 4월 25일 제1판 1쇄 발행
2021년 6월 20일 제6판 1쇄 인쇄
2021년 6월 30일 제6판 1쇄 발행

저 자 김 태 웅
발 행 인 권 영 섭
발 행 처 (주)신 영 사
경기도 파주시 심학산로 12(출판문화단지)
등 록 : 1988. 5. 2 / 제406-1988-000020호
전 화 : 031-946-2894
F A X : 031-946-0799
e - mail : sys28945@naver.com
홈페이지 : http://www.shinyoungsa.co.kr

정가 **29,000**원 ISBN 978-89-5501-767-0